民主主義法学の憲法理論

森 英樹［著］
Hideki Mori

日本評論社

はしがき

森英樹先生が二〇二〇年四月二六日に急逝されてから、早くも四年の月日が流れた。ご逝去の二年後に、先生の膨大な著作[1]の中から「マルクス主義法学」に関連するものを集成した遺稿集[2]（以下、「前著」と呼ぶ。）が出版された。本書はそれに続く遺稿集の第二弾であり、憲法学に関する著作の中から重要かつ代表的と思われる論稿が収録されている（以下、先生の教えに従い、敬称を略させていただく）。

森は生前、自身の手になる論稿をマルクス主義法学関連のものと憲法学関連のものに分け、二冊の論文集として出版する計画を持っていた。前者については、森自身が本文の再校までを終え、あとは序文を書き下ろすのみという段階まで到達していたため、筆者が「解題」を付すことにより出版することができた[3]。これに対して後者は、ひとまず前著を刊行してから具体的内容を検討しようと考えていたようで、一応収録すべき論稿がリストアップされていたものの、全体として優に二冊分の分量があり、また領域ごとの精査も十分には行われていなかったため、所収論稿を選定するところから始めなければならなかった[4]。この作業には、森の薫陶を受けた愛敬浩二、大河内美紀および筆者の三名が分担してあたったが、実際に取りかかってみるとどの論稿も捨て難く、それぞれ断腸の思いで取捨選択することを余儀なくされた。選択された諸論稿を四部構成に整理し、各部ごとに担当者の「解題」を付したのが本書である（各解題では、当該分野における森憲法学の特徴、収録論稿の概要と選択した理由、さらには、やむなく選外となった関連諸論稿にも触れているので、本論を読む際に参照してほしい）。

以上のような経緯から、本書の編集にあたっては、可能な限り森自身の遺志を尊重することとし、読者の便宜のために編集部が〈　〉による若干の補足をしたほかは、形式の統一など最低限の修正しか行っていない。各種データの数値等も初出時のままであるし、各論稿間に見られる部分的な重複についても手を加えていないことをあらかじめお断りしておきたい。

森憲法学の全般的な特徴は、確固たる方法論に基づき、世界の構造と歴史の進展を的確に捉えながら、解釈論に偏することなくスケールの大きな理論枠組みを提示するところにある。「確固たる方法論」とはもちろん、前著で深く掘り下げられているマルクス主義法学の方法であり、それが明示的に表れているか否かを問わず、各論稿の理論的基礎をなしている。そこからさらに、少なくとも二つの特徴が導かれる。一つは「理論と実践の統一」であり、本書所収の各論稿を読めばわかるように、憲法理念からする詳細な現状分析をふまえた上で時代が求める理論的課題をつかみ出し、批判と変革の理論を構築するというように、理論と実践を総合する方法が採られている。もう一つは、そうした理論的構想を現実のものとする担い手（主体）の形成と、現状変革のための対抗軸の設定に熱い視線が注がれていることである。(5)

こうした学問的方法により、森は憲法学界における最先端の議論を切り拓いてきた。たとえば、憲法学における公共性・公共圏論、グローバル化と憲法との関連（以上第Ⅰ部）、「安全・安心」というキーワードから憲法問題を読み解く業績（第Ⅲ部）など、学界でそれまでほとんど議論されてこなかった、しかしその後重要な共通論題となっていくテーマをいち早く取り上げ、問題提起を続けてきた。(6)また、常時三〇名前後を擁する共同研究会を幾度となく主宰し、これらの最新テーマも含めて浩瀚な研究書を世に問うてきたことも特筆すべき実績であろう。

以上のような学問的貢献にくわえて、森は長年にわたり、公法および憲法の各学会の理事や運営委員を（全国憲法研究会では代表も）務め、学会運営の面でも学界に多大な貢献をした。また、狭く憲法の枠にとどまらず、民主主義科学者協会（民科）法律部会や日本法社会学会のような専門横断的な学会でも活躍し、理事も務めたが（前者では事務局長および副理事長も歴任）、こうした幅広い研究関心は、名古屋大学の大学院で学問的修行に励むうちに培われたものと推測できる。[7] そうした中で、「マルクス主義法学」と並んで「民主主義法学」が、森の学問的アイデンティティの重要な位置を占めるに至ったことは想像に難くない。[8] 前著『マルクス主義法学の史的研究』とともに森の遺稿集の両輪となる本書を『民主主義法学の憲法理論』と題した所以である。

森自身、最後の職場となった龍谷大学を退職するタイミングで「自分史」的論考を発表し、今後の研究課題として、マルクス主義法学以外の分野について次のように述べていた。すなわち、「『公共性論』に学んだ『公共圏論』をはじめ、『グローバル化時代の憲法』、『現代憲法における安全・安心』、個別領域では財産権論、労働基本権論、天皇制度論、議会制論、政党制論そして安保体制論などであるが、それらは主観的には自らの方法論からするひとまとまりの考察なので、それらにまとまりをつける予定でいる」、[9] と。「自らの方法論からするひとまとまりの考察」を集成した本書の刊行により、その「予定」が現実のものとなったのである。

かくして、本書を公刊する目的は、両遺著を併読することで森の学術的足跡の全体像を把握することができる条件を整えることにある。森はすでに述べた学問的方法のゆえ、時局的な分析や実践的な考察も数多く、それらは現状分析としては非常に説得的なものが少なくないが、右目的を重視する本書では、理論的な論稿を優先的に収録することとした（特に第Ⅳ部解題を参照）。読者諸姉兄のご理解を乞いたい。

森の逝去後、憲法状況はいよいよ激動の様相を深めている。新型コロナウイルス感染症への対応、ロシアによるウクライナ侵略、イスラエルによるガザでのジェノサイド等々、日本の憲法学に新たな課題が突きつけられている。また、現実政治はますます憲法理念から遠ざかり、民主政の劣化・瓦解現象は底が抜けたかのような深刻な事態である。森が存命なら、かの方法論を下敷きにして、歴史と世界の構造分析をふまえた骨太の憲法論を展開しただろうが、それはもはや叶わぬ夢である。森の遺した学術的考察に学びながら、今を生きる私たちが思考を前に進めていくしかない。その際、前著と本書の二部作が思考を鍛える材料を提供できるとしたら、本書を公刊した意義があるというものであろう。

本書の編集は、日本評論社の柴田英輔さんに大変お世話になった。著者不在という難しい状況の中、適切な舵取りをしていただいた。記して感謝の意を表したい。自分の元ゼミ生が遺著を世に出すチームの一員だったと知ったら、森も大いに喜ぶにちがいない。

二〇二四年四月　解題執筆者を代表して

本　秀紀

（1）さしあたり、「森英樹《もりひでき》教授　略歴および業績一覧」龍谷法学四三巻三号（二〇一一年）五一六頁以下、参照。

（2）森英樹『マルクス主義法学の史的研究』（日本評論社、二〇二〇年）。前著については、出版後に合評会が開催され、マルクス主義法学をめぐる新たな議論の起点となっている。「特別企画＝森英樹著『マルクス主義法学の史的研究』合評会」法の科学五四号（二〇二三年）一四〇頁以下所収の各論稿を参照。

（3）前著出版の経緯については、拙稿「解題」森・前掲注（2）ⅰ頁以下、参照。

（4）森の単著については、森自身がリストに入れていなかったことと紙幅の関係もあり、本書には収録しなかった。森憲法学の全体像を知ろうとする場合は、それらの著作も参照されたい。

(5) このあたりの事情については、拙稿・前掲注(3) xxvii-xxviii頁、また具体的には本書各部の解題を参照。
(6) たとえば、森英樹編著『政党国庫補助の比較憲法的総合的研究』(柏書房、一九九四年)、同編『市民的公共圏形成の可能性——比較憲法的研究をふまえて』(日本評論社、二〇〇三年)、同編『現代憲法における安全——比較憲法学的研究をふまえて』(日本評論社、二〇〇九年)、参照。
(7) 森英樹「略歴及び業績一覧への備忘録的解題」龍谷法学四三巻三号(二〇一一年)五四九—五五八頁、参照。
(8) 森は二〇代半ばで民科法律部会の「現代法論争」に参画し、五〇歳を前にして「新・現代法論」を総括する同学会の学術総会で企画責任者を務めた。森・前掲注(7)五五六—五五七頁、同「『新・現代法論』総括の観点と課題」法の科学一九号(一九九一年)八頁以下、参照。
(9) 森・前掲注(7)五六五—五六六頁。これら一連のテーマのうち、天皇制度論だけが——森自身がリストに挙げていなかったこともあって——本書に収録されていない。森の天皇制度論については、先代の代替わりを分析する「象徴天皇制の新時代」『憲法検証——天皇・安保・政党法』(花伝社、一九九〇年)一一頁以下、近時の代替わりを分析する「改元と改憲のビミョーな関係」法と民主主義五三三号(二〇一八年)三頁以下、「天皇制度と民主主義——『万歳』を叫ぶ心性に問題はないか」法と民主主義五四五号(二〇二〇年)四頁以下(本稿は、一般に参照できる論稿としては、森の「白鳥の歌」と思われる。小論ながら、憲法原理の観点から「時代の空気」に抗し、「この国のかたち」を問い直す内容となっている。森の最後の警鐘に耳を傾けたい)、参照。

『民主主義法学の憲法理論』——目次

第Ⅱ部　議会制・選挙制・政党制

第Ⅲ部　人権と「安全・安心」

第Ⅳ部　平和主義・改憲問題・憲法運動

【初出一覧】

第Ⅰ部　基礎理論・グローバル化・公共圏

第一章　「戦後憲法学の方法論争——『憲法の科学』と『憲法の解釈』の関係をめぐって」ジュリスト一〇八九号（一九九六年）一〇一頁
第二章　「資本主義国家と社会主義国家」杉原泰雄編集代表『新版　体系憲法事典』（青林書院、二〇〇八年）二六頁
第三章　「国家の『ゆらぎ』と憲法」公法研究六四号（二〇〇二年）一頁
第四章　「『グローバル化』変動と憲法——対抗軸形成への予備的考察」法律時報七三巻六号（二〇〇一年）四九頁
第五章　「憲法学と公共性論」室井力＝原野翹＝福家俊朗＝浜川清編『現代国家の公共性分析』（日本評論社、一九九〇年）三一〇頁
第六章　「憲法における公共性」法律時報六三巻一一号（一九九一年）一二頁
第七章　「憲法と公共・公共性・公共圏——序論的考察」森英樹編『市民的公共圏形成の可能性——比較憲法的研究をふまえて』（日本評論社、二〇〇三年）二頁

第Ⅱ部　議会制・選挙制・政党制

第八章　「現代日本の立法機関とその作用」天野和夫＝片岡昇＝長谷川正安＝藤田勇＝渡辺洋三編『マルクス主義法学講座6現代日本法分析』（日本評論社、一九七六年）七九頁
第九章　「内閣政治と審議会・諮問機関」法律時報五九巻六号（一九八七年）六二頁
第一〇章　「国政調査権の行使」ジュリスト九五五号（一九九〇年）一九二頁

第一一章　「日本国憲法と政党――政党国庫補助システム導入の憲法論を手掛りに」法律時報六二巻六号（一九九〇年）五〇頁

第一二章　「現代の憲法と政党――ドイツにおける政党国家と国家政党」森英樹編『政党国庫補助の比較憲法的総合的研究』（柏書房、一九九四年）四三頁

第一三章　「『憲法と政党』再訪」樋口陽一＝森英樹＝高見勝利＝辻村みよ子＝長谷部恭男編『国家と自由・再論』（日本評論社、二〇一二年）三六一頁

第一四章　「企業献金と憲法・民主主義――各国比較への序論」法律時報六四巻一一号（一九九二年）一八頁

第一五章　「『政治改革』と憲法」法律時報六六巻六号（一九九四年）二六頁

第Ⅲ部　人権と「安全・安心」

第一六章　「人権保障の限界とその『克服』についての一考察」横越英一編集代表『横越英一教授退官記念論集　政治学と現代世界』（御茶の水書房、一九八三年）一四三頁

第一七章　「現代の所有と『財産権』」公法研究五一号（一九八九年）一〇八頁

第一八章　「経済活動と憲法」樋口陽一編『講座憲法学4権利の保障【2】』（日本評論社、一九九四年）一三頁

第一九章　「労働と自由」ジュリスト九七八号（一九九一年）八七頁

第二〇章　「憲法理論史における労働基本権論」（原題「労働基本権」を改題）全国憲法研究会編『法律時報臨時増刊　憲法三〇年の理論と展望』法律時報四九巻七号（一九七七年）九七頁

第二一章　「最高裁判決における『議会制民主主義』論」法律時報五七巻六号（一九七五年）三三頁

第二二章　「憲法学における『安全』と『安心』」森英樹編『現代憲法における安全――比較憲法学的研究をふまえて』（日本評論社、二〇〇九年）二頁

第二三章　「『戦う安全国家』と個人の尊厳」ジュリスト一三五六号（二〇〇八年）五七頁

第二四章　「西独における基本権論の動向」長谷川正安編『現代人権論』（法律文化社、一九八二年）一五七頁

第Ⅳ部　平和主義・改憲問題・憲法運動

第二五章　「『二つの法体系』論の原点と現点」杉原泰雄＝樋口陽一＝浦田賢治＝中村睦男＝笹川紀勝編『深瀬忠一教授退官記念　平和と国際協調の憲法学』（勁草書房、一九九〇年）一二九頁

第二六章　「『六〇年安保』から五〇年――原点と現点」民主主義科学者協会法律部会編『法律時報増刊　安保改定50年――軍事同盟のない世界へ』（二〇一〇年）一二頁

第二七章　「憲法運動論の五〇年」法律時報六七巻六号（一九九五年）六六頁

第Ⅰ部　基礎理論・グローバル化・公共圏

第Ⅰ部「基礎理論・グローバル化・公共圏」解題

第Ⅰ部に収録したのは、憲法学の基礎理論に関わる論稿である。ただし、この研究領域における自らのライフワークとして森英樹が位置付けていたのは、マルクス主義法学（特に戦前・戦後の日本のマルクス主義法学の展開）に関する学説史的研究であった。その研究成果は、森英樹『マルクス主義法学の史的研究』（日本評論社、二〇二二年）にまとめられており、森の問題意識や方法論を体系的に分析し、批判的に継承するための条件が整った。そこで本書では、現代史の画期である「一九八九年」前後から森が精力的に取り組んだ「グローバル化」と「公共性・公共圏」をテーマとする研究成果を中心にして、森の憲法学説の理解・評価のために有用であり、これからの憲法学にとって重要な問題提起を含むと解される論文を厳選して収録することにした。

第一章「戦後憲法学の方法論争――『憲法の科学』と『憲法の解釈』の関係をめぐって」（一九九六年）は、四〇人を超える憲法学者の論稿を集めたジュリストの特集「日本国憲法五〇年の軌跡と展望」に寄稿された。「歴史の発展法則」への懐疑が広がった「一九八九年」後の時点で、戦後憲法学の解釈方法論争をマルクス主義法学の立場から回顧した論考であり、憲法解釈方法論に関する森の問題意識が簡潔に示されている。来栖三郎の問題提起を起点とする「法の解釈論争」まで考察の対象を広げることにより、憲法解釈における実践と認識の統一を企図した「歴史の発展法則論」の基底には、その立場をとることにより「社会ないし歴史への『主体的責任』を引き受けることができるという前提があった」と森は論じ、「一九八九年」を理由として「歴史の発展法則」論の清算を目論む議論を批判する。第二章「資本主義国家と社会主義国家」（二〇〇八年）は『新版　体系憲法事典』（杉原泰雄編集代表）の一項目として執筆された論稿であり、注記も一切なく、本人は「論文」としての位置付けをしていなかった可能性もある。しかし、簡潔性が求められる事典の項目だからこそ、森の比較憲法体系が明快に示されていると評価して、本書に収録することにした。本章を読めば、「一九八九年」以降も、森がマルクス主義法学の立場を堅持する憲法学者として時代と向き合ってきたことがよく分かる。発表媒体との関係で簡潔にならざるをえなかった第一章と第二章をより深く理解するためには、『マルクス主義法学の史的研究』を併読することが有益であろう。

第三・四章が「グローバル化」、第五から七章が「公共性・公共圏」に関連する論文である。発表の時系列でいえば、「公共性・公共圏」関連の論稿が「グローバル化」関連の論稿に先行しているが、次の理由から、掲載の順番を逆にした。第一に、広汎で鋭敏かつ精緻な状況認識に基づいて理論的・実践的対抗軸を構想する森の方法論の関係で、「グローバル化」（認識）→「公共性・公共圏」（対抗軸構想）という順番が望ましいと考えたからである。第二に、「公共性・公共圏」関連の論稿を一まとめにして読むと、「一九八九年」を契機として森の「公共性・公共圏」論が展開したこと、そして、森が最後まで状況分析に基づく対抗軸構想の提示にこだわり続けたことが理解できるからである。

第四章「『グローバル化』変動と憲法――対抗軸形成への予備的考察」（二〇〇一年）を嚆矢として、森はグローバリズムの進行の下で憲法学が対応を余儀なくされている諸問題の発見・分析と「国家のゆらぎ」の中での対抗軸構想の提示という課題に精力的に取り組み始める。森は続けて、二〇〇一年のEU首脳会談（イェーテボリ）やジェノバ・サミットにおける「主要国政治連合」と「グローバル化した反グローバリズム運動連合」の間の「対決」に注目し、「『グローバル化と憲法』補遺」法律時報七三巻一一号（二〇〇一年）を公表する。これらの論文の内容は概ね、「『グローバル化』変動と憲法・憲法学」（樋口陽一ほか編『国家と自由　憲法学の可能性』〔日本評論社、二〇〇四年〕）に取り込まれている。しかし、「グローバル化」が憲法学に提起する諸問題を森らしく周到に検討する二〇〇四年論文ではなく、二〇〇一年の最初の論文をセレクトしたのは、「グローバル化」に関する研究の当初から「対抗軸構想の提示」を森が自らの課題としていたこと（副題を参照）、その課題に取り組む森が――「一九八九年」以降の憲法研究においては異例なほど――マルクス主義法学の方法論に訴えていたことを記録しておくためである。また、二〇〇一年の「主要国政治連合」と「グローバル化した反グローバリズム運動連合」の間の「対決」への言及は、三年後の二〇〇四年論文では落ちており、本書への収録を断念した「『グローバル化と憲法』補遺」の参照を促すためにも、二〇〇一年論文を収録すべきと判断した。第三章「国家の『ゆらぎ』と憲法」（二〇〇二年）は「後記」で本人が説明するとおり、前年の日本公法学会での総会報告を「ほぼそのまま再現したものである」。注記は一切なく、文章も「です・ます」調のため、収録を見送る選択もあり得たと考えるが、「グローバル化」関連の森の分析・主張を俯瞰できる論稿であり、マルクス主義法学の方法論を共有しない公法学者を聴衆に想定しつつ、自らの分析・主張を説得的に示そうとした努力の成果であることから、本書に収録することにした。

一九八〇年代以降の新自由主義的改革や規制緩和路線に対する主に公法学からの理論的対応として展開したのが、行政法学者・室井力をリーダーとする「現代国家の公共性分析」であった。第五章「憲法学と公共性論」（一九九〇年）は「公共性・公共圏」関連の嚆矢となる論文であるが、その内容は基本的に室井等の分析枠組を尊重しつつ、憲法に関わる諸事象を検討するものになっている。第六章「憲法における公共性」（一九九一年）と第五章の間の決定的差異は、後者にはなく前者にはある「一九八九年」以降の樋口陽一の憲法学の「展開・転回」への問題関心である。『自由と国家』（岩波新書、一九八九年）等で樋口が打ち出した「ルソー＝ジャコバン型国家像」と「トクヴィル＝アメリカ型国家像」の対抗図式とその中での「citoyen の可能性」論への「共感」（留保付きとはいえ）は、

第七章「憲法と公共・公共性・公共圏――序論的考察」(二〇〇三年)でも示されている。第七章では、室井等の「公共性分析」が日本国憲法に公共性の基準を求めていることに対する「何もかも憲法に下駄を預けられた感じがする」との論評(浦田一郎「憲法は公共性の基準になるか」法律時報六三巻一一号(一九九一年)四五頁)と、同号掲載の「《シンポジウム》現代国家における公共性」における自らの発言に言及することで、室井等の「公共性分析」を客観化・相対化し、自らの「公共圏」論の独自性を主張している。第五章から第七章を通読すれば、「公共性・公共圏」関連の研究における森の分析・主張の「構造転換」を見出すことができるだろうし、その転換が「グローバル化」関連の研究に促されたものであることも理解できよう。

本書への収録は断念したが、「グローバル化時代の対抗軸構想――憲法学の視点から」本秀紀編『グローバル化時代における民主主義の変容と憲法学』(日本評論社、二〇一六年)は、「グローバル化」と「公共性・公共圏」に関わる研究の集大成というべき論文である。主要部分は本書に収録した諸論稿のエッセンスの再論であるが、森が晩年まで対抗軸形成にこだわり続けたこと、そして、その希望を語り続けたことを記憶するため、最後の一節を引用しておきたい。

人間的存在を構造的に侵害する事態は急速に、かつグローバル・レベルで進行している。対抗軸の構築は喫緊の課題であろう。本書がその理論的補助線を引くことができたとするなら、それは対抗軸の形成者が現実に登場しつつあるからである。

(愛敬浩二)

第一章　戦後憲法学の方法論争

——「憲法の科学」と「憲法の解釈」の関係をめぐって

戦後法学にはいくつかの論争があった。最初期の占領後期には「法の本質」「社会科学としての法学の方法」をめぐって「法社会学論争」があり、続いて占領終結直後の五〇年代に「法の解釈論争」が展開したことはよく知られている。だが、それらの論争の当事者であった憲法学者・長谷川正安によれば「そもそも憲法学界では、法社会学論争にたいする関心もうすく……したがって憲法学者は、民法学者が法社会学に関連して法学を論じ、ついで、法の解釈の本質を論じたのに、それらの論争が一とおりすんだころ、二つの根本問題を同時に議論しなければならなくなった」(1)と回顧されている。これは戦後三〇年の時点での発言であるが、これから約一〇年後に戦後憲法学方法論史を検討した浦田一郎も「現在でも、憲法学の方法論を問題にするときは、法の解釈論争は言及されるが……法社会学論争が論じられることはほとんどない」(2)と述べていた。さらに約一〇年後「憲法学の五〇年」を迎えるにあたり「憲法学説の五〇年」の展開を吟味した高見勝利は、「社会科学としての憲法学」の系譜をも丹念に跡づけたが、憲法学界で「論争」が成立したのは、法の解釈論争の争点のひとつであった「憲法の科学と憲法の解釈との関係」の場面が最初であったことを暗に示している。(3)本稿には「日本国憲法理念の定着と変容」というステージで「戦後憲法学の方法論争」を検討するようにとの難題が求められているが、ともあれ「戦後憲法学」を「方法論争」というシーンでとらえなおそうとすれば、法社会学論争はこれをプロローグとして念頭におきつつも、法の解釈論争に触発されて展開された憲法解釈の方法論争を第一幕としなければなるまい。

一　法の解釈論争の残したもの

「憲法の解釈は、一定のわくの範囲内において複数存在する可能性のある解釈の中から、そのひとつを解釈者が選択するという決断であるから、そこには主観的価値判断が働いている。また、選択可能な解釈の間の争いは、形式的な理由に基づく争いではなく実質的な理由に基づく争いであり、その争いが政治上の問題に関係するときは一種の政治的争いであるから、憲法の解釈の結果を単に憲法のせいにしてしまうことは許されず、解釈者は自分の解釈に対して政治的責任をもつべきである」――。法の解釈論争の契機となった来栖三郎の提言(4)を、憲法解釈のそれにパラフレイズすればこのようになるだろう。来栖は民法学者であり、その提言はもっぱら私法を素材にしながら「法の解釈」一般の方法を論じる形をとっているが、その提言の「機縁」は――「来栖教授が自ら語られたところ」を聞いた鵜飼信成の証言によれば――「当時、国会においてかわされていた第九条の解釈論」のごとく「いかに憲法の解釈が悪意的なものであるかを痛感させられた」ことにあったというから(5)、来栖提言は暗に憲法解釈の方法に向けられていたと見てよい。このように「すぐれて憲法政治的な背景をもつものであっただけに、憲法学者をも巻き込まざるをえない不可避性あるいは必然性をもっていた(6)」のが法の解釈論争であった。

来栖提言を契機とする法の解釈論争の争点は、来栖の提起した二つの主要な論点、すなわち「法解釈の性質」と「解釈者の責任」という論点のうち、もっぱら前者に置かれて展開され、「法解釈の実践性・主観性は、法学界多数の共有する認識になった(7)」が、その実践的・主観的価値判断たる法解釈をいかに客観化・科学化するか、あるいは、その客観化・科学化を測定する基準はなにかという論点については、共通の理解を得られないまま終わった。紙幅が限られた本稿では、戦後憲法学がその後も立ち返ることの多かった「憲法解釈の客観化・科学化」という論点と、来栖提言の本来的核心であったにもかかわらずそれ自体としては争点にならないまま、しかし底流では黙示的に論点たり続けてきた「解釈者の責任」の問題に絞って、両者の関連を意識しながら若干の考察をしてみたい。

二　憲法解釈と「社会の発展法則」

「憲法解釈の客観化・科学化」という論点をめぐってもっとも論争的であったのは、その「客観化・科学化」の保証に関わって提起された「社会（ないし歴史）の発展法則」に関する一連の議論であろう。法の解釈論争の「渦中に飛び込むことを差し控え」ていたが後ほど「やや本格的な取り組み」を行った小林直樹は、「『歴史の進歩』の方向を唱道する陣営と、そういう事実論を当為の領域に引き込むことを非難する人々との間に……期待されるべき討論の深化がなされてはいない」ことを「宿題となっている問題」とする。(7) 法の解釈論争のこの「宿題」は、以後もしばしば議論の対象となってきた。

今日もなお論争的である憲法解釈における「歴史の発展法則」論とは、次のような論争経緯をたどって提唱されている。

「法解釈の実践性・主観性」の確証それ自体は、宮沢俊義が戦前においてすでに唱えていたことであった。「法の科学」を「理論的認識の作用」、「法の解釈」を「実践的意欲の作用」と区別し、「客観性を本質」とする「科学学説」と「本質的に主観的」な「解釈学説」を峻別すべしとした上で、後者は「いずれが wahr であるかを理論的・

科学的に決することはできない」とした宮沢の提言は[8]、しかし「戦前における憲法学界の受け入れるところとはな」らず、「戦後憲法学は……いわゆる法解釈論争を媒介として先生〔宮沢〕の提言に到達する」ことになった。[9]もっとも来栖提言は「法解釈の実践性・主観性」を強調したが法解釈を実践・主観とのみみなしたわけではないから、峻別を説いた宮沢と同じではない。[10]また宮沢提言は、「天皇機関説事件で、憲法学説の禁止が行われたので、その機会に書いたもの」[11]であり、「理論的な『学説』が『公定』せられる場合はそこにはもはや完全な学問研究の自由はない」[12]ことを強く批判するものであったから、天皇機関説自体を「科学学説」と見ており、イデオロギー批判を科学の主任務とする宮沢の方法論からしても検討の余地があるが[13]、ともあれ「科学学説」を権力的「公定」から防禦する文脈で、科学的認識と切断・峻別すべきところに「解釈」を定位させたことは間違いない。

しかし「（憲法）解釈の実践性・主観性」を確証しただけでは「解釈の科学性・客観性の問題がまったく無視され、解釈の『正しさ』が、客観的基礎とまったく無縁に主張されているきらいがあ」[14]り、問題はこの確証の先にあった。これに対して川島武宜は、解釈者個人にとっては主観的価値判断である解釈も「社会現象としてみたときには、一つの法則に支配されているもの」であり「ある具体的な解釈も、単に主観的な主義、主張ではなしに、客観的な法則に従う現象として示され得る」[15]として、個々の解釈＝価値判断が「どのような社会的価値に奉仕し、またその社会的価値はどの価値体系にとってどのような地位にあるか（価値判断と価値との関係、価値と価値体系との関係）、またどの価値体系はどのような利益関係を反映するか（価値体系と社会的＝経済的＝政治的基礎）、社会の発展法則に基いてどの価値体系が将来支配的なものとなるであろうか」を法学が示すならば「価値判断を対象とする法律学も、他の諸の科学と同じ資格で科学の名に値する」と見た上で、当該解釈＝価値判断も「当該社会の中の一定の範囲の人々の利益の基礎の上に立つところの社会的価値体系を反映するものであり、その限りで客観性をもつ」とした。[16]

これに対して長谷川は、川島のこの「社会の発展法則に基づく」法解釈の「科学化・客観化」を「いかなる立場にたつ……法律研究者にたいしても、その人たちの解釈がヨリ科学的になるよう教導することは……意義ある仕事」と高く評価しつつも、しかし「だれでもその社会階級的立場にかかわりなく『科学としての法律学』を樹立しうるとは、現実には考えられない」と批判して、「社会の発展をおしすすめ、それをおしすすめることが自らの利益となり、それゆえ、社会の発展法則を科学的に認識しうる階級的立場にあるものの価値判断のみが科学的基盤をもつことが可能であ」るとの定式を対置した(17)。

長谷川の場合には、「生ける法」をめぐって民法学者を中心に展開された法社会学論争の中で、歴史的階級的な特定の価値体系に立脚した〔憲〕法を対象に、それとは異なる価値体系に立つ解釈者が「解釈」という営みを行う際の、解釈対象と解釈主体との間に発生する緊張関係を、解釈方法論としてどう理論化するかが課題であったと思われる。法の解釈論争に入る前にすでに「法の解釈ということは……あくまで一定の目的をたっするために、法規を手段としてする理論的・実践的活動であるから、相手……の実情に応じて、あくまで臨機応変でなければならないことはたしかである〔が〕……いかに斗争の手段だからといって、三百代言的な論理や非科学的な事実で斗うことは、いかにもっともらしくみえても、けっきょくは科学的法学の自殺であり、そんなものがまた、正しい……実践に役立つわけはありえない(18)」と述べていた。法の解釈を単なる実践とみなして法の科学から峻別するのではなく、法の解釈のところで実践と認識を統一するその方法を樹立することは、法社会学論争の中で得られた「宿題」であった。こうして、先述した定式を基礎に「社会の発展法則の科学的認識にもとづき、憲法典のわくの中でおこなう、既成の有権的解釈の改革のための実践が、憲法の解釈だ」とする提言(19)が出される。

かような定式・提言がいわゆる「歴史の発展法則」論であるが、この立論について留意すべきは、法解釈それ自体は科学ではないという点では宮沢以来の見地を堅持しながら、それに「科学的基盤」を与える方法が模索されていること、その科学化・客観化が、川島のように外側からではなく内側から試みられていること、その科学的認識の客観性が確保できる論理的筋道を、幾重にも「可能性」の留保を付して提示していること（「科学的に認識しうる立場」、「科学的基盤をもつ可能性」等々）である。

憲法学に限っても、この提言は論争誘発的であった。一九六八年の「シンポジウム／憲法学の方法」では、樋口陽一から「そのような立場が常に科学性を保証するとはかぎらない」、杉原泰雄からは「歴史の発展法則の認識という非常に巨視的な問題と……法の解釈の個別性という問題とが簡単に統一されるか」との批判的疑問が提起されている。これに応えて影山日出彌は、前者については「そういう立場に立てば、いつでも科学的な基礎を与えうるかというと、現実問題としては、そう簡単にはいかない……。だから……〔長谷川は〕慎重ないい方で、認識しうるというわけですね」と応答し、後者に対しては、「歴史の発展法則」論とは「原則的な観点」であって「あらゆる法律問題について具体的にすべて説明し尽くされてしまうというものではない」し「特定の立場に立っていれば、自動的になんらかの同じ結論が出るということはありえない」と答えている。[20]一九七二年の「研究会／公法における法の解釈」では塩野宏が「歴史の発展法則……では説明ができないいろいろな問題がある。たとえば統治行為を認めるか認めないかというのは、歴史の発展法則と関係しますか」と問い、これには芦部信喜が「そのこと自体はおっしゃるとおり問題だけれども……少なくとも……いろいろな面で一つの深化ないし発展というものはありますね。それを踏まえたうえで、ある一つの大きな原則を出すことは可能だし……非常に重要ではないか」と応答している。[21]一九七八年の「座談会／これからの憲法学」では、「この法則が所与のものとしてあり、それを解釈作業にストレートにもちこむということが立論の趣旨ではなく、解釈行為の全局面に働く解釈者の立場を科学的たらしめるのが『歴史の発展法則』を推進する立場であるということが立論の趣旨である」と述べた私の報告に対し、たとえば杉原からは、なおも「歴史の発展法則が果たして個別的、具体的事件に資する準則を引き出しうるほどにまで具体的な内容を持って明らかにされているか」が問われ、山内敏弘からは「その立場にいる者でないと、その歴史の発展法則が認識できないということであると、そういう歴史法則というのは客観性をどの程度まで持つことができるのかということはやはり問題になる」と批判的疑問が寄せられていた。(22)

続発する疑問を「歴史の発展法則というものがあるかどうか、もしあるとしてそのような大原則から個々の法解釈がみちびきだされるだろうかという疑問」と受け止めた長谷川は、「私はかつて、法の解釈が『社会の発展法則の科学的認識』にもとづいておこなわれるべきことを主張したことがあるが、それは、ある法則を発見すれば、それから直接すべての法の解釈が一義的にきまるということを主張したわけではない。法の解釈をする場合、そこで問題になっている事実を、社会科学的に明らかにすることの必要性をのべ、社会科学的認識が解釈を左右する解釈者の価値判断の基準になるのは、事実＝社会現象の生起に一定の法則性があるからだということをのべたにすぎない」と反論している。(23)「にすぎない」立論であったかは議論があろうが、この反論にかつての定式・提言を重ねれば、立論の核心は、諸々の憲法解釈＝価値判断を川島のごとく外側から「客観化」して「科学的」にその位相を示すことにとどまるのではなく、自己の憲法解釈それ自体を科学化・客観化する方法にこそあり、それが、「歴史の発展をおしすすめる立場」に立つことで「科学的基礎をもつ可能性」を得ること、なぜならば「歴史の発展をおしすすめる立場にある人びとこそが、その発展法則を客観的に認識しうる」(24)から（逆にいえば「社会の発展が、その利益を害する……ものにとっては、社会の発展法則の科学的認識は不可能」(25)だから）であること、を示すところにあった。こうした「立場」論をとる基底には、そうすることでこそ社会ないし歴史への「主体的責任」を引き受けることができるという前提があった。

したがって認識論のレベルに限れば、「歴史の発展法則」論には、前掲「シンポジウム」で樋口陽一が「当該社会の支配層のイデオロギーに対して批判的な緊張関係をつくりうる立場をもつことが社会科学にとって大切だという意味においては、傾向的にいってそのとおり」[26]と述べていることと響き合う部分がないわけではない。イデオロギーを含む社会現象を「認識」する場合、その現象にいわば満足している者にはその現象との「緊張関係」はないし、したがって運動（motion, Bewegung）する社会現象が発展（development, Entwicklung 展開）していく契機＝矛盾を認識することも困難だからである。ただし樋口の場合は「およそ社会科学の最大の任務は、社会の現実を隠蔽する諸々のイデオロギーのイデオロギー性を摘出し科学の立場からの批判をくわえるところにある」[27]とするのに対して、長谷川の場合は「社会現象に歴史的・論理的法則性がなにもないのであれば、社会科学そのものが成立しない」[28]とする点に決定的ともいえる相違があり、ここから、「歴史の発展法則」を憲法学ひいては憲法解釈に方法論として組み込むことの可否をめぐっても相違がでてこよう。この問題はしたがって「社会科学（としての憲法学）」の方法とは何かに帰着することになる。

ちなみにこうしてみると、しばしば議論の標的とされてきた「歴史の発展法則があるとしても、そこから個々のあるべき法解釈が導出できるか」という点は、「歴史の発展法則」を論じる主たる場面ではなかったというべきだろう。「歴史の発展法則」と「個々の憲法解釈」との関連については、「自然法則と同じような意味での法則性は歴史には存在しえない」が「長期的に歴史を見るならば、そこに一定の傾向あるいは流れを跡づけることは決して不可能ではない」から「そのような価値原理にできるだけ忠実に従った法解釈を行うことが……客観性をもつための基本条件」とする言説[29]は、「同じような意味」がどういう意味かを留保すれば、「歴史の発展法則」論と矛盾するものではない。「歴史の発展法則」論が問うてきたのは、当該事象が「一定の傾向あるいは流れ」であるとしてもそれが「傾向・流れ」であると認識しうる方法そのものであった。なお「歴史の発展法則」論に対して「『ベルリンの壁』崩壊後の現在……歴史的発展法則をどう認識し、そこからどのように個別具体的な憲法問題の解決に資する妥当な憲法判断を導きうるというのであろうか」[30]の問いが最近投げかけられているが、ソ連・東欧型社会主義の自己崩壊が「歴史的発展法則の認識」内容を変動させていくことはあっても、「歴史的発展」自体とそれを「おしすめる」営みが雲散霧消して「歴史の終わり」が到来したわけではない。

三　「認識・評価の批判的峻別」と「主体的責任」

法の解釈論争が「法解釈の実践性・主観性」を確証したことが、憲法学では「無自覚的に法の科学＝認識、法の解釈＝実践とする単純なみかた」を「一般化」してしまい、かえって「法の科学の軽視」ないし「手段化」を生んだという指摘[31]はあたっていよう。主観的価値判断が働く憲法解釈を主観的判断の水掛け論に終わらせずいかに客観化・科学化するかという論争の核心は、あまり共有化されなかった。それは、来栖提言のもうひとつの論点たる「解釈者の責任」問題が――その言明を「政治的」責任としたことがもっぱら「政治的」に受け止められたためであろうか――深まらなかったことと無関係ではない。

ところで、この「責任」問題を、憲法解釈をも含む憲法学の方法のところであらためて問いかけたのが、八〇年代に提唱された樋口陽一の「批判的峻別」論[32]であったろう。法の解釈論争が五〇年代の改憲動向を背景に展開されたとすれば、この提唱は、八〇年代に入って顕著となる「戦後を疑う」風潮の中で再登場してきた改憲動向を背景にしており、また、宮沢が説いた「科学学説と解釈学説の峻別」を起点とはしているが、「学説の両面機能性」[33]論を媒介としつつ、議論の枠組みを「認識＝科学」と「評価＝思想」の「峻別」にいわばヴァージョンアップして、その認識・評価の各々を説く場面で生じうるであろう「付随的効果」にどう対処するかを提言したものであった。

したがってその論題は、「疑う」対象とされた「戦後」の評価から憲法学方法論一般に至る広範な領域にまたがっており、この提言をめぐる論戦も論点を多岐に含んでいるが、(34) ここでは本稿の関心から、「付随的効果への対処」論を、憲法研究者の「責任」論の角度から考察してみたい。というのもこの論題は、認識・評価という憲法学の営みの全場面でそれがもたらす付随的効果への「対処」を憲法学の方法として組み込むというのであるから、憲法学が営む学的実践の局面での責任を問うていることになるからである。とりわけ、その「評価ないし実践的提言」の場面での付随的効果への「対処」の主要目的が、当該評価をなす者の「主体的責任の明確化」にあると明言されている点に留意しておきたい。

樋口提唱の内容は、誤解を恐れず簡単にいえば、まず、法学における認識（認識自体と認識結果の公表も含むとする）と評価とを「密接な関連はあるがつまるところ峻別すべき」という立場を前提として、次に、その峻別論を説く場合、前者の場面では、認識行為に評価を混入させてはいけないという「認識者の認識の客観性の確保」という目的を、後者の場面では、認識の名において評価ないし実践的提言をしてはならず、その人自身の奉ずる価値に基づいてそれをしなければならないという評価主体の「主体的責任の明確化」という目的を、それぞれ共有しつつも、各々のもたらす付随的効果への対処の点では、異なった三つの態度がありうるとする。その態度とは、前者の場面で峻別論を説く場合には、①一切の付随的効果を無視して認識行為をする「単純峻別論」②認識行為にはそれとして徹するが、それとは別に、好ましくない付随的効果が予測されるときはそれを抑制するための評価ないし実践的態度表明を行う「批判的峻別論」③予測される付随的効果への実践的評価に基づいて認識行為をするかしないかの決断をする「自覚的結合論」の三類型であり、後者の場面で峻別論を説く場合には、①付随的効果を無視して峻別論を説く「単純峻別論」②峻別論を説くが、それによって好ましくない付随的効果が予測されるときはそれを抑制するための評価ないし実践的態度表明を行う「批判的峻別論」③自己の奉ずる価値に基づいて実践的評価を行うが、その説得効果上必要なら自覚的に認識を評価に結合する形の議論も辞さない「自覚的結合論」の三類型であるとし、提唱者自身は、各々の場面で「批判的峻別論」を「選択」するとする。もっとも後者の場面においては、「解釈学説を主張する解釈者の主体的責任の自覚という点では」②と③は「共通のものをもって」おり、「批判的峻別論は、解釈学説としての効果への配慮をする以上は、峻別論の立場をなかなか首尾一貫することができず、自覚的な結合論にいわば限りなく近づいてゆく」という。

見てのとおりこの提唱は、それ自体特定の方法論である認識・評価「峻別」論を前提としているから、認識を客観的物質世界の反映ととらえ、実践を認識の基礎に据えて認識と実践の統一（その意味での「自覚的結合」）を説く別の方法論とは、原理的に対峙するほかないが、この対峙がもたらす緊張関係のゆえか、認識・評価峻別論にいわば「実践による検証」の場面を想定させうる一定の配慮がなされているものと思われる。ただしそのことがかえって提唱者の三類型論の理解を難解にしてもいて、たとえば、論理的過程には常にありうる「区別」ではなくて、相互連関を切断する含意のはずの「峻別」をした認識と評価が、「付随的」ではあれ「効果」を配慮する場面で論理的連関を復元するのはなぜか、とりわけ「自覚的結合論」がいかなる意味で「峻別論」の一類型たりうるのかは理解しづらい。この提唱をめぐって展開された論争のひとつの争点も、したがってこの「配慮」と提唱が前提とする「峻別」論との整合性におかれていた。

それはともあれ、この提唱が、認識・評価の両場面での「付随的効果への対処」を問うことで、これまで方法論からして責任を問うことのなかったとされてきた「峻別」論に、方法内在的に克服を挑んで責任論に迫ろうとしたことは、刮目に値する。憲法学における峻別論の嚆矢はかつての宮沢提言であったが、それは「科学学説」の言明においても「解釈学説」の言明においても、言明のもたらす結果への責任はこれを遮断する性質のものであった。その方法論上の要請である「認識に評価を混入させるな」「認識の名で評価をするな」という原則はこれを継承しながら、「認識の客観性の確保」に加えて「評価の主体的責任」を問い、あわせてその言明のもたらす効果への配慮を説く樋口提唱は、したがって峻別論の陥穽を方法内在的に塞ぐことをめざしている。かつての宮沢提言が方法論史に時代の画期をもたらしたとすれば、この提唱にはつぎの画期が意図されている。

さらに留意すべきは、解釈者の責任問題を「主体的責任」としてとらえていること自体の意義である。来栖提言を解釈＝主観的価値判断とのみ解し、宮沢が「解釈学説」を「いずれが wahr であるかを理論的・科学的に決することはできない」と言い放ったままの言説と等質に受け止めている限り、解釈者の責任問題は問いようがない。法の解釈論争で追求されたのは、その主観的価値判断をいかに客観化するかであったが、論争を経て得られたひとつの到達点は、認識＝科学、解釈＝実践という截然たる区分を克服して、「解釈はただたんなる実践的行為として理論的認識行為と区別されるべきものではなく、それ自身の中に科学的認識をもちながら、それを評価し、選択する行為を通じて、解釈という実践に仕上げられている行為」であるとするいわば「主体的価値判断」ともいうべき見地であった(35)。法学における認識と実践を、主体的責任を媒介にして架橋しようとするこの試みの系譜に、したがって樋口提唱は方法論上の繋がりをもつ。樋口提唱が宮沢のいう「解釈学説」で表象される領域を、単なる実践ではなく「思想」の領域とし、その営みを「科学ではないにしても学問の名になお値する」とした意味は、この文脈で理解されるべきであろう。またその「思想」領域における「批判的峻別論と自覚的結合論との限りなき接近」を語らしむのも「主体的責任」を重視するがゆえであったに違いない。

とはいえ、「付随的効果への対処」を説くならば、現実に常に惹起するであろう「付随的効果」が、逆に当該認識・評価の次の営みを再規定する関係、つまり「言明」という学的実践がもたらす認識・評価両面への働きかけが、提唱においては方法論上組み込まれていないことが、それとして問題となろう。この点は、「峻別」論のよってたつ方法論自体がそもそもそうした場面を予定しておらず、だからこそ「付随的〔にすぎない〕効果」と命名されていると言えばそれまでだが、ある「効果」を配慮して「対処」するということは、現実には、当該配慮の妥当性を当該効果に照らして検証することにほかならず、その検証を通して再対処をはかることもあれば、その検証が次の言明にあたっての「付随的効果への対処」を規定もするはずである。これは経験的に明らかなことであろう。認識・評価の営みの具体的・客観的なありようは、かように「実践による検証」の累積を経て練りあげられていく性質のものと思われる。峻別論の立場から追求される「主体」的責任が、主体の観念にとどまるものでない限り、この点の方法論的組込みは必要であろう。

来栖提言の後段は、法の解釈論争においてそれとしては深められなかったが、主観的価値判断が働く法解釈を主観的なままで主体的にどう客観化するかという方法論的摸索の中で、常に発信されてきた問いであった。かつて五〇年代に展開した法の解釈論争は「日本国憲法理念の定着」が阻まれる中で生起したが、八〇年代に入っての「戦後を疑う」論調から昨今は「近代を疑う」論調を通して、「戦後」憲法・「近代」憲法たる日本国憲法の「理念」に嫌疑がかけられるがごとき「変容」が語られるただ中で、この提唱は論争になりつづけている。戦後まもなくにして生起した法社会学論争で問われたのは、総体としての法学の方法であった。五〇年の歳月を経て憲法学方法論は、憲法学の責任を見据えつつ再度近代憲法の本質とは何かというところから論争化しなければならないのかも知れない。

(1)　長谷川正安『法学論争史』（学陽書房、一九七六年）一一〇頁。
(2)　浦田一郎「日本における憲法科学の方法論」杉原泰雄編『憲法学の方法』（勁草書房、一九八四年）二六七頁。
(3)　高見勝利「憲法学説の50年」法律時報六七巻六号（一九九五年）五六頁以下。樋口陽一＝森英樹＝高見勝利＝辻村みよ子編『憲法理論の50年』（日本評論社、一九九六年）所収。
(4)　来栖三郎「法の解釈と法律家」私法一一号（一九五四年）一六頁以下。
(5)　鵜飼信成「憲法解釈の基本問題」季刊法律学二〇号（一九五六年）一五頁。

(6) 山内敏弘「戦後における憲法解釈の方法」杉原編・前掲書八五頁。
(7) 小林直樹「憲法解釈学の基本問題」『田中二郎先生古稀記念　公法の理論（下）I』（有斐閣、一九七七年）一三五二頁以下。
(8) 宮沢俊義「法律学における『学説』」法学協会雑誌五四巻一号（一九三六年）、後に同『法律学における学説』（有斐閣、一九六八年）所収・六七頁以下。
(9) 阿部照哉＝芦部信喜＝塩野宏＝杉原泰雄＝藤田宙靖＝室井力「研究会／公法における法の解釈」ジュリスト増刊『法の解釈』（一九七二年）一一四頁（杉原泰雄発言）。
(10) たとえば「法の解釈は……客観と不可分に結びつけられた主観である」という（来栖三郎「法の解釈適用と法の遵守」法学協会雑誌六八巻五・七号〔一九五〇年〕長谷川正安編『法学の方法』〔学陽書房、一九七二年〕一四九頁）。
(11) 宮沢・前掲書「はしがき」二頁。
(12) 宮沢・前掲書八五頁。
(13) この点につき宮沢俊義『天皇機関説事件　下』（有斐閣、一九七〇年）五五三頁以下、長谷川正安「戦後憲法学史の展開」公法研究四〇号（一九七八年）七二頁、参照。
(14) 長谷川正安『憲法判例の研究』（勁草書房、一九五六年）一三頁。
(15) 川島武宜＝来栖三郎＝加藤一郎＝潮見俊隆「法解釈学の『科学性』」法律時報二六巻四号（一九五四年）五三頁（川島発言）。
(16) 川島武宜『科学としての法律学』（弘文堂、一九五五年）七七頁、後に『川島武宜著作集　第五巻』（岩波書店、一九八二年）五〇―五一頁。
(17) 長谷川・前掲書一九―二〇頁。
(18) 長谷川正安『マルクシズム法学』（日本評論社、一九五〇年）五五頁、同『マルクシズム法学入門』（理論社、一九五二年）一四三頁。
(19) 長谷川・前掲書二四頁。
(20) 杉原泰雄＝奥平康弘＝樋口陽一＝影山日出弥＝阿部照哉「憲法学の方法」法律時報四〇巻一一号（一九六八年）五八頁以下。
(21) 阿部ほか・前掲一六一頁。
(22) 佐藤幸治＝中村睦男＝古川純＝森英樹＝山内敏弘＝杉原泰雄「座談会／これからの憲法学」ジュリスト六五五号（一九七八年）五六頁以下。

(23)　長谷川・前掲書一四一―一四二頁。
(24)　長谷川正安『憲法解釈の研究』（勁草書房、一九七四年）八二頁。
(25)　長谷川・前掲書二〇頁。
(26)　杉原ほか・前掲注（20）五八頁。
(27)　樋口陽一『近代立憲主義と現代国家』（勁草書房、一九七三年）四頁。
(28)　長谷川・前掲書一四二頁。
(29)　山内・前掲論文一二三―一二四頁。
(30)　高見・前掲論文六二頁。
(31)　浦田・前掲論文二八六頁以下。
(32)　樋口陽一「日本憲法学における『科学』と『思想』」法哲学年報一九八一年・七頁以下（改稿・改題して同『近代憲法学にとっての論理と価値』（日本評論社、一九九四年）一七頁以下）。なお、同「タブーと規範」世界四五一号（一九八三年）も参照。
(33)　参照、樋口陽一「『八月革命』説理解の視点」国家九七巻五・六号（一九八四年、樋口・前掲書五九頁以下）、長谷川正安「『八月革命説』の再検討」杉原泰雄＝樋口陽一編『論争憲法学』（日本評論社、一九九四年）所収。
(34)　菅野喜八郎・山下威士・蓮沼啓介・中村哲也らとの論争の詳細については参照、山内敏弘「『批判的峻別論』論争」杉原＝樋口編・前掲書所収。
(35)　長谷川・前掲書一一五頁。

第二章　資本主義国家と社会主義国家

一　資本主義国家

　資本主義とは、資本が生産活動の主体となっている社会経済体制を指す言葉であって、社会主義のように特定の主義・主張・思想をも指す言葉ではない。このことは、社会主義者という思想的立場を自覚的にとる者はいるが、それと対比・対峙して資本主義者という自覚的な思想的立場をとる者が存するわけではないことに明らかであろう。資本主義の構造・動態・展開法則を解明したのはカール・マルクスであるが、その体系を示した著『資本（論）』には、資本主義（Kapitalismus）という用語はない。資本主義国家とは、資本主義の社会経済体制によって生み出され、かつ、相対的独自性を保ちつつも資本主義的社会経済体制の生成と展開を支える政治機構としての国家のことを指す。したがって資本主義国家とは、資本主義の基本構造に沿った役割を果たしつつも、資本主義の生成・展開に伴い、その役割を変位させていく。

1　近代資本主義国家の特色――光と影

資本主義の社会経済体制の基本構造は、生産手段を私有する資本家が、生産手段をもたない労働者の労働を労働力商品として購入し、自らの所有する生産手段と購入した労働力とによって商品生産を行うという生産様式をとるところにある。これが資本主義的生産様式であり、資本主義である限りこの原則は変わらない。この生産過程で剰余価値が生み出され、資本家はこれを利潤として獲得する。この剰余価値は、労働力が産出したものであるにもかかわらず、これを領有するのは資本家である。近代憲法がその核心として確立した財産権保障がもたらす私有財産制と、自由権保障がもたらす契約自由の原則によって、資本家が剰余価値を獲得しうるシステムが資本主義であるが、これを円滑に営むために、資本主義国家は設置され運営される。

資本主義的生産様式では、資本家の私的利潤獲得のために生産が行われる。このため、その生産は社会全体にとっては「自由」に、したがって無政府的に展開される。資本主義成立当初においては、この無政府状態に国家が規制を加えることは控えられるべきものとされた。経済活動に対する、したがって社会経済に対する自由放任（レッセ・フェール）こそが人々に繁栄と富をもたらすと考えられたからである。自由主義経済の理論的体系を示したアダム・スミス『国富論』は、このことを端的に、「見えざる手」によって導かれる「自然的自由の制度」と呼んだ。

ただ、このような資本主義的生産様式の成立にあたっては、封建制の社会解体過程で、身分的束縛から解放されはしたが、しかし労働力を売るほかない「自由」な労働者の創出と、資本としての貨幣や生産手段の蓄積とが前提条件となる。このような資本主義の条件が整備される過程を、資本の本源的又は原始的蓄積と呼ぶが、そのような蓄積を促進するために、国家はその強制的役割を果たした。近代資本主義国家は、その成立期には、上記のような意味での「積極国家」でもあった。それは単純協業からマニュファクチュアへの移行過程であり、経済政策上は重商主義の段階に対応する。この過程は、産業革命を経て産業資本が成立することで、近代資本主義を確立させる。資本主義の確立は一八世紀後半のイギリスを起点にイギリスから独立した米国及びフランスを軸とする西欧で拡大し、一九世紀末には日本やロシアにも及んだ。

こうして成立した資本主義にとって、国家はその円滑な展開を外側から防御・保障する役割を果たす。夜警国家・消極国家と呼ばれる時代がこれに当たる。「夜警国家」とは、レッセ・フェールの下でその役割を必要最小限にとどめるべきものとする国家像を表象した言い回しではある。「自由主義」経済のもとでは、様々な利害対立もまた自由放任により自制的・自律的に解決されることが、社会の安定的秩序にとっては望ましいものとされ、国家の受け持つべき役割は、もっぱら外敵の侵入を防ぐこと（防衛）、及び国内の社会経済が自由かつ円滑に展開することを妨害する要素を排除すること（治安）にとどまるものとされた。そうすることで現実の労働者・農民の生活が労苦に満ちたものであることを放置する国家であることに着目して、一九世紀ドイツの革命家、フェルディナント・ラッサールが、皮肉をこめて命名したのが「夜警国家」という用語である。そこには「夜警」しかしない国家という意味合いが込められてもいた。

また、この夜警国家の時代には、国内の社会経済に対し国家が干渉しうる領域は、市民の安全と社会の秩序を保持するのに必要な最小限度に限定されていたから、必要な事項はすべて明確に法文の形で示すことができた。したがって、法の制定が政治上最も重要な課題であり、制定された法をいかに執行するかは第二義的な意味しかもたなかった。この時期の国家を指して、後の行政国家との対比で「立法国家」と呼ぶことがあるのは、こうした事情による。

なお、近代資本主義国家の以上のような理念は、一七八九年フランス人権宣言一六条が明示したこともあって、自由主義的な権力分立原理を導出するという理解が一般的であるが、イギリスが権力分立原理をとることなく権力統合的な国会主権・議会主義原理に立ったことは、イギリスが近代資本主義国家の嚆矢であるだけに留意すべきであろう。近代資本主義国家の統治形態は権力分立原理をとる、とは必ずしもいえないのである。

以上のような近代資本主義国家には、歴史的進歩としての「光」の部分と、次の時代に克服されるべき「影」の部分とがある。

光の部分の第一は、封建体制からの人々の身分からの解放である。全人口の二～三%でしかない封建的身分特権者によって圧倒的な非身分特権者が支配されていた非合理的支配体制で支えられていた封建国家は、近代市民革命によって打ち倒され、代わって成立した近代市民国家は、人々を不可侵の人権の保持者とし、かつ法的には平等な存在とすることで、封建的身分制度とそれによる封建的身分特権との廃止を宣明した。

第二は、被治者たる人々とそれを支配する国家権力との関係の理念における画期的転換である。旧体制においては、被治者は文字どおりひとえに支配・統治される存在であったが、近代市民国家は、人々を人権の保持者とし、その人権を確保することを国家権力の役割とする建前をとることで、個人と国家との関係のあり方を逆転させた（国民主権）。

第三は、資本主義の形成に不可欠の意味を担ってではあるが、近代的人権の核心である、精神的自由・身体的自由・経済的自由を三位一体のものとして保障する建前をとったことである。資本主義の生成・展開のためには、土地・生産手段の私有制、労働力の商品化と労働力商品を含む商品の自由な売買・流通などが不可欠であるが、近代市民国家はこれらを財産権・労働の自由・営業の自由・居住移転の自由・契約の自由などを保障することでその公式化をはかる。これらの保障は同時に一般的で普遍的な「権利保障」という形をとるので、近代資本主義国家は、その出発にあたって個人の自由・解放一般を保障するという画期的役割を果たすこととなった（権利・自由の保障）。

第四は、第三の一環ではあるが、近代市民国家は、とりわけ精神的自由を保障することで、人々の何ものにもとらわれない知的活動の全面的展開を可能とし、もって思想・芸術・文学・科学技術などの飛躍的発展を可能とした。特に科学技術の発展は産業革命をもたらし、生成しつつあった資本主義を飛躍的に発展させ産業資本主義の確立を促す。また、大量の労働者を高度化しつつある工場労働につかせるためにも、一定の知識水準が必要となるが、そうした時代の要請も受けて公教育制度が整えられ、人々の知的水準も大幅に引き上げられていった。以上を前提に、総体としては、また相対的には生活水準が向上したことも指摘できよう。

なお、以上のような近代資本主義国家の光の部分とは、原理的には、資本主義的生産様式が商品生産・流通の体系として成立したことの反映でもある。商品とはその生産者・保持者の身分等に関係なく、商品自体の価値によって取り引きされるから、その限りで自由で対等な商品所有者を前提とし、人々はその限りで対等かつ等質の商品所有者として結びつくのであり、この点では、近代資本主義国家とその憲法が謳った自由・平等・友愛を理念的に生み出す社会経済的基盤でもあったからである。

このように近代資本主義国家は、国民国家・国民主権・人権保障・民主主義などの諸原理と密接な関連をもつことで、人類史の発展にとってそれまでにない画期的な光を放ちつつ進歩の段階を切り開いた。もとよりそれは、資本主義国家であるが故に重大な矛盾を後に顕在化させることになるが、それは後述するとして、ここでは、近代資本主義国家が、その成立時において既に内包していた「影」の部分をもみておく。

その第一は、いうまでもなく女性差別である。近代市民革命は人々の「人権」を高らかに宣言し、それを保障することこそを国家の役割として資本主義国家は出発したが、その「人権」とは、典型的な一七八九年フランス人権宣言が正確には「男性及び男性市民の諸権利の宣言（Déclaration des droits de l'homme et du citoyen）」であったように、成人・男性・健常者の「権利」にすぎなかった。これはフランス語の（名詞に性があるという）文法上の問題ではなく、当時の実態を示している。近代資本主義憲法の下では、女性は権利主体とされず、選挙法・民事法・

刑事法などでも徹底的に差別的な扱いを受けていた。その根底には、妊娠・出産・授乳という女性の肉体的特性を根拠とした「自然的特性論」と、それに支えられつつ、出産・育児・家事を受け持つのは女性であるとする「性役割分担論」とがあった。この点は資本主義の生成・展開にも利用され、現代資本主義国家を経て克服されるべき社会問題となりながら、今日に至るもなお解決されきっていない。

第二は、高らかに謳った人権宣言にもかかわらず、近代資本主義国家が保障した経済的諸「権利」を梃子として生成・展開した資本主義的生産様式が、特に労働者及びその家族にもたらした過酷で非人間的な労働・生活の実態である。自由放任政策の下で国家は資本家に、労働力商品の保有者、つまり労働者を「自由」に雇用し労働させ解雇することを「権利」として保障した。労働力を売ることでしか生存できない労働者は、「契約の自由」の名で長時間・低賃金の悲惨な労働を強いられ、そのような条件の改善を集団的に図ろうとすることは法的に禁止され犯罪とされた（例えば一七九一年フランス・ルシャプリエ法）。「鉄鎖以外失うものを持たない労働者」といわれる状態が、近代資本主義国家における労働現場での「自由」の実像だったのである。それまでは経済外的強制下におかれていた人々は、そうした身分的拘束からは解放されたが、「自由」に労働力を売る中で経済内的強制下に投げ込まれた。かくして例えば、フランス革命期一八〇六年のフランスでは同国民の平均寿命が二八歳であったのが、資本主義国家のもとで資本主義が進展した一八四〇年には、それが二〇歳に下落したという。その主要因は労働者の若年死亡であった。フランスで「もう一度市民革命を！」が叫ばれ、一八四八年の革命が起こり、その憲法制定にあたって労働権の萌芽的定式が問題になったのには、こうした背景がある。

かくして資本主義国家は、その内部で発生した階級対立・抗争を背景に、近代国家が内包していた「光」の部分に依拠しつつ「影」の部分を克服する方向に向かう。「近代」資本主義国家から、それとは区別する意味での「現代」資本主義国家への変容・移行が始まった。

2　現代資本主義国家の特色――光と影

資本主義は、私的利潤の自由かつ無限の獲得のためのあくなき「自由競争」を是とする「自由主義」を原則とする。資本家は、自由放任主義に立つ近代資本主義国家の庇護を受けつつ、科学技術の飛躍的発展や労働強化などにより利潤の増大を図り、生産力を飛躍的に発展させた。しかし他方では相対的過剰人口と呼ばれる大量の失業をもたらし、労資・労使の対立を激化させた。「自由」な無政府的大量生産は、それに対応しえない有効需要との間で矛盾をきたし、景気循環がいわば法則的に恐慌を引き起こしもする。この循環を重ねつつ資本主義は、弱肉強食の鉄則によって中小資本を没落させ、大資本においては資本の集積・集中をもたらし、巨大産業資本と金融資本との結合をもたらしつつ、産業資本主義段階から独占資本主義段階へと移行する。しかもはてしない生産力拡大は、当然のことながらそれ自体限界を抱える国内市場の狭隘化と衝突し、かくて巨大化・独占化した資本は、植民地を求めあるいは途上国に資源と市場を求めて国際的な「自由競争」をも激化させる。こうして一九世紀末ごろから資本主義は帝国主義の時代に突入する。第一次世界大戦は、この帝国主義化した資本主義諸国が世界規模で展開した壮絶な殺戮戦であった。

こうした人類の生存さえ危ぶまれる資本主義展開の弊害を抑制するため、各資本主義国内では労働者が自覚的な階級として成立し、他の抑圧されている諸階級・階層と連携しつつ、各国の資本主義的国家政策の転換を求めるようになる。資本主義国家は、その内部の力関係を勘案しつつ、総資本の利益のためにも、そうした転換を部分的に図るようになった。もとよりその転換は、必ずしも資本主義の弊害を抑制しきることはできない。

かくして、そうした資本主義の弊害を構造的に防止するため、国家のあり方自体を根底的に転換する社会主義国家も誕生するようになった（一九一七年ロシア革命）。こうして、資本主義を維持しつつその弊害の是正を国家目的に掲げる「社会国家（Sozialstaat）」と、資本主義を廃して新しい生産様式を樹立せんとする「社会主義国家

(sozialistischer Staat)」とが併存しつつ緊張関係に立つことになる。

社会主義国家の出現に衝撃を受け、一九二九年の世界大恐慌に象徴される資本主義の構造的危機の顕在化を経て、先進資本主義国家は、独占資本と提携しつつ資本主義の危機を回避するため、「社会国家」性を強めるとともに、経済過程に積極的に介入するようになる。こうして現代資本主義国家は、独占資本主義の一階梯であるいわゆる国家独占資本主義の段階に入る。

こうして、現代資本主義下においては国家の機能が著しく拡大し複雑化したが、それに伴い行政部門の比重が急激に増大する。一般に法律は問題を処理する枠組みを示すだけであるから、問題の複雑化とともに法律の施行にあたって当該法律の規定をいかに適用・運用するかが重要な意味をもってくる。そのため行政部門による裁量の範囲と意味とは、従来に比して質的に異なる重要性を帯びるようになる。また、複雑化・高度化した問題を処理するには、高度の専門的・技術的能力も必要になる。こうして現代資本主義国家においては、立法国家に代わって「行政国家」と呼ばれる変容が起こった。立法部はこの行政部の提示する重要にして詳細な施策に専ら賛否を表明する役割に変容する。加えて戦争や恐慌のような非常事態に際しては、立法部がその権限を行政部に大幅に委譲する委任立法方式も増大してくる。夜警国家・消極国家からのこの変位は、立法国家から行政国家への転換をも意味していた。

ただし、以上のような一応の対応力能さえもてなかった現代資本主義国家では、そうした国家形態を捨てて独任制の「指導者」が民衆の喝采を浴びつつ全権力を掌握して当該国家の運営に当たるファシズム国家を生み出す。英米仏よりも遅れて近代資本主義国家を形成したドイツ・イタリアといった後発資本主義国では、植民地分割競争に遅れて参入したため経済的基盤が弱く、第一次世界大戦直後の世界的な経済的疲弊の影響を強く受け、深刻な失業・貧困・インフレ問題に苛まれ、国家的存立にゆらぎをきたし、中産階級以下の人々にとっては「社会国家」も画餅と写った。こうした国ではいわゆるファシズム運動が起こり、排外主義的なナショナリズムを掲げて民衆の熱狂的な同意を調達し、国家による強力な経済成長と国民生活の安定を図るとする「国家社会主義」を標榜して「下からの革命」を唱え、中産階級を軸に労働者・貧農をも組み入れた「運動」を基盤にファシズム国家が成立した。これもまた現代資本主義国家のいわばゆがんだ一形態にほかならない。

なお、日本については「天皇制絶対主義のファッショ化」とも呼ばれるように、明治憲法体制の下で国民＝臣民の思想形成をはかってきた神権天皇制への宗教的な精神動員を背景に、軍部・官僚による「上から」の強権的国家体制を形成して帝国主義国家間の国際抗争に参入していく道を歩んだという点で、本来のファシズム国家とはやや性格が異なる。

以上のような、一九世紀末以降の資本主義国家の変容は、一般に「現代資本主義国家」として近代のそれと区分されるが、その光と影は、近代のそれを継承しつつより鮮明かつ複雑な様相をみせる。

光とされる部分の第一は、既に述べた意味での「社会国家」の標榜とそれに基づく「人間たるに値する生活」の保障を国家責務に組み込んだ点である。そこでは、近代資本主義国家が「神聖」とまで保障を高めてきた財産権を軸とする資本家的な経済的自由を、いわゆる生存権保障のためには制約することが予定された。この流れは、一九一九年ドイツ・ワイマール憲法を嚆矢として、第二次世界大戦後の各国で普遍化していく。

第二は、第一の一環でもあるが、いわゆる生存権のみならず、これまでは犯罪視されていた労働者の結社権や団体行動権（特に争議権）が法認ないし権利化され、公教育を受けることもすべての人々の権利とされるなど、資本主義が構造的に生み出す社会的経済的弱者がその地位改善を求めることを権利として保障し、こうした人々を救済することが国家責務とされたことである。こうして現代資本主義国家は「福祉国家」を標榜することになる。

第三は、民衆的要求であった制限のない普通選挙制度が実現し、例外的ではあれ直接民主制も制度化されて、国家意思形成に被治者たる人々が参加する道が押し広げられてきたことである。男性のみの普通選挙制度はフランスで一八四八年に、また女性を含む真正の普通選挙制度はドイツで一九一八年に実現したのを嚆矢として、現代資本主義国家に徐々に拡大していった。これに照応して国民代表制の理念も「純粋代表制」から「半代表制」へ、更には「半直接制」へと変位していく。

こうした光の部分は、現代資本主義国家が資本主義国家であるがゆえに構造的に内包している影の部分のいわば逆照射でもある。二〇世紀に入るとともに加速度的な進行を遂げた工業化と都市化は、社会の大規模化と複雑化をも促進することによって、近代市民社会の前提である個人の予測可能性と自律性・自立性を著しく低下させ、国家をして「夜警」任務にとどまらせることの弊害を顕在化させた。また、普通選挙制が確立されて、市民社会の「市民」に労働者・民衆・大衆が参入し政治過程・国家政策形成をつき動かす主体として立ち現れるようになると、国家は「夜警」を超えた役割を果たすようにもなる。「自由主義」の基本理念は、言うまでもなく人々の自由の保障であるが、国家が「自由主義」たることに意味をもちうるには、人々が保障された自由によって積極的に個々人の生存や福祉を自律的・自立的に追求しうる社会経済的条件が、少なくも可能性として存在していなければならない。しかし、既にみた資本主義の進展は、この自己責任原則を客観的・構造的に崩壊させる。個人は過酷な競争の敗者として構造的に固定化されもはや敗北の全責任を負うことには耐えられなくなる。かくして人々は、各自の個別的な生活や福祉の実現に関しても、国家による生存配慮に期待することになる。

このように「現代」として画される社会経済の諸条件の下で現代資本主義国家が社会統合をはかろうとするなら、国家はこうした各個人の期待を満たすように、少なくも建前としては努力するほかはない。現代資本主義国家は、社会のあらゆる領域に介入しつつ、各個人の個別的な生活や福祉の実現に力を貸すことによってのみ、社会統合の力能をもちうる。してみれば、どのあたりがその統合の可能点となるかは、ひとえに国家と人々、とりわけ労働者・民衆・大衆といった人々との関係力学にかかっている。したがって例えば現代資本主義国家が標榜する「福祉国家」というシンボルの実態的あり方も、それによって生存・生活を維持する人々の異議申立てをどこまで組み込めば現代資本主義国家による社会統合が可能かといういわば力関係で決まってくる。

現代資本主義国家の影の部分とは、もとよりその際限なき生産力拡大がもたらす戦争国家化、非常事態国家化などに顕在化するが、光の部分との関係では、その光の部分の裏側に常に影の部分が潜んでもいることに留意しなければならない。

3　現代資本主義国家の近時の状況

福祉国家を標榜し続けてきた現代資本主義国家は、一九七〇年代に二度にわたって世界経済を襲った石油危機を経て、そのありようが深刻な批判にさらされた。慢性的な国家財政の逼迫化を理由として福祉国家は行き詰まったとされ、その理由と責任は「大きな政府」にあるとされた。こうして一九八〇年代に登場したのが、フリードリヒ・ハイエクを理論的主導者とする「新自由主義」の主張である（ハイエク『市場・知識・自由――自由主義の経済思想』）。その典型は、イギリスではサッチャリズム、米国ではレーガノミクスと呼ばれた現代資本主義国家の政策転換であった。サッチャー政権は、福祉国家の典型とされていたイギリスを、各種国営企業の民営化、労働法制をも含む「規制緩和」（という名の「基準破壊」）、社会保障制度の大幅後退などで改造し、レーガン政権もほぼ同様の施策に転換した。「小さな政府」を旗印とするこうした新自由主義路線は、一九八九年を前後するいわゆる冷戦の終焉により、ライバルをもはやもたなくなった現代資本主義国家が、国際社会経済を席巻するいわゆる「グローバル化」の底流ともなっている。英米を起点とする新自由主義は急速に欧州大陸や日本、旧ソ連東欧圏にも拡大している。こうして現代資本主義国家は、福祉国家から「自由」国家にいわば先祖返りする様相をみせている。

近時の「グローバル化」とは、冷戦終結前後から急速に進行している生産・流通・消費・金融・労働・情報・技術水準・サービスなどが地球規模で激しく行き交う事象のことを指すことが多いが、こうした事象が現実に深化していることは間違いない。しかし、そのような実態があること（実態としてのグローバル化）と、しばしば主権国家が主要・重要なアクターとなってそのような方向に国家政策を誘導・操縦・牽引すること（政策としてのグローバル化）と、そのような方向で世界を再編成するべしとする考え方（イデオロギーとしてのグローバル化＝グローバリズム）とは、相互に関連はするがレベルが異なる諸相として、区別しておく必要がある。

「実態としてのグローバル化」は、必ずしも歴史に不可避の必然的趨勢とは限らない。実態としてのグローバル化の深層には、確かに資本主義展開が原理的に国境を知らないという「自然史的過程」が働いているとしても、むしろそうであるがゆえに、国際的な資本主義展開をグローバルに強導する主権国家の覇権的イニシアティヴないしヘゲモニーの作用の結果という真相につきあたる。

ことは投融資・資本移動・為替・証券といった金融グローバル化においても同様であり、こうした「実態としてのグローバル化」は、しばしば覇権国のナショナルな利益を深源とした戦略として生起・展開している。確かに現象的には、国民国家・国民経済単位の世界経済秩序は、その敷居を低める方向で確実に変容を受けてはいる。この事象の地理的に拡大された射程範囲に着目するなら、それは直ちに「グローバル化」といいうるだろう。しかしそれだけのことなら、資本主義の展開が資本の論理に従って必然的に、情報技術等の諸条件の変化を技術的推進力にしつつ、世界大に拡大したがゆえのグローバル化にすぎない。問題は、経済領域でグローバル化と呼ばれている事象に資本展開の質的転換が生起していることにある。それは、単に資本のそうした量的・空間的な地理的拡延のことではなく、商品資本・貨幣資本の循環運動がトランスナショナル化するにとどまらず、生産資本循環においてトランスナショナル化が起こっているという質的転換を伴った特質である。

経済グローバル化の推進役を担う「多国籍企業」は、しかし無国籍企業ではない。これらはまぎれもなく本籍国のリソースに依拠しており、「多国籍企業」という呼称や様相にもかかわらず、現代資本主義国家たる主権国家を不可欠の要件としている。とりわけその軍事的保護は、多国籍企業自体がこれを行うことはできない。また生産資本が多国籍展開に傾くのは、国民国家システムを背景にした国民経済間に不均等と格差があるがゆえであることも見落としてはならない。かように、経済における「実態としてのグローバル化」もまた主権国家の「政策としてのグローバル化」に依拠している面がある。

新自由主義的な「国家の撤退」がしばしば語られるが、意図的に撤退させているのは、こうした資本の展開がもたらす弊害の制御・抑制・是正をはかる福祉国家的権能のところにおいてであって、こうした資本の展開を支えるための国内的条件整備や国際的利益代弁はもとより、それによってもたらされる国内的・国際的な社会的混乱に強権的に臨む国家権能はいささかも撤退などしていない。「小さな政府」とは、厳密には「小さくとも強い政府」のことであり、人々の人間的生活の維持・確保という領域では「小さい政府」であろうとしてはいるが、それで荒廃する市民生活や国際社会を強権的に秩序維持をはかる場面ではむしろ「強さ」を増してきている。

しかし、こうした「グローバル化」は、進展を深めるとともに早くも深刻な懸念の対象にもなり、新たな対抗軸をグローバルに呼び出してもいる。各種の国際的政府間協議でさえ公式に「負のグローバル化」の抑制が課題となっており、そこでは「規制緩和」ではなく何らかの公的制御の必要性を確認しつつある。そうした系譜の延長線上に、グローバル・レベルでネットワーク化したNGO中心の異議申立ての激しい動きが連動してもいる。中南米におけるグローバル化に対峙・対決する相次ぐ政権交代や、米英と欧州との間の亀裂も無視できない。

かくして、かつて近代資本主義国家内部で生成・展開し現代資本主義国家へと変位させてきた人々の異議申立てが、空間的規模を拡大・変位させながら、グローバル・レベルで顕在化してきたのが近時の状況とみることができよう。かつては主権国家・国民国家単位で自己完結的に営まれていた国民経済の、その枠内で生起してきた「人間的存在への侵害」とそれへの「異議申立て」が、近現代の資本主義国家を突き動かしてきた。それと同質の事柄が、いま、空間的に拡大したグローバル規模で、再び起こり始めている。このような局面を、いわば「現在資本主義国家」はどう取り扱うのか、事態は流動的というほかない。

二　社会主義国家

資本主義国家の生成と展開は、それがもたらす弊害のゆえに、常に批判と対抗軸を生み出してきた。近代市民革命期においてさえ、そうした萌芽的動向が歴史的足跡を残している（例えば「バブーフの陰謀」）。資本主義国家の対抗軸が、一つの体制として歴史上存在したのが社会主義国家であったことは間違いない。それは既に体制としては崩壊した。ただ、そこに込められた人間的生存への熱い想いは、既にみた現代資本主義国家の近時の状況においてむしろ強まっている。社会主義国家という壮大な試みは確かに失敗に終わった。だが資本主義国家に人間的未来は見いだせない。かつて近代資本主義国家が行き詰まりをみせる中「もう一度市民革命を」と叫んだ一九世紀中葉のフランスのひそみにならえば、現代は「もう一度社会変革を」と叫ぶべき時代であろう。そうした視点から、社会主義国家について簡単にトレースしておく。

1　パリ・コミューンの国家構想

社会主義国家が歴史上生誕したのは一九一七年ロシア革命を嚆矢とするが、これに理論的にも歴史的にも先行したものとして、近代資本主義国家が現代のそれに転換・変位する時代に短期間ながら生成したフランス一八七〇年代のコミューン政権とその国家構想がある。

パリ・コミューンとは、一八七〇年七月に突発した普仏戦争がフランスの敗北に終わった直後の首都パリで、一八七一年三月一八日に事実上成立した、労働者階級を主体とする民衆の革命政権をさす。五月二八日にはベルサイユ政府軍によって制圧され瓦解した極めて短期間の政権であったが、歴史上初の労働者政権として重要な国家構想を提示し、後の社会主義国家のあり方に重大な影響を残した。

コミューン（commune）とは一般的には中世以来の地方自治体（市町村）のことを指し、イタリアのコムーネ（commune）、ドイツのゲマインデ（Gemeinde）などと同義であるが、その一つである首都パリでのコミューン運動とコミューン政権樹立は、それが首都であるがゆえに既存中央政府と直接対峙するところとなり、革命的都市自治体政府であるとともに、革命中央政府としての性格も担った。パリ・コミューンに呼応してコミューン運動を展開した都市は、リオン・マルセーユ等の「コミューン宣言」を始め一〇都市を下らないが、パリ・コミューンが格別の意味と注目を浴びたのは、パリという都市のもつ特殊な地位のためでもある（地方コミューン運動も含め長谷川正安『コミューン物語』参照）。

パリ・コミューン運動が樹立した政権は、しかしその存続が短期間であり、中央政府からの激しい武力攻撃を受けて短命に終わったがゆえに、体系的な憲法や国家権力編成原理を残すことはできなかったが、打ち出された政治的文書や実施された諸政策を通して、「あらゆるフランス人に人間、市民及び労働者としてのその能力の全面的な行使を保障する」こと、そのために、いわゆる社会権保障を超えた社会経済体制自体の抜本的変革を目指して「賃金制度との永久の決別」を宣明しつつ「権力と財産を万人のものにする」ことを表明しており、事実上社会主義を志向する、人民主権に基づく国家を構想していた（この点も含め杉原泰雄『民衆の国家構想』参照）。

同時代のマルクスがこのパリ・コミューンを総括した際、その国家構想を「そのなかで労働の経済的解放を成し遂げるための、ついに発見された政治形態」（『フランスにおける内乱』）と高く評価したことはよく知られている。更にレーニンは、このマルクスの理解を後に敷衍し、パリ・コミューンをロシア革命に先行する「プロレタリア独裁」の革命政府の先例とみなし、これをソビエト形態のモデルとした（『国家と革命』など）。

レーニンがソビエトという国家編成原理を構想するのに依拠した手がかりは、よく知られているように、マルクスが「コミューンは、議会ふうの機関（eine parlamentarische Körperschaft）ではなくて、同時に執行しかつ立法する行動的機関（eine arbeitende Körperschaft）でなければならなかった」と示した叙述である。ここを起点にレーニンは、遅れたロシア議会制を前にして、その「議会制度からの活路」は「代議機関と選挙制の廃棄にあるのではなく、代議機関をおしゃべり場所（говорильня）から『行動的』機関へ転化することにある」と説き、この「行動的」機関として、「同時に執行し立法する」ソビエト形態を構想したのである。マルクスが資本主義国家の議会を「parlamentarisch な機関」と呼んだことには・議会（Parlament）がただ parler する（話す）場にすぎないという意味がこめられているが、レーニンが、マルクスのこの皮肉をより直截に、原語のロシア語直訳である **парламентарная корпорация** ではなく、ロシア語の **говорить**（話す）を語源としながら固有に嘲笑の意味がこめられて議会の蔑称ともなっている **говорильюя** の語をあてたのは、マルクスの表現にあった皮肉の部分を、ストレートにえぐりだす意図があった。マルクスが皮肉をこめて語り、レーニンが直截に述べたこの相違には、マルクスのみた議会が西欧のそれであり、レーニンのみたのがロシアの議会であったという相違、また、マルクスの時代からレーニンの時代にかけて、一層かつ急速に進行した古典的議会主義の危機なども反映していただろう。いずれにせよ、資本主義国家が現代に至ってますます parlamentarisch になるしかない議会制という統治制度の活路を、パリ・コミューンは先駆的に示してみせた。

こうしたコミューンの経験が示した「同時に執行し立法する」権力統合の原理を継承しつつ、第一次世界大戦後の欧州では、敗戦したドイツの各地で労働者・兵士評議会（レーテ Arbeiter- und Soldatenräte）という試みが生まれており、こうした「行動的」機関による資本主義国家に代わる新しい国家樹立の試みは、一九一九年ハンガリー革命のタナーチやイタリアの工場評議会運動などがある。ロシアにおけるソビエト方式による社会主義国家の樹立もその一例であった。ソビエト（совет）とはロシア語で「評議会」を意味する普通名詞にすぎない。

2　ソ連＝東欧型社会主義とその崩壊

歴史的には様々な社会主義思想と運動があったが、それが現に国家として実現されたのは、マルクス・エンゲルスが開拓・主唱した思想と理論に基づき、ロシアにおいてレーニンが指導して誕生したソビエト連邦（ソ連）の社会主義国家及び第二次世界大戦後東欧においてソ連の影響下で誕生した人民民主主義国家並びにアジア・アフリカ・ラテンアメリカで誕生した様々な型の社会主義国家であった。

社会経済体制としての社会主義とは、生産手段の私有を廃止してその社会的所有制が確立されているシステムを意味する。社会主義のもとでは、人々が「その能力に応じて働き、その労働に応じて受けとる」ことが原則とされる。この社会主義が発展して生産力を高め共産主義段階に達すると、人々は「その能力に応じて働き、その必要に応じて受けとる」という原則が実現されるとする。この理想的な共産主義を実現するには、人々はその構成員たる共産主義的人間へと自己変革し、労働を人間的な営みとして行い、飛躍的な生産力の向上が必要となる。したがってそのような段階に至るまでは、社会主義国家による強力な介入を必要とするが、共産主義の実現とともに国家は不要となり死滅するとされた。ただし、国家が死滅する共産主義社会とはいわゆる無政府的社会ではなく、国家的規範に代わって労働者を軸とする人民の高度に自己規律された社会的規範によって営まれるとする。社会主義国家は、こうした社会を建設するための役割を説得と討論と指導とで果たすものとされた。

ロシアにおける社会主義革命は、高度に発達した現代資本主義国家においてではなく、その周辺の遅れた地域で成立した。それは、ロシアにおける社会主義国家（ロシア・ソビエト連邦社会主義共和国）の成立を軸に周辺地域のソビエト化が後続し、一九二二年にはウクライナ・白ロシア・ザカフカースの各社会主義国家との連邦が結成され、ソビエト社会主義共和国連邦（ソ連）として成立する（その後一九四〇年にバルト諸国が加盟して一五社会主義国の連邦となる）が、一九二四年にソ連の影響下で誕生したモンゴル人民共和国とともに、実態はロシアを盟主とする統合的な社会主義国家であった。

その国家権力編成方式は、レーニンの指導したロシア革命がそうであったように、各職場・地域に設置されたソビエトという最末端単位から最高議決・執行機関である最高ソビエトにまで多段階的に積み上げることで国家が構成されていた。「できあいの国家機関」はこれを廃止し「同時に執行し立法する行動的機関」をボトムアップで重層的に編成することで新しい国家が組織化されていったのである。しかし、このソビエト方式が有効に機能した期間は極めて短く、その内実はソビエトの最末端から最高ソビエトに至る全段階を、本来は私的な非国家的団体であるソ連共産党が、労働者階級の前衛党として「指導」するシステムとして営まれた。

成立当初のソビエト社会主義国家は、遅れた生産力と生産関係による資本主義国家で遂行された社会主義革命が必然的に伴う厳しい困難に加え、事実上の一国社会主義建設という想定外の労苦にまみえ、更に帝国主義列強からの激しい軍事干渉や、国内における反社会主義勢力の激しい抵抗による内乱の中で社会主義建設に取り組まねばならないという困難な課題に直面していた。このため、ソ連社会主義国家建設には、とりわけレーニンの死去（一九二四年）後、党と国家の実権を後継者スターリンが掌握するようになると、「社会主義が前進すればするほど階級闘争は激化する」とのテーゼの下で、個人崇拝と結びついた熱狂が動員・利用され、やがてその社会主義国家は、説得と討論と指導によってではなく、指示と管理と強制、更には弾圧をも駆使する方式で営まれることとなった。かくして社会主義的民主主義は形式化・形骸化の一途をたどることとなる。

ソ連では一九三〇年代前半に社会主義の基礎の建設は終わったとして、一九三六年にはこれを法認する憲法が制定されたが、社会主義憲法の一つのモデルとされたこの憲法が明定した、権利・自由の実質的保障や社会主義的民主主義の諸制度は、しかし権利・自由や民主主義の担い手を形成・発展させる契機を欠いたまま熟すことはなく、憲法上「すべての社会的国家的組織の指導的中核」（一二六条）と位置づけられたソ連共産党が、政治的には全国家過程を支配することとなり、個人崇拝の志向がその弊害を増幅することとなった。第二次世界大戦において枢軸国は、ソ連をも攻撃対象としたが、ソ連はこれを大祖国防衛戦争と位置づけ、各国の共産党や社会主義運動にもソ連国家防衛の役割をもたせた。

枢軸国がこの大戦で敗北していく中、一九四四年から四五年にかけてソ連の影響のもと（敗戦国ドイツの東側に対するソ連の占領の延長として生成した東独を含む）東欧諸国では次々と新政権が生まれ、人民民主主義と呼ばれる社会主義国家が生誕する。またこの大戦後アジアでも中国・朝鮮・ベトナムなどで人民民主主義国家が生まれた。人民民主主義国家とは、ソビエト型国家と区別する概念であり、共産党の「指導的地位」を認めつつも、ソ連とは異なり複数の政党・政治勢力による統一戦線が政権の母胎になる建前をとっていた。人民民主主義国家が当初取り組んだ諸改革は、反ファシズム・反封建・反帝国主義を掲げた民主主義の再建ないし実現であって、そのための国家のあり方としては、ソ連と異なり、プロレタリアート独裁を掲げることはなく、既存の国家機構を継承する場合もあった。その後東欧諸国では、生産手段の私有制を廃止し企業を国有化し、農業も社会主義化して、ソ連型社会主義国家に進み、政治的にはソ連＝東欧型社会主義国家を形成していく。一九四〇年代末には東欧諸国でも個人崇拝による民主主義の形骸化が現出した。

一九五六年のソ連共産党第二〇回大会が個人崇拝を非難しその否定的結果の克服を決議したことは、他の社会主義国にも大きな影響を与えた（一九五六年ハンガリー動乱）。一九六一年のソ連共産党新綱領は、ソ連においては社会主義が実現したことにより階級対立は消滅し、プロレタリアート独裁はその任務を終え、プロレタリアート独裁国家は「全人民的国家」に転化したとする命題を定式化した。この国家構想には、既に述べた社会主義国家の死滅論がうかがえる。ただこの構想では、資本主義国家との対決がなお維持・拡大している国際関係においては階級国家であるとされ、社会主義体制におけるソ連の「指導的地位」を譲ることなく（一九六八年チェコ事件）、国内的にも農業における生産関係の特殊性からなお階級関係が消滅していないとされていた。

第二次世界大戦後の東西対決は、「東側」のいわば「指導的地位」にあったソ連に、激しい軍事力拡大競争の牽引者の役割をも担わせることとなったが、一九七〇年代の東側をも襲った石油危機と相まって、ソ連の財政と経済は急速に破綻化していった。こうした破綻からソ連国家を再建するため、一九八五年にソ連共産党書記長に就任したゴルバチョフの下で、ペレストロイカ（建て直し）とグラスノスチ（情報公開）を主軸とする政策転換がとられた。対外的には泥沼化していたアフガニスタン侵攻からの撤退、軍縮の推進、東西冷戦体制の終焉に向けた転換も図られた。

しかし、ソ連型社会主義経済原則からの急速な転換が遅々として進まない中で、政治面で進行した複数候補制・秘密投票制を軸とする民主的選挙制度の実施、言論における体制批判の噴出や歴史の暗部を摘出するソビエト史の再検討、諸民族やソ連構成国家の自立化などが折り重なるようにソ連国家をゆさぶり、一九九一年八月のクーデタ未遂事件を契機にソ連は崩壊した。

ソ連崩壊に向けたこうした動向は、一九八一年のポーランドにおける自主的労働組合「連帯」の成立を嚆矢として、東欧社会主義国家をも揺さぶり、一九八九年にはポーランド、ハンガリー、東独、チェコスロバキア、ブルガリア、ルーマニアの順で連鎖的に東欧社会主義政権の崩壊をもたらした。一九八九年一一月九日の「ベルリンの壁」崩壊は、この間の動向を示すシンボル的事件である。

こうしてソ連＝東欧型社会主義国家は一九一七年ロシア革命から七〇年余に及ぶ歴史を閉じた。その崩壊の原因・根拠は多々論じられており、いまだ歴史的評価は定まっていないが、本項でみてきたような、パリ・コミューンを嚆矢としつつ、近代から現代への資本主義国家に対する対抗軸として生成・展開してきた社会主義国家という視角からみるとき、資本主義国家の「光」の部分たるべき民主主義の実質的保障、精神的・身体的自由を中核とする人間的権利・自由の確たる保障、人たるに値する生活の実現とその向上、等々を正面から継承しつつ、「影」の部分たる剰余価値領有と無限の利潤追求に爆走する「自由」競争とに起因する格差社会化・帝国主義化・戦争国家化、更には地球環境破壊等々をもたらすような構造的弊害を、文字どおり構造的に制御・遮断するシステムこそが社会主義国家の構想であったという歴史的意義において、その正統性を担いきれなかった、ということはできよう。換言すれば、既存の社会主義国家の崩壊原因は、本来の構想に構造的に内包する欠陥のゆえであるとは必ずしもいえない。そうした正統性において社会主義国家の本来的原理・原則から逸脱・違背して現出したのが、現存した社会主義国家であった。

3　社会主義的市場経済体制の国家

社会主義はこうして体制としては崩壊したが、社会主義と自己規定する国家はアジアとキューバにおいてなお残存しているし、社会主義を志向する政治勢力はなお消滅していない。そうしたいわば残存社会主義国家が採用している新しい政策システムに、「社会主義的市場経済」と呼ばれるものがある。

社会主義的市場経済とは、中国共産党が一九九二年の第一四回党大会において、行き詰まりをみせていた中国における社会主義を再建するために提起した経済体制の名称である。

それは、経済のマクロ調整においては引き続き社会主義原理を維持しつつも、爾余の部分では市場という「自由」な経済空間に資源分配の主たる役割を果たさせるというものである。その構想は、「市場経済が即資本主義であるとはいえず、社会主義にも市場はある」という鄧小平の提言をその基礎とする。一九九三年には中国憲法が改正され、「社会主義市場経済の実行」規定が置かれた（一五条）。一九八六年にベトナム共産党第六回大会で採用されたドイモイ（刷新）と呼ばれる政策も、これに近似的な経済政策の転換である。

「市場経済」とは社会主義経済の基本とされた「計画経済」に対峙する概念であり、その限りで「社会主義的市場経済」は国家主導による全面的計画経済のミクロ的補正という面がある。ただ、社会主義原理に従うなら、労働力商品さえも交換する「市場」を通して、かの剰余価値領有原理が貫徹する以上、「社会主義」の枠組みの中での「市場経済」という構想は容易ではない。現に社会主義的市場経済体制をとる国家においては、社会主義の思想と運動が一貫して求めてきた貧困の解消と経済的不平等の是正という理念から遠のき、むしろ逆に社会主義下ではありえないはずの貧困と経済的不平等とが拡大している。

現存した社会主義国家では、個々の経済主体（企業や労働者）が社会的公共を念頭に自己の経済活動を行うという社会的な自己規律的システムが形成されなかったため、国家が経済計画によって大部分の経済的資源配分を中央集権的に決定し、それを個々の経済主体に対して強制的・命令的に課していた。これに対し資本主義国家では、国有・公有部門をのぞく大部分の経済的意思決定を個々の経済主体が私的に行い、全体的調整は「市場」の自制的な規律に委ねることを建前とする。しかし現代資本主義国家は経済過程中枢への介入を図る国家独占資本主義段階にあり、近時の新自由主義下においても、一定の国家的なある種の経済計画の下で「市場のことは市場に委ねる」とする政策を、国家の政策として意識的に選択している。この意味で社会主義における経済計画を強制的計画

(imperative planning)、資本主義における経済計画を指示的計画 (indicative planning) と呼ぶことは間違っていない。現存する資本主義国家と残存する社会主義国家が、ともに計画性を後退させて混迷を深めているがゆえに、確かな未来が描けないとみるのは、早計であろうか。

第三章　国家の「ゆらぎ」と憲法

一　今学会の趣旨と本報告の役割

日本公法学会は、二〇〇〇年度から三年間を「世紀転換期の公法と公法学——変容する国家・社会・人間」という総合テーマのもとで総会を企画しており、この総合テーマに沿いつつ、昨〈二〇〇〇〉年度の「変容する社会と司法」に続いて、今年度は「国家の『ゆらぎ』と公法」というテーマが選ばれました。私は、この総合テーマを提案した企画委員会の一員であり、加えて本年度の運営委員にも任ぜられましたため、今学会のテーマ設定に多少コミットしたという事情があるのですが、その運営委員会で、本総会の最初の報告をするようご指名を受けてしまいました。そこで、私の報告の役割を明確にするためにも、最初に、今学会のテーマ設定につき、私の理解の範囲内で、一言申し添えることとします。

企画委員会及び運営委員会が輪郭づけてきたと思われる今回のテーマの趣旨は、大雑把に言って、「外」と「内」との二つの方向からゆさぶられている、とされる今日の国家を念頭におき、両者の関わりにも留意しながら、それを公法事象に即して検討する、というものです。その意味では、総合テーマ「世紀転換期の公法と公法学」のうち、いささか機械的な区分ですが、今学会は前者の「公法」を検討対象にするのであって、そうした事象に向き合う「公法学」ないし「公法理論」の検討は、先送りされていることになります。

「世紀転換期」それ自体は、時の流れという自然がもたらした節目にすぎませんが、しかし奇遇にも、今日の国家は、あたかも百年単位の、見ようによっては千年単位の、従前とは質的に異なる環境変動のなかで、伝統的な枠組みをゆさぶられている、といわれています。そうであるなら、こうした二方向からの「ゆさぶり」によって生じているであろう国家の変容を、さしあたりは「国家の『ゆらぎ』」と言い表すことが許されるでしょうが、ただ、「ゆらぎ」といういささか文芸的な用語を使うことの是非、さらには国家の何がどうゆらいでいるのか、それは無規定・無前提な「国家」の丸ごとの「ゆらぎ」と言えるのか、などがすでに論争的ですので、統一テーマでは「ゆらぎ」にかぎカッコをつけたという次第です。このあと報告される多賀谷一照会員のタイトルは、「国家の」ではなく「国家性の」と換言され、かぎカッコ抜きの「ゆらぎ」とされて、その照準を明確にされました。山村恒年会員のタイトル「国家のゆらぎと環境法」がかぎカッコなしなのは、おそらく、環境問題こそが真性の「国家のゆらぎ」事象と受け止められた結果かと推察しています。

ともあれその上で、外からのゆさぶりを、いわゆる「グローバル化」を切り口に、内からのゆらぎには「社会的ネットワーク」というキーワードを使いながら再検討するべく、二つの部会が編成されています。

ただし、両者を相互連関的に、しかも憲法・行政法の両面から捉えることはできないか、という欲張った意図もあって、本日の総会は、両部会横断的な「国家の『ゆらぎ』」とされる事象を、憲法と行政法の双方から問題にする報告を午前中に行い、また、午後には、両部会横断的な典型的領域と思われる「情報」と「環境」の領域に関する報告を行う、という組み立てになっております。また、「グローバル化」と「社会的ネットワーク」でくくりをつけて「国家の『ゆらぎ』」を検討する明日の部会では、こうした趣旨でとりあげられるべき個別領域のうち、準備過程で選択可能であったおのおの四つの領域の報告が用意されています。ただし、選択可能であった領域ですので、全てでもなければ、基本的領域をカバーしつくしているわけでもありません。

ところで、テーマの趣旨が以上のようなものであるとすると、公法学会として直ちに思い出されるのは、一九九二年に「国際社会と公法」というテーマのもとで「国際化」をキーワードに議論を交わした経験があり、あるいは後者に関わる論題としても翌年に「現代憲法における集中と分散」というタイトルで議論した経験があることです。以上は、第一部会のテーマでしたが、いずれも憲法・行政法を横断した報告・討論が展開されました。また、今学会では「公共とは何か」を再度問うことになろうかと思いますが、その文脈では一九九一年の公法学会がとりくんだ両部会統合テーマ「公法における公共性」のことも思い出されます。こうしてみると、今日的問題の起点ともいわれる八〇年代後半以降の変容を、公法学会は、敏感にも九〇年代初めのところですばやく議論してきました。私が所属する他の学会でも、たとえば「岐路に立つ国民国家と憲法学」とか「国際化の下での分権と統合」といったテーマが、このところ目立ちます。

このように近年の公法学が注目し、それゆえ随所で学会テーマにもしてきた事柄を再びとりあげることは、屋上屋を架すことにならないかという懸念もないではありません。この懸念に対しては、九〇年代から世紀転換期に至る最近の様相を、「グローバル化」及び「社会的ネットワーク」というキーワードでくくりをつけ、そこに焦点を当てることに特有の意味があるのではないか、という応答ができましょうし、このキーワードで観察可能な国家の内外における「ゆらぎ」自体をザッハリッヒに検討し、その相関関係においても吟味することに、独自の意味があるのではないか、と応答することができるかと思われます。

以上の次第ですので、私の報告の役割は、「国家の『ゆらぎ』」とされている事柄を憲法の視点から俯瞰することで、何が転換期のそれとして立ち現れているかを限られた時間で概括的にデッサンし、個別報告にできるだけの脈絡をつけること、ということになりますが、憲法からの総論というよりは前座的役回りから、まず「ゆらぎの諸相」に少し立ち寄ってその相関性にも触れ（二）、次に、そのことをもたらしているとされる今日に特有の「グローバル化」の一端を考察し（三）、その上で、主権国家・国民国家がおかれている憲法的現段階から問題の一端を取り出してみる（四）、という筋立てになっております。時間が限られていますので、大枠的な若干の問題提起にとどまることを予めお断りしておきます。

二　国家の「ゆらぎ」の諸相

さて、二方向からの「ゆさぶり」による国家の「ゆらぎ」といっても、それぞれ多様で複雑な方向が錯綜しており単純ではありません。この点はすでに多くの論者によって指摘されているところですが、このところ主権論の現代的課題をも精力的に展開しておられる辻村みよ子会員が、最近の論文「国家の相対化と憲法学」（法律時報七三巻一号）で整理されたものが、大いに参考になります。

それによれば、近年言われている「国民国家の相対化」には、「国際化による国家主権の制限などによって国民国家を超える相対化」という側面と、「地域化・分権化などを要因として国民国家を中から突き崩す相対化」という側面とがあり、その「態様」を見れば、前者には「欧州統合など主権国家を上から超える supra-national な相対化」と「国際システムとしての国民国家システムのなかで、多国籍企業やＮＧＯなどの活動によって、行動主体が、主権国家から非国家的多中心的行動主体に移動する transnational な相対化」とが区別されうるし、また後者においては、「人為的な demos としての国民による国民国家形成を批判しつつ、ethnos としての国民（民族）の復権をめざす下方向への相対化」と「共同社会を構成する多元的な社会諸単位の復権、国籍への懐疑、外国人・市民の権利の承認等による内側からの相対化」とが区別されうる、とされています。なお「demosとしての国民」と「ethnosとしての国民（民族）」との識別とは、周知のとおり樋口陽一会員が近年随所で使っておられる「観察道具」ですが、簡単に言えば、血脈・文化といったエスニックな指標で形成される自然の存在としてのethnosと、諸個人が社会契約という合理的擬制を通して結集する人為の産物であるdemosとを対置しながら読み解く、という方法を指します。

辻村会員の整理は「国民国家の相対化」という観点からの整理ですが、これをヒントに、今学会が国家の「ゆらぎ」としている事柄をできるだけカバーし、いわばヴィジュアル化すると、今日の国家は、外側では、上に向けての「ゆらぎ」と横から受けている「ゆらぎ」、内側では、下に向けての「ゆらぎ」と内から受けている「ゆらぎ」、という、四つばかりの方向で識別できるのではないか、と整理してみました。

1　上への「ゆらぎ」、横からの「ゆらぎ」

まず「上へのゆらぎ」が、進展するヨーロッパ連合（EU）を典型に論じられていることは言うまでもありません。主権国家の属性には軍事高権、通貨為替管理権、通商政策決定権、司法警察権、条約締結権、外交保護権等々があり、その一部が国際条約等によって制約を受けることはかねてからありましたが、その根幹部分が上級機関に委譲されていくことによって主権国家システム自体がゆらいでいるとされているのが、ここでの事象です。

主権国家システム発祥の地・欧州であるだけに、EUは主権国家の「ゆらぎ」として議論を呼んできましたし今も呼んでいます。とりわけ「単一不可分の共和国」として強烈な主権の営みを重ねてきたフランスでは、このことがもっとも鋭く争われ、統合にむけた諸条約が憲法院でたびたび違憲の判定を受け、そのつど憲法改正で対応してきましたが、もはや「改正」ではなく「制定」ではないか等なお論争的ですし、他の構成国でも、程度の差はあれ軋みを生んでいます。「連邦国家」を営んできたドイツでは、進展するEUが、連邦国家（Bundesstaat）か国家連合（Staatenbund）かという従来の区分標識には収容できないために議論を呼び、連邦憲法裁判所は一九九三年の判決で、そのいずれでもない国家結合体（Staatenverbund）という中間カテゴリーを創設してとりあえずの決着をつけました。このいわゆるマーストリヒト判決は、「EUはひとつの欧州国民が支えるひとつの国家ではない」と判示しましたが、統合の進展は、判決が否定した方向に向かっているようにも見えます。難航の末に昨〈二〇〇〇〉年一二月にEU閣僚理事会で合意を見た第三の条約＝ニース条約の内容や、それに前後してEU首脳会議が、たとえば、法的拘束力のない宣言とはいえ「ヨーロッパ基本権憲章」を採択したこと、「EU会社法」の制定に向けて合意したこと、さらに二〇〇三年までに出動態勢を整えるべく八万人規模の「緊急対応部隊」なる軍事組織を創設する旨に合意したこと、あるいは、本〈二〇〇一〉年六月末にベネルックス三国が「EU憲法の制定」を共同提案したことなど、一連の動きを見ていますと、事態は軋みを伴いながら、また「民主主義の赤字」を抱えたまま、マーストリヒト判決のフレーズをもじって言えば、「ひとつの欧州市民の上に立つひとつの欧州国家」に向けて動いている、という観測が可能でもあります。

国家の「上へのゆらぎ」とは、主権国家の属性とされてきたものが上へと委譲され共同プール化されていくことでもあり、その典型は欧州統合に見ることができますが、こうした地域統合は、グローバル化を重要な背景要因としているとはいえ、それ自体はあくまでも地域止まりです。「上へのゆらぎ」が世界規模で進んでいる例としては、第一部会報告でとりあげられる、国際人権保障の進展のほうがなじみますし、この文脈では、創設に向かっている常設国際刑事裁判所（ICC）にも注目すべきでしょう。さらに、主権国家の経済主権が、実質上、上へと吸い上げられている最近の世銀・IMFといった国際金融機構の展開や九五年来のWTO体制も、ここでの事例に含まれ、これが主要因となっていわゆる「経済のグローバル化」という「横から」のゆさぶりを受けることにもなります。

そこで、「横からのゆらぎ」ですが、これは言うまでもなく、低められた国家の主権的ハードルをまたいで地球レベルで行き交う、ヒト、モノ、カネ、情報、技術等の流動や、非国家的アクターによる活動の世界化のことであり、その結果、従来の主権国家による管理能力が、大幅に後退・縮減している、とされる事象のことです。しばしば「グローバル化」として語られる事柄の多くがここに属します。横からの「ゆらぎ」には、交通、通信、情報技術等が飛躍的に発展したためという面や、政策的に国家のハードルが引き下げられたためという面もありますが、ともあれ、午後に松井茂記会員が報告されるインターネットに象徴されたボーダーレスなコミュニケーション空間の出現をはじめ、いずれも第一部会でとりあげられる、グローバル・スタンダードの国内法への影響、ボーダーレスな人の移動に伴う国家とそのメンバーシップとの関係の変化、すなわち伝統的な国民主権の枠組みの変容、さらには主権国家の衝立を横に開くともいえる「ヒューマン・セキュリティ」という新しい安全保障観の登場などが含まれます。

なお、安全保障に関わって、時節柄一言しておきますと、九月一一日の、文字通り「横から」突入してきたハイジャック自爆事件は、報道の限りでは、国際的にネットワーク化された、国家ではない特定のグループが行ったとされる犯罪行為であり、そうであるがゆえに「テロリズム対世界人類」という、いわば横に突き抜けた対決構図がグローバルに描き出されていますが、他方で、テロリズムを根絶するとする対処措置が、「主権国家による報復戦争」という形で、星条旗を旗印にした「自衛権」の名によってとられてもおります。こうしたある種の論理的錯綜は、法的にも急ぎ検討する必要がありましょうし、さらにこの事態の背後には、「戦争・軍事」と「警察」の間にあるはずの厳格な敷居が脇に置かれていないかという問題もありそうです。事件がグローバル化時代の「新しい」事態とされるだけに、検討すべき問題は多々あると思われますが、安全保障に関する部会報告でも言及されるでしょうから、ここでは、ノミネートするだけにとどめます。

2　下への「ゆらぎ」、内からの「ゆらぎ」

つぎに国家の内側での「ゆらぎ」にも、かなり性格を異にするものが錯綜しています。「下へのゆらぎ」とは、一言でいえば地域主義化・分権化ないし分節化と呼ばれている事象のことですが、「下への」という一言でくくるのは困難なほど多様性に満ちています。

ソマリア、ルワンダそして現在のアフガニスタンなどのごとく武装集団間の抗争によるいわゆる「解体国家(failed state)」化のケースは別にするにしても、旧ソ連・東欧圏に見られるエスニック単位での分離・独立要求や、時には民族浄化をも伴う抗争など、いわば既存の国家に背を向けて下へと離脱・離散していくエスノ・ナショナリズムの動きがあります。国民国家の経験を長く積んできた国々においても同様で、バスク問題や北アイルランド問題のようなケースもあれば、一九九八年にカナダ連邦最高裁の諮問意見が「一方的分離の権利」を否認することで一応の法的決着をつけたケベック問題のようなケースもあります。あるいは、憲法改正に及んだベルギーの連邦化やフランスのニュー・カレドニア等での自治権承認、国会主権の縮減として注目されているイギリス連合王国でのスコットランド議会設立など、多元性を内に包み込んでの連邦化・分権化のケースもあります。

これに対して日本でも直面している「地方分権化」といわれる動向は、「地方主権」という多分にスローガン化された用語が象徴するように、これも「下に向かって」の「ゆらぎ」ではあるでしょう。もとよりここには、主権国家・国民国家の枠組み内部での、公共ないし公益実現システムの制度的組替えないし多段階化・分節化という面も強く、その実態評価についての議論はありますが、これも、集権的国家が地方分権化のゆさぶりを受けて、下に向かって「ゆらいで」いる場面として、数えておくことはできるでしょう。ただし、ここのところは、次の「内からの」ゆらぎと至近距離のところにあるとも言えます。

その「内からのゆらぎ」とは、「下への」と言い表した局面とは異なり、これまで中間団体と呼ばれてきた社会単位をアクターとする社会内部での今日的変容が、国家にも変容を迫っている、という局面のことです。政党、マスコミ、労働組合、企業といった社会的諸単位は、非国家的存在ではあるがその社会性に着目した「中間団体」として、憲法解釈論上も議論されてきました。これらのいわば旧来型の諸単位は、しかし現代国家においては、しばしば独占的でもあるその地位のゆえに、あるいはハーバーマスの言う「植民地化」のゆえに、自由に発現されるべき諸個人の意思を、一方で包摂し他方で排除しつつ秩序化するという、人間的自由にとってはある種の機能変質ないし機能不全をもたらしてきたとされてきました。そのようなステージのところで、折からの経済的・政治的閉塞状況を前に、たとえば日本では、労働組合がカウンターパワーの力能を後退させ、企業社会と呼ばれてきた企業の社会的統合力にもかげりが見え、政党民主制にもドイツで言うVerdrossenheit、つまり倦怠感まじりの「不満・いらだち」が募るなか、あたかも旧来型にとってかわるように噴出してきた、ボランティア・ベースでの市民によるさまざまな自発的運動や組織が注目されています。利益・権益にとらわれないとされる、このような自発的な個人や集団のアクターがとり結ぶ、ゆるやかで変動性・自律性に富んだ新しい社会関係を、とりあえず「社会的ネットワーク」というキーワードでくくりをつけるなら、ここに新たな公共空間の形成が見出され既存の諸拘束から解放された個人が「公共」を創出しうるステージとして、注目されつつあります。こうした動向が、旧来型の中間団体・社会集団に変容を迫りつつ、国家的公共のありようにも変容を迫っている、とされる場面が、ここでのポイントでしょう。栗城寿夫会員が、今学会準備過程の運営委員会で適切に定義された言い方を拝借すれば「非国家的公共の変容による国家の変容」ということになります。

その公法的意味合いが、この間進展の著しいNGO／NPO、住民投票、市民参加、情報公開、パブリックコメント制度などを素材に、また政党民主制の変容も加えて、第二部会で取り上げられますので詳論は避けますが、この場面の背景には、東欧の変革をインパクトにしつつ、このところ関心が寄せられてきた現代国家における「市民社会（Zivilgesellschaft）」の新たな位置づけや、生活世界という根底のところから（radicitus）、行き詰まり（dead end）にあるとされる民主政を再構築せんとするいわゆるラディカル・デモクラシーをめぐる周知の議論がありますし、そうであるがゆえに一九九一年公法学会でも論点となった、「公共」の構築をめぐる筋道の問題が、あらためて焦点になるでしょう。特に、自発的・自律的空間の経験を積んでいる欧米と異なり、「公共の過剰と過小」が指摘される日本においては、こうした動きも、公権力が、権力から自由であるべき空間をやわらかに編入・動員・包摂することを帰結しないか、そうではなくて自発的・自律的アクターの躍動が、旧来の中間団体にも自発性・自律性を蘇生させつつ、新旧をもつなぐネットワークを形成していくことで社会的公共を担い、公共を建前とする公権力の国家的公共を制御し充填していくことになるのかが、ひとつの検討事項でしょう。

3　「ゆらぎ」の諸相の相互連関

以上のように、言われている国家の「ゆらぎ」も、その諸相は実に多様であり、仔細に見ると相反的でさえあって、たとえば「下への」というくくりをつけても、国家を離反する方向もあれば国民国家を下支えしつつ再構成する方向もあり、あるいは国家の内で社会との関係を見直す場面でも、一方では、非国家的諸アクターが参加と公開を通して「公共」事項に関与していくことを「公共」の積極的展開として評価する動きもあれば、他方では逆に、それを新たな政治による支配と見立てて、自律的空間をそれとして確保することに主眼をおく動きもあります。

ただ、たとえば、欧州統合やWTO・IMFのような上への「ゆらぎ」が、いわば主権国家の衝立を吸い上げたために、横からの「ゆらぎ」を呼び込んでいるという面はありますし、グローバルなNGO等の動向が、国内の社会的ネットワーク形成と響きあっていることも疑いありません。あるいは、横からの「ゆらぎ」をもたらすグローバルな人的移動が、国家のメンバーシップのあり方に変容を迫って、国民国家のありように内からの「ゆらぎ」を迫ってもいます。「下へのゆらぎ」に一応は置いてみた「地方分権」化により、当該地方自治体がグローバルな国際社会的ネットワークのアクターとなって国際的な自治体連携を推進する、という相関性もあります。そして、以上の各局面を通底して、情報通信・処理の飛躍的発展が大きな機能を担っていることは周知のとおりです。

以上のように相互に錯綜したゆらぎの中で、これまで比較的よく論じられてきたのは、国家が「統合と分権」の両面から挟撃されているとか、あるいは小林直樹会員の言い回しを拝借すれば、国家は「上昇的解消と下降的解体」に向かっているといった、各種の対句で語られてきた局面でしょう。それは、以上の類型から言えば「上へのゆらぎ」と「下へのゆらぎ」の場面ということになりますが、そうすると、ここではとりわけ、「横からのゆらぎ」を軸とした「グローバル化」と、「内からのゆらぎ」としての「社会的ネットワーク」とにスポットを当ててみるということになります。ともあれ、どのような方向であれ、背後には常に、相互に他を前提とした、入り組んだ複雑な「ゆらぎ」の諸相が控えていることに、目配りが必要かと思われます。

三　グローバル化の諸相

あまり出来栄えのよくない類型論のところですっかり時間をとってしまいました。次にキーワードのひとつである「グローバル化」に少し立ち寄りますが、この点は、すでに政治学・国際政治学・経済学・国際法学などで分厚い議論の蓄積があり、素人である私は立ちすくむほかありませんので、本報告に関わる限りで簡単に触れるにとどめます。

1 グローバル化論の前提

「グローバル化」という用語は、今や時代をシンボライズする言葉として多面的に使われていますが、そうであるだけに前提的に確認しておきたいことが二つあります。

一つは、「グローバル化」という言葉にあると思われる本来的含意です。「グローバル化（globalization, Globalisierung）」とは、「化」でありますから、グローバル「になりつつある」、あるいは、グローバル「に向かっている」という変動方向をあらわす言葉ですが、こうした用語のニュアンスに付き合うならば、国家を、横にまたいだり上に超えたりすること一般ではなく、したがって単なる「国際化（internationalization）」ではなく、あるいは「超国家化（supra-nationalization）」ともやや異なり、事態の進行の規模・性質・方向が、人為的・歴史的に作られた境界線付きの「国家」の次元とは異なる次元、すなわち一個にして代替がなく、かつ有限な地球globeという次元でのことであり、地球人たる人間は、居場所の如何を問わず当該事態のもたらす影響・結果から免れることができない、という認識を背景にした概念でしょう。

このことと関わってもう一つは、事柄が「グローバル」つまり地球レベルであることが人々に認知され始めたときの、問題の受け止め方、あるいは問題発信の構えについてです。「地球レベル」ということが今日的意味で注目され始めたのは、事柄の性質上国境を知らない自然環境が、にもかかわらず「国境」関係的な政治的・経済的要因によりつつ、しかし国境を超え地域圏さえも超えて地球レベルでまるごと劣化していく事態に、人々が警戒心を伴って着目し始めた一九七〇年代からのことでした。この含意での「グローバル化」とは、環境破壊が地球規模化しつつあるという認識客体に向けての観点であることもさることながら、その防御もまた地球規模で図る必要があることを自覚する、いわば実践主体レベルの観点として登場していたと思われます。

今日のごとく「グローバル化」が叫ばれるようになるより以前に生まれた標語として Think globally, act locally というのがありました。この標語は、解決されるべき問題群を、地方自治体とか国家とか、さらには国際的な圏域・地域といった、いずれにせよ人間が、その歴史的経緯から人為的に引いてきた境界のその内部でのみ考えるのではなく、むしろそうした境界をいったん捨象して、当該案件に適合的に単一の地球大に開かれた射程で捉え考えること、そのうえで、あるべき個々の対応・行動を、生身の人間の生活世界である local のところに根ざしてとることを求めた行動規範でありました。ちなみに、「地方」とも訳される local とは、ラテン語の語源 locus から明らかなように、center に対する対概念ではなく、いわば地に根ざした生活現場の意味であって、「地」に「方」向づけられた意味での「地方」でありましょう。ともあれ、近年のグローバル化が問題になるそのなりようは、初発のところでは問題解決に向けた態度のあり方を暗示するものであったことを、あらためて思い起こしておきたいと思います。

2　グローバル化の諸レベル

さて、このところグローバル化が語られるのは、環境問題にとどまりません。多面性ということでは、情報、人的移動はもとより、飢餓・貧困、犯罪、麻薬、感染症、テロといった「負のグローバル化」もしばしば語られています。憲法に関わっては、人権、民主主義、平等、立憲主義などにも、グローバル化の時代を語ることがあります。要するに「国家・社会・人間」の相互関係の地球規模化と緊密化をあらわす総称かと思われます。

ただ、多くの論者が指摘するように、グローバル化という用語で言いあらわされる事態のなかで、もっとも先行しているがゆえに主要面とされているのは、情報通信・情報処理・輸送などにおける飛躍的な技術革新を推進力としながら、ソ連・東欧の崩壊とアジア社会主義の変容を引き金とし、いわゆる「市場開放」の拡大によって、ヒト（労働力）・モノ（商品）・カネ（資本）が、容易に主権国家の衝立を、あるいはまたぎあるいは通過しあるいはかいくぐって、地球規模での相互的な移動を加速度的に激化させ、世界経済が「統合化」されつつある、とされる、九〇年代以後に特有の、一言で言えば「経済のグローバル化」のことでしょう。厳密に言えば、「グローバル化」という用語が一般的に使われ、かつ学問対象にもなるのは、この九〇年代に入ってからのことでした。

そこで、この先行的な経済のグローバル化に即してその諸相を見てみますと、まず、生産・流通・消費・資源調達・労働・投資・金融などの営みが、地球規模で激しく行き交うようになったという「実態」を呈していることは間違いありません。それが主権国家・国民国家を背景にした国民経済の枠組みに「ゆらぎ」をもたらし、主権国家の経済政策決定・執行能力に急速なかげりをもたらしていることも事実です。とりわけ貿易・資本・金融取引の自由化は、国家が租税や信用・為替・資本の制御や所得政策などを通して国民経済をコントロールする主権的権能を衝撃的に大きく後退させてきました。

しかし、そのようになってきた実態、すなわち「実態としてのグローバル化」と、そのような方向に、しばしば主権国家が主要ないし重要なアクターとなって、政策的に誘導している面があること、すなわち「政策としてのグローバル化」と、さらには、そのような方向で世界を再構築するべしとする考え方、すなわち「イデオロギーとしてのグローバル化」、つまり、しばしば市場原理主義・新自由主義によって裏打ちされた「グローバリズム」とは、相互に関連はしますがレベルの異なる諸相として観察しなければならないでしょう。

たとえば、「経済のグローバル化」をもたらしているのは、金融経済の世界化とともに、企業の多国籍化であるとされ、それは資本自由化によって急速に進展したといわれますが、資本自由化をもたらした広義の法的な国際取り決めは、強いられたケースも含めて主権国家間の合意によっています。あるいは、「企業の多国籍化」とは、しかし決して「無国籍化」ではなく、企業の多国籍化のための海外市場の開拓、インフラ整備、安全確保などは、いわば本籍国のリソースに依拠していますし、その外交的保護は本国政府の任務にほかなりません。また、企業が多国籍展開に傾くのは、国民国家システムを背景にした国民経済の間に、不均等な生産・消費・労働等の条件があるからだという背景も見落とせません。このように、経済における「実態としてのグローバル化」は、主権国家の「政策としてのグローバル化」に依拠している面が多分にあります。

グローバル化に伴う「国家の退場」とは著名なスーザン・ストレンジの書名でもあり、そのヘゲモニー論的分析は傾聴に値しますが、憲法から見ると、退場しつつあるのは、こうした経済のグローバル化がもたらす弊害の是正をはかる福祉国家的諸政策・機能のところにおいてであって、経済のグローバル化を支えるための国内的条件整備はもとより、それによってもたらされる国内的・国際的な社会的混乱にハードに応対する国家はさほど「退場」していない、と思われます。その意味では、国民国家（nation state）は、国家 state の側から「国民」国家であることを縮減させつつありますが、国家 state であることをやめてはいない、と言うべきでしょう。

したがって、国家の役割一般が後退・縮減したのではなく、その役割が変容している、と見るべきでしょうし、「政策としてのグローバル化」を選択する主権国家のその意思決定が、国民国家的制御から遠のき始めてはいないかが点検されるべきでしょう。

3　グローバル化の現段階

さて、グローバル化は、とりわけその推進力である情報通信・処理技術が、「ドッグ・イヤーからマウス・イヤーへ」と言われるような、急速な進歩を続けているため、一直線の進展という印象を与えてきましたが、先行している経済のグローバル化は、すでに先行的に矛盾・弊害を示し始めています。

たしかに、一方では、一九八九年の「冷戦」構造の終焉、九三年を今日的起点とする欧州統合、九五年のＷＴＯ発足といった流れがあり、他方でＩＴ「革命」や金融工学の隆盛が語られ、グローバル化は「選択の余地なき所与」と見られた時期がありました。しかし世紀転換期に至って、「第二ラウンド」とも言うべき様相を見せてもいます。

すでに一九九五年国連社会発展サミット宣言は、グローバル化が、一方では、第一に富の増大と貿易の拡大、第二に平均寿命・識字率・教育の向上、第三に民主化の進展と市民的自由の拡大をもたらしながら、他方では、先進国と途上国の間の較差を拡大させたのみならず、それぞれの国内においても較差が拡大し、絶対的貧困層や失業者の増加はグローバルに広がり、先進国内でも深刻な社会問題が発生している旨の警告を発していました。

この警告にもかかわらず、たとえば国連開発計画の一九九九年レポート「グローバリゼーションと人間開発」が示した「バランス・シート〈一九九〇―九七年〉」によれば、「人口増加にもかかわらず一人あたり食糧生産は二五％増大したが、八億四千万人が栄養失調状態にあり、富裕層上位二〇％の消費量は貧困層下位二〇％の十六倍に達する」「富裕層上位二〇％の所得は貧困層下位二〇％の所得の七四倍に達する」等々の格差拡大が指摘されています。いわゆる絶対的貧困層が、今や六〇億人を超える世界人口の二割・十二億人に達し、しかも増加していることは、すでに周知のことに属します。

こうしたグローバル化の光と影があらわになるにつれ、「グローバリズム神話への嫌疑」とも言うべき動向が、推進サイドからさえ出始めたことは、かのジョージ・ソロスがMarket Fundamentalismを批判し始めたことに象徴されます（『グローバル資本主義の危機』）。二一世紀を期した「ミレニアム・サミット」は、公式に「グローバル・ガバナンス」、すなわち負のグローバル化を抑制するために、規制緩和ではなくなんらかの公的制御の必要性を確認しました。そして、こうした系譜の延長線上に、ごく最近のジェノヴァ・サミットをとりかこんだように、グローバル・レベルでネットワーク化したNGO中心の「異議申し立て」の激しい動きが連動してもいます。

こうした変化に着目するのは、かつて一国内で生成・展開してきた近現代憲法にとってのひとつの焦点問題が、空間的に変位しながらグローバル・レベルで顕在化してきた、と思われるからです。生産・労働・消費という営みは、人間社会の life, vie, Leben の根幹に関わり、そうであるだけに近現代憲法は、その営みを憲法上どう取り扱うかに腐心してきました。かつては主権国家・国民国家単位で自己完結的に営まれていた国民経済のその枠内で生起していた、「人間的存在への侵害」とそれへの「異議申し立て」という、近現代憲法史を突き動かしてきた憲法生活上の周知の事柄が、空間的に拡大したグローバル規模で再生起し始めているこのような局面を、では、憲法はどう取り扱うのか、が問われ始めたと言えましょう。

四　主権国家・国民国家・憲法

そこで、グローバル化時代と呼ばれる現在のありようの一端がそうであるとすれば、主権国家・国民国家・憲法をユニットとする近現代憲法の枠組みのゆくえについて、これまたその一端でしかありませんが、考えているところを申し述べます。

1　地域統合の光と影

欧州統合の進捗についてはすでにふれましたが、さかのぼればＥＣＳＣ（欧州石炭鉄鋼共同体）から五〇年、ＥＥＣ（欧州経済共同体）から四五年にわたる、あるいはＥＣ（欧州共同体）からでさえ四半世紀にわたるこの統合の動きも、視点を変えて見ると、欧州統一市場ないし経済圏の形成という要因が基底にあって、その障壁となるナショナルな要因を、順次時間をかけて駆逐していく過程でもあることが透けて見えます。ニース条約の眼目は、ＥＵを東方に拡大する条件整備にもありましたが、そこには、欧州経済圏の東方拡大という姿が見え隠れします。東方拡大に向かうＥＵを横目に見ながら、アメリカ大陸ではＮＡＦＴＡの南方拡大が、またアジア、オセアニア、南米などでは欧州と北米大陸の動きを意識した地域経済システムの構想がＡＦＴＡ、ＣＥＲ、ＭＥＲＣＯＳＵＲなどとして起こっており、世界経済には、新たなブロック化が進行しているとも言われています。ところで、ヨーロッパ統合を、「国家の相対化という観点からとらえるだけでな」く、そこに、「ethnos の要素を切りはなし、もっぱら『ヨーロッパ市民』という demos の要素を基礎とするヨーロッパという国家が展望されていると見る可能性がある」ことに着目されるのが、樋口会員の近年の所論です（樋口「Nation なき国家？」）。この所論には、すでに紹介した「ethnos と demos」という「観察道具」によって、あるべきヨーロッパ統合の理念的方向づけを示しつつ、現状批判にも及ぶ意味合いがあると思われますが、そうであるだけに、リアルな実像の中には、ヨーロッパ文化をいわば紐帯とした「ヨーロッパ市民」という ethnos の出現、ドイツ統一にあたって、wir sind das Volk なのか wir sind ein Volk なのかという緊張関係があったことになぞらえるなら、いわば wir sind ein europäisches Volk の面がありはしないかが、検討されていいでしょうし、また、「demos としてのヨーロッパ市民」が立ち現れるとしても、問題はその先にあって、かつてフランス革命期に理念形成された「demos としての国民」が、やがて分裂していき、いわゆる「社会問題」を引き起こした歴史を思い起こすなら、同様のことがヨーロッパ規模で再生産されるであろうことの憲法問題が、いわば「demos 社会の解剖学（Anatomie der Demos-Gesellschaft）」として問われることになるでしょう。

2　人権・民主主義・市場経済

ところで、世界経済の、新たなブロック化をも呼び出している再編成を、グローバルに統合する旗印が、人権・民主主義・市場経済」であろうかと思われます。

経済グローバル化の経済的起点についてはさまざまな議論がありますが、政治的な起点が冷戦構造の終焉にあったことは、間違いないでしょう。この終焉を横目に見ながら開催された一九九〇年のヒューストン・サミットは、その政治宣言で、「自由ないし基本的人権」と「多元的民主主義」及び「市場指向型経済」の三つを内容とする「リフォーム」が全世界で進展しつつあることに「満足の意」を示し、その方向に「助力を惜しまない」旨の表明をしました。これ以後、先進国ブロックやＩＭＦ・世銀等の国際金融機構は、「人権・民主主義・市場経済」を三位一体的な普遍的原則とみなし、これを要件として経済的政治的支援を拡大していきます。

「市場」とは元来、物の所有者が他の所有者と平等な資格で、合意という自由な意思関係で物を取り交わし、そうすることで自らの物的欲求を満たすことのできる「場」のことでした。こうした意味での商品経済が、経済世界を覆い尽くすようになるのが「市場経済」の時代であり、それは、やや乱暴に言えば近代憲法の成立の時代と重なります。この重なり合いは偶然の一致ではなく、商品経済社会という、自由かつ平等で等質な諸個人の関係を軸に成り立つ「社会」の成立こそが、自由・平等・友愛をキー・コンセプトとした近代国民国家 nation state の設計図たる近代憲法を生み出したと思われます。この「近代」のプロジェクトが、設計図どおりにはうまく運ばずに「現代」憲法への移行をもたらすことは、るる述べるまでもありませんが、市場の「論理」が人権と民主主義を提供する経済的要因であった以上、その三位一体性は、市場が人権と民主主義からの制御を受けることで始めて成り立つものであることに、あらためてたちかえるべきでしょう。グローバル化の光と影とは、「市場経済」という名の経済システムのグローバル化が過剰に先行し、人権と民主主義による制御が過小なまま追いついていないところにありそうです。

3 「世界問題」と主権国家・国民国家

最後にとりあえずの結論めいたことを申し上げて、以上の貧しい考察にひとまずの締めくくりをつけることにします。

かつて主権国家・国民国家・国民経済という単位システムで近代憲法がその営みを進めたとき、その営みがもたらす弊害、のちに現代憲法を呼び出すことになる弊害は、「社会問題」と呼ばれました。杉原泰雄会員がよく使われる標識を拝借するなら、近代、現代につぐ「現在」は、かつての「社会問題」がグローバル規模でのいわば「世界問題」に進展している時代、しかもそのように顕現してきた「世界問題」が「社会問題」にダウンロードされることで重層化されてもくる時代といえましょう。その典型は環境問題ですが、富と貧困の格差拡大も、一国レベルの社会問題であるとともにグローバル・レベルでの世界問題としても相互連関的に顕在化する形で、グローバル・イシューになりつつあります。

しかし、社会問題と異なり、グローバル・レベルでの世界問題の多くは、民主的で実効的な制御主体をただちには想定しにくいという難問をかかえています。たとえばNGOなどによる実効的制御を説く論者は多いのですが、法的に言えばNGOには肝心の民主的正統性・代表性が欠如していますし、仮に民主的決定過程にNGOを制度的に組み込むとすると、国際機関や各国政府から独立していることに特有の強みを持つNGOの本質を減殺することにならないか、という問題が待ちうけているでしょう。

いわゆる「グローバル・ガバナンス」が論じられるようになっているのは、こうした事情をも背景にしていると思われます。「ガバナンス」という用語は、公的・制度的な統治ではなく、実効的制御という意味合いを持ちますので、グローバル・イシューの制御には、「ガバナンス」レベルでの構想がふさわしい、ということになります。既存の国民国家の限界を指摘しつつ「主権国家クラブの支配の神話」を説きながら「非国家的なファクター」のもつ「モラルのアピール力」を説く江橋崇会員の提言がこの公法学会でもあったことは周知のとおりです。「ローカル」であることに格別の経験を蓄積する欧州では、実効的な民主的制御主体に地域コミュニティ、さらには「地域的な対抗的公共圏」を据える議論が少なくありません。既に述べた「政策としてのグローバル化」を重視するときには、国民国家理念の今日的再生・蘇生に向かうことにもなります。それは、nation state を nation と切断された state とすることのない筋道の模索ということになるでしょう。

一般論としては、多様なグローバル・イシューに対しては、各イシューの多様性に応じて、生活世界である「ローカル」のところをベースに、ナショナル・リージョナル・グローバルの各レベルで多段階的にガバナンスをかけていく、ということになりましょうが、その際、今学会でも「社会的ネットワーク」に関する議論で問題になると思われることですが、諸個人の自己統治の集積であるはずの自発的な association を起点に、その集積であるはずの nation によって自己統治される state を媒体として、グローバル・イシューに「公共」を打ち込む、という多段階的な構造を、近現代憲法の設計原理の最現在的展開としてどこまで立論できるかが、問題の核心にあるように思われます。

こうした議論の磁場で私が、nation state になおこだわるのは、主権国家システムが「ゆさぶり」を受けてはいてもなお当分は続くだろうから、という見通しの下で、「さしあたり」こだわっているのではなく、nation state に込められてきた歴史的エトスに「そもそも」こだわっているからです。今学会に即して換言すれば、一方では、state によって、あるいはその束ねでもある国際機関等によって、nation state システムが培ってきた近現代憲法史の果実が吸い上げられつつあるのに対して、それを公共を下支えする「社会」の側に取り戻そうとする憲法生活上の動きが、国境の内外での「社会的ネットワーク」として立ち現れていることを射程に入れて、国家に「ゆらぎ」はあってもnation stateのいわばエトスを再充填させて「世界問題」に向き合っていく構想を練り上げるのが、グローバルな社会的ネットワークの可能性の測定ということになる、と考えているからです。

その際、主権の対外的発信が、対内的な公共の連鎖の集積の発現として発せられているのかが問われることになりますが、こうした問題は、実は、主権の対外的側面と対内的側面とを担い手のところで統一的に把握するという、かねてからの論題の今日的バージョンを意味してもいるでしょう。諸個人の自己決定の自発的なassociationの集積としてnationが構成されること、そのnationによってnation stateの意思が決定されていくこと、という論理的筋道を今日的に構想することは、特定の憲法学的立場からする好みの問題ではなく、グローバル時代の「現在」憲法学が迫られている客観的な課題ではないかと思われます。

いずれにせよ、そうした論題はむしろ憲法「学」の課題であり、今学会では先送りされていますので、言い放しで恐縮ですが、問題の所在を指摘するだけで私の報告は終わらせていただきます。

ご清聴ありがとうございました。

後記――本稿は、学会総会での報告をほぼそのまま再現したものである。「ほぼ」というのは、いわゆるアドリブの類はこれを省略し、用意しながら時間の関係で端折らざるを得なかった、しかしほんの一、二のパラグラフはこれを入れているためである。総会における他のご報告や、出席した第一部会でのご報告および質疑応答を経て、ご教示いただいた点は実に多かったが、本誌〈公法研究〉の性格上これを加味することは控えた。また、紙数の関係から注は一切付さなかった。事情ご賢察の上ご海容いただければ幸甚である。

第四章　「グローバル化」変動と憲法——対抗軸形成への予備的考察

一　Constitution の改変と改憲

二一世紀最初の憲法記念日は、「二一世紀」論を掲げた国会内外での改憲論のただなかで迎える。しかし、改憲論議の推進役でもあった参議院憲法調査会会長が、あまりに「古典的」で露骨な利益誘導型政治腐敗スキャンダルによって辞任し、過日辞職直後に受託収賄罪容疑で逮捕されたことは、高度たるべき政治的議論をリードするはずの人物が、その実すこぶる低質な政治の主役でもあったという落差を見せつけた。両院の憲法調査会は、第一級の知識人を含む多様な参考人の意見陳述を軸に進行しているが、その意見陳述を受ける側では、調査会設置を求めた会派委員のあたりで欠席・遅刻・中座・徘徊・居眠り・私語・携帯電話使用などが絶えず、まるで「学級崩壊」状況を呈しているともいう(1)。ＫＳＤ疑獄・機密費流用・経済失政といった巷間で言う「３Ｋ」問題のみならず、枚挙にいとまない現下の政治的重大問題は、首相の度し難い資質問題と自民党内の次期総裁選定をめぐる相も変らぬムラ政治的プロセスも含めて、そのほとんどが日本の支配的政治勢力における低質な政治水準に起因してきた。してみれば、高邁であるはずの「二一世紀」論を語るには、その推進勢力があまりに落差のあるひどい政治水準のところで漂流しているという実相は、改憲問題へのスタンスの相違を超えて「このような水準の政治勢力に改憲問題を扱う資格があるのか」という懸念を呼び出すに違いない。この間の諸々の「改革」をもっぱら推進的に提言してきたある政治学者が、「政治に対する信頼感が低下している中で、政治の基本にかかわるものを変えるというのは、水門を開いたつもりが堤防を決壊させてしまったということになりかね」ず、たとえば「首相公選制クラスのテーマ」の議論を「今の政治状況下で行うことは、国民を水浸しにしてしまいかねない」という比喩的言説で、現下の改憲論議に慎重な立場を示しているのは、刮目されてよいひとつの見識であろう(2)。いずれにしても憲法調査会を軸とする改憲論議は、それどころではない「政局」の右往左往の中で迷走を重ねているかに見える。

他方でしかし、世界大規模で進行するいわゆる「新自由主義」の奔流が直接・間接の要因となって、日本の軍事・政治（国会・選挙制度）・行政・税財政・司法・警察・経済・金融・労働・教育・学術・メディア・社会保障・地方自治・生活条件等々、要するにこの国を成り立たせている基本構造のところでその基本システムの改変を迫る動きは、着実ともいえる進行を見せている。一国の基本構造をConstitutionという用語で言い表すなら、constitutionalなreformないしrestructuringが引き起こされつつあるとみてよいが、こうした含意でConstitutionを改変する動向とは、それがconstitutionalである以上、実定日本国憲法の原理的転換を意味する広義の「改憲」にほかならない。各法領域でのそうした動向の諸相は、本特集の各論稿が解析している。連打される基本構造におけるこれらの改変は、やがてConstitutionの規範的表明にして政治的総括文書たる実定憲法の変更を迫るに違いない。いわゆる「第三の改革」論に基づきながらConstitutionの転換を迫る通奏低音は、憲法調査会周辺の政治的表層における漂流状況とは相対的に独自に深層のところで執拗に鳴りつづけ、いささかも減音してはいない(3)。

こうした変容は、日本における改憲史の延長線上にあっては、さしあたりは実定日本国憲法のよって立つ理念・原則を根底から揺るがすものとして立ち現れているが、その直接・間接の要因がグローバルに展開する時代転換にある（とされる）がゆえに、ひとり日本国憲法にとどまらず、近現代憲法史が蓄積してきた憲法原理のところでの転換としても各国で生起していることであろうことは想定に難くない。本特集〈法律時報73巻6号（２００1年）特集「統治・社会の改変と憲法原理」〉では、そうした側面をも比較憲法・比較国制的視点で問題摘出的に多面的に論じることとしている。ここでは、以上のような本特集が対象とする事態の、いわば背後で貫流する（とされる）「グローバリゼーション」なる事象について、他論稿との重複を回避しながら、広義の改憲問題に関説しつつ若干の原理論的考察をしてみたい。

二「グローバル化」の諸相

グローバル化（globalisation, Globalisierung）とは、ごく一般的には、もろもろの事象が一個固有の球体としての地球（globe, Erdkugel）規模で、すなわち global に生起・展開してきたという認識に基づく概念である。だとすると、こうした切り口が今日的意味で注目され始めたのは、事物の性質上国境を知らない地球レベルでの自然環境が、もっぱら国境内的要因によりながらも、国境を超えて劣化し破壊されていく事態が、世界的に問題となってきた一九六〇年代のことであったろう。(4)

この含意でのグローバル化とは、環境破壊がグローバルに展開しつつあるという認識客体レベルの観点であることもさることながら、その防御・保護をグローバルに図る必要があることを自覚する実践主体レベルの観点として登場していた。その典型は 'Think globally, act locally' という標語に見ることができる。

この標語は解決されるべき案件を、地方自治体とか国家とか、さらには国際的な政治的圏域・領域といった、いずれにせよ人為的に引かれた境界の内部でのみ考えるのではなく、あるいは、当該境界間で――たとえばnationを前提にしてinternationalに、あるいはregionを前提にしてinterregionalに――または当該境界をまたいで――たとえばtransnationalに――のみ考えるのでさえなく、そうした境界をいったん捨象して、当該案件に適合的に(sachgemäß)単一の地球大に開かれた射程で捉え考えること、そのうえで、あるべき個々の対応・行動を、生活世界たるlocalのところに根差して採ることを求めた行動規範であったろう。ちなみに、「地方」とも訳されるlocalとは、ラテン語のlocus(場所・居所・立脚点)を語源とするように、centerに対する対概念ではなく(capitalの対概念はprovinceであり、urbanの対概念はruralである)、いわば地に根ざした生活空間の意味であって、「地に方向づけられた」意味での「地方」である。(5) 東京都も地方自治体(local self-government)にほかならない。

ともあれ、近年のグローバル化が問題になるそのなりようは、初発のところでは問題解決に向けた切り口として意識されていたことを、あらためて思い起こしておきたい。後述する「対抗的グローバル化」を見る起点でもある。

言うまでもなく、このところグローバル化が語られるのは環境問題にとどまらない。それは、ソ連・東欧の崩壊とアジア社会主義の変容を引き金とし、情報技術・運輸技術の革新を技術的基盤・推進力としながら、ヒト・モノ・カネが、従来に比するならより「自由」に主権国家の敷居を超えて、地球規模での相互的な移動を加速度的に激化させている九〇年代に特有の事象の総体をさす。その基底的事象は「経済のグローバル化」にあるが、そのグローバル化とは、なにがしかモノの生産・流通・消費という経路で動く実体経済レベルでのグローバル化もさることながら、情報技術を駆使した二四時間フルタイムの金融経済が機軸となってのグローバル化を強烈に印象づける事象として立ち現われている。実体経済に対する金融経済優位の様相は、なるほど「市場経済」という名の資本主義の赴く先とはいえ、しかし、金融経済がそれ自体としてなにものかを生産するわけではない。カネがカネとして通用するのは、その背後にモノがあるからであり、そのまた背後にはヒトがいるはずだが、ヒトよりモノ、モノよりカネを重視する感覚を生み出すこの構造は、人間的経済にとっては本末転倒であろう。

環境問題のみならず、生産・流通・消費・金融・労働・情報・技術水準・サーヴィスなどが地球規模で激しく行き交う事象が、現実に深化していることは間違いない。それが従来の主権国家・国民経済の枠組みに「ゆらぎ」をもたらしているかに映りもする。しかし、①そのような実態があること（実態としてのグローバル化）と、②そのような方向に――しばしば主権国家が主要・重要なアクターとなって――政策的に誘導・操縦・牽引すること（政策としてのグローバル化）、③さらにそのような方向で世界を再構築すべしとする考え方（イデオロギーとしてのグローバル化、すなわちしばしば市場原理主義・新自由主義によって裏打ちされた「グローバリズム」）とは、相互に関連はするがレベルが異なる諸相として、区別して論じなければなるまい。[6] この区別されるべきグローバル化の諸相におのおの対応して、その弊害を抑止・制御・是正し新たな世界像を構築せんとする対抗軸もまた形成されうる（たとえば①につきNGO等によって担われるグローバル化した運動、②につき国際的な諸規範（国際人権法・人道法・労働法・経済法など）を梃子とし国際組織を主たるステージとする、国家のみならず個人・集団もアクターとなった対抗政策の提言・要求・実現、③については解決されるべき問題をナショナルに（だけ）ではなくグローバルに理解し行動する思考様式[7]）。これら対抗軸には、これまでの圧倒的な主権国家の枠組みのゆえに隠されてきていたイシューを可視化させるそれも含まれうる（諸々のマイノリティの自己主張、フェミニズムの運動など）。

「二つのグローバル化」を「市場化」と「民主化」のそれとして示す切り口[8]は、安易な「グローバル／ナショナルの二項対立」を戒め「主権概念の新たな統一的把握」という課題に迫る鋭利な観点であるが、「グローバル化」そのものは、右のように多段階的・多層的な構造にあるだろうし、それらの諸段階・諸層を貫いて「支配的グローバル化」と「対抗的グローバル化」の構図が伏在することに、本稿では注目したい。

三　「グローバル化」と主権国家

「実態としてのグローバル化」は、歴史に不可避の必然的趨勢とは限らない。実態としてのグローバル化の真因を探っていくとき、それは資本主義の展開という「自然史的過程」の結果であるとしても、むしろそうであるがゆえに、国際的な資本主義展開をグローバルに強導・嚮導する主権国家の覇権的イニシアティヴないしヘゲモニーを無視することはできない。巷間では、人類の日々進歩する英知の所産たる科学の発展により、ドッグ・イヤーからマウス・イヤーへと飛躍的にテンポを速めて進展する技術開発の必然的結果として、あたかも時代の趨勢のごとく受け止められている情報技術革新とそれがもたらすグローバル化でさえ、たとえば、インターネットがアメリカ国防総省高等研究プロジェクト（ARPA）の軍事技術たるARPANETとして一九六九年に開発されたものが、冷戦終結を期に民生用に「開放」されて全米科学財団に移管され、九三年にWorld Wide Webが導入されたことで爆発的普及に至った結果であった。「こうした技術的発展の加速は、アメリカの軍事予算に多くを依存している」のであってそれが軍事的状況の変化に応じて「民生用技術」に転用されてきた[9]という面は見落とせない。この領域におけるアメリカの圧倒的イニシアティヴ＝覇権は、初発のところから構造的所与として組み込まれている。

ことは投融資・資本移動・為替・証券といった金融グローバル化においても同様であり、こうした実態としてのグローバル化は、しばしば覇権国のナショナルな利益を深源とした戦略として生起・展開している。確かに現象的には、国民国家・国民経済単位の世界経済秩序は、その敷居を低める方向で確実に変容を受けている。経済のトランスナショナル化は、「西側」世界ではすでに一九五〇年代に顕在化していたが、それが「東側」の崩壊とアジア社会主義国の「市場経済」導入によって地理的に一気に全世界規模に拡大した。この事象の地理的に拡大された射程範囲に着目するなら、それは直ちにグローバル化と言いうるだろう。しかしそれだけのことなら、資本主義の展開が資本の論理に従って必然的に、情報技術等の諸条件の変化を技術的推進力にしつつ、いわば時宜を得て、世界大に拡大したがゆえのグローバル化にすぎない。問題は、経済領域でグローバル化と呼ばれている事象に資本展開の質的転換が生起していることにある。それは、単に資本のそうした地理的拡延のことではなく、商品資本・貨幣資本の循環運動がトランスナショナル化するにとどまらず、生産資本循環においてトランスナショナル化が起っているという今日的特質である。「そのことの端的な表れが、メガ・トレンドとなった多国籍企業」にほかならない。[10]

言うまでもなく、多国籍企業といえども無国籍ではなくいわば本籍国のリソースに依拠している。多国籍企業はその名称や様相にもかかわらず、主権国家を不可欠の要件としている。とりわけその軍事的保護を多国籍企業自体が行うことはできない。また生産資本が多国籍展開に傾くのは、国民国家システムを背景にした国民経済間に不均等と格差があるが故であることも見落としてはならない。かように、経済における実態としてのグローバル化もまた主権国家の政策としてのグローバル化に依拠している面がある。「国家の撤退」が語られて久しいが、意図的に撤退させているのは、こうした資本の展開がもたらす弊害の制御・抑制・是正をはかる福祉国家的諸政策のところにおいてであって、こうした資本の展開を支えるための国内的条件整備や国際的利益代弁はもとより、それによってもたらされる国内的・国際的な社会的混乱に強権的に臨む国家はいささかも撤退などしていない（日本においては軍事・治安・統治機構面での新展開）。「小さな政府」とは、正確には「小さくとも強い政府」がその実像である（「小さな政府、大きな司法」の構想にも、この文脈が伏在しているだろう）。国民国家（nation-state）は、国家の側から「国民」国家であることを、その標榜においてさえ縮減させつつあるが、国家であることをやめはしない。[11]

グローバル化による国際社会の「均質化・単一化」とか「融合・統一」がしばしば語られるが、そうした「実態としてのグローバル化」が、実はしばしば特定の主権国家の「政策としてのグローバル化」によってもたらされていることを看過してはなるまい。グローバル化がこのようにナショナルに起因するというこの矛盾的表層に着目すれば、「グローバリゼーションの本質は、市場が世界規模に広がってボーダーレス化するといった表面的現象にあるのではない。冷戦終了後も冷戦型のイデオロギーの残像に寄り掛かりながら、なおアメリカが強引に覇権国であり続けようとする『無理』が、今日のグローバリゼーションをもたらしている」[12]との言説は正鵠を射ているだろう。グローバル化が語られるとき、それが誰のための、何のための言説かが「イデオロギーとしてのグローバル化」問題の核心にある。

ただ、にもかかわらず、経済のグローバル化に伴う弊害を、国民国家（に依拠した一国の民主主義と人権）単位内のみで自己完結的に制御・抑制・是正する可能性を制約していることも否定できない。ことは、人類史の一環たる近現代憲法史が営々として築いてきた知恵を一気に洗い流す事態である。資本主義の勃興を支えたのが自由主義であったが、その「自由」な経済活動の弊害を制御すべく憲法史は苦闘を重ねて多様な対抗軸を構築してきた。新「自由」主義による資本主義のグローバル化もまた、一主権国家における憲法的制御装置を基軸にしながらも、それに見合った対抗軸形成を衝迫する。

四 「市場経済」の「グローバル化」と対抗軸

一九世紀中葉の欧州で成立してきた資本主義形成期においてさえ、資本主義は国境を超え、地理的射程は今日と異なるにせよ「地球規模」で展開するであろうことはすでに想定されていた。この資本主義の展開に対峙すべく

「妖怪（Gespenst, spectre）」として立ち現れた勢力は、「ブルジョアジーは、自分の生産物の販路をたえず拡張していく必要にうながされて、全地球上を駆けまわる（über ganze Erdkugeln jagen, chase over the whole surface of the globe）。彼らは、どこにでも腰をおろし、どこにでも住みつき、どこにでも結びつきをつくらなければならない。ブルジョアジーは、世界市場を食い物にすること（Exploitation des Weltmarktes, exploitation of the world market）を通じてあらゆる国々（alle Länder, every country）の生産と消費を全世界的なものにした（kosmopolitisch gestalten, give a cosmopolitan character）。…古来の国民的な（national）産業は滅ぼされてしまい、なおも滅ぼされていく。…古い地域的・国民的（lokal und national, local and national）な自給自足や閉鎖に代って、諸国民による一個の全面的な交通、一個の全面的な依存関係（eine allseitige Abhängigkeit der Nationen, universal inter-dependence of nations）が現れてくる」と当時の変容のゆくえを見定めている。[13]あるいはまた、「個人の自己労働に基づく私有（individuelles, auf eigene Arbeit gegründetes Privateigentum）」が「資本主義的私的所有」によって駆逐されていく「資本の本源的蓄積」過程を解析する中で、マルクス『資本論』は、この過程は「諸資本の集中によってなしとげられ……個々の資本家が多くの資本家を打ち滅ぼす」過程でもあって、こうした「少数の資本家による多数の資本家の収奪」とならんで、「ますます増大する規模での労働過程の協業的形態、科学の意識的な技術的応用、土地の計画的利用、……結合された社会的な労働を生産手段として使用することによる生産手段の節約（Ökonomisierung）」などとともに「世界市場の網のなかへのすべての国民（alle Völker）の編入、したがって資本主義体制の国際的性格（internationaler Charakter）」もまた「発展する（sich entwickeln）」ことを想定していた。[14]『資本論』に結実するマルクスの「政治経済学批判」が、「資本・土地所有・賃労働」と並んで「国家・外国貿易・世界市場（Staat, auswärtiger Handel, Weltmarkt）」を「ブルジョア経済体制を考察する順序」として計画していたことはよく知られている。[15]

当時の対抗軸を支えた論理においては、こうした「発展」の先に（当時の）「世界市場」レベルで「大資本家の数が絶えず減ってゆくにつれて、貧困、抑圧、隷属、堕落、搾取はますます増大してゆくが、しかしまた、資本主義的生産過程そのものの機構によって訓練され結合され組織された労働者階級の反抗もまた増大してゆく」との見通しのもと、かくて「独占資本は……生産様式の桎梏」となり「資本主義的私有の最期を告げる鐘が鳴る。収奪者が収奪される」時代へと移行するであろうことが予言されていた。[16] この予言の当否が論争になっていることは周知のとおりであるが、ここでは、この過程が、「労働者がプロレタリアに転化され（die Arbeiter sind in Proletarier verwandelt）」ていく過程でもあることを説きつつ、この文脈の「発展」においては、「個人の自己労働に基づく私有」の否定としての「資本主義的私有」（第一の否定）が「それ自身の否定」（第二の否定）すなわち「否定の否定（Negation der Negation）」を生み出すこと、それは「私有を再建することはないが、しかし、資本主義的時代の成果を基礎とする個体的所有（individuelles Eigentum）をつくりだす」ことを展望していた点を、[17] あるいはより端的には、この構想は、「所有一般を廃止するのではなくブルジョア的所有を廃止」して「個体的所有がもはやブルジョア的所有に転化しえない」システムに移行することで[18]「各人の自由な発展が万人の自由な発展の条件であるようなひとつの共同社会（eine Assoziation, an association）」[19] の形成を展望していた点を、思い起こしておきたい。この「個体的所有」による「共同社会の形成」の筋道が、[20] 今日のグローバル化時代にも、規模と形を変えてあらためて問われていると思われるからである。[21] individuell（individual）とは周知のとおり、これ以上分割できない（in-divide）単位としての「個」であり、背後には分割母体たる「共」同の世界が前提とされている。「個人の尊重」（日本国憲法一三条）とて、ただ閉ざされた「孤」立する「私」を「尊重」する意にはとどまらないだろう。

ところで、一九世紀資本主義の「世界」化がもたらす弊害を制御し、その構造的な転換を展望した理論と思想にあっては、その対抗軸に「団結する万国（alle Länder, all countries）のプロレタリア」が想定されていた。国境を超える資本に対峙する「祖国（Vaterland, fatherland）を持たない労働者」[22]という構図である。「万国」とは、その原意からすれば、成員として所属するstateはもとよりnationも超えた、いわば「すべての地」の含意であり、したがって（当時の）世界大に拡延した射程における対抗軸の形成を「プロレタリアに転化した労働者の団結」にいわば焦点化・結晶化させ（当時の）人間解放の筋道の機軸を示そうとしたと見てよい。その上で、資本による生産の無政府性が当時の「世界」を破滅させると見たがゆえに、生産・流通を「社会」的に制御するシステムとして「社会」主義を、右の「共同社会」への経路として構想した。この筋道が二〇世紀の「実験」を経て自己破壊したことは周知の通りである。そのつまずきの石のひとつは、市民革命なき（したがって市民「社会」形成をスキップした）「社会」主義の道を切り開けないまま、「国家」管理型「社会」主義というある種の自己矛盾をはらんだ道をたどり、そこにナショナリズムに彩られた主権国家・国家主義が覆い被さったことにあったろう。

こうした経緯の深刻な点検は別途必要であるが、ここでは、いずれにしても、人間的存在を構造的に侵害する特定の時代の異議申し立ては、当該時代の当該侵害構造に対する対抗軸を産出するし、その理論化こそが憲法原理形成をも突き動かしてきたという事実に着目しておきたい。詳論は要さないが、たとえば、対抗軸が「妖怪」として立ち現れたときとは、フランス一八四八年二月革命期に、結局は実定化されなかったとはいえ、「労働の権利」が、対抗軸の「最初の不器用な公式[23]（erste unbeholfene Formel）」として憲法草案に盛り込まれたときでもあった。時代は移り変わり、侵害構造もまた変容してきたとはいえ、支配的グローバル化を構成・推進する成員もまた「数が絶えず減ってゆく」のに対して、それにより「貧困、抑圧、隷属、堕落、搾取」を受ける人々（peoples, Völker）は「ますます増大してゆく」。かつての対抗軸として焦点化・結晶化された「プロレタリア」とは、古代ローマ期の下層民（proletarius）を語源としているか、対抗的グローバル化を担うのは、現代的に形成されつつある「祖国をlocalとしglobalに開かれた」proletariusであろう。その存在構造の解析こそが急がれる。[24]

国家・主権の「相対化」の時代として、国民国家が丸ごと溶解し、「市場の世界化と市民社会の普遍化」としてこれからの時代を描くことの是非は別途吟味を要するだろうが、異議申し立て対象のグローバル化に照応して申し立て主体もまたグローバル化し、諸弊害の是正・抑制・制御を提示しつつあるのも事実である（国際人権・戦争犯罪追及・国際刑事司法・核軍縮・地球環境保護・ヒューマンセキュリティなど）。そこで形成されつつある基準をグローバル・スタンダードなる和製英語で言い表すなら、それはアメリカン・スタンダードに対峙しうる現代の「人類普遍の原理」（日本国憲法前文）を一面で準備しているともいえよう。[25]

近代国家・近代憲法が前提としてきた「主権」とて、その概念を産出するに至る特定の歴史的時代における支配—服属関係を前提とする緊張感に満ちたひとつの抗議概念ないし対抗概念（polemischer Begriff）であった。[26]国家を、「国」として境界画定された域内の人々が「家」族のように友愛（fraternité）に満ちて生きる共同体と観念するにしても、他「国家」すなわち隣「家」の人々とのかかわりの中で、既存の主権国家枠組みを超えたところで共同的に排除されるべき抗議・対抗対象が登場してくるとなると、主権国家を媒体にしながらも、事物に適合的な対抗軸の編成がありえよう。確かに現状は、「『経済のグローバリゼーション』の綿密な国際組織と規制にたいして、『環境問題のグローバリゼーション』や『貧困のグローバリゼーション』に対応する国際政治・行政・司法組織はない。つまり『経済のグローバリゼーション』が一方的にすすんでいく……。現実はアメリカを中心とした大国の戦略が指導権をもっている」[27]し、その先には破滅的シナリオさえ想定可能である。[28]そうであるがゆえに、「グローバル化」の構造解析を経て「対抗的グローバル化」の構造的源泉を焦点化・結晶化させることは、今日における「人類普遍の原理」の焦点化・結晶化をも導出するに違いない。

（1）　高田健「『憲法論議』一年間を検証」週刊金曜日三四七号（二〇〇一年）五六頁。

(2) 佐々木毅「『二一世紀型政治』——構想と展望③憲法論議」二〇〇一年一月二三日付公明新聞。

(3) 参照、拙稿「転機に立つ憲法構造と憲法学」法律時報七三巻一号（二〇〇一年）、同「『自由・安全・自治』で読み解く憲法構造の転換と国際的文脈」憲法問題一二号（二〇〇一年）。

(4) Vgl. E. U. v. Weizsäcker, Die Spannung zwischen Globalisierung und Umweltschutz, in: Heidelberger Club für Wirtschaft und Kultur e. V. (Hg.), Globalisierung, Berlin u. a. 1997, S. 15 f.

(5) Vgl. P. Roth, Globales Handeln und locale Lebenswelten, in: H. Eichel u. H. Hoffmann (Hg.), Ende des Staates — Anfang der Bürgergesellschaft, Reinbek 1999, S. 22.

(6) 参照、鶴田満彦「グローバリゼーションと国民経済」経済六一号（二〇〇〇年）二六頁。

(7) この点につき広渡清吾「グローバリゼーションと日本国家」法の科学二七号（一九九八年）九頁以下の「基礎構造とイデオロギー」による解析という手法に示唆を得ている。なお参照、辻村みよ子「国家の相対化と憲法学」法律時報七三巻一号（二〇〇一年）。

(8) 参照、大久保史郎「二つのグローバリゼーション」法律時報七一巻九号（一九九九年）、同「グローバリゼーションと『人間の安全保障』」上田寛＝大久保編『挑戦をうける刑事司法』（日本評論社、二〇〇一年）四頁以下。

(9) H. Schmidt, Globalisierung, Stuttgart 1998, S. 14. 邦訳、ヘルムート・シュミット（大島俊三＝城崎照彦訳、島野卓爾監修・解説）『グローバリゼーションの時代』（集英社、二〇〇〇年）二四頁。

(10) 田口富久治＝鈴木一人『グローバリゼーションと国民国家』（青木書店、一九九七年）一六頁〔田口〕、auch vgl. J. Leibiger, Globalisierung der Wirtschaft, in: Losa-Luxemburg-Stiftung (Hg.), Problemfeld Globalisierung, Leipzig 1999, S. 8 ff.

(11) Vgl. E. Altvater u. B. Mahnkopf, Grenzen der Globalisierung, Münster 1999, S. 364 ff. なお参照、石田徹「グローバリゼーションと国民国家のゆらぎ」望月幸男＝碓井敏正編『グローバリゼーションと市民社会』（文理閣、二〇〇〇年）一二一頁以下。

(12) 金子勝『反グローバリズム』（岩波書店、一九九九年）二七頁。

(13) Marx/Engels, Manifest der kommunistischen Partei, 1848, in: MEW, Bd. 4, S. 465 f., Manifesto of the Communist Party, in: MECW Vol. 6, pp. 487-488. 邦訳『マルクス＝エンゲルス全集』（以下『全集』）第四巻（大月書店、一九六〇年）四七九頁（ただし本稿は必ずしも邦訳によっていない—以下同様）。

(14) Marx, Das Kapital, 1. Bd., 4. Aufl., 1890, in: MEW, Bd. 23, S. 789 ff., 邦訳『全集』第二三b巻（大月書店、一九六五年）九九三

一九九五頁。なお、本文引用の「資本主義体制の国際的性格」というセンテンスは『資本論』初版（一八六七年）にはなく、その後の「展開」により加筆された部分である（vgl. MEGA, Bd. II/6, S. 683 f.）。

(15) Marx, Zur Kritik der politischen Ökonomie, Vorwort, 1859, in MEW Bd. 13, S. 7. 邦訳『全集』第一三巻（大月書店、一九六四年）五頁。

(16) Marx, Das Kapital, 1. Bd., MEW, S. 791, MEGA, S. 713. 邦訳九九五頁。

(17) Ebenda. 同右

(18) Marx/Engels, Manifest, MEW, S. 475 u. 477, MECW, p. 498 and 500. 邦訳・四八八・四九〇頁。

(19) Marx/Engels, Manifest, MEW, S. 482, MECW, p. 506. 邦訳四九六頁。

(20) 参照、平田清明『新しい歴史形成への模索』（新地書房、一九八二年）一三二頁以下。

(21) 参照、拙稿「経済活動と憲法」樋口陽一編『講座憲法学４権利の保障【2】』（日本評論社、一九九四年）三二頁以下〈本書Ⅲ部一八章〉。

(22) Marx/Engels, Manifest, MEW, S. 479, MECW, p. 502. 邦訳四九二頁。

(23) Marx, Die Klassenkämpfe in Frankreich 1848 bis 1850, in: MEW, Bd. 7, S. 42, MEGA, Bd. I/10, S. 147. 邦訳『全集』第七巻（大月書店、一九六一年）三九頁。

(24) ちなみに、渡辺治「二一世紀の日本をソフトに政治学する（下）」ゆたかなくらし二〇〇一年三月号三頁以下は、「自由主義の改革により幸せになる人々」は極少であり「圧倒的多数は困難をかかえる」ことを指摘した上で、「福祉国家の国際的連合」をも展望している。

(25) たとえば坂本義和『相対化の時代』（岩波新書、一九九七年）、auch vgl. z. B. H. Berger, Die Rolle der Zivilgesellschaft auf dem Weg zu einer gerechten Weltordnung, in: P. C. Gruber u. K. Zapotoczky (Hg.), Globalisierung versus Demokratie?, Frankfurt/M. 1999, S. 68 ff. これに対し「粗暴な資本主義の再登場」を前に「社会契約の論理によって説明される国民国家」を再想起し「国家の公共的役割を再確認する」必要を説く樋口陽一『転換期の憲法?』（敬文堂、一九九六年）一〇頁以下、参照。

(26) G. Jellinek, Allgemeine Staatslehre, 1990, (3. Aufl. Bad Homburg u. a. 1966) S. 441, 芦部信喜ほか訳『一般国家学』（学陽書房、一九七四年）三五九頁。Auch vgl. C. Möllers, Skizzen zur Aktualität Georg Jellineks, in: S. L. Paulson u. M. Schulte (Hg.), Georg Jellinek — Beiträge zu Leben und Werk, Tübingen 2000, S. 156 ff.

(27)　宮本憲一『日本社会の可能性』(岩波書店、二〇〇〇年)一〇頁。
(28)　参照、スーザン・ジョージ(毛利良一監訳)『ルガノ秘密報告――グローバル市場経済生き残り戦略』(朝日新聞社、二〇〇〇年)。

第五章　憲法学と公共性論

一　公共性論の標的と射程

本書〈室井力ほか編『現代国家の公共性分析』（日本評論社、一九九〇年）〉で総合的に検討される、法における「公共性」という観点が、行政法学上のまとまった理論として提示された嚆矢は、おそらく天野和夫ほか編『マルクス主義法学講座６現代日本法分析』（日本評論社、一九七六年）に収められた室井力教授の論文「現代日本の行政機関とその作用」(1)であったと思う。奇遇ではあるが筆者はその時、この論文の隣で「現代日本の立法機関とその作用」と題する一文を執筆する機会に恵まれた。

右拙稿で企図したのは、日本の立法機関＝国会がその憲法規範命題からすれば、確かにあの「同時に執行し立法する行動的機関（eine arbeitende Körperschaft, vollziehend und gesetzgebend zu gleicher Zeit）」ではないが、しかしマルクスが批判した「議会ふう（parlamentarisch）の機関」、あるいはレーニンが揶揄した「おしゃべり場所（говорильня）」にとどまるものでもなく、いわば前者への「志向性」を秘めた国家機関として定位せしめられていることを確認したうえで、『現代日本の立法機関』たる国会が、日本の民主的変革にとっていかなる役割を果たしているか、また将来果たしうるかを、法的側面から解明すること」にあった。[2] 当時の日本における「民主的変革」意識した立論となっている。周知のとおりこの「同時に執行し立法する行動的機関」概念は、レーニンによってソビエト形態に昇華せしめられたが、これまた周知のとおり昨今の社会主義諸国を襲っている激動の中で、ペレストロイカ＝政治改革の標的とされ、[3] またレーニン再検討のうねりの中では批判的吟味の論題にのぼっている[4]概念でもある。こうした事態であってみれば、「志向性」に限定していたとはいえ、日本における「民主的変革」を展望するその先に「同時に執行し立法する行動的機関」を積極的イメージとして設定していたことも、理論の深層においては再検討が迫られているのかも知れない。

ただ、国民代表機関としての国会が、主権者国民の公務員選定罷免権（日本国憲法一五条一項）ないし政治的権利、なかんずく国民の主権的権利が十全に行使されることによって形成され、かつ、そうして形成された国会が憲法上の「最高機関」性（憲法四一条）を発揮することで憲法上の議会制民主主義が作動することができるならば、つまり国会が憲法命題どおりに構成・定位・作動せしめられれば、わが国の国家作用の場面で、「民主的変革」が含意することと相当の程度等質の変容をもたらすことができるという展望は、そうした場面に限って言えば、今日も基本的には修正を要さないと思われる。

さて、右室井論文で提起された「公共性論」は、少なくとも立論のかぎりではその守備範囲が「行政」に限定されていた。その言わんとすることの要石は、「なんらかの意味において公益を追求するもの、相対立する私的諸利益に対して中立・公平な立場に立つもののそれとして行われる」行政ないし行政活動は、そうであるが故に「私人の間には原則としてみられないような特殊な効力が保障されると説明される」が、そうした効力の根拠とされる「公益性」ないし「公共性」とは「一体その具体的中味においていかなるものであるのか」、あるいは「その具体的現実においては、一体、誰のため、何のためのものであるか」を明らかにすることで、「その価値判断・選択の基準を、実体的にも手続的にも合理的なものにすること」、「公益性・公共性の具体的内容を公開し客観化すること」を提唱するところにある。(5) それは約言すれば、「行政の存立根拠」とされることがらの具体的実相を明るみに出しておいて、その合憲法的合理性を検証し、それが検証に耐えない場合は「あるべき真実の公共性」を対置すること、と言えよう。

もとより現代資本主義国家が標榜する「公共性」が、国家のもつ「階級抑圧機能と社会的共同事務機能」をともに含んだ「現代資本主義国家の矛盾の一表現」であることは留意されている。(6) したがって「国民が行政活動のこの（公共性という――引用者）大義名分にどのような現実的内容を加えることができるか、そのための行政の法的統制手段がどのようなものでありうるのか」という「実践的課題」、約言すればいわゆる「公共性の争奪戦」も、こうした留意のもとで語られている。(7)

こうした「公共性論」の行政法学からする提唱はその後、八〇年代に展開されていった臨調「行革」路線が、公共領域からの公権力の大幅撤退を命題としつつ、「民営化」「規制緩和」「受益者負担」といった公権力の任務縮減をうたいながら、その実公権力への包摂的機能を露わにする動向（「福祉国家」から「福祉社会」へ）を示すと、それとの理論的対決の過程で、行政領域ごとの具体的精査を経つつ、今少し具体的で、しかし同時に射程を公法学全般に押し広げたうえでの判断＝評価基準の設定に至る。それは、現に「国家の側から呈示される『公共性』は、その階級的基盤が狭あい化してきているが故によりいっそう虚偽的な『公共性』にならざるをえなくな」るという国家論上の現状認識を基礎に、したがって「実際にそこに具体的に存在するのは『生存権的な公共性』と『特権的な公共性』との対立」であることを指摘したうえで、「公共性の争奪戦」の内実を「『国家的・特権的公共性の虚偽性』と『市民的・生存権的公共性の真実性』との対抗関係」として把握すること、ならびに、そこで対置されるべき「市民的・生存権的公共性」の具体的内容を「人権・民主主義・平和」という「憲法的価値」によって充填する、という理解である。周知のとおりこの「憲法的価値」の指標として提起されたもののうち、「人権」は「実体的価値的公共性」、「民主主義」は「手続的制度的公共性」、「平和」は「それなしに人権・民主主義はありえない」が故に「実体的価値的であると同時に手続的制度的なものであるとも説明できる」公共性、として示されることになる。(8)

こうした指標を伴った「公共性」は、行政のみならず「司法・立法」にも「立法論であれ解釈論であれ」見定めていくべき判断＝評価基準とされているが、(8) こうした射程の拡大は、標的たる臨調「行革」路線が、「行政」改革を標榜しながらその実「立法・司法」をも「改革」の射程に組み込んだ「国家改造」の有機的一環であることを見据えたが故でもあったろう。

こうして最近の「公共性論」は、「行政の公共性」にとどまらず「政治・行政の公共性」を語る。このタームは、昨今焦点となっている「政治改革」に関説して登場したものではあるが、以上に見てきた「公共性」論の推転の軌跡からすれば「反動的支配層の二〇世紀から二一世紀に向けての総合戦略」が標榜する「公共性」に対峙的に応対する理論的立脚点として選び取られていると見てよい。(9) その意味では「法における公共性」論は、「行政の公共性」を起点に「公法領域の公共性」を経て「政治・行政の公共性」へとその射程を拡大しつつあるが、それは理論的実践的に対決すべき相手方がその射程を拡大してきていることに応答していることの現われである。しかし、そしてそうであるだけに議論の焦点からすれば、「公共性」のところにむしろ絞りこむことが企図されている。

周知のとおり「公共性」議論は、法律学のみならず、哲学、経済学、国家論、地方自治論などの領域で盛んであるが、そうした「公共性」への注視は、七〇年代前半にわが国のみならずいわゆる西側諸国ないし先進資本主義国を襲った未曽有の現代的危機（七一年ドル・ショックによる通貨危機、七三年オイル・ショックによるエネルギー危機、七五年ベトナム戦争敗退による軍事危機の重層的危機）を「克服」すべく七〇年代末ごろから提起されてくる現代国家の危機管理策が、一方で国家介入の表見的「縮減」、「公共」の見直し、「公共」からの公権力の大幅撤収を図りながら、他方で支配層の権威的支配を強化するところに活路を見いだす方向にある、という現代統治戦略に、理論的にどう対応するのかに起因している。こうした動向に批判的な論者は、公権力が投げ捨てつつある「公共性」の旗を被支配層のイニシアティブでいかに再建するか、また、その再建を通していかに「真の統治主体」を形成するかを問う。

見てのとおり「市民的・生存権的公共性の真実性」を基軸とする「法における公共性」論の提唱は、こうした八〇年代に顕著な統治戦略への対決が、根底のところで強く意識されていると見てよい。してみると、「公共性論」の提唱が冒頭で述べた七六年論文（あるいは後掲する注（1）にあげた七四年論文）であったとすれは、こうした事態の顕在化以前にすでにこの構想は練られていたことになり、当時論壇を席巻していた「公共性の主体＝統治の担い手の創出」が、「日本の民主的変革」の青写真として語られていたことがらと随所で共鳴してはいるが、また「都市経営論」などの登場にみられる動向をさしあたり念頭に置いた立論であるとはいえ、今日の新自由主義、新保守主義、ポスト・ケインズ主義などに規定された統治戦略を、いわば先行的に標的としてとらえていた点で、その先駆性は刮目すべきものがある。七六年の拙稿が「民主的変革」を論じていた視線のいわば甘さを反省するゆえんであるが、同時に憲法学における「公共性論」の立ち遅れがあらためて想起されてならない。

二　憲法学における「公共性」イメージ

こうした憲法学における「公共性」議論の立ち遅れを克服すべく、その理論的整序をはかろうとした最近の試みに小林直樹「現代公共性の考察」（公法研究五一号、一九八九年）がある。その論旨構成は「一　序説――『公共性』の意味と問題、二　現代基本権と公共性、三　私権と公権との交錯、四　古典的国家公共性の再検討、五　結――現代公共政策の方向」と予定されていたが、しかし同稿の論述自体は、「諸価値や異なった『公共性』間の相反や絡みあいを概観し、それらについて調整の方法・原理を議論[10]」することに課題を限定してすら、右構成「二」の一部（環境権と知る権利）を論じただけで「やむなく中途半端なところで打ち切って[11]」いる。つとに射程の広い考察をもって知られ、法哲学にも造詣の深いこの筆者にしてなお、「常識的には誰にも一応は判っていながら、改まって定義を下そうとすれば、とたんに難しくなる[12]」のが「公共性」概念であった。

この試みに見られる苦闘は、おそらく憲法学界における「公共性」論の未整序にもっぱら起因していよう。たしかにこの著者も述べるように「日本国憲法制定後の一時期に公法学界の中心的争点となった『公共の福祉』の議論にしても、『公共』の意味の解明は殆んどなされないままに終わった[13]」のが実情であった。敷衍すれば、憲法解釈論の場面において「『公共の福祉』のダンビラを多用した最高裁判所[14]」に対峙しつつ、実定憲法上の明文規定たる「公共の福祉」概念を極力限定化し、その実務解釈における作動を最大限抑止することにもっぱら努力が払われてきた憲法学界にあっては、「公共」概念に対し「何が公共でないか」に力点をおいた立論をする傾きにあったため、「何が公共か」を積極的に論じることにきわめて警戒的であったという事情があったであろう[15]。

なるほど、「公共の福祉」による制約を明文で予定する経済的自由を解釈する場面では、たとえば、その制約も「内在的制約・消極目的による制約」の場合は「公共の福祉」の埒外であり、問題は「政策的制約・積極目的による制約」の場合だけであって、そこでは社会権の実現ないし経済的・社会的弱者の保護を目的とするかぎりで「公共の福祉」による制約の発動を承認するとの有力な立論[16]がある。ここでは「実体的価値的」な人権論ないし人権の価値序列論による「公共」への積極的内容充填が試みられてはいるが、しかし「公共の福祉」概念の限定化が基調であることは疑いなく、「公共性論」とはその趣を異にするところがある。また、当該「政策的制約・積極目的による制約」範疇はいわゆる「立法裁量」論を随伴するものでもあり、右「目的」による覊束が働くとはいえ、当該「裁量」を委ねられた「立法」の実像を思うと、「公共」への逡巡はなお溶解しない。

こうした事情は、憲法学が単に解釈論に明け暮れていたという課題の狭隘さ、方法論の貧困にのみその原因を帰せられない。というのも、この警戒心を抱懐する底では、論者が意識するしないにかかわらず、日本においては、人権と対立することのない、むしろ人権を実現する含意で説かれるはずの「真実の公共性」が展望しがたく、「公共」概念が現実の政治的社会的諸関係に投入されると、もっぱら個人を超越した国家的「公共」として作動していく現実を、それなりに警戒していたと思われるからである。しかも察するところ、そうした警戒には、「公共」が制度としての国家・公権力のサイドの専断的占有に簡単に帰してしまうという実相のみならず、そうした超越的な国家的「公共」を支え代行すらしうる日本「社会」の実相も射程に含まれていたに相違ない[17][18]。

実のところこの日本的「公共」の実相こそが、憲法学においては、解釈論的「公共の福祉」論議の一応の終結・克服後も、「公共」の積極的理論構成を逡巡させた要因のひとつであったように思う。前節で触れたような「民主的変革」が語られた一時期を経て八〇年代に入ると、そうした含意での「公共」への懐疑は、一層強めざるをえないことが、むしろ客観的に明らかになりつつあったとも言えよう。もっとも、「公共」概念へのこうした警戒も、当該論題を俎上にのぼらせた場合にその議論が憲法事象において導かれるであろう政治的水路を懸念するという実践的関心の方が、それを科学的認識の対象として吟味し、科学的概念構成であるがゆえに当該理念の担い手を形成しうる理論で対抗していくことよりも、先行して働いているという意味では、ことがらを、特殊に限定された実践＝解釈論的関心の対象に錨止したままであるとは言える。

憲法学における「公共性」論の立ち遅れを、以上のごとくやや好意的に忖度すると、そこには要するに、西欧近代を淵源とした日本国憲法が規範的に発信する「理念としての公共性」が、日本の国家・社会・個人によって受信されて立ち現われたときの「実態としての公共性」と矛盾的に乖離していて、[19]前者を高唱することが、同時に後者の場面では「理念としての公共性」に背馳した機能を発揮しうることに主たる留意を払うという、その意味では、戦後憲法論が「守りの憲法学」であったことに通底する問題の一端があるように思えてならない。

三　「公教育」と「教育の公共性」

以上のことを、憲法学が守備範囲とすべき「公共性論」の一論題である「公教育」概念を事例にして少しく考察してみよう。臨調型行政「改革」を標的に構成されてきたのが「行政の公共性論」であるとすれば、臨調「行革」の一環でもある臨教審型教育「改革」に対して「教育の公共性」が論題となるのは当然と言ってよい。

「公教育」は実定憲法の明文規定ではないが、憲法二六条一項が「すべて国民は、法律の定めるところにより、その能力に応じて、ひとしく教育を受ける権利を有する」と定めることにより、この「教育を受ける権利」の実現形態として当然に導き出される。「公教育」とは、「教育を受ける権利」を「すべての国民」に「ひとしく」保障するシステムであるから、「国民」の全員に開かれた「教育」のことである。したがって純粋に私的な場面でなされている「教育」（たとえば学習塾や受験予備校、ピアノ教室や料理学校）はもとより、国民の部分社会内部でその部分社会の趣旨・目的にそって（その含意で私的に）なされている「教育」（企業研修や労働学校など）のことでもない[20]（なお、権利主体たる「国民」とは、この権利の普遍性に鑑み、日本国籍保持者たる国民に限らず、日本に居住する外国人も当然に権利主体と見るのが学説・判例ともに確定した理解である）。すなわち、国民一般に開かれたなにがしか社会的で公共的な性格を帯びた教育が「公教育」である。その典型が「学校教育」であり、その延長でいわゆる「社会教育」も含まれよう。近年要求されている「生涯教育」も、したがってその形態・内容が社会的・公共的であるかぎりでこの権利に含まれてよい。「公教育」であるがゆえに、機会均等、義務教育の無償制、国などの教育条件整備義務がその具体的内容として導かれる。

さて、「教育を受ける権利」が、憲法ではいわゆる「社会権」を定めた個所に置かれているため、これをもっぱら経済的・社会的弱者が生存を確保する権利の一類型とする理解がかつてはあった。しかし、こうした権利概念の萌芽がすでに市民革命期の憲法文書に登場している（たとえばフランス一七九三年ジロンド憲法草案の権利宣言二三条、同モンタニアール憲法の権利宣言二二条）ことからすると、「社会権」が一九世紀末以来の歴史段階に照応する権利であるとする周知の了解事項からして、必ずしも十全な位置づけとは言えない。なるほど「教育を受ける権利」の制度的な実現は、それまでは「教育」といえば、もっぱら社会の上層特権階級がその持てる財力でまったく私的に得ていた教育（貴族の私的おかかえ教師）や、教会による宗教教育、特権的職業団体＝ギルドの職業教育のことを指していたのに対して、下層階級にも一般的知識・技術教育を施すべきことを制度＝公教育として創設したのが出発点であるから、こうした実相に「社会権」的な側面があることは疑いない。それにまた、史上最初に「教育を受ける権利」文言を実定憲法上定めたのは一九三六年ソ連憲法（一二一条）であったし、その後の社会主義憲法でも、しばしば「教育を受ける権利」は直截に規定されてきた（たとえば東独一九六八年憲法二五条）。西欧憲法にこれが定着するのは第二次大戦後である（四六年フランス憲法前文・四八年イタリア憲法三四条など）。世界人権宣言のいわば実施条約である国際人権規約も、宣言二六条に謳う「教育を受ける権利」の実施条約はA規約であって、当該権利を「経済的・社会的・文化的権利」に算入している。こうしてみると、わが国の憲法が「社会権」の箇所にこの権利を置いたのは、その歴史的文脈に沿ってはいよう。(21)

しかし、「教育を受ける権利」ないし「公教育」は、すでに示した歴史的淵源自体が暗示するように従来純粋に個人的ないし部分社会的な「私事」とされてきた教育を、全市民を構成員とする「社会」がこれを「引き受ける」（ジロンド権利宣言二三条）、あるいは「社会」が「すべての者の手のとどくところに置く」（モンタニアール権利宣言二二条）、すなわち市民社会全体の共同的で社会的な公共事として扱うことに原点を置く。その意味では「教育を受ける権利」とは、「社会」が実現する「権利」という含意で「社会権」なのであった。その実現形態が「公教育」である。「公共」とは「社会」の別言であった。

こうした「教育を受ける権利」の制度的実現たる「公教育」のいわばゲネシスを確証すると、「公教育」とは、単純な個別私的利益の実現でもなければ、私事たる教育を私事のまま単に集積しただけの「共同化」でもなく、明らかに社会的な「公共化」で実現するものと構想されていたことに思い至る。そうした「公教育」は、もとより資本主義的生産関係を全社会規模で維持・発展させるのに不可欠なものとして要請されたものではあるが、当該教育が知的人格の積極的形成にかかわるかぎりでは人間発達にとって普遍的な要請でもあった（いわば教育の価値と使用価値）。

言うまでもなくこの「社会」が、その「総括」としての国家ないし公権力と質的に同視できたのは近代初期のことで（civil society と government の等質性）、やがて階級的支配従属関係が露わになり、「教育を受ける権利」とそれを実現すべき「公共」担当組織＝公権力との対立が先鋭化してくると、社会が共同して実現すべき「教育を受ける権利」にとっては、公権力による教育条件整備義務はこれをそのまま堅持しつつも、教育内容決定についてはそれをどう「社会が引き受ける」かが、新たな課題となる。「国民の教育権」とは本来こうした文脈で（誤解を恐れずに言えば「社会の教育権」として）語られるべき性質のものであろう。「教育は……国民全体（the whole community すなわち「社会全体の共同」）に対し直接に責任を負って行われるべきもの」（教育基本法一〇条）との規定の含意もここにある。

憲法二六条に定められているのは「教育を受ける権利」であって「教育する権利」でもなければ「教育する権限」でもない。したがって国・地方公共団体であれ教育機関であれ教師であれ親であれ、「教育する」側のことがこの条項で「権利」なり「権限」として認められているのではない[22]。認められているのは「教育を受ける」者の「権利」であって、これに対応するかぎりで、当該権利を妥当に実現すべき国などの「義務」（保護子女に義務教育を受けさせる国民の義務、教師の教育責務、国の教育条件整備義務）が導かれる。したがって、たとえば教師の「教育の自由」の要請は、他の憲法条項（たとえば二三条）ないし教育理念や教育条理から導かれうるとしても、実定憲法上の「公教育」の理論構成としては、「教育を受ける権利」に軸足を置いて整序すべきであろう。

さて、こうして導出される憲法理念としての「公教育」は、現代国家たる日本の government を前提にすれば、とりわけその教育内容決定については、単純に公権力に引き渡すことはできない。さりとて純粋に私事の世界に舞い戻ることも適切ではない。私教育とはそのレベルを異にする社会公共的事項として編成しなければならない。だが「そこに必要な教育内容の共通性をだれが担保するかという問題[23]」は、日本の教育をめぐる歴史と実態に鑑みれば、妥当な「公共性」の確かな映像を結び難くしている。端的に言って、それを委ねるべき妥当な「社会」はこの国に客観的に存在するのか、という懸念である[24]。

「行政の公共性」論とは、「公権力の虚偽的『公共性』の発動を規制する」ことに軸足を置いた、標榜される「公共性」への批判的解析を第一義的責務とする立論であるとすれば、「公教育」の場面においても、さしあたりは当該教育行政が連打する虚偽的「公共性」を批判・暴露することに主眼があろう。ただ「公共性論」がかつて沼田稲次郎の提唱にかかる著名な「法解釈の真理性・客観性」論[25]をもひとつの水源にしているとすれば[26]、提起される対峙的な「真実の公共性」概念の理論的生命は、論理内在的にその担い手とあるべき法関係とを形成しうる構成になっていること、沼田の表現を借りれば「実定法そのものを或る規範的内容を以て妥当せしめるように動かし得るような法形成的実践」[27]であることにあると思われるが、そうした含意での「教育の公共性」論の検証は、なお課題たりつづけていよう。本稿に即して言えば、「公共性論」が「実体的価値的公共性」としての「教育を受ける権利」、「手続的制度的公共性」としての「公教育」、および両者の不可分一体性を提起するその先に見えてくる「法形成的実践」の実相こそが、議論の焦点となる。

四　「政治改革」と「政治・政党の公共性」

冒頭で述べたように「公共性論」は、その射程内に、昨今かまびすしい「政治改革」動向をも収めて、「政治・行政の公共性」として論じる方向に向いつつある。その標的は、自民党筋が急速に推進している、衆議院議員総定数の削減と衆議院選挙制度への小選挙区制導入、参議院選挙制度の改変、政党への公的助成を内容とする政党法制の創出などを柱とする、いまや周知の「政治改革」動向のことである[28]。

日本の諸政治制度が改革を要することは間違いない。選挙制度でいえば定数不均衡や選挙運動の大幅規制、政治資金制度でいえば政党はおろか政治団体・政治家個人に対してさえ企業・団体の政治献金が有効に規制されていないことやパーティ券・株取引の事実上の野放しなど、改革を急ぐべき事項は枚挙に暇はない。眼前の実態に改革課題が山積し、国民的にその改革が熱く期待されている点では、「行革改革」「教育改革」動向と類似している。また、最近自民党筋が連打してきている「政治改革」論は、一方では、リクルート疑獄に象徴されるがごとき、極みに達した政・官・財癒着の政治腐敗構造に対する国民的不信を「解消」すると見せつつ、自民党支配、ないしそれと質的には径庭のない支配を延命せんとする処方箋でありながら、他方でその深層には、八〇年代に推進されてきた

「戦後政治の総決算」策の一階梯として推進されているという真相がある。事態がそうした重層的要因を孕んでいることもまた「行政改革」「教育改革」動向に近似的といえよう。

思い起こすと臨調「行革」自体が、その当初から「改革」の標的に国会をもとらえていた[29]。いま声高に「政治改革」を叫び、その詳細な青写真をも提唱して多大の影響力を与えている民間推進団体・社会経済国民会議の「政治問題特別委員会」が、行政「改革」開始期の一九八二年に発足していること、その委員長が、かつて国鉄分割民営化推進に辣腕をふるい、今また第八次選挙制度審議会委員を努める亀井正夫（住友電工会長）であること、またこの民間団体が「政治臨調」を自称していることは、今般の「政治改革」が臨調「行革」の延長線にあることを示して余りある[30]。臨調「行革」を標的にしてきた「公共性論」が「政治改革」をも批判対象に据えたのは、当然と言えば当然のことと言えよう。

ところで「政治改革」動向を捕捉する「公共性論」は、先に見た、虚偽的な「国家的・特権的公共性」に対置すべき「市民的・生存権的公共性」の内容たる「憲法的価値」の第二、すなわち「民主主義＝手続的制度的公共性」として、この問題を定位させている。そこでの「公共性」とは、約言すれば「国民の代表者の構成する機会＝国会が、可能な限り、選挙にあたっての国民の意思を公正・平等に反映するごとき制度」のことであり、この視座からあれこれの「政治改革」論が吟味され、たとえば「企業利益や団体利益を献金によって確保する」ことのもたらす「政治・行政の歪み」や「特権的利益確保」が、あるいは「議員定数のやみくもの削減」が、そして「政権党の特権を最大限に利用した、国民の意思に反する国会構成の絶対化」をもたらす小選挙区制が、批判の俎上に置かれる[31]。

「公共性論」の分析基準からする「政治改革」批判は、右のように正鵠を得ていて説得力に富む。やや敷衍しておくと、たとえば、最大の争点である「小選挙区制導入」については、よしんば審議会答申の言う比例代表制との「並立制」であろうと、あるいは今後修正されて西独型「併用制」にシフト・ダウンされようとも、それが「民意

「民意の集約」を「民意の反映」に優先させる審議会答申のいわば政治哲学に根底のところで規定されている以上、そこ

には「民意の反映」を優先価値とする「手続的制度的公共性」が欠けているし、しかもその「民意の集約」が、

「政権の安定」とそれによる「山積する重要課題に対応し時代の変化に即応する政治」の要請から弁証される論理には、「国家的・特権的公共性」の虚偽性が見え隠れしている。[32]

あるいは、議員総定数の「削減」について言えば、自民党や「社会経済国民会議」の場合は臨調「行革」のキーワードであった「簡素化・効率化」を公然たる根拠に、選挙制度審議会の場合は「行財政改革の状況を考慮する必要」というやや迂遠な表現で、これを正当化せんとしているが、「公共性論」にあっては、行政領域論を媒介にした「公共性」と「簡素化・効率化」の具体的関連こそが不可欠な検証手続であり、「手段または二次的な価値としての効率性は……目的によって規制され、変動するごとき性質のものであって、その公共性とまったく独立した絶対的価値ではない[33]」がゆえに、没論理のまま「簡素なことはいいこと」と押しまくる当該「論理」の反「公共性」は明白になろう（余談ではあるが筆者は、「行政の効率化・簡素化」は確かに「抽象的文言の限りにおいては、行政にとってほぼ説得的な観点[34]」と言いうるのに対し、国民代表機関においては、その組織・作用の両面ともに「効率化・簡素化」要請が範疇的に妥当しないのではないかと思っている。議員総定数問題は、国会の審議・採決方法などその運営に関する事項とともに、それらを貫くべき「民主主義的公共性」の要請からすれば、本質的にその「簡素化・効率化」の方向には働かない、ないしは無縁ではないかと思われるからである）。

ところで、ここで今少し立ち入って検討してみたいのは、もうひとつの論争的になりつつある「改革」論、すなわち、自民党や選挙制度審議会はもとより、一部野党もまた「政治改革」案の提唱の中で現実に語り始めている「政治の公共性」論、なかんずく「政党への公的助成」を弁証する文脈で引証される「政治活動ないし政党の公的性格」のことである。「政治・行政の公共性」論からすれば、「政治」もまた「公共性」を検証すべき領域として措

定されてくる。とすると、同じ「政治」という領域で「公的」ないし「公共性」をめぐる理論的「争奪戦」が開始されつつあることになろう。推察できるように「公共性論」の提起する「政治の公共性」と、自民党などが提起するそれとの間は鋭く対峙的であるが、ではその対峙を通して、憲法学が守備範囲とすべき議会制民主主義論・政党制論に、いかなる新しい問題が見えてくるであろうか。

たとえばよく知られている自民党「政治改革大綱」（一九八九年五月一九日）は、「中長期的」課題として「選挙制度の抜本改革によって、政党の公的役割のいっそうの増大が予測される」ことをもって「国庫補助を内容とする政党法の検討」を提起した。これには、かつて耳目を引いたことのある自民党「政党法要綱」（一九八三年五月）が、「政党の公的任務」を理由とした「なんらかの形における公金による政党の援助」を構想していたのが前提になっている。[35] あるいは第八次選挙制度審議会は、「政治資金」問題を扱う第二委員会の報告（一九九〇年四月一三日）が、「政党や政治家の行う政治活動は、国家意思の形成に資するもので、公的性格を有する」から「政党への公的助成を行うことが適当」とし、これを受けた同審議会の第一次答申（同年四月二六日）もほぼ同旨の見解を明らかにしている。さらにまた、この答申後に同審議会の意見聴取に応じた野党の内、社会党は「政党は、憲法上私的結社ではあるが、その活動の大部分は公的なものである」から「政党の活動に公的助成措置をとることは国民の理解の得られる範囲内で必要」と述べ、公明党は「政党の公益性」を理由に同様の態度を表明し、民社党は「政党が議会制民主政治において重要な公的機能を果たしている」ことを根拠にあげて「政党への一定の公費助成」を主張している（社会・公明両党は六月二一日、民社党は同月一三日の各提出文書。なお共産党・二院クラブ・税金党は政党助成に反対しているが、後者の二党は選挙公営の拡大を主張している）。「役割」「任務」「性格」「機能」等々、微妙に相違する用語をあててはいるが、政治ないし政党が「公的」であること、それを理由に「公的助成」導入を求めていることではおおむねの一致が見られる。

こうした「公的」なるものの強意は、西独政党法をめぐる議論でしばしば語られてきた政党の「公的地位（öffentliche Stellung）」論なり、一九六七年制定の政党法が冒頭第一条で明示的に定める政党の「公的任務（öffentliche Aufgabe）」規定なりで多用される「公（おおやけ Öffentlichkeit）」概念、すなわち「公共性（Öffentlichkeit）」を、なにがしか念頭に置いていることを想定させる（なお「公益性」にあたる用語は一般にGemeinwohl または Gemeinnützigkeit である）。[36]

周知のとおり西独における「政党の公共性」論とは、基本法に政党条項が存在し（基本法二一条）、かつそれにもとづいて政党法が制定されているのみならず、そうした政党法制が、政党を「自由で民主的な基本秩序の憲法上必要不可欠な構成要素」（政党法一条）と定めて、国家構造自体に政党を規範的に錨止していることに、さしあたりは起因しているが、そうした規範的事情もあって、理論的にも特有の歴史的経緯を経てきている。その詳細はすでに多くの研究・紹介があるのでここでは触れないが、本稿にとって確認しておくべきは、そうした経緯のなかで論じられてきた「政党の公的地位」の理解にはなるほど多様な見解があるにしても、そのことと「政党（自体）への公的助成」とは論理的にかなりの径庭があるし、[37]後者は、しばしば別次元の、たとえば「政党の資金不足」とか「不適切な（sachfremd）財源からの政党の独立」といった、いささか以上に実際的な理由で弁証されていることである。[38]

加えて「政党の公的任務」のゆえに一九五九年から開始された「政党への一般的国庫補助」が、一九六六年七月一九日、連邦憲法裁判所によって、「政党は自由に形成された、社会的・政治的分野に根を持つ集団である」から、「制度化された国家（Staatlichkeit）に働きかける」ことはあっても「この領域に属するものではな」く、よって「政党の資金需要を完全に、または大部分国庫から補助すること」は違憲となるし、「部分的に補助すること」も「政党を国家による配慮に引き渡すことになる」ので許さない、と判断されて、翌年「選挙戦費用補償」に名目を限定した政党法が制定され、ようやく連邦憲法裁判所の合憲判決を得た、という事情も想起されるべきである。

つまり、「政治ないし政党の公共性」は、仮にそれを了解し一定の意味を与えるとしても、そのこと自体は「政党への公的助成」を導出する直接の論拠にはしなかったのが、西独の学説・判例の対応だったのである。むしろ留意すべきは、「政治ないし政党の公共性」が政治的民主主義のそれとして語られる場合には、政党自体への公的助成に対し、少なくも理論的にはきわめて警戒的である点であろう（もとより「選挙戦費用補償」への限定が名目どまりであることの批判は西独にも強く[39]、かつ批判されるべきことである）。

ひるがえって日本の右の論調を再度見ると、西独にもあった「実際的理由」が事実上もっぱらの論拠となっていて、「公的任務」等々の用語は盛んに踊ってはいるが、理論的精査のあまりの貧困には驚くばかりである。

日本の憲法的価値に立脚してこの問題の位相を探ると、憲法が政党を「結社の自由」に引き止めたままである点において、西独とほぼ決定的な規範的相違があることに留意すべきであるが、この点を「公共性論」に依拠して眺めてみると、事柄は「手続的制度的公共性」に属する問題でありながら、実は「結社の自由」という「実体的価値的公共性」の問題と不可分の関係にあることが見えてくる。また、現に事実上政党への公費支出となっている（それゆえに「政治改革」論でも「政党への公的助成」の既存先行形態と観念されている）議員歳費・各種手当・立法事務費などが、実はもっぱら「手続的制度的公共性」の問題であって、「政党への公的助成」とは論ずるレベルが異なることも明瞭になろう。こうした視角からすれば「選挙公営」部分が、西独「選挙戦費用補償」と近似的でもあるがゆえに理論的結節点となろうが、後者はなおも私的結社たる政党の、一定の活動領域に対する国庫支出である点で「実体的価値的公共性」からする吟味を避けえないのに対して、前者は「公正な選挙」を実現すべくなされる「公共事務」としての「選挙」[40]を前提としているから、論理必然的に「実体的価値的公共性」の領域に接岸するものではない（「選挙公営」がしばしば「公営化」された領域から私的自由を放逐する（たとえば法定ビラ制度導入による文書規制）のは、論理的必然ではなく当該政策選択の非民主性・反人権性の問題である）。

「公共性論」を切り口にして眺めてみると、選挙制度であれ政党（政治資金）制度であれ、ことは国民の政治的表現の自由や結社の自由といった人権論の領域と、国民代表ないし議会制といった民主主義論との交錯点に位置しているこの種の問題領域では、ともすれば両者が錯綜したり、「公的」の名で安易に人権論が後景に押しやられたりするのに対して、妥当な理論的整序の筋道が見えてくる。

ひるがえって昨今の「政治改革」論を見るに、臨調「行革」路線が「公共性」の見直しを叫んで「真実の公共性」領域から撤退を始めながら、支配の根幹部門には国家介入をむしろ強化する事象からすると、本来は私的世界に存在し、必要に応じて公的領域への媒介をはたす国民の政治活動や政党活動を、「公的」世界にいわばたぐりよせようとする「政治改革」論は、「虚偽的公共性」をまとったひとつの典型であろう。「税財政改革・経費節減を標榜するこの時代に政党国庫補助の創設とは何だ」との論難は、多分に感性的な言い回しではあるが、しかし「公共性の争奪戦」の真意を言い当ててもいるようである。

（1）　後に室井力『現代行政法の展開』（有斐閣、一九八八年）に収録。なお「公共性分析の必要性」を最初に提起したのは、おそらく同「行政法の解釈」法律時報四六巻一号（一九七四年）であろう（後に室井・同書に収録、二五頁以下）。
（2）　拙稿「現代日本の立法機関とその作用」天野和夫＝片岡曻＝長谷川正安＝藤田勇＝渡辺洋三編『マルクス主義法学講座6現代日本法分析』（日本評論社、一九七六年）八二頁〈本書Ⅱ部八章〉。
（3）　この点につきさしあたり、樹神成「社会主義と『権力分立』」名古屋大学法政論集一二〇号（一九八八年）、参照。
（4）　この点につきさしあたり、加藤哲郎『東欧革命と社会主義』（花伝社、一九九〇年）、参照。
（5）　室井・前掲書一一二—一一三頁。
（6）　室井力『行政法再入門』（地方自治総合研究所、一九八八年）九—一一頁。なおここでは、「現代国家の第三の機能」として

「経済機能」があげられている。ちなみに室井「行政改革と法律学」渡辺佐平編『民主的行政改革の理論』（大月書店、一九七八年、後に室井『行政改革の法理』（学陽書房、一九八二年）に収録）では、「現代行政機能の三つの側面」として「第一は、もっとも基本的な政治的権力的支配・抑圧機能」、「第二は、現代行政においてとくに顕著な経済規制機能」、「第三に、共同的・社会的機能」の順で整序されている（室井・前掲書『行政改革の法理』五頁以下）。

(7)　室井・前掲書注（1）一一三頁。

(8)　室井力「公法学における公共性」官本憲一編『公共性の政治経済学』（自治体研究社、一九八九年）七四頁以下。

(9)　室井力「政治・行政の公共性と『政治改革』」科学と思想七五号（一九九〇年）一一〇頁以下。

(10)　小林直樹「現代公共性の考察」公法研究五一号（一九八九年）五八頁。

(11)　同右六二頁。

(12)　同右二七頁。

(13)　同右二九頁。

(14)　同右三一頁。

(15)　この点は憲法学研究者に限ったことではない。「公共の福祉」研究の学際的研究の嚆矢とされる末川博編『公共の福祉と基本的人権』（法律文化社、一九五七年）も、「公共の福祉というのは極めて外延の広い弾力性のある理念形式の表現にすぎない」として、理論的標的を、この「それ自体としては美しくひびく」言葉によって「国民の基本的人権が完全に殺されてしまう危険」に置いている（同書四頁）。

(16)　たとえば、筆者も報告者の一員であった一九八八年日本公法学会憲法部会のテーマ「現代社会と財産権」における基調が端的に示している（公法研究五一号（一九八九年））。

(17)　このことはつとに「日本社会」分析を進める渡辺治のライト・モティーフである。たとえば渡辺『現代日本の支配構造分析』（花伝社、一九八八年）、同『「豊かな社会」日本の構造』（労働旬報社、一九九〇年）。

(18)　論題を異にはするが、この点は、七〇年代前半に憲法学界で注目された「主権論争」において、ある論者が力説した、解釈論・実践論の場面では「主権」概念を使用せず「人権」概念を用いるべきとする主張（樋口陽一「『国民主権』と『直接民主主義』」公法研究三三号（一九七二年））にも底位していよう。たしかにその立論を支える歴史認識をめぐっては論争的であるし、また、権力一般を「少数者支配の鉄則」から把握する権力論や、主権のイデオロギー性を警戒するならば人権のイデオロギー性はどうかといった点で今なお議論を呼んでいるが、しかし主権＝民主主義が具体的に作動する際の日本的実相を警戒しての立論でもあったと付度できるため、そうした含意では一定の説得力を具備しているものと思われる（なお参照、和田進「国民主権と人民主権」浦部法穂＝大久保史郎＝森英樹＝山口和秀編『現代憲法講義２〔演習編〕』（法律文化社、一九八九年））。

(19)　この点については浦部法穂「人権・功利・公共の福祉」星野英一＝田中成明編『法哲学と実定法学との対話』（有斐閣、一九八九年）五〇頁以下、参照。

(20)　もっとも、本文で述べる歴史的含意を前提にしてなお、文言どおり「国民」がなんらかの「教育を受ける」ことすべてを「権利」と解して、「私教育」のすべてをも含むとする論者は少なくない（たとえば山崎真秀「二六条」有倉遼吉＝小林孝輔編『基本法コンメンタール憲法〔第三版〕』（日本評論社、一九八六年）一一六頁）。

(21)　なお詳細は奥平康弘「教育を受ける権利」芦部信喜編『憲法Ⅲ』（有斐閣、一九八一年）三六一頁以下。

(22)　参照、浦部法穂『憲法学教室Ⅰ』（初版、日本評論社、一九八八年）二四〇頁以下。

(23)　長谷川正安「公教育と国家」季刊教育法四〇号（一九八一年、後に長谷川『憲法問題の新展開』（新日本出版社、一九八四年）に収録、一六六頁）。なお参照、長谷川「教育法と憲法学」講座教育法月報６（一九八一年）。

(24)　以上の点につき、さしあたり竹内俊子「教育権」浦部ほか編・前掲書一八六頁以下、参照。

(25)　田井俊一〔沼田稲次郎〕「法解釈の真理性について」学生評論一～二号（一九三六年）、長谷川正安＝藤田勇編『文献研究・マルクス主義法学〔戦前〕』（日本評論社、一九七二年）三七八頁以下、沼田稲次郎「労働法における法解釈の問題」季刊法律学二〇号（一九五五年）、長谷川正安編『法学文献選集１法学の方法』（学陽書房、一九七二年）一八二頁以下。

(26)　この点を明確に述べるのは晴山一穂「行政の公共性と法律学の課題」法の科学一五号（一九八七年）二〇六頁。

(27)　沼田・前掲論文二〇〇頁。

(28)　詳細は拙著『憲法検証』（花伝社、一九九〇年）一五七頁以下。

(29)　臨調第一次答申（一九八一年七月）は「立法府や司法府においても自発的に合理化、効率化の努力をされることを強く要望したい」と述べていた。

(30)　この組織のことについては、さしあたり亀井正夫『政治臨調のすすめ』（社会経済国民会議、一九八八年）、参照。またこの組織の諸提言の一部は大津浩＝小沢隆一＝村田尚紀編「資料・議会制民主主義」法律時報六二巻六号（一九九〇年）に収録。

(31)　室井・前掲論文注（９）一一二頁以下。

(32) 以下の論点も含め拙稿「憲法検証・第八次選挙制度審議会答申」前衛五九三号（一九九〇年）参照。

(33) 室井力「行政の公共性と効率性」法律時報五八巻九号（一九八六年）、後に室井『行政の民主的統制と行政法』（日本評論社、一九八九年）に収録、二三五頁。

(34) 同右一三二頁。

(35) これらの文章は、大津ほか編・前掲「資料」に収録。

(36) Z. B. P. Häberle, Unmittelbare staatliche Parteifinanzierung unter dem GG, in: ders., Kommentierte Verfassungsrechtsprechung, Königstein/T. 1979, S. 176 ff.; K. Hesse, Die verfassungsrechtliche Stellung der Parteien im modernen Staat, in: ders., Ausgewählte Schriften, Heidelberg 1984, S. 87 f., usw.

(37) Vgl. z. B. E. Menzel, Staatliche Parteifinanzierung und moderner Parteienstaat, DÖV 1966, S. 593 ff.

(38) Vgl. z. B. Bericht zur Neuordnung der Parteienfinanzierung, Beilage zum Bundesanzeiger Nr. 97 vom 26. Mai 1983, Köln 1983, 邦訳『政党財政再編に関する報告書』（国立国会図書館立法考査室、一九八四年）一八四頁。

(39) D. Grimm, Die politischen Parteien, in: E. Benda, u. a. (Hg.), Handbuch des Verfassungsrechts der BRD, Bd. 1, Berlin 1983, S. 327.

(40) 選挙の「公共性」問題が、周知のとおり「選挙権」の性格をめぐる論戦を引き起こしており、これも「憲法学における公共性」の重要な論題であるが、紙幅の関係でここでは触れない。この点につき最近の論点を伝えるものとしては、さしあたり辻村みよ子『「権利」としての選挙権』（勁草書房、一九八九年）、野中俊彦「選挙権論・再考」成田頼明＝園部逸夫＝金子宏＝塩野宏＝小早川光郎編『雄川一郎先生献呈論集　行政法の諸問題（上）』（有斐閣、一九九〇年）、小沢隆一「最近の選挙権論の動向について」一橋研究一三巻四号—一四巻一号（一九八八年）、参照。

第六章　憲法における公共性

はじめに

「常識的には誰にも一応は判っていながら、改まって定義を下そうとすれば、とたんに難しくなる言葉がある。法や行政や政治の領域で絶えず用いられている『公共』・『公共性』は、まさにそういう概念の代表的なものの一つである。現にこの言葉について、法学上明断で有用な概念規定が下された例は、殆ど見当らない[1]」とは、一九八八年六月、日本公法学会創立四〇年を記念して憲法学から「公共性を考える」と題した記念講演を行った小林直樹が、その冒頭で開陳した一句である。これまでも時代が発信する憲法学の課題を敏感に受信して論陣を張ってきた小林は、「グローバルな規模で新しく公共性を考え直す必要を感じさせる重要な事態が噴出しつつある[2]」ことをいちはやくキャッチしてこのテーマに挑んだが、改めて憲法学における「公共性」論を構築しようとすると、依るべき既存の理論枠組みに乏しく、複雑多様な具体的事象に即して、ザッハリッヒに個別の問題を検討し、そのうえで全体的な把握に達する行き方[3]」から作業にとりかからざるをえなかった。その作業は目下のところ、「今日わが国でとくに公共性が議論される諸局面[4]」のうち、「環境問題」「情報関係」を経て「土地・住宅問題」の「局面」を、それ

ぞれ精査する過程を進行中である。(5)

右の作業を先端とする憲法学の「公共性」分析の進度にかんがみ、この小稿では、憲法学が「公共」ないし「公共性」問題にどう向き合ってきたかを簡単にトレースした上で、最近の議論にひそんでいると思われる「公共性」論の方向を探り、あわせて筆者なりの論点を提示することで、本特集〈法律時報六三巻一一号（一九九一年）特集「現代国家における公共性」〉に課せられた筆者の責を塞ぎたい。(6)

一　戦後憲法学における「公共性」

戦後憲法学が本格的に「公共」ないし「公共性」概念に直面したのは、憲法解釈の場面における「公共の福祉」論の克服過程であったことは周知のとおりである。実務・判例が「『公共福祉』のダンビラを多用し、(7)学界「通説」もそれを無造作に承認ないし黙認する時代に応対した批判的憲法学は、「公共の福祉」という「それ自体としては美しくひびく」文言によって「国民の基本的人権が完全に殺されてしまう危険」(8)との対峙を余儀なくされた。したがって、たとえば解釈学説の中から早期に提起された「一元的限界論」であれ「内在的制約論」であれ、その立論の妥当性・説得性はともかく、(9)実定憲法上所定の「公共の福祉」文言のいわば守備範囲を限定・縮減する意図から出たものであったことは間違いなく、その含意で一定の同調を得ることができた。「公共の福祉」文言の発動を個別人権規定所定のそれにのみ局限する解釈ともなれば、この意図はより鮮明である。いずれにせよここには、「何が公共（の福祉）か」ではなく「何が公共（の福祉）でないか」に照準を設定した構えがうかがえる。ごく限られた論者(10)を除いて、「『公共の福祉』イデオロギー批判の自明さの故に、『公共』とは何かを突込んで分析・検討する者が殆どいなかった[11]のは、こうした学界の構えの帰結であった。

「公共の福祉」文言さえ冠すれば、あれこれの人権制約はあまねく弁証されるとする実務・判例の態度は、学界から精緻な批判[12]もあって、六〇年代後半には基本的に破錠していく。もとよりこの破綻は、まもなくにして「国民全体の共同利益」論なり「法秩序全体の見地」論なりによって事実上の蘇生を見るが、一刀両断的「公共の福祉」論が後景に退いたことは確かであろう。だが、こうした蘇生があるだけに、憲津解釈は「全体」なり「共同」への警戒が解けず、その文脈で「公共」への警戒を解除できないできている。六〇年代後半以降の実務・判例の変容に前後して、憲法学界では「憲法訴訟論」の隆盛を見るが、そうした営為の中で「公共の福祉」解釈も精緻化してきた。その到達点として今日有力に説かれているものは、恐らく次のような内容であろう。すなわち、人権の「制約」とは、本来当該人権に性質上（sachgemäß に）内在している「限界」のことをさすのであって（したがって「制約」を超えた「人権」行使とは実はすでに「人権」ではない）、憲法一二条・一三条所定の「公共の福祉」は、その「言葉につきあうとするならば」そうした「人権の内在的限界の注意的規定」であるのに対し、「ただ、経済的自由にかんする限り、それとは別に、社会権の実現ないし経済的・社会的弱者の保護という観点からの制約を受けることがある」のであって、そうした「政策的制約」を定めたのが憲法二二条・二九条所定の「公共の福祉」規定である、とする解釈論[13]である。

なるほど、ここには「公共」概念に対して、「人権相互間の価値の序列化」を前提として「公共性の実体的価値的側面」からアプローチ[14]する構えがあると言えなくもないが、当該解釈論を提示する論者が「ただし、『公共の福祉』という言葉につきあうのは、憲法にその言葉があるからであって、本当はつきあいたくない言葉である」とわざわざ断わるほどに、あるいはより端的に「いずれにしても『公共の福祉』という言葉はよろしくない」と言い切るように[15]、その基調には「公共（の福祉）」文言へのネガティブな警戒的態度がある。これはこれで憲法解釈論に伝統の向き合い方であろう。

「公共の福祉」解釈に通底するこうした警戒が、はたして「公共」概念自体に対してであったかは吟味を要するだろうが、それらが解釈論であるだけに、現にこの国で「公共」概念が有権的に作動する場面を睨んでの立論であったことは間違いない。つまりそれらの立論には、論者が意識するしないにかかわらず、「公共」ないし「公」と言えば、「滅私奉公」とか「公益優先」とかのイデオロギー的文脈がまとわりつき、「私」ないし人権をひとえに抑圧する超越的概念として立ち現れ、かつ作動させるこの国の政治と社会が厳然としてあることへの認識があったろう。

もとより「公共の福祉」概念への警戒は、理論的には現代資本主義論からするそれもありうる。つまり、「階級的社会においては、諸部分的利益を超越した公共の福祉なるものは現実には存在しない[16]」という、ことがらの一側面に軸足をおけば、「公共の福祉」が資本主義憲法上「経済的自由」に特有の位相を占めるのは、現代資本主義憲法に通有して孕む体制維持的意味、すなわち資本主義の自律性の喪失を国家介入によって修復するという体制的危機の管理・防御のために、当該自由をとりわけて「制約」の対象に予定しているのはむしろ当然のこと[17]、という認識からする警戒のことである。しかし、多くの解釈学説の場合はむしろ、人権を実現するはずの「市民的・生存権的公共性の真実性[18]」の実現がこの国には容易に展望しがたいという懸念が、「公共」概念をもっぱら縮減の対象とする解釈論を支えていたと言ってよい。

こうした観点で見ると、たとえば七〇年代に入って憲法科学の場面で生起した「国民主権論争」にも、同質の視点が底位していたことに気付く。この論争の一方の論者が、「主権」観念に孕まれる「統治の実力の所在と統治の正当性の所在」との、どこまでも随伴する「分裂」を強意しつつ、それゆえに「概念構成のレヴェル」ではその「分裂を直視」し、解釈・実践においては「国民主権」観念の使用を避け、この分裂と緊張関係を不断に覚醒しうる「人権」観念で対応するべきと提唱したのは、よく知られている。この提唱をめぐっては、権力一般を「少数者支配の鉄則」から措定する「権力」観や、「主権」のイデオロギー性を警戒するならば「人権」のイデオロギー性はどうかといった論点、さらには、権力の民主化と人権確保との同時・相互的達成が近代憲法の核心とすれば、それへの理論的アクセスはどうなるのか、といった諸点でなお論争的であるが、しかし、「国民主権の実体化」が発動する民主主義の場面――そこには当然のことながら「公」権力の編成・運用・改廃が含まれる――の日本的実相に対する警戒が、当該立論の基底にあったとも忖度でき、当該提唱が一定の説得力を発揮しえたのは、そうした含意で受け止められたからでもあったろう。[19]

　要するに、西欧近代立憲主義が、したがって日本国憲法が規範的に発信する「理念としての公共性」が、この国の「公」権力のみならずそれを支える「社会」や「国民」によって受信されて現出するいわば「実態としての『公共性』」と矛盾的に乖離しているため、前者を無造作に高唱することが、しばしば後者の場では逆転して作動する場合が多く、比較的最近に至るまで憲法学は、「公共」概念にいわば意図的な消極的対応を余儀なくされてきたと思われる。よしんば憲法解釈において、規範的に発信するはずの真正の「公共の福祉」を縷言しても、「はたしてどの程度一般に受け入れられうるものとなるか、したがって、また、どの程度現実を動かしうる力となるか」との逡巡を伴うのは、憲法学に共通のものであったろうが、それは「公共」へのそれと無関係ではあるまい。もっとも、「公共」概念へのこうした警戒も、当該論題を俎上にのぼらせた場合にその議論がたどるであろう政治的命運の懸念の方が、当該理念を科学的認識の対象として吟味し、科学的概念構成で練り上げ、それが科学的であるがゆえに当該理念の担い手を形成しうるものとして提起していくことよりも、先行して働いている結果という点では、憲法学の関心の置きどころが特殊に限定された意味での政治的実践的関心にあった、と言えなくもない。[20]

二　変容する現代憲法事象と「公共性」論

しかしこのところ、冒頭に引いた小林講演もいうように、「グローバルな規模で新しく公共性を考え直す必要を感じさせる重要な事態」に憲法学が直面していることは否めない。それは「古典的な《国家・対・人権》の対抗図式に包み切れない、新しい問題」の様相を呈しており、憲法学もまた「『公共性の虚構』やイデオロギー性が語られることが多い反面、『真の公共性』の構築が求められている」事態に遭遇している。(21)

それは、消極（夜警）国家から積極国家への、あるいは法治国家性（Rechtsstaatlichkeit）から社会国家性（Sozialstaatlichkeit）への、(22)総じて近代憲法から現代憲法への変容という比較的長いタイム・スパンから導かれる周知の変動を基礎にはしているが、それ自体のことではない。直截には「人類を脅かす軍事核の増大」「環境の破壊」「生産・通信・交通等の面でのテクノロジーの著大な進歩」等々で表象され、「人類的公共性」までもが問われる直近の事態のことである。(23)そうした事象が、素材としての「公共性」にとって「質的に違った問題(23)」という場合、その「質的変化」の標識は別途問われなければならないだろうが、さしあたりは歴史的な「人権の主体の具体化」という窓口から識別すれば、「人権主体の集団化と権利内容の社会経済化を極限にまでおしすすめた(24)」という意味での人権の「第三の段階(25)」における「公共性」のことに当たろうし、「人権の国際化」の文脈では「第三世代の人権」論(26)とも響きあう。

事態を「公共性」自体が論じられるべき磁場から、しかも日本に即して見れば、「新しく公共性を考え直す必要を感じさせる重要な事態」とは、近年の哲学・経済学・国家論・地方自治論などの諸領域でも論じ始められているのと同様、以下のような事象の深化に、程度の差はあれ規定されていると思われる。すなわち世界的には、七〇年代に通貨・石油（＝エネルギー）・軍事・財政の諸局面で「西側」を襲った危機を「克服」すべく七〇年代末ごろから現れた新自由主義・新保守主義イデオロギーが、「小さな政府」論と「自助・自立」精神を掲げて、規制緩和や民活、受益者負担、市場・競争原理の導入などに勤しみ、表見的には国家介入の「縮減」、公権力の「公共からの撤退」を促進しつつも、しかし他方で、支配層の権威的支配の強化を通して包摂・統合する統治戦略を展開してきた。加えて八〇年代末には、「自由の全面開花」をめざしてきたはずの現存社会主義が、自由を抑圧して対峙してきた「冷戦」に敗北して自己崩壊し、資本主義はライバルなき暴走（capitalism stampede）の危険を孕んだ時代に入りつつある。「東」は「民主化」による社会と統治の再建を始めたが、「西」は八〇年代統治戦略が、ブレーキを失ったままアクセルを踏み続けるがごときである。ある論者が「重要なのは、社会主義圏の体制的挫折は、自由世界が現在いかなる深刻な危機からも免かれていることを、決して意味しない」のであって「体制的ライヴァルとしての社会主義世界が崩壊ないし無力化したことにより、自由世界が自己満足に陥って硬直化し、発展的ダイナミックスを失ってゆく危険がある」と警鐘を鳴らしているのは[27]、リベラリズムの立場からの発言であるだけに意味深い。

こうしたグローバルな変容の急流を基底にしつつ、その一角にある日本では、この暴走の危険性が極端に増幅され、「腐臭を放つ企業社会」が顕在化して、「西」側諸国内でも矛盾を生みつつある。昨今耳目を引いている証券・金融スキャンダルはその多くが違法ではないが不正であるところにひとつの特徴があるが、そうした不正の構造的横行に「西」側諸国から疑惑の目が寄せられているのは、その証左であろう。こうした日本の特殊性は、いわば「資本主義の精神」を超えた「近代の過剰」が「資本主義の精神」をくぐり抜けたことのない「前近代」によって支えられる日本的特殊構造によってもたらされている。そこでは、「自立した個人」が「社会」ないし企業をも含む「社会団体」を担い、その姿勢を堅持しつつ「公権力」を組織・運営するという筋道が構造的につけがたい。

にもかかわらず事態は、ここで「共同」なり「公共」の世界を妥当に構築しなければ、とりわけ日本では、右の

「暴走」のままにその「極限」につきすすむという、ぬきさしならない時点にある。最近の学際的論題が、「個人の復権」を高唱しつつそれを「個人」――「社会（団体）ないし共同体」――「国家（公権力）」（――場合によっては「国際社会」）の連鎖の中でどう図るのかにしばしば論及しているのも、[28]このことと無縁ではあるまい。そしてとりわけ（公）法学の中からは、公権力が投げ捨てつつある「公共性」を、法律学に固有の国家・政治・行政責任のあるべき引き受けの問題として「政治・行政の公共性」が語られ、[29]その文脈でこの国の統治主体形成の理論構築[30]が急がれている。

憲法学が向き合うべき事態が以上のようであるとすれば、「公共性」との対論は憲法学もまた回避することはできないが、すでにいくつかの言説に理論的アクセスが開始されていると思われるので、ここではその代表的立論を瞥見しておきたい。

ひとつはもちろん、本稿でも再三引いてきた小林直樹の精力的な「公共性」研究であろう。

ところでこの研究が、その起点において「当面ニュートラルに使いうる概念枠組」[31]として設定した「公共性」概念は、公共事業・公共施設等の用語法から引き出されており、その「一般的内容」は、「(i)共同社会の成員（国民・住民等）に共通の必要な利益（社会的有用性・必要性）があること、(ii)原則的な共同消費・利用の可能性が全成員に開かれていること、(iii)それらを前提として――採算性などの理由から――主に公的主体による作業や管理が行われること」[32]の三点で示されている。

これらはなお「不可欠なミニマムの要素」とされているが、見てのとおり、主として公共的素材（環境・情報・土地等）における高度な「社会性」、「共同性」、「共通性」ないし「公開性」[33]に着目して選ばれたもののようである（というのは(i)と(ii)は、民間公共事業も有する「現代的な社会的性格」[34]と等質であり、(i)と(ii)が備わっていることが(iii)に言う「公的主体（国家・地方公共団体）」による引き受けを必然化するとは限らず、だとすれば議論を公共事業等に限るとしても、「国・公営と民営とを分つ基準」としての「公共性の意味」[35]は、なお議論の余地を残しているからである。換言すれば、公権力＝国・地方公共団体がその責任において引き受けなければならないがゆえの「公共性」には、別途の「要素」が存在するように思われる)。ここでは、こうして提示された「公共性」概念が、高度化しながら危機にある現代(日本)社会において、真正の「社会性」なり「共同性」を、実体的人権論(環境権・知る権利・土地利用権等)を基軸に据えた「市民的公共性」として理論的に再構成する方向にあることに注目したい。端的に言って、ここでは、憲法的価値からする「公共性の実体的価値的側面」[36]の充填がはかられようとしている。

本稿にとって注目したいもうひとつのアクセスは、とりわけ日本社会の実相をにらみながら、近代立憲主義理念の原点に定位する civil (or political) society とそれを形成する「公事に参加する citoyen」像を理論的・理念的に呼びだすことで、「公共」の世界を考察するかに見える樋口陽一の最近の試みである。

樋口が近年、「ルソー・ジャコバン型モデル」と「トックヴィル・アメリカ型モデル」を対比しつつ、現代の「日本社会にとっては、今日なお、中間団体の敵視のうえにいわば力ずくで『個人』を析出させたルソー・ジャコバン型モデルの意義を、そのもたらす痛みとともに追体験することの方が重要」[37]と、随所で主張していることは周知のとおりである。そしてその文脈から「自由」を考察するとき、「集権的国家に個人が裸でむき合う」構図がなお未成立なままの日本における「自由」のありようは、「国家からの自由」はたとえば「地揚げの自由」として現出し、他方で「国家による自由」はたとえば「公教育」において「場合によっては親の信念に反してまでも国家が『自由への強制』をつらぬく、という本質的性格が、いちじるしくあいまいになっている」[38]といった、いわば日本的ジレンマに逢着する。

こうした「『国家からの自由』と『国家による自由』の対置という座標」が日本でもたらすこの「ジレンマからの出口」を、樋口は「国家への自由(＝公事への参加)」「主権者としての公事に参加する『市民』の創出」に求めるがごとくである[39]。ただし、そうした「出口」の構想は「現在の現実情況、あるいは現在の知的状況に対する批判的な意味を持つにとどまるのであって、ポジティブな展望としての意味は持っていない[40]」ものとして提唱されてはいるが、同時に、政治参加の権利主体たるcitoyenの含意を、<citoyen = politique>と<citoyen = civil>がもともとは同じ意味でありながら分裂してきた歴史的経緯を踏まえつつ、「徹頭徹尾、公的存在」であったという前者の原点を覚醒しながら、「私的存在」たる後者によってそれを充塡しつつ再構成する筋道を示唆してもいる[41]。

小林の言う「古典的な《国家・対・個人》の対抗図式」へのこだわりはこの論者に貫流する構えであるし、本稿の一で見た「主権」観念への警戒のゆえか、「公事への参加」問題も「自由」の問題として提起されているが、そうであるだけにこのcitoyen概念への接近とそれを窓口とした「公事」への関心は注目されてよい。もとより樋口にとっては「『国家からの自由』にあくまでも執着する立場」が基本であるが、それが「精神的自由に関するかぎり、結論としては」という留保を伴い、かつその執着が「国家権力が他者でありつづけているからそう余儀なくされている」と、立論の過渡的・暫定的性格が強意されはじめていることにも注目しておきたい[42]。このアクセスは、「公共性の手続的制度的側面」そのものではないが、そこに底位する憲法理念に接岸するものであることは間違いない。

三　まとめにかえて——憲法における公共性の論点

いずれにしても、憲法学における「公共性」の吟味・充塡は、その途上にある。目下のところは、「国家」「公権力」ないし「公共」を、「個人」ないし「市民」が意味があるものとして、いわばVerankerungする理論的筋道を模索する段階にあるといえようか。したがってここでは、一で見た警戒心を共有し、二で見た諸議論を参看しながら、以下の論点を提示するにとどめたい。

ひとつは、「公共性」と「共同性」ないし「社会性」の区別と連関についてである。すでに見てきたように、当該事項が「公共性」問題として論じられる場合にも、さしあたりは、①それが「私」ではない含意での「公」を意味するレベル、②高度な「現代的な社会的性格」を意味するレベル、③「公」権力がその責任として引き受ける意味でのレベルがあり、重層的ではあるがそれぞれ異なる理論的磁場があるように思われる。解釈論も含む憲法学が「主体的・積極的に論ずるべき公共性」[43]があるとすれば、おそらくそれは、第一義的には右③のレベルのことであろうが、爾余のレベルもまた立論の視界に入れなければなるまい。問題は、当該「公共性」議論が、どのレベルを論じているのかが明確にされる必要があるという点であろう。

いまひとつは、人権実現こそが真正の「公共性」の内実であるにしても、個人・社会（団体）・国家（＝公権力）・国際社会の実相と連鎖の中で「公共性」の実現のありようを想定すると、私的自由が私的なままで集積しうることに、「公共性」の存否が関わる場面（たとえば「言論の公共性」）もあれば、「社会」が引き受けることで「公共性」がはたされるべき場面（たとえば「公教育」）もありうるといったように、当該の「公共」価値の真正な発現の場は多様でありうるのであって、それに応じて「公」権力の引き受け方にも多様性がありうると思われる。[44]その妥当な場と形態を決するのは、基本的には当該人権の性格自体であろうが、当該人権をめぐる個人・社会（団体）・国家（公権力）・国際社会の成熟度にも規定されているに違いない。

（1）　小林直樹「現代公共性の考察」公法研究五一号（一九八九年）二七頁。
（2）　同右三一頁。

（3）同右三二頁。
（4）同右三五頁。
（5）同右二七頁および六二頁の見取り図に従い、同三七頁以下では「社会権の主な部分」として環境問題と情報関係が、さらに小林「現代公共性の諸問題」専修大学社会科学年報二五号（一九九一年）五頁以下では「私権と公権との交錯」領域として土地・住宅問題が検討されている。
（6）著者には同旨の問題意識ですでに発表した論文（「憲法学と公共性論」室井力＝原野翹＝福家俊朗＝浜川清編『現代国家の公共性分析』〔日本評論社、一九九〇年〕〈本書I部五章〉）があるので、参照されたい。
（7）小林・前掲論文注（1）三一頁。
（8）末川博編『公共の福祉と基本的人権』（法律文化社、一九五七年）四頁。
（9）参照、奥平康弘「人権の限界」芦部信喜ほか編『演習憲法』（青林書院、一九八四年）一八一頁以下、樋口陽一「公共の福祉」法律時報四一巻五号（一九六九年）四九頁以下。
（10）たとえば渡辺洋三「公共の福祉と基本的人権」思想四八〇号（一九六四年）。
（11）小林・前掲論文注（1）三一頁。
（12）たとえば長谷川正安『憲法判例の研究』（勁草書房、一九五六年）一九一頁以下。
（13）本文引用句も含めて、たとえば浦部法穂『憲法学教室I』（日本評論社、一九八八年）一〇二—一〇五頁。
（14）室井力「国家の公共性とその法的基準」室井ほか編・前掲書一二—一三頁。
（15）浦部・前掲書一〇五頁。
（16）鈴木安蔵「基本的人権と公共の福祉」末川編・前掲書一四〇頁。
（17）拙稿「憲法第二九条」有倉遼吉＝小林孝輔編『基本法コンメンタール・憲法〔第三版〕』（日本評論社、一九八六年）一三二頁。
なお、浦部・前掲書一〇一頁は、この認識をそのまま解釈に持ち込むことには反対しているが妥当であろう。
（18）室井力「公法学における公共性」宮本憲一編著『公共性の政治経済学』（自治体研究社、一九八九年）七九頁。
（19）樋口陽一「『国民主権』と『直接民主主義』」公法研究三三号（一九七一年）二八頁。のちに、樋口『近代立憲主義と現代国家』（勁草書房、一九七三年）所収、三〇三頁。
（20）浦部法穂「人権・功利・公共の福祉」星野英一＝田中成明編『法哲学と実定法学の対話』（有斐閣、一九八九年）六〇頁。

(21)　小林・前掲論文注（1）三三頁。
(22)　Vgl. E. Forsthoff (Hg.), Rechtsstaatlichkeit und Sozialstaatlichkeit, Darmstadt 1968.
(23)　小林・前掲論文注（1）三一頁。
(24)　長谷川正安「基本的人権の研究について」同編『現代人権論』（法律文化社、一九八二年）二一頁以下。
(25)　長谷川正安『憲法のはなし』（日本評論社、一九八三年）一五八頁。
(26)　ヴァサク（Karel Vasak）の提唱にかかるこの議論については、その批判的吟味も含めて松井芳郎「人権の国際法的保護への新しいアプローチ」長谷川編・前掲書九〇頁以下、参照。
(27)　井上達夫「自由をめぐる知的状況――法哲学の立場から」ジュリスト九七八号（一九九一年）二二頁。
(28)　たとえば「特集／国家と企業・団体・個人」レヴァイアサン二号（一九八八年）、日本法哲学会編『現代における〈個人―共同体―国家〉』法哲学年報一九八九年（一九九〇年）、「特集／現代日本法の位相」法の科学一九号（一九九一年）、加藤哲郎ほか「座談会／国家・民族・個人」思想と現代二五号（一九九〇年）等。こうした論題は深瀬忠一ほか編『人権宣言と日本』（勁草書房、一九九〇年）八七頁以下（特に第三セッション）のそれでもあろう（なお参照、長谷川正安「『人権宣言と日本』によせて」法律時報六三巻四号〔一九九一年〕）。
(29)　室井・前掲論文注（14）一〇―一一頁。なお参照、室井力「政治・行政の公共性と『政治改革』」科学と思想七五号（一九九〇年）一一〇頁以下。
(30)　晴山一穂「行政の公共性と法律学の課題」法の科学一五号（一九八七年）二〇六頁。
(31)　小林・前掲論文注（1）三二頁。
(32)　同右・三四―三五頁。
(33)　「公共性」概念が帯有する「公開性」については、Vgl. J. Habermas, Strukturwandel der Öffentlichkeit, 6. Aufl., Neuwied/Berlin 1974, S. 42 ff.（ハーバマス／細谷貞雄訳『公共性の構造転換』〔未來社、一九七三年〕四六頁以下）。
(34)　室井・前掲論文注（14）七頁。
(35)　小林・前掲論文注（1）三四頁。
(36)　この概念については、本文後述の「手続的制度的側面」とともに、室井・前掲論文注（14）一一―一二頁。なお小林は、「公共性」概念の「要素」にかかわって、「民主的手続の必要性」は「現代公共性の重要な要件であるに違いないが、定義とは切り離して考えた方がよい」としている（小林・前掲論文注（1）三四頁）。
(37) 樋口陽一「フランス革命と近代憲法」長谷川正安ほか編『市民革命と法』（日本評論社、一九八九年）一四三頁。
(38) たとえば樋口陽一『自由と国家』（岩波新書、一九八九年）一八五頁以下、同「フランス革命と近代憲法」法律時報六一巻八号（一九八九年）二七頁、同「フランス革命と世界の立憲主義」深瀬ほか編・前掲書九六頁以下、等。
(39) 以上、樋口陽一「自由をめぐる知的状況――憲法学の立場から」ジュリスト九七八号（一九九一年）一四頁以下。
(40) 井上達夫＝岡田与好＝樋口陽一「研究会／自由をめぐる知的状況」ジュリスト九七八号（一九九一年）四四―四五頁〔樋口発言〕。
(41) 樋口陽一「〈citoyen〉の可能性」杉原泰雄ほか編『平和と国際協調の憲法学』（勁草書房、一九九〇年）四七頁以下。
(42) 樋口・前掲論文注（39）二〇頁。
(43) 室井・前掲論文注（14）七頁。
(44) この点について筆者は、「教育の公共性」と「政党の公共性」につき検討したことがある（拙稿・前掲論文注（6）三一八頁以下）。

第七章　憲法と公共・公共性・公共圏——序論的考察

一　「市民」「公共」への再照射

一九八九年を象徴的転機とする政治的・経済的大変動は、しかしなおその着地点を見出せないまま、漂流し続けている。だが、人類社会に理不尽な支配従属関係が存在する限り、異議申立ては絶えない。既存の「社会主義」体制は、この種の異議申立てをほかならない「社会」から受けて自壊した。だが、人々が、自らの手で自らを解放し、「各人の自由な発展が万人の自由な発展の条件であるような結合社会（Assoziation）[1]」を志向するのは、いわば人間関係の本性に発するものであって、試行錯誤はあれ絶えることはなかろう。「現実の個体的な（individuell）人間が、抽象的な公民（Staatsbürger）を自分のうちにとりもどし、個体的な人間のままでありながら、その経験的な生活において、その個体的な労働において、その個体的な諸関係において、類的存在（Gattungswesen）となったときはじめて、つまり、人間が、自分の『固有の力（forces propres [eigene Kräfte]）』を社会的な力（gesellschaftliche Kräfte）として認識し組織し、したがって社会的な力を、もはや政治的な力の形で、自分自身から切り離さないときにはじめて、そのときはじめて、人間的解放は完成されたことになる[2]」との見通しは、いまだ色あせてはいない。

そうした古典的命題を念頭に浮かべるとき、この間の理論動向に目を向けると、顕著な理論的事象のひとつである「市民社会」や「公共」への再照射は、刮目に値する。それは、当初は、一九八九年を担った「市民革命」的側面からの再照射であったが、徐々に「自由」な「市場経済」のグローバルな席巻がもたらす時代閉塞状況を突破する文脈においても再照射されてきている。「市民的公共の再建」をめざす議論は、このところ最大の論争的磁場になっているといっても過言ではない。

その理論的起点のひとつは、おそらくかのハーバーマス『公共性の構造転換』の一九九〇年新版への序言であったろう(3)。アデナウアー政権末期に初版公刊されたこの書が、ドイツ再統一という転機に際会して、「三つの修正」を施しつつその Zivilgesellschaft 論を軸に新版化されたことは、いわゆる「冷戦」と分裂ドイツの終結（Ausgang）に際会してその出口（Ausgang）を見通すシンボル的書ともなった。九〇年代からこのかた、ドイツではハーバーマスの著作が廉価版で次々に公刊され(4)、アメリカ合衆国ではその翻訳が相次いで公刊されてきた(5)。当該議論を展開する近年の日本の論壇も(6)、多かれ少なかれこの文脈で「市民的公共の復権」に言及してきている。もっとも、こうした議論が着目する事象に対して、現代帝国主義による「大衆社会の再吸収」の側面から警鐘を打つ立論(7)があることにも、留意を要するだろう（あわせてフェミニズムからの批判については、本書第一部第五章・中里見論文〈中里見博「公共圏・親密圏・ジェンダー」森英樹編『市民的公共圏形成の可能性——比較憲法的研究をふまえて』（日本評論社、二〇〇三年）八二頁〉を参照）。議論の磁場は、自らを「最後のマルクス主義者」と規定するハーバーマスの「市民的公共の再建」論と、こうした現代マルクス主義による帝国主義論とを双極（bipolarity）として、その間を揺れ動くのかもしれない。

法学に目を転じると、こうした議論の展開を横目に見ながら、現代法分析に「市民的公共の再建」を組み込む立論が注目されていることは多言を要さない(8)。こうした視線で憲法学に目を転じると、樋口陽一が、周知の「主権よりも人権を」論から、「人権主体としての個人を中間諸集団から力づくで解放するために、集権的国家＝主権という『公共』の成立が必要不可欠であったということを示す」ために提示した「人権と主権の密接な相互連関」論を経て、「主権主体の構成要素としての個人〔citoyen〕の次元で問題をくみかえることが必要だ」という「第三段階」に移った旨を自己規定し、「集団としての国民の自己決定」にではなく「homme がのみこまれてしまわないような『公共』を新しい citoyen 像の中に求め」るという含意で、(9)「市民的公共の再建」論へとスタンスを移しつつあるかにみえることは、(10)大いに留意すべきであろう。

二　「公共性」議論を読みかえす

このような「公共」への再照射の中で、公法学界、とりわけ行政法学界から、かねてより有力な方法論として提起され、それに基づく研究の蓄積も豊富ないわゆる「公共性論」ないし「公共性分析」視角との連関が、あらためて問われてよい。かつて筆者は、この「公共性論」にかかわって、その立論が一九七〇年代「民主的変革」論に出自をもち、かつ、方法論としては沼田稲次郎の「法解釈の真理性」論と親和的である点に、こだわったことがあった。(11)この「公共性論」には「(資本主義法における)『公共』標榜の虚偽性」という醒めた認識と、にもかかわらず「公共の争奪戦」における「攻めの論理構築」という熱い実践的契機とがあったと推察していたからである。周知の通り沼田方法論は、「少数者支配たる資本主義法は、その階級的本質の故に公共的価値体系を担わざるをえない」がゆえに「真の多数者福祉と自由の実現を志向する立場」から「法形成的実践」を、したがって「担い手」の形成を導出しうる向き合い方を説いていた。(12)なるほどこの「法形成的実践」の「担い手」像自体については、沼田自身に七〇年代前半に変容があったとされるが、それはともあれ、現代国家・法に標榜される「公共性」には「法形成的実践」という構えで向き合うことが、この「公共性論」においても暗黙裡に了解されていたと思われる。[13]

ところで右の「公共性論」において、その「公共性の法的基準」として「日本国憲法」が選ばれていたことには、一定の批判があった。それは、「日本国憲法」もまた歴史的産物として抱え込んでいる「憲法の二重性」という「憲法における矛盾」に留意するなら、「日本国憲法」を「公共性の法的基準」とすることは、「憲法における矛盾」として検討すべき問題が…憲法と現実の間の矛盾というとらえかたのなかで、消えてしまって」おり、「憲法」が「一面的に理念化・観念化」されている、とする批判である。[14] 確かに当該「憲法」を抜き身で持ち出し「基準」とするならば、右の批判は当たっていよう。ただ「公共性論」からすれば、「日本の国家が国民主権的立憲国家である以上、公共性を論ずる際の基準は、法律学的には、憲法の中に見いださなければならない」とするとき、それは必ずしも実定日本国憲法そのものではなく、「徹底した形で現代的解釈・運用を可能とする市民的近現代社会の歴史的積み重ねの表現としての人権・民主・平和・主権の諸原則を強調している」それであったから、[15] 準拠する「基準」は、「市民社会」が歴史的に熟成し実定日本国憲法に流し込んだ、いわば歴史的に検証済みの価値のことであったと、忖度はできる。

とはいえ、「公共性論」にあっては、法的公権力の守備範囲たる「公共性」としてこれを論ずる「法律学的」な規範的「公共性」をこそ、もっぱらの対象にすることが意図されていた。したがってその分析対象たる「公共」ないし「公共性」とは、いわゆる「素材としての公共」よりも狭いし、ましてや「私」と対峙する「公」一般ではさらさらない。この点は「公共性論」が、出発点のところでハーバーマス的 Öffentlichkeit とは、議論の磁場を異にする旨明言していたことからも明瞭である。[16]

三 「公共性」とÖffentlichkeit (public sphere or public space)

「公共性論」が沼田方法論への親和性を内包していたであろう点を念頭に置きつつ、ハーバーマス的Öffentlichkeit の Strukturwandel が、動態的な「民主的 Öffentlichkeit による社会国家の再獲得」という「再転換」を高唱するものでもあったことを思い起こすと、両論には「主体形成」をチャンネルとする地下鉱脈が通底していることは見逃せない。Öffentlichkeit の Strukturwandel とは、現代社会国家においては、政府と巨大化した社会的中間団体（経営者団体・労働団体）との合意によって実質的国家意思が形成され、公的な民主的国家意思形成を形骸化し、市民が社会国家の Klient と化して公民（Staatsbürger）性を喪失するという事象、つまり社会的中間団体が国家的政治的機能を引き受けて政治的 Öffentlichkeit を形成する「再封建化される社会構造」に「構造転換」したことを告発するものであったが、同時にその告発を通して、「自発的・自律的結社（Assoziation）が織り成す公共的討論ネットワーク」によるいわば「公権力の再獲得」をオータナティヴとして説き、したがっていわば「構造再転換」を説くものでもあった。

もとよりこうした Öffentlichkeit 論には、周知の通りマルクス主義との間で鋭い対決がある。[17] しかし、政治的 Öffentlichkeit の「市民社会」的復権の構想が、「自発的・自律的結社（Assoziation）が織り成す公共的討論ネットワーク」を基軸とし、「公論形成の場＝公共圏」による「システム＝政治的権力・資本制経済機構」の包囲・変革を展望する点では、冒頭引用の「見通し」と共鳴しうるし、そうであるがゆえにたとえばA・グラムシの「陣地戦」論が「政治社会の市民社会による再吸収」を構想したのと親和性があろうし、[18] 担い手を「自発的・自律的 Assoziation」に置く点において、樋口の「中間団体否認論」を出発点にする立論を動態的に充塡しつつ超えうる契機にも富む。もっとも、ハーバーマスがC・オッフェの所論を引きつつともに想定するAssoziationには、独立メディア・市民フォーラム・市民イニシアティヴ・文化サークル・対案提起プロジェクト（alternative Einrichtung）などのみならず、教会・学術団体・職業団体・政党・労組などなども、いわば併存的に想定されていて、[19] 西欧の自発性・自律性重視の「伝統」と日本におなじみの「制度化」即「植民地化」という事象との彼我の相違を前提にするにしても、なお精査を要する点は多い。

確かに、「公共性論」のいう「公共性」と、政治的Öffentlichkeitの「市民社会」的復権という文脈でいうÖffentlichkeitとは、法律学的「公共性」と政治社会学的Öffentlichkeitとの相違のみならず、——誤解を恐れず乱暴に対比すれば——充塡価値をめぐる「公共性」と価値争奪の場としてのÖffentlichkeitといったレベルの相違がある。その意味ではここでのÖffentlichkeitには、その英訳が暗示するように、また、たとえば花田達朗が提唱して共感を呼びつつある「公共圏」の語をあてて、区別した方がわかりよい。だが、担い手と主体形成の論理を想定するとき、両者の通底面こそが重視されるべきである。

四　憲法学における「公共圏」論

現代法分析の枠組み議論にかかわって、吉田克己がハーバーマスや花田の議論を意識しつつ整理した三つの「市民社会」論[20]は、確かに問題の剔抉的整序には有用なシェーマであるが、市場経済社会＝bürgerliche Gesellschaft（α）ではなく、政治共同体＝societas civilis（β）でもない、非国家的・脱経済的な結合関係たるZivilgesellschaft（γ）を、規範論としてのみならず認識論としても想定し、γの登場がαを変容させβを復権する、という見通しをつけるにしても、γの登場の仕方そのものが問われるだろうし、なによりも、γがβを下支えしαを制御し方向づける筋道を見出さなければならない。というのも、認識論としては、現に生きて存在する人々の「市民社会」でのありようは、α・β・γの全「市民社会」に一個同一の個人・主体として立ち現れるほかないからである。γで「自由と熟議」により形成されたはずの主体が、βでは地縁・血縁・利権などのしがらみに拘束され、αではひとえに私益・利潤追求にいそしむ、という実像は珍しくはない。

したがって右の道筋は、「国家と社会の二元論」に過度に依拠したいわゆる「中間団体」一般論ではさらさらなく、さりとて無限の「個別具体的」検討でも果たせないだろう。それは、「中間団体」として憲法講学上は一括されている事象の中に分け入って、ともすれば法化・制度化によって受けやすい「植民地化」を、論理的にも構造的にも峻拒しうる自由で動態的な、日々更新される「自発的・自律的結社（Assoziation）」の、その「論理」と「構造」を探りだし、現にある実体としての結社そのものが、ではなく、それらの「論理」と「構造」がネットワークとなって動態的に織り成す「公共圏」の場で「政治的国家＝公権力」を制御し方向づけつつ「新生かつ真正の公共的国家」を構築・運営する筋道を憲法論として示すこと、その上で、その筋道としての「法的基準」を、憲法解釈の場面でも示すこと、にあるだろう。この点を模索するには、法的・制度的な形をとる「団体・集団」を素材にすることが多かろうとも、視線は常に、「自発的・自律的結社」が動態的なネットワークを織り成しつつ公権力を編成・運用・改廃していく憲法的な論理と構造に向けられる。本書〈森英樹編『市民的公共圏形成の可能性——比較憲法的研究をふまえて』（日本評論社、二〇〇三年）〉の各論考は、以上のことを各様に意識して執筆された。

樋口憲法学の現段階にかかわっては、かつて、前述した「第三段階」の入口のところで、「国家からの自由と国家による自由の対置の（日本的）ジレンマからの出口」を「国家への自由」を軸にした「主権者として公事に参加する市民」論を提起したとき、そこでも手放さなかった「国家からの自由」への執着は、「立憲主義の王道の文脈での選択ではなく、国家権力が他者であり続けているからそう余儀なくされている」のであり「現在の現実状況…に対する批判的意味を持つにとどまるのであって、ポジティヴな展望としての意味は持っていない」と留保していた[21]ことを思い起こしておきたい。「第三段階」の樋口が、「citoyen の可能性」として「分裂した citoyen = politique と citoyen = civil、前者を原点にした再構成」の筋道を探りつつ、「集団に対して個人、法人に対して自然人の立場を擁護するために公共を重視すること、そのことがかえって任意的・自発的結社を公共の担い手として作り出すのに役立つ」との指摘[22]、あるいは「ethnos でなく demos としての nation を構成して公共空間を作りあげる」との発言[23]をくりかえすとき、しかしなおも「ポジティヴな展望としての意味」はこれを留保したまま発信されているように見受けられる。この文脈では「任意的・自発的結社を公共の担い手として作り出す」筋道を「ポジティヴな展望」として示すことが、本書〈森英樹編『市民的公共圏形成の可能性——比較憲法的研究をふまえて』（日本評論社、二〇〇三年）〉のひそかなねらいでもあった。

いずれにせよ、「公共性論」と「公共圏」論のある種のずれを自覚した上で、両者に通底する「主体形成の論理」を重視しつつ両者の交錯・架橋を図ることが重要になる。それは、「公共」に内在する「公（開性）」と「共（同性）」をにらみつつ、国家と社会の二元論ならぬ「守備範囲の相対的独自性」を基礎として、「孤立」した個人が、ではなく、「共」を論理的・現実的前提とする「個立」した個人が生活世界の中から組み立てる Öffentlichkeit の理論構成、ということになる。

なお、非国家的・脱経済的「市民社会」による「市民的公共圏」構想にかかわっては、civil society, Zivilgesellschaft の構成員が、homo politicus としての「市民」から homo oeconomicus としての「市（私）民」に転換する、かの歴史構造的文脈を想起すると、その転換をもたらした資本制生産様式においては、W—G—W（商品流通の直接的形態＝等価交換という「形態」）の裏に潜む G—W—G′（剰余価値生産・領有という「内容」）が諸矛盾の根源であることは、なおも看過できない。商品流通という「市場経済」を紛れもなく貫徹している「自由・平等」は、確かに近代法の「法の形態」を規定したが、その裏で貫徹する「資本主義経済」の剰余価値生産・領有システムという「法の内容」は揺るがない。してみると「公共圏」形成による「公共性」の実現とは、さしあたりは「法の形態」による「法の内容」の制御にとどまるにすぎないことにはなろう。だが「法の形態」が「法の内容」をつきとめ、その矛盾を突破しようとするとき、歴史的主体は形成される。このことは、右の歴史構造的文脈が、グローバル規模で再顕現している現段階において、あえて再確認されてよいことであろう。

五　グローバル化と「市民的公共圏」

グローバル化とは、その用語の一般的意味から説くなら、当該事象が、一個にして代替のない地球（globe）レベルの規模で、したがってグローバルに生起・展開すること一般をさすだろうが、社会事象としては、そうした事態が、なにがしか人為的に引かれた境界線をまたいで生起・展開するところに格別の意味をもたらす。そうした事象が認識対象に浮上するのは、人間にとって意味関連のある諸事象であるから、それを「文明の世界化」としてとらえ、遠く文明の発祥に「端初」を求める「人間のグローバリゼーション」というアプローチも意味があろうし、あるいは「技術・経済を中心とする今日のグローバリゼーションの直接の先行要因」を広義の「近代化」に求め、「封建制から資本主義体制への移行、すなわち市民社会の開幕…言い換えれば市場経済システムへの転換、…近代国家形成への動き、…人間の基本権の承認と民主主義理念の旗揚げ」といった「何れも光と影」を伴った「前史」から説き起こすことも[24]、この混沌極まりないグローバル化のゆくえを見通す歴史的考察にとっては不可欠であろう。

そうしたグローバル化の歴史的展開を憲法史に引きつけたとき、「近代」憲法がもたらした「影」の克服としての「現代」憲法という憲法史の射程で「現在」をみる場合には、「冷戦後において、まずは戻るべき現代市民憲法の諸理念」という見地からすると、「規制緩和、民営化、例外なき自由化、グローバル・スタンダード、グローバリゼーション等々のスローガンで示される『新自由主義』の奔流」がその行く手をはばむものとして措定される。(25)

「グローバリズムとは市場経済の世界支配というイデオロギー、新自由主義のイデオロギーにほかならない」(26)のである。確かに、歴史的存在者たる人間間の政治的共同生活のありようの前進的・漸進的旗印たりえた「近現代憲法」にとって、「新自由主義」を駆動因とした「グローバル化」は、「近代市民革命期、現代憲法の登場期に続く『第三の転換期』」たる「現在」(25)の衝迫要因であろう。日本においてはこうした文脈に「明治維新・戦後改革につぐ『第三の改革』」論を基調にした「この国のかたちの再構築」論が覆い重なる。(27)

もっとも、「市場経済」のグローバル化とは、それが商品経済の世界的拡大を意味する限りでは世界交易以来の属性であろうし（原グローバル化）、それが資本主義経済の世界的拡大を意味する限りでも、商業資本・流通過程・労働力の国際化は一九世紀後半以降のことであって、近時のことではない。ここはやはり、第二次大戦後の国際「自由貿易」体制の進展、さらには産業資本の国際化（internationalization）を経て、情報・運輸技術の飛躍的技術革新をテコとした金融資本と産業資本の世界化を、いわば現グローバル化として見据えておくことが必要であろう。こうした「実態としてのグローバル化」の歴史的現段階をどうみるかは、応対する憲法論にとっても無縁ではない。とりわけ生産・労働・消費という人間社会の生（life, vie, Leben）の根幹にかかわる――そうであるだけに近現代憲法はそれをどう取り扱うかに腐心してきた――ところを席巻しつつある、いわゆる多国籍企業の行態に、「現在」の憲法論は応対を急がされている。

かような経済グローバル化の現段階とて、単純ではない。確かに、一方では、一九八九年のいわゆる「冷戦」構造の終焉、九二年を今日的起点とする欧州統合からヨーロッパ合衆国へという展開、九五年のWTO体制発足に象徴される国際金融機構の動向があり、他方でIT「革命」や金融工学の隆盛が語られ、グローバル化は「選択の余地なき所与」とみられた時期があった。だが、このところの事態は、「グローバル化の第二ラウンド」ともいうべき複雑な様相をみせている。(28)

たとえば、経済のグローバル化は、単線的に国際経済を一元化していくという動向にはなっていない。むしろ国際経済の地域統合化がきしみを呼び出し、かつての世界大戦の要因とされた「ブロック化」を引き起こしているとの懸念さえ呼び起こしている。あるいは「グローバリズム神話への嫌疑」ともいうべき動向が、推進サイドの分岐・軋轢をさえ生み出している（かのジョージ・ソロスによるMarket Fundamentalism 批判）。(29)二一世紀を期した「ミレニアム・サミット」は、公式に「グローバル・ガバナンス」、すなわちグローバル経済の、規制緩和ではなく公的規制の必要性を訴えはじめた。そしてこうした系譜の延長線上に、グローバル・レベルでの反グローバリズム運動のくっきりとした生成が連動する。

このような新局面を、「もうひとつの世界」たる「もうひとつのグローバル化」として見据えておくことも、憲法的「公共圏」論には必要であろう。「それ自体グローバライゼーションの効果の一員として国境を超えて可能となった」この種の運動に、「それぞれの公共社会…の構成員たちが、個人としてであれ、NGOの網の目を組み上げながらであれ、境い目を超えてコミュニケーションを取り合うことを保証するような、やわらかい仕切りを相互にゆき来して活動している、という像」を見出す論者は、その背後に、「一定の範囲の人々の意思の力で〈公共〉という価値を編成してきた国家」という「国民国家の役目」を見据え、「〈公共〉の主体となり自己決定する単位」の必須性をみている。(30)

グローバル化が憲法事象に投げかける問いは、この間、相当に明瞭になってきた。野放図な新自由主義的規制緩和一色で塗りつぶされているグローバル化の「本流」の「奔流」が、近現代憲法史によって築かれてきた英知と労苦の所産を一気に押し流す事態に対し、「現在」憲法学が「もうひとつの憲法構造は可能」であることを示すべきことは、多言を要さない。

焦点のひとつはおそらく、各方面から提示されはじめた「グローバル・ガバナンス」の編成・主体・手法にあるだろう。グローバル・イシューにガバナンス（統治・制御）がかけられる必要は、大方の認めるところであるが、問題はグローバル・レベルでの実効的制御主体を簡単には構想できないところにある。一方では、既存の国民国家の限界に軸足を置いて「主権国家クラブの支配の神話」を説きつつ「非国家的なファクター」のもつ「モラルのアピール力」を力説する議論(31)があったことは記憶に新しい。「ローカル」であることに格別の経験を蓄積する欧州では、実効的制御主体に地域コミュニティ(32)、さらには「地域的な対抗的公共圏(33)」を据える議論が少なくない。これらとは文脈を異にするが国際法学からは、従来の「主権・自決権アプローチ」に代えて「世界的規模で『公共圏』を（再）構成する」筋道が構想されてもいる(34)。他方では、多国籍企業とて無国籍ではないし、主権国家・政府が意図的に選択し、主権国家を背景にした国民経済間の較差が経済グローバル化を呼び出すという「政策としてのグローバル化」を重視するとき、議論は国民国家のエートス（住処(35)）の再生・蘇生に向かい、その核心であった「市民的公共の再建」にも連結する(36)。これらの中間に、「世界問題の亢進」と「グローバル社会の形成」に着目して「硬い主権枠の軟化」を説きつつも「現代の国家はその強力な自己主張の故に事実上存在しているだけでなく…なお果すべき課題と機能を持っている」として「世界化」と「地域化」の中間的存在としての（主権？）国家を想定・構想する立論(37)、あるいは、「グローバリゼーションは均等に進むものではなくローカル・ナショナル・リージョナル・グローバル様々なレベルで様々な現れ方をする以上、そのガバナンスのための戦略も重層的なものとならなければならない」とする提言(38)などがあろう。

グローバリズムがナショナリズムといわば共犯関係にあることは周知のことであるが、しかしこのイデオロギーレベルでの真相があるからといって、「国民国家」のエートスに込められてきた「公共」の理念ともども退場を命じることはなかろう。真性の開かれた国民国家理念は、右の共犯関係にむしろ逆向きに作用する。議論の焦点は、「主権」概念がそうであったように、あれこれの議論の具体的抗議先は何か、蘇生・創出されるべき「公共」の編成の論理と筋道、そして「主体」＝担い手をどこに見出すか、にかかっているだろう。論点は古くて新しいが、「公共圏」論はそれを前に推し進めるに違いない。

〔追記〕本章は、本書「はしがき」〈森英樹編『市民的公共圏形成の可能性』（日本評論社、二〇〇三年）ⅰ頁〉で述べた共同研究にかかわって公表してきたいくつかの論稿に基づいている。

（1）K. Marx, F. Engels, Manifest der Kommunistischen Partei, London 1848, jetzt in MEW Bd. 4, Berlin 1969, S. 482. マルクス＝エンゲルス「共産党宣言」『マルクス＝エンゲルス全集』（以下『全集』）第四巻（大月書店、一九六〇年）四九六頁。以下、外国語文献からの引用は、邦訳を付記する場合でも、筆者の責任で行っている。

（2）K. Marx, Zur Judenfrage, in DFJB 1844; jetzt in MEW Bd. 1, Berlin 1956, S. 370. マルクス「ユダヤ人問題によせて」『全集』第一巻（大月書店、一九五九年）四〇七頁。傍点は原文イタリック。

（3）J. Habermas, Strukturwandel der Öffentlichkeit, Mit einem Vorwort zur Neuauflage 1990, Frankfurt/M. 1990（stw 891）. 細谷貞雄＝山田正行訳『第二版　公共性の構造転換』（未來社、一九九四年）。

（4）たとえばSuhrkamp社のst（suhrkamp taschenbücher）, stw（surhkamp taschenbücher wissenschaft）, es（edition suhrkamp）などには、ハーバーマスの廉価版が相次いで収められている。Vgl. Surhkamp, Verzeichnis der lieferbaren Bücher 2001/2002, S. 202 ff.

（5）アメリカ合衆国での議論の一端はJ・B・エルシュテイン（河合秀和訳）『裁かれる民主主義』（岩波書店、一九九七年）、マーティン・ジェイ編（竹内真澄監訳）『ハーバーマスとアメリカ・フランクフルト学派』（青木書店、一九九七年）、C・キャルホーン編（山本啓＝新田滋訳）『ハーバマスと公共圏』（未來社、一九九九年）などでうかがえる。なお、「規範的民主政」論を「ハーバーマスを機軸として思考してきた」著者が「しかし具体的な自由と民主政の関係をめぐる問題では、何といってもアメリカでこそラディカルな主張がなされ、ある程度実践されている」ことに着目した毛利透『民主政の規範理論』（勁草書房、二〇〇二年）にも注目したい。

(6) 思いつくままにあげれば、坂本義和『相対化の時代』（岩波新書、一九九七年）、福田歓一「最近の Civil Society 論と政治史学の視点」『福田歓一著作集　第一〇巻　邂逅──研究生活の途上で』（岩波書店、一九九八年）三一七頁以下、加藤節『政治と知識人』（岩波書店、一九九九年）、間宮陽介『市場社会の思想史』（中公新書、一九九九年）、同『同時代論』（岩波書店、一九九九年）、金子勝『反グローバリズム』（岩波書店、一九九九年）、基礎経済科学研究所編『新世紀市民社会論』（大月書店、一九九九年）、青井和夫＝高橋徹＝庄司興吉編『市民性の変容と地域・社会問題』（梓出版社、一九九九年）、望田幸男＝碓井敏正編『グローバリゼーションと市民社会』（文理閣、二〇〇〇年）、斎藤純一『公共性』（岩波書店、二〇〇〇年）、山口定＝神野直彦編『二〇二五年日本の構想』（岩波書店、二〇〇〇年）、吉田傑俊『国家と市民社会の哲学』（青木書店、二〇〇〇年）、東島誠『公共圏の歴史的創造』（東京大学出版会、二〇〇一年）、そして佐々木毅＝金泰昌編『公共哲学　全一〇巻』（東京大学出版会、二〇〇一～〇二年）など。

(7) たとえば後藤道夫「帝国主義と大衆社会的統合」渡辺治＝後藤編『講座現代日本２現代帝国主義と世界秩序の再編』（大月書店、一九九七年）。

(8) 星野英一『民法のすすめ』（岩波新書、一九九八年）、棚瀬孝雄編『現代の不法行為法』（有斐閣、一九九四年）、花田達朗『公共圏という名の社会空間』（木鐸社、一九九六年）、名和田是彦『コミュニティの法理論』（創文社、一九九八年）、吉田克己『現代市民社会と民法学』（日本評論社、一九九九年）、飯島紀昭＝島田和夫＝広渡清吾編集代表『清水誠先生古稀記念論集　市民法学の課題と展望』（日本評論社、二〇〇〇年）、仲正昌樹『〈法〉と〈法外なもの〉』（御茶の水書房、二〇〇一年）など。

(9) 樋口陽一『近代国民国家の憲法構造』（東京大学出版会、一九九四年）一八五頁以下。

(10) 樋口・前掲書、同『憲法と国家』（岩波新書、一九九九年）、同『個人と国家』（集英社新書、二〇〇〇年）で展開された九〇年代の立論は、その後「九〇年代後半に日本語で公にした主な論稿」からなる同『憲法　近代知の復権へ』（東京大学出版会、二〇〇二年）に集約されている。なお、参照、Y. Higuchi, Le Constitutionalisme entre l'Occident et le Japon, Bâle・Genève・

Munich 2001.

(11)　室井力ほか「シンポジウム／現代国家における公共性」法律時報六三巻一一号（一九九一年）五八頁以下での筆者の発言。ただしこの趣旨の発言に対して、浜川清は「それは、公共性論に対する独特の評価的枠組み」（七一頁）とし、室井力は「実践論の問題として考える場合と、認識論として考える場合とでは違う」（七二頁）とする。

(12)　沼田稲次郎「労働法における法解釈の問題」『沼田稲次郎著作集　第二巻　労働法の基礎理論』（労働旬報社、一九七六年）三一三頁以下。

(13)　このことは晴山一穂「行政の公共性と法律学の課題」法の科学一五号（一九八七年）二〇六頁に明瞭である。

(14)　浦田一郎「憲法は公共性の基準になるか」法律時報六三巻一一号（一九九一年）四四頁以下。

(15)　室井力「国家の公共性とその法的基準」室井＝原野翹＝福家俊朗＝浜川清編『現代国家の公共性分析』（日本評論社、一九九〇年）一一頁。

(16)　この「公共性論」にとっては、「社会学者であるハーバーマス」が「近代市民国家における市民的公共性（bürgerliche Öffentlichkeit）の社会的構造とその政治的機能についての歴史的・類型的考察を行いつつ、その現代社会国家における政治的機能の変化に言及した」その内容は、特に「公共性がもともと具有している公開性との結合およびその両者の展開の必要性」を説く点で「法律学的分析にとっても多くの示唆を与えてくれる」（室井・前掲論文八頁）が、しかし「ハーバーマスの議論などは、社会学的な接近方法として有意義」ではあっても「私たちはそれを前提にしながら、若干視点を変えた法律学的な接近方法をとらざるを得ない」（室井ほか・前掲シンポジウム六九頁〔室井発言〕）としていた。

(17)　たとえば「労働一元論」に対峙する「コミュニケーション」論、「市民社会と政治的国家」構図に対峙する「生活世界とシステム」構図、「土台→上部構造」論に対峙する同論の規定関係の「解除」と「生活世界とシステムとの相関的並列」論などがそうであり、つまるところ「資本主義たる近代市民社会の揚棄による社会主義の実現」対「市民的公共の復権」、「客観的必然」対「主体性」、「階級」対「市民」、「革命」対「改良」などなどの、非和解的ともいえる対決にゆきつく。なお参照、吉田傑俊＝尾関周二＝渡辺憲正編『ハーバーマスを読む』（大月書店、一九九五年）、日暮雅夫「対抗的公共圏形成のために」唯物論研究年誌五号九一頁以下、J・エーレンベルク（吉田傑俊監訳）『市民社会論』（青木書店、二〇〇一年）。Auch vgl. A. Demirovic, Demokratie und Herrschaft, Münster 1997, S. 62 ff.

(18)　参照、石堂清倫訳『グラムシ獄中ノート』（三一書房、一九七八年）一八六頁以下。この点では、現代帝国主義による「大衆社会の〈政治社会による〉再吸収」論とは、担い手と場をめぐる争奪戦の現存を確認しておけばよい。なお、星野・前掲書は、グラムシ理論の影響をも自認しつつ「市民社会」論を展開する（一一四頁以下）。Auch vgl. A. Klein, Der Diskurs der Zivilgesellschaft, Opladen 2001, S. 109 ff.

(19) Habermas, a. a. O., S. 46, 細谷ほか訳・前掲訳書xxxviii頁。

(20) 吉田・前掲書一〇八頁以下。右崎「一九九九年立法動向と憲法構造の変容」憲法問題一二号（二〇〇一年）七頁以下および同・本書第三部第一章〈右崎正博「現代メディアと市民的公共圏」拙編『市民的公共圏形成の可能性――比較憲法的研究をふまえて』（日本評論社、二〇〇三年）四六八頁〉も、この整序に着目する。なお、星野・前掲書もこのような整序に言及し、三つの「市民社会」論には「単なる便宜以上の意味がある」と認めるが、「経済社会」と「狭義の市民社会」とを截然と区分することには慎重のようである（一一五頁以下）。Auch vgl. G. F. Schuppert, Aktivierender Staat und Zivilgesellschaft, in: G. Winter (Hg.), Das Öffentliche heute, Baden-Baden 2002, S. 101 ff.

(21) 樋口陽一ほか「〈研究会〉自由をめぐる知的状況」ジュリスト九七八号（一九九一年）二〇頁、四四―四五頁。

(22) 樋口・前掲書注（9）一四一頁以下。

(23) 樋口・前掲書注（10）『憲法　近代知の復権へ』一七八頁以下。

(24) 小林直樹「グローバリゼーションと国家・国民・個人」専修大学社会科学研究所編『グローバリゼーションと日本』（専修大学出版局、二〇〇一年）四頁以下。

(25) 杉原泰雄「憲法学にとって二〇世紀とは何であったか」法律時報七三巻一号（二〇〇一年）五頁以下。

(26) U. Beck, Was ist Globalisierung?, 6. Aufl., Frankfurt/M. 1999, S. 26.

(27) 参照、拙稿「『この国のかたち』論の危険性」法と民主主義三五八号（二〇〇一年）。

(28) 以上の本文も含め、さしあたり参照、進藤兵「『新保守主義型グローバル化』への諸批判」ポリティーク創刊号（二〇〇一年）一八五頁以下。

(29) G・ソロス（大原進訳）『グローバル資本主義の危機』（日本経済新聞社、一九九九年）。

(30) 樋口陽一「法学の見地から」樋口＝石渡茂一編『グローバライゼーション――光と影』（上智大学社会正義研究所、二〇〇〇年）二五〇―二五二頁。なお、本文中の「もうひとつの…」という言い回しは、このところ注目のフランスを拠点としたＮＧＯ「市民支援のための金融取引課税要求連合（ＡＴＴＡＣ）」のスローガン「もうひとつの世界は可能だ（Another world is

possible)」を念頭に置いている。この運動につき、vgl. Ch. Grefe, u. a., attac ——Was wollen die Globalisierungskritiker?, 3. Aufl., Berlin 2002.

（31）江橋崇「国家・国民主権と国際社会」樋口陽一編『講座憲法学2主権と国際社会』（日本評論社、一九九四年）五三頁。

（32）Z. B. H.-P. Schneider, Global denken, lokal handeln, in: R. Jochimsen (Hg.), Globaler Wettbewerb und weltwirtschaftliche Ordnungspolitik, Bonn 2000, S. 182 ff., auch vgl. O. Lafontaine u. Ch. Müller (Hg.), Keine Angst vor der Globalisierung, Bonn 1998; H. Eichel u. H. Hoffmann (Hg.), Ende des Staates——Anfang der Bürgergesellschaft, Hamburg 1999; H. Brunkhorst, Ist die Solidarität der Bürgergesellschaft globalisierbar?, in: ders. u. M. Kettner (Hg.), Globalisierung und Demokratie, Frankfurt/M. 2000, S. 274 ff., usw.

（33）Z. B. J. Hirsch, Vom Sicherheitsstaat zum nationalen Wettbewerbsstaat, Berlin 1998, S. 102 ff.

（34）小畑郁「民主主義の法理論における主権・自決権と人権」法の科学二六号（一九九八年）二六頁以下、同「世界公共圏の構築としての『国際法の重層化』」世界法年報二〇号（二〇〇一年）一五一頁以下。

（35）参照、大沢真幸「（公共性）の条件（上）」思想九四二号（二〇〇二年）四頁以下。

（36）拙稿「『グローバル化』変動と憲法」法律時報七三巻六号（二〇〇一年）四九頁以下〈本書Ⅰ部四章〉、同「国家の『ゆらぎ』と憲法」公法研究六三号（二〇〇一年）一九頁以下〈本書Ⅰ部三章〉、森＝浦部法穂「国家の枠組み」浦部ほか編『いま、憲法学を問う』（日本評論社、二〇〇一年）四四頁以下。なお参照、広渡清吾「グローバリゼーションと日本国家」法の科学二七号（一九九八年）。

（37）小林・前掲論文二〇―二一頁、二七頁。

（38）吉村良一「九〇年代における『変容』をどうとらえるか」法の科学三一号（二〇〇一年）九二頁。なお、進藤・前掲論文一八七頁も「グローバル化は多国籍企業、国際機関、地域統合、国民国家、地方、個人という多様な空間単位の相互作用」とみるが、しかし「空間単位が地球大に一元化されることではなく、多様な空間単位の組合せ方の再編成」であって「国民国家という単位はなくなりも、衰退もしない。むしろ国民国家を構成要素としていまここにあるグローバル化は成り立っている」とする。

第Ⅱ部　議会制・選挙制・政党制

第Ⅱ部「議会制・選挙制・政党制」解題

第Ⅱ部に収録したのは、広い意味で「統治」の分野に関わる森の論稿八篇である。森は、国家制度の域内にある狭義の統治機構から市民社会内部での民主政のありようまで、統治分野に関するトータルな理論的・実践的分析を遺した。その特徴は、常に国民主権の発動を起点としつつ、国家の意思形成に至るまで、民主政過程をひとつながりのプロセスとして動態的・総合的に捉える発想と方法である。本書には、文字通り膨大な作品の中から、森の民主政論の全体像が把握できる諸論稿をピックアップした。

まず第八章は、『マルクス主義法学講座』第六巻「現代日本法分析」（一九七六年）に所収された「現代日本の立法機関とその作用」である。森の統治機構論の原点であり、またその総論として重要な論稿と考え、第Ⅱ部の冒頭に収録することとした。本稿のベースとなっているのは、言うまでもなくマルクス主義法学の方法であり、国会を「国権の最高機関」と規定する日本国憲法の立場を、「同時に執行し立法する行動的機関」そのものではないがそれを志向する可能態と捉えた上で、選挙制度や国会について、理念と実態の両面から詳細に分析している。とりわけ、森のその後の理論的発展との関係で重要なのは、国会の憲法理念の実現を担いうる有効な主体として、「不断に国民の意思と国会を連結するとともに、……官僚制をコントロールし、必要に応じて凌駕するだけの諸能力をもった議員の政治集団＝政党」（本書一六七頁＝以下、本解題における頁数は、本書のそれを指す）に注目している点である。

これが一九九〇年代以降の政党論（第Ⅱ部）や公共圏論（第Ⅰ部）へとつながっていく。

続く第九章は、「憲法四〇年と憲法状況」と題された法律時報（一九八七年五月号）の特集への寄稿であり、第八章で描き出した統治の憲法理念を骨抜きにする「内閣政治」と「諮問政治」について、詳細かつ的確な現状分析に基づき、憲法理論的考察を加えている。本章は、本書でも批判的に検討される諸「改革」の「全面開花」に向けて、内容的にも手法的にもその嚆矢となった八〇年代半ば（中曽根政権期）の動きを活写しており、今日でも参照に値する。特に重要な指摘は、「あれこれの諮問政治には、憲法的価値の担い手がもつ主体的対抗力を解体することが含意されてはいないか」との観測であり、「憲法的価値そのものとその担い手をともに最後的破砕する、今日に特有の改憲手法」（一八五頁）という諮問政治の位置づけである。当時はややもすると「大げさ」と思われたかもしれないこの予言は、その後の推移を見ると見事的中したと言わざるをえない。

第一〇章は、「議会一〇〇年と二つの憲法」と題されたジュリスト（一九九〇年五月一－一五日合併号）の特集への寄稿で、国政調査権の理論と実態について検討している。本章では、「議会一〇〇年」の文脈をふまえ、「憲法レベルの根本的転換の一部」として国政調査権が重要な位置づけを与えられたにもかかわらず、ほとんど活用されていない「閑散とした風景」を批判するとともに、議院の権能としての国政調査権を「国民に錨止された主権的権利という含意」で理論的に定位している。政権党をめぐる種々の「疑惑」が十分に解明されていない今こそ、国政調査権の活性化が図られなければならないし、その際、本章の考察は貴重な足がかりとなるだろう。

第一一章から第一三章までは、「憲法と政党」をめぐる論稿を収録した。第Ⅱ部においてこの論題に多くの紙幅を割り当てたのは、森の政党論は多くの論者から注目を集め、その精緻な立論が「今日の憲法学の到達点」と評されており、いわば学界の共有財産とも呼びうるものだからである。一方で、第八章で述べた憲法理念の実現を担いうる主体としての政党の重要性と、他方で、「政治改革」論議の中で政党への法的規律が企図されたことへの危惧から、森は精力的に論稿を書き続けた（第一三章の注（4）・（7）、第一一章の注（20）に挙げられた文献などを参照）。

第一一章は、その「憲法と政党」論の原点であり、法律時報（一九九〇年五月号）の特集「議会制民主主義」に寄稿された。森は、政党が活動する多様な場面ごとにその「公的」性格を精査するとともに、当時導入が検討されていた政党国庫補助システムにつき、「公的」性格論に対応したきめの細かい考察を行った。その要諦は、「結社の自由」の一形態にして「国民」主権の発現形態である政党は、非和解的に分立せしめられた「国民」の意思と国会とを連結する担い手であるがゆえに、「私的」なままであることが「公的」性格のレーゾン・デートルとなるのであって、そうした政党たるゆえんを侵害するがごときは、規制はもとより援助・助長の形態においても許されないと把握するところにあった。今なお参照に値する分析といえよう。

第一二章は、日本の学界や「政治改革」論議において参照されることの多いドイツの歴史的文脈に即して、「憲法と政党」問題を検討している。第一一章・第一三章でも示されているように、森はこの問題を考察するにあたってドイツと日本を対比的に捉えており、本章では、ドイツに固有の政党の「憲法体制への組入れ」方を描写している。特筆すべきは、人口に膾炙したトゥリーペルの「四段階」説を再吟味している点であり、前著『マルクス主義法学の史的研究』でも遺憾なく発揮された、理論的言説を歴史的文脈の中で読み解く方法が生かされている。

第一三章が執筆された経緯は、同章の〈付記〉を参照していただきたいが、「憲法と政党」をめぐって「かつて論じた原理的考察を再顕現させ再点検する」（二四二頁）内容になっている。そのため、第一一章・第一二章とかなりの重複があるが、前者に対する各論者からの「対論的な、さらには批判的な吟味」（二五〇頁）への森の応答が、「憲法と政党」問題の公共的熟議の到達点を示していると考え、そのまま掲載することとした。これらの対論を通じて、森の議論の眼目がより明確になった点も重要である。さらにくわえて本章は「おわりに」で、本論題に関わる大変重大な原理的問題と現実的問題を提起している。これらは「憲法と政党」問題に関する「究極の」学問的遺言といってよい。ここで示唆された森の着想を導きの糸としつつ、「なお未決着のまま」の問いと格闘し、「この国の民主政阻害要因を丸ごと克服する筋道」を模索していくことは、後進の私たちに委ねられた課題である。

第一四章は、「企業献金と民主主義──その各国比較」と題する法律時報（一九九二年一〇月号）の特集の「序論」として執筆された。日本における企業献金の現実的弊害から単純に禁止論を導くのではなく、欧米の憲法と法制を参看しながら、企業献金をめぐる憲法論を慎重に吟味している。特に、日本国憲法と理念を共有する欧米諸国が、企業献金の禁止ではなく公開とコントロールを基本としていることに留意しつつ、憲法運用における政治・経済・社会の具体的ありようの落差に注目して、日本における企業献金禁止の理論的筋道を解き明かしている。「政治資金パーティ」を含む企業献金の問題性がクローズアップされている今こそ、紐解かれるべき論稿といえよう。

第一五章は、法律時報（一九九四年五月号）の特集「政治の混迷と憲法」に寄せた「政治改革」の中間総括である。本章は、現実の政治過程の追跡に相当の紙幅を割いており、理論的論稿に重点を置く本書の方針に反するかに見えるが、その後約三〇年を経た今日に至るもなお、現実政治を憲法理念から乖離せしめている元凶たる「政治改革」が、その成立過程においてもいかに異常であったかを記録しておくことは意義深いと考え、第Ⅱ部の最後に収録することとした。「政治改革」の内容に関わっては、「主権者から政治・政党を遠ざける諸装置」の点検（四）が現時点でも有効であり、法的手続を無視した政治的「決着」を「政治の混乱」を回避するためと正当化する議論に対し、「こうした『政治』と法との極端な乖離こそ、立憲主義の危機という歴史的長期的な『混乱』を政治にもたらすだろう」（二九〇頁）と応じた予言は重い。くわえて、「政治改革」の背後にある「日本政治改造計画」と（当時しきりに喧伝された）「国際貢献」論に連なる戦略的狙いを指摘しているのも、民主主義を単に政治的手続の問題に限定せず、政治構造や憲法状況と関わらせて把握する森の真骨頂といえるだろう。

（本　秀紀）

第八章　現代日本の立法機関とその作用

一　課題の限定

「支配階級のどの成員が、議会で、人民を抑圧し、ふみにじるかを数年に一度きめること——議会主義的立憲君主制ばかりでなく、もっとも民主的な共和制のばあいにも、ブルジョア議会制度の真の本質はまさにここにある[1]」。「アメリカからスイスにいたり、フランスからイギリス、ノールウェーその他にいたる、どの議会主義国でもよいから一瞥してみたまえ。真の『国家』活動は舞台裏で行われ、各省や官房や参謀本部が遂行している。議会では、『庶民』を欺こうという特別の目的でおしゃべりしているにすぎない。[2]」

この言葉は、レーニンが、二月革命と一〇月革命のちょうど中間にあたる一九一七年八月に、地下活動のなかで書いた『国家と革命』の著名な一節である。よく知られているように、ここでレーニンが議会に関して語ったことは、当時、臨時政府を形成していたメンシェヴィキやエス・エルがおちいっていたブルジョア議会主義に対する仮借なき批判であった。そして同時に、レーニンは、ロシアも含む当時のブルジョア議会が、かつてブルジョア革命期とその後しばらくの間に果していた、社会変革上の積極的役割を、すでに大きく低下させている実態をも鋭く指摘していた。

ブルジョア革命期に生誕した古典的議会主義が、独占資本主義段階への突入とともに露呈したその無力さは、第一次世界大戦前後から、二つの相対立する克服形態を登場させることとなった。そのひとつがドイツ・イタリアにおけるファシズムによる議会主義の総否定であり、もうひとつが、議会主義の止揚であるソビエトである。

レーニンがソビエト形態を構想するのに依拠したひとつの有力なてがかりは、『国家と革命』で明らかなように、マルクスがパリ・コミューンを総括して書いた『フランスにおける内乱』（一八七一年）における一節――「コミューンは、議会ふうの機関ではなくて、同時に執行し立法する行動的機関でなければならなかった[2]」(Die Kommune sollte nicht eine parlamentarische, sondern eine arbeitende Körperschaft sein, vollziehend und gesetzgebend zu gleicher Zeit.) ――であった。「もしわれわれが国家の問題を提起し、議会制度を国家の一制度として、この分野におけるプロレタリアートの任務という見地から見るなら、議会制度からの活路はどこにあるか？　どうすれば、議会制度なしにやっていけるであろうか？[1]」と自問したレーニンは、このマルクスの言葉をてがかりに、次のような回答を導きだした。「議会制度からの活路は、代議機関と選挙制の廃棄にあるのではなく、代議機関をおしゃべり場所［говорильня］から『行動的』団体へ転化することにある[3]」。この「行動的」団体が、同時に執行し立法するソビエト形態であったことはいうまでもない。

ところで、マルクスとレーニンがともに構想した「行動的機関」(eine arbeitende Körperschaft, работающая корпорация) は、マルクスの場合は「議会ふうの機関」(eine parlamentarische Körperschaft) からの、レーニンの場合は「おしゃべり場所」(говорильня) からの、活路としてのそれであった。「議会ふうの機関」にせよ「おしゃべり場所」にせよ、それらが、この両革命家のみたブルジョア議会をさしている言葉であることはまちがいない。もともとマルクスがブルジョア議会を「parlamentarisch な機関」と呼んだことには、マルクス一流の皮肉がこめられていた。それは議会がParlamentと表現されることに、すでにparlerする（話す）場という意味がこめられていることの指摘であった。ブルジョア議会は、Parlamentと名付けられることによってまさに討論の場という性格を付与されていることへの皮肉であった。したがってレーニンは、マルクスの表現にこめられていた皮肉を、より直截に描いたといってよい。レーニンが、マルクスのこの一節を引用するときは、原語の直訳語である**парламентарная корпорация**をあてながら、自らの言葉として、「行動的団体」への活路を求めるべきブルジョア議会をさす時には、ロシア語の**говорить**（話す）を語源としながら固有に嘲笑の意味がこめられている「おしゃべり場所」**говорильня**の語をあてたのは、マルクスの表現にあった皮肉の部分を、ストレートにえぐりだす意図があったにちがいないからである。マルクスが皮肉をこめて語り、レーニンが直截に述べたこの相違は、もちろんこの両革命家の人柄のちがいにもよろうが、さらに、マルクスのみたブルジョア議会がヨーロッパのそれであり、レーニンのみたのがロシアのそれであったというちがい、また、マルクスの時代からレーニンの時代にかけて、一層かつ急速に進行した古典的議会主義の危機、なども反映していたものと考えられる。いずれにせよ、マルクス・レーニンがみた、古典的なブルジョア議会の隘路は、それが、parlamentarischな、したがって討論はするが実行性のない機関におちいっていることであった。

しかし、マルクス主義の創始者は、このようなブルジョア議会批判を展開するとともに、次のことも強調していた点が重要である。ひとつは、このようなブルジョア議会であれ、プロレタリアートはそれをいささかも軽視することなく、むしろ積極的にそれを社会変革に役だたせるべきであるという主張である。レーニンが、議会だけに眼をむけて「革命」運動を語る諸党派をエンゲルス『ドイツにおける革命と反革命』（一八五一―五二年）の言葉によって「議会主義的クレチン病」と痛烈に比喩したのは、あまりにも有名だが、同時に、ロシアのように議会が全く制限された権限しかもたないところでも、プロレタリアートの党はそれを最大限利用するべきことを常に強調することを忘れなかったし、そのことはレーニンがマルクスから学んだところでもあった。『国家と革命』は言う。「マルクスは、無政府主義者がブルジョア議会主義の『家畜小屋』さえ利用する――とくに革命的情勢があきらかにないときには――能力がないというので、彼らと容赦なく手を切ることができた」(1)と。いま一つの重要点は、特にマルクス・エンゲルスが、議会における多数派の獲得による社会主義への合法的・平和的な移行の可能性を、いくつかの条件つき（官僚制と常備軍の不在、議会権限の大きさ）で例外的にではあれ、認めていたことである。(4)たとえば、一八九一年のドイツ社会民主党綱領（いわゆるエルフルト綱領）草案が当時のドイツの革命を平和的な道で行なうと展望していた点を批判して、エンゲルスは述べている。「人民の代議機関が、全権力をその手に集中していて、人民の多数者の支持を獲得しさえすれば憲法上はなんでも思うようにやれる国でならば、古い社会が平和的に新しい社会に成長移行してゆける場合も、考えられる」(5)。さらに、エンゲルス最後の著作である「『フランスにおける階級闘争』（一八九五年版）への序文」では、いわゆる「多数者革命」論を論じることで、議会を基礎にした革命の道が歴史過程として例外ではなしに一定の普遍性すら獲得する可能性があることを、暗示的ではあれ示していて興味深い。(6)周知のように、現代における先進国革命の理論は、このようなマルクス主義の古典の命題を手がかりとしつつそれを創造的に発展させることで、ブルジョア議会を単に「おしゃべり場所」として批判するにとどまらず、否むしろ、批判するというよりは、民主的諸勢力による統一戦線を基礎として民主的諸党派が議会で安定した多数を獲得することで、議会を「人民支配の機関」から「人民奉仕の機関」に転化させ、さらにこの議会を基礎として社会主義への移行を達成する、という展望を、漸次明らかにしつつある。(7)

以上、簡単にみてきた、議会に関するマルクス主義理論を念頭において、マルクス主義法学の視点から「現代日本の立法機関とその作用」の現代法分析を試みるとするならば、おのずとその課題は限定されてくるものと思われる。それは、端的に言って、「現代日本の立法機関」たる国会が、日本の民主的変革にとっていかなる役割を果しているか、また将来果しうるか、を法的側面から解明することであろう。たしかに、わが国の国会は、原則的にはまぎれもないブルジョア議会であるし、その権限からみて、マルクスの言った「同時に執行し立法する」機関でもない。しかし、だからといってレーニンが揶揄したように「おしゃべり場所」としてかたづけてしまうことのできない側面を、少なくとも憲法規範上の国会の位置づけはもっている。しばしば注目されているように、わが国の国会が、憲法規範命題としては「唯一の立法機関」であるとともに「国権の最高機関」（憲法四一条）であるという規定は、それが民主主義原理たる国民主権の理念と結びつくことで、「同時に執行し立法する行動的機関」ではないにせよ、単にparlamentarischなものにとどまらない、したがってparlamentarischなものから脱却する志向性をはらませているからである。もちろん、わが国の国会＝議会の理念や憲法規範命題と、現実の実態との間に乖離・矛盾が多々存在することは、言うまでもない。したがって、本稿は、わが国の民主的変革にとって国会が果しうる役割は何であるかを、さしあたり憲法規範命題とのかかわりで明らかにするとともに、それと現実の国会に関する実態との関連を示すことで「変革期における国会」の意味を法的側面に限定しつつ探りあててみたい。その際、具体的検討の対象となる「現代」は、本稿自体がその理由を述べるように、このテーマを扱うにふさわしい七〇年代に限定することにする。

二　選挙制度の理念と実態

「国会は、国権の最高機関であって国の唯一の立法機関である」という憲法四一条の規定には、よく指摘されているように、「議会主義的考え方と権力分立的考え方の、かなり安易な共存」(8)が伏在する。この点は次節でやや検討を加えるが、本節で確認されてよいのは、国会が、「国権の最高機関」となる理由と、国会が「唯一の立法機関」となる理由との双方に、国会が主権者たる国民の代表機関であるという理念が、いわば共通項として存在している点である。国会は、他の国家機関と異なり、主権者たる国民の代表機関であるがゆえに、まず「国権の最高機関」である。と同時に、国民の代表機関であるがゆえに、その国民の権利義務に最も根元的にかかわる立法という国家作用を、専属的に営む「唯一の立法機関」である。したがって、この国民代表機関が、正当に国民を代表しうるものであるか否か、が、なにはともあれ、まず検討されなければならない。本稿の問題関心に即していえば、憲法的規範命題としての国民代表機関の保障は何であり、それと実定法を媒介して現出する実態とのかかわりがどうであり、以上のことが、日本における変革にいかなる展望を与えうるか、の問題である。いうまでもなく選挙制度の検討が、それにあたる(9)。

日本国憲法が定める選挙原理は、成人者による普通選挙（一五条三項）、平等選挙（四四条）、秘密投票と選挙人の無答責（一五条四項）である。いわゆる直接選挙の原理は明文で規定されておらず、地方公共団体の長、その議会の議員および法律で定めるその他の吏員の選挙が直接選挙である（九三条二項）のに対して、国会の「両議院は、全国民を代表する選挙された議員でこれを組織する」（四三条一項）と定めるにとどまった。そして、選挙に関する爾余の事項は、四三条二項・四七条によって法律にゆだねられたのである。一九五〇年以降、この法律とは、選挙に関する統一法典たる公職選挙法（昭和二五年・法律一〇〇号）をさす。以下、順次検討してみよう。

普通平等選挙の原理は、ブルジョア民主主義的選挙原理のいわば核心を形成する。それは、選挙人の資格を、人種・信条・性別・社会的身分等で差別することなく、国民に対して一般的に選挙権を認めるものである。明治憲法下の一九二五年、衆議院議員選挙法が改正され「普選」が実現したとはいうものの、それは婦人参政権を否認するばかりでなく、住所不定者・生活扶助をうける者等の選挙権も認めない、きわめて欠陥の多い「普選」であったことは、周知のところである。戦後、日本国憲法は、本来の意味での普通選挙を規定するとともにそれと表裏一体の関係にある平等選挙を原理的に承認した。憲法上は普通平等選挙が一切の留保なしに認められた。したがって、選挙権・被選挙権に対する一定の制約は、いわゆる「合理的差別」問題として論じられることとなった。

国会議員の選挙権の制約を明文で規定したのは公職選挙法九条一項による年齢制限と、同法一一条一項による場合（禁治産者、禁錮以上の刑の執行中の者、等）とがある。後者の場合、たとえば禁錮以上の刑の執行中の者すべてから選挙権を剥奪することに合理性があるかどうかは検討の余地があろうが、ここでは問題にしない。憲法一五条三項が「成年者」による選挙を定め、民法三条が成年を満二〇年と定めたことから、選挙権は公職選挙法上「年齢満二十年以上」と定められているが、この点の批判は少なくない(10)。民法上の成年規定と、選挙権行使の年齢による資格要件たる成年者規定とは、法的理念構成として別物であると解してもなんら支障がないからである。基本的人権たる参政権の享受資格は、その権利自体の性質によって直接憲法上導かれるものでなければならない。選挙権という権利の性質に着目したとき、それが二〇歳以上であることの合理的根拠は、きわめてとぼしいといわねばならない。ほぼ義務教育化したといってよい高等学校教育の修了年齢＝一八歳をもって選挙権行使資格たる成年者とすべし、という有力な主張がなされている(11)ゆえんである。

地方公共団体の議会の議員および長の選挙権に対する、三ヵ月の住所期間制限は、公職選挙法九条二項が明定するところであるが、国会議員の選挙権についても、同法二一条一項の「選挙人名簿への被登録資格」を媒介として、事実上三ヵ月の住所期間制限が働いている。この点は、前住所地の投票所で投票できる（公職選挙法施行令二九・三〇条）から選挙権を剝奪していないとはいえ、現実には、剝奪に等しい効果を果している。この規定が、特定党派の特定候補当選のためにする「民族大移動」を封ずる効果を果していることは確かだが、かかる行為を規制するにしても、それがノーマルな選挙権者の権利を事実上剝奪する犠牲を伴ってよいことにはならない。

被選挙権に対する明文の制約は、選挙権と同じ公職選挙法一一条一項の規定のほか、同法一〇条一項による年齢制限があり、さらに立候補の制約には、同法八七条による重複立候補の禁止、八八条による選挙事務関係者の立候補制限、八九条の公務員の立候補制約がある。被選挙権の年齢制限を選挙権よりも厳しくするのは、イギリス・ソ連を例外としてむしろ世界の通例ではあるが、その合理的根拠となると、さほど定かとはいえない。二五歳以上（衆議院議員）、三〇歳以上（参議院議員）という年齢にこめられた内実が、ある種の能力・資質・力量であるとするならば、その効果を年齢制限という手段で得ることができるか疑問であろうし、そもそも、国民の代表者たる「資格」は、年齢からくる「安心感」も含めて選挙権者たる国民の個別的判断に委ねられたとみるのが、妥当といえよう。少なくとも選挙権と被選挙権とに年齢上の資格要件の差を設けることは、再検討されてよいことがらである。公務員の原則的立候補禁止は、公務員といっても高級官僚から単純な業務を提供する公務員まで多種多様であるから一括して論ずることはできないが、少なくも公務労働を提供することで生活を維持している勤労者としての通常の公務員が、立候補と同時にその職を失い（公職選挙法九〇条）、落選または公職を離れた場合、原職に復帰することができないシステムは、実態問題として再検討されてよい。この点は、雇用主との契約によって同様の規制をうけている私企業における被雇用者についてもいえることである。被選挙権が、公職選挙法を媒介にして、事実上規制されている事例として、供託金制度がある。衆議院議員・参議院地方選出議員一〇〇万円、参議院全国選出議員二〇〇万円の立候補届出要件（公職選挙法九二条）と供託金没収条項（同九三条一項）とは、売名立候補者やいわゆる泡沫候補者を規制する目的のものだが、これも、かかる規制が要求されるにせよ、財力なき善意の立候補者志望者（多くは勤労者）の犠牲のうえでなされてよいことにはならない。しかも、この制度は、現実に泡沫候補等の規制に役立っていないのであるから、なおさらのことである。

選挙権の平等要請は、単に選挙資格要件の平等をのみ意味するのではない。ブルジョア法原理としての平等原理

第1表　衆議院議員1人あたり有権者数
（1975年9月10日現在の選挙人名簿登録者数による）

選挙区		定数	有権者数	議員1人あたり有権者数
1	兵庫5区	3	240,748	80,249
2	鹿児島3区	3	246,831	82,277
3	石川2区	3	258,724	86,241
4	愛媛3区	3	272,121	90,767
5	秋田2区	4	367,471	91,867
⋮	（全国平均）			150,785
126	北海道1区	5	1,235,169	247,033
127	東京7区	4	991,824	247,956
128	大阪3区	4	1,011,069	252,767
129	神奈川3区	3	787,908	262,636
130	千葉4区	3	804,214	268,071

が、実質的平等までは要求しない「権利における平等」にとどまるものであるにせよ、そのことは、選挙権における平等を「投票価値の平等」としても構成することを、排斥することにはならない。むしろブルジョア法原理としての平等原理が、権利の担い手の社会的実態を問わない形式的平等を要請しているがゆえに、選挙権者たる国民は、まさに等価値の権利を等しく享受しうると構成されるのである。ここにはブルジョア法原理とそれに基づく選挙制度のある種のジレンマがある。選挙権の平等原理が憲法上投票価値の平等をも要請するとすれば、ただちに問題になるのが、選挙区人口と議員定数のアンバランスであろう。周知のとおり公職選挙法の別表第一には、「この法律施行の日から五年ごとに、直近に行われた国勢調査の結果によって、更正するのを例とする」との更正規定を伴って衆議院議員の選挙区と議員定数とが定められている。別表の基礎になった人口調査は一九四六年四月のものだが、公職選挙法施行後一九五〇年から行なわれた国勢調査（統計法〔昭和二二年・法律一八号〕四条に基づいて行なわれる）の結果によって議員定数の更正をはかることは、歴代保守党政府によってサボタージュされ、一九六四年と一九七五年の二度にわたって、かろうじて部分的な手なおしが加えられたにすぎない。かくて一九七五年の改正（昭和五〇年・法律六三号）を経てもなお**第1表**にみられるようなアンバランスがつづいている。ここで全一

第2表　参議院地方議員1人あたり有権者数
（1975年9月10日現在の選挙人名簿登録者数による）

選　挙　区		定　数	議員1人あたり有権者数
1	鳥　取	2	208,170
2	福　井	2	269,069
3	山　梨	2	272,929
4	島　根	2	276,725
5	佐　賀	2	289,436
⋮	（全国平均）		506,915
43	千　葉	4	694,554
44	埼　玉	4	788,382
45	大　阪	6	931,594
46	東　京	8	1,023,189
47	神奈川	4	1,083,664

三〇選挙区のうち議員ひとりあたりの有権者数の最も少ない兵庫五区と最も多い千葉四区の格差は、一対三・三四である。このような格差の是正がなされないのは、政権担当政党たる自民党の基盤が農村票であり革新政党が都市において強いという実態から、都市部の議席を増加させたり、ましていわんや農村部の議席を減らすことは、そのまま自民党政権の基礎をおびやかすためであること、つとに指摘されているとおりである。この点は自民党自身も認めるところであり、「都市有権者の一票の重みが、農村有権者よりも軽いといわれる現行選挙制度の仕組みが幸いした」（一九七六年三月二三日付『自由新報』）と過去の選挙を回顧している始末である。なお、同様の問題は、院の創設以来定数是正を行なっていない参議院地方区定数ではさらに極端になっている（**第2表**）。ここでは、格差のひらきが、鳥取と神奈川の間で実に一対五・二となっている。もちろん、参議院地方区の定数を定めた別表第二は、別表第一のように更正規定をもたないこと、参議院地方区の定数理念が全国区との関連で、衆議院と異なること、などから、これを同一に論ずることはできないが、それをもってしても、この平等原理の侵害は合理性の限界をはるかにこえているといってよい。以上のこととの関連で、一九七二年一二月総選挙時の衆議院議員定数が憲法一四条一項、一五条一項・三項、四四条から導かれる投票価値平等の要請に反する憲法違反のものである

とした最高裁大法廷判決（昭和五一年四月一四日・判時八〇八号二四頁）は、その限りでやはり画期的であった。判決は、従来の判例であった大法廷判決（昭和三九年二月五日・民集一八巻二号二七〇頁）と異なり、投票価値の平等を憲法の要求するところと明示したのち、「具体的な投票価値の不平等が、国会において通常考慮しうる諸般の要素を斟酌してもなお、一般的に合理性を有するものとはとうてい考えられない程度に達しているときは、もはや国会の合理的裁量の限界を超えているものと推定されるべきであり、このような不平等を正当化すべき特段の理由が示されない限り、憲法違反と判断するほかはない」と論じて、当該選挙における格差（約一対五）がこれにあたるとした。もっとも、この判決もこれまでの最高裁判決同様、「限界」の具体的内容を示していないし、従来の最高裁判決がすべて参議院地方区定数に対する合憲判断であったから、衆議院議員定数に関するこの判決では判例変更も明示されていない。その意味で、この判決が今後いかなる判例的役割を演ずるか、定かでないし、政治的には、前年の定数是正があったから臆することなく違憲判決を下すことができたとの見方もできなくはない[12]。ただ、この判決が投票価値平等原則を正面から容認したことは、一人一票の平等原則は一人二票になること（格差二倍）を限界とするという学界の通説にむけて、論理的方向づけを与えたものとして評価されてよい。

次に、「両議院は、全国民を代表する選挙された議員でこれを組織する」という、国民代表の原理について、みてみよう。この規定は、憲法前文の「そもそも国政は、国民の厳粛な信託によるものであって、その権威は国民に由来し、その権力は国民の代表者がこれを行使し、その福利は国民がこれを享受する」という規定とあいまって、わが国が、原則として主権者たる国民が国家権力を行使するのではなく、国民の代表者たる国会・国会議員をとおして行動するという、代表民主制を採ることを、明示的に表明している。ところで、この国民「代表」の法理のブルジョア法的構成には、一定の歴史的変遷がある。よく指摘されるように、その古典的構成のひとつはフランス革命期に成熟をみた[13]。そこでは、抽象的・観念的全体としての「国民」(nation)の主権(souveraineté nationale)を前提として、かかる全体としての国民の主権を全体としての議会・議員が委任されて行使する、との構成がとられていた。この代表委任（mandat représentatif）の法理のもとでは、非実体的な主権概念のゆえに、集合的・一般的委任（mandat collectif, général）はあっても命令委任（mandat impératif）は禁止され、議会＝代表者は主権者＝nationの制約から解放されていた。ここでは『『代表』ということばは、観念の世界での代表性を意味するにすぎなかった。そこでは、何より、社会的事実の世界での代表性が問題になるための論理的前提——国民代表の意思から区別された国民の意思の存在という前提——自体が欠けていた』[14]。したがって、「代表」概念のこの古典的構成は、その論理的帰結として、第一に、代表者の意思と被代表者＝主権者たるnationの意思との間に、社会的事実としての一致がある必要はなく、第二に、代表者は、かならずしも国民が直接参加する選任手続＝選挙で選ばれる必要はなかった。フランス一九七一年憲法が、「もろもろの県で選出された代議士は、個々の県の代表ではなく、全国民の代表である。県は代表者に対していかなる委任も与えることができない」と規定するとともに、国王をも国民代表に含ましめていたのは、以上のことの端的な表現である。このような考え方は、旧封建勢力を打ち倒し、第三階級＝市民こそすべてだと宣言することが、単なるイデオロギー（現実隠蔽概念）ではなく、社会的・経済的基礎を基本的にもっていた時点では、一定の歴史的有効性を果しえた。つまり、やや単純化して言えば、旧封建支配階級がその支配を失い、いまだ新たな階級分裂・対立が顕在化しない段階では、基本的に等質な市民で構成される、いわゆる市民社会概念が一定の現実的基盤を有する。そこでは構成員たる市民＝国民相互間に非和解的対立が想定されていない。そこに成立する国家と国家機関は、ナショナルな統一をテコとした資本主義の形成と発展を促進する。したがって、そこでは、主権者＝国民が抽象的全体として把握されえたし、またされなければならず、その論理的延長として、ナショナルな統一をはかるにふさわしい「代表」概念が生みだされたのである。このような「代表」の古典的構成が変容をうけるのは、等質社会理念の現実的崩壊、なかんずく資本主義発展に伴う階級分裂と対立の時代にほかならない。国民を抽象的全体として把握することの現実的基盤が失われたとき、国民に対していわば独立していた議会の位置づけも、その現実的基礎を失った。フランスに即していえば、かつての古典的構成を「純粋代表制」（régime représentatif pur）と名付け、それに対して新たな代表理念を「半代表制」（régime semi-représentatif）として構成する（A・エスマン）必要性がでてくる。そこでは、「社会的事実の世界において代表者と被代表者の意思に一致関係があることをその理念的たてまえとする」[15]点で、かつての代表概念とは決定的に異なるものがあった。また、「半代表制」の法理が、代表者と被代表者の意思の一致を求める以上、代表者は国民が直接参加する選任手続＝選挙で選ばれるべきは、当然の論理的帰結であった。なお、このようなフランスにおける「代表」の法理に対して、イギリスでは「信託」（trust）の法理がブルジョア革命期に成熟をみ、かつそれが原理的に変容をうけることなく今日までつづいている。「信託」の法理によれば、代表者と被代表者の意思の一致は当然の要請となっている。

日本国憲法の代表理念も、以上簡単にみてきた、ブルジョア法の代表理念に関する歴史的変遷の、いわば延長線上に位置づけられるものである。「全国民の代表」が、国民の意思と切断されていてよい「純粋代表制」から、その一致関係を要請する「半代表制」へと変遷したことを認めるならば、日本国憲法の法理は、後者の系譜に属するとみるほかない。そのことは、日本国憲法が「全国民の代表」たる国会議員が、「選挙された」者でなければならないとする規定にも、うかがえるところである。また、憲法前文が「国政は、国民の厳粛な信託による」（Government is a sacred trust of the people）と宣明したことは、イギリスにおける trust の法理もとりいれられていることを示している。だとすれば、以上のことは、ただちに、わが国の選挙制度が代表者と被代表者の意思を一致させうる仕組になっているか否か、を検討の俎上にのぼらせてくる。

わが国の衆議院議員の選挙方法は、現在中選挙区単記制である（参考までにいえば、一選挙区の定数が一名を小選

第３表　党派別得票率と議席率
（1972年12月総選挙結果による）

政　　党	得票数（得票率）	議席数（議席率）
自民党	24,563,078（46.8%）	271（55.2%）
社会党	11,478,600（21.9%）	118（24.0%）
共産党	5,496,697（10.5%）	38（ 7.7%）
公明党	4,436,631（ 8.5%）	29（ 5.9%）
民社党	3,659,922（ 7.0%）	19（ 3.9%）
無所属・諸派	2,752,237（ 5.3%）	16（ 3.3%）

挙区、二名以上を大選挙区といい、大選挙区のうち都道府県をいくつかの選挙区に分けて選出する場合を特に区別して中選挙区と呼んでいる。また投票用紙に一名の候補者の氏名を記載するのを単記制、二名以上を連記制といい、連記制のうち議員定数に達する氏名を記載させるのを完全連記制、達しない氏名を記載させるのを制限連記制と呼ぶ）。一般に選挙方法は、その効果に着目して、多数代表制（多数派に議席を独占させる可能性の強い方法）・少数代表制（少数派に最少限の議席を確保させる方法）・比例代表制（得票率に応じて議席を配分させる方法）の三種に類型化される。多数代表制の典型が小選挙区制であり、比例代表制はたとえば共産党躍進で注目をあびているイタリアにみられる。現行中選挙区単記制は、一応少数代表制に数えることができよう。この現行方式が、代表者と被代表者の意思の不一致を必然的に惹起する方法であることは、すでに常識に属することであろう。念のため七二年一二月の第三三回総選挙を例にとって示せば、**第３表**のとおりである。もちろんここでは、公明・民社両党が全選挙区立候補をしていないので厳密な資料とはならないが、自民党が得票率で半数を割りながら、議席の上では絶対多数を占める実態、逆にいえば、共産党が得票率をかなり下回る議席しか得られない実態、がこの表から明瞭に看取しうる。これを今、比例代表制によって議席配分を行なえば、この不一致はさらに明らかとなる（比例代表制には、単記移譲式比例代表制と名簿式比例代表制があり、後者には算出方式上、当選基数方式と除数方式がある。ここでは便宜上当選基数方式によって算出する）。**第４表**はそれを示している。このようにみてくると、代表者と被代表者の間の意思を一致させるという憲法上の命題は、選挙方

第4表　現行選挙制と比例代表制の比較
（1972年12月総選挙結果による）

政　　　　党	議席数	比例代表制による議席配分	差
自　民　党	271	230	+41
社　会　党	118	108	+10
共　産　党	38	51	−13
公　明　党	29	42	−13
民　社　党	19	34	−15
無所属・諸派	16	26	−10

法についていえば、中選挙区制と区別された意味での大選挙区制を採る（一選挙区の定数が増すほど代表者と被代表者の意思は一致の方向にむかう）か、さらにほぼ完全な一致を求めるとすれば、全国一区比例代表制によるほかないこと、すでに明白である。

ところが、憲法上の理念に沿うような選挙方法の改正を、今日の時点で行なうことは、自民党の議席を大幅に減少させるのみならず、その絶対多数支配をも崩壊させることになる。加えて自民党の漸次的退潮現象は着実に進行し、すぐる第一〇回参院選（一九七四年七月七日）地方区で遂に得票率が四〇％を割る（三九・五％）勢いである。この「危機」的状況の進行を前に、自民党は、憲法上の命題に沿った改正など思いもよるところでなく、逆に、議席が絶対多数のうちにできる「ほとんど唯一の合法的手段」たる小選挙区制への移行を強行せんと企図している。自民党の小選挙区制への志向は鳩山内閣時代（一九五六年・単純小選挙区制案）以来のものだが、近年田中内閣時代（一九七三年）に企図された小選挙区制問題が、ことさら記憶に新しい。予定されたのは、小選挙区比例代表併立案と呼ばれるものだが、当時、同案によって試算をした結果が『朝日新聞』『赤旗』にセンセーショナルに報じられた。いずれも、自民党が四割代の得票で八割の議席を得る、という試算結果であった（**第5表**）。いずれにしても、現行選挙区制は、企図されている小選挙区制とともに、「全国民を代表」するシステムとして、重大な欠陥をはらんだものであるといってよい。

選挙制度の検討に際し、最後に、選挙運動の自由の問題を、簡単にでも指摘しておく必要があろう。わが国が代表民主制をとり、国民主権をうたっている以上、「全国

第５表　自民党案による党派別議席予測試算
（1972年12月総選挙結果を資料とする）

政　　　党	得票率	自民党案による試算（議席数・議席率）（定数520人案） 朝日新聞（1973.4.30）	赤　旗（1973.4.15）
自　民　党	46.8%	411（79.0%）	413（79.4%）
社　会　党	21.9%	64（12.3%）	60（11.5%）
共　産　党	10.5%	21（ 4.0%）	23（ 4.4%）
公　明　党	8.5%	12（ 2.3%）	15（ 2.9%）
民　社　党	7.0%	12（ 2.3%）	8（ 1.5%）

民の代表」を選任する過程には、一切の政治的自由の保障と民主的選任手続に対する妨害の排除とが、十全に用意されていなければならない。主権者たる国民は、基本的人権の一環として、言論・集会・結社・出版等の表現の自由を享受し、日常的な政治的意見の伝達・討論を通して政治的意思を形成する。代表民主制の下では、このように形成される政治的意思に基づく国民の政治的決定は、原則として代表者により行なわれる。だとすれば、いかなる者を自らの代表者として選びとるかは、国民の政治的意思形成のいわば凝集点であるといってよい。一般的な政治的自由が、代表者選任手続ではことさら保障されねばならないとされるゆえんである。この政治的自由の保障は、単にいわば「国家からの自由」のみならず、かかる自由の本来的行使を妨げるものを強制的に排除する「国家による自由」でもなければならない。現実に即して端的にいえば、それは、選挙運動の完全な自由と、政治的意思の正常な形成を妨げる諸要素（暴力・買収・強制等）の完全な排除とである。ところが、わが国の選挙法制は、この憲法上の命題とは全く逆に、選挙運動の自由に対する極端に厳しい制限と、政治資金規制における「ザル法」に等しい無規制とをもって、その特徴としている。公職選挙法における選挙運動の規制は、事前運動の完全禁止（一二九条）をはじめ、戸別訪問の禁止（一三八条）、署名運動の禁止（一三八条の二）、文書図面の大幅規制（一四二条以下）等、列挙するのもわずらわしいほどである。投票日に近づくほど選挙運動＝国民の政治参加が活発化するべき代表民主制の理念が、ここでは全く逆転して、投票日が近づくほど国民は沈黙を強いられるのが実態である。他方、公職選挙法一四章

（一七九―二〇〇条）および政治資金規正法（昭和二三年・法律一九四号）による「規制」は、特に両法の一九七五年改正（後者・昭和五〇年・法律六四号）で一層明白になったように、企業献金・労組献金を事実上野放しにする反面、零細な大衆カンパに規制を加える本末転倒のものであり、加えて政治資金規制に名を借りた、政党法的規制を課するものとなっている。ここには、多数者たる勤労者の政治参加を極力効果なきものとし、少数者たるブルジョアジーがそのもてる唯一の力である権力・財力で政治的支配を維持しようとする、普選（一九二五年）以来の「伝統」をかいまみることができよう。このような、選挙法制におけるあからさまな階級性は、欧米諸国には類をみないものである。

選挙制度の憲法理念は、以上のように、各所でその実現が妨げられたり、時には正反対の実態を生みだしている。では、選挙によって成立する国民代表機関＝議会そのものについては、どうか。

三　国会の理念と実態

ブルジョア国家における立法機関＝議会が、国家権力機構のなかで、いかなる位置づけを与えられているかは、もちろんその国とその時代によって多様であるが、一定の類型化が不可能なわけではない。一般に承認されている、議会主義理念による場合と権力分立理念による場合との類型化がそれである。

歴史的にみれば、議会主義理念も権力分立理念も、ともに近代ブルジョア革命を推進する役割を担って登場した。君主によって統合されていた権力をわがものとすべき新興ブルジョア階級は、その権力機関の一部を自らの手中に収め、文字どおりの二重権力状況を生みだし、これを権力分立（separation of power）論で正当化した。権力分立論は、その起源をピューリタン革命下の統治章典（Instrument of Government, 1653）と、名誉革命のイデオローグであったロックの『統治二論』（J. Locke, Two Treatises of Government, 1690）に求められるが、それが、今日のいわゆる三権分立論として体系化されたのは、モンテスキュー『法の精神』（Montesquieu, De L'esprit des lois, 1748）においてであった。ロック理論が、権力を執行権・外交権（連合権）と立法権に分け、後者＝立法権を議会に与えることで、またモンテスキュー理論が、立法権についてはロックを踏襲しつつ爾余の権力を執行権と裁判権に分け、後者を裁判官に与えることで、それぞれ当時のブルジョアジーが権力を手中に収める道を正当化したのは、周知のところであろう。そして、議会権力を手中に収めたブルジョアジーは、議会権力こそが、国民代表機関であるがゆえに、主権を行使する主体でなければならないとする、固有の意味での議会主義（parliamentarism）を主張した。この主張が、最も徹底した形で現実化したのが、名誉革命期の議会Convention Parliamentであり、フランス革命期の国民公会Convention Nationaleであり、アメリカ独立革命期のヴァージニア人権宣言を発したConventionであった。それらは独自の軍隊をもつ革命の根拠地であったから、「同時に執行し立法する行動的機関」の萌芽を内含していたといってよい。ブルジョア革命が成立して後、革命論理としての議会主義を、それなりにうけつぎ、「議会主権」（parliamentary sovereignty）として定着させたのがイギリスであった。「男を女に変えること以外は何でもできる」（A・V・ダイシー）議会は、立憲君主制によって国王をとりこみ（King in Parliament）、司法権をもち（House of Loadsが最高裁となる）、行政権を議院内閣制によって自らのコントロール下におくことにより、議会が国家権力の中枢を掌握するという意味での議会主義が成立したのである。

一方、このような系譜と異なり、フランス・アメリカでは、ブルジョア革命後モンテスキュー流の権力分立（三権分立）論が国家機関の編成理論として定着した。そこでは、「権力＝悪」論というモンテスキューの認識が自由主義的国家観によってうけつがれ、権力一般の専制化を防止するための「権力分立」が理念的に説かれた（フランス人権宣言一六条「権利の保障が確保されず、権力の分立が規定されないすべての社会は、憲法をもっていない」はこのことを端的に示している)。それと同時に、しかし、国王によって統合されていた権力を解体したこの理論は、新たにブルジョアジーが全権力を掌握し、権力の実態がブルジョアジーによって再び統合された以上、かつてのような「権力」の「分立」という意味を失い、むしろ自らの権力を統合したままで合理的に配分する原理、すなわち「権限分割」の理論に変貌していった。そして、のちにプロレタリアートが進出をしてくると、この「権力分立」論は、プロレタリアートの進出を敏感に反映する議会の権限を抑制する機能を果すようになる。

以上、簡単にみてきたブルジョア国家の権力機関編成原理における二つの系譜（議会主義と権力分立）は、その展開過程において相互に異質のものとして発展してきたから、それに従って議会もそれぞれの系譜で異なった意味づけを与えられてきた。すなわち、議会主義の系譜においては、議会はなによりも権力の中枢機関として観念され、立法機関であると同時に他の国家機関に対する監督と統括の機能を有すると考えられる。これに対して権力分立の系譜においては、議会の本来の地位は立法機関そのものであり、他の国家機関とは牽制均衡（checks and balances）の関係に立つと考えられる。

マルクス・エンゲルスが行なったこれらに対する批判は、したがって、議会主義原理に対しては、議会が真に人民代表機関たりえていないこと、議会が権力の中枢と観念されながら実態はまさに「議会ふうの機関」におちいっていること、に対してであったし、権力分立原理に対しては、それが「一つの『永遠の掟』」(16)として映るが実は「根本においては、単純化と監督とを目的として世俗的な産業上の分業を国家機構に適用したもの」(17)にすぎないというそのイデオロギー性、およびそれが現実に果す特に革命期での反動的役割(18)、に対してであった。逆にいえば、いずれにしてもマルクス主義からする議会に対する考えは、それが真に人民代表機関として構成されることを前提として、それが単に討論にふける場ではなく、討論とともに決定を実行にうつす効果的機能をあわせもつものであるとき、はじめて積極的評価を下しうるのである。

さて、以上のような予備的考察から日本国憲法における議会＝国会の位置づけと機能とをみてみよう。[19] すでに前節冒頭で述べたように、国会の位置づけには、憲法規範上、「安易な共存」がある。もともと系譜の異なる議会主義と権力分立の両理念が明示的で合理的な整合性をもたないままとりいれられている。憲法の章別構成（第四章国会・第五章内閣・第六章司法）や一定の牽制均衡のシステム（憲法六九条による衆議院の内閣不信任と内閣の衆議院解散、等）、あるいはいわゆる「司法権の独立」の法理などは権力分立原理のあらわれであるし、議院内閣制をはじめとする国会権限のいくつかの優越性は議会主義の系譜をひいているといってよい。すでに述べたように、国会が「唯一の立法機関」にとどまらず「国権の最高機関」として規定されているのは、以上のことの凝集的表現であった。憲法上のこの「安易な共存」をそれはそれとして客観的に確認したうえで、恣意的に一方の原理だけで把握するのではなく、憲法上の民主的諸原理（国民主権・基本的人権等）を前提とした合理的理念構成の俎上にのぼらせてみると、どうなるであろうか。すでに前節で暗示したように、本来的な国民主権を前提にするかぎり、大統領制をとらず議院内閣制をとるわが国では、主権者たる国民の意思と直結する国家機関は国会をおいてほかにない。である以上、国家機関のうち国会がなによりも「国権の最高機関」として理念構成されることが、主軸となっているとみてよい。国会が最高機関となるレーゾン・デートルは国民主権の理念である。ところで国民主権理念の主たる内実は、一切の国政が国民の利益、したがって国民の権利自由の擁護と促進のために営まれることにほかならない。かくて、国会を中枢とする国家権力の作動は、それが国民の権利自由を不当に制約することを防ぎ正当に保障・実現するまさにそのために、作動内容の性質のちがいに応じて、それにふさわしい国家機関に一定の権限を担わせるシステムとして行なわれる。これら諸権限のうちで、最も重要な立法権限は、「最高機関」の資格を有する国会が専属的に掌握する。行政権限を担う内閣（憲法六五条）は、議院内閣制（六条一項・六七条一項・六八条一項）であるがゆえに議会に全面的に従属する（六六条三項）。司法権限を担う裁判所（七六条一項）は、裁判が公正で国民の権利自由を保障するためのものであるように、裁判官の独立（七六条三項）と身分保障（七八条）が講ぜられる（ちなみに、このような理念構成からすれば、憲法上、権限の分担は、厳密な意味で「三」権である必要はない。基本的分担が、立法・司法・行政であることに疑いはないが、分担内容の性質からみればこれらと別に構成されてもよい権限がある。たとえば「教育をうける権利」「教育の自由」に対応する「教育の権限」は、必ずしも「行政」の一領域である必要はない）。これらの国家諸機関の権限の分担は、一方で国会を起点とする任免ルートにより、他方で、諸機関の権限行使を羈束する法律を国会だけが制定することにより、あまねく「最高機関」たる国会に統括される――。

権力が国民に由来し、権力行使が国民の権利自由に奉仕すると理念づけられる国民主権を前提にすれば、国家権力機関のなかにおける国会の憲法上の位置づけは、以上のように理念構成されるほかない。ここでは議会が同時に執行し立法する機関ではないにせよ、しかし、討論にあけくれる機関にはとどまらない、したがって討論し決定した事項が有効に実行に移されうる一定の「行動」性をはらんだ機関として措定されている点こそ、本稿の関心をひくところである。

では、かかる憲法上の理念のもとにおける下位法とそれを媒介にして現出している実態はどうか。[20] ここでも選挙制度と同様、多くの乖離を指摘せざるをえない。その象徴的事例をいくつかとりあげてみよう。

第一は、国会が「唯一の立法機関」と規定されながら、この本来的・中心的役割を果しきれていないという実態である。[21] この点は、すでに語りつくされている感もあるが、簡単にでも述べておく必要があろう。国会が立法の権限を専属的に行使することの意義は、国民の権利義務を決定し、諸国家機関の行為を規律する規範を決定するのは、国民代表機関たる国会だけであるという点に存する。一九世紀ドイツでいういわゆる法治主義・法治国家の原理の民主主義的・合理的基礎もここにあった。法治主義原理から導かれる、「法律による行政」（Gesetzmässigkeit der

第６表　各回国会別法律案提出・成立件数

国会回次	63（特別）			64（臨時）			65（通常）			66（臨時）		
召集—終了	1970.1.14-5.13			1970.11.24-12.18			1970.12.26-1971.5.24			1971.7.14-7.24		
発案者	C.	H.R.	H.C.	C.	H.R.	H.C.	C.	H.R.	H.C.	C.	H.R.	H.C.
提出件数	109	39	22	31	11	0	108	39	23	6	12	0
成立件数	98	17	11	28	2	0	96	15	0	0	0	0

国会回次	67（臨時）			68（通常）			69（臨時）			70（臨時）		
召集—終了	1971.10.16-12.27			1971.12.29-1972.6.16			1972.7.6-7.12			1972.10.27-11.13		
発案者	C.	H.R.	H.C.	C.	H.R.	H.C.	C.	H.R.	H.C.	C.	H.R.	H.C.
提出件数	28	20	0	128	56	10	11	16	1	20	20	1
成立件数	15	4	0	104	14	0	0	0	0	12	3	0

国会回次	71（特別）			72（通常）			73（臨時）			74（臨時）		
召集—終了	1972.12.22-1973.9.27			1973.12.1-1974.6.3			1974.7.24-7.31			1974.12.9-12.25		
発案者	C.	H.R.	H.C.	C.	H.R.	H.C.	C.	H.R.	H.C.	C.	H.R.	H.C.
提出件数	128	65	25	115	65	22	8	29	0	22	29	10
成立件数	103	14	1	94	14	0	0	0	0	14	1	1

（注１）C. は内閣（Cabinet），H.R. は衆議院（House of Representatives）議員，H.C. は参議院（House of Councillors）議員をあらわす。
（注２）各件数には，継続審査の件数も含まれる。
（注３）資料は，参議院議事部議案課発行による『議案審議表』による。

Verwaltmg）、「法律の留保」（Vorbehalt des Gesetzes）、「法律の上位」（Vorang des Gesetzes）等の法理も同様である。憲法に基づき憲法を実現する諸法形式のうち、国民代表機関たる国会が制定する法律は、それゆえに爾余の法形式の上に君臨する。したがって国会が制定する法は、その内容・対象領域において無限に拡大されてよいし、制定の起点から終点に至るまで他の国家機関の手をかりずに行なうことができる。このような理念からみて、ただちに問題となる実態は、第一に法律案の立案過程における国会の機能の弱さの実態である。国会法（昭和二二年・法律七九号）によれば、通常議案は衆議院で議員二〇人以上、参議院で議員一〇人以上（予算を伴う法律案は衆議院五〇人以上、参議院二〇人以上）の賛成でそれぞれ発議・提出することができる（国会法五六条一項。この規定は一九五五年の国会法改正（昭和三〇年・法律三号）で、それまで一人でも提案できた規定を改めたものである。この改正が議員の、したがって国会の権限を縮小するものであったことはいうまでもない）。他方、憲法七二条を根拠に内閣法（昭和二二年・法律五号）五条は「内閣総理大臣は、内閣を代表して内閣提出の法律案……を国会に提出し」と規定して、内閣にも法律案提出権を認めている。内閣による法律案の提出権は、議院内閣制からする合理的理由づけがあるにしても、憲法解釈上疑義の残るところではあるが、それよりも問題は、本来的な議員による法律案提出が現実にきわめて少なく、したがって成立をする法律はさらに少ないという実態である。七〇年代の各国会における法律案の提出者別の提出数・成立数を示した**第6表**が、このことを端的に物語っている。ここでは、「第一国会から第六八国会までの国会提出法律案総件数中、議員提出法律案三〇・二%に対して内閣提出法律案は六九・八%を占め、また各成立率では議員提出法律案三一・五%に対して内閣提出法律案は実に七九・七%という高率を示している」[22]というこれまでの基本的趨勢が（一九七二年総選挙によるいわゆる多党化と共産党進出により提出率はやや新しい動向をみせているが）、なお今日も継続していることを示している。この現象は、議院内閣制によるというよりは、いわゆる行政権の肥大化・行政機能の専門化・技術化によるものであること（ちなみに徹底した権力分立制をとるアメリカでは、形式的にはすべて議員提出法案であるが、実際はその約半数が政府立案であり、手続的・形式的に議員提案となっているにすぎない）[23]、つとに指摘されているとおりである。第二に、法案審議過程における国会の機能が弱いという実態である。この点は、のちに述べるように七一国会以後ややその様相をかえつつあるが、(1)基本的背景に官僚制で支えられた肥大化・専門化した行政機能があり、それゆえ審議のリーダーシップが内閣＝行政権ににぎられ、(2)手続的にも、国会法改正（特に一九四八年改正〔昭和二三年・法律八七号〕と五五年改正）によって委員会中心主義が制約され、少数派議員の活動が制限され、「審議能率の促進」の名のもとに各種「合理化」がなされる等により、国会の審議権限が弱められ、(3)加えて、政府与党による、「おしゃべり場所」にすらさせない物理的審議中断＝強行採決の連発により、二重三重の審議機能の弱体化がなされてきている。第三に、立法内容におけるいわゆる委任立法の増大である[24]。憲法七三条六号はその本文において「この憲法及び法律の規定を実施するために、政令を制定すること」を内閣の職権としている。これは、法律の規定を実施するための具体的細則としての政令であり、講学上いうところの「執行命令」である。この種の政令は法律事項を定めることができない。これが原則である。ところが同条同号はその但書で「但し、政令には、特にその法律の委任がある場合を除いては、罰則を設けることができない」と定めた。この但書の反対解釈が根拠となって、法律の委任があれば法律事項、ことに国民の権利義務にかかわる法規を定める命令（委任命令）が許されるとする考えがでてくる。国会が法律事項の立法を行政権に委任したのだから、これを委任立法と呼んでいる。内閣法一一条は「政令には、法律の委任がなければ、義務を課し、又は権利を制限する規定を設けることができない」と、憲法同様、いわば裏側から委任命令の存在余地を間接的に規定している。この委任命令に対して、学説・判例ともに合憲説が圧倒的であり、しばしばその実際的根拠に「現代行政の要請」が援用される。この点の解釈論上の吟味はここで問題にしない。重要なのは、そもそも、委任命令を原則として禁止し、例外的に但書でそれを容認した憲法七三条六号・内閣法一一条等の法意とほぼ完全に対立するといってよい委任立法の量的・質的増大の実態である。枚挙に遑ない事例のなかで、公務員の政治活動をほぼ全面禁止する国公法一〇二条一項によって委任された人事院規則一四―七が、一切の「犯罪構成要件」を創設する、いわば白紙委任同然の役割を果している実態を指摘すれば、十分であろう。

国会が立法機関としての役割を固有に担うことを通して、あるいは固有に担うこと以上に、国会は「国権の最高機関」である。ではこの点についての実態上の問題は奈辺にあるだろうか。第二にこのことを検討してみたい。すでにみてきた立法機能上の問題点は、国会が唯一の立法機関としてすら満足に機能していないことを示しているのだから、同時に、国権の最高機関性をあやしむに足る素材ともなりうることはいうまでもない。ここでも典型的事例をあげれば、第一に国会の召集・解散がなんら憲法上の根拠をもたずに内閣の手で行なわれている点である。衆議院の解散権をめぐる議論[25]は、すでに憲法学界の論争の古典となった周知の問題である。憲法上衆議院の解散を実質的に規定しているのは、衆議院の内閣不信任に対抗する内閣の手による解散を規定した六九条だけである。この場合の解散も形式的解散権者は憲法七条三号により天皇であるが、天皇は、形式的・儀礼的で憲法に定められた国事行為のみを行なうのだから、実質的決定権者を必ず予定しなければならない。六九条の解散の実質的決定権者は内閣である。したがってここでの内閣と、天皇の国事行為たる解散に助言と承認を与える内閣（憲法三条）とでは、その役割が異なる。換言すれば天皇の国事行為はもともと形式的であって、実質的決定権者はことがらの性質に応じて別に存在しており、この形式的行為たる天皇の国事行為に対して内閣は助言と承認を与え、その形式性を徹底させる。したがって、六九条以外の解散の実質的決定権者は別途考えうるにしても、七条三号のみで、内閣が衆議院解散をするのは違憲である――。かつての解散権論争でほぼ明らかにされたこの当然の法理を、本稿に即して敷衍すれば、現実の解散が戦後初期（一九四八年一二月解散）の一度を例外としてことごとく七条三号を根拠にしてなされている実態は、一方で天皇制問題をはらみながら、他方で、国会の最高機関性を侵害している事例であるといえよう。七条三号の「内閣」は助言と承認の内閣であってこれを根拠に解散の実質的決定権者になることはできない。解散の実質的決定について明示しているのは六九条のみである。万一、この規定以外にもしも解散という国家行為が必要であるとするならば、その決定権者は憲法上の基本原理の枠組の中でことがらの性質に基づき探索されなければならない。だとすれば、国権の最高機関性を前にしながら、なんら合理的根拠もなしにその権限を内閣に付与することはできないのである。したがって、現在の解散方法は、根拠にならない七条三号で行なわれている点、さらにこの点を棚上げしたとしても国会の最高機関性のゆえに内閣の一般的解散権が認められない点、二重の意味で重大な問題をはらんでいるのである。同様のことは国会の召集についても言えよう。国会の召集も憲法七条二号により天皇を形式的決定権者としている。これについて実質的決定権者を明示しているのは五三条による臨時会召集の内閣による決定のみである。常会（五二条）、特別会（五四条一項）は期日に関する一定の制約を示すのみで、召集の実質的決定権者を明示していない。ところで、ここでも実態は七条二号で常会・特別会の召集がなされている。かくてここにも解散権問題同様、七条二号は根拠にならない点、この点を棚上げしたとしても国会の召集という国家行為が、国会の最高機関性を前にして内閣の手に当然委ねられるわけではない点、二重の問題がはらまれているといってよい。第二に、予算の議決に関する問題である。憲法は予算の作成・提出権を内閣に認めている（七三条五号）が、その議決については、財政における国会中心主義（八三条）を前提として、国会の議決を要するとしている（八六条）。予算に国会の議決を要するのはなぜか、すなわち予算の法的性格は何かについては、従来議論のあるところだが、[26]ここではこのことが問題なのではない。重要なことは、そのことの如何にかかわらず、国の歳入の大部分である租税を支払っている国民は、国の歳入歳出に関する事項を国民代表機関の手で決定することができるという原則的理念である。予算の先議権を衆議院に認めている（六〇条一項）のも、衆議院が歴史的に第一義的国民代表機関と考えられていたからである。予算の国会による議決という仕組は、国会の立法機関性で説明できなくもないが、その最高機関性にこそ根拠を求めるのが妥当かつ合理的であろう。予算の議決とは、したがって原則的にいえば、増額・減額の修正はもちろん編成内容に至るまで、無制限に行なわれてよい性格のものである。ところが現実の予算議決を貫くいわば有権的解釈は、ある程度の増額修正を可能とするにとどまり、提出予算案と議決予算に同一性を失うような議決＝修正は許されないとする。この論理が、予算の決定という国権の根底にかかわる事項を、国権の最高機関たる国会に属せしめず内閣に属せしめるものであることこそ、ここでは問題がある。第三に、国政調査権の問題である。憲法六二条は、両議院に対して国政に関する調査権を与え、調査手続は「議院における証人の宣誓及び証言等に関する法律」（昭和二二年・法律二二五号）が定めている。国政調査権の対象・範囲については、幾多の議論があるところだが、この権限の性格は、根底において、国会をどう位置づけるかによってきまってくる。国会を立法機関とだけ位置づければ、国政調査権も立法にかかわる事項だけに限定されてくる。

しかし、憲法上の国会の位置づけが、立法機関であると同時に、そのことを通して、あるいはそのこと以上に、国権の最高機関であるとするならば、国政調査権は、立法にかかわる事項を中心としつつも広く国政一般に及ぶと考えてよい。もともと国政調査権は、議会制をとる諸国にあまねく認められてはいるが、その議会の位置づけが権力分立理念に従っているかそれとも議会主義理念に従っているか、によって、その意味づけも異なっている。前者の典型はアメリカであるが、そこでは調査権を立法にかかわる事項に限定しつつも、その限りで調査に要する強力な権限を認めている。後者の典型はイギリスであり、そこでは、立法に関する調査がむしろ議院内閣制によって内閣に命じられ、国政調査権の主たる役割は、国家機関の中枢として必要な他の諸機関（特に内閣）に対する監督機能である。わが国の国会が、まず国権の最高機関であり、それは立法機関性を内在させていると理念構成されるとすれば、国政調査権は、立法に関する強力な調査権を中心にしつつ広く国政一般に対し考えられうる最大限に及ぶとみてよい（もっとも国政調査権の対象・内容は、国政にかかわることであるから純粋に私的な事項には及びえず、また、国政調査権をもって憲法上の国民の権利自由を侵害すること〔特に基本的人権と公正な裁判、裁判の独立を侵害すること〕は許されない）。ところで、この国政調査権の実態をみるとき、なによりもその発動の量的乏しさが注目をひく。**第7表**はこれまでの主たる国政調査権発動（証人喚問）の事例であるが、戦後しばらくさかんに行なわれていた証人喚問は漸次その件数を少なくし、六〇年代に入ると事実上機能停止同然となっている。本稿執筆中にもなお進行中のロッキード疑獄事件に関する証人喚問に至っては、実に一一年ぶりという有様である。ところでこのロッキード疑獄に関する国政調査権の発動は、国会の機能のいわば蘇生現象として注目されてよい。「自・社二大政党対立時代に入って実質的に終っていた」（一九七四年三月一一日付『朝日新聞』）といってよい証人喚問による国政調査権の発動は、近時のいわゆる多党化現象と近代的政党の進出をテコに、蘇生の兆しをみせている。それと同時に、本来的な国政調査権行使に対する自民党筋の抵抗（七一・七二国会での物価問題に関する大企業代表証人喚問に対する自民

第7表　証人喚問の事例

事件名	国会	年月	委員会	主な証人
隠退蔵物資摘発事件	1～2	1947. 8～	隠退蔵委	石橋湛山
辻嘉六政治資金問題	2	1948. 4～	不当財委	鳩山一郎・三木武夫・河野一郎
竹中工務店融資事件	2	1948. 5～	〃	池田勇人・前尾繁三郎・西尾末広
兵器処理問題	2～3	1948. 2～	〃	椎名悦三郎・東久邇稔彦
石炭国管事件	2～3	1948. 9～	〃	倉石忠雄・坪川信三・木内四郎
昭電疑獄	3	1948.11	〃	森暁(前昭電社長)
繊維疑獄	4	1948.12	〃	吉田茂・鈴木茂三郎・和田博雄
油糧配給公団事件	6～7	1949.11～	考査委	和田博雄・三宅正一
メーデー事件	13	1952. 5	行監委	滝田実(同盟会長)
学園自治問題	13	1952. 3	法務委	矢内原忠雄(東大総長)
鹿地亘事件	15～16	1952.12～	〃	鹿地亘(作家)
保全経済会事件	17～19	1953.11～	大蔵委 法務委 行監委	早稲田柳右衛門・平野力三・広川弘禅
造船疑獄	19	1954. 9～	決算委	佐藤藤佐(検事)・河井信太郎(検事)
検定教科書事件	22～23	1955. 6～	行監委	中田義勇(文部次官)
黄変米事件	25	1956.11	決算委	岡島美行(日綿社長)
ロッキード・グラマン問題	29～33	1958. 9～	〃	河野一郎・川島正次郎・森脇将光
電源開発問題	48	1965. 3	〃	藤井崇治(前電発会長)
ロッキード疑獄	77～	1976. 2～	予算委 特別委	小佐野賢治・若狭得治(全日空社長)・桧山広(丸紅会長)・大久保利春(丸紅専務)

党のすさまじい反対[27]は記憶に新しいし、ロッキード疑獄に関する証人喚問に対しても一貫して妨害的役割を果している）も激しさを増しているし、加えて、国政調査権の党利党略的悪用といってよい、民社党・自民党による「共産党スパイ査問事件」への調査権発動も企図されている。近時の動向は、国政調査権機能の単なる低下現象にとどまらず、蘇生現象と内側からの瓦解現象とを伴った、複雑な動向を示しているといってよい。

四　展望

日本国憲法の原理と諸規定から導かれる、国会＝国民代表機関とその代表選出手続とに与えられた命題・理念は、端的に言ってブルジョア法の最も民主主義的な法理を包括的に継承するものであった。そのことを、本稿は、憲法上の選挙制度原理（普通平等原理・国民代表原理）と国会を中心とする統治機構原理（立法機関性を包括する最高機関性）とを検討することで確認してきた。憲法上の国会理念からすれば、かつてレーニンが批判した「おしゃべり場所」とはいいきれない、一定の「行動的機関」性が、そこにはひそんでいるとみてよい。国会が民主主義的理念づけを与えられているがゆえに、その理念の実現は、支配者たるブルジョア階級とその政党である自民党にとって、桎梏以外の何物でもない。ここでは、かつてマルクスが、ヨーロッパではじめて普通選挙をとりいれた一八四八年のフランス憲法に対して寄せた、次の評価がそのままあてはまる。「この憲法は、ブルジョアジーの政治的支配を、民主主義的な諸条件のなかに押しこめているが、その民主主義的な諸条件は、いつでも敵階級を勝利に導き、ブルジョア社会の基礎そのものを脅かしている」[28]。すなわち国会に関する憲法上の「民主主義的諸条件」は、支配階級の政治的支配を国民の意思に基づくものとみせかけるために生まれながら、まさにその「諸条件」のゆえに、支配そのものが脅かされるようになると、支配階級はこれらを、あるときは制限し、あるときはその実現を意識的に怠り、ときには明白に蹂躙するようになる。本稿は、憲法上の国会理念が、下位法によって、または下位法を媒介して現出する実態において、おびただしい乖離・矛盾・侵害を蒙っていることを、その典型的事例についてに限定してではあるが、明らかにしてきた。それは、たとえば、国民の政治参加や国会の機能の制限であったし、国民と国民代表の意思の不一致の是正に対するサボタージュであったし、ときには国会の権限に対する明白な蹂躙であった。

現代日本の国会をめぐる実態は、その憲法上の理念が生かされている側面より、ゆがめられたり、その実現がこばまれている側面の方が、主たる特徴になっていると言ってよい。

ところで、現在の不十分な選挙制度にもかかわらず、七〇年代の国会では、国会を憲法理念の実現として作動させる新しい動向がはじまっている。すでにこれまで述べたところで暗示しておいたように、第三三回総選挙（一九七二年一二月）と第一〇回参議院選挙（一九七四年七月）を通して現出した、いわゆる多党化現象、自民党議席の相対的減少といわゆる「保革接近」（正しくは自民党と非自民諸党の議席数接近）、立法能力・調査審議能力をもった近代的政党の進出、等によって、国会運営と国会機能にもたらされた注目すべき新たな胎動がそれである。第一に、自民党がなお絶対多数の議席を占めながら、その支配的地位を相対的に低下させていることは、それだけで、従来のような自民党による数にものをいわせた国会運営を困難にしている。第一〇回参院選の結果（自民一二八・社会六二・公明二四・共産二〇・民社一〇・二院クラブ四・無所属四）により、自民党はかろうじて過半数を制しはしたが、委員会レベルではすでに、一六常任委員会中四委員会（内閣・地方行政・外務・文教）、七特別委員会中三委員会（沖縄北方問題・物価対策・公選法改正）で同党が委員長を出したため半数を制することができなくなっており、他の委員会でも半数または半数プラス一名という「薄氷」現象を生みだしている。これだけですでに参議院各委員会での強行採決は事実上不可能になったといわれている。もちろん国会の憲法理念の実現は数だけでできるものではない。それを担いうる有効な主体が存在しなければならない。かくて第二に、国会の機能を真に担いうる能力をもった政党の進出と、それによってもたらされつつある新しい胎動に注目したい。国会を真に国民代表機関・国権の最高機関とする最大の阻害要因は、国民の意思が国会に不断に反映しないことと、対行政権との関係で国会の優位性が保持できないこととにある。後者の阻害要因の実像が膨大で体系的な官僚制であることはいうまでもない。肥大化し専門化・技術化した現代国家の機能は、それを官僚制に担わせることで作動している。かくて、国会の憲法理念を実現する要因は、不断に国民の意思と国会とを連結するとともに、この官僚制をコントロールし、必要に応じて凌駕するだけの諸能力をもった議員の政治集団＝政党の存在にかかっているといってよい。この政党は、国民生活のすみずみにまで根をはり、国民の意思を不断に吸収するとともに、それを政策・立法にまで高める能力をもち、同時に統治機構を現実に作動させている行政・官僚制を、抑制し監督するだけの調査審議能力をもたねばならない。ありていに言って、第三三回総選挙における共産党の進出と同党の手によるその後の国会活動のいくつかは、かかる担い手の本格的登場を示唆している。同党の主張による、いわゆる宴会政治の廃止、なれあい審議の是正、あるいは、物価問題審議や原子力潜水艦放射能データ捏造の追求などでみせた、周到・緻密な資料収集と事態解明の能力、同党の誇る足腰の強い日常活動、等は、これまで自民・社会両党で運営されてきた国会の様相を一変させつつあるといっても過言でない。たとえば、七二国会における物価問題審議での同党の活躍をあるジャーナリズムはこう評した。「総じて今回の集中審議はキメのこまかさとデータ主義で、共産党の圧勝という評価は動かないようだ。共産党が少数で、持ち時間がすくなかった時代は、内部告発の情報は自然に社会党にあつまったが、いまは事情が違う。……社会党〝四番バッター〟の時代はおわった」（『週刊朝日』一九七四年三月一五日号）。また、日本分析化学研究所の原潜放射能データ捏造の告発は「今国会最大の収穫」（一九七四年一月九日付『毎日新聞』）と評価された。それまで、ともすれば、与党提出→野党の審議ひきのばし・審議拒否→与党の強行採決→与野党による「収拾」、というパターンをくりかえし、事実上墓穴をほっていた国会の審議も、有効な審議を同党が現実に示すことで「伝統的な審議中断という国会戦術はもはや通用しない」（一九七四年一月五日付『読売新聞』）ようになり「国会運営の駆引きより、審議内容重視という傾向が強まった」（一九七四年三月一三日付『毎日新聞』）。わずか数年の、しかも限られた事例から一般的結論をひきだすのは、もちろん早計にすぎよう。ただ、いくつか生まれている胎動が、国会をして憲法理念の実現に近づける方向性をはらんでいるがゆえに、現実政治のなかで無視しえないひとつの政治的力として今後も作用していくであろうことは疑いない。

ブルジョア議会たる日本の国会の民主主義的担い手のひとつが、日本の社会主義化をめざす革命政党＝日本共産党であることは、日本の議会が日本の変革にはたす積極的役割を示唆している。すでに述べたように、日本の議会の憲法上の命題・理念は、「同時に執行し立法する行動的機関」ではないにせよ、討論に終始する「おしゃべり場所」にとどまらない可能態として措定されている。したがって国会は、選挙制度・審議機能・立法機能・監督機能等の全領域にわたって、現出している矛盾・乖離を是正し、その最高機関性を実現することで、現代における変革の「行動的機関」たる主な要素を具有しうるとみてよい。もちろん日本の変革における国会の役割は、総体としての変革過程の一局面にすぎない。したがってそれは、他の権力機関との関連（たとえば本稿が一切ふれなかった暴力機関たる自衛隊・在日米軍の問題はことさら重要である）、担い手たる勤労者人民の政治的成熟度等、総括的吟味のなかで解明されるほかない。本稿が得たささやかな結論は、したがって、日本国憲法上の国会の理念は、日本の変革過程において比較的長期にわたり有効性を維持しうること、この理念との一致を急ぐべき実態上の課題がおびただしく存在すること、かかる課題への本格的とりくみが徴候としてではあれようやく始動されていること、だったのである。

（1）　レーニン『国家と革命』邦訳『レーニン全集』第二五巻（大月書店、一九五七年）四五六頁。

（2）　Karl Marx, Der Bürgerkrieg in Frankreich, Marx＝Engels Werke, Bd. 17, Diez Verlag, 1962, S. 339. 邦訳『マルクス＝エンゲルス全集』（以下『全集』）第一九巻（大月書店、一九六八年）三一五頁。周知のとおり『フランスにおける内乱』は最初英語文で発表されている。なお、岩波文庫・木下半治訳はこの部分が「コミューンは、代議体ではなく、執行権であって同時に立法権を兼ねた、行動体であった」（九六頁）となっているが、誤訳である。特に、eine parlamentarische Körperschaft, a parliamentary body を「代議体」と訳すのは完全に誤りであるし、マルクスの意図も伝えられない。

（3）同注（1）。ただし邦訳では「おしゃべり小屋」と訳している。

（4）この点の文献は多い。マルクス「ハーグ大会についての演説」邦訳『全集』第一八巻（一九六七年）、同「非公開通知」邦訳『全集』第一六巻（一九六六年）、エンゲルス「労働者党」邦訳『全集』第一九巻（一九六八年）、等。

（5）エンゲルス「一八九一年の社会民主党綱領草案の批判」邦訳『全集』第二二巻（一九七一年）二四〇頁。

（6）エンゲルス「『フランスにおける階級闘争』（一八九五年版）への序文」邦訳『全集』第二二巻五〇八頁以下。

（7）不破哲三『人民的議会主義』（新日本出版社、一九七〇年）、同『科学的社会主義研究』（新日本出版社、一九七六年）、上田耕一郎『先進国革命の理論』（大月書店、一九七三年）、参照。

（8）長谷川正安『憲法講話』（法律文化社、一九七一年）二〇七頁。

（9）マルクス主義政治学の立場から選挙制度を論じたものとして、田口富久治『選挙制度』（新日本出版社、一九七三年）、参照。

（10）太田一男「日本国憲法体制と選挙法制」法律時報四六巻二号（一九七四年）三一頁以下。

（11）たとえば日本共産党「民主連合政府綱領提案」前衛三六三号（一九七四年）二三五頁。

（12）さらに、判決が行政事件訴訟法三一条一項の「事情判決の法理」を適用して「違憲であるが無効でない」とした点は、違憲判決の方法として問題の多いところである。

（13）宮沢俊義「国民代表の概念」『憲法の原理』（岩波書店、一九六七年）、杉原泰雄『国民主権の研究』（岩波書店、一九七一年）、樋口陽一『議会制の構造と動態』（木鐸社、一九七三年）、参照。

（14）樋口・前掲書四四頁。

（15）同右四五頁。

（16）マルクス＝エンゲルス『ドイツ・イデオロギー』邦訳『全集』第三巻（一九六三年）四三頁。

（17）エンゲルス「七月四日の協定議会の会議」邦訳『全集』第五巻（一九六〇年）一八九頁。

（18）エンゲルスが、前掲論文注（17）等で、フランクフルト国民議会をこの視点から批判したのは有名である。たとえば「革命的な臨時秩序の本質は、まさに権力の分立が臨時に廃止されている点にある」（エンゲルス・前掲論文注（17）・邦訳一九〇頁）。「〔フランクフルト〕憲法制定国民議会はなによりもまず、行動的な、革命的に行動する議会でなければならない。フランクフルト議会は、議会政治の学課作文にふけって、行動は諸政府にまかせている」（エンゲルス「フランクフルトの急進民主党の綱領と左派の綱領」邦訳『全集』第五巻三六頁）。

(19) この点の総括的な比較法的研究として、芦部信喜『憲法と議会政』（東京大学出版会、一九七一年）、参照。
(20) 国会をめぐる最近の実態については、「特集／現代議会制民主主義論」法律時報四六巻二号（一九七四年）、参照。
(21) 国会の立法機能に関する総括的検討として、芦部信喜編『岩波講座現代法3現代の立法』（岩波書店、一九六五年）、参照。
(22) 芦部信喜＝池田政章＝杉原泰雄編『演習憲法』（青林書院新社、一九七三年）四〇七頁。
(23) 佐藤功編著『セミナー法学全集　憲法Ⅱ』（日本評論社、一九七四年）四二頁。
(24) 杉村敏正『法の支配と行政法』（有斐閣、一九七〇年）九九頁以下、参照。
(25) いわゆる解散権論争の文献として、長谷川正安「解散論争の盲点」法律時報二四巻七号（一九五二年）、清宮四郎「わが憲法上の解散」法学一七巻一号（一九五三年）、小嶋和司「解散権論議について」公法研究七号（一九五二年）、佐藤功「解散をめぐる憲法論争」法律時報二四巻二号（一九五二年）、等がある。
(26) 吉田善明「予算の法的性格」法律時報四一巻五号（一九六九年）一五七頁以下、参照。
(27) 拙稿「物価問題と国政調査権」法律時報四六巻七号（一九七四年）、参照。
(28) マルクス『フランスにおける階級闘争』邦訳『全集』第七巻（一九六一年）四〇頁。

〔追記〕　本稿は当初、急逝された影山日出彌先生が執筆される予定であったが、急遽、私がピンチ・ヒッターをつとめることとなった。あまりに突然の悲報に筆をとる力もないが、記して先生の御冥福を祈る次第である。

第九章　内閣政治と審議会・諮問機関

一　憲法四〇年の位相

日本国憲法が施行四〇周年を迎える。憲法的価値を擁護する人々は、この節目にあたって、なにがしかの憲法記念日祝賀を試みようとしている。他方、中曽根首相は、この年にあたり、年頭から憲法が謳う民主主義の「見直し」をさかんに訴えている。それは元旦の年頭記者会見から始まり、伊勢（四日）、ワルシャワ（一五日）、自民党大会（二〇日）、そして再開国会での施政方針演説（二六日）での各発言で繰り返されている。伊勢では昨年同様「三権の関係の見直し」を語ったが、施政方針演説では、すこしく体系的に自らの憲法政策を吐露した。それによれば、「戦後政治の総決算」は「行財政改革、国鉄、社会保障、教育等の諸改革や、国際協調型経済構造への転換、国際国家への前進等は速度は遅くとも一歩一歩実現をみてきている」が「わが国の立憲政治のこれまでの歩みの中で、民主政治の大本、議会政治の大道に実態的にいかほどの進歩をもたらしたかという反省」を「痛感」して、「民主政治の改革と議会政治の新たな前進」を正面に押し出しつつ「憲法施行四十年の記念すべき年に当たり、戦後民主政治全般について検討と建設的討議を行い、行政の責任を負うべき政府の分野についても示唆を賜れば幸い」と述べた。この演説を報じたある新聞は「戦後四十年の立憲政治について、反省や憂慮を持つと言っているのは明らかに否定的評価だ。首相として、これだけはっきり言ったのは初めて」、「民主主義の改革という裏には、改憲をめざす考えがある」とコメントしている。(1) すでに各方面から指摘されているとおり、憲法四〇年の今年が、首相サイドでは「戦後政治の総決算」の仕上げの年とされていることは疑いない。明文改憲を政治日程にのせることはないというのが中曽根内閣の公式見解ではあるが、発足当初「改憲のための長期的プログラム」をほのめかしたことを思い起こすと、この「仕上げ」は、同時に憲法的価値への総否定を意味する新手の改憲策のようである。憲法四〇年とは、憲法的価値にとっていわば瀬戸際のところにあると言ってよい。本稿に与えられた課題は、憲法四〇年にあたって表題の問題領域における現況を、憲法的価値を基準に点検することであるが、すでに多くの言及がある問題領域であることに(2)鑑み、ここでは、右のような憲法をめぐる全体状況とのかかわりで、ごく最近の問題点に絞って論じてみたい。

二　内閣政治と首相政治

ところで、このような「総決算」策推進の手法として駆使されてきたのが、首相主導の内閣政治とそれをささえた各種諮問機関による世論調達という手法であったと言われている。もっとも「内閣政治」という用語は、ジェニングスの著書『内閣政治』が言うように、建前としての「議会政治」を押し退けて席巻してくる内閣主導による統治ないし政治の実相の意味であり、そこには同時に、「首相は単に同僚中の第一位というだけではない。彼は星のなかでひときわ輝く月ですらない。彼はむしろ惑星がその回りを回る太陽である(3)」とまで言われる強力な首相の存在が前提とされている。したがって、「同僚中の第一位」の地位すらしばしばあやしげであった戦前の首相制度と、憲法上のものでなかった内閣制度のもたらした弊害を反省して、憲法上、首長的地位を保障された首相を軸とする内閣制度を設けたその時から、いわゆる「内閣政治」が機能することは予測されたし、現に戦後憲法史における「内閣政治」史的実態は何人も否定できない(4)。その意味では日本の政治が「内閣政治」であることは、昨今にわかに顕現化したことではない。

わが国がイギリス型議院内閣制を採用しているかどうかについては、周知の通り一定の議論がある(5)。この議論が起こるひとつの理由は、憲法上、議会を「国権の最高機関」と定位せしめる命題と、強力な首相を軸とする内閣の独自性の命題とが共存していて、その力点の置きかたで、内閣が一定の優位性をもつイギリス型議院内閣制と議会優位の（第三、四共和制の）フランス型議院政治制ないし議会統治制とのいずれにも解しうることにある。しかし、いずれにしても内閣は議会に対して一定の緊張関係にあることは憲法上明らかである。「内閣政治」とは、そのような緊張関係を内閣優位のうちに「解決」していく実態を言いあらわす概念であった。その「解決」のあれこれを、イギリス型議院内閣制に極端に引き付けた憲法解釈が弁証する。これは、あえて誤解を恐れずに言えば、ありうる憲法解釈の枠内の手法であった。

ところが、昨今問題となっている手法は、そのような意味での「内閣政治」をも凌駕している。それは、憲法が予定している議院内閣制の枠内で与えられている首相権限にあきたらず、国会はおろか司法・行政に対してもその優越的地位を確保しようとするものである。中曽根内閣はしばしば大統領的首相への志向をもって特色づけられるが、昨今の「内閣政治」には、すでに与えられている強力な首相権限が前提とされるのみならず、かような憲法上の枠をも超えた首相ないし首相府の権限強化が射程に収められていることに、際立った特色がある(6)。これは明らかに中曽根政治に特有の新手の改憲策であろう。

異常なまでの首相主導による政治が、露骨な事実上の独裁と映らないためには、首相ないし首相府の行うあれこれの諸施策が、民意の赴くところであることを標榜しなければならない。当該施策が民意の反映であることを刻印づけるために「天の声、地の声、民の声」が諮問機関の多用によって創出ないし導出される。このあたりの事情はすでに周知のところであるので、ごく最近とりわけて注目を引いている、ないしは引くであろういくつかの諮問機関の「活躍」のもようを、ややアトランダムに瞥見しつつ問題点を探ってみよう。

三　諮問機関の「活躍」

1　労基研・中基審

労働時間に関する労働基準法改定を検討してきた、労働大臣のいわゆる「私的」諮問機関（この用語が不正確であることは後述するがしばらくは通常の用法に従っておく）である「労働基準法研究会」（八二年再開、会長は石川吉右衛門東大名誉教授、全員学者の二五名のメンバーからなる）は、一九八五年一二月一九日、三年近い議論を纏めて最終報告書を提出したが[7]、同じ問題の諮問を受けた「中央労働基準審議会」（労基法九八条に基づき四七年に設置、会長は白井泰四郎法政大学教授、労・使・公益の各委員は各々七名で計二一名からなる）は昨年一二月一〇日「労働時間法制等の整備について」と題する建議を纏めて労相に提出した。争点であった労働時間について「建議」は、労基研報告が一日八時間・週四五時間を提言していたのに対し、「目標」四〇時間、「当面」四六時間、「なるべく早い時期に」四四時間とする段階的時間短縮構想を打ちだしているが、欧米の水準（四〇時間達成から三五時間要求へ）からは大きく隔たっているし、現行法でも問題の多い変形労働時間制を拡大するいわゆる「法的規制の弾力化」も提言しており、各界からの批判を浴びていた。[8] この「建議」を受け、政府は本年三月九日労基法改正案を国会に提出したが、それは四〇時間労働制への改正案ながら法案付則を新設して四〇〜四八時間の間で「当分の間、命令で定める」としており、四〇時間労働制は「霧の中」に遠のいている（労働省はすでに四六時間を命令する旨決定）。のみならず三〇〇人以下の事業所に対する適用猶予等多くの例外規定をもち、かつ「法的規制の弾力化」も導入するのであるから、「建議」への危惧は的中した。さらに法的に見逃せないのは、このような改正案は労基法が本来もつべき基準法としての性格、すなわち拘束力ある一般的な最低基準の法律による設定という性格を変質せしめることである。かくて労基法は、その施行四〇年にして内容・形態ともに根本的な変容を受けようとしている。

2　中公審

八三年一一月環境庁が公害補償法制の「見直し」を諮問して以来、三年の審議をしてきた「中央公害対策審議会」（公害対策基本法二七条に基づき七七年設置、会長は和達清夫前学士院院長、委員八〇人）は、昨年一〇月三〇日、異例の臨時総会を開き、七三年に制定された公害健康被害補償法による公害指定地域を事実上全面解除することを柱とする答申を提出した。しかし、答申が中公審専門委員会報告（八六年四月）と矛盾すること、指定地域の全面解除を、発生源たる企業のわずかな基金拠出と引きかえで行おうとしていること、「公害は終った」論に専門家からの科学的反論があいついでいること、指定地域をもつ自治体の多くが、いわゆる保守自治体も含め反対ないし不同意を表明していることなどから、答申後の動向は波乱含みである。公健法改正案はすでに二月一三日閣議決定されたが、ことが自治体行政に深く関わることから、その提出は統一地方選後とみられている。公害規制の緩和は、七八年七月、二酸化窒素の環境基準を大幅に緩和したのを皮切りに除々に進められてきたが、ここにきて事態は、六〇年代後半以降営々と蓄積されてきた公害規制・補償法制の根本的変容に直面していると見てよい。[9]

3　経構研

サミット対策として八五年一〇月に設けられた首相の「私的」諮問機関「国際協調のための経済構造調整研究会」（座長は前川春雄前日銀総裁、財界・学界・労働界の一七名からなるメンバーで構成）は、約五カ月に一九回の会合を重ね八六年四月七日、後に前川レポートと呼ばれる報告書を中曽根首相に提出した。[10] 報告書は「経常収支の大幅黒字は、基本的には、我が国経済の輸出志向等経済構造〔「等」では意味不明であり「型」の誤植と思われる――引用者〕に根ざすものであり、今後、我が国の経済構造調整という画期的な施策を実施し、国際協調型経済構造への変革を図ることが急務である」として、「民活」による「内需拡大」からはじまり、「国際分業促進」のための「産業構造転換」や「直接投資の促進」、はては税制の「抜本的見直し」に至る政策提言をしている。なるほどこの内容は、それまで政府、財界、各種審議会で積み上げられてきた中期的経済政策を体系的に整理したものであったとはいえ、これを受けた首相が、国会審議はもちろんのこと、政府部内の正式検討はおろか自民党の了解すら得ないまま、報告書を携えてただちに訪米し、その内容を事実上の対米公約として与えてきたことは、自民党筋からさえ批判を浴びた手法であった。当初「具体性に乏しい総花的作文」[11]と酷評されていたこの報告書であったが、提出直後の四月二二日には「経済構造調整推進会議」（首相他一四閣僚と自民党の三役他一一名の計二五名で構成、座長は官房長官）が設置され、また「産業構造審議会」（通産省設置法七条に基づく通産大臣の諮問機関、会長は斉藤英四郎経団連会長、委員五八名）の報告「二一世紀産業社会の基本構想」（八六年五月二六日）や、「経済審議会」（経済企画庁組織令四一条に基づく総理大臣の諮問機関、会長は円城寺次郎日経新聞顧問、委員二七名）の「経済構造調整特別部会」（前川春雄部会長、委員二一名）が発表した「中間報告」（八六年一二月一日）、さらに特定分野の「私的」諮問機関報告（たとえば建設省建設経済局長の招集した「建設産業ビジョン研究会」（座長・中村隆英東大教授）のレポート「二一世紀への建設産業ビジョン」（八六年二月）などに、「前川レポート」構想が貫かれていることが明瞭になり、現に昨年以来急速に顕在化している「産業空洞化」がこのレポートを青写真に推進されていることが明らかになるに及んで、その影響力がにわかに注目されている。首相の言う「第二の産業革命」（八六年八月軽井沢セミナー）なる表現が適切であるかはともかく、戦後日本の経済が迎えつつある一大転換もまた、数多くの諮問機関をテコとして推進されている。

4　臨教審と「大学審議会」構想

八四年八月二一日に設置された首相の諮問機関「臨時教育審議会」（同設置法により時限設置、会長は岡本道雄元京大総長、委員二四名・専門委員一九名）は、この四月一日第三次答申を提出したが、この後最終答申を提出して三年間の設置期限を終える。戦後教育体制の根本的再編を迫る臨教審の諸構想については、すでに多くの論稿がある[12]のでここでは触れないこととして、その第二次答申（八六年四月二三日）を受けて、本年二月一六日政府がその設置法案を国会提出した「大学審議会」について見ておきたい。

臨教審第二次答申には「我が国の高等教育の在り方を基本的に審議し、大学に必要な助言や援助を提供し、文部大臣に対する勧告権をもつ恒常的な機関として『ユニバーシティ・カウンシル（大学審議会――仮称）』を創設する」との一文があった。この大学審議会にその役割を「移行させる考え[13]」を含んだ文部大臣の「私的」諮問機関「大学改革研究協議会」（財界人五名・大学人八名を含む「有識者」一八名で構成、座長は石川忠雄慶応塾長）が八六年五月二七日に発足し、「大学審議会の構想の具体化」を「大学院改革」とともに「当面急ぐ課題」として「協議」を開始している[14]。他方文部省は八七年度予算の機構定員要求にからめて「大学審議会」および「大学審議会室」の新設を計画し、政府はこの要求を予算案に組み込んでいる[15]。

さて、提出された「大学審議会」設置法案（学校教育法および私立学校法の一部改正案）によれば、文部省におかれる「大学審議会」は、「大学に関する基本的事項の調査審議」を行うとともに「必要に応じて文部大臣に勧告することができる」とされている（学教法改正案六九条の三、一〜三項）。臨教審第二次答申、「大学改革研究協議会」での「協議」内容を見るかぎり、本来大学の自治に関わる事項が「調査審議」の対象となるのは必定であるし、かつそのような「調査審議」結果が単なる答申・報告を超えて「文部大臣への勧告」になるのであるから、このプロセスを通してなされるであろう「大学改革」なるものは、「大学の自治」と直接抵触する危険性が大きい。

ところで同審議会は「大学に関し広くかつ高い見識を有する者のうちから、文部大臣が内閣の承認を得て任命する二十人以内の委員で組織」されると規定されるのみで（学教法改正案六九条の三、四項）、爾余の「組織及び運営に関し必要な事項」は政令に委ねられている（同五項）。「大学審議会への移行」を噂される「大学改革研究協議会」の構成を見ると、大学人は半数に満たないから、「大学に関し広くかつ高い見識を有する者」によって構成されるとはいえ、大学人以外が過半数となる審議会ができあがる可能性は強い。

この委員構成の規定が持つ重大さは、現行の私立大学審議会（私学法一八条に基づき五〇年以来設置されている文部大臣の諮問機関、現会長は戸田修三前中央大学学長、委員二〇名）と比較すると明瞭であろう。すなわち私立大学審議会は、その委員構成につき法律上「私立大学の学長、私立高等専門学校の校長、これらの学校の教育又はこれらの学校を設置する学校法人の理事」と「学識経験者」とに区別され、後者の委員数は前者の委員数の「三分の一以内」と制約されており、また前者のうち「学長、校長又は教員である理事以外の理事」たる委員数は前者の半数以内と制約されていて、任命権者の自由選任制を相当程度規制しているからである（私学法一九条）。ここには、私立大学につき「審議」し「重要事項」を文部大臣に「建議」する審議会（私学法一八条）は、これを私立大学人の優位に、とりわけその教育・研究に携わる者の優位に構成し、しかもそれを法律によって具体的に定めるべきとの憲法的理念、すなわち教育の自由、大学の自治の原則が働いていると見てよい。現にこの審議会は、圧倒的多数が私立大学学長によって構成されている（二〇委員中私大現学長一三名・前学長二名を数え、いわゆる財界人委員はいない）。ところが設置法案は私立大学をも対象として、現行私立大学審議会に関する規定を大幅に改め、私立大学審議会を「大学設置・学校法人審議会」に改組（現行大学設置審議会との合体）し、六五人以内で構成されるその委員については、「一　大学の職員（次号に掲げる者を除く）、二　私立の大学の職員又はこれを設置する学校法人の理事、三　学識経験のある者」の三者を定めるのみで（学教法改正案六九条の四、四項。ここで一号・二号に定める者が教員等ではなく「職員」であることに注目されたい）、爾余の「組織及び運営に関し必要な事項」はここでも政令に委ねている（同七項）。もっとも、右審議会の中に置かれる「学校法人分科会」の委員構成については、私立大学の「職員」や理事、すなわち「私立大学等関係委員」が「学校法人分科会」委員の「四分の三以上」とされてはいる（私学法改正案一八条）が、この「私立大学等関係委員」とてその「候補者」は「私立大学等が組織する政令で定める団体の推薦する者」とされている（同一九条）のみである。このように見てくると、私立大学の教育・研究に携わる者の優位に構成することを法律上明定した上で、団体の候補者推薦についても相当具体的に法律が定め（私学法二〇条）、かつ委員の身分保障も法定している（同二一条）現行私立大学審議会からすれば、大幅な後退というほかない。政令の内容しだいで私立大学審議会の事実上の解体をもたらす危険性すらあろう。しかもその上には、国公私立大学を問わず「大学に関する基本的事項の調査審議」を行う「大学審議会」が君臨するわけである。

大学に関する審議会・諮問機関は多々あった。しかし、大学の自治の根幹に関わることを大学人が相対的に少数の機関で「勧告」権を伴いつつ審議するという方式は、恐らくこの「大学審議会」をもって嚆矢とするのではなかろうか。このことは、諮問機関多用による重層的政策形成＝実施システム、すなわち、諮問機関Ａ（臨教審）、Ｂ（大学改革研究協議会）、Ｃ（大学審議会）、Ｄ（私立大学審議会）があるとすると、ＡがＢを作り、ＢがＣを構想しつつＣ自体になっていき、Ｄが変質せしめられつつＣの従位に転位し、ＣはＤに象徴される憲法原則をも侵害しうる機関にのぼりつめる、というまことに複雑なシステムとともに、最新の手法として刮目に値する。

5　法曹基本問題懇談会

本年一月二五日、毎日新聞が「さあ大変　司法試験――法務省、懇談会を設置し三八年ぶりに改革へ」と見出しをつけたスクープ記事を報じた。朝日新聞が翌日、読売新聞も翌々日に報じている。それによれば、法務省は知識偏重と合格年齢高齢化をもたらしている現行司法試験制度のために「若くて優秀な」人材を法曹界、とりわけ検事に確保できないとして、その改革を計画しているとのことである。現行司法試験制度に問題があることは誰もが認めることであるから、関係方面の議論は徐々に高まっているが、本稿が関心を寄せるのは、この「改革」のために当初から「懇談会」設置が構想され、これが四月二七日からスタートする「法曹基本問題懇談会」として登場したことである。最近明らかにされた法務省の「懇談会の趣旨と基本的構想」[16]によれば、近時の法曹界では、「社会の高度化・国際化への対応」「法律家の増員」「優秀な若年層の確保」のために「司法試験制度の抜本的見直しが焦眉の課題である」が、それは「国民各界、各層に重大な影響を及ぼす」ことであるから「各界の意見を拝聴」する必要があり、そのために「法務大臣が行政の参考意見を聞く懇談会」を設けるという。またも「私的」諮問機関の登場である。メンバーには法曹三者のほか学者・財界人・官僚等一三名が予定されている。

当初報道された「懇談会」設置目的が、俗受けしやすい「難し過ぎる司法試験」改革であったことからすると、右の設置「趣旨」が相当広範な問題を対象としていることも気になるが、何よりも留意すべきは、「司法権及び検察権行使の一層の適正迅速化」のために「若くて優秀な裁判官・検察官の確保」が必要であり、それが「将来の法曹のあり方と密接不可分」と見ている点である。端的に言ってここには、判検事と弁護士との峻別と前者の重視の気配が濃厚であるし、「法曹基本問題」の懇談会であってみれば、問題を司法試験制度のみならず法曹養成から法曹制度一般に拡大し「将来の法曹のあり方」をも探る可能性がある。この点懇談会の名称が、当初は「法曹問題懇談会」と報じられ、日弁連が「法曹養成問題委員会」設置を対峙したのに対して、登場したのが「法曹基本問題懇談会」であったという過程は、右のことを暗示しているように思う[17]。

四　憲法と諮問政治

前節で触れたのは、国レベルに限っても八六年七月一日現在その数二一三ある正規の、すなわち国家行政組織法八条にいう「合議制の機関[18]」、ならびに法令に根拠をもたず、「一説には数百[19]」あるとも言われてその数も定かでないいわゆる「私的」諮問機関の、ごくごく一部の動向を、ここ一年ほどの間に限って垣間見たにすぎない。言うまでもなく近時の諮問機関のいわば極め付けは「臨時行政調査会」「臨時行政改革推進審議会」あるいは「日本国有鉄道再建監理委員会」であったし、その異様な役割で注目された「私的」諮問機関には「靖国懇談会」「平和問題研究会」「文化と教育に関する懇談会」などがあった。これらのことはあまりに周知のことであるがゆえに本稿ではとりあげなかったが、かような諮問機関の「活躍」も想起しつつ前節の各種諮問機関の模様を眺めると、そこには憲法四〇年の今日における、憲法問題としての「諮問政治」の問題点がにじみでているように思われる。それを列挙して本稿のまとめとしたい。

第一は、憲法上の議会制民主主義の空洞化として諮問政治が展開されているという実態である。もともと諮問機関を行政に関わらしめることは、一般的には、「現代国家における行政過程の肥大化・複雑化にともなう行政権の地位の相対的な強化と優越化」という所与を前に、「立法議会による行政統制の改めての活性化」とならんで「行政過程に独自の手法による行政活動の民主的統制」として、また「現代行政の科学化・技術的合理化の要請」からしても、是認されるべきものである[20]。とりわけ参加と公開を原則とした諮問機関の、現代行政活性化に果たす役割には期待が寄せられてよい。その意味では「審議会の存在理由そのものを否定し去ることは正当でない[21]」。その場合、「国権の最高機関」たる議会による民主的統制が前提であることは言うまでもない。ところが、すでに縷々指摘されてきたように、このところの諮問機関の「活躍」に顕著なのは、議会による行政統制という基本的前提からすれば、その民主的統制から現に遠のくことのみならず、意図的に議会統制から免れることにその存在理由をもつ例が政治の舞台で主導的になってきていることであろう。諮問機関が多数存在すること自体は今に始まったことではないしその数が近年にわかに増加したわけでもない[22]が、問題は、諮問機関のいくつかが、本来果たすべき議会制民主主義上のいわば補完的地位をこえて、政策決定の嚮導的ないし主導的役割を担っていることである。本稿があえて「諮問政治」の用語を用いたのはこのことを指している。前節3で見た経構研をはじめ臨調・行革審・臨教審・靖国懇等はその典型的事例であろう。この点は、本稿二で述べた「内閣政治をも超えた首相政治」の実相とあわせて考えれば、国政の枢要部分が、国民→国会→内閣・行政（↔諮問機関←国民）という正規のルートで営まれるのではなく、国民も国会も、場合によっては行政も、さらに時には自民党さえ関わることなく、決定・実施されていくのであるから、事態は、議会制民主主義という基本的前提のみならず、既存のなんらかの合意形成システムをも変質せしめつつあるのである。ついでながら、諮問機関ではないが「重大緊急事態への対処に関する重要事項を審議する機関」たる安全保障会議が、巨大ながら同質の「審議機関」として誕生したことを想起しておきたい。

第二に、右のことをより具体的に言えば、議会の立法による統制の希薄化が指摘できる。この点では、政令による諮問機関設置に道を開いた先の八三年国家行政組織法改正の意味は大きい。ただちに三分の一弱の諮問機関が政令に根拠を移したことが注目されるが、前節1で見た労基法の性格変容をもたらす政令委任、4で見た「大学審議会」設置法案における肝心部分の政令委任とともに、事実上議会統制を免れる傾向に拍車がかかっていると見てよい。問題は、このような議会統制の希薄化が、議会自体の承認を得てなされていることであろう。自民党政府のなすこの施策に議会の多数たる自民党が賛同するのは当然といえばそれまでだが、野党もしばしば同調していること（行組法改正に公民両党は賛成）に鑑みれば、議会が議会の存在を軽視ないし否認するがごとき立法をするという、議会政そのものの自殺行為が始まっているといってよい。諮問政治が顕著な領域の立法方式に一括方式が横行していることも、このことの象徴的事態であろう。

第三に、およそ民主的統制から自由な「私的」諮問機関が多用・寵用されていることである。これらは「法制度上のものでないというだけのことであって、公的政策の形成・実施にかかわり、かつ、公金によって運営される『公的』諮問機関[23]」であるがゆえに、正確には「法制度外」または「法定外」諮問機関と呼ぶべき[24]である。すでに国家行政組織法改正で政令による諮問機関設置が可能になったにもかかわらず、なおこの種の諮問機関が後を絶たないことに、はしなくもその存在理由がうかがわれよう。とりわけ指摘すべきは、この種の諮問機関が、単なる事実上の意見具申を超えて右に述べた「諮問政治」の有機的一環となっており、正規の諮問機関と、人的・機能的にも政策形成・実施の実際の経過においても運動・一体化していることである。前節1における労基研と中基審、3における経構研と産業構造審議会・経済審議会、4における大学改革研究協議会と臨教審・大学審議会の事例は、そのいずれの諮問機関も不可欠な一環として登場しており、見る者をして法定・法定外、正規・不正規の区別を混濁せしめ、結局丸ごと民主的統制から遠い存在として映らしめる。

第四に、「諮問政治」のターゲットが、憲法上の基本原理にしてその四十年の間に一定の定着をみてきた領域に向けられていることである。戦後憲法史は護憲・改憲のせめぎあいの歴史でもあったが、護憲サイドでは単に明文改憲を許さなかったのみならず、憲法原則や憲法上の権利・自由に則り、その実現と定着にも努めてきた。とりわけ憲法上保障された一定の自治的領域では、自主的主体的な憲法実現がはかられてきたし、時に憲法に背馳する政策に対峙もしてきた。労働運動、大学、教育、地方自治、各種住民運動、在野法曹などをその例にあげることができよう。前節でアトランダムにとりあげた事例を含む昨今耳目を引いている諮問機関の「活躍」領域が、いずれもこのような分野に顕著なことは、「諮問政治」の究極的目論見が、改憲策としての「戦後政治の総決算」にあることをうかがわせている。臨調以来の行革と国鉄分割・民営化、経構研構想や労基研・中基審による労基法の変質化構想は、労働戦線の右より再編や国労「分割」＝解体と無縁ではないし、臨教審・大学審は、大学の自治と教育の自由をおびやかす。教育「改革」は日教組の、地方「行革」は自治労の運動に転換を迫りつつある。中公審答申はこれまでつちかってきた公害反対住民運動や自治体の公害規制行政から公害発生企業を解き放つし、法曹基本問題懇談会設置には在野法曹のステイタス低下策が孕まれている。つまり、あれこれの諮問政治には、憲法的価値の担い手がもつ主体的対抗力を解体することが含意されてはいないか、という推測である。

「国際関係の処理、あるいは防衛問題の処理、教育問題にしても審議会をつくってお願いする。そして改革する。これが私の憲法、中曽根憲法なんだ」[25]という台詞を聞くと、諮問政治の赴くところは、明文改憲こそないものの、憲法的価値そのものとその担い手をともに最後的破砕する、今日に特有の改憲手法に思えてならない。

（1）　一九八七年一月二六日付朝日新聞夕刊。

（2）　この問題領域を論じた文献は多いが、ごく最近のものとしては、金子正史「審議会行政論」雄川一郎＝塩野宏＝園部逸夫編『現代行政法体系7行政組織』（有斐閣、一九八五年）、室井力「諮問機関行政のあり方」『法学セミナー総合特集㉘　これからの教育』（一九八五年）、「特集／地方自治体の諮問機関」都市問題七六巻七号（一九八五年）、稲川昇次「総理大臣の内閣統率体制」法律時報五七巻一号（一九八五年）、辻中豊「社会変容と政策過程の対応――私的諮問機関政治の展開」北九州大学法政論集一三巻一号（一九八五年）、江橋崇「諮問機関たる審議会における活動の公開原則」自治研究六一巻一一号（一九八五年）、上西朗夫『ブレーン政治』（講談社新書、一九八五年）、「特集／諮問行政」法律時報五八巻一二号（一九八六年）、杉原泰雄「ブレーン政治」法学セミナー三七七号（一九八六年）、などがある。

（3）I. Jennings, Cabinet Government, London 1936, 3rd Edition 1959, p. 200.

（4）戦後日本の「内閣政治」史を簡述したものに長谷川正安「憲法と『内閣政治』」『法学セミナー総合特集(9)　内閣と官僚』（一九七九年）二〇頁以下、参照。

（5）詳細はさしあたり樋口陽一「議院内閣制の概念」ジュリスト増刊『憲法の争点（新版）』（一九八五年）、参照。

（6）このことの深層に中曽根首相自身の「首相公選論」イデオロギーがあることを検証する山下健次「定数是正問題と三権見直し発言」法と民主主義二〇七号（一九八六年）二九頁以下、参照。いわゆる私的諮問機関たる靖国懇談会に参加した芦部信喜は「中曽根さんは、首相公選論を主張された当時、よく『議院内閣制は日本の政治組織の一番の問題点であるから、廃止すべきだ』という趣旨のことを述べておられたわけでしょう。そういう考え方と私的諮問機関の多用とが、結びついているような気がしないでもない」と印象を語っている（芦部信喜＝奥平康弘「対談／靖国問題と憲法」法律時報五八巻一号（一九八六年）二〇頁）。

（7）労基研報告については「特集／労基研報告の検討」法律時報五八巻七号（一九八六年）、参照。

（8）さしあたり西谷敏「労働時間の短縮と弾力化」法学セミナー三八七号（一九八七年）、参照。

（9）中公審答申については「特集／公健制度の後退と公害問題」法律時報五九巻二号（一九八七年）、「特集／公健法改正問題」ジュリスト八七七号（一九八七年）、参照。

（10）報告書は月刊自由民主三六五号（一九八五年）二三〇頁以下に掲載されている。

（11）エコノミスト八六年四月二二日六頁。

（12）とりわけ『季刊　臨教審のすべて』（既刊六号まで〈その後八号で完結〉）、参照。

（13）文教ニュース八五二号（一九八六年）三頁。

（14）文教ニュース八五七号（一九八六年）三頁。

（15）文教ニュース八七一号（一九八六年）三頁。

（16）この文書は法学セミナー三八九号（一九八七年）に掲載されている。

（17）詳細は日弁連司法問題対策委員会『司法試験「改革」問題に関する資料集』自由と正義四五巻一二号（一九九四年）参照。

（18）総務庁編『審議会総覧』昭和六一年版による。

(19) 辻中豊「私的諮問機関の役割と靖国懇」ジュリスト八四八号（一九八五年）六七頁。
(20) 室井力『行政改革の法理』（学陽書房、一九八二年）九三頁。
(21) 和田英夫「議会政民主主義と諮問行政」法律時報五八巻一号（一九八六年）三二頁。
(22) 諮問機関数の推移については金子・前掲論文一二三頁以下。
(23) 室井・前掲書一〇〇頁。
(24) 和田・前掲論文三五頁は「事実上」「法定外」の、室井・前掲書一〇〇頁は「法制度外」の、手島孝「審議会か新議会か」法律時報五八巻一号（一九八六年）三八頁は「不正規」の用語をそれぞれあてる。
(25) 一九八五年一月一日付自由新報。

第一〇章　国政調査権の行使

一　「政治改革」論の中で

「国民代表機関である国会は、期待された立法機能、審議機能、争点明示機能を通じて国民の統合力を維持するが、とりわけ国民の広範な政治的関心と合意の形成を可能とするためには、討議の公開、国政調査や請願などの実施が円滑におこなわれ、国会における……過程を国民に正確に伝えることが不可欠である」。ところが「国会の審議が形骸化し、事実上、国民各層の利害の調整や合意形成ができなくなったこと、あるいは国政課題に対処する場としても時代の要請にあった有効な組織化がなされていないことから、従来までの審議会の枠を超えたいわゆる臨調型の審議会が登場し、本来であれば国会の専権事項に属するようなわが国の基本的な政治課題について国会にかわって議論を尽くし、国民的な合意形成においても中心的な役割を果たすことが多くなっている」。したがって、「国会の審議機能・調査機能に活力を与える制度」のひとつとして、「国会法および衆議院規則を改正し、従来の省庁対応の常任委員会とは別個に、わが国の国政全般の高度かつ基本的な課題を討議する『国政調査委員会』（仮称）を設置する。これは、国会内の会派の大小にかかわらず一会派委員二名を原則として、政党であれば政策審議会長級の人材をもって構成する」云々――。

これは、もちろん自民党の見解ではないが、さりとて野党ないし革新勢力の見解でもない。あるいは批判的ジャーナリズムの意見でもない。財界人を中心に「政治臨調」を自認して組織された民間団体、社団法人・社会経済国民会議の中に設けられた「政治問題特別委員会」が、一九八六年四月一六日に発表した「議会政治の基本に関する提言」の、国政調査権に関わる部分である。(1)

「社会経済国民会議」自体は一九七三年一一月「政府をはじめ産業界労使・学識経験者、農業・漁業団体、消費者団体など各界の強い支援を得て」(2)発足した。その目的は「新しい成長と活力ある福祉社会の実現を目標にした国民的合意形成の場」(3)であるという。この発足がオイル・ショック直後であることに注目したい。ちなみに、政府・企業・労組・自治体等が出資する半ば公的なシンクタンクであり、低成長期日本の統治戦略を策定してきたとされる「総合研究開発機構（National Institute for Reseach Advancement: 略称ＮＩＲＡ）」が、類似のメンバーを擁して発足したのは翌七四年のことである（ＮＩＲＡ設置法は七三年七月公布）。

右「会議」の内部に「二十一世紀社会を見据えた政治システムのグランドデザインを提案」(4)するため、一九八二年に設置されたのが「政治問題特別委員会」であった。中曽根内閣発足はこの年の一一月である。委員長・亀井正夫住友電工会長以下、財界・労働界・学界・マスコミ界からなる二四名の委員で構成されている。亀井委員長が第二臨調専門委員であり国鉄再建監理委員会委員長であったことに象徴されるように、この委員には八〇年代の各種審議会委員であった面々が少なくない。右「提言」のほか「政党改革に関する提言」（一九八七年四月）、「議会政治への提言」（一九八八年五月）等をあいついで公にしている。

国会改革を含む「政治改革」が具体的な政治日程に浮上したのは、竹下内閣末期の一九八八年一一月のことであるが、こうした水脈がかねてから流れていたことは、本稿の課題である「国政調査権で議会は今後何をするか」を考察する際にも、念頭に置かれるべきであろう。このところの「政治改革」論は、リクルート・スキャンダルや「金のかかる政治」問題に焦点があることもあって、「国会改革」問題は後景に退いている感があるが(5)、現状の国会が「改革」を求められていることは、その内容・方向の評価はともあれ、日本を統治するエスタブリッシュメントにとっても、課題たり続けている。そしてそのひとつに「国政調査権」の、引用した含意での「活性化」もある。

二　「国政調査権」概史から

国政調査権が憲法六二条に規定されながら、あまり有効に行使されていない原因には、基底としての日本の政治水準、日本の議会史に通底する民主的運営の歴史的蓄積欠如など多々あろうが、なによりも、政治的には、この行使から逃走をはかろうとする政治勢力が議会内で多数派でありつづけたこと、理論的には、こうした逃走を弁証して国政調査権にたちはだかる諸々の「論理」が用意されてきたこと、にあろう。

日本の議会一〇〇年にとって、帝国憲法時代の議院法における「質問権」等と日本国憲法が明定する「国政調査権」との間には、両者の統治構造の差異もあって、決定的とも言える相違がある。帝国憲法は、帝国議会を「統治権ヲ総覧」する天皇が行う立法権の「協賛」機関としていたから、天皇の輔弼組織たる政府＝行政権と厳格に切断する構造になっていた。帝国憲法下の統治構造が、一見「権力分立」の様相を見せるのはこのためであり、したがってそれは、「自由主義」思想で支えられる本来の権力分立原理とは異質のものである。本来の権力分立原理であれば、立法権を行使するに必要な国政調査権能は議会に認められる。帝国憲法起草時には、こうした含意で国政調査権に相当する「事実審査権」を憲法上明記しようとする提案もあったが、伊藤博文は鋭敏にもこれを峻拒し、制定された帝国憲法にはこの種の議会の権能が一切規定されない結果となった。(6) 憲法と同時に制定された議院法がわずかに定めたものは、「両議院ノ議員」が「三十人以上ノ賛成者」を得てなすことのできる政府に対する「質問」権（旧議院法四八〜五〇条）などであったが、それとて、「審査ノ為ニ人民ヲ召喚シ及議員ノ派出スルコト」はもとより「国務大臣及政府委員ノ外他ノ官庁及地方議会ニ向テ照会往復スルコト」すらも認められず（同七三、七五条）、「各議院ヨリ審査ノ為ニ政府ニ向テ必要ナル報告又ハ文書ヲ求ムルトキ」とて、「秘密ニ渉ルモノ」と政府が判断すれば、応答の義務はなかった（七四条）。こうした法的制約を憲法論で克服するには、「議院ノ審査権」につき「憲法……ニハ之ヲ明言セズト雖モ、其各院ノ随意ノ権能ニ属スルコトハ疑ヲ容レズ」(7)と「解釈」するほかはなかったのである。

日本国憲法が「両議院」の「国政調査権」を明定し「議院における証人の宣誓及び証言等に関する法律」（一九四七年法律第二二五号、以下「議院証言法」という）を制定したことは、憲法レベルの根本的転換の一部を構成する。「国権の最高機関」にして「唯一の立法機関」と定められた国会は、その両議院が（議院証言法では各委員会も）強制力をもって「国政に関する調査（investigations in relation to government）」の権能を付与されたのであるから、文言からすればその射程は広範で、有効性は絶大であった。

最初の国政調査権行使は、一九四七年の第一国会で早速になされたが、国会運営が再生直後の揺籃期にあり、世相も敗戦直後の混濁状況で、かつ事案が当時蔓延した隠退蔵物資を調査・摘発するものであったことも手伝って、調査権行使は激烈なものであった。この時、調査権に実効性を持たせることが痛感され「議院証言法」の制定を見る。したがって同法は、その立法の動機において、政治的レベルにおける真相究明の確保に力点が置かれており、証人の権利保護には相対的に関心を示していない。それは、この権能が「国政」への調査であって、国民諸個人の調査そのものが目的ではないという当然の前提の結果であるが、しかし、この点が後に調査権発動を嫌悪する院内勢力に、証人喚問反対の口実を与えることとなった。

国政調査権の発動は、五〇年代前半までは活発に行われた。その多くは政治家がらみの不当財産形成事件ないし疑獄事件である（辻嘉六政治資金問題・竹中工務店融資事件・石炭国管事件・昭電疑獄・繊維疑獄・油糧配給公団事件・保全経済会事件・造船疑獄、等）。国政調査権の限界問題を論ずる契機となった一九四八年の「浦和充子事件」は、確かに論ずるに足る問題点を孕んではいたが、国政調査権発動の目的・対象の類型としては傍流に属する。通常の市民的刑事事件で裁判所が行った事実認定・量刑を、参議院の法務委員会が国政調査権を行使して批判したこの事件は、それを素材として、「独立権能説」か「補助権能説」か、国政調査権と司法権・検察権の関係如何といった周知の問題圏を生み、今日の「国政調査権」論の骨格を形成したが、こうした議論を引き出すには必ずしも適切な素材ではなかったと言えよう。国政調査権の本来の意義は、国民代表機関たる議会が行う行政への統制・監視・監督の一環であり（したがって憲法六六条三項の定める「内閣は、行政権の行使について、国会に対し連帯して責任を負ふ」との規定は、国会の国政調査に対し内閣が原則として応答する義務のあることを含意している）、同時に「国政（government）」に直結する政治的責任解明にあるのであって、よしんば事案が司法部門に係属するものであっても、それとは趣旨・目的が異なる以上、本来抵触関係にはない(8)という、国政調査権のいわば本流に属する事案としては、たとえば疑獄事件のごときがふさわしい。

しかし本流たる疑獄事件の場合は、当該疑獄＝調査対象が時の政権中枢に及ぶことがしばしば必至となる。五〇年代にはそのようなものとして盛んに行使された国政調査権は、六〇年代に入ると、なお頻々と取沙汰された各種の疑惑事件が、政権党の抵抗に遭って調査権行使の不発を続けることになる。こうして調査権史に名を残す「議院証言法」発動の事例は、六〇年代に一件（電源開発事件・一九六五年）、七〇年代に二件（ロッキード事件・一九七六〜七年、ダグラス・グラマン事件・一九七九年）、そして八〇年代は最近のリクルート事件一件（一九八八年一一月〜）

と、ほぼ一〇年に一度にしかなされないものへと目だって少なくなっている。不発に終わったものとしては、たとえば七三年オイル・ショックに連動して生起した狂乱物価をめぐって、要求の強かった業界代表の証人喚問が自民党の抵抗で参考人招致にとどまったのが、よく知られている。(9)

国政調査権に関わる六〇年代以降のこの閑散とした風景は、もとより調査すべき事態の減少のゆえではない。政・官・財一体となった、後に「構造汚職」と命名される事象を生み出すがごとき腐食の政治構造は、むしろ高度成長期に胎生し、その終焉を前後する七〇年代前半のいわゆる田中政治で醜く「開花」した。一〇年に一度とはいえ国政調査権が発動されたのは、自民党の抵抗をも凌駕する世論の憤激のゆえであるが、それほどまでに醜悪な事例でないと調査権発動に漕ぎ着けない政治的カベがあったのも事実であった。

三　議院証言法の改正

ともあれロッキード事件では、久しぶりに議院証言法の適用をみた。一九七六年・第七七国会以降の国政調査は、小佐野賢治の「記憶にございません」を流行語にするほどに注目され、「開花」した腐食の構造を明るみに出そうとした。それは、たとえば黒幕・児玉誉士夫が俎上に上りかけたように、保守支配の深層に迫る性質のものであった。だからこそ七七年ごろから自民党は、議院証言法における「人権保障の欠如」を理由として「議院証言法の改正がなされない限り証人喚問に同意しない」旨の態度をとりはじめる。

このため衆議院法務委員会は、自民党の要求により一九七八年二月「証人及び証言等に関する小委員会」を設け、議院証言法改正問題について各党間の意見調整を行い、合意事項と非合意事項を整理した報告書を八〇年六月にまとめるところにまで漕ぎつけた（非合意事項は尋問事項の制限、告発要件の加重等であった）。ところがちょうどこの八〇年六月に衆参同日選挙が行われ自民党が圧勝したため、この議論は、その後沙汰やみとなった。八二年のロッキード事件一審判決でいわゆる「灰色高官」が問題となって証人喚問が求められたとき議論は一時再燃したが、自民党がテレビ放送の許可制などを新たに追加提案したこともあって与野党一致せず、再度沙汰やみとなる。

　こうして長期にわたる空白があってのち、リクルート事件でようやく国政調査権は蘇生する。しかし蘇生に先だって議院証言法改正[10]もなされ、国政調査権問題は新段階を迎えることとなった（第一一三臨時国会で、会期末直前の一九八八年一一月一七日、衆議院議院運営委員会の提出にかかる改正案が可決成立。反対は共産党及び参議院では二院クラブ・革新共闘。なお公布は一一月二六日）。この改正は、罰則改正も含んでいたので二〇日間の周知期間を設けたため、当座の証人喚問には適用が間にあわないはずであったが、共産党を除く与野党間で「改正に準じて」行う旨の合意が成立して事実上直ちに施行された。こうしてなされた江副リクルート前会長・高石前文部事務次官・加藤前労働事務次官らの証人喚問が、静止したテレビ画面から報道されたことは記憶に新しい。

　あれほど膠着していた改正議論が一気に決着の運びとなったのは、リクルート事件解明のために行った野党の「急がば回れ」的譲歩という要素もあるが[11]、消費税導入＝税制改革関連法の自民党単独強行採決で膠着した事態を打開すべく、自民党が公明・民社両党の同意を取り付けて提案し、社会党がこれに歩み寄って成立させたという事情を見ると、自民党リードの裡になされた政治的取引ないし妥協の感が強い[12]。

　このことは、改正内容に自民党の要求が基本的に盛り込まれていることからもうかがえる。改正点の焦点は、①偽証罪・証言拒否罪などの告発要件を、従来は憲法五六条二項および国会法五〇条により「出席委員の過半数」としてきたのを「出席委員の三分の二以上」と加重したこと（八条）、②証人に対する尋問中の撮影を全面一律に禁止したこと（五条の三）、③委員長等に議事整理権を認め「適切でない尋問と認めるとき」は制限を可能としたことなどであるが、前述した経過からすれば、これらはいずれも野党と対立してきた自民党の要求項目であった（自民党が改正にあたって「譲歩」したのは補佐人の異議申立権くらいであろう）。①により自民党は、たとえ過半数を割っても告発を阻止することができる。②が国会法五二条一項但書及び衆議院先例に違背し、かつ証人喚問の効果を著しく減ずるものであることは、各方面から指摘されている通りである。③が委員長等による恣意的な尋問制限の根拠とならない保障はない。改正案の審議自体が正規の委員会・本会議ではほとんどなされなかった（改正の具体的動きが始まるのは、消費税関連法が強行採決された一一月一一日以後であり、一六日に衆議院議運委で成案が決定され、翌一七日には衆議院本会議・参議院議運委・参議院本会議の可決という迅速さである）ことも相俟って、こうした改正の手続・内容が、国政調査権の活性化、したがって国会の活性化にとり、はたして適切であったかは疑わしいと言うべきである。

四　国政調査権の理論的定位

もとより、この改正で自民党が旧来の逃走の論拠を失ったという政治的意味は小さくない。改正後の第一一四通常国会で中曽根前首相の証人喚問が一九八九年五月一六日に実現したのも、空転が続く国会運営に投ぜられた自民党の一打開策とか、自民党内の派閥力学など、要因は多々あろうが、もはや自民党が「改正されない限り証人喚問に同意しない」旨の態度はとれなくなったがゆえという要因は確実にある（もともとこの態度は、かつてロッキード事件で証人に喚問された際、中曽根自身がとったものである）。その意味では国政調査権は、長らくの休眠を強いられた時代を、ともかく過去のものとしつつあるはずと言ってよい。

ただ、こうした観点からすると、八九年夏の参院選挙で与野党逆転をはたした参議院では、一層証人喚問が容易となったはずが、一向にその気配がないのはどうしたことであろう。リクルート事件をめぐる政治的責任解明はほとんど進んでいない。かの三点セットのみならず、ＯＤＡ援助、土地騰貴、外国人労働者、過労死、等々、“government”に関わって調査すべき事柄は山積している。もちろん、参院選挙後の中心問題が消費税の「見直し」＝存続か廃止かにあったためその決着に忙殺されたとか、解散・総選挙が確実視されていてそれどころではなかったといった事情はあったろう。また、議院証言法には証人喚問の決定手続規定がないため、国会法五〇条の「出席議員の過半数」規定があるにもかかわらず「理事会全員一致」で決定するという先例に依っており、今回の改正でもこの点は手つかずのままであったため、与野党逆転もこの慣行の前では威力を発揮しにくいという事情もある。しかし、議席における政治的力関係の逆転が起こったとするならば、この先例に従うにしても、政治力学的にはかなりの変動をもたらして不思議ではない。くどいようだが自民党の逃走路は断たれているのである。

国政調査権を歴史的に振り返り、今回の議院証言法改正の経緯を瞥見し、参院選挙後のなお閑散とした風景を眺めると、国政調査権は日本の政治過程でなお妥当な定位を果たしていないと思われてならない。むしろ、右に見た議院証言法改正と参院選挙後の様相は、いわゆる「八六年体制」がささやかれて以来徐々に深化の度合いを深め、ついには「政界再編成」なり「パーシャル連合」なり、はては「自社大連立」までもが相当のリアリティーを伴って語られるがごとき、与野党関係の変容ないし変質が、国政調査権にも微妙な影を落としている事例として見定めることができる。そういえばリクルート社から流れ出た未公開株や政治献金が、自民党のみならず社会・公明・民社の各党にも及んでいたことは、なにやら暗示的であった。

ところで「国政調査権」の法的性格については、これを国民の「知る権利」から再構成する立論がある。(13) 斯界には周知の事柄である「独立権能説」か「補助権能説」かという伝統的議論は、その理論的背景や前提、憲法四一条との関連をめぐってはなお論争的であるが、しかし「議院の権能――とくに立法権――はきわめて広汎であり、憲法六二条は対象を限定していないのであるから、『公共の利益に関する問題』に関係のない純粋に私的な事項を除き、実質的に調査の対象は国政調査権の全般に及ぶ」のであって、「司法権の独立」や「基本的人権保障」との関連で生じる一定の「制約を除けば、調査権の対象は考えうる最大限の範囲に及ぶ」[14]から、この対立は、調査権行使の実際の場面に限ればさほど実益のないことは、すでに確認されてきている。[15]「知る権利としての国政調査権」論はこのような「従来の憲法学のレベルからは十分に認識されなかった」側面を強意する。[16]これに対しては「国政調査権」という「議院の権能」と「知る権利」という「人権」とを結合する点で、「多数派の利益において行使され、少なくとも多数派の決定的な不利において行使されることは通常期待できない」前者に、「本質的に少数者にとってこそ貴重な価値をもつ」後者の確保を期待するのは「適切でない」との原理的批判[17]はある。

確かに調査権行使の可否・程度は、現実には極めて政治的に、したがって多数派リードの裡に決定されている。そしてその政治的現実が右に見た傾きにあるとすれば、国政調査権行使に確実な期待がどれだけ寄せられるかと訝かりたくもなる。しかし、そうであればこそ、少数者の主張するところかも知れない国政情報開示請求としての「国政調査権」論は、国民に錨止された主権的権利という含意[18]で、少なくも理論的構えとしては組み込んでおくことが貴重な時代にあるように思われる。

冒頭引用の見解は「国政調査」を「国会の過程を国民に正確に伝える」いわば情報公開の一環として注目している。だが「国民に伝える」ことは語っても「国民が主体的に知る」ことは語らない。むしろ国政調査権の活性化を「国会に期待された国民の統合力」「国民合意の有効な組織化」といった展望に組み込んで構想する。この構想は、たとえば衆議院定数を三五〇名に削減しあわせて一院制移行を展望する構想に[19]ビルト・インされてもいる。こうした文脈にある「国政調査権の活性化」を解析し、これを峻拒しながらこれに対置する「国政調査権」論が、今後求められているように思えてならない。

（1）社会経済国民会議・政治問題特別委員会報告書「議会政治の基本に関する提言」（一九八六年四月一六日）三〇頁、三七頁、四二頁。
（2）亀井正夫著、社会経済国民会議編『「政治臨調」のすすめ』（社会経済国民会議調査広報課、一九八八年）五頁。
（3）同右一二六頁。
（4）同右六頁。
（5）さしあたり白鳥令編『すぐできる政治改革』（リバティ書房、一九八九年）、参照。
（6）家永三郎＝松永昌三＝江村栄一編『明治前期の憲法構想』（福村出版、一九六七年）、参照。
（7）美濃部達吉『憲法撮要』（有斐閣、一九二三年）三六一頁。
（8）この点につき杉原泰雄『国民代表の政治責任』（岩波新書、一九七七年）、参照。
（9）この点は拙稿「物価問題と国政調査権」法律時報四六巻七号（一九七四年）五九頁以下、参照。
（10）この改正については藤馬龍太郎「議院証言法の改正」法学教室一〇三号（一九八九年）八九頁以下、吉田善明「議院証言法の改正と今後の課題」ジュリスト九二八号（一九八九年）六〇頁以下、参照。なお改正全文はジュリスト九二四号（一九八八年）九八頁以下。
（11）吉田・前掲論文六〇頁の評価。
（12）藤馬・前掲論文九一頁は、こうした疑念を呈示しつつも「一応の成果」とする。
（13）奥平康弘「国政調査権」自由と正義二七巻一〇号（一九七六年）、同『憲法』（弘文堂、一九八一年）一八二頁以下。
（14）芦部信喜『憲法と議会政』（東京大学出版会、一九七一年）一五三―一五四頁。
（15）たとえば佐藤幸治『憲法』（青林書院、一九八一年）一四三頁、新版（一九九〇年）一八〇頁。
（16）奥平・前掲書一八三頁。
（17）樋口陽一＝佐藤幸治＝中村睦男＝浦部法穂『注釈日本国憲法下巻』（青林書院、一九八八年）九八八頁（樋口執筆）。
（18）渡辺良二「国政調査権」法律時報四九巻七号（一九七七年）二二〇頁、参照。
（19）社会経済国民会議・政治問題特別委員会「政党改革に関する提言」一九八七年四月二七日・一二頁、一九八八年五月三日付朝日新聞、等。

第一一章　日本国憲法と政党——政党国庫補助システム導入の憲法論を手掛りに

一　国庫補助型政党法構想の浮上

昨年〈一九八九年〉一一月二九日、自民党の政治改革推進本部は「政治改革推進重点項目」と題する報告（以下「重点項目」）[1]をまとめ自民党総裁に提出した。同報告書はその骨子が九〇年総選挙の自民党公約となっている。この総選挙の最大の争点が消費税の廃止か存続かにあったことは周知の通りであるが、いわゆる「三点セット」のひとつであり、昨今の政局激動の契機でもあった「構造汚職」問題もまた重要な争点であったから、この「公約」に対する態度決定も有権者は問われていたことになる。

ところでこの「公約」が、過ぐる一九八九年五月自民党が決定した「政治改革大綱」（以下「大綱」）[2]を土台にしていることは伝えられる通りであるが、衆議院における「現行中選挙区制の抜本改革」を掲げながら、「大綱」が「比例代表制を加味した小選挙区制の導入」を明記していたのに対して「選挙制度審議会の答申を最大限尊重し実行する」と述べるにとどまり、いわば「後退」の観を呈している点は注目してよい。もとより小選挙区制論者が多数を占める第八次選挙制度審議会[3]であるから、九〇年四月に予定されている答申が、小選挙区制導入を柱とするであろうことは想像に難くない。報道によれば、同審議会の「争点」は「比例代表制の加味」方法如何にあって「導入」自体にさしたる対立はないようである。[4] さればこそ小選挙区制導入には反対する野党（ただし西独型小選挙区比例代表併用制であれば賛成する野党が少なくないことは留意を要する）はこの審議会の意見聴取を拒否した。したがって「審議会答申の尊重・実行」なる「公約」は「小選挙区制導入」と同義であり「後退」などしてはいないともいえる。ただ「小選挙区制導入」には、肝心の自民党内に「選挙区をいじることは議員一人ひとりの政治生命がかかっているだけに反対論も根強い[5]」というかねてからの事情があり、同党総裁のリーダーシップの欠如も手伝って、「審議会政治で一気に実現」の手法は容易ではない。派閥に依拠して政治家個人が選挙を乗り切る構造にある自民党は、そうであるがゆえに政治資金を個別利権誘導型で調達する体質にあり、そこに構造汚職が連動するわけであるが[6]、そうした構造の「改革」を掲げた政策が、同党の伝統的構造によって「後退」を余儀なくされているわけである。

しかし他方で「重点項目」には「大綱」を「発展」させた部分もある。それが「明朗な政治資金の確保のため、その調達は政党中心に改めるとともに、国庫補助を内容とする政党法を制定し、政党に対する公費の補助制度を拡大する」との「公約」である。「大綱」では、「政治家個人またはその政治団体」による政治資金調達システムに「情実や直接の利害がからむ」弊害を認め、政治資金の「かなりの部分を党に集中させ」ることを提言しながら、「党は議員個人の日常の政治活動経費のおおむね三分の一程度を援助することを目標」とし、「国会議員への公的援助の拡大」を「日常の政治活動経費のおおむね三分の一を目標」としているのみであるから、「議員個人」については残る「三分の二」をなおも個別調達に委ねていることとなり（これに企業献金枠拡大論が連動する）、「日常の政治活動経費」ならぬ「選挙資金」について、また「議員」ならぬ「議員になろうとする者」については語るところがなかった。こうした「大綱」段階の構想が自民党の実情を配慮した結果であったことは疑いなく、「国庫補助を内容とする政党法」構想は「中長期的課題」として「検討にはいる」ことが記されただけでなお遠景にあり、加えて「公的資金の拡大が政党活動の制約をまねくことなく、あくまでその自由を保障する措置を講ずることに留意する」との逡巡が随伴していた。こうした経緯からすれば、「重点項目」が単刀直入に「政党中心」の政治資金調達と「国庫補助型政党法」を前面に押し出してきたのは刮目に値する。もとより「公約」的文書であるがゆえに、批判を浴びる部分や詳細はこれを剥ぎ落した結果でもあろう。しかし自民党流「政治改革」構想の照準が奈辺にあるかは、相当に明瞭になったと見ることもできる。

本稿がこの点に注目を寄せるのは、第一に政党レベルでは、共産党を除く四野党が、企業献金廃止を唱えながらその対案として、個人献金促進とともに「選挙・政治活動への公費助成」を共同提案していること、(7) 第二に政党以外のレベルでも、「連合」なり「社会経済国民会議」なり「有識者会議」なりがほぼ同旨の提言をしていること、(8) 第三に比較制度的に見ると、西独の選挙資金国庫補助型政党法システム（政党への寄付を税制上優遇する間接的国庫補助は一九五四年、予算措置による直接的国庫補助は五九年に開始されており、六六年連邦憲法裁違憲判決を経て制定された六七年政党法により「「選挙戦費用補償（Erstattung von Wahlkampfkosten）」に理論上は限定した政党国庫補助法制が成立）を一範型に、スウェーデン（六五年から国庫補助法による政党補助）、フィンランド（六九年から政党法・国庫補助法による政党補助）、ノルウェー（七〇年から政党補助）、イタリア（七四年から国庫補助法による選挙補助および政党補助）、オーストリア（七五年から政党法による政党補助）、さらに近年フランス（八八年から政治資金浄化法による政党補助）と、あいついで政党自体ないし選挙運動への政党国庫補助制を導入し、当然ながらその受給要件をチャンネルに（固有に「政党法」を制定するしないにかかわらず）政党が一定の法的規律を受けることが、少なくとも大陸では「時代の趨勢」の趣を呈していること、(9) があるからである。こうした事情を列挙してみると、政党国庫補助型政党法制による「政治改革」の「公約」は、にわかにその現実味を帯びてこよう。そこですこしく先回りをして、国庫補助をテコにした政党の法的規律が、日本国憲法の政党制とどこまで適合可能であるか、という論点を窓口に「憲法と政党」問題にアプローチしてみたい(10)。

二　政党国庫補助導入の比較制度論

「大綱」なり「重点項目」の国庫補助制導入による「政治改革」論には、「国民の政治不信」を買ったリクルート疑獄にせよパーティ券による資金調達にせよ、要は「政党活動・選挙に金がかかる」ことに原因があり、こうした資金調達に汲々としているからまともな政治ができず、したがって政治・選挙資金に一定の規制を加えるとともに、「政党活動・選挙に要する資金を公費で補助する」ことで旧弊を絶つとの論理がある。この論理は、この限りではいわば消極的な「腐敗防止」策であろう。しかしこうした消極的論理で国民的合意は得にくい。もっぱら自民党に顕著な、したがって当該政党の内部問題たる旧弊を、自浄努力抜きに公費依存で解決するとの論理に説得力は乏しいからである。その評価はともかく「政治不信」が渦まき消費税に怒る国民に、その税で政党の病巣を治癒するがごときアピールは顰蹙を買うに違いない。ただ、「大綱」にも垣間見える、積極的正当化の論理はかねてから用意されている（とりわけ八三年五月の自民党「政党法要綱」（以下「要綱」）の説く論理および目下自民党政治改革推進本部長代理である後藤田正晴の構想(11)）。それは要するに、①政党は現代民主制に不可欠な半ば公的な団体である→②したがってその公的活動には公的に資金を保障するべきである→③そのためには政党を法的に公認することが必要となる→④したがって政党の存在・性質・地位を法的に規律するなんらかの法的要件を用意する、との論理である。ここには、後に検討する重大な問題が孕まれているが、論理としてはいわば積極的な「現代民主制に不可欠な政党制の樹立」に力点がおかれている。周知のとおりこうした積極的論理が念頭に置くモデルが、論者も時に明示的に語るように西独政党法システムである。

もとより西独の事情は、論者が依拠するほどに単純ではない。この国ではかねてから、現代の民主制を「政党国家」のそれとするにしても、政党を「国家から自由な社会団体」と解する立場[12]と、それを否定して「国家機関」とする立場[13]とが基本的に対峙しているが、その狭間に種々のバリエイション[14]があるし、それらが西独公法学界を二分する「国家と社会の二元論」への賛否[15]と、想定されるほどには照応していない。また、政党の憲法上の地位をめぐるこれら諸説[16]が、政党国庫補助の憲法論となると、たとえば「社会団体」説が国庫補助に否定的ないし消極的となり、「国家機関」説が肯定的ないし積極的になるというように、必ずしも截然と照応しているわけでもない[17]。本稿はそれを詳論する場ではないので、ここでは西独モデル、さらには各国の動向を（肯定的であれ批判的であれ）論じる際、次のことは念頭に置くべきことを留意しておきたい。

第一に、特に西独モデルを論じる場合、この国には「自由で民主的な基本秩序」なる憲法的価値秩序の枠組が根底にあるのに対し、わが国はそうした価値選択を憲法上していないこと[18]、また西独は基本法上政党を国家機構の構成部分と構想しているのに対し、日本では「結社の自由」＝人権規定に黙示的に組みこまれていること（その意味では現行イタリア憲法四九条が定める政党結成権の黙示的規定が日本国憲法二一条である[19]）。第二に、西独のみならず、政党国庫補助導入がしばしば当該国実定憲法上の政党条項を規範的根拠にするのに対し、日本の場合は「政党に対する憲法上の沈黙」という重大な相違があること、第三に、欧米が一般に「政党本位の政治」を確立・展開しているのに対し、わが国が改革を求められている「政治腐敗」の重要な原因が、派閥政治とか議員個人の利害といった本来の政党制以前の場面にあること、第四に、例えばわが国で批判の絶えない「企業献金」とて、欧米では原則として「政党の自由」の一環として容認されており、その公開を徹底させることで国民的監視に委ねられているが、献金する側の企業倫理や企業のありかた、国民の監視力の程度と質といった、いわば政治風土上の彼我の落差があって同日に論じられないこと、そして、第五に、諸外国における国庫補助制度導入の趨勢が「西欧民主主義」の「現代政党制」に制度疲労が生起しつつある表象でもありうること、[20]さらにはその深層に、西独の政党法システム採用が緊急事態法制導入（六八年基本法改正）および税財政「改革」（六九年基本法改正）と政治的には不即不離の関係にたつものであったことに象徴されるように、現代型危機管理の一方策という側面が潜んでいることである。憲法論としては、とりわけ右の一ないし三のゆえに、事柄は「日本国憲法と政党」の問題[21]として相当独自に考察を進めねばならないだろう。

三　政党の「公的」性格

国民主権[22]と普通選挙制を前提とする議会制民主主義の政治過程にあっては、本来私的結社たる政党が、その不可欠な担い手となることは多言を要さない。このことは、政党を憲法上錨止する政党条項の存否（存在する場合はその内容）にかかわらない事象である。憲法論的にいえば、政党は、もはや即目的には十分に機能しえない主権者ないし選挙権者の意思を掌握・組織して、公権力たる国家につなぐことで、国家意思と、自らの意思をも含む私的な国民意思とを媒介する。すなわち公的ないし国家的領域への連結・媒介者であるという意味では「公的」性格を帯びる。自民党「要綱」が「政党は……膨大な選挙人の意思を纏めて、これを実際政治の中に流し込むチャンネルとして、半ば私的、半ば公的役割を演ずる」とするのは、その限りで正しい。

しかし、こうした意味での政党の「公的」性格とは、なにも政党に限ったことではない。公的意思形成に私的な国民意思をつなぐ役割を演じるのは、「社会の公器」たるマスコミをはじめ、それ自身がさしあたり私的利益団体であれ労働組合・市民組織・業者団体等々、多種多様の団体も同様である。これらの「社会団体」は、自らないし自己の依って立つ国民の関心対象の琴線に政治過程が触れれば、程度・内容の差こそあれ、その政治過程めがけて働きかけ、なにがしかの影響を与えようとする。その意味であらゆる「社会団体」は「半ば公的、半ば私的」であろう。もっともこの文脈で政党がとりわけて目立つのも事実であるが、それは政党（political party）という「社会団体」が、もっぱら社会事象の政治的部分（political part）を関心対象とするがゆえであって、このレベルの限りではなお程度の差を超えない。このレベルでの「公的性格」をとりあえず「社会的」なそれと呼んでおく。ここで留意すべきは、普通選挙制を前提とする今日の政党制が、近代憲法の標榜する「国民」主権のその「国民」における同質性の喪失、非和解的対抗の生起・発展を背景に、そうした集団的抗争の政治過程における具体的担い手として生成・展開したものであり、政党はそうした意味で「国民」主権の具体的運用者であるから、「公的」であることが「私的」であることと対峙せず、むしろ「私的」なままであることが「公的」性格のレーゾン・デートルとなることである(23)。

にもかかわらず政党が、そして政党だけが「公的」性格を云々されるのは、私的結社でありながら、その所属員のまま、かつその所属員であるがゆえに、直接に国民代表＝議員となる過程に主体として立ち現われ、その選定過程を経て国民代表機関という公権力組織の要員となり、（議院内閣制をとる場合は）議席上多数党であれば内閣という公権力をその与党として直接に担い、少数党であれば野党として与党と内閣を批判し政権交代を用意する等々の、現に統治制度内で行われている「公的」な政治過程への直接的関係のゆえであろう。憲法一五条一項は主権者たる国民に「公務員の選定罷免権」を保障し、同二項はその「公務員」が国民「全体の奉仕者」であることを定めているが、この「公務員」の筆頭に議員＝国民代表があげられることはいうまでもない。こうして選出された議員は、自己の私的利益のために活動するのではもとよりなく、自己の支持者の私的利益に適切な吟味を加えないまま、いわば即自的に従って活動するのでもなく、しかし主権者たる「国民」の部分代表のままで、「全国民の代表」（憲法四三条）として「公的」な過程に関わることが憲法上要請されている。政党政治の社会的根拠を承認する以上、「全国民の代表」の名で追跡される「公的利益」は、右に見たレーゾン・デートルと切断され超越したそれではありえない。[24]

この文脈での政党の「公的」性格は、確かに社会団体一般のそれとは異なる。それはこの「公的」性格が主権者意思の制度的な直接的発現からきているからであり、その限りでは社会団体一般を凌駕する。しかしそれは、先述した社会団体一般の「公的」性格を論ずる場面とそのレベルを異にしているにすぎない。このレベルのことは——やや熟さないいい方であるが——政党の「制度的」な「公的性格」と呼ぶことができよう。自民党「要綱」が、政党は「議員の選挙および国会活動を効果的たらしめるために不可欠の重要な機能を営み、かつ……内閣を担当するという公的任務を果たす」と述べているのは、このレベルのことである。

さらに、こうした「制度的な公的性格」レベルにあっても、それに権力的契機を加味して見た場合は、現実に公権力を担う与党＝政権党と、それに批判・制御・同意・妥協を与えて間接的に関わる野党とは、質的に異なること[25]も留意を要しよう。[26]この「政党の質」の問題に関わっては、さらに、当該政権党に対峙するという意味での「反体制」政党はもとより、当該憲法体制を峻拒し変革せんとする反体制政党もまた、政党の名において等しい地位を憲法上保障するのが、「開かれた憲法」の要請であることが留意されるべきである。このことは（憲法二一条解釈論におけるいわゆる「包括説」に立てば）結社の自由を含む「表現の自由」が精神的自由の一環として「一切」保障されていることの論理的帰結であるとともに、より根底的には憲法改正権を留保された「国民」主権の顕現たる政党という把握から導かれる。

このように政党の「公的」性格を云々するにも、その「性格」に異なる次元があって、それをひとまとめにして政党が、そして政党だけが（しかも「半ば」という曖昧さを随伴して）「公的」存在であると論定するのは、事柄の複雑で多様な性格に対する厳密さと慎重さに欠けることになる。ラートブルフが「『政党』という言葉も、その理解されるところは非常に多義的であって、あるときは選挙人団、あるときは組織体、あるときは議会内会派を指すといった具合にまちまちであり、これら三つの現象形態の前提となるはずの政党自体の概念は明確でない」と指摘したことは、それが「憲法という表通りでは政党に出会うことはないが、法律という裏通りでは行きあうことがある(27)」時代の発言だけに今日の日本に今なおあてはまる。

ところでこのように、さしあたり「社会的な公的性格」と「制度的な公的性格」に区分し、後者にあってはその選定過程と統治過程、その後者にあっては政権党と反対党の各々で政党の「公的」性格を見る場合、重要なことは、いずれのレベルでも政党が政党でなくなったのでは、その前提を欠くことになり、意味をなさないということである。ラートブルフは右の指摘に続けて「したがって政党の概念は、極力広い意味に、つまり、共通の政治的志向で結ばれた国民の一部分として理解されなければならない(27)」と述べているが、これを本稿に即して換言すれば、政党の政党たるゆえん、つまり原点は、政党が「結社の自由」の一形態であるとともに「国民」主権の発現形態であり、したがってその原点を侵害するがごときは、規制はもとより援助・助長の形態においても許されないと読みとることができる。日本国憲法も含む近代憲法が、主権者の基本的人権確保をその目的とし、その手段として国民代表・議会政・議院内閣制等々の「公的」な統治機構を設けるという建前をとる以上、当該基本的人権の発現形態が統治機構に連動して「公的」性格を帯びるからといって、たとえば「結社の自由」とその基底である「表現の自由」といった基本的人権をその核心において破壊することは、本末転倒となる。政党＝結社の自由だけがその例外になるいわれはない。

四　「公的性格への公費補助」論

さて、前節で確認したことを前提にすれば、政党が部分的に「公的」性格を持つからといって、ただちに公費でそれを支えるべしというのも、粗雑な議論となる。政党への国庫補助は、政党のもつ多様なレベルの相違に応じて、その意味が異なってくるからである。政党自体に対しては最も慎重でなければならないし、政党活動中とりわけ「公的」過程に関わる選定過程に対しても、また「公的」過程そのものに見える統治過程上の議員・会派の活動に対してさえ、政党の政党たるゆえんを侵害することは許されない。以下、レベルごとに簡単に考察してみよう。

まず選挙等を除く政党活動自体への国庫補助については、「基本法二一条の政党の任務〔国民の政治的意思形成への協力〕のための特別基金」が「一般的国庫補助」である限りで違憲と判断した六六年連邦憲法裁判所判決の当該判示部分が参看されるべきである。すなわち「政党は自由に形成された、社会的・政治的分野に根を持つ集団である」から「制度化された国家機構の領域に働きかける」ことはあっても「この領域に属するものではなく」、したがって「政党の資金需要を完全に、または大部分国庫から補助すること」は違憲となるし、「部分的に補助すること」も「政党を国家による配慮に引き渡すことになる」[28]のである。加えて問題を主権者の側から眺めれば、政党は主権者意思発現のチャンネルである以上、政党自体の財政面でも主権者の「部分」たる党員ないし支持者諸個人によって支えられるべきであって[29]、政党に不欠可なこうした資金調達上の本質的契機を侵害する国庫補助は、仮に「政党政治の援助・助長」を名目にし一見「援助・助長」することがあっても、原理的に国民主権を侵害することになる。それは補助の多寡にかかわらないのであって、国庫が政党に直接補助した分だけ、政党は国民の私的意思を財政面で調達する努力から解放され、そのことを通して国民の組織・媒介者たる地位を漸次国家に「引き渡す」。

自民党の「要綱」「大綱」「重点項目」はいずれも、この種の「一般的国庫補助」を含みうる記述になっているが、それだけで批判を浴びよう（ちなみに社会経済国民会議が提唱する「政党基金制度の創設」は、こうした批評をそれなりに考慮してはいる。この制度は直接の国庫補助ではなく「個人の意思に基づく」有権者の拠出基金制であるが、「年間納税額の一定額を拠出し、選挙管理委員会がこの資金を各政党に配分する」というのであるから、拠出者国民の個別意思と切断されたいわば「政党制育成税」である）。このレベルでは、端的にいって、国民の行う政党に対する資金提供は、参政権ないし政治活動の自由の不可欠な要素であるという原点の確認が重要であろう。(30)

次に西独等で許容されている「選挙運動補助」論はどうか。六六年判決は、「政党の適正な選挙活動の必要経費に対する補助は基本法と両立する」との判断部分の方が政治的影響としては重要であり、この判決を受けて六七年、「選挙戦費用補償」に理論上は限定した国庫補助型政党法が成立し、同法は六八年合憲判決を得た。(31)このレベルの補助は、しかし西独の実情に照らせば、一般的補助と選挙費用補助との区分ができず、したがって右の政党補助批判がそのまま妥当するほか、その補助が既成大政党に有利に働き（機会均等原則の原理的侵害）、補助を前提にした政党活動が結局のところ公権力ないし政権党との癒着・融合や党内指導部の権威主義化をもたらす等々の、すでに論じつくされた（一般的国庫補助にも通じる）弊害が、なおも想起されるべきである。(32)

ただ、選挙費用補助は、その内容・程度・要件によっては選挙に参加する政党および立候補者の「実質的機会均等」の積極的保障たりうるという議論はあろう。(33)現にわが国でも実施されている選挙運動の公営部分(34)はここに正当性の根拠を置く。したがってこの既存の選挙運動補助を、いわば量的に拡大していくだけで事実上国庫補助制を導入する道も想定される。ただ選挙公営制度には、誰でもいかなる政党でも立候補できるという意味での機会均等保障の側面に加えて、それが縮減されれば立候補しがたくなるという、過度の依存による立候補自由の空洞化の側面もあるから、ここではそのひとつひとつに、「政党の自由」と機会均等原則の両面から吟味をかけていく必要があろうが、その際、なによりも立候補する（ないしさせる）自由の実質的確保を侵害しないことが限界線となろう。なお、この種の公営部分の存在・拡大がその「反対効果」として選挙運動の自由領域を縮減する日本に固有の事態は、別途批判されねばならない。

政党の「制度的な公的性格」の統治過程における公金支出としては、すでに「議員一人につき六五万円の割合をもって算定した金額」を各「会派」に対して毎月交付する「立法事務費」がある。「政党」と「会派」とは同義語ではないし、院内議員組織たる「会派」の固有の活動（特に立法のための調査・研究・資料収集）に支給されるのが「立法事務費」であるから、「全国民の代表」ないし「全体の奉仕者」たる議員の現実の任務・活動に着目して支給される性質のものである。ただ会派の圧倒的部分が政党所属議員であるし、会計検査もないから、ここをチャンネルにした事実上の国庫補助制導入の可能性はある。ここでは特定された目的に要する金額の検討、使途の公開などが問題となろうが、権力的契機を勘案すれば、単純に議員数に応じた交付でよいかも論点となろう。もっとも「政治臨調のすすめ」を説く昨今の勢力は、議員ないし国会にかかる公費を「ムダ使い」と激しく攻撃しているので、争点はむしろ逆に、それ自体は民主的必要経費である会派活動への公金支出を確保・維持できるか否か、になるかもしれない。

おわりに

政党の「公的」性格を理由とした政党国庫補助が巷間に受容されやすいのは、私的団体たる私学や社会福祉法人への補助・助成など憲法八九条の問題圏の補助を含む、助成金・補給金・交付金・奨励金等々の補助が現に多々あって、それと等質の補助と受け取られやすいことにあろうが、これらは一定の政策目的から行政が一定の裁量のもとに行うものであって、政党補助とは質的に相違する。(35)この点ではむしろ「補助金」システムの果たす体制包摂機能(36)をこそ留意すべきであろう。

右との関連で考慮すべきは、政党自体に対してであれ選挙費用に対してであれ、国庫補助にはなにがしかの受給要件が不可避であり、それが政党のなにがしかの変質に連動しうる点である。政党の法的規律に政党規制の色彩が明白な場合（たとえば「要綱」における「革命の防止に寄与する」との政党要件）は当然批判すべきものとしても、純粋に国庫補助型の場合、その合憲性は要件しだいと見る向きがなくはない。その際、文言上は一見問題のない一般的基準とて政党規制に猛威をふるうことは、西独が設定した「自由で民主的な基本秩序」なる政党条項上の基準（基本法二一条二項）の経験からすでに周知のことである。問題は、国庫補助がたとえ政党規制・排除に連動しなくても、受給要件を通して非受給政党を生み出し、事実上政党間に財政上の差異を創出する可能性である。たとえば、昨年一〇月一九日自民党政治改革推進本部に提案された参議院自民党「政党法プロジェクトチーム」の「政党法大綱骨子案（中西私案）」は、受給政党要件を「①国会議員五人以上②直近の衆院選又は参院選での得票総数が有効投票総数の四％以上③直近の衆院選又は参院選での確認団体」のいずれかとしており、この限りでは客観的一義的基準であろうが、その要件を満たさない政党との差異もさることながら、同案が同時に「民主的な政党組織の確立」「政党政治の健全な発達の促進」による「国政への寄与」を「目的」とし、あわせて「政党は、当該政党が定める公正な手続により、党首及び当該政党公認の候補者を選出するものとする」との要件的規定を随伴していて、ここを通路とした支給制約が充分にありうることを見逃してはならない。その場合、受給拒否も「政党の自由」たりうるが、その結果「政党の機会均等」原則が侵害されることは明らかである。(37)逆にこうした「政党の質」に関わる受給要件は、政党によってはそれを満たすための変質をもたらすだろう。

（1）全文は本誌〈法律時報六二巻六号（一九九〇年）〉収録資料および憲法運動一八六号（一九八九年）二五頁以下。
（2）全文は本誌〈同右〉収録資料、憲法運動一八〇号（一九八九年）二〇頁以下、憲法改悪阻止各界連絡会議編『「政治改革」のすべて』（一九八九年）二三頁以下、白鳥令編『すぐできる政治改革』（リバティ書房、一九八九年）巻末資料一頁以下、等。
（3）第八次選挙制度審議会の動向については憲法運動誌一八一号（一九八九年）以後の「資料」欄が詳細に伝えている。
（4）たとえば九〇年一月五日付朝日新聞。
（5）八九年一〇月二〇日付東京＝中日新聞。
（6）さしあたり広瀬道貞『政治とカネ』（岩波新書、一九八九年）。
（7）八九年六月一七日発表の四党共同要綱。全文は本誌〈法律時報六二巻六号（一九九〇年）〉収録資料、憲法運動一八一号（一九八九年）一九頁以下、憲法会議編・前掲書六九頁以下、白鳥編・前掲書二一頁以下、等。
（8）「政治改革についての連合の態度」一九八九年八月一七日第一九回連合中央委員会、亀井正夫『「政治臨調」のすすめ』（社会経済国民会議、一九八八年）、同政治問題特別委員会『政党改革に関する提言』（一九八七年）、同『議会政治への提言』（社会経済国民会議政治問題特別委員会、一九八八年）、政治改革に関する有識者会議「提言」（一九八九年四月二七日）、等。なおジャーナリズム・論壇でも政党国庫補助による構造汚職・金権政治からの脱却を提言する例は少なくない。たとえば広瀬・前掲書一八九頁以下、白鳥編・前掲書一四〇頁以下。
（9）各国の法制・実態の比較概観については、さしあたり前田英昭「政治資金・各国の法状況」『法学セミナー総合特集シリーズ(2)現代議会政治』（日本評論社、一九七七年）、堀本武功編『世界の政党法』（麹町出版、一九八四年）、K.-H. Naßmacher, Öffentliche Parteienfinanzierung in Westeuropa, in: Pol. Vierteljahressch, 1987, S. 101 ff. D. Th. Tsatsos u. a., Die Finanzierung politischen Parteien, Ein rechtsvergleichender Überblick, in: Z. ausl. öff. R. u. VR Bd. 25 (1965), S. 524 ff. なお、最近のフランスにおける導入については、さしあたり「海外における『政党法』最近の動向」国会画報三一巻四号（一九八九年）二五頁以下。大陸での導入には、時に巨大汚職事件（イタリアでの七四年石油業界汚職、フランスでの八七年リュシェール事件）が契機となっていることも、リクルート事件等にまみれた日本の状況との関連で留意を要する。加えてスイスにおける憲法への政党条項導入の動きについては、小林武『現代スイス憲法』（法律文化社、一九八九年）一七六頁以下、参照。
（10）「政党法」にかかわる憲法論上の概括的検討については、拙著『憲法検証――天皇・安保・政党法』（花伝社、一九九〇年）でまとめておいた。

(11)　政党法要綱（いわゆる吉村試案）の全文は、本誌〈法律時報六二巻六号（一九九〇年）〉収録資料、上田誠吉＝大野達三編『多角研究　政党法とはなにか』（新日本出版社、一九八四年）、憲法運動一二八号（一九八四年）、等。後藤田構想については後藤田正晴『政治とは何か』（講談社、一九八八年）、後藤田＝亀井正夫「対談・競う」八八年九月一一日付日本経済新聞。

(12)　Z. B. H. Krüger, Allg. Staatslehre, Stuttgart 1964, S. 369 ff.

(13)　Z. B. G. Leibholz, Volk und Partei im neuen deutschen Verfassungsrecht, DVBl. Bd. 65 (1950), S. 194 ff., jetzt in: ders., Strukturprobleme der modernen Demokratie, 3. Aufl., Karlsruhe 1967. 阿部照哉＝初宿正典＝平松毅＝百地章訳『現代民主主義の構造問題』（木鐸社、一九七四年）六〇頁以下。

(14)　政党を国家機関でも社会団体でもない öffentliche Stellung とみる P. Häberle, Unmittelbare staatliche Parteifinanzierung unter dem GG, in: ders., Kommentierele Verfassungsrechtsprechung, Königstein/T. 1979, S. 176 ff. 結社一般と截然と区別される特異な öffentliche Stellung とみる K. Hesse, Die verfassungsrechtliche Stellung der Parteien im modernen Staat, in: VVDStRL H. 17 (1959), S. 45 f., jetzt in: ders., Ausgewählte Schriften, Heidelberg 1984, S. 87 f. 国家と社会を媒体する地位（vermittelnde Stellung）と見る W. Henke, Das Recht der politischen Parteien, 2. Aufl., Göttingen 1972, S. 1 ff. 等々。

(15)　こうした理論的背景については、さしあたり栗城寿夫「西ドイツ公法理論の変遷」公法研究三八号（一九七六年）、広渡清吾「西ドイツにおける『国家』」金原佐門＝小林丈児＝高橋彦博＝田口富久治＝福井英雄＝藤田勇編『講座現代資本主義国家4先進諸国の支配構造』（大月書店、一九八〇年）、拙稿「西独における基本権論の動向」長谷川正安編『現代人権論』（法律文化社、一九八二年）〈本書Ⅳ部二四章〉、E.-W. Böckenförde, Grundrechtstheorie und Grundrechtsinterpretation. in: NJW 1974, H. 35, jetzt in: ders., Staat, Gesellschaft, Freiheit, Frankfurt/M. 1976. 拙訳・名古屋大学法政論集一二九号（一九九〇年）、等、参照。

(16)　詳細は手島孝「現代憲法と政党」芦部信喜編『岩波講座現代法3現代の立法』（岩波書店、一九六五年）一七六頁以下、上脇博之「『政党の憲法上の地位』について㊤」六甲台論集三六巻二号（一九八九年）一一七頁以下。

(17)　さしあたり vgl. E. Menzel, Staatliche Parteifinanzierung und moderner Parteienstaat, DÖV 1966, insb. S. 593 ff. 土屋正三訳・自治研究四三巻二号（一九六七年）三二頁以下。

(18)　この点西独における「政党の憲法上の地位」の議論が「たたかう民主制」と密接な関係にあることを指摘する上脇・前掲論文、参照。

(19)　この点につき影山日出弥『憲法の基礎理論』（勁草書房、一九七五年）二三九頁以下、水島朝穂「わが国における政党法則の

憲法的問題性」法律時報五六巻三号（一九八四年）二四頁以下、参照。

(20) 以上**四**、**五**につき戒能通厚＝小野耕二＝森英樹「鼎談／政党への国庫補助と議会政治」憲法運動一八二号（一九八九年）、参照。

(21) こうした観点からすれば丸山健『政党法論』（学陽書房、一九七六年）は常に参照されるべきである。

(22) 「国民主権」概念をめぐる周知の議論については、とりわけ「政党国家」概念との関係で深く関わりうるが、ここでは立ち入らない。ライプホルツを嚆矢とする「政党国家」論におけるVolkの把握の問題については、さしあたり、高見勝利「国民と議会」国家学会雑誌九二巻三＝四号（一九七九年）四九頁以下、D. Grimm, Die politischen Parteien, in: E. Benda u. a. (Hg.), Handbuch des Verfassungsrechts der BRD, Bd. 1, Berlin 1983, S. 331 ff.

(23) 影山日出弥「現代国家と民主主義」法の科学二号（一九七四年）、拙稿「国民主権と政治参加の権利」山下健次編『憲法』（青林書院、一九八七年）二〇〇頁、参照。

(24) 参照、円藤真一『憲法と政党』（ミネルヴァ書房、一九七七年）一四七頁、J. H. Kaiser, Die Repräsentation organisierter Interessen, Berlin 1956, S. 242 ff. なお、「全国民の代表」については、「利益代表の異常肥大」を理由に「実在する利害関係から独立に公共のために」強調すべき今日的意味があるとの議論がある（「座談会／憲法四〇年」法学教室八〇号〔一九八七年〕六頁〔樋口陽一発言〕）が、本稿本文の原理的把握と矛盾はしない（参照、吉田栄司「国民代表」浦部法穂＝大久保史郎＝森英樹＝山口和秀編『現代憲法講義2〔演習編〕』〔法律文化社、一九八九年〕二二八頁以下）。ただ、その前提にあると思われる、「個人の尊重」のためにいったんは通過すべき「反結社」の高唱（たとえば樋口『自由と国家』〔岩波新書、一九八九年〕）は、その射程によっては本稿もまた批判の対象になるかもしれない。

(25) Vgl. K. Hesse, a. a. O., S. 21 f.

(26) こうした視角については、上脇・前掲論文、大山正武「政党と憲法問題」法学研究四一巻五号（一九六八年）、参照。

(27) G. Radbruch, Die politischen Parteien im System des deutschen Verfassungsrechts, in: Anschütz-Thoma (Hg.), Handbuch des deutschen Staatsrechts, Bd. 1, Tübingen 1930, S. 290. 竹内重年訳『二〇世紀における民主制の構造変化』（木鐸社、一九八三年）一三七頁。

(28) BVerfGE, Bd. 20, S. 56 ff. なお参照、室井力「西ドイツにおける政治資金規正問題」ジュリスト三七四号（一九六七年）、佐藤功「憲法と政党」芦部信喜編『憲法の現代的課題』（有斐閣、一九七二年）四五四頁以下。

(29)　もとより個人献金といえども「政党の自由」をおびやかす契機に満ちた高額の「不適切な私的財源」は別途吟味すべきである。Vgl. K.-H. Seifert, Die politischen Parteien im Recht der BRD, Köln u. a. 1975, S. 303 f.

(30)　参照、野上修市「政治資金の憲法的考察」法律論叢五九巻二号（一九八六年）三四頁。

(31)　BVerfGE Bd. 24, S. 300 ff. なお参照、竹内重年「西独政党法の基本的諸問題」熊本法学三〇号（一九八一年）。

(32)　さしあたり、水島・前掲論文、五十嵐仁「政党法と政党規制」経済一九八四年八＝九月号（一九八四年）、広渡清吾『二つの戦後社会と法の間』（大蔵省印刷局、一九九〇年）二七四頁以下、Seifert, a. a. O., S. 310 f.

(33)　R. Mußgnug, Die Staatliche Finanzierung von Wahlkämpfen, in: NJW 19. Jg. H. 37, 1966, S. 1687 f. はこの点を強調して、無所属を含む候補者の選挙参加に対する補助とする。

(34)　公選法二六三条が国政選挙につき、また二六四条が地方選挙につき公費負担と定める費用のうち、政党が行う選挙運動の費用にあたるものが含まれている（選挙公報、新聞広告、法定ビラ・ポスター、運動用自動車等）。

(35)　Vgl. Seifert, a. a. O., S. 302.

(36)　参照、広瀬道貞『補助金と政権党』（朝日新聞社、一九八五年）。

(37)　伝えられるところでは、フランスでは共産党が受給を拒否している。前掲・国会画報二七頁。

第一二章　現代の憲法と政党——ドイツにおける政党国家と国家政党

一　はじめに

ドイツ憲政史・国制史に「政党（Partei od. politische Partei）」と称する集団・団体が登場するのは、一七世紀イギリスがそうであるように、市民革命期においてであるが、ドイツ市民革命の高揚が一八四八年であったことから、その分いわば歴史に遅れをとって開始している。しかしこのドイツ的遅れが、現代的政党編成の萌芽を、政党発生の出発のところで包含することになった(1)。

周知のとおり一八四八年とは、すでにドイツを追われパリをも追われたカール・マルクスが、ブリュッセルを根拠地に活躍しながらロンドンに赴き、「すべての地（alle Länder）のプロレタリアート」に対して「共産党宣言」のメッセージを発した年でもあった(2)。「一八四八年のドイツ革命で初めて、全国的基盤の上に実際の政党生活が始められた」のであるが、「後にドイツの国内政治に現れるような主要な政党傾向のほとんどすべては、しばしばその発端だけであるとはいえ、その起源を、革命期の議会ふうの集会（parlamentarische Versammlungen）にさかのぼることができる」のである(3)。

だが、三月革命期に産声をあげたドイツの諸政党は、革命の流産とともにその展開を停滞させる。ドイツにおいて「名望家に基礎をおく世界観政党（Weltanschaungsparteien auf Honoratiorenbasis）」から近代的な「利益に影響される政党（Parteien mit Interesseneinfluß）」へと漸次移行していくのは、第二帝制期のことであった。(4) 多くのドイツ政党史研究が、その起点を一八七一年に置くのはゆえないことではない。(5)

二　ヴァイマル期ドイツの「憲法と政党」

よく指摘されるように、現代憲法政治においては政党が不可欠にして不可避の構成要素でありながら、その政党が憲法的規律の対象になりにくい、または部分的にしか規律されないという事実は、政党国家（Parteienstaat）の時代とされるこんにちでもなお、比較憲法的なひとつの普遍的事実である。ドイツに即していえば、現代憲法の嚆矢とされるヴァイマル憲法（Die Verfassung des Deutschen Reichs vom 11. August 1919）においても、「官吏は、全体の奉仕者であって、一党派の奉仕者ではない（Die Beamten sind Diener der Gesamtheit, nicht einer Partei）」（一三〇条一項）との規定にわずかに「政党（Partei）」文言を置くのみであった。この規定が政党についての規定でないことは明らかであるが、それにとどまらずこの条項は、「議員は、全国民の代表（Vertreter des ganzen Volkes）である。議員は、その良心にのみ従い、委任に拘束されない」（二一条）との規定と響きあうことで、官吏であれ国民代表＝議員であれ、政党からの影響を遮断することに憲法の基本的態度があることを示している。そのかぎりでヴァイマル憲法は、政党に対して「つれなくも拒否するという否定的態度をひたすらとることに特徴がある」(6) ことは間違いない。

しかしヴァイマル憲法は、他方で、政党制を当然の前提にする比例代表制を選挙の原則とした。その二二条は、女性参政権を含む普通・平等・直接・秘密選挙を採用するとともに、その選挙が「比例代表選挙の原則（Grundsätze der Verhältniswahl）に従う」ことを定める。拘束名簿式比例代表制によって一九二〇年六月六日に施行された選挙で成立したドイツ・ライヒ議会（Reichstag）においては、一方では共産党（KPD・二議席）および独立社会民主党（USPD・八一議席）が、他方で国家人民党（DNVP・六六議席）及び人民党（DVP・六二議席）が、いわば両翼を形成し、その狭間で社会民主党（SPD・一一三議席）と中央党（Zentrum・六九議席）および民主党（DDP・四五議席）によるいわゆるヴァイマル連合（Weimarer Koalition）は絶対多数を得られず、議会は諸政党が相互にきしみあう場となった。しかもこの政党編成は、「組織的で社会的政治環境に強く根をはった大衆統合政党（Massenintegrationspartei）である二政党、すなわち社会民主党とカトリックの中央党が、支配エリートを体現する名望家政党たる保守政党・自由主義政党と対峙していた(7)」のである。

憲法規範は、一方では政党に対する消極的・拒否的態度を基本としながら、他方で政党制を前提とした選挙制度を容認し、憲法政治の実態は、旧態の政党から現代政党制に急激に移行しつつ、すでに非和解的対決をはらんだ諸政党間の確執・抗争を軸に運用されているのが、ヴァイマル期の「憲法と政党」問題の複雑な実相であった。ラートブルフがいうように「民主政のイデオロギーは政党国家であることを否定し、社会学的現実は政党国家であることを高らかに肯定しているのに対して、民主政の国法は、肯定でも否定でもないどっちつかずの中間的立場をとってい(8)」たのである。

三　トゥリーペルの命題の歴史的文脈

「政党」がドイツ国法学上の論題となるのは、こうした事情が背景となっている。「憲法と政党」問題を論じるさいに、こんにちでも必ず引用されるトゥリーペルの著名な命題も、その例外ではない。あまりに周知の一節とはいえ、ここでもその言説を再度検討しておく。

トゥリーペルは、「歴史的に見れば、政党に対する国家の態度は四つの段階を経てきている。われわれは制圧（Bekämpfung）の段階（Stadium）について、次いで無視（Ignorierung）の段階について語ることができる。後者に続いて承認及び合法化（Anerkennung und Legalisierung）の時期（Periode）があるが、最後になれば憲法体制への組入れ（verfassungsmäßige Inkorporation）の時代（Ära）が到来するだろう（folgen würde）」という。[9]

この言説が、政党に対する国家の態度の歴史的推移を理論的標識で範疇的に区分しているものであることは間違いない。したがって歴史的発展の客観的叙述というより、「重層的に積み重ねられているもの」であり、「各段階の態度が現代における政党に対する国法の態度の四つの異なる側面」を言い当てている言説[10]として受け止めるべきであろうが、ここでは、当該言説にいう「最後の時代」の到来に、トゥリーペルがどう向き合おうとしていたかが重要である。

右に引いた命題に続けて「憲法体制への組入れ」につきトゥリーペルは、「この組入れは、もとより、今のところその存在および特性（Existenz und Eigenart）においてなお、われわれには疑わしい（problematisch）」と述べた。[11]トゥリーペルが、「現代国家（moderner Staat）は、その政党に対する関係において、第四の段階、つまり政党国家の時期、したがって諸政党を基盤として成立する国家の時期に本当に入っているのだろうか?」と問いつつ「この疑問にすっきりとイエスかノーかで答えることはできない」として、「形式的な法の立脚点」から見れば政党はいまだ「国家機関（Staatsorgan）」ではなく「選挙人団（Wählergruppe）」にすぎず「憲法枠外の現象（extra-konstitutionelle Erscheinung）」であるのに対し、「政治的動態の観点」から見れば「国家の統治（Regierung des Staates）が政党に引き渡されていることは紛うことなき事実」であって、この双方の間では「自由主義原理によって作られた法と大衆民主政の現実とが非和解的に（unversöhnlich）対峙している」と指摘したのは[12]、「存在」についてのいわば事実認識レベルにおける言説であったろう。しかし「政党国家」現象をるる述べたうえで、そうした事象を自由主義理論に組み込もうとする努力を「大衆民主政に対する自由主義の撤退戦」と批判し、「政党国家を離れるためには、大衆民主政から脱け出る（Entwicklung）かこれを乗り越える（Überwindung）しかない」として、「政党国家の衝迫に対抗する防御は、原子的個人主義の国家観を放棄し有機的国家観（organische Staatsauffassung）によってこれに代えることで始めて打ちたてられるだろう」と訴えているのは[13]、眼前の事態の「特性」を見たうえでの、いわば評価判断レベルでの主張であった。

政党が国家・国法から「制圧」ないし「無視」されることを脱して法的に承認されることは、実定法（positives Recht）がなにがしか肯定的（positiv）に政党への規律を語るところから始まる。実定法としての憲法がそうすることも、そのかぎりでは「承認又は合法化」を意味するにすぎない。トゥリーペルがverfassungsmäßige Inkorporationと呼んだ事象は、そうした単なる「承認又は合法化」をいわば質的に超えて、国家統治体（Staatsverfassung）があれこれの政党を、当該国家において選択された一定の価値の化体たる憲法（Verfassung）に適合的（mäßig）であるように組み入れること（すなわちInkorporation）が含意されていた。「立憲化（Konstitutionalisierung）」と「立法化（Legalisierung）」との質的差異に着目しつつトゥリーペルの言説に言及するある論者が指摘するように、「政党とは、それが――トゥリーペルのいうように――まだ『憲法枠外の現象』として理解されえたころにも『法的（legal）』であった。問題は法秩序に政党を据え付けること（Einbau in die Rechtsordnung）にあるのではなく、憲法生活において政党に位置を与えること、つまり政党に『憲法上の法的権限を付与すること（Beleihung mit verfassungsrechtlichen Zuständigkeiten）』にある」のである。トゥリーペルにとっては、彼が理解するヴァイマル憲法ないし近代憲法の体制に、政党を、とりわけ大衆政党を組み入れることに対する逡巡ないし否定的判断があったと推察される。

トゥリーペルは、ケルゼンと対決して憲法が政治的なものであることを認め、憲法学における「政治的考慮と論理的・形式的概念作業との結合」を力説する。(15) したがって当時のドイツの憲法政治が「政党に引き渡されていること」は「紛れもない事実」であることを「政治的動態の観点」から認めつつも、「それがはたして幸福なことなのであろうか（Ob das ein Glück wäre?）」と反語的に問い続けた。(16) そして確かに政党国家の赴く先に、その克服策として「指導者寡頭政治（Führeroligarchie）への転換による『平等』民主政の貴族化（Veredelung）」とそれによる「独立した、それゆえ責任ある国家指揮者（Staatsleiter）の登場」が到来することを、「それによってきちんとした解決を得ることは困難」という文脈で予測もした。(17) しかし政党国家の不可避性を認めたトゥリーペルが憲法論として説こうとしたことは、ケルゼンが努力した、政党制の民主政に適った定位の道ではなく、(18)「政党の時代もまもなく終わるだろう」という見通しのもとで、「共同体を形成する別の力」が「国民の新たな組成（neue Gliederung des Volkes）」を生み出し、それが「魂なき大衆から生き生きとした『多元性の中での一個の単一体（eine Einheit in der Vielheit）』を形成する」という道であった。こうした展望を説くトゥリーペルは自らをロマン主義者（Romantiker）と認める。(19)

ケルゼンもまた「多元性の中での一個の単一体」のことを語ったが、それは、「国民の中にある多元的な人間（eine Vielheit von Menschen im Volk）が一個の単一体に形成される」という文脈においてであって、民主政における「支配の主体」たる「国民」にとっては、この「単一体」が『国民』と称して『人間の統体（Inbegriff von Menschen）』とみせかける」のは「ひとつの擬制」であり、それゆえにこそ「国民の観念的概念から現実的概念に迫る」ために「政党」が憲法論固有の対象に浮上する。[20]

ドイツ近代憲法が政党に対して制圧・無視の態度をとった根拠に、「伝統的・正統的な議会制の論理に内在する反政党的な要素」はもとより、それとは別にドイツに特有の「議会制の論理そのものに対する反感からくる反政党的な要素」があった[21]とすれば、トゥリーペルが verfassungsmäßige Inkorporation に逡巡していた底流には、後者の側面もほの見える。この点では、ヴァイマル憲法体制の新たな側面と民主的政党制に親和的であり、SPDに属してヴァイマル政府の司法大臣（一九二一年一〇月―一九二二年一一月、一九二三年八―一一月）でもあったラートブルフが「ライヒ憲法における政党の無視の根拠は、民主政のイデオロギーというよりは、新国家においてもまだ理不尽に堅持されている伝統的な権威国家（Obrigkeitsstaat）のイデオロギーにある」と激しく批判しつつ、価値相対主義に基づく民主政に適合的な政党制を模索していた[22]のとは、基本的に異なると見てよい。

第二帝制期に漸次進展してきた近代政党制は、ヴァイマル期に入ると、確かに verfassungsmäßige Inkorporation を論題にすべき様相を呈した。だが「問題は、どのような形で、憲法体制に組み入れるかにある」[23]のであって、そこでは、何を当該「憲法体制」と見るのかという問題と、その「憲法体制」に適合的な「組入れ」とは何かという問題とが、重なりあって論じられていたことになる。

四　ふたつのドイツにおける「憲法と政党」

トゥリーペルもケルゼンも、政党制の進展が、自由主義的に解される憲法体制であれ民主政のそれであれ、憲法体制を破壊する事例として「ボルシェヴィズムとファシズム」を警戒していた。前者は、一九一八年一一月のドイツ革命からヴァイマル体制に終息していく過程が、ローザ、リープクネヒトらのスパルタクス団を駆逐し、一九一七年ロシア革命で明確となった評議会（Räte）方式での社会主義革命の道と対峙していくものであったことの現れである。後者が、すでに現実の政治勢力となっていたナチス（Nazi(s) = Nationalsozialist）への警戒であったことはいうまでもない。もとより「憲法と政党」という論題の磁場では、それは、政党国家（Parteienstaat したがって厳密には複数政党国家）の国家政党（Staatspartei したがって国家一党制）化として論じられる。ドイツはその現代史において、右からの国家政党化としてナチス第三帝国における、左からの国家政党化としてドイツ民主共和国における経験をそれぞれ持った。

民主政という「トロイの木馬」から反民主政党が「合法的」に権力を奪取して自ら「国家政党」になり民主政を破壊するというファシズムないしナチス支配の痛恨事を、「政党国家の国家政党化」に対する反省としてその再発防止装置を設置しようとする憲法上の努力は、しかし各国により、加害・被害国の相違を超えて一様ではない。一九四七年のイタリア憲法は、その第一部「市民の権利及び義務」のうちの第四章「政治的関係」において主権的な政治的権利を詳細に規定し、その一環として「すべての市民は、民主的な方法により、国の政策の決定に参与するために、自由に政党を結成する権利を有する」と定めたが、これは「政党に関する限りは、宣言的確認（deklaratorische Feststellung）がなされたにすぎなかった」し、一九四六年のフランス憲法は、政党について三ヵ所（一一・五二・九一条）で触れてはいたが、それは「一定の選挙における政党の役割に関する純粋に実用的（utilitar）な言及にすぎない」のであって、憲法に組み込まれるべく憲法委員会で僅差で採択された、後述する西ドイツ政党条項のごとき「政党基本法」案は、国民議会によって意識的に憲法規範化されなかった。(24) ちなみに日本では、政党国家ですらなかった戦前の歴史があり、また憲法制定過程が特有の政党観に立つアメリカ合衆国の主導のもとになされたため、憲法で政党を語ることはせず、政党は国民の表現の自由の一形態たる結社（二一条）のひとつに黙示的に埋め込まれた。(25)

これに対して、東西分断によって生誕したドイツ連邦共和国（西独）の基本法（Das Grundgesetz für die Bundesrepublik Deutschland vom 23. Mai 1949）は、その二一条に特異な政党条項を持つ。それは基本法上、結社・団体の結成権（九条）を含む「基本権」を定めた部分にではなく、連邦共和国の基本構造を定めた「連邦およびラント」の部分におかれながら、「諸政党は、国民の政治的意思形成に際して共に活動する（Die Parteien wirken bei der politischen Willensbildung des Volkes mit)。政党の創設は自由である」（二一条一項）と定める。「すべての国家権力は、国民から発する」（二〇条二項）以上、「国民の政治的意思形成」こそが基軸であるから、政党もまた国民のなかから自由に結成され、「国民の政治的意思形成」にはいわば側面から「共に活動」するにとどまる。

しかし設立が自由なはずの政党も、「その内部秩序は、民主政の諸原則に合致するものでなければならない」（二一条一項）し、「その目的又は支持者（Anhänger）の行態に照らして、自由な民主的基本秩序を侵害し若しくは除去し、又はドイツ連邦共和国の存立を危うくすることを目指すものである場合は、憲法違反である。違憲性の問題については、連邦憲法裁判所がこれを決定する」（二一条二項）とする。

結社一般もその目的・活動が「刑事法律に違反するもの、又は憲法適合的秩序若しくは諸国民間の協調の思想に違反するもの」は禁止され、行政権（内務大臣）による禁止処分の対象となる（九条二項）が、これとの対比では政党は、すくなくとも文言上は、「憲法適合的秩序（verfassungsmäßige Ordnung）」の、根幹ではあるがその一部である「自由な民主的基本秩序（freiheitliche demokratische Grundordnung）」にのみ限界づけられており[26]、かつ、違憲認定の手続を司法権たる連邦憲法裁判所にのみ認めた点で、両者の差異は小さくない（結社の自由を含む特定の基本権を「自由な民主的基本秩序」に反対する闘争のために濫用する者は、その基本権を喪失する旨一八条は定めるが、その喪失の認定も連邦憲法裁判所である）。

こうして基本法は政党を、基本権たる結社一般から引きはがして国家基本構造の領域に引き渡しながら、その基本権性のゆえに「自由」を基底におきつつ、しかし違憲政党排除システムを、排除手続に一定の慎重さを伴いつつも導入し、排除されないかぎりでの政党を最大限に保護するという、保護と規制とが交錯した「政党の憲法への錨着（Verankerung）」を図っている。加えて基本法はその三八条一項で、ヴァイマル憲法二一条と同様の「連邦議会の議員は、全国民の代表であって、委任及び指図に拘束されることはなく、その良心のみに従う」との規定を堅持し、その議員の選挙につき、ヴァイマル憲法二二条との対比では「自由選挙（freie Wahl）」を付加し、比例代表選挙を明定しなかった。

政党はしたがって基本法上、二重三重に複雑で中間的な地位が与えられている。政党を通常の結社として「国家からの自由」の領域に置くのか、統治機構の一環に制度的に連結せしめるのかという対峙的双極の磁場を想定すると、基本法の規定には、その両者に引かれたある種の逡巡が看取できなくもない。

戦後ドイツ国法学が「憲法と政党」の論題のもとで、「政党の地位」をひとつの重要な争点にしてきたのは、こうした基本法の規定方法にも原因があった。その論戦においては、政党を「国家から自由な社会団体」と解する立場[27]と、それを否定して「国家機関」とする立場[28]とを双極とする理論的磁場が形成され、その双極の間に、そのいずれでもない「媒介的地位（vermittelnde Stellung）」とする立場[29]、「公共の地位（öffentliche Stellung）」と見る立場[30]、結社とは「別もの（ein liud）」で伝統的カテゴリーには収まらない「特異な公法上の地位（singlärer öffentlich-rechtlicher Status）とする立場[31]など、種々のバリエーションがある。[32]こうした議論の底には、戦後西独の公法学界を二分する「国家と社会の二元論」に対する賛否をめぐる周知の論争[33]があるが、同時に、こうした議論の交錯は、基本法がとった政党への態度が、政党の自由と規制、規制と保護を交錯させていることのあらわれでもあろう。ただし、それが一見「憲法と政党」という抽象的論題として純学問的な論戦に映るのは、議論の土俵が基本的に「自由な民主的基本秩序」という枠付けにほとんど疑義をはさんでいないからである。[34]こうした枠付けに論理的には疑義を挟むことになるはずの「社会団体」説も、その多くは、たとえば違憲政党の排除を限定的にではあれ「異例の状態として正当化されうる」とするごとく、[35]当該立論の内部問題とはしない。問題はしたがってここでも「政党を、どのような形で憲法体制に組み入れるか」にある。

周知の通りこうした枠付けは、さしあたりはナチス支配の復元を憲法上事前に阻止するという含意・意図で導入された。「闘う民主政（streitbare Demokratie 正確には「闘うことのできる民主政」）」[36]とも呼ばれるこのシステムの相手方は、歴史的にはナチスであった。だが「ボルシェヴィズムとファシズム」への警戒という母斑を残す戦後西独が、ドイツ分断が明確になるにつれ一般条項的な「自由な民主的基本秩序」文言を語るとき、そこには「もうひとつのドイツ」とその背後にソ連の「全体主義」を想定し、そこでは、建前上は「民主的」ではあっても「自由」ではない「基本秩序」が樹立されつつあると解し、そこに向けられた排撃の論理・機能が忍びこむ。その「もうひとつのドイツ」は「ドイツ民主共和国（Deutsche Demokratische Republik：DDR）」として、西独の成立を横目に見ながら一九四九年一〇月七日に成立した。こうして基本法体制が選び取った政治的価値判断が「ドイツの過去ともうひとつのドイツの現在」[37]に対峙するものであることは、決定的となる。創設（一九五一年九月二八日）まもない連邦憲法裁判所に対し連邦政府は、一九五一年一一月に相ついで二つの政党の違憲確認・解散を求めて提訴し、裁判所はネオ・ナチ政党については早くも一九五二年一〇月二三日に、しかしドイツ共産党については五年の歳月をかけて一九五六年八月一七日に、それぞれ提訴を認容する判決を下した。

重要なことは、ナチスの復元を阻むことがドイツに課せられた歴史的使命であるとしても、それを「近代憲法の基礎にある国家の価値中立性＝思想の自由競争という大前提」の場に委ねるのではなく、「国家みずからが憲法的価値の化体となって国民私人に『憲法への忠誠』を要求する」というシステムで図ろうとしたことにある(38)。基本法の政党条項は、政党を公然と憲法規範に組み込んだがゆえに、ラートブルフのいう「権威国家のイデオロギー」の「支配を終わらせようとしたもの」とする評価(39)があるが、にもかかわらず、こうした価値的憲法体制とそれに適合的な政党制の上からの整備には、そうしたイデオロギーに通底するものがほの見えはしないか。

では、「民主的」共和国として発足した東独は、こうした西独の動向を民主政の名において批判しうるだけの経緯をたどったであろうか。

東独発足時の憲法（Die Verfassung der Deutsche Demokratische Republik vom 7. Oktober 1949）は、ソ連の占領管理下で制定されたが、「全体としてはヴァイマール憲法を大幅にとりいれたもの(40)」であった。したがって「政党」そのものを明示的に定めた規定はない。「公務従事者（die im öffentlichen Dienst Tätigen）」が「一党派の奉仕者ではない」との規定（三条六項）に「政党（Partei）」文言を見せるのみで、ヴァイマル憲法二一条と同様、「［人民議会（Volkskammer）の］議員は、普通・平等・直接および秘密の選挙により比例代表選挙の原則に従って……選挙される」とし「議員は、全人民の代表である。議員は、その良心にのみ従い、委任に拘束されない」と定める（五一条）。しかし他方でこの憲法は、「この憲法に基づき公的生活の民主的形成を定款に適合的に努力する団体（Vereinigung）であって、その機関がその団体構成員によって決定されるもの」に、ゲマインデやラントの人民代表機関（Volksvertretung）に対する「候補者推薦（Wahlvorschlag）」の資格を付与し、特に人民議会のための推薦は、「定款に従って全共和国の国家生活及び社会生活の民主的形成に努力する団体であって、その組織が国家の全領域にわたるもののみが、これを行うことができる」としている（一三条）。この規定だけが選挙に関する具体的規定であって、詳細は法律に委任された（五三条）。

この候補者推薦制度は、複数の政党を含む諸社会組織によって形成される国民的統一戦線を基礎に、「全人民参加の統治」を構想するものであったが、肝心の統一戦線が自生的に形成されないまま行われた第一回選挙（一九四九年一〇月一五日）では、いわば上から作られた「民主ドイツ国民戦線（Nationale Front des Demokratischen Deutschlands: NFDD）」の作成する「統一名簿」への賛否を問うだけの「選挙」として行われた。すでに一九四六年四月にいわゆるブロック政策でSPDをKPDに半ば強制的に「統一」して成立し、その後も諸団体をブロック化して他党を凌駕する政党となっていた「ドイツ社会主義統一党（Sozialistische Einheitspartei Deutschlands : SED）」は、この名簿選挙で第一党になる。「統一名簿」には圧倒的賛成票が投じられた。「諸政党は大衆諸団体とともに、社会主義国家の政治的基盤をなす人民議会で一定の役割を法制度として保障され、複数政党制の存在を前提としたブロック・システムにおいて、政治的統合の部分として有機的に作動する地位を占める」という理念は、強行的「社会主義」化とともにその理念とは別の実像を浮上させていった。[41][42]

SEDを中核とするNFDDが強化された後、東独は一九六八年四月六日、新憲法に移行（一九七四年一〇月七日に改正）するが、この憲法は推進されてきた「社会主義」化の事実を確認するものとされた。[43] それは前文で「社会主義憲法」を宣明したうえで「ドイツ民主共和国は、労働者（Arbeiter）及び農民の社会主義国家である。ドイツ民主共和国は、労働者階級及びそのマルクス・レーニン主義政党（marxistisch-leninistische Partei〔単数〕）の指導（Führung）のもとにおける都市及び地方の勤労者（Werktätige）の政治的組織である」と定めた。国民は労働者と農民を中核とする「勤労者」であり、成熟した「階級としての労働者」＝労働者階級とその政治団体である単一の政党が「指導」の地位に就いて「勤労者」たる国民を統合するシステムが、こうして憲法上の原則となる。この枠組みのなかで（したがって「指導」政党以外の）諸政党は、「憲法の諸原則及び諸目標と一致する」限りで「結社の権利（Recht auf Vereinigung）」を有する他の社会組織などと等位に置かれた（二九条）。これは「複数政党が存在していても、そのなかで労働者政党が支配的な役割を果たすわけであるからその意味では一党制のパターン(44)」であって、単数の、したがって唯一のマルクス・レーニン主義政党＝ＳＥＤの「指導」の名による事実上の国家政党化は、こうして憲法体制に組み込まれる。

「政党のあり方は、基本的にその国の階級構成の情況を反映している」とすれば、その階級構成が変容して「現存する階級」が「プロレタリアートと農民」のみとなり、その二つの階級の「利害が対立しない」場合には「政党は共産党ただ一つである」ことになる(45)。しかし「細部をみればそう簡単にはいいきれないし、そうなるまでの歴史はそう簡単ではない(45)」し、複数政党制を、限定的にではあれ、また建前としてではあれ堅持した東独の場合は、そうした「政党のあり方」に東独に特有の「階級構成の情況を反映」していたことになろうが、かようにいっそう「簡単」ではないことがらを「簡単」な教条的設計図でかくあるべし、かくあるはずのものと「権威国家」の手法で処理しようとしたところに、東独政党制の悲劇があった。

階級闘争の場で労働者階級が自己の同盟者たる他の階級を「指導」するとは、運動主体の倫理的命題＝運動規範として、絶えざる自己検証にさらされながら遂行していくものでなければならないはずなのに、それが運動という社会の自生的場面に委ねられるのではなく、法規範として、しかも憲法規範の高みに定位せしめられたところに、この悲劇のひとつの原因がある。それは「憲法と政党」という論題にとっても悲劇的教材であろう。

こうして戦後のふたつのドイツは、内容の相違こそあれ憲法の選択した価値に適合的な政党劇を、程度の差こそあれ国家権力の手を借りて創出していった。

東独のSED指導型政党制による政治システムは、憲法に組み込まれて長期に及ぶ「指導」を重ねたにもかかわらず、東独成立四〇周年直後のライプツィヒ市民デモを契機とする民主化運動の高揚のなか、一九八九年一一月九日のベルリンの壁の崩壊を突破口に、あえなくついえ去った。一二月一日、東独は憲法から「指導」規定を削除し、二三〇万党員を誇るSEDによる支配は瓦解する。四〇年の経緯を前提にすれば、この瓦解プロセスは瞬時のできごとといってよい。国家政党制は実のところ、国民的基盤がまったく欠けたままただ権力的に維持されていたにすぎないことを、この瞬時の瓦解は物語っている。東独のその後の紆余曲折に触れる余裕はないが、後に西独に合併吸収されるまでの短い民主化の努力のなかで、「憲法と政党」問題がどう取り扱われていたかを見ておく。(46)

五　ドイツ統一・憲法改正と政党

東独民主化を担った市民運動は、新政府を支えるいわゆる「円卓会議（Der Runde Tisch）(47)」に集って政治改革に着手し、その一環として一二月七日、新憲法草案作成に着手した。翌一九九〇年四月四日に公表されるこの草案(48)は、しかし結局のところ公表直前の「自由選挙」で早期統一を主張する保守派が勝利したため、東独議会での審議を拒否されて葬られたが、その内容・方向は、統一後ドイツの基本法改正議論でその一翼を担う「民主的に編成されたドイツ諸ラントの連邦のための協議会（Kuratorium für einen demokratisch verfaßten Bund der deutschen Länder）」の憲法構想(49)に継承されている。

「円卓会議」草案は政党に関する規定を、「人及び市民の権利」の章の部分の「社会集団及び社会団体」の節に置く。そこでは一般的な結社の自由（三六条）を前提に、「政党が社会における政治的意思形成に同等の権利で共に活動する自由は、これを保障する」と「社会の中の政党」が起点とされている。ただし「政党の内部秩序は、民主的諸原則に合致していなければならない」し、「その綱領において体系的及び継続的に人間の尊厳を侵害し、又はそのようにしてその活動により非暴力的で開かれた政治的意思形成過程の諸原則に違反する政党の権利は、政治的意思形成過程に関する危険が他の方法では回避することができない限りにおいて、これを選挙から排除しまたは禁止することができる」として、その排除・禁止の決定を憲法裁判所に委ねる。しかし、憲法裁判所によるこの排除・禁止も「時間的に限定されていなければならない」し、「党員の市民及び公民としての権利は、憲法裁判所の決定によっても決してこれに触れることはない」と定める（以上、三七条）。見ての通り、政党を結社の一環として位置づけ、その結社性に配慮をしつつ、政党ゆえに必要な規律の要件は、これをできるかぎり限定的で明確にする努力のあとがうかがえる（これに対し右の「協議会」草案は、現に進行中の基本法改正議論をめぐる政治力学をにらんで、これに「現実的」にコミットできるものとして起草されているためか、基本法への部分的改正のスタイルをとっているが、しかし基本法二一条に対しては「自由な民主的基本秩序」規定の削除や右の「円卓会議」草案三七条と類似の規定を要求していた）[50]。

ちなみに円卓会議は、右の憲法草案とともに人民議会選挙法要綱案（Rahmenentwurf des Gesetzes über die Wahen zur Volkskammer der DDR vom 6. Mai 1990）の準備も進めていた。これも審議されることなく葬られたが、そこでは二票制により、定数四〇〇のうち二八〇を政党リストに対する比例選挙、一二〇を小選挙区（Einerwahlkreis）による個人選挙で選出する制度が構想されていた。日本では「並立制」と呼ばれるこの構想の、選挙区個人選挙部分を求めたのは、市民運動勢力であったが、そこには、日本の小選挙区制導入論とはまるで異なり、政党をいわば社会に引き戻し、個人・社会団体の一員に埋め込もうとする思いがあったことは見落とすべきではない。

「協議会」改正草案とそれを支える政治勢力は、しかし結局のところ基本法改正動向に内容上の影響を与えるほどにはいたっていない。それは、西独以来の既存政党秩序の厚い壁のゆえである。

一九四九年基本法が選んだ「基本秩序」は、すでに一九五〇年代には西独政党制を内容上枠付けたが、他方で現実の政党編成は、当該枠付けをクリアーしえた政党に対する国庫補助制度（政党寄付への税制上の優遇措置＝間接的国庫補助は一九五四年、予算措置による直接的国庫補助は一九五九年に開始）をひとつの梃子として漸次淘汰され、国政の基本は三政党（キリスト教民主＝社会同盟CDU/CSU、社会民主党SPD、自由民主党FDP）によって営む構造を生みだし、これを維持してきた。ドイツ統一もこの基本構造に根本的変動をもたらしてはいないからである。一九八〇年代に登場した「緑の党（Die Grünen 正確には「緑の人々」）」は、ドイツ統一・東西冷戦終結の激震のなかでそのアイデンティティにおける求心力を失いつつあり、統一選挙では五パーセントのハードルを超えられずに全議席を失った。東独民主化を担った市民運動の系譜を引く連邦議会の新会派「九〇年同盟・緑の党（Bündnis 90/Die Grünen）」は、旧西独の「緑の党」とは別の流れである。旧ＳＥＤの民主化された後継政党＝民主社会主義党（Partei des Demokratischen Sozialismus : PDS）は、なおも再建途上にある。「闘う民主政」システムは、その主要な作動標的であった「もうひとつのドイツ」ないし「東」の崩壊により、「自由な民主的秩序」や「憲法適合的秩序」とともに再吟味の俎上にのぼってしかるべきであろうが、そうした議論はほとんどない。

基本法（＝憲法）体制に組み込まれた政党制は、こうして安定的であるかに見える。だが最近、耳目を引く事件が起こった。連邦憲法裁判所が一九九二年四月九日、「政党の自由」「政党が社会に根ざしているという特性」という従来の判例の警告を再度確認しつつ、増大の一途をたどる現行国庫補助制度の運用に深刻な違憲の疑義を呈し、制度の一部を明確に違憲と断じて、政党法をはじめとする政党国庫補助関連法の改正を求めたからである。(51) この判決を特集したある週刊誌は、そのタイトルを「恐慌状態の政党（Parteien in Panik）」と銘打ったが、(52) それほどまでに、主要政党は既成の国庫補助システムに依存していた。この判決は、そうした既存政党秩序の厚い壁を支える装置を、憲法的懐疑の対象にしたことを意味している。連邦議会は、一九九三年末までに法改正をしなければならなくなった。

ドイツの政党国庫補助制度が、一九六六年に連邦憲法裁判所で違憲判決を受けたことはよく知られている。政党への一般的国庫補助を違憲とし「適正な選挙戦の必要な費用」に限って合憲としたこの一九六六年判決を受け、政党国庫補助制度はその筋道での変更をほどこし、一九六七年の政党法制定にいたった。しかしその後も多様な名目による国庫補助の拡大が重ねられてきており（税制上の優遇措置、機会均等化調整金〔Chancenausgleich〕、基礎額〔Sockelbetrag〕制度の導入など）、拡大する政党の補助依存と支持者・国民からの乖離が批判されていた(53)。こうした経緯からすればこの判決は、そうした政党の社会からの遊離に民主政の危機を見て取った裁判所なりの警告でもあったろう。

きわめて教訓に富むこの判決も、しかし、これまで名目上とはいえ区別してきた「政党への一般的補助」と「選挙戦費用補償」との峻別をやめ、「国家は、基本法に基づき政党に一般的に義務づけられている活動の資金調達のために、政党に資金を供与することを、憲法上妨げられてはいない」として「政党への一般的補助は合憲」とする立場に転じた。この点では、かつての一九六六年判決の判例変更である。もっとも、政党自身に支給するかぎり、名目の区分が現実には何の区分にもならないことを率直に告白した、ともいえよう。ならば制度違憲とするのが筋道であろうが、そうするには、もはやドイツ政党制が、後戻りできないほどに政党国庫補助を不可欠にしてしまっているという「現実的判断」が働いた。さらに、「一律基礎補償金は違憲」としたうえで、そのカット分を補うべく、補助額の基準を有権者一人あたり現行五マルクを六・五マルクに引き上げるよう勧告してもいる。ここにもこうした「現実的判断」が顔を出す。

この判決が議論を呼ぶさなか、ドイツ大統領ヴァイツゼッカーは、国民のなかに沈殿しつつある「政党・政治へのいらだち（Parteien- und Politikverdrossenheit）」の原因を、ドイツ政党制が潤沢な国庫補助制度によって「怠け者の天国で暮らしている」からだと指摘し、同じ所属政党であるＣＤＵ（キリスト教民主同盟）の首相・コールとの論争が起こるという事件もあった。[54]

この大統領のもとに、右の判決を受けて法改正の方向を見定めるべく設置された「政党財政援助に関する独立専門家委員会（Kommission unabhängiger Sachverständiger zur Parteienfinanzierung）」は、一九九三年二月九日に勧告書を提出した。[55] そこでは、たとえば、助成額の算定根拠をこれまでの「有権者」ではなく「投票者」とし、「一人五マルク」ではなく「〇・九マルク」とするかわりに、連邦議会選挙だけではなくラント議会・欧州議会選挙等をも算定対象としたり、政党が自力で調達した資金を根拠に、その二〇パーセントにあたる額を支給する国庫補助金（Staatszuschuß）を創設する、等々、「政党が社会に根ざしているという特性」にそれなりに気配りをした提案を行っている。本質論からすれば、政党国庫補助の弊害をいささか緩和する策にすぎないが、こうしたささやかな「改革」案ですら、既存助成金になじんでしまった主要政党は、難色を示していた。[56] 一九九三年一一月一二日、連邦議会は、与党および最大野党ＳＰＤの賛成で法改正を議決したが、[57] ドイツ政党助成制度が「怠け者の天国」を脱出しうるかは、なお迷走のなかにある。

いずれにせよ西独以来のドイツ政党制は、規制の枠内での保護を重ねるうちに、ある種の制度疲労にみまわれていることは間違いない。それが第二帝制以来のドイツに固有な病理によるものであるのか、それとも憲法体制に適合的な政党制（広義の国家政党制）を権力的・権威的に整えてきた弊害によるものなのか、あるいは現代政党政治に通有の生理によるものであるのか、「憲法と政党」問題は、形を変えてなお未解決の、ことによると現代的な課題を投げかけ続けている。こうした事情のただなかで、統一条約に伴う基本法改正の作業は、一九九二年一月一六日に発足した両院合同憲法委員会（Verfassungskommission）での一年以上におよぶ審議を経て一九九三年一〇月二八日には最終報告採択にこぎつけ、(58) 一九九三年末には成案を得ることになっているが、そこでの政党・政党制の扱いもまた、関心が持たれるところである。

（1）Vgl. z. B. Dieter Grimm, Die Politischen Parteien, in: E. Benda/W. Maihofer/H.-J. Vogel (Hg.), Handbuch des Verfssungsrechts, Bd. 1, 1984, S. 317 f.; Dimitris Th. Tsatsos/Martin Morlok, Parteienrecht, 1982, S. 3 ff.; Rechtliche Ordnungs des Parteiwesen, Bericht der vom Bundesminister des Innern eingesetzten Parteienrechtskommission, 2. Aufl., 1958, (unten zit. 'Bericht') S. 1 ff.〔第一版の邦訳として自治庁選挙局『政党制度の法的秩序』（一九五八年）。なお本章の引用文献に邦訳のあるものは適宜その所在を示すが、訳は必ずしもそれによっていない〕; Gerhard Leibholz, Strukturprobleme der modernen Demokratie, 3. erweiterte Aufl., 1967, S. 79 ff.〔阿部照哉＝初宿正典＝平松毅＝百地章訳『現代民主主義の構造問題』（木鐸社、一九七四年）七一頁以下〕, usw.

（2）Karl Marx/Friedrich Engels, Manifest der Kommunistischen Partei, MEW Bd., 4, S. 439〔『マルクス＝エンゲルス全集』（以下『全集』）第四巻（大月書店、一九六〇年）五〇八頁〕・ちなみに、一般には「万国」と訳される alle Länder とは、ナショナルな国家帰属を超えたいわば「世界」の含意である（「祖国を持たない」労働者が「全世界を獲得する」運動としての共産主義）。

（3）Bericht, S. 2.

（4）Bericht, S. 16 ff.

（5）Z. B. Deutscher Bundestag u. a. (Hg.), Fragen an die deutschen Geschichte — Ideen, Kräfte, Entscheidungen, von 1800 bis zur Gegenwart, 6. Aufl., 1981.

（6）Leo Wittmayer, Die Weimarer Reichsverfassung, 1922, S. 64 ff. (hier zit. aus: Gustav Radbruch, Die politischen Pargteien im System des deutschen Verfassungsrechts, in: G. Anschütz/R. Thoma (Hg.), Handbuch des deutschen Staatsrechts, Bd. 1, 1930, S. 289. Anm. 7. Diese Radbruchs Abhandlung jetzt in: K. Lenk/F. Neumann (Hg.), Theorie und Soziologie der politischen Parteien, Bd. 1, 2. Aufl., 1974, S. 157 ff.).

（7）Bodo Hombach, Politische Parteien in der Bundesrepublik — Staatsorgane oder Volksorgane?, in: G. Schröder/H.-P. Schneider (Hg.), Soziale Demokratie — Das Grundgesetz nach 40 Jahren, 1991, S. 66.

（8） Radbruch, a. a. O., S. 286.〔竹内重年訳「ワイマール憲法の体系における政党」自治研究五四巻一一号（一九七八年）三頁、後に同『二〇世紀における民主制の構造変化』（木鐸社、一九八三年）に所収〕

（9） Heinrich Triepel, Die Staatsverfassung und die politischen Parteien, 1928, S. 12. (2. Aufl., 1930, z. T. jetzt in: Lenk/Neumann (Hg.), a. a. O., S. 140 ff.)〔全訳に近い「要旨紹介」として美濃部達吉「憲法と政党」国家学会雑誌四三巻二号（一九二九年）、後に美濃部『憲法と政党』（日本評論社、一九三四年）所収〕。

なお、verfassungsmäßige Inkorporationという用語についてはさまざまな日本語訳があり、論争的でさえある。「憲法上の融合」と訳した美濃部・前掲を範例に「憲法的融合」と訳す場合（たとえば、宮沢俊義「政党の危機」改造一八巻七号（一九三六年、後に同『民主制の本質的性格』〔勁草書房、一九四八年〕および「政党国家から政党独裁政へ」と改題して同『憲法と政治制度』〔岩波書店、一九六八年〕に所収）、小林昭三「政党のいわゆる『憲法的融合』について」早稲田政治経済誌一五三号（一九五八年）、大山正武「政党と憲法問題」『法学研究』四一巻五号（一九六八年）、阿部照哉「政党」芦部信喜＝星野英一＝竹内昭夫＝新堂幸司＝松尾浩也＝塩野宏編『基本法学2団体』〔岩波書店、一九八三年〕など）、これを批判して「憲法的編入」または「憲法への編入」と訳す佐藤功「憲法と政党」政治経済論叢一四巻二号（一九六四年）やこれに従う丸山健『政党法論』（学陽書房、一九七六年）・岡田信弘「憲法と政党」（杉原泰雄編『憲法学の基礎概念Ⅰ』〔勁草書房、一九八三年〕）・高野真澄「憲法と政党」ジュリスト総合特集『日本の政党』（有斐閣、一九八四年）など、さらに「憲法への組入れ」とする手島孝「現代憲法と政党」（芦部信喜編『岩波講座現代法3現代の立法』〔岩波書店、一九六五年〕、後に手島『憲法学の開拓線』〔三省堂、一九八五年〕所収）・竹内重年「西ドイツにおける政党の憲法的地位」熊本法学一七号（一九七一年）などもある。本章では小林直樹「政党の法的規制」（前掲『日本の政党』）一四八頁の叙述にヒントを得て「憲法体制への組入れ」と訳したい。その根拠は本文が述べる。

（10） 佐藤功「政党の法制化」政治経済論叢九巻二号（一九五九年）四一―四二頁。

（11） Triepel, a. a. O., S. 12.

（12） Ebenda, S. 28 ff.

（13） Ebenda, S. 34 ff.

（14） Friedrich August Frhr. von der Heydte, Freiheit der Parteien, in: F. Neumann/H. C. Nipperdey/U. Scheuner (Hg.), Die Grundrechte, Handbuch der Theorie und Praxis der Grundrechte, 2. Bd., 1954, S. 459. Anm. 5.

（15） Vgl. Triepel, Staatsrecht und Politik, 1927, insb. S. 12 ff.「国事裁判の本質と発展」をテーマとした第五回ドイツ国法学者大会

で報告に立ったトゥリーペルとケルゼンとの間の論争に、このことは端的にうかがえる。Vgl. VVDStRL, H. 5, 1929, S. 2 ff., insb. in Aussprache, S. 115 ff.

(16) Triepel, Die Staatsverfassung und die politischen Parteien, S. 34.

(17) Ebenda, S. 35 f.

(18) Hans Kelsen, Vom Wesen und Wert der Demokratie, 2. Aufl., 1929, S. 19 ff. 西島芳二訳『デモクラシーの本質と価値』（岩波文庫、一九四八年）四九頁以下。この作品の初版（一九二〇年、長尾龍一訳「民主制の本質と価値」上原行雄＝長尾龍一＝森田寛二＝布田勉訳『デモクラシー論』〔木鐸社、一九七七年〕）との対比では、トゥリーペル批判が第二版の特徴のひとつである（insb. 2. Aufl., S. 107 ff. Anm. 17, 18, 19. 西島訳・一四〇頁以下）。

(19) Triepel, Die Staatsverfassung und die politischen Parteien, S. 36f.

(20) Kelsen, a. a. O., S. 14 ff. 西島訳・前掲四四頁以下。

(21) 佐藤功「憲法と政党」（芦部信喜編『宮沢俊義先生古稀記念　憲法の現代的展開』〔有斐閣、一九七二年〕）三九一頁。ちなみに、阿部・前掲論文一五九頁および同「西独における政党の憲法上の地位」法学論叢六八巻四号（一九六一年）二七頁では、ドイツにおける「政党に対する法的認識」の特殊性の根拠として、「ヘーゲル及びロマンティークの国家理念」に基づく「政党という新しい要素の入り込む余地のない独特の国家観」が指摘されている。Auch vgl. Ulrich Scheuner, Die Parteien und die Auswahl der politischen Leitung im demokratischen Staat, DÖV 1958, S. 641, jetzt in: ders., Staatstheorie und Staatsrecht, 1978, S. 350 f.

(22) Radbruch, a. a. O., S. 289 ff. 竹内訳・前掲八頁以下。

(23) 小林・前掲論文一四八頁。

(24) Karl Loewenstein, Verfassungslehre, 3. Aufl., 1975, S. 391, 397. 阿部照哉＝山川雄巳訳『新訂　現代憲法論』（有信堂、一九八六年）四五一頁、四五七頁。

(25) 参照、拙著『憲法検証』（花伝社、一九八九年）一六二頁。

(26) Konrad Hesse, Grundzüge des Verfassungsrechts der Bundesrepublik Deutschland, 16. Aufl., 1988, S. 268 f.〔第一三版の邦訳として阿部照哉＝初宿正典＝井口文男＝永田秀樹＝武永淳訳『西ドイツ憲法綱要』（日本評論社、一九八三年）三五五頁〕

(27) Ernst Forsthoff, Zur verfassungsrechtlichen Stellung und inneren Ordnung der Parteien, in: ders. u. a., Die politischen Parteien im Verfassungsrecht, 1950, S. 11 ff.; Herbert Krüger, Allgemeine Staatslehre, 1962, S. 369 ff., usw.

(28) Leibholz, Volk und Partei im neuen deutschen Verfassungsrecht, DVBl, Bd, 65, 1950, S. 194 ff., jetzt in: ders., a. a. O., S. 71 ff.
(29) Wilhelm Henke, Das Recht der politischen Parteien, 2. Aufl., 1972, S. 18.
(30) Peter Häberle, Unmittelbare Staatliche Parteifinanzierung unter dem Grundgesetz, in: ders., Kommentierte Verfassungsrechtsprechung, 1979, S. 176 ff.
(31) Hesse, Die verfassungsrechtliche Stellung der politiscghen Parteien im modemen Staat, in: DDVStRL H. 17, 1959, S. 11 ff., jetzt in: ders., Ausgewählte Schriften, 1984, S. 59 ff., insb. 57 ff.〔本秀紀訳「近代国家における政党の憲法上の地位」名古屋大学法政論集一三七—一三八号（一九九一年）〕
(32) 詳細はさしあたり、手島・前掲書一二五頁以下、阿部「政党」前掲一六二頁以下のほか、上脇博之「『政党の憲法上の地位』について（上）」六甲台論集三六巻二号（一九八九年）一一七頁以下、本秀紀「西ドイツにおける政党への国庫補助の法理(1)」名古屋大学法政論集一三四号（一九九〇年）二八一頁以下。
(33) 詳細はさしあたり、栗城寿夫「西ドイツ公法理論の変遷」公法研究三八号（一九七六年）、広渡清吾「西ドイツにおける『国家』」金原佐門＝小林丈児＝高橋彦博＝田口富久治＝福井英雄＝藤田勇編『講座現代資本主義国家4先進諸国の支配構造』（大月書店、一九八〇年）、拙稿「西独における基本権論の動向」長谷川正安編『現代人権論』（法律文化社、一九八二年）〈本書Ⅲ部二四章〉、Ernst-Wolfgang Böckenförde, Grundrechtstheorie und Grundrechtsinterpretation, NJW 1974, H. 35, jetzt in: ders., Staat, Gesellschaft, Freiheit, 1976〔拙訳「基本権理論と基本権解釈」法政論集一二九号（一九九〇年）〕; Ders. (Hg.), Staat und Gesellschaft, 1976, usw.
(34) 上脇・前掲論文一一五頁以下、同論文（下）六甲台論集三六巻三号（一九八九年）三六頁以下。
(35) Krüger, a. a. O., S. 371.
(36) 戒能通厚＝広渡清吾『外国法』（岩波書店、一九九一年）二一〇頁〔広渡〕。なお「闘う民主政」と政党制についてはさしあたり、vgl. Frank Deppe u. a. (Hg.), Abendroth-Forum, 1977; Wolfgang Abendroth u. a. (Hg.), Der Kampf um das Grundgesetz, 1977; Martin Kutscha, Verfassung und "streitbare Demokratie", 1979, S. 69 ff.; Hans Peter Bull, Die Parteienfreiheit und der Schutz der Verfassung, in: Schröder/Schneider (Hrsg.), a. a. O., S. 73 ff. usw.
(37) Christian-Friedrich Menger, Deutsche Verfassungsgeschichte der Neuzeit, 1975, S. 203.〔第五版の邦訳として、石川敏行ほか訳『ドイツ憲法思想史』（世界思想社、一九八八年）二八七—二八八頁〕

(38) 樋口陽一『比較のなかの日本国憲法』（岩波書店、一九七九年）一三二頁。
(39) Hermann v. Mangoldt, Das Bonner Grundgezetz, 1956, S. 144.
(40) 山田晟『ドイツ民主共和国法概説　上』（東京大学出版会、一九八一年）八頁。
(41) Vgl. Herbert Graf/Günter Seiler, Wahl und Wahlrecht im Klassenkampf, 1971, S. 149 ff.
(42) 影山日出弥「社会主義型憲法における政党制」公法研究三〇号（一九六八年）一〇五頁。
(43) Z. B. Walter Ulbricht, Die weitere Gestaltung des gesellschaftlichen System des Sozialismus, 1968, S. 14 f.
(44) 「シンポジウム／憲法と政党」公法研究三〇号一〇九頁〔影山発言〕。
(45) 長谷川正安「憲法と政党」法律時報三一巻一号（一九五九年）五七頁。
(46) さしあたり、vgl. Bernd Guggenberger/Tine Stein (Hg.), Die Verfassungsdiskussion im Jahr der deutschen Einheit, 1991.
(47) さしあたり、vgl. Helmut Herles/Ewald Rose (Hg.), Vom Runden Tisch zum Parlament, 1990.
(48) Arbeitsgruppe "Neue Verfassung der DDR" des Runden Tisches, Entwurf: Verfassung der DDR, 1990, auch Kritische Justiz 2/1990, S. 226 ff.〔大川睦夫＝前原清隆訳平和文化研究一四号（一九九一年）〕
(49) Kuratorium (Hg.), Denkschrift und Verfassungsentwurf, 1991, auch in: Guggenberger u. a. (Hg.), Eine Verfassung für Deutschland, 1991, S. 99 ff.〔大川睦夫＝前原清隆訳「民主的に組織されたドイツ諸州連邦のための評議会　ドイツ諸州連邦憲法草案（一九九一・六・二九）」長崎総合科学大学紀要三三巻記念号（一九九二年）二九一頁〕. Auch vgl. Jürgen Seifert, Verfahrensregeln für Streitkultur, Kritische Justiz 3/1991, S. 362 ff. なお、「円卓会議」案・「協議会」案・ＳＰＤ案の主点を対比させたものとして vgl. Dokument 5, Spiegel-Beilage, in: Der Spiegel Nr. 51/1991.
(50) Guggenberger u. a. (Hg.), a. a. O., S. 133 ff.
(51) BVerfGE 85, S. 264; Das Parlament Nr. 17-18/1992 (17./24. April 1992); Die Zeit Nr. 17/1992 (17. April 1992); Berliner Zeitung 10. April 1992, usw.
(52) Der Spiegel Nr. 16/1992 (13. April 1992).
(53) 最近のものとして z. B. Zum Dienen geboren — zum Herrschen bestehen?, in: 40 Jahre Grundgesetz (SZ texte 10), 1990, S. 84 ff.
(54) Richard von Weizsäcker, Der Parteienstaat oder Die Zukunft der liberalen Demokratie, in: Weizsäcker im Gespräche mit G.

Hoffmann u. W. A. Perger, 1992, S. 135 ff.; dagegen Helmut Kohls Widerspruch in: Die Welt, Nr. 165/1992 (19. Juli 1992), auch vgl. Der Spiegel, Nr. 26/1992 (22. Juli 1992).

(55) Empfehrungen der Kommission, Bt-Drucksache 12/4425, auch vgl. Süddeutsche Zeitung, 19. Feb. 1993; Frankfurter Rundschau, 18. Feb. 1993; Das Parlament, Nr. 10/1993 (5. März 1993).

(56) Frankfurter Allgemeine, 19. Feb. 1993.

(57) Frankfurter Allgemeine, 13. Nov. 1993; Süddeutsche Zeitung, 13. /14. Nov. 1993; Das Parlament, Nr. 47/1993 (26. Nov. 1993), S.7; Der Spiegel, Nr. 46/1993, S. 32.

(58) Vgl. Martin Kriele, Über jeden Grundgesetzartikel einzeln abstimmen, in: Frankfurter Allgemeine, 21. Dez. 1993.

第一三章　「憲法と政党」再訪

はじめに

日本語の「政治改革」は、political reform と英訳されて世界に発信されている。「政治」というステージで何がしかそのかたち（form）が変更されれば、すべて「政治改革」となる、いわば普通名詞である。しかし、人口に膾炙されて記憶に新しい「政治改革」とは、一九九三年七月の「政権交代」によって生まれた八会派連立政権の細川首相が、野党に転じた自民党の河野総裁と翌年一月二九日未明に「合意書」を交わしたことで、一九九四年三月に関連法が成立することにより実現した「改革」のことをさす。この固有名詞たる「政治改革」の背景には、いわゆる冷戦構造の終焉と湾岸戦争（いずれも一九九一年）に象徴される世界政治の枠組み変動があるとされるが、そうした節目から二〇年が経った――。

この「改革」の軸が、衆議院選挙制度を小選挙区比例代表「並立」制に変更すること、および政党助成制度を導入することにあったことは、周知のとおりである。前者は「政権交代ある民主主義」が「目的」とされ、後者は「政党政治の民主的コスト」とされた。熱病のように「政治改革」が叫ばれ実現していった経緯にかんがみ、またその後の、とりわけ直近の「政権交代」後の顛末を見るにつけ、さらには、背景とされた「世界政治の枠組み変動」に対する日本政治の対応の実相を見るにつけ、あの「政治改革」とは何だったのかを問うべきときが再浮上しているだろう。前者については、「政権交代」言説が本来のMachtwechselなのか単なるRegierungswechselなのかを問わなければ、旧中選挙区制による総選挙で一九九三年「政権交代」が起こったのだから、論理的には変更理由にはなりがたかったが、ともあれ、小選挙区制を基軸にしたことが、爾後「政権交代」をより簡便にしたことは間違いなかろう。二〇〇九年の総選挙で「政権交代」が起こった理由のひとつが、現行衆議院選挙制度のもたらすこうした「小選挙区制効果」にあったこともよく知られている。こうして直近の「政権交代」とその後の推移が投げかけている深刻な問題群は、ふたたび現代憲法学が取り組むべきイシューを指し示す。本稿は、後者＝政党助成制度の導入が、懸念されたとおりに政党政治の劣化をもたらしていることを横目で見ながら、かつて論じた原理的考察を再顕現させ再点検することで、現下の憲法政治に顕現している課題を読み解く一助にしたい。(1)

一　政党助成制度の各国比較と日本の特殊性

一九八〇年代末から提示されていた政党助成制度導入による「政治改革」論には、「国民の政治不信」を買ったリクルート疑獄等の相次ぐ金銭スキャンダルにせよ、嘲笑の対象でさえあった日常的な政治資金調達における「票田のトラクター」的方式にせよ、要は「政治活動・政党活動・選挙に金がかかる」ことに原因があり、こうした資金調達に汲々としているから「まともな政治」ができず、したがって政治・選挙資金に一定の規制を加えるとともに、「政党活動・選挙に要する資金を公費で助成する」ことで旧弊を絶つ、との論理があった。(2)この論理は、この限りではいわば消極的な「腐敗防止」策であったろう。しかしこうした消極的論理だけでは、国民の合意調達は難しい。当該腐敗は、提唱者であった自民党にこそ顕著な事象であり、したがって当該政党の内部問題たる旧弊を、自浄努力抜きに公費依存で解決するとの論理に説得力は乏しかったからである。

そこで、というべきか、そうではない「積極的正当化」の論理もかねてから用意されていた。とりわけ一九八三年五月の自民党「政党法要綱（吉村試案）」以来、「政治改革」論を支えてきた論理がそれである。約言すればそれは、①政党は現代民主制に不可欠な「半ば公的な」団体である→②したがってその公的活動には公的に資金を保障するべきである→③そのためには政党を法的に公認することが必要となる→④したがって政党の性格・性質・地位を法的に規律するなんらかの法的要件を用意する、との論理である。ここには、後に検討するように憲法上重大な問題が孕まれているが、論理としてはいわば積極的な「現代民主制に不可欠な政党制の樹立」に力点がおかれていた。

周知の通りこうした積極的正当化論が念頭に置くモデルが、論者も時に明示的に語るように旧西独で施行され統一後ドイツでも維持されている政党法・政党国庫補助システムである。もとよりドイツの事情は、論者が依拠するほどに単純ではない。この国ではかねてから、現代の民主政を「政党国家」のそれとするにしても、政党を「国家から自由な社会団体」と解する立場と、それを否定して「国家機関」とする立場とが基本的に対峙してきたが、その狭間に種々のバリエイションがあるし、それらがドイツ公法学界を二分してきた「国家と社会の二元論」への賛否と、想定されるほどには照応していない。また、「政党の憲法上の地位」をめぐるこれら諸説が、政党助成の憲法論となると、たとえば「社会団体」説が政党助成に否定的ないし消極的となり、「国家機関」説が肯定的ないし積極的になるというように、必ずしも截然と区分されるわけでもない。(3) 本稿はそれを詳論する場ではないので、ここではドイツ・モデル、さらには各国の動向を(4)——肯定的であれ批判的であれ——論じる際、次のことは念頭に置くべきことを留意しておきたい。

第一に、特にドイツ・モデルを論じる場合、この国には、「自由な民主的基本秩序」なる憲法的価値秩序の枠組が根底にあるのに対し、日本ではそうした価値選択を憲法上しているわけではないこと、(5)またドイツは基本法（＝憲法）上政党を統治機構の構成部分として組み込んでいるのに対し、日本国憲法では二一条が定める「結社の自由」規定に黙示的に組みこまれているにすぎないこと（その意味では現行イタリア憲法四九条が「市民の権利」のひとつとして明定する政党結成権のいわば黙示的規定が日本国憲法二一条であるとみてよい）、第二に、ドイツのみならず、政党助成制度導入がしばしば当該国実定憲法上の政党条項を規範的根拠にするのに対し、日本の場合は「政党に対する実定憲法の沈黙」という重大な相違があること、第三に、欧米が一般に「政党本位の政治」を確立・展開しているのに対し、日本が「改革」を求められた「政治腐敗」の重要な原因は、派閥政治とか議員個人の私的利益といった本来の政党制以前の場面にあること、第四に、たとえば政党助成制度導入の論拠とされた弊害の典型たる「企業献金」も、欧米では原則として、政党の側では「政党の自由」の一環として資金調達の自由の、企業の側では「企業活動の自由」の一環としていわばメセナ的に容認されており、その公開を徹底させることで国民的監視に委ねられているが、献金する側の企業倫理や企業のありかた、国民の監視力の程度と質といった、いわば政治風土上の彼我の落差があって同日に論じられないこと、(6)そして、第五に、欧米において政党助成制度が導入されてきたことが「西欧民主主義」における「現代政党制」にいわば制度疲労が生起しつつある表象でもありうること、さらにはその深層に、ドイツ政党法システム採用（一九六七年）が、緊急事態法制導入（一九六八年基本法改定）および税財政「改革」（一九六九年基本法改定）と、政治的には不即不離の関係に立つものであったことに象徴されるように、「現代型危機管理」の一方策という側面が潜んでいること、等々である。いずれにしても日本国憲法下で「憲法と政党」を理論的に精査することは、とりわけ第一ないし第三のゆえに、事柄は日本に特有の問題として相当独自に考察を進めねばならない課題であった。

二　政党が「公的」でもあることの論理構造

筆者は、政党助成制度導入が政治的論題になり始めた一九八〇年代以降、政党への公的助成が、提唱者である自民党によって、政党の「公的性格」を理由に、それも、「半ば私的、半ば公的」だからその「公的」部分には「公的」助成がなされて然るべきであると主張されるのを聞きながら、政党の「公的性格」とされるものを論理的に整理して批判したことがあった。政党助成制度を批判するにしても、政党は私的結社であっておよそ公的助成ないし公金支出の対象となる公的過程とは無縁である、とするのでは、説得力に欠けると思われたからである。そのさい、政党に「公的性格」があるとする議論に、用語の上ではつきあいながら、さまざまに異なるレベルが乱暴に「公的」という用語で一括されていることを批判するため、「公的」とされる場面の論理構造分析を試みた(7)。その内容は大要次のとおりである。

すなわち、近代当初にあっては同質的「国民」の観念の下で、社会の「部分」たる「政党」は、そうしたいわゆる中間団体として近代当初は国法上「敵視」さえされたが、「国民」主権の観念性の露呈、「国民」内の非和解的対立の顕在化、それに伴う普通選挙制への進展により、現代議会制民主主義の政治過程にあっては、本来私的な結社たる政党がその不可欠な担い手となり、もはや即自的には十分に機能しえない主権者ないし選挙権者の意思を掌握・組織して、公権力たる国家につなぐ結社団体として、国家意思と、自らの意思をも含む「国民」意思とを媒介する。すなわち公権力たる国家という公的領域への連結・媒介者であるという意味では「公的性格」を帯びるようになる。

しかしこうした意味での「公的性格」とは政党に限ったことではなく、マスメディアはもとより、さしあたりは私的団体たる労働組合・業者団体・住民運動組織・文化団体・宗教団体等々の結社・団体にもある。これらの団体は、自らの関心対象、あるいは自己の依って立つ部分的「国民」の関心対象の琴線に政治過程が触れれば、程度・内容の差こそあれ、その政治過程めがけて働きかけ、何らかの影響を与えようとする。その意味で社会団体は一般に「半ば公的、半ば私的」であろう。もっともこの場面で政党がとりわけ「公的」として目立つのも事実であるが、それは政党（political party）という社会団体が、社会事象のもっぱら政治的部分（political part）を関心対象とするがゆえであって、このレベルの限りではなお程度の差を超えない。以上のような理解に立って、このレベルで政党に「公的性格」があるとされる場面を、筆者はとりあえず「社会的な公的性格」と呼んでおいた。

ここで留意すべきは、繰り返しになるが、普通選挙制を前提とする今日の政党制は、近代憲法の標榜する「国民」主権のその「国民」における同質性の喪失、非和解的対立・抗争の生起・発展を背景に、そうした集団的抗争の政治過程における具体的担い手として生成・展開したものであり、政党はそうした意味で「国民」主権の具体的運用者であるから、「公的」であることが「私的」であることと対峙せず、むしろ「私的」なままであることが「私的」性格のレゾンデートルとなることである。

にもかかわらず政党が、そして政党だけが特段に「公的性格」を云々されるのは、私的結社でありながら、その所属員のまま、かつその所属員であることを要件に、直接に国民代表となる公権力編成過程、すなわち「選定過程」に選定客体として立ち現われ、その選定過程を経て国民代表機関という公権力組織の要員＝政治的公務員となり、（議院内閣制をとる場合は）連立形態も含め議席上多数派であれば内閣という公権力を与党ないし政権党として直接に担い、少数派であれば多様な野党ないし反対党として与党と内閣を批判し政権交代を用意する等々の、現に統治制度内で行われている「公的」な公権力編成・運用過程、すなわち「統治過程」への直接的関係のゆえである。この点は、政党制を制度的前提とする比例代表制選挙制度をとればくっきりと前面に押し出されてくる。この文脈での政党の「公的性格」は、確かに社会団体一般のそれとは異なる。それはこの「公的性格」が主権者意思の制度的な直接的発現からきているからであり、その限りではその「公的」たる意味は、社会団体一般を凌駕するごとくに見える。しかしそれは、先述した社会団体一般の「公的」性格を論ずる場面とそのレベルを異にしているからであって、このレベルのことを、やや熟さない言い方ではあったが、筆者は政党の「制度的な公的性格」と呼んでおいた。

かように整理した上でさらに、「制度的な公的性格」レベルにあっても、それに権力的契機を加味した場合は、内閣という公権力を支えるものとされる与党＝政権党と、それにさまざまな方面から批判・同意・妥協を与えつつ関わる諸々の野党とでは、同じ公権力運用過程においても「公的」であることに質的な相違があること、さらにその相違を考察するさいには、当該憲法体制（constitution, Verfassung）を容認した上でのいわば政策的反対党と、当該憲法体制そのものを批判・克服の対象とし別質の憲法体制に移行することをも目的とするいわば体制的反対党とを——語呂合わせで言えば、「反対・政党」のみならず、「反・体制党」もまた——政党の名において等しい取り扱いをするのが「開かれた憲法」の要請たるべきであって、このことを組み込んで検討すべきことをも強調しておいた。このことは、日本国憲法を「開かれた憲法」とみなす以上、憲法二一条解釈論におけるいわゆる「包括説」に立って、「結社の自由」を含む「表現の自由」が、精神的自由の一環として「一切」保障されていることの論理的帰結であるとともに、より根底的には、憲法制定・改正権を留保された「国民」主権の顕現たる政党という把握からも導かれよう。拙論のねらいはこのあたりにもあった。

ともあれこのように整理してみると、政党の「公的性格」を云々するにも論じる場面には異なる次元があって、それをひとまとめにして政党が、そして政党だけが、しかも「半ば」という曖昧な付言を伴って「公的性格」があると論定し、直ちに公的助成の対象たりうるとするのは、政党のもつ複雑で多様な諸機能・諸側面を、意識的にか無意識的にか、見落とした立論であることがあきらかとなる。ヴァイマル・ドイツにおいて社会民主党（ＳＰＤ）所属の議員・司法大臣としても活躍した法哲学者ラートブルフが『政党』という言葉も、その理解されるところは非常に多義的であって、あるときは選挙人団、あるときは組織体、あるときは議会内会派を指すといった具合にまちまちであり、これら三つの現象形態の前提となるはずの政党自体の概念は明確でない」と指摘したことは、それが「憲法という表通りでは政党に出会うことはないが、法律という裏通りでは行きあうことがある」ヴァイマル憲法時代の発言だけに、現代の日本にもあてはまる。

もっとも、政党をかような議論構造で描くとしても、いずれのレベルであれ政党が政党でなくなったのではその前提を欠くことになり、意味をなさない。政党の政党たるゆえん、つまり原点は、政党が「結社の自由」の一形態であるとともに「国民」主権の発現形態であることに存する（ラートブルフが上記引用に続けて「したがって政党の概念は極力広義に、つまり共通の政治的志向で結ばれた国民の一部分として理解されなければならない[8]」と述べるのはこの含意であろう）。したがってその原点を侵害するがごときは、規制はもとより援助・助長の形態においても許されない、ということを政党法制・政党助成制度の憲法判断上の基準とした。

言われている政党の「公的性格」なるものの、こうした論理構造を前提にして政党への公金支出の可否を吟味してみると、統治過程に投ぜられる公金のうち、まず、国民の公務員選定罷免権の対象たる政治的公務員としての議員に対する歳費・活動費は——最近話題の「議員宿舎」も含め——、その多寡や費目などの個別検討は必要であろうが、たとえそれが所属政党と深い関係をもったり、事実上当該所属政党の活動を財政的に支えるものであっても、制度としては問題にするにはあたらない。同様に会派への公金給付（日本では立法事務費）も、要件等の吟味は必要だが、制度としては是認されてよい。「会派」は政党と近似的に見られているが、あくまでも現代議会制度の運用に必要とされている制度的構成要素だからである。以上の支出は、国庫が負担すべきいわば義務的な必要経費であって、公的「助成」とか国庫「補助」といった範疇には本来含まれない。

他方、社会的結社としての政党それ自体に対する公金支出は、各種社会団体への補助金等と同レベルになるが、補助金等には当該政権とそれを支える多数派がめざす特定の政策目的の実現という要素がつきまとうので、政党の場合は、政党であるがゆえにむしろ「支出に不適切な社会団体」となろう。

問題は、選定過程の客体として制度的に政党が立ち現れる場面をとらえて、選挙公営論になぞらえつつ、選挙戦費用助成を名目に、選挙主体として立ち現れる政党それ自体に対し公金を支出する場合であろう。周知の通りドイツでは、各政党が選定客体となる比例代表制をベースにした選挙制度で連邦議会選挙を行う。この方式の下で、一九五四年には政党への寄付を税制上優遇する間接的国庫補助を、そして一九五九年には予算措置による直接的国庫補助を開始した。しかし、使途を特定しない一般的政党補助はこれを違憲としつつも、ただし「政党の適正な選挙活動の必要経費に対する補助は基本法と両立する」と判示した一九六六年連邦憲法裁判所判決[10]があって、その筋道で一九六七年に政党法を制定し、「選挙戦費用補償」に名目上は限定する政党助成を実施してきた。ところが一九九二年に連邦憲法裁判所はこの判例を変更して政党助成一般を合憲とする[11]。この判例変更においては、名目を限定しても給付先が政党である以上結果は同じであるとして、むしろ政党制の原点を侵害しない枠組み・基準の如何へと論点をシフトした。ドイツにおけるこの推移は、政党助成制度の陥穽を暗示しているが、政党制を前提とする比例代表選挙を変則的かつ部分的にしか導入していない日本では、選挙公営と政党への選挙戦費用助成とが似て非なるものであることが、政党助成制度の抱える上記陥穽とともに、かえって見えやすくしている。公職の選挙制度の運営費を「公費で負担」することと、公職選挙活動を行う政党に「公費で助成」することとは、原理的に重大な差異があることは明瞭だろう[12]。

いずれにせよ政党を名義上ないし事実上の名宛とする公金支出は、こうしたレベルごとに「公的」とされることを区分した上で、少しく丹念に吟味しなければならないことを批判的に主張したのが筆者の立論であり、かつそこにさしあたりのねらいもあった。

三　政党が「公的」であることの論議

政党助成制度導入の根拠とされた「政党の公的性格」とは、それだけでは何らの根拠にもならないことを論ずるために展開した筆者のこうした論理構造分析は、しかしその後いくつかの対論的な、さらには批判的な吟味を受けた。そのいくつかに言及しておく。

右崎正博は、「結社の自由一般とは性質上やや異なる政党の自由」を説く芦部信喜の所論を引きながら、筆者の見解を、丸山健や長谷川正安が立脚した、政党もまた結社のひとつとして「徹底した自由」の領域に置く立場とは「微妙な差異がある」として、拙論に対し批判的含意の位置づけを行い、丸山・長谷川的な「徹底した自由」を重視する見地から「政党の公的性格」という言い回しにつき、「政党の担う公的『機能』からストレートに政党自体の公的『性格』を導く論理」である旨疑念を呈した[13]。筆者としては、立案者が「公的性格」と呼び、多様な政党や論者が「性格」とともに機能・役割・任務・活動・側面等々、多様な言い回しをしていながら実は内容上さほどの相違はないことを語っていたという実情につきあっての言い回しであったが、厳密には言われるとおりだったろう[14]。問題はむしろ、「性格」であれ「機能」であれ「側面」であれ、「公的」という場合の「公」を、閉ざされた「私」

との対比で「開かれた公共圏」として構想し、結社の自由の一形態であるとともに、「国民」主権の発現形態でもある政党が、この公共空間の編成・作動を担うことの理論的定位をどのようにはかるのかにあると思われる。筆者の見地は、右崎が「実質的に大きな差異はないかも知れない」とも見た通りであって、丸山・長谷川が説いた政党の「徹底した自由」の見地を堅持しているつもりであった。

上記の「公共」に関わっては、加藤一彦が、筆者の試みた論理構造分析が「政党・政治の公共性」論との関わりでも論じたことに着目して[15]、「各レベルで期待されている政党の『公共性』の規範的要請…を同時に解明しなければ、分類論に終わりかねない」と、解釈論への架橋を求めるとともに、「政党の公共性論」は「社会的権力の一つである政党自身の社会における行動のあり方、政党とその党員との関係」などを安易に法的規制の対象とする論理的根拠を与えないかと警告した。加藤はその事例として「憲法を民主的に動かすべき政党自身が民主的組織であるべきだという党内民主主義…を法律で政党に課すことが許されるのかという課題」では「政党の公共性論」は「かなり深刻な問題を惹起させ」、あるいは「政党とその党員との関係」では「政党の公共性論」が「個人である党員の政党からの自由の論理と対抗的に現れてくる」ので、「場合によっては有害な政党理論に転化しやすくなる」として警戒する。その上で「政党の公共性」とは、「市民の側から政党に『公』にふさわしい行動をとるべきだという規範要請」と「『公共性』をもつが故に国民に対する一定の責務を負うべきだという責任の契機を強調するための開かれた指導理念」のことだと主張した[16]。加藤のこの対論・主張が、政党の地位を（加藤の言う）「国家との垂直関係」で憲法上測定するだけではなく、政党とは「市民」ないし「国民」で構成される「社会」の中での自生的規律に開かれた社会的結社であることを強調する趣旨であるとすれば、筆者の視線とさほどの距離はないと、とりあえずは応じておいた。というのも、拙論は、政党助成制度という文字どおり「国家との垂直関係」の場面に向けた論理構造分析だったからである。加藤が注視する「『市民』ないし『国民』で構成される『社会』の中での自生的規律に開かれた社会的結社」たる「政党」のあり方につき筆者は、加藤の議論も気にしながら、その後「非国家的でありながら国家意思形成を担う公共圏」論として考察してきたところである。(17)

他方、吉田栄司は、拙論を「各レベルの公的性格に即した全体的点検に…踏み込んでいない」とした上で「政党の性格内容を、最終的な『統治過程』における『政権政党』と『反対政党』の分類に即し、しかもわが実定憲法から改めて読み取る作業」こそが必要として、「選定過程」に対応する「国民代表制」と「統治過程」に対応する「議院内閣制」の「それぞれにおける政党の役割…を憲法学的に構成し直す」という問題意識から、ドイツを素材に自らの研究課題としてきた「政権政党＝統治・指導」対「反対政党＝批判・統制」という「図式」による自説を展開した。(18)筆者としては、「政権政党（Regierungspartei(en)）」の場合は、たとえ複数（＝連立政権）のときでも政策上の合意を建前とするからひと括りにすることはできても、複数ありうる「反対政党（Oppositionspartei(en)）」をそれと等位でひと括りにした「図式」が成立するのか疑問だったし、とりわけドイツを素材に「憲法（Verfassung）と政党」という論題を考察するさい、その「憲法」には、文字どおりVerfassungつまり憲法秩序として価値的に選択された「体制」という含意がしのび込んでいて、少数たる野党といっても、政策選択に関わる「反対・政党」と体制選択にかかわる「反・体制党」とでは、「憲法」上性格の異なる緊張感が走ることが気がかりになっていたので、「反対政党」を軸に理論的再構成を試みる吉田の議論が（自らこの「緊張感」に「警戒心を失ってはならない」としてはいたが）、たとえ解釈論であるとしても、いわば実定憲法（Verfassungsrecht）秩序内での整然たる「反対政党」論であることが気にかかった。(19)

ところで、毛利透は、筆者の論理的な「区分」論を「基本的に妥当」と評しつつ、ただ筆者の、以上のような対応が「諸批判に対して妥協的に応答している」と注記し注意してくれた。(20)どの部分が何と何の「妥協」なのかは明記されていないが、見ての通り、右崎・加藤・吉田への筆者の対応は、基本線を異にする「争論」ではなく、大同を前提にした小異のところでのいわば「対論」であり、この種の論題の理論的政治的争論における主要なターゲットは、大同しえない別のところにあったから、筆者の対応が「妥協的」と見えたのかもしれない。もっとも、拙論の本来のねらいが素通りされたことに対しては、そこのところで争論に仕立てていくのに怠惰であった点は反省しなければなるまい。

高田篤は、拙論を「分類」と評しつつ、「政党の活動領域ごとに妥当する憲法原則を明らかにしようとする試みは、方向として適切なものであろう」と評価しつつ、それを「厳密化」することの要を説く。[21] 拙論のねらいからすれば、筆者にとっては、拙論の内側に向かって「厳密化」をはかることもさることながら、横行する乱暴な立論に対してこうした（高田の用語を借りれば）「方向」で争論を図ることが重要だった。

林知更の場合は、筆者のねらいと関わるところで、筆者が、「政党の原点」とは「結社の自由」の一形態であるとともに「国民」主権の発現形態であることに存し、それゆえに、こうした原点を侵害することは、規制はもとより援助・助長の形態においても許されない、と論じたところに正確に着目した上で、「この議論の眼目」を、「主観的自由の問題ではなく、客観法的な原理として『政党の自由』を捉えていると理解すべき」と見立て、「政党助成が政党を国家に財政的に依存させる場合には、受給政党の主観的権利を侵害しないとしても、かかる客観法的な制約に抵触する」と、拙論を読み解く。そうすると、筆者が、政党を「『私的』なままであることが『公的』性格の不可欠な存在理由」とし、拙論に同調するある論者も「政党は『私的』であればあるほどその『公的機能』をよく果たす」[22]とする見地は、実のところその根拠が、「政党が『結社の自由』に基づく『私的』存在であることではなく、むしろ『国民主権』の下で政党が他の『私的』結社一般とは区別された特殊な役割を負うことに存する」と「理解」できるとして、議論を「国民主権と政党」のステージに移して自説を詳論していく。[23] 拙論を「主観的自由と客観法的原理」というまな板にのせて捌く林の手法は、ドイツ法特有の整序として傾聴に値するが、拙論が強調した「『国民』主権の発現形態としての政党」という言い回しが、「国民」主権とカッコつきにしていることに含意されるような、虚偽性と非和解的対立を包含する主権（の体内的側面）の下での政党制に着意してのことであるがゆえに、林が「この場合の『国民主権』は国民の政治的自由という契機を当然に含んでいる」と「留意」を求めた(24)のとは異なるレベルで、拙論は、政党助成制度が、受給政党のみならず非受給政党さらには受給拒否政党の（林の用語を借りれば）「主観的権利を侵害する」ことを論じるところにもねらい＝眼目があったことを指摘しておく。

四　トゥリーペルの定式・再読

吉田の議論にも触発されながら「憲法体制」と「政党」のことを考察するさい、著名なトゥリーペルの「定式」にあらためてたちかえる必要がなおあるだろう。これは、拙論の本来のねらいを照射するポイントでもある。

トゥリーペルの定式は、他の定式以上に、その歴史的背景を前提に理解する必要がある。よく指摘されるように、現代憲法政治においては政党が不可欠にして不可避の構成要素でありながら、その政党が憲法的規律の対象になりにくい、又は部分的にしか規律されないという事実は、政党国家（Parteienstaat）の時代とされる今日でもなお、比較憲法的なひとつの普遍的事実であろうが、ドイツに即して言えば、現代憲法の嚆矢とされるヴァイマル憲法（Die Verfassung des Deutschen Reichs vom 11. August 1919）においても、「官吏は全体の奉仕者であって、一党派の奉仕者ではない（Die Beamten sind Diener der Gesamtheit, nicht einer Partei）」（一三〇条一項）との規定にわずかに「政党（Partei）」文言を置くのみであった。この規定が政党についての規定でないことは明らかであるが、それにとどまらず、この条項は、「議員は全国民の代表（Vertreter des ganzen Volkes）である。議員は、その良心にのみ従い、委任に拘束されない」(二一条)との条項と響きあうことで、官吏であれ国民代表=議員であれ、政党からの影響を遮断することに憲法の基本的態度があったことを示している。その限りでヴァイマル憲法は、政党に対して「つれなくも拒否するという否定的態度をひたすらとることに特徴[25]」があったことは間違いなかった。

しかしヴァイマル憲法は他方で、政党制を当然の前提にする比例代表制を選挙の原則とした。同憲法二二条は、女性選挙権を含む普通・平等・直接・秘密選挙制度を採用するとともに、その選挙が「比例代表選挙の原則(Grundsätze der Verhältniswahl)に従う」ことを定める。拘束名簿式比例代表制によって一九二〇年六月六日に施行された最初の総選挙で成立したライヒ議会においては、一方では共産党(KPD・二議席)及び独立社会民主党(USPD・八一議席)が、他方で国家人民党(DNVP・六六議席)及び人民党(DVP・六二議席)が、ヴァイマル憲法体制を批判するいわば左右両翼を形成し、その狭間で社会民主党(SPD・一一三議席)、中央党(Zentrum・六九議席)及び民主党(DDP・四五議席)によるいわゆるヴァイマル連合(Weimarer Koalition)は絶対多数を得られず、議会は非和解的対立もはらむ諸政党が相互にきしみあう場となった。しかもこの政党編成は、「組織的で社会的政治環境に強く根をはった大衆統合政党(Massenintegrationspartei)である二政党、すなわち社会民主党とカトリックの中央党が、支配エリートを体現する名望家政党たる保守政党・自由主義政党と対峙していた[26]」のである。

憲法規範は、一方では政党に対する消極的・拒否的態度を基本としながら他方で政党制を前提とした選挙制度を容認し、憲法政治の実態は、旧態の政党から現代政党制に急激に移行しつつ、すでに非和解的対決をも孕んだ諸政党間の確執・抗争を軸に運用され始めていたのが、ヴァイマル期の「憲法と政党」問題の複雑な実相であった。ラートブルフが言ったように「民主政のイデオロギーは政党国家であることを否定し、社会学的現実は政党国家であることを高らかに肯定しているのに対して、民主政の国法は、肯定でも否定でもないどっちつかずの中間的立場をとっていた[27]」のである。「政党」がドイツ国法学上の論題となるのは、こうした事情が背景となっていた。

周知の通りトゥリーペルは、「歴史的に見れば、政党に対する国家の態度は四つの段階を経てきている。われわれは敵視（Bekämpfung）の段階（Stadium）について、次いで無視（Ignorierung）の段階について語ることができる。後者に続いて承認及び合法化（Anerkennung und Legalisierung）の時期（Periode）があるが、最後には憲法体制への組入れ（verfassungsmäßige Inkorporation）の時代（Ära）が到来するかもしれない（folgen würden）」との「定式」を示した。(28)

この言説が、政党に対する国家の態度の歴史的推移を理論的標識で範疇的に区分して見せたものであることは間違いない。しかしそれは、政党が歴史的に四つの段階を経て発展してきたという意味ではなく、「重層的に積み重ねられているもの」であり、「各段階の態度が現代における政党に対する国法の態度の四つの異なる側面」を言い当てている言説として受け止めるべきであろうが、(29)ここでは、当該言説に言う「最後の時代」の到来に、トゥリーペルがどう向き合おうとしていたかが重要である。

上に引いた定式に続けて「憲法体制への組入れ」(30)につきトゥリーペルは、「この組入れは、その存在及び特性（Existenz und Eigenart）に問題がある（problematisch）」と述べ、「現代国家（moderner Staat）は、その政党に対する関係において、第四の段階、つまり政党国家の時期、したがって諸政党を基盤として成立する国家の時期に本当に入っているのだろうか？」と問いつつ「この疑問にすっきりとイエスかノーかで答えることはできない」とした。その上でトゥリーペルが、「形式的な法の立脚点」から見れば政党はいまだ「国家機関（Staatsorgan）」ではなく「選挙人団（Wählergruppe）」にすぎず「憲法枠外の現象（extra-konstitutionelle Erscheinung）」であるのに対し、「政治的動態の観点」から見れば「国家の統治（Regierung des Staates）が政党に引き渡されていることは紛うことなき事実」であって、この双方の間では「自由主義原理によって作られた法と大衆民主政の現実とが非和解的に（unversähnlich）対峙している」と指摘した。(31)これは「存在」についてのいわば事実認識レベルで「問題がある」

とした言説であったろう。しかし「政党国家」現象をるる述べた上で、そうした事象を自由主義理論に組み込もうとする努力を「大衆民主政に対する自由主義の撤退戦」と批判し、「政党国家を離れるためには、大衆民主政から脱け出る(Entwicklung)かこれを乗り越える(Überwindung)しかない」として、「政党国家の衝迫に対抗する防御は、原子的個人主義の国家観を放棄し有機的国家観(organische Staatsauffassung)によってこれに代えることで始めて打ちたてられるだろう」と訴えてもいる。[32] これは眼前の事態の「特性」を見た上での、いわば評価判断レベルで「問題がある」とした主張部分であったろう。

政党が国家・国法から「敵視」ないし「無視」されることを脱して「法的に承認」されることは、実定法(positives Recht)がなにがしか肯定的(positiv)に政党への規律を語るところから始まる。実定法としての憲法(Verfassungsrecht)がそうすることも、その限りでは「承認又は合法化」を意味するにすぎない。トゥリーペルがverfassungsmäßige Inkorporationと呼んだ事象は、そうした単なる「承認又は合法化」をいわば質的に超えて、国家体制(Staatsverfassung)があれこれの政党を、当該国家において選択された一定の価値の化体たる憲法体制(Verfassung)に適合的(mäßig)であるように組み入れること(すなわちInkorporation)が含意されていた。「立憲化(Konstitutionalisierung)」と「立法化(Legalisierung)」との質的差異に着目しつつトゥリーペルの言説に言及するある論者が指摘するように、「政党とは、それが――トゥリーペルの言うように――まだ『憲法枠外の現象』として理解されえたころにも『法的(legal)』ではあった。問題は法秩序に政党を組み込むこと(Einbau in die Rechtsordnung)にあるのではなく、憲法生活において政党に位置を与えること、つまり政党に『憲法上の法的権限を付与すること(Beleihung mit verfassungsrechtlichen Zuständigkeiten)』にある[33]」のである。トゥリーペルにとっては、彼が理解するヴァイマル憲法ないし近代憲法の体制に、政党を、とりわけ大衆政党を組み入れることに対する逡巡ないし否定的判断があった。

トゥリーペルは、周知の通り憲法が政治的なものであることを認め、憲法学における「政治的考慮と論理的・形式的概念作業との結合」を力説した[34]。したがって当時のドイツの憲法政治が「政党に引き渡されていること」は「紛れもない事実」であることを「政治的動態の観点」から認めつつも、「それがはたして幸福なことなのであろうか（Ob das ein Glück wäre?）」と反語的に問い続けた。そして確かに政党国家の赴く先に、その克服策として「指導者寡頭政治（Führeroligarchie）への転換による『平等』民主政の貴族化（Veredelung）」とそれによる「独立した、それゆえ責任ある国家リーダー（Staatsleiter）の登場」が到来することを、「それによってきちんとした解決を得ることは困難」という文脈で予測もした[35]。しかし政党国家の不可避性を認めたトゥリーペルが憲法論として説こうとしたことは、政党制の民主政に適った定位の道ではなく、「政党の時代もまもなく終わるだろう」という見通しの下で、「共同体を形成する別の力」が「国民の新たな組成（neue Gliederung des Volkes）」を生み出し、それが「魂なき大衆から生き生きとした『多数の中での一個の単一体（eine Einheit in der Vielheit）』を形成する」という道であった。こうした展望を説くトゥリーペルは自らをロマン主義者（Romantiker）と認める[36]。ドイツ近代憲法が政党に対して敵視・無視の態度をとった根拠に、「伝統的・正統的な議会制の論理に内在する反政党的な要素」はもとより、それとは別にドイツに特有の「議会制の論理そのものに対する反感からくる反政党的な要素」があった[37]とすれば、トゥリーペルが verfassungsmäßige Inkorporation に逡巡していた底流には、後者の側面もほのみえる。

第二帝制期に漸次進展してきたドイツにおける近代政党制は、ヴァイマル期に入ると、確かに verfassungsmäßige Inkorporation を論題にすべき様相を呈した。だが「問題は、どのような形で、憲法体制に組み入れるかにある[38]」のであって、そこでは、何を当該「憲法体制」と見るのかという問題と、その「憲法体制」に「適合的」な「組入れ」とは何かという問題とが重なりあって論じられていたことになる。この難問は、戦後ドイツの「闘う民主政」にも貫流しており、統一後の現代ドイツの底流にもつながる。

おわりに

以上の考察に関わって、原理的問題と現実的問題の一端に触れて本稿を閉じる。

このように考えてくると立ち寄らなければならない究極の原理的問題は、ある理論系譜に立てば公式とさえされている「政党構成は階級構成の反映である」とする見地と、「憲法と政党」という問題のかかわりであろう。もともと「憲法と政党」問題を生み出した震源地は、与党対野党という議会内に特化された外見的事象にではなく、その背後にあって、所有と領有の問題を背負いつつ成立する階級関係を背景とした議会内外での厳しい抗争のところにあった。「国民」代表機関の構成員は、そうした政党間抗争を基盤にしながら「国民」代表とされる。

特定の階級構成を背景に国家とその体制宣言書である「憲法」が成立するとするなら、国家意思形成に関わる政党は、程度の差こそあれ、また紆余曲折は経るにしても、原理的には「階級政党」として立ち現れるほかなく、憲法に選択された体制と対峙する非ないし反体制政党の憲法上の取り扱いこそが現代憲法の最大の問題となる、と理解するか、それとも憲法の標榜する「国民」主権を背景に、「国民」の人権を実現する国家という「立憲主義」的建前に依拠しつつ、「国民」間にある「多様な国民意思」に基づく多様な政党の存在を想定して、政党もまた「徹底した自由」の領域にひきとめておく、という理解で対峙していくのかが、なお未決着のままであるように思う。両者はいわば認識論と解釈論の相違と言えなくもないが、「階級政党」論を認識論として堅持する論者が、憲法解釈の場面では「徹底した政党の自由」を国家と異なる「社会」内部の「私的」自由の一環として唱えることとの整合性には、もう一歩踏み込んだ検討の余地があってよい。その検討には、「憲法制定権をも留保された人民の主権」論による架橋の可能性があるとともに、国家でもなければ「私」的領域でもなく、私的領域から出て国家という

「公」権力をも動態的に構成する「公共」圏の場で政党の理論的定位をはかる筋道もあるだろう。(39)

現実的問題としては、本稿一であらかじめ注意を喚起したように、こうした議論を行うだけの「政党政治」がはたしてこの国にあるのか、という論点がある。政党助成法が制定されて現出した事態は、利益誘導政治の減退でもなければ政策本位・政党本位の政治・選挙への転轍でもなく、政党助成金への依存率を高めてきた各受給政党が、民主的な資金調達の真摯な労苦から解放された分、主権者・有権者の意向から「自由」に乖離することができるという意味での「政党の自由」の現出であった（したがって政党助成金は、近時の「財源難」にもかかわらず（軍事費・皇室費等とともに）「削減」の検討対象にさえならない）。

「政治改革」による選挙制度の変更は、派閥力学ないし類似の党内力学で動いていた某政党に、小選挙区候補者および比例代表候補者名簿の決定権を得た当該政党中枢の権限を強化させたが、政党助成制度の導入もまた、その潤沢な資金の管理配分権を手にした当該政党中枢部への権力の集中をもたらしている。かくして、議会制民主主義でありながら政党中枢を誰が握るかが重要な関心事となり、選挙における集票の力学は、熟議を通して主権者・有権者の民主的支持を得るに要するpublic opinionたる「輿論」の形成にではなく、投票日の多くの有権者の態度決定を左右する「空気」とか「勢い」といったつかみどころのないpopular sentimentたる「世論」に依存する。(40) 率直に言って主要政党がアクターとなってあらわにしてきた、政党助成制度を含むこの国の政党制の醜態は、残念ながらまともな憲法論として吟味する水準には至っていない。政党助成システムが欧米政治に導入されて「時代の趨勢」であるにしても、この国の政治水準は、その趨勢に身を置くにはあまりに落差が大きすぎると言うべきだろう。公職選挙法の「べからず選挙」システム、マスメディアが醸成する観客「民主」主義、即物的利益社会に誘導された「政治」環境といった、この国の民主政阻害要因を丸ごと克服する筋道の中でしか、問題の解決は見い出せそうにない。筆者が論じ、一定の議論にもなってきた「政党の公的性格」の論理構造分析、さらには政党の公共圏論も、それらを論議するにふさわしい政治的環境はなお遠景にあり、それを近景に手繰り寄せる努力とともにある、というほかない。

〈付記〉本稿は、本書〈樋口陽一＝森英樹＝高見勝利＝辻村みよ子＝長谷部恭男編『国家と自由・再論』（日本評論社、二〇一二年）〉刊行の趣旨に基づき、かつて筆者が「国家と自由」研究会で報告し、討論を経て、同研究会の法律時報連載に掲載した三論文（①「『憲法と政党』再論」（七〇巻九号・一九九八年）、②「『憲法と公共性』再論」（七二巻一号・二〇〇〇年）、③「『グローバル化と憲法』補遺」（七三巻一一号・二〇〇一年）のうち前書『国家と自由』には収録しなかった①をベースとして②も加味しつつ、爾後の議論も踏まえてアップデート化したものである。

（1）この点につき拙稿「総選挙・政権交代と憲法」法律時報八一巻一二号（二〇〇九年）。
（2）自民党「政治改革大綱」等、関係資料は法律時報六二巻六号（一九九〇年）に収録。
（3）Vgl. E. Menzel, Staatliche Parteienfinanzierung und moderner Partienstaat, DÖV 1966, insb. S. 593 ff.
（4）欧米各国に一九六〇年代以降あいついで導入された（広義の）政党助成の実態と理論的問題の詳細は、参照、「特集／選挙制度と政党助成」法律時報六四巻二号（一九九二年）、拙編著『政党国庫補助の比較憲法的総合的研究』（柏書房、一九九四年）。
（5）ドイツにおける「政党の憲法上の地位」の議論が、いわゆる「闘う民主政」（streitbare Demokratie 正確には「闘いうる民主政」）と不可分の関係にあることを指摘するのが、当該問題にも精力的に取り組む上脇博之の一連の研究である。上脇『政党国家論と憲法学』（信山社、一九九九年）、同『政党助成法の憲法問題』（日本評論社、一九九九年）、同『政党国家論と国民代表論の憲法問題』（日本評論社、二〇〇五年）等。上脇と拙論とでは、ドイツにおける「政党の憲法上の地位」議論の理解・整理の仕方において多少異なるところがあり、それはそれで対論する必要はあるが、本文で述べたようなドイツ的文脈に留意を払うべきとする点では筆者と異なるところはない。
（6）企業献金の憲法論については参照、「特集／企業献金と憲法・民主主義」法律時報六四巻一一号（一九九二年）、拙編著・前掲書。
（7）拙稿「『憲法と政党』再論」法律時報七〇巻九号（一九九八年）のほか、同「日本国憲法と政党」同六二巻六号（一九九〇

年）〈本書Ⅱ部一一章〉、同「政党への公的助成」同六四巻二号（一九九二年）、拙著『憲法検証』（花伝社、一九九〇年）、同『論理なき「政治改革」』（大月書店、一九九三年）、等。

（8） G. Radbruch, Die politischen Parteien im System des deutschen Verfassungsrechts, in: Anschütz-Thoma (Hg.), Handbuch des deutschen Staatsrechts, Bd. 1. Tübingen 1930, S. 290.

（9） ドイツ連邦議会の選挙制度を日本では小選挙区比例代表「併用制」と呼んでいるが、この制度は、まず比例代表票で全議席の配分を決定し、その半数の具体的当選者を小選挙区票で第一位を得た者に決定し、しかる後に残る半数を、比例代表票で得票率五％以上を獲得した各党に対し比例代表候補者リストに基づき順次「補充」する（したがってドイツでは「補充式」と呼ぶ）のであって、（五％条項——二〇一一年一一月九日には連邦憲法裁判所がＥＵ議会選挙につき「違憲だが無効ではない」と判決した（Pressemitteilung Nr.7/2011 vom 9. Nov. 2011）——や——二〇〇八年七月三日には連邦憲法裁判所が違憲判決（BVerfGE, Bd. 121. 266）を下した——超過議席という問題を抱えてはいるが）制度原理は比例代表制である。これを「併用制」と呼ぶのは、日本が類似の小選挙区比例代表「並立制」をとっているとするため（水島朝穂は小選挙区に軸をおく「偏立制」と皮肉っている）の意図的な命名と思われるが、用語としても誤用であり、両制度は似て非なるものである。

（10） BVerfGE, Bd. 20, 56.

（11） BVerfGE, Bd. 85, 264.

（12） ドイツを素材にした「政治の国庫負担」を政党助成・会派給付・議員歳費につき全面的に究明した労作に、本秀紀『現代政党国家の危機と再生』（日本評論社、一九九六年）がある。

（13） 右崎正博「政党をめぐる憲法問題」ジュリスト一〇二二号（一九九三年）一一八頁、一二一頁。

（14） もっとも「機能」の相違とすると、筆者のねらいであった原理的解析から遠ざかる可能性がないわけではない。たとえばドイツのある政治学者が示す「政党の四機能（vier Funktionen）」とは「代表（Repräsentation）・正統性（Legitimation）・社会化及びエリート調達（Sozialisation u. Elitenrekrutierung）・コントロール（Steuerung）」の各「機能」とされている（F. Decker, Parteien im politischen System der BRD, in: A. Kost u. a. (Hg.), Parteien in den deutschen Ländern, München 2010, S. 71 f.）が、多分に「機能」的理解であって、筆者の論じるところとはレベルを異にしている。

（15） 拙稿「憲法学と公共性論」室井力ほか編『現代国家の公共性分析』（日本評論社、一九九〇年）〈本書Ⅰ部五章〉、同「憲法における公共性」法律時報六三巻一一号（一九九一年）〈本書Ⅰ部六章〉。

(16) 加藤一彦「憲法・政党法・政党」白鳥令編『現代政党の理論』(東海大学出版会、一九九六年)六頁以下。

(17) 拙稿「憲法と公共・公共性・公共圏」拙編著『市民的公共圏形成の可能性』(日本評論社、二〇〇三年)〈本書I部七章〉参照。なお、この書物が出版された同じ年に、加藤は『政党の憲法理論』(有信堂、二〇〇三年)を上梓し、「第四章　政党の憲法的地位・再論」(一三六頁以下)で筆者との対論に言及しつつ、「結社する自由によって生み出された政党が活動する空間」たる「公共圏」に論を進めているが、その視線は、拙論の公共圏論と——拙論の場合は措定した「公共圏」の有効性をいわば「主体形成」力に重点を置く点で相違があるとはいえ——重なる部分が少なくない。ついでながらこの書で加藤は、小林直樹・吉田善明といった先達が「かつてのドイツ政党法のような選挙戦費用補助に限定した公的助成には賛成」するなか、拙論はその論理的根拠を問いつめることで「政党への公的助成には否定的」であったことを正確に読み取ってくれている(三三七頁以下)。

(18) 吉田栄司「政党」『岩波講座現代と法3政治過程と法』(岩波書店、一九九七年)、一七二頁以下。

(19) 前注の吉田論文は、吉田の近著『憲法的責任追及制論I』(関西大学出版会、二〇一〇年)に収録されている(八二頁以下)が、本文で再言した筆者のかつての「疑問」や「気がかり」には応答を得られなかった。

(20) 毛利透「政党法制」ジュリスト一一九二号(二〇〇一年)一六四頁。

(21) 高田篤「憲法と政党」高橋和之=大石眞編『憲法の争点〔第三版〕』(有斐閣、一九九九年)二三頁。大石眞=石川健治編『憲法の争点』(有斐閣、二〇〇八年)二九頁も同旨。

(22) 本秀紀「政党——社会と国家の媒体?」憲法問題七号(一九九六年)八六頁。

(23) 林知更「政治過程の統合と自由(一)——政党への公的資金助成に関する条学的考察」国家学会雑誌一一五巻五・六号(二〇〇二年)三六頁以下。

(24) 同右四一頁。

(25) L. Wittmayer, Die Weimarer Reichsverfassung, Tübingen 1922, S. 64.

(26) B. Hombach, Politische Parteien in der Bundesrepublik—Staatsorgane oder Volksorgane?, in: G. Schräder/H.-P. Schneider (Hg.), Soziale Demokratie —Das Grundgesetz nach 40 Jahren, Heidelberg 1991, S. 66.

(27) Radbruch, a. a. O., S. 286.

(28) H. Triepel, Die Staatsverfassung und die politischen Parteien, Berlin 1928, S. 12. (2. Aufl., Berlin 1930)〔全訳に近い「要旨紹介」として美濃部達吉「憲法と政党」国家学会雑誌四三巻二号(一九二九年)、後に美濃部『憲法と政党』(日本評論社、一九三四

年）所収〕

(29) 佐藤功「政党と法制化」政治経済論叢九巻二号（一九五九年）四一―四二頁。

(30) このverfassungsmäßige Inkorporationについてはさまざまな日本語訳があり、論争的でさえある。代表的論者に限って例示的に示せば、「憲法上の融合」と訳した美濃部・前掲を範例に「憲法的融合」と訳す宮沢俊義、阿部照哉など、これを批判して「憲法的編入」または「憲法への編入」と訳す佐藤功、丸山健、岡田信弘など、さらにこれを批判して「憲法への組入れ」とする手島孝、竹内重年などもある。筆者は当初、従来の訳語の中では「憲法への編入」訳語をあてていたが、その後、小林直樹「政党の法的規制」『ジュリスト総合特集　日本の政党――新たな時代の政治を考える』（有斐閣、一九八四年）一四八頁の叙述にヒントを得て「憲法体制への組入れ」と訳すことにした（拙稿「憲法と政党」小林孝輔編集代表『ドイツ公法の理論――その今日的意義』〔一粒社、一九九二年〕二五八頁以下）。その根拠は本文が述べるとおりである。なお、この訳語にセンシティヴな筆者が、以上の訳語状況を参観しつつも「憲法体制への組入れ」と訳した事情については、本秀紀「政党条項――『憲法的編入』の意味と無意味」ジュリスト一二八九号（二〇〇五年）一一四頁以下が的確に見て取っている。

(31) Triepel, a. a. O., S 28 ff.

(32) Ebenda, S. 34 ff.

(33) F. A. v. d. Heydte, Freiheit der Parteien, in: F. Neumann u. a. (Hg.), Die Grundrechte, Handbuch der Theorie und Praxis der Grundrechte, 2. Bd., Berlin 1954, S. 459, Anm 5.

(34) この点をめぐるケルゼンとの対決はよく知られている。Vgl. VVDStRL, H. 5, 1929, insb. in Aussprache, S. 115 ff.

(35) Triepel, a. a. O., S. 34 f.

(36) Ebenda, S. 36 f.

(37) 佐藤功「憲法と政党」芦部信喜編『憲法の現代的展開』（有斐閣、一九七二年）三九一頁。Auch vgl. U. Scheuner, Die Parteien und die Auswahl der politischen Leitung im demokratischen Staat, DÖV 1958, S. 641.

(38) 小林・前掲論文一四八頁。

(39) この点につき拙稿・前掲注（15）及び（17）参照。

(40) この用語法については参照、佐藤卓己「輿論と世論」（新潮社、二〇〇八年）。

第一四章　企業献金と憲法・民主主義——各国比較への序論

はじめに

いわゆる「政治改革」動向のひとつとして浮上してきた「政党助成」制度については、本誌〈法律時報〉が本年〈一九九二年〉二月号で編んだ「特集／選挙制度と政党助成」でもすでにその憲法論上の吟味と各国比較がなされている。(1)以下の諸論稿で試みる「企業献金」法制やその実態・理論の各国比較は、いわばその続編でもある。というのも、日本において政党助成の必要性を導出する論理が、しばしば企業献金・団体献金を規正ないし規制する代替制度とされていることが少なくないからである。政府・自民党の言う「政治改革」策には批判的で、一般論としても政党助成制度導入に十分警戒心を抱く論者においてさえ、「一方で政党活動に金が必要であるという事実を認め、他方で企業献金等を抑制すべきだとすれば、残された途は政党自前の財政活動に加え——それは当然限界があるから、——相当程度の公的補助を行うしかない」との政策的提言を行う。(2)いずれにせよ、政治・選挙に相当な資金が必要であることは当然であり、さりとて企業献金は諸悪の根源となるのでこれを禁止すべきだが、とはいえこれを絶てば、それに依拠して政治資金を調達してきた一部の政党は、その調達先を一層ブラックマネーに求めることになるから、「政党の公的性格」または「公」職選挙費用であることに着目して、その「公」的部分をめがけて公的政党助成を行うことで、必要な政治資金の公的調達と、悪しき私的資金＝企業献金の遮断との同時実現をはかる、という筋道で、この国の「政治改革」を構想する立論は少なくない(3)。

しかし、以下の各国比較から明らかなように、欧米においては企業献金が禁止されておらず、もっぱら公開の原則、したがって国民的監視にゆだねられているにすぎない(4)。政党助成が欧米では「趨勢とも言える動向にある」ことは既に指摘した(5)。比較の中で政党助成と企業献金を考察すると、企業献金を禁止しないまま政党助成を構想・導入・拡大する欧米と、少なくも建前では企業献金の禁止ないし大幅制約との関連で政党助成導入を構想する日本との差異に気づく。ところが欧米と日本は、同じ西欧近代立憲主義に立脚した憲法をもつ。こうした同じ立脚点にたつはずの欧米と日本とが、こと政党助成・企業献金については、少なくとも今日までのところ異なった対応をしてきたことが、注目されてよい。それは、同じ憲法理念の下にありながらそれを運用する政治・経済・社会のありようの差異に起因するものと思われる。このことを念頭におきつつ、各国比較に先立って、吟味すべき現実の落差と、それを踏まえた、憲法論も含む論点などを序論的に考察しておこう。

一　「政治改革」としての企業献金「規制」の位相

先に廃案となった「政治改革三法案」をめぐる議論は、衆議院選挙制度を中選挙区制からいわゆる「小選挙区比例代表並立制」に転換することの是非にもっぱら集中していたが、思い起こせば「政治改革」が叫ばれた直接の動機は、リクルート事件に端を発する政治資金問題にあった。すなわち、企業の違法ないし不当な政治献金のみならず、そうした非難されるべき事件を生み出す政治資金調達の構造そのものが、「改革」されるべき対象とされていたはずである。その限りでは提示された選挙制度「改革」案は、与党によるドラスティックな議席簒奪計画が焦点とされていて、いくら「金のかからぬ選挙のための小選挙区比例代表並立制」を標榜しようとも、政治資金問題をこそ是正・解決すべき「政治改革」の喫緊の課題と見てきた国民的関心からすれば、ことは別筋の問題に映ったに違いない。選挙制度変更を軸とした三法案が廃案となったのは、ある意味で当然であったろう。

しかし他方で「政治改革」動向は、その出自が八〇年代早々から始められた臨調行革路線にあり、そうした国家改造計画にビルト・インされている性質のものでもある。この筋からする要請が急速かつのっぴきならないものとして高まってきたのが、冷戦構造の崩壊に伴う国際的枠組みの急変であったから、昨今の「政治改革」は、リクルート事件があろうとなかろうと早晩提起されてきたであろうことは、想像に難くない。現に「政治改革」を弁証・推進する論理においてさえその軸足は、当初は「健全な議会制民主主義、政党政治の再構築」（自民党「政治改革大綱」一九八九年五月）であったのが、「時代の変化に即応する政治のための民意の集約」（第八次選挙制度審議会答申・一九九〇年四月）に移り、さらに「内外の課題に国全体の視点から的確・機敏に対処する政治」（自民党「政治改革基本要綱」一九九〇年一二月）へと移ってきている。(6) もとよりそれは、リクルート事件を巧妙に利用して「政治改革」プランを発動させ徐々に本質を見せてきた、といえるほど高尚なものではない。そうしたスキャンダルをかかえながら戦略的課題に進まなければならない推進サイドの矛盾の表象として受け止めておくべきであろう。佐川問題をかかえつつ政治の転質をはかろうとする現下の状況も同様と見てよい。

同じことは政党助成制度導入のプランについてもいえる。このプランもまた、高まる企業献金への批判に対する応答として、企業献金の、禁止ではないが段階約縮減の代替制度として提示されていたが、同時にそこには、政党助成制度を導入することによる日本の政治構造の転質が戦略課題としてひそんでもいる。ここにも政党助成制度の導入により、政党制自体の変質の政治資金面からする促進が企図されていると思われるが、企業献金からの「撤退」ポーズを、あいつぐ企業スキャンダルと腐臭を放つ構造的汚職、それを支える「企業社会」事象のただなかで示さねばならないという矛盾をかかえてもいる。「あんな政治・政党に公費を出せるか」という巷間の声は、政治不信の消極的表明にとどまるとはいえ、事柄の真相の一端を言い当てていよう。「だから政党助成できれいな政治にするのだ」という対案提示も説得力を欠く。それは「政治に必要な民主的コスト」を論じるにはほど遠い、この国の「政治」の実相があるからである。[7]

二　構造的汚職の中の「企業献金」と「政治」

七〇年代の二度にわたるオイル・ショックをたくみに乗りきり、一九八五年プラザ合意以後のいわゆるバブル経済も手伝って異常に膨張してきた経済を背景として、八〇年代後半以後の日本では、政治家がからんだ大型の汚職事件が続発している。一九八六年の撚糸工連事件、八八年の全自連砂利船事件、八九年のリクルート事件・パチンコ疑惑事件、そして今、共和事件から佐川事件へと、その発覚は毎年のごとくにめまぐるしい。

政治家がからむ汚職は、その全貌が判明しないままに終わることが多いため「疑獄」とも呼ばれるが、戦後日本には、そうした疑獄の発覚で日本の政治的支配がゆさぶられた三大事件と呼ばれる疑獄事件があった（一九四八年・昭電疑獄、五四年・造船疑獄、七六年・ロッキード疑獄）。その規模の大きさと内容の質的新しさとで疑獄史の画期をなすものとしては、おそらくリクルート事件と、目下注目の佐川事件がこれに続くだろう。戦後日本疑獄史は、ひょっとすると「五大事件」と書き改められるかもしれない。

これらの事件はいずれも、上昇途上の企業がその企業利益を確保・拡大するために政治家・高級官僚に賄賂を提供したという点では共通性がある。疑惑が時の首相・主要閣僚・有力派閥首領にまで及ぶという点も同じである。また賄賂を贈った企業が、戦後日本経済の各時代のいわば「花形」の領域に属する点も共通している。最近の事件をひきおこした企業が、情報（リクルート社）やリゾート開発（共和）や宅配運送（佐川急便）を業としていたことは、こうした領域の企業活動が、しのぎを削る競争原理をテコとして日本経済の「成長」を支えていることの表象でもあろう。

もっとも、最近の事件には、かつての三大事件が、個別企業の具体的利益に対する権限ある者への直接見返りを狙った現金供与という「一回性の単一目的型の贈収賄」であったのに比べると、未公開株譲渡という新方式すら含む「将来の可能性を見越した継続的・多目的先行投資型」への移行という特徴があり[8]、直近の事件に至っては、一方でいわゆる「たにまち」的資金提供・便宜供与の一環ともうけとれる新方式（?）さえ露見し、他方では広域暴力団までからんで腐臭を放っているのだから、構造的汚職の「汚れ」の新構造も解析を急ぐ必要がある（もっとも日本の保守政党と右翼・暴力団との金を仲立ちにした結び付きは今に始まったわけではない）が、根底には「わが国が経済行政において、許認可行政の比重が高く、企業活動そのものが政治過程と深くむすび付けられている[9]」ことに構造上の原因があることには変わりがない。現職知事が辞任に追い込まれた佐川事件でのヤミ選挙資金提供も、当該企業のオーナーのふるさと思いから行った「たにまち」的パフォーマンスではさらさらなく、当該自治体における物流システムに関し知事職が権限上ないし事実上大きな役割を発揮しうるがゆえに、その利権を求めて投じられたものであった疑いが濃いという。

こうした構造を根本的に変えることこそが問題の解決ではあるが、同時に、その構造を作動させている責任が、「政治」ないし一部政治家とその周辺の側の政治資金調達の質と構造にもあることは、問題の根本解決をすすめるためにも、指摘しつづけなければならない。利権目的で潤沢な資金提供を用意している企業があれば、むしろ政治家の方からそれに接近していく。佐川事件ですっかり影が薄くなってしまったが、共和事件では、北海道でリゾート開発を計画していた企業の思惑と、北海道開発庁長官であった政治家Aの資金渇望の思惑とが触れ合って、以後はこの政治家の方が資金提供を積極的にせがむという関係が成立したという。いわば「ねだりとタカリ」を相互前提とする構造である。

政治家が企業の資金にむらがっていくのは、政治家がまったく私的な利益を望んでのことという事情もないわけではない。共和事件で逮捕・起訴されたAは、自宅の改装費や親しい女優Yに贈るペアウォッチの代金までをも、問題の企業に要求したといわれている。政治家として、というより人間としてその品性を疑いたくなるAのこうしたふるまいは、それゆえにイエロー・ジャーナリズムの格好の標的ともなったが、しかし事件は、Aが政治家として「必要」な「政治資金」を渇望していたことに起因するという、ことがらの本質を見落としてはなるまい。続発するスキャンダルで浮上している政治家の動機も、基本的にはこの「政治資金」ほしさが原因である。政治家Kが自民党副総裁職を辞任するに至った佐川事件で、受領を認めた五億円の金も、彼の私腹を肥やすためではなく、Kが会長をつとめる自民党派閥のメンバーに対する「陣中見舞い」にあてられたというから、そういう意味での「政治資金」であった。社会的に激しい非難を受けながら派閥メンバーからは会長留任を全員が求めたのも、その限りでは驚くにはあたらない。

昨今の構造的汚職は「政治に金がかかりすぎる構造」から発生するのだという指摘は、一連の事件を弁護する文脈でも出されている言説であるが、「政治」なるものに巨額な資金を要し、ために政治家がその資金調達を企業からの提供に求めやすいという事実の指摘としては、この言説に間違いはない。

政治に金がかかるのは、民主主義に時間と経費が必要である以上、当然のことである。重要な政治的決定が求められるとき、たとえば、国民代表たる国会議員がそれを十分に審議するにも、あるいは議員が主権者国民と常に対話してあるべき方向を見出すにも、そして国民自身が日常生活のなかで活発に討論するのにも、時間と経費は十分にかけなければならない。議員が審議・立法するには十分な調査・研究費が必要である。議員と国民とが対話するには、会場費・宣伝費・通信費・資料代などが必要だろう。国民が自ら討論するにも同様で、さらに種々のメディア費用も欠かせない。

しかし、日本の政治において「政治に金がかかる」あるいは「かかりすぎる」という場合の金のかけ方の多くは、実はそんなところにあるのではない。たとえば、共和事件のAが渇望した「政治資金」の主な使い道とは、①「大臣になるための運動資金」であったり、大臣に就任した時の返礼祝宴の費用であったり、②あるいは政治家としての事務所経費や私設秘書の人件費であったほか、③さらに自ら事務総長をつとめる自民党派閥組織が総裁選挙に投じるための費用であったとされている。

①は端的に言って猟官費と猟官成功の謝礼であるから、これを「政治資金」と呼ぶのは論外であろう。③とて、政党党首を選出するに必要なまともな言論戦費用のことではなく、ほとんどは、ごく限られた自民党内総裁選挙権者を買収する財源のことである。自民党の派閥とは、明確な政策の相違からできる党内グループのことではなく、総裁＝首相候補を頂点に置き、派閥幹部から活動資金を受け取り、総裁＝首相実現の暁には党内要職や閣僚に就任することができるという期待を抱いて集まってきた政治家集団のことにすぎない。それゆえポリシーなき離合集散を重ねる。

辛うじて「政治資金」らしいのは②であるが、こうした場面で資金を投入しながらなされる日常的な「政治活動」とは、次の選挙でその政治家のために集票してくれるであろう支持者・後援会員を繋ぎとめ増やすための、極めて非政治的なサービスのことであることが多い。サービスといえば聞こえはいいが、たとえば、事務所を随所に設け大量の秘書・事務員・運転手を配置するのは、政治家として持っているコネクションや影響力を駆使して、支持者・後援会員や選挙地盤の有権者・有力者、その家族・親戚・知人のために、就職を斡旋したり、官庁に便宜をはかったり、はては学校への裏口入学を斡旋するためであり、あるいは彼らのためにお好みのカラオケ大会、歌謡ショー、温泉旅行、宴会、せいぜい国会見学付きの東京見物といった、非政治的遊興イベントを催すためである。有権者に政策を訴えたり政治活動の報告をし、彼らから政治的要求を聞き、彼らと政治的対話・討論を行うという、まともな政治活動に資金を投じているのではほとんどない。

あげくのはてに、支持者・後援会員の冠婚葬祭には、その都度「ふくろ」と呼ばれる寄付が、法的規制をかいくぐって綿密に届けられる。ある調査によれば、自民党新人議員の一年間の平均支出一億一六四五万円の内訳は、人件費が三五％、事務所費が一〇％、後援会活動費が一六％、冠婚葬祭費が一四％であるのに対して、「政策活動費」はわずか八％の九二〇万円にすぎない[10]。まともな政治活動に金がかかるのではなく、あやしげな「政治」のために「金をかける」実態が、ここから垣間見える。「政治資金」と「政治のための資金」は、日本ではかなり別の概念であると言ってよい。

三　企業献金の日本的特殊性

かくしてその膨大な資金を調達するために、一部政治家は、資金の豊富な大企業に依存する。もともと「政治にかける金」は、もっぱら将来の集票のための利益提供に使うのだから、政治と金とのつながりには本来の民主主義的性格がなく、むしろそれを破壊しさえする。そうした政治資金の精神風土の上に成立する企業献金も、提供企業と政治家・政治家集団・政党との間で、利権提供と見返り献金のキャッチボールとしてなされる。

本特集〈法律時報六四巻一一号（一九九二年）特集「企業献金と民主主義——その各国比較」〉の各国比較からもわかるように、欧米でも企業の政治献金は行われている。公表義務最低額・所得控除上限額が設定されているドイツ、選挙運動費用の寄付金上限額が設定されているフランス、企業内の年次報告書に記載を義務づけるイギリスといった、規制・規律のバリエーションはあるが、それとて自然人と法人が、規制基準値に差異はあれ同等に扱われるなかでの制限であって、ここでは禁止されていないことが重要である。法的原則はあくまでも公開によるコントロールにおかれている。アメリカ合衆国の場合は、一九〇七年のティルマン法を出発点とし、一九七一年の連邦選挙運動法（とその改正）によって、連邦レヴェルでは、個別企業が公職候補者に献金することは禁止されているが、企業が政治的寄付を目的とする政治活動委員会（ＰＡＣ）を結成すれば自由に行えるから、実情は変わらない。したがって、企業の政治献金は西欧近代立憲主義の母国でも通例であるという言い方は、この限りではあたっている。

だが、欧米がそうだからといって日本も当然にそうあっていいと言えるだろうか。留意すべきは、やや概括的にすぎるとはいえ、欧米においては、近代立憲主義がまずは社会的中間団体を破砕し、「結社からの自由」を確立するところから社会も経済も組立て始めたという経過をくぐり抜けた上で、(11)その後に「法人の人権」を承認し、その文脈で企業の政治献金を原則として禁止していない、という段階に至っているということである。したがってそこでは、個人の政治的自由や社会の自律的自治を前提とし、その延長で結社・団体・法人の自由と自治が、少なくも理念としては語られており、企業の政治献金も、民主過程に弊害がないかぎりはこうした自由・自治の領域に委ねるべきものと観念されている。本特集〈同前〉の各論文が紹介するように、最近欧米で企業献金の規制ないし規律の強化や特にはその禁止が叫ばれ始めているのは、現代的なこの「民主過程への弊害」に着目してのことである。

ところが日本の場合は、そうした歴史的経緯を踏まなかったし、近代立憲主義の原点と現代的変容の双方を同時に初発のところで抱えることとなったうえに、戦後統治がそうした社会・経済形成上の特異な課題を追求することなく、むしろ自覚的に回避してきたため、肝心の主権者国民において政治的自由の習熟が十分にはなされていないし、その上に近年は、大企業が強大な力を発揮して社内のみならず社会をも席巻して、上から読んでも下から読んでも「会社社会」という、いわゆる「企業社会」現象がのしかかっている。(12) したがってたとえば、欧米が企業献金をもっぱら公開の原則にのみ従わせて国民的監視に委ねているのに対して、日本では、たとえ公開されたとしても同様の国民的規制が働きにくい。日本は企業献金の公開すら不十分であるが、その不透明さが、政治的レベルで必ずしも深刻な国民的怒りを呼ぶわけではないのである。企業にむらがる一部政治家の姿は、その政治家のサービスにむらがる支持者・後援会員の姿と無関係ではあるまい。「権利」と「利権」にさして距離がない、と言えば過言であろうか。

同様のことは大企業の体質の相違にもある。企業、特に株式会社は、欧米では個人を多数とする株主が出資し、その委託に応えて利潤をあげ、出資者に利益をもたらす営利団体であるという原則が現実に働いていて、大企業がなす政治献金にも企業内で監視・規制がそれなりに働く。労組の監視・規制力も小さくない。しかし日本の巨大株式会社は、個人株主の比率が極めて小さく、圧倒的な割合を占める機関投資家・法人株主も、しばしば相互に株を持ち合っているため、企業の営利活動に即した監視・規制が弱い。企業別組合のままで狭義の経済要求に重点をおく労組には、監視・規制力が乏しい。(13) かくして政治献金も、事実上経営者幹部の思うがままにできる。日本では、多くの大企業が一斉に同じ日に株主総会を開催し、しかもそこには個人株主はほとんど出席できず、極めて形式的に議事・決定を行っているが、こうした構造は欧米にはないことであろう。過日も三月期決算企業一八二四社が一斉に株主総会を開いた（一九九二年六月二六日）が、あいつぐ不祥事に社会的非難を浴びる中でも、従前通りの同時刻かつ短時間で非公開の総会が横並びに挙行されたことは記憶に新しい。こうした株式会社のありかたをただすために、昨秋〈一九九一年秋〉経団連は「行動基準憲章」を自ら定めたはずであるが、その会長〈平岩外四〉が経営トップをつとめる東京電力もまた、この横並びをした一社であった。ついでながら選挙になれば、大企業が社員を使って丸ごと集票マシーンになるのも、欧米にはない現象である。

企業献金を受け取る側にも相違がある。欧米では、政党政治が確立されているから、政治献金の提供先は、原理的に、特定の政策をもった政党である。たとえ政治家個人に対してであってもこの原理が働く。したがって政治献金にもいわばポリシーがそれなりに随伴する。国民が特定政党の政策に思いをこめて寄付を行うことのアナロギーとして、企業献金も節度ある金額でなされる。企業の社会的責任の見地から、議会政の発展のために複数の対峙的政党の双方に献金する例もある〈企業メセナの延長としての政治献金。ただし特定の議会制観に限定されていることは留意を要する〉。権限ある政治家に見返り利益を〈得る〉目的で献金する事例はもちろんあるが、それは端的に贈収賄に投じられたブラックマネーとして、政治的にはもとより法的にも処理される。ところが日本の企業献金のかなりの部分は、政治家個人や派閥などの政治家集団に対してであるから、献金と受領を結ぶのはポリシーではなく、利益・利権になりやすい。こうした政治風土が、政党に対する企業献金をもポリシーなき利益政治を促す買収的手段にしてしまう。

こうしてみると、企業の政治献金が同じように許されているといっても、欧米と日本とでは、それを支える政治風土・国民意識・企業体質などに質的な落差がある。その落差は、経るべき歴史的段階の差異からきている場合が少なくない。ひとことで言えば、民主主義の成熟度の落差と言ってもよい。日本では企業献金を全面禁止すべきであるという主張が強いのは、さしあたりはこうした日本の政治と社会と企業の特殊性のゆえである。その意味では一度「近代」をくぐりぬけなければ企業献金の意味ある規制も論じられまい。かりに企業献金を欧米なみに承認ないし法認するとしても、それは民主主義を個人と社会のところから組み立てる営みを十分に経た、その先のことであろう。そしてそうした意味ある営みは、実のところ企業献金をいったん禁止したところからしか始まらないのではなかろうか。ましてや欧米では、企業献金が政治構造にもたらす現代的な腐食作用が深刻に議論され始めているのである。日本における企業献金問題は、近代と現代のあるべき政治にとってどうかといういわば二重の吟味を経なければなるまい。

日本の社会も経済も「金がすべて」のレベルをさまよっている（佐川事件で辞任劇を演じた政治家の名前が、まずは金丸、次に金子と、いずれも「金」がらみであったとは、皮肉にしてはできすぎている）。「金をかける政治」とは、その政治面での現れでもある。これを日本では「金権政治」と呼んできている。民主主義（democracy）か金権政治（plutocracy）かは、権力（cratia）が真に民衆（demos）のものであるか、それとも富者（plutos）のものであるのか、による相違であるが、「豊か」になった民衆がその基盤となって「金権政治」を営めば、それは金権民主主義（plutodemocracy）となろう。[14] “Plutodemokratie” とは、かつてナチスがそれを批判して権力を手中に収めたキーワードのひとつであった。日本の企業献金が再生産しつづける金権政治は、民主主義を根底から破壊するファシズムの温床となってはいないだろうか。

四　企業献金と憲法論

企業献金の禁止を求めることの日本における正当性は明確であるとしても、その憲法論的精査は別途課題たりつづけている。同質の近代憲法原則に立つ欧米諸国が、企業献金に対して右のような対応をしていることは、この課題の理論的困難さを暗示してもいよう。紙幅の限定もあって、ここでは、各国で提起され始めている企業献金違憲論を参看しつつ、その基本的論点だけを簡単に摘示するにとどめたい。

(1)　憲法上の権利は「性質上可能なかぎり、内国の法人にも適用される」ことを前提に、「会社は、自然人たる国民と同様、国や政党の政策を支持、推進しまたは反対するなどの政治的行為をなす自由を有する」としたうえで、「政治資金の寄附もまさにその自由の一環」であるから「これを自然人たる国民による寄附と別異に扱うべき憲法上の要請があるものではない」として、企業献金をなす「自由」をも憲法上の権利にまで高めたのが、著名な八幡製鉄政治献金事件最高裁判決であった（最大判一九七〇年六月二四日・民集二四巻六号六二五頁）。この説示が、法人の人権享有主体性につき、当該権利の「性質」に即して適用可能とする一般論から、その「性質」の吟味を欠いたまま、ただちに一般的な、しかし「特定の政策」に対する「政治的行為の自由」を承認したこと、のみならずこれをただちに特定政党・政治家への「政治資金の寄附」の自由にまで直結させたことは、二重三重に論理の飛躍を重ねているものであるが、こうした論理的精査を欠く三段論法に対する批判は、すでに各方面からなされてきている。「法人の人権」を承認することがただちに「会社の政治的行為をなす自由」の承認につながるものではないし、「特定の政策」への「政治的行為」の自由を承認するにしても、その自由がただちに特定政党・政治家への「政治資金の寄附」をなす「自由」の承認につながるものでもないからである。ことがらは「性質」の見極めにある。

問題は、「『政治的行為をなす自由』にかかわる思想・表現の自由や参政権は、本来、自然人＝個人のもの」であるから「自然人＝個人の憲法上の権利と『同様』の資格でそれと対抗的に法人が主張することはできない[15]」としても、では「同様」ではない劣位の「資格」で、企業の政治活動の自由とその行使形態が、その「性質上」どこまで主張できるか、であろう。もとより自然人＝個人の人権に法人＝企業の「人権」が凌駕するものではないという人権価値序列上の観点は重要であるが、「企業の人権」のそうしたいわば消極的意味充塡とは別に、積極的意味充塡が、課題としてなお求められているように思われる。企業献金の憲法上の位相を選挙権の存否に関わらせて測定する議論は、確かにわかりやすいが、政治的意思形成過程を公職選挙に過度に凝集することになりはしないか、という問題をはらんでいよう。

この点では、営利法人たる企業が、その営利活動にかかわる「国や政党の特定の政策」に支持・反対して「政治的行為」をなす場面と、とりわけ、世界観と綱領と体系的政策を持った「特定の政党」自体に「政治資金」といういわば「一般的等価物」を提供する場面との間には、「別異」の「性質」があることに留意するべきであろう。個々の政策への支持・反対と政党自体へのそれとはレベルが異なるし、言論を軸とする主体的な「政治的行為」と、客体への、使途を特定しえない政治資金の提供とは、これまたレベルが異なると思われるからである。[16] こうしてみると、主体面からは、当該企業の営業活動、政治的行為、政治献金という行為の相違に応じて、また対象面からは、利害関係者、政治団体・政治家、政党といった当該行為の相手方の相違に応じて、企業活動の限度を理論枠組みとして設定することが、憲法論としても求められているであろう。

(2)　右の論点が、なお抽象的の感をまぬかれないのは、弊害が説かれて久しい問題の企業献金が、法人一般でもなければ企業ないし株式会社一般のそれでもなく、潤沢な資金をもつ独占的ないし巨大な企業によってなされるそれのことだからである。禁止すべき標的の具体性に対して、法的対応の場面で登場するのは、法人であったり株式会社であったりして、なお抽象性が高い。昨今の論題である「企業社会」問題も、その震源地は巨大企業である。こうして問題は、かつて一度ならず議論された経済的自由ないし財産権における独占的大企業の「人権」とその規制をめぐる周知の論題と重なってくる。解釈論への架橋になお課題を残したままとはいえ、個人の個体的人間的生活を支える人権としての経済的自由ないし財産権と、「資本主義的財産権の特殊な集積形態」である巨大独占資本のそれとが、「人権」規定解釈のレベルでもその性質を異にすることは、憲法論としてもほぼ明確にされてきた。[17] この切り口から見ると、「人の権利」と区別された「市民の権利」の場面ではあっても、個人のなす主権的な公権力編成・改廃の権利たる政治活動の一環としてなされる政治資金の拠出と、企業、とりわけ巨大独占資本のなす政治献金とは、截然と区別してその保障と規制を論じることの可能性が見えてくる。この限りでは、企業の政治献金と団体、特に労組の政治献金とは、ともに日本では禁止されるべきとしても、その論拠は同じではないことになろう。

(3)　以上の論点のほか、商法学から提起されている株式会社の存在根拠からする政治献金能力否定論[18]、税法学から提起されている「納税者の同意」原則を論拠とする企業献金正当化論への反論[19]などを、憲法学はどう受け止めるかという問題もあるが、それらも含めて、あれこれの企業献金違憲・違法論を構成するにあたって、同質の憲法原理・法原則に立つ欧米における企業献金法認の事実と、憲法学、特に憲法解釈論はどう向き合うかという論点がある。ここでは端的に、企業献金の原則法認をも基礎とする欧米の政治資金制度が、現代議会政・現代政党制の行きづまり、ないし制度疲弊の一要因たりうるという、批判的観点を提起しておきたい。本特集〈法律時報六四巻一一号（一九九二年）特集「企業献金と民主主義——その各国比較」〉の各国比較の随所で紹介されているように、企業献金に対する原理的懐疑も各国には出始めているが、このことは、この点で参看に値する。欧米の実例は、近代立憲主義の母国においてすら、企業献金政治が病巣となって民主政の緩慢な衰退を引き起こしている証左であるかも知れない。

なお、企業・団体献金が増加し、政党助成を構想・導入・拡大する現実の要因としては、各国とも政治宣伝・選挙運動におけるマス・メディア経費の巨額化があげられるが、その実態の点検とともに、これを妥当な民主的経費として承認するか、承認するとしてもその限度はなにか、といった理論的問題があろう。ここには現代民主政におけるマス・メディアの位相という根本的問題が孕まれている。各国比較とは別にこの論題に関する論稿を用意したゆえんである。

（1）森英樹ほか「政党助成の比較法的検討」法律時報六四巻二号（一九九二年）六〇頁以下。なおあわせて参照、右崎正博ほか「政党への国庫補助・政治資金規制の比較法的研究」憲法問題三号（一九九二年）。
（2）小林直樹『憲法政策論』（日本評論社、一九九一年）三二三頁。
（3）広瀬道貞『政治とカネ』（岩波新書、一九八九年）一八四頁以下、岩井奉信『「政治資金」の研究』（日本経済新聞社、一九九〇年）二四五頁以下、平野貞夫『国会新時代への提言』（五月書房、一九九二年）五七頁以下、等。
（4）この点を概観したものとして、広瀬・前掲書一六六頁以下、拙著『憲法検証』（花伝社、一九八九年）二〇八頁以下、三木義一「政治資金規制」法律時報六四巻二号（一九九二年）四九頁以下、等。
（5）拙稿「政党への公的助成」前掲注（1）法律時報六一頁。
（6）これらの文書は、小沢隆一ほか編「資料」法律時報六二巻六号（一九九〇年）・同六四巻二号（一九九二年）に収録。
（7）この点では、こうした変質にそれなりの警鐘を発した最近のドイツ連邦憲法裁判所による政党法違憲判決（一九九二年四月九日）が注目されてよい。Vgl. Der Spiegel, Nr. 16/46. Jg. vom 13. Apr. 1992, S. 35 ff.; Das Parlament, Nr. 17-18, vom 17./24. Apr. 1992, S. 26; Europäische Grundrechte Zeitschrift, 1992, S. 153, usw. なお、参照、本秀紀「政党への国庫補助に歯止め?」法学セミナー四五二号（一九九二年）、斎藤純子「政党国庫補助に関する画期的判決」ジュリスト一〇〇三号（一九九二年）。ついでながらごく最近ドイツでは、ヴァイツゼッカー大統領が深まる政治不信（Politikverdrossenheit）の責任を既存政党政治に求めて警告を発し（R. v. Weizsäcker, Der Parteinstaat oder Die Zukunft der liberalen Demokratie, in: Weizsäcker in Gespräch mit G. Hofmann u. W. A. Pergen, Frankfurt/M. (Eichborn) 1992, S. 135 ff.）、これにコール首相が反論して（vgl. Die Welt vom 19. Juli 1992, Süddeutsche Zeitung vom 20. juli 1992）注目を浴びている（vgl. Der Spiegel, Nr. 26/46 Jg. vom 22. Juni 1992; H. Kleinert, Die Krise der Politik, in: Aus Politik und Zeitgeschichte, B 34-35/92 vom 14. Aug. 1992, S. 15 ff.）。
（8）水島朝穂「構造的汚職の実態」法律時報六二巻六号（一九九〇年）八六頁。
（9）三木・前掲論文四九頁。
（10）広瀬・前掲書三二頁。
（11）この点を強調するものとして、たとえば樋口陽一『憲法』（創文社、一九九二年）一四八頁以下。
（12）参照、東京大学社会科学研究所編『現代日本社会』（全七巻・東京大学出版会、一九九一―二年）。
（13）さしあたり参照、奥村宏『法人資本主義』（御茶の水書房、一九八四年）。

(14) M・デュヴェルジェ（宮島喬訳）『ヤヌス』（木鐸社、一九七五年）八頁以下。
(15) 樋口・前掲書一七五頁。
(16) 参照、北野弘久「租税国家と参政権」憲法理論研究会編『参政権の研究』（有斐閣、一九八七年）、同「政治資金規制と『政治改革』」憲法問題三号（一九九二年）三二頁以下。
(17) さしあたり参照、栗城壽夫・浦部法穂ほか「現代社会と財産権」公法研究五一号（一九八九年）。
(18) 富山康吉「株式会社のなす献金」民商法雑誌四七巻三・五・六号（一九六二年。後に富山『現代商法学の課題』〔成文堂、一九七五年〕に収録）を嚆矢として、最近では、三枝一雄「『会社のなす政治献金』論について」法律論叢六三巻二＝三号（一九九〇年）、新山雄三「企業をめぐる『非行』諸現象と法の役割」法律時報六四巻七号（一九九二年）、同「株式会社企業の『社会的実在性』と政治献金能力」法学会雑誌四〇巻三＝四号（一九九一年）など。
(19) 三木・前掲論文五一頁。

第一五章　「政治改革」と憲法

一　「政治改革」と政治改造

権力の深部で意図的に作り出され、マス・メディアによって醸成されて国民意識の形成に多大な影響を与え、そうすることで政治・政策の方向づけを担う政治的キー・ワードというのが、このところいくつかある。その典型が「政治改革」という用語であろう。

「改革」とは「改め変えること」（広辞苑）の意味であるから、本来はいわば価値中立的な概念でしかない。reformがformを改める意味であるのと同義である。「政治改革」とはしたがって、用語としてはもともと、政治のフォームを変更するという含意を超えるものではないだろう。だが、「改革」という日本語のもつ特有の響きは、「政治改革」用語をして「政治を良くすること」というプラス・シンボルに仕立て上げた。この間の政治動向に顕著であったのは、あいつぐ政治腐敗の露呈に衝迫されて、この唾棄すべき政治以前の「政治」を良くするためこれを「改革」するとした「政治改革」コンセプトを前に、その「改革」の内容・方向しだいによっては批判する勢力であるはずの少なからぬ部分も徐々にその呪縛にとらわれていき、やがて小選挙区基本制導入と杜撰な政治資金規正・政党助成制度創設を核心的内容とする「政治改革」法案に、反対はおろか疑義を呈することすらためらわれる様相を呈したことにある。

抽象的な、したがって何を含意するかはどうとでも投入可能な、したがってその限りで誰もがうなずく一般的用語で投網をかけ、広範な、しかし実体の乏しいコンセンサス感覚を育てあげ、やがて特定のコンセプトに絞り込んで他のコンセプトを排斥するというこうした手法は、「行政改革」以来のものだが、対抗勢力がそうした手法に有効に対応しきれていないことも含め、このところの政治手法の特徴であるように思う。そのようなキー・ワードとしての「政治改革」の周辺には、「国際貢献」とか「政権交代」とかもあるし、今後は「規制緩和」とか「地方分権」が同様の役割を担うに違いない。日本国憲法が完璧ではないからこれを「改正」するという文脈でのいわば小文字の「憲法改正」感覚が、大文字の「憲法改正」論を支える可能性もある。

もっとも、考えてみれば、「政治改革」が表舞台でそのターゲットとしたものは、リクルート事件以降の金権腐敗政治の極み、つまり「政治」と呼ぶにはおよそ似つかわしくない最低限（ganz unten!）であったから、この「政治」をとにもかくにも変えるならば、その内容・方向がどうあれ「今よりはましになる」と受け止められたふしがある。「非自民・連立政権」が内容抜きに好意的に受け止められたのにも、類似の感覚が働いたに違いない。単に「改め変えること」が「良くすること」に語感の上で直結しえたのは、悲しいほどの最低限に対する国民的いらだち（Verdrossenheit）[1]があったからであろう。しかしだからこそ、「政治改革」推進勢力の政治的中枢は、あれこれの「改革」を、「身から出た錆」ならぬ「身から出た光沢」として説かなければならないという、この論題に固有の矛盾に襲われもする。

「政治改革」問題に明け暮れたこの間に、議論の焦点となったのは、言うまでもなく公選法改正案などの関連法案であったが、この改正法ないし新法によって、はたして日本の政治が良くなるのか、多少でもましになるのかという疑念は、多方面から提起されてきた。こうした法的「政治改革」策の効果測定は、なおも吟味すべき課題である。しかし、政治を良くする、ただすことができるなら、どんな方策でもよいということにはならない。ことは政治制度の変更である以上、民主政の原則が問われるし、その政治制度が憲法上のものであり、しかも国民の主権的権利行使の筋道が変更されるのであってみれば、民主政の原則一般としてのみならず憲法上のそれとして問われる性質のものである。それが手続・実体の両面にわたる問いであることは言うまでもない。

同時に、用語の原意にこだわるならば、政治のリフォームとは、政治のフォーム、すなわち「造り」を変えることを含意してもいた。それは、日本の政治・統治システムの型を従来のものから転換・転質することを孕む。企図されてきた「政治改革」の底意には、実のところ、日本政治構造の造りかえという、文字どおりの「政治改革」——人口に膾炙しつくした感のある政治家本のタイトルにちなめば政治面での「日本改造」——があった。

このたびの「政治改革」問題を憲法学から検討するには、したがって、こうした両面を射程に入れて論じなければなるまい。すなわち、成立した四法で変更される衆議院選挙制度および政治資金制度は、巷間に期待されていた「政治改革」たりうるかを、「成立」過程も含めて憲法原則から点検すること、および、四法の成立で呼び寄せようとしている日本政治の転質が、いかなる憲法問題を投げかけているのかを検証することである。もっとも、こうした点検・検証の多くは、すでに各方面でなされている[2]ので、それらを前提にしつつ、ここでは四法の成立という新局面に即して、若干の考察をするにとどめたい。

二　「政治改革法」は二度「成立」する?

一九九四年一月三〇日の各紙朝刊が、「政治改革法が成立」との大見出し記事をトップで報じたのは記憶に新しい。この「成立」とは、第一二八臨時国会最終日の一月二九日午前〇時五〇分に交わされた細川首相と河野自民党総裁との「合意」(総・総「合意」または細・河「合意」)を「前提」として、同日午後二時三九分に再度「開会」された「両院協議会」が、昨年一一月一八日に衆議院で可決されはしたが本年一月二一日に参議院で否決された政府提出四法案(九月一七日提出・一一月一六日修正)から、施行期日を空白にした(厳密には、四法案のひとつである衆議院議員選挙区画定審議会設置法案の附則第一条中「公布の日」を「別に法律で定める日」に改めた)だけの法案を、協議委員(二〇名)の三分の二以上である一七名の賛成で「協議案」とし、この案を同日夕刻、衆参両院本会議が起立多数で「可決」したことを、さしている。

ところが、ほぼ一ヵ月後の三月四日の各紙夕刊は、またも「政治改革法が成立」の見出しで、しかし今度は比較的小さな扱いの記事を報じた。この「成立」とは、先述した総・総「合意」第一〇項に基づき、与党と自民党(各六名)だけでなされてきた「協議」が二月二四日に整ったのを受けて、二月二八日に開催された衆議院政治改革調査特別委員会の理事会が、右「協議」結果を盛り込んだ修正法案を「委員会提出法案」とすることを決定し、翌三月一日午前に開催された同特別委員会において、同法案に対する委員の(「委員会提出法案」であるがゆえに「質疑」ではなく)「発言」を行っただけで可決し、同日衆議院本会議を通過して参議院に送付され、二・三両日午前の参議院政治改革調査特別委員会の質疑を経た後に可決され、そして四日の参議院本会議で「可決」されたことを、さしている。

このたびの立法過程にこのような一応の整理をつければ、前国会末日に四法案が「可決」され、続く第一二九通常国会でその「修正」案が「可決」されたかに見える。だが、いみじくも各種報道が二度にわたって「政治改革法が成立」と伝えたように、現実には、同じ法案が再度「可決」されたに等しい異常事態が出来していた。

通常の意味で法的に成立したのは、もちろん後者である。ただし今後、衆議院議員選挙区画定審議会設置法に基づく審議会が、両議院の同意を得て首相が委員を任命することで発足し（設置法六条）、同審議会が調査・審議の上、委員任命の日から六月以内に小選挙区画定案を首相に勧告し（同法附則二条）、その勧告を尊重して（同法五条）政府がいわゆる区割り法案（公選法一三条一項改正）を国会に提出して、この法案が成立し公布・施行されることではじめて公選法改正は施行されるし（公選法附則一条改正）、この公選法改正の施行の翌年一月一日から政治資金規正法改正と政党助成法が施行されるのであるから、四法が発動するにはなお相当の期間を要する。とりわけ区割り問題が紛糾する日本政治の「伝統」を思えば、この期間が淡々と経過する保障は必ずしもない。現政権の持続力の不確かさを思えばなおのことだろう。

前者の「成立」とは、参議院否決によって前国会大詰めに漂っていた廃案の法的環境を、政治的に「打開」するために挙行された「逆転成立」劇の、国会を舞台とした最終シーンであった。その「政治的決着」をもってマス・メディアは「政治改革法が成立」を喧伝したが、法的に見る限り、「可決」されたのは「提案者自身が実施する意思をもたない法律」[3]であって、そのことを手続面で表した「施行期日なき法律」とは、「日付のない定期券のようなもの」[4]、あるいは「日付の入らない領収書」などと同じであって「とても法律と言えない」もの[5]であるから、これをして「政治改革法の成立」と呼ぶのは誤報に等しい。

だが、その後あいつぐ政治的重要事に「決断政治」が連打されたこと（国民福祉税＝消費税引上げ構想の提唱と撤回、コメ自由化の決定、日米経済構造協議の決裂、内閣改造の蠢動と停止など）も手伝って、四法案問題は急速に政治的関心事から遠のいていった。その遠のきかたは、これこそが「改革」されるべき「政治」の実相だったはずの大手総合建設請負業者（ゼネコン）疑惑の中央政界波及や、細川首相自身の佐川疑惑・ＮＴＴ株購入疑惑の浮上をもってしても、呼び戻すことの困難な勢いであった。前者の「政治改革法が成立」報道が果たしたアナウンス効果は、まことに絶大であったというべきだろう。

三 「政治」と法の乖離

一度「成立」した四法は、それが施行されないまま「修正」を受けた。したがって例えば四法のひとつであった「公職選挙法の一部を改正する法律」は、「公職選挙法の一部を改正する法律の一部を改正する法律」という奇妙な名称の法律によって「修正」されている。だが、その修正点には、これまで審議されたことのないものが多い。総・総「合意」にすらなかった内容さえ含まれている。

総・総「合意」事項にも新規に登場したものが少なくなかった。①小選挙区三〇〇・比例代表二〇〇という割合、②「比例」代表を名簿・集計ともブロック制とし、しかも一一ブロック選挙区を設けること、③全政治家個人への企業団体献金限度額を年間五〇万円とすること、④政党交付金受給に上限枠を設け、かつそれを各党前年収支実績の四〇％と設定すること、といった点は、海部内閣期以来どこからも立法府に提案されたことがなく、したがって国会にとっては審議経験が全くない新規の内容であった。与党・自民党「協議」を経て整った修正四法には、ただでさえ新規の総・総「合意」事項に加えて、その一部修正から、別の新規内容さえも加わっている。

総・総「合意」を超えているのは、(i)右②に関連して、比例代表選挙に政党その他の政治団体が立候補する要件

（名簿届出要件）につき、例の「五人」または（総・総「合意」となった）「二％」に加え、同じく選択的とはいえ「名簿搭載者数が当選選挙区の定数の十分の二以上」との要件を付加したこと（このため「五人」または「二％」に満たない政党や新党が全国規模で名簿届出をする場合は、四五名以上もの候補者を要することになる）、(ii)右④に関連して上限枠を、当該政党の本部および支部の前年収入総額から政党交付金・借入金・重複金・繰越金を控除した額の「三分の二に相当する額」としたこと（支部も加えた収入総額を算定基準にし、かつ上限枠を高くしたので、交付金総額〔国民一人につき二五〇円、総額約三〇九億円〕が余るのではないかという「心配」はなくなった！）、(iii)政党助成制度運用につき受給政党に対して、当該政党が「責任を自覚」（政党助成法四条二項）するにとどまらず「その組織及び運営については民主的かつ公正なものとする」ことをも求めたこと（二月二四日の与党・自民党「合意」に「政党交付金を受けることができる政党は、法人格を有すべきであるとの自民党の意見に留意し、今後連立与党との間で協議し、選挙区を定める法律案の国会提出までに結論を得る」との一文があることと併せ考えると、ここには政党助成制度をチャンネルにした政党法制定への傾きがうかがわれる）、そして、(iv)政府提出原案にもあり一一月一六日修正の段階でも強められた選挙運動規制をさらに拡大させたこと（選挙運動用ビラの枚数制限など。なお政府案の目玉のひとつであった戸別訪問解禁が、総・総「合意」で禁止に舞い戻ったのは周知のとおり）、などが挙げられる。

こうして見ると、ふたつの「政治改革法が成立」報道があった一ヵ月余の間に、関連法案には、その骨格部分に至るものを含む多くの変更が加えられたことがわかる。しかしそれらは、およそまともに国会審議をしたわけではない（唯一の「審議」が三月二・三両日の参議院特別委員会であったが、それとて計四時間という短時間であり、しかも政府答弁は「やむを得ない」を連発する消化質疑に終始した）。変更内容を現実に「審議」していたのは総・総「トップ会談」であり、その後の与党・自民党「協議」であって、憲法・国会法上の正規の審議・協議ルートは、極力好意的に見ても一月二七日の「両院協議会」までである。以後はこの法的ルートが脇に追いやられ、「政治的」解決の筋道が席巻していった。立法府たる国会は、「政治的決着」を形式的に認知する「可決」儀式を行ったにすぎない。

現代の議会が政党ないし議会内会派の政治力学で営まれる以上、政党・会派間の「会談」や「協議」が議会運営の現実的動因になることは事実である。だがそれは、正規の立法過程の公的バイパスであってはならない。実のところ、仮に「トップ会談」を主要政党・会派間の非公的「会談」と解しても、実態は「トップだけの会談」であって、この種の政治的合意に政治的には求められてしかるべき政党・会派内の「民主的かつ公正な組織及び運営」が欠如していた。

すでに詳細な検討がなされているので詳論の要はないが、こうした憲法・国会法上の手続の踏み外しは、憲法五九条の、とりわけ「両院協議会」の運用から始まっていた。衆議院で可決した法案の骨格部分において「これと異なった議決」をしたこのたびの参議院否決は、もともと「両院協議会」になじまない案件である。無理に開いた協議会が一月二七日に決裂したのは当然の成り行きだった。(6) 同日の協議会議長となった衆議院側議長（市川雄一）は、最後に「両院協議会を開きましたが、法案を得るに至らなかった、こういうご報告を両院議長にすることにいたします」と協議会終了を明確に宣言している。(7)

だが、「報告」を受けた衆議院議長が、真意はともかく、両院協議会の「枠組みは残っているから」として、両院協議会に向け四法案を事実上の継続審議とする提案を行い、それを細川首相・河野総裁に「伝えた」ことが「触媒」とされて、事態は一気に、公的ではない、どことどこの「トップ」なのかさえ定かでない「トップ会談」へとなだれ込んでいった。(8) 二九日午後「再開」された両院協議会の冒頭で、市川は「〔二七日に〕私の判断で協議を打ち切りましたことはいささか配慮が足らなかったと存じ、ここに遺憾の意を表します」と述べ、それを受けて参議院側の村上正邦委員（自民）が、「そもそも当協議会は、二院制のもとに、憲法に基づいて、衆参両院の代表が国民に開かれた場で協議を行い、成案を目指すことが目的であるが、いわゆるトップ会談という密室において実質的な修正案の詰めが行われ、当協議会の協議が形だけのものとなった」と苦言を呈しているが、[9]「形だけの」応酬とはいえここには、この間の推移が憲法・国会法からいかに乖離していたかが示されているし、さらに政治的場面でも「合意」勢力内に「民主的かつ公正な組織及び運営」がなかったことが暗示されている。

こうした推移を「改革が実現しなかった場合の政治の混乱を考えれば……やむを得ない緊急避難」とする論者がいる。[10]廃案による「政治の混乱」とはにわかに想定しがたいが、それはともあれ、「緊急避難」とは厳格な要件を伴った法的処理のひとつであって、このたびの処理は、政治的頂点による政治的処理が法的場面に抜き身で侵入し取り仕切ったいわば超法規的処理であったから、比喩としてもふさわしくない。

このたびの「決着」は、法的手続の屍の上で、しかもごくごく一部の頂点が、自らの拠って立つ裾野からさえ離陸してつけたものである。だが、こうした「政治」と法との極端な乖離こそ、立憲主義の危機という歴史的長期的な「混乱」を政治にもたらすだろう。そうした「政治」が、四法成立をてこに「改造」を期待されている「政治」でもある。

四　主権者からの政治・政党の乖離

政治が法から乖離するということは、その法の基本原理たる国民主権から政治が遠ざかることでもある。四法の憲法的吟味は、成立前段階ですでに多くの論者によってなされているので、ここでは、主権者から政治・政党を遠ざける諸装置にしぼって観察しておく。

(1)　衆議院選挙制度の基本となった小選挙区制が、大量の死票を構造的に生むばかりでなく、民意と議席の間にずれを起こす点で、国会議員が「選挙された全国民代表」（憲法四三条）から遠ざかる制度であることは、多言を要さない。小選挙区法定得票数を「六分の一」としたのは、六分の五の死票さえ制度的に予定している。もとより、いかなる選挙制度でも、代表制である以上死票は避けられない。阻止条項をもたない比例代表制の場合でも、議席配分に到達しないほどの少数民意であれば、その票は死票となる。だが、選挙権平等を含む憲法原則は、死票がより少ない制度を選択することを要請している。小選挙区制への移行が、この点で逆方向に向かったことは明らかだろう[11]。国民が切望したのは政治腐敗防止であったが、選挙区域が現実に小さくなって、かえって政治はよりキメ細かく腐敗するに違いない。

小選挙区制を「民意の集約」論で弁証するのは「集約」する側の論理であるが、そうではなくて「有権者の視点」から、小選挙区制が主権者の「政権選択権の保障」に資する民主的制度であると主張する論者がいる[12]。「公務員の選定罷免権」ないし選挙権（憲法一五条等）としての議員選挙権の目的に政権選択の要素が含まれることは確かだが、議会がかなり多数の議員で構成されることに留意すれば、その選定方法において、多様な民意の反映という社会学的代表機能を持たせる目的を排除ないし軽視し、もっぱら政権選択目的からその正当性を説くのは、選定する「公務員」の性格と、その選定を通して編成する統治システムが議会中心主義・議院内閣制であることを見落とした立論だろう。

(2)　小選挙区制に働く「民意の集約」機能の弊害を「緩和」するとして設けられた「比例代表」部分は、当初提案でも総定数の五〇％でしか「緩和」されないものであったが、それが四〇％と後退し、かつ一一ブロック制とされたため、比例機能は大幅に後退した。比例代表は比例に値するだけの議席数で行わなければ意味がない（比例代表議席数よりも立候補政党数が少ない場合、定数をnとすると議席に到達するに必要な最低得票率は、単純には$\frac{1}{n+1}\times 100$となる）が、最大定数となった近畿選挙区の三三ですら、単純計算で得票率二・九四％を超えなければ議席に到達しなくなった。定数七の四国選挙区に至っては、実に一二・五％阻止条項として働く。ドント式計算ではもっと厳しくなる。三％阻止条項を盛り込んでいた政府案が、一一ブロック比例代表に「妥協」したときその規定を削除したのは、三％阻止条項が無意味になったからにすぎない。

(3)　小選挙区比例代表「並立制」には、もともと制度哲学が質的に違う選挙制度を接合するという無理があった。ドイツでこの制度を「グラーベン式」と呼ぶのは、超すことのできない溝（Graben）が介在することを批判する含意からである。にもかかわらず「並立制」に至ったのは、「選挙制度変更こそ政治改革」を叫ぶ勢力が、その内部でかかえた党派間の「利害得失」の思惑から生じた「対立」から政治的妥協をはかった結果にすぎない。この「哲学の貧困」は、主権者不在という政策思考の貧困に起因する。ちなみに新制度は、いわゆる「小選挙区効果」機能を論じるまでもなく、「重複立候補＋惜敗率」制度の導入によって制度内在的に連結した「小選挙区基本制」となり、「並立」制ですらなくなった。

(4)　立候補の政党要件（「五人」または「二％」、比例代表では又は「当該選挙区定数の十分の二の候補者名簿の届出」）は、中小政党・新党の参入排除に働くが、そうした政党への支持に込められた少数民意の、しかも入口における排除となる。批判の多いドイツの五％阻止条項とて、議席配分段階での要件であって立候補段階のそれではない。入口で阻止するということは、この要件に満たない政党を、したがってそこに込められた少数民意を、選挙という政治的言論戦に登場させないことを意味する。これは、変動を旨とする政党制の、したがって民主政のダイナミズムを阻害する、現状維持の「守旧」的制度である。このたびのような「政権交代」さえ起こりにくくなろう。「もろもろの政党は、決して不動の永続的事象ではない。それは不断に、数、強さ、意義を変える。……他方国民も、今日の保守主義者が明日は穏健な自由主義者となりうるし、自由主義者がつぎには急進主義になりうる。だから、政党が、純粋に政治的に編成されるならば、今日の少数者は明日の多数者になりうる[13]」という百年前のイェリネクの指摘が思い起こされる。

なお、比例代表選挙への立候補を「政党その他の政治団体」に限ったことは、政党制を前提とする比例代表制の帰結とも言えるが、日本における「無所属」民意の存在は、既存政党への不満、したがって将来形成されうる特定の民意の潜在的予兆を含む。もとよりそこには、政党政治の日本における未成熟という側面もあろうが、いずれにしても現に存在する民意であることは間違いない。それを制度変更で人為的に既存政党へと「集約」するのは、民意の自生的発展に資する道ではない。そもそも「比例代表制は政治風土の変更が伴わないと非常におかしなことが起こってくる」との指摘[14]は、この文脈で重要であろう。

(5) 日本の供託金制度は、英・五〇〇ポンド（約九万円）、仏・一〇〇〇フラン（約二万円）、独・伊には制度自体がない、といった国際比較をみても、もともとその高額さにおいて異常であるが、これを「改革」することはしなかった（小選挙区三〇〇万円・比例代表六〇〇万円）。これが「並立制」と連動すると、全国規模で立候補しようとする政党・政治団体は小選挙区で九億円、（「五人・二％」を満たさない場合は）比例代表で二億七〇〇〇万円（六〇〇万円×四五人）を用意しなければならない。これでは「金のかからぬ選挙」のかけごえにも反するが、根本的問題は、国民の立候補の自由を準備資金面で萎えさせる点にある。

(6) 政治資金制度については、政治腐敗の現実的温床である企業献金への制約が後退につぐ後退をとげて、国民の期待から遠のいたことが指摘されねばならない。弊害が歴然としている政治家個人への企業献金さえ残り、政党支部を通したひもつき献金の道も、事実上の企業献金たる「パーティー券」の道も残った。もっとも、新たな規正・公開基準を通して企業献金の対象が政党宛を本流にすることにはなろう。だがそれは、企業献金の日本的弊害のゆえに、企業依存の弊害を「政治」自体に構造化することになる。

(7) 政党助成制度導入の論理は「企業団体献金の廃止に向けて大きく一歩を踏み出すこと」を前提にした「民主

主義のコスト」論として提示されていた（一九九三年九月一七日・首相所信表明演説）。だが、その前提が崩れたため「泥棒に追い銭」となっている。助成額の算定基準は「腰だめ」に終始し、かつ迷走を重ねた。受給要件を、「五人又は二％」がすでに満たされている「政党」のみに限定したことは、政党助成制度のモデルとされるドイツが、無所属候補者にも支給しているのに比較すれば「政党」の特権化であるし、政党の受給要件が得票率〇・五％と低く、かつこの要件は当該選挙結果によるものであることに比較すれば、既存主要政党への財政的優遇にほかならない。政党への特権化は、支持政党をもたない国民への差別につながるし、既存主要政党への優遇は、それ以外の政治勢力を担う少数民意への差別になる。既存の勢力関係に準拠した助成は、既存の勢力関係の維持固定化ないし較差拡大にしか働かない。このことは、選挙結果で配分するドイツですら問題になっている。[15]

その半額を議員数割りで配分するという「虚構の議席比」による配分や「人口」を総額算定基準にする方式は、「得票率」だけで配分するとともに、昨年の改正後「投票者」を総額算定基準にするなど、それなりに民意との乖離をきたさぬよう配慮しているドイツから見れば、杜撰というほかない。こうした配分方式は、国民の思想の自由（憲法一九条）などを根拠とする政党支持・不支持の自由を侵害すると非難されてもいたしかたあるまい。

そして政党助成制度は、第一義的には国民の主権的権利行使の社会的媒体たる政党をして、その社会性（Gesellschaftlichkeit）を弱化せしめる。こうして、憲法上の「結社の自由」の核心は、緩慢ながら確実に壊されていく。このことこそが、最近のドイツでは深刻な問題となってきていた。[16]

(8)　ただでさえ「べからず選挙」の異名をとるのが日本の選挙法制であるが、こうした点は「改革」の論題にさえならなかった。逆に、選挙期間の短縮、法定ビラ廃止と配布方法を政令事項とする政党ビラ制度の創設、法定文書・政見放送等の一層の規制など、「べからず」の度は深まっている。そのことが社会的関心事にもならない。

日本における政治腐敗とそれを生み出す構造の深層には、実のところ、政治や選挙を、国民が、生活と社会のただなかで行う、独立した諸個人のまともで理性的な言論戦として営むという、あるべき政治の原点が阻まれつづけてきたという事情も横たわっている。社会構造においては、最近のいわゆる「企業社会」の傾向が、その阻害要因を下支えする。

五　「日本政治改造計画」の射程

以上に瞥見してきたように四法は、政治・政党をして国民から遠ざける装置を随所に潜ませているが、そうしておいて日本政治を、どう「改造」しようとしているのだろうか。

「政治改革」法が、結局のところ政治腐敗防止にはさしたる効果も期待できない内容となったのは、これを推進してきた政治的中枢が、「政治を良くする」といった表向きのことに、主たる関心がないからである。だからといって単純に、小選挙区制を導入して、国会での勢力関係を量的に圧倒的に優位にしたいということだけが目的でもない。「政治改革」とは、推進の中枢にとっては、強いられた「腐敗政治の克服」という建前を換骨奪胎しようと単にすりかえただけではなく、従来型の日本政治構造自体を改変することにもあった。その意味では、「政治改革」への批判的吟味は、「政治を良くする」ことが回避と逃避に終始してむしろ「政治を悪くする」ことになったことに対してだけではなく、日本の政治を構造的に転換するという含意での積極的な「政治改造」に対してもなされなければなるまい。

この間の底意をあけすけに語りつづけてきた小沢一郎・新生党代表幹事が、総・総「合意」直後にも、「ものすごく国際社会が流動化しているから、まず第一にこれに対応できる体制を早くつくり上げることでしょう。……

〔四法成立で〕責任を持って政治が決断をし、実行していく、そういう体制をつくろうということです」と述べているあたりに、企図されている「政治」像が如実に示されている。「そのためには、最低二つの政権担当能力のある集団をつくっていく」として「どういうふうに、何にプライオリティーを置いて、あるいはどう決断するか、それはそのときの政権を持った人がやればいいんです。それが国民に受け入れられなかったら、反対の人にかわればいいんですよ」とも語る。[17] これが、「改造」されて「政権交代ある民主主義」となった「政治」のヴィジョンである。

こうした日本の政治の構造的・積極的な「改革」願望には、かなり明確な戦略的狙いがある。それは、国際関係の枠組みが大きく変わろうとしているいま、日本もまた「冷戦戦勝国」の一員として、その意味では「新連合国（The new United Nations?）」の一角を占めようと、この「経済大国ニッポン」を「国際政治大国」に「成長」させようとしていることに起因する。かつて第二次世界大戦が終結した直後の新しい国際関係は、戦勝連合国（The United Nations）が世界を軍事的にとりしきるシステムとして始まった。国際連合（The United Nations）には、そうした出自がある。その国連の軍事的側面の主軸たる安全保障理事会常任理事国は、第二次世界大戦の主要戦勝国であったとともに、戦後世界において核兵器を保有する管理者でもあった。国連軍が結成されれば常任理事国が軍事参謀委員会を構成するという構造もこれにつながる。

喧伝される「国際貢献」論が、国連への軍事協力をもっぱらとするのは、にわかに「活性化」した国連「平和」活動に、「冷戦」戦勝連合国による世界再管理（「人権・民主主義・市場経済」による再西欧化？）の側面が潜んでいるからにほかならない。国連常任理事国入りを果たしたいという統治層の熱望は、単なる国際的ステータスの向上願望ではなく、世界共同管理者の主軸の一員たらんとする具体的戦略である。その熱望を衝迫するだけのいわば物質的根拠が、急激に蓄積されてきている海外での企業権益にほかならない。八〇年代に資本輸出を重ねて、日本の海外企業資産を主にした対外純資産高は五〇〇〇億ドルを超え、二位ドイツを二〇〇〇億ドル近く引き離して世界第一位にある。[18] 高まる「南」からの異議申立てに対して、この海外企業権益を、「普通の国」のように、場合によっては力ずくで「防御」するシステムを早急に構築すべきとする欲求が、日本の財界では強まってきた。「国連協力」を窓口にした自衛隊海外出動ルートの構築は、そうした欲求を受けた軍事的プレゼンスの確保の意味もある。国連への軍事協力に続いて、「外国における緊急事態に際して生命又は身体の保護を要する邦人の輸送」に自衛隊機をあてる旨の自衛隊法の変更案が登場してきているのは、ゆえないことではない。ここで対象とされている「邦人」とは、海外企業「法人」を実体にしているだろう。

だが、「争いごとがおこったとき、けっして戦争によって相手をまかして、じぶんのいいぶんをとおそうとしない」[19]とした日本国憲法は、この戦略にとって頑強な障害物となる。よしんばこれまでの「解釈改憲」を踏襲するにしても、自衛権論の理論枠組みでは突破できない壁が待つ。ところが、戦後保守支配の構造は、悲惨な戦争体験に根ざした国民の強力な非戦意識の監視力もあって、とくに六〇年代高度成長以降は、経済＝企業重視と自国防衛・限定的軍事を標榜した「防衛」政策に軸足をおき、その限りでの宮沢＝河野的「護憲」を旗印に、「政治」をいわゆる「利益政治」として営んできた。この「利益政治」型保守政治が、国際的枠組みの変容のなかで質的転換を促されているのが、このところの「政治改革」動向を規定する要因になっている。[20]「国全体の視点」から「的確・機敏な政治」を実現するために「民意の集約」を図ろうとする「改革」には、「利益政治」に随伴する「国益の欠如」や「談合と根回しの政治」や「民意の分散」を「克服」する意図が秘められているだろう。

こうした視線から成立四法をながめてみると、たとえば、小選挙区制を軸にした選挙制度で「民意の集約」をはかり、候補者公認・名簿順位決定のチャンネルと政党助成制度で主要政党の中枢権力を強化し、以上によって政治が国民の多様な民意の拘束からのがれ、さらに国民の政治的権利制限は一層強化して、主権者をせいぜい「観客」

にとどめおくという「改革」が、単なる反民主政だけではない筋道をとろうとしていることがみえてこよう。財界四団体が一致して、不況対策よりも四法成立を優先させるように迫ったことが思い起こされる。

エピローグ

成立四法が作動すると、政治・政党は制度的・構造的に国民から疎遠になる。その遠のきかたの先取りは、昨今の決断政治の連打として立ち現れつつある。だが、現に疎遠になる（entfernen）事態が進行しているにもかかわらず、国民の間には疎外された（entfremden）感覚がさほど強くはない。それは、とりわけテレビ・メディアを通して映しだされる「政治」へのいわばバーチャル・リアリティー感覚からくるのだろう。これはこれで解明すべき今日的論題であるが、ただ、そこから発生する疑似「参加」意識は、国民的喝采であれブーイングであれ、理性的自己決定の集積たるべき民主政の対極にあることだけは疑いない。

（1）今日のドイツ政治・社会を読み解く Politik- od. Parteienverdrossenheit につき、vgl. z. B. H. Herles/F. W. Husenmann (Hg.), Politikverdrossenheit, München 1993; J. Rüttgers, Dinosnurier der Demokratie, Hamburg 1993; G. Hofmann /W. A. Perger (Hg.), Die Kontroverse, Frankfurut/M. 1993, usw.

（2）さしあたり、石川真澄＝鷲野忠雄＝渡辺治＝水島朝穂『日本の政治はどうかわる』（労働旬報社、一九九一年）、憲法問題三号（一九九二年）、渡辺洋三＝森英樹＝広渡清吾『政治改革への提言』（岩波書店、一九九三年）、石川真澄『小選挙区制と政治改革』（岩波書店、一九九三年）、拙著『論理なき「政治改革」』（大月書店、一九九三年）、渡辺治「政治改革と憲法改正」労働法律旬報一三二七〜一三二九号（一九九四年）、拙編『政党国庫補助の比較憲法的総合的研究』（柏書房、一九九四年）、吉田善明『政治改

革の憲法問題』（岩波書店、一九九四年）、憲法理論研究会編『議会制民主主義と政治改革』（敬文堂、一九九四年）などのほか、法律時報六二巻二号（一九九〇年）・六四巻二号（一九九二年）・六四巻一一号（一九九二年）・六五巻一〇号（一九九三年）の各特集論文。

（3）小林武「法的道理のない政治決着」法学セミナー四七二号（一九九四年）一〇二頁。

（4）横田一「議会を無にするもの」世界五九三号（一九九四年）四七頁。

（5）渡辺洋三「巻頭言」法律時報六六巻三号（一九九四年）一頁。なお、一月二九日「成立」の四法は官報号外特三号（一九九四年二月四日）、三月四日「成立」の四法は官報一三五七号（一九九四年三月一一日）に全文が掲載されている。

（6）この経過の憲法問題もふくめ小林・前掲論文、参照。

（7）「公職選挙法の一部を改正する法律案外三件両院協議会会議録」二号（一九九四年）三五頁。

（8）この経過の真相につき横田・前掲論文、参照。

（9）「公職選挙法の一部を改正する法律案外三件両院協議会会議録」三号（一九九四年）一頁。

（10）山口二郎「経済教室　政治改革問題決着」一九九四年二月八日付日本経済新聞。

（11）小選挙区制違憲説を詳論した最近の文献として、長尾一紘「小選挙区制の合憲性」法学教室一六三号（一九九四年）二〇頁以下。

（12）たとえば後房雄「左翼は小沢一郎に対抗しうるか」情況一九九三年一一月号七四頁以下。なお、この論点については、高橋和之『国民内閣制の理念と運用』（有斐閣、一九九四年）・同「『国民内閣制』の理念と運用」憲法理論研究会編・前掲書所収が提起する問題が関連する。あわせて参照、岩間昭道「総論」法学教室一六三号（一九九四年）九頁以下。

（13）G. Jellinek, Das Recht der Minoritäten, Wien 1898, S. 15. 森英樹＝篠原巌訳『少数者の権利』（日本評論社、一九八九年）三三―三四頁。

（14）井上ひさし＝樋口陽一『「日本国憲法」を読み直す』（講談社、一九九四年）五五頁〔樋口発言〕。

（15）この点につき最近の文献として、vgl. V. Schütte, Bürgernahe Parteienfinanzierung, Baden-Baden 1993.

（16）この点も含め参照、拙稿「政党の自由と政党への法的規律」法学教室一六三号（一九九四年）三〇頁以下。

（17）小沢一郎「政治のムラ社会をぶち壊す」THIS IS 読売一九九四年四月号四六頁。

（18）一九九三年五月二五日付朝日新聞夕刊。

(19)　文部省『あたらしい憲法のはなし』（一九四七年）二〇頁。
(20)　この点につき渡辺治の一連の分析（最新のものとして『九〇年代改憲を読む』〔労働旬報社、一九九四年〕）のほか、塚本俊之「『政治改革』と財界・労働組合・自民党」憲法理論研究会編・前掲書所収、参照。

【追記】　本稿の校了直前に、細川首相が辞意表明を行うという報道に接した。辞意に至った理由は、新たな政治資金疑惑からだという。それにしても「政治を良くする」含意の「政治改革」内閣を自称して生まれたはずの連立政権の、そのシンボルとされていた人物が、こうした金銭問題で辞任に追い込まれたのは、なんとも皮肉と言うほかない。それゆえ、こうした事態の変化があっても、本稿には特段の修正は必要ないと思われる。「政治を良くする」含意の「政治改革」に取り組むのであれば、諸々の疑惑をまずは解明・自浄してこそ、有効な再発防止策も編み出せるはずであったが、この「政治改革」内閣の八ヵ月は、ゼネコン疑惑のただ中でありながら、ついぞそのような動きを見せなかった。こうした姿勢の延長で、細川疑惑も辞意とともに過去のものとしてしまうようでは、この国の政治は良くはなるまい。政局は一気に再・再編の様相にあり、「政治改造」用政権に向けた合従連衡に突入するだろうが、それは、新政権用の数あわせ的パワーゲームでもあり、「観客」としてはドラマチックかもしれないが、主権者国民からは疎遠なままの「政治」でしかない。ついでながら問題の四法は、画定審議会委員の参議院承認直前に首相辞意表明となったため、今後の推移も本稿での予測以上に不透明となってきた。

（一九九四年四月八日　記）

第Ⅲ部　人権と「安全・安心」

第Ⅲ部　「人権と『安全・安心』」解題

本書第Ⅲ部には、主に人権に関わる諸問題を扱った九本の論稿を収めた。森英樹は法理論研究や統治・国家論の領域で数多くの業績を著したが、人権の領域においても、比較的早い時期から継続的に重要な研究を残している。

森は、マルクス主義法学の方法論に基づき、資本主義憲法のもとでの人権保障がブルジョワ的人権としての限界を温存しつつ社会権でその弊害を是正しようとするという矛盾を抱えていること、そして、日本においては本来のブルジョワ的人権すら定着しないまま社会権を法認したことにより「是正」が一層脆弱であることを、課題として直視する。その上で、解釈・実践のレベルでその克服を目指した。本書第一六章「人権保障の限界とその『克服』についての一考察」は、その総論にあたる論説であり、マルクス、エンゲルスおよび当時資本主義のオルタナティヴとして構想された社会主義陣営によるブルジョワ的人権に対する原理的批判を丁寧に紐解いた上で、西ドイツ（当時）と日本を対照しつつ、その「克服」の試みを素描している。森が、日本国憲法の解釈論として取り組んだ人権は、参政権（「政党の自由と政党への法的規律」法学教室一六三号（一九九四年）など）や教育権（「伝習館事件最高裁判決と『国旗・国歌』問題」季刊教育法八〇号（一九九〇年）など）など広汎にわたるが、特に、肥大化した資本主義のもとで人権の抱える矛盾が顕著に現れる財産権および労働基本権の領域で多くの論考を発表した。

財産権に関する論考として、本書には「現代の所有と『財産権』」（第一七章）と「経済活動と憲法」（第一八章）

の二編を収めた。前者は、一九六〇年代から八〇年代の財産権論を学説史の形で振り返りつつ、当時ピークに達しようとしていた株式相互持合いによる企業の相互支配がもたらす日本特有の経済構造の中で、それに対抗すべく財産権を人格・個人の自律と結びついたものとして再構成しようとする学説の試みを、その限界を見据えながら評価する。後者は、一九八九年を境に社会主義国家の多くが体制転換を選択した中で、改めて財産権および経済活動の自由を論じたものである。財産権については、これを人格的に再構成するとともに、その権利の主体たる個人を「孤立した人間」ではなく公共に連携しうる「個人」として再建する必要性を示す。経済活動の自由についても、財産権と同種の必要性と困難さがあることを、いわゆる「営業の自由」論争を読み解きながら論じる。すなわち、特異な社会的権力たる巨大企業に対抗する主体としての個人の形成は必須だとしても、経済的自由は「一方で人間実在の根源を支えるものでありながら、他方で非ないし反人間的欲望充足手段にも転化しうる特殊性」を有するものであるが故に、資本主義体制下ではそうした個人の確立は構造的な困難を抱える、と。森が問い続けた課題である。

労働基本権は、日本国憲法によって新たに保障されるとともに、各種労働法によって具体化されたため、その個別的・実践的な解釈論上の問題は主に労働法学分野で研究が深められてきた。憲法学が労働基本権について集中的に論じたのは、一九六〇年代半ばから七〇年代にかけて、公務員の争議権をめぐる最高裁判断の展開と転回とが見られた時期である。森も、これに続く時期に最高裁判決を批判的に分析する論考等多くの業績を残しており（「ストライキ権と憲法解釈」法律時報四八巻八号（一九七六年）、「労働事件と最高裁判所」ジュリスト六五七号（一九七八年）など）、本書にはそこから二編（「憲法理論史における労働基本権論」〔第二〇章〕、「最高裁判決における『議会制民主主義』論」〔第二一章〕）を、そして、その後の労働環境の変化をも踏まえて憲法と労働について総論的な考察を加える「労働と自由」〔第一九章〕を収めた。

J・ロックが「労働に基づくプロパティー」を自然権としたことが示す通り、近代憲法の出発点において労働と自由は理論内在的に連関するものと位置付けられていた。しかし、発達した資本主義のもとでは現実になされる労働は従属労働だとの認識がもたらされ、それに応じて団結権等の労働基本権が登場してくる。そのため、日本国憲法のもとでの憲法・労働法理論も、複合的性質を持つ労働者の権利を生存権・社会権に比重をおいて理解する憾みがあった。だが、労働市場の変化とも相俟って労働者をめぐる環境は過酷さを増し、それに対峙するはずの労働運動は、組織率の低下や組織化された運動の混迷等により役割を果たし得ていない。こうした分析に基づき、森は、一九八〇年代後半以降労働法学から提起されてきた個人の主体的な自由の契機を重視する労働権論を現状への処方箋として肯定しつつも、さらに思索を進め、より根源的な個人と団体の相剋、自治と保護の矛盾を克服する可能性を秘める主体の創出をその先の課題として見据える。ここでも、森の学問的方法論は貫かれている。

より憲法二八条の解釈にフォーカスした第二〇章および第二一章の各論考では、学説史・判例史が丁寧に辿られ、最高裁の解釈の変遷が諸判決の論理に沈潜しつつ批判的に分析される。殊に、全農林判決（最大判一九七三年四月二五日）で示された議会制民主主義論と後に労働基本権以外の領域で展開される立法裁量論とを同根のものと捉えつつ、議員定数問題におけるその積極的な姿勢との一見相反するとも見える態度から最高裁の「最低限形式的」な「民主主義」観を看取する視点は、本書第Ⅱ部所収の諸論考と人権論とを繋ぐ環としても興味深い。

森が、二〇〇〇年代以降精力的に取り組んだのが、現代憲法における安全・安心の研究である。本書第Ⅳ部所収の論考が示すように、森は日本国憲法九条のもとでの安全保障をめぐる諸課題との理論的・実践的対峙をライフワークとした。その安全保障をめぐる環境は、二〇世紀から二一世紀への転換期に世界規模で劇的な変化を遂げる。警察と軍事の境界を不分明にするテロ対策への傾斜、人為的要因による環境・生態系の破壊、経済・社会・治安等生活圏での課題や脅威の増大など、第二二章「憲法学における『安全』と『安心』」で素描される事態がそれであり、森は、狭義の安全保障を越え、多様かつ重層的な「不安」を背景に拡大する国家の介入に警鐘を鳴らした。本書第Ⅲ部には、理論枠組を示す前掲論文に加え、国家の基本権保護義務を埋め込んだ基本法のもとで日本に先んじて、また、日本以上に先鋭に前記の問題に向き合うこととなったドイツの政治的・理論的状況を分析した二本の論文（「『戦う安全国家』と個人の尊厳」（第二三章）および「西独における基本権論の動向」（第二四章））を収録している。

この領域における森の一連の研究の要諦は、不定形な「安全・安心」という概念を、その語源や歴史に遡り、人の権利としての safety＝具体的な危険から免れて安全であることと、主観的な不安を極少化し安心をもたらすシステム＝security とに識別し、統治の任務としての security を改めて人の権利たる safety の実現という原点に立ち返らせようとすることにある。森は、増殖する安全・安心への欲求をこんにち的な現象として切り取るのではなく、むしろそれと同型の願望がその出発点から価値として近代憲法に埋め込まれ、統治の正当な目的とされてきたことを承認する。そして、そのように見ることで、国民国家が security 概念を用いて国民と他者とを分断し、また、人の権利が国益にすり替えられてきたことを、現代的課題とともに浮かび上がらせる。森は、一九九〇年代に国連機関によって用いられるようになったヒューマン・セキュリティ概念にその克服の可能性を見出すが、同時に、その危うさとそれに飲み込まれないために民主主義を陶冶することの重要性を説く。人の権利から説きおこし権力の担い手である主権者に立ち返る、森の憲法理論の真骨頂と言えるだろう。

なお、この領域における森の研究は、森の日本学術会議第一八期・一九期会員（「ヒューマン・セキュリティ」特別委員会及び「学術と社会」常設委員会委員長）としての活動を契機としており、二〇〇二年から〇六年にかけての同会議・委員会の各種報告書にその原型が伺える。「安全」概念の危うさを森らしい筆致で端的に論じた「取扱注意の『安全』」法の科学三四号（二〇〇四年）、三・一一を背景に原子力問題や震災被害を論じた「三・一一が問いかけたもの」（森英樹＝白藤博行＝愛敬浩二編『三・一一と憲法』（日本評論社、二〇一二年）所収）も挙げておきたい。

（大河内美紀）

第一六章　人権保障の限界とその「克服」についての一考察

一　ブルジョア法における人権の限界

ブルジョア法ないし資本主義法における基本権ないし人権の「保障」の宣明がいわば額面通りに実現しえない必然性を孕んでいることは、ブルジョア法ないし資本主義法、およびそれを支える資本主義的生産様式を総体として批判するマルクス主義ないし社会主義の立場から夙に指摘されてきたところであった。

フランス大革命が宣明した「人および市民の権利宣言」(La déclaration des droits de l'homme et du citoyen, 1789)を素材に、若きマルクスが『ユダヤ人問題によせて』(一八四四年)において、droits de l'homme を Menschenrechte、droits du citoyen を――Bürgerrechte ではなく――Statsbürgerrechte(公民の権利)と理解して、前者を「市民社会の成員の権利、すなわち利己的人間の、人間と共同体とから切りはなされた人間の権利」、後者を「共同体(Gemeinwesen)への参加(Teilnahme)、しかも政治的共同体つまり国家というもの(Staatswesen)への参加が、その内容である」ところの「政治的な権利、すなわち他人と共同でしか行使されない権利」と位置づけ、前者の核心である「自由」の「実際上の適用」は私的所有であり、「平等」とはその意味での

「自由の平等」であり、「安全」とは「利己主義の保障」であって、このように「現実の人間は利己的な個人の姿ではじめてみとめられ」るのに対し、「真の人間は抽象的な公民の姿ではじめてみとめられる」がそれは「抽象された人為的な人間であり、寓意的で形のない人格（allegorische, moralische Person）としての人間」にすぎない、と描いたことは、周知のところである。(1) ここでマルクスは、droits du citoyen ないし citoyen に「類的存在」性を看取し、「現実の個別的な人間が、抽象的な公民を自分のうちにとりもどし、……類的存在となったときはじめて、……人間的解放は完成されたことになる」と展望するとともに、(2) その解放を阻んでいるのが、droits de l'homme が私的所有を核心に構成されている点にある、と見た。マルクスが、ここで言う「人間的解放」にむけて、私的所有により産みだされる利己的人間の社会＝市民社会の「解剖学」に、その後踏みこんで行ったことは、改めて述べるまでもない。法学徒であった若きマルクスが見たブルジョア的人権の限界は、簡単に言えば、その人権が私的所有を核心に編成されることにあるのであって、その意味ではマルクスの洞察は、ブルジョア的人権のいわば核心を剔出していたといえる。マルクス主義からみた、ブルジョア的人権に対する原理的視座は、すでにこの時点で形成されていた、と見てよい。

右の把握がブルジョア的人権の原理的限界をいわば真正面から論じたものであるとすれば、それを、「資本主義社会からうまれたばかりの共産主義社会の第一段階」の構想からいわば逆照射して論じたのが、「市民社会の解剖学」をすでにわがものとした晩年のマルクスが、『ゴータ綱領批判』（一八七五年）において関説した叙述である。そこでは、マルクスの構想した「共産主義社会の第一段階」における個人的消費資料の分配原則が、旧社会＝資本主義社会と同様なおも「労働の量」という尺度に依拠しており、その限りで「平等」であるにすぎないことに言及しつつ、このような「平等な権利は、ここではまだやはり原則上、ブルジョア的権利である」と述べ、このような限界を「旧社会の母斑」のひとつとして数えあげている。(3) ここで構想されている「共産主義社会の第一段階」は、すでに生産手段の私的所有は根絶され、剰余価値法則を通して貫徹する搾取は消滅している段階であるから、この搾取に基づく不平等というブルジョア的人権の限界はなるほど解決されてはいるが、個人的消費資料の分配がなお生産者＝労働者個々人の労働給付に比例し、その労働の量という尺度でなされる以上、各労働者個人に現に不平等に存在する異なった労働給付能力とか各労働者個人の社会的存在の相異（家族構成等）とかは捨象され、従って「この平等な権利は、不平等な労働にとっては、不平等な権利である」[3]という、分配レベルでの不平等は、なお解決されていない、というわけである。マルクスが「ブルジョア的権利の狭い地平線（enger bürgerlicher Rechtshorizont）」[3]と呼んだこのブルジョア的人権の限界の指摘は、先に引いた『ユダヤ人問題によせて』がブルジョア的人権一般が私的所有一般を起点としているが故に限界あり、としたのとくらべると、あきらかにそのレベルを異にする「段階」での立論である。しかし、『ゴータ綱領批判』で逆照射されたブルジョア的人権の限界とは、『ユダヤ人問題によせて』で述べられた立論との文脈で言えば、「共産主義社会のより高度な段階」では人間が「類的存在」として「人間的解放」をわがものとするのに対し、その「第一段階」では分配レベルにおいてなお「現実の個別的な人間」、「人間と共同体から切りはなされた人間」のままであるから、それを「保障」する権利はなお「ブルジョア的権利の制限につきまとわれる」、という内容で語られることになるわけである。もっとも以上のことは、人権論からみたマルクスの叙述の整序であって、経済学的にみれば「いつの時代にも消費資料の分配は、生産諸条件そのものの分配の結果にすぎない」から「分配を生産様式から独立したものとして考察し、またあつかい、したがって社会主義を主として分配を中心とするものであるように説明するやりかた」はとるべきでない、とのマルクス自身の注意[3]を忘れるべきではない。

ところで、先述した原理的視座を基礎にしつつ、マルクス主義がブルジョア的人権の限界を論ずる場合、しばしば言及されるのが、その現実面での背理である。それは、端的に言えば、「自由」といっても階級的不平等を孕んだままのそれは、被支配階級にとってはもっぱら「貧困の自由」を意味するだけである、という周知の指摘である。たとえばエンゲルスは『イギリスの状態』（一八四四年）において述べている。「結社の権利をあますところなく利用することは、富者の特権となっている。結社をつくるのに、なによりも必要なのは、金である。……基金をもたない結社は、ほとんど意味がなく、どんな煽動もやれはしない」。あるいは、「人身保護の権利、……保釈金をつめば、釈放されるという権利、このひどくほめそやされている権利も、これまた富者の特権である。貧者は保釈金をつむことはできない。だから牢屋にはいらなければならない」等々[4]。

「紙の上での法律と実生活の真実とが根本的にくいちがっているロシア[5]」の地にあったレーニンは、直截にブルジョア的人権の言う「自由」が「金持ちが金をもうける自由」であり「貧乏人が飢える自由」であって「こののろうべき資本主義的な『自由』（餓死の自由）を、平等（余剰穀物をもつ満腹した人間と、飢えた人間との平等）についての、きらびやかな言葉で欺瞞的にかくすこと」に対して徹底的な批判を加えた[6]。「実生活の真実」たるはなはだしい不平等を「紙の上」の「自由」で糊塗する原因が、私的所有にあることは、レーニンにとって常に言及されたところであった。レーニンは言う。「中世的制度に反対し、封建制度に反対する闘争全体は、『平等』というスローガンをかかげて行われた。……そして百万長者と労働者が平等の権利をもつべきだということが、平等と呼ばれた。革命は、さらにすすんだ。革命は言う、『平等』……は、もしそれが資本の抑圧からの解放に矛盾するなら、欺瞞である、と。……そして、これはまったく真実である。現代の平等を伴う民主的共和制は偽りであり、欺瞞である。そこでは、平等はまもられていないし、そこでは平等はありえない。そして、この平等の享受を妨げているものは、生産手段・貨幣・資本の所有である[7]。」

私的所有およびそれに基づく不平等に起因するブルジョア的人権の現実的背理を、レーニンは、さらにすすんで、社会主義における権利ないし人権の具体的構想に関説して、そこからいわば逆照射して論じている。この構想自体が、マルクス『ゴータ綱領批判』を手がかりに、『国家と革命』（一九一七年）とりわけその第五章で詳細に展開されたことは夙に知られているが、ここではこの点に立入らない。ここでみておきたいのは、一九一八年の「勤労し搾取されている人民の権利の宣言」の宣明やそれを収めた「ロシア社会主義連邦ソビエト共和国憲法」の制定などを通して、生まれたばかりの社会主義における人民の権利を実定化する作業を指導したレーニンが、それだけに、次々に宣明される社会主義的人権がブルジョア的人権に対していかに優位な内容をもっているか、を説くことで、ブルジョア的人権の限界を浮きぼりにする議論を展開したことである。たとえば、ブレスト講和を調印しいよいよ社会主義建設にすすむ時点で開かれたロシア共産党（ボルシェヴィキー）第七回臨時大会に提示されたレーニンの「ソビエト権力の一〇のテーゼ」の内、第九として示された「民主主義の問題の重点を、ブルジョアジーとプロレタリアート、貧者と富者の形式的承認から、勤労被搾取住民大衆による自由（民主主義）の享受を実際に実現することへ、うつすこと[8]」というテーゼ、ならびに、「この任務をはたすに必要なこと[8]」として示された「自由の形式的な承認から、搾取者を打倒しつつある勤労者が自由を享受するよう実際に保障することへ、重点をうつすこと。たとえば、集会の自由を承認することから、良い会場や建物をすべて労働者に引きわたすことへ、言論の自由を承認することから、良い印刷所をすべて労働者の手に引きわたすことへ、等々[8]」の具体的提言の裡に、右のことはうかがうことができる。生まれたばかりの社会主義を、旧支配層からの猛烈な抵抗・反抗から守り、諸外国からの干渉を排して維持・発展させねばならなかったレーニンにとっては、民主主義一般、自由一般、人権一般の遵守が、ではなく、勤労者・被搾取者のそれが、しかも現に実現しうるような具体的保障を伴って遵守されねばならなかったのであり、その視点から見たブルジョア的人権の宣明は、「大げさな原理の一般的な宣言」「実質を欠いた空文句[9]」と糾弾されるわけである。ブルジョア的人権の現実的背理を克服しそれに現実的な実現可能性を具体的に保障する道は、たとえば一九一八年憲法に鮮明に実定化されている[10]。そこでは、ロシア社会主義連邦ソビエト共和国が、

「自分の意見を表現する現実の自由を、勤労者に保障するために、……あらゆる印刷物を出すに必要なすべての技術的・物質的手段を、労働者階級と貧農の手にゆだね」（第一四条）、「集会の現実の自由を勤労者に保障するために、……人民集会を行うに便利なすべての部屋を、設備、照明、暖房とともに、労働者階級と貧農の自由な処分にゆだね」（第一五条）、「団結の現実の自由を勤労者に保障するために、……労働者や極貧農が団結し組織をつくるのに必要な物質的その他あらゆる協力を、かれらに対し行う」（第一六条）等とされている。端的に言えば、現に権利・自由がそのままでは実現できない人々に対し、「現実の自由」等を保障するため「物質的条件」を用意する、という構想であり、この視点から見ればブルジョア的人権は、かかる「物質的条件」を欠くが故に「現実の不自由」という限界を伴わざるをえない、との批判が、そこにはこめられている。

この点を後に一般的に敷衍し整序したのが、一九三六年憲法制定に際しソ同盟第八回臨時ソビエト大会で行われたスターリン演説『ソビエト同盟憲法草案について』（一九三六年）である。ここでは、社会主義憲法たる三六年憲法の特質が六点にわたって示されているが、その最後の点でブルジョア的人権の限界に言及されている。「ブルジョア憲法は、普通、市民の形式的な権利を記録するだけで、この権利を行使するための条件、それを行使する可能性、それを行使する手段についてはすこしも気をくばらない。市民の平等をうんぬんしているが、雇主と地主が社会における富と政治勢力をもっていて、労働者や農民がそのいずれももってない以上、また、前者が搾取者で後者が被搾取者である以上、雇主と労働者、地主と農民のあいだには、真の平等はありえないということをわすれている。さらにまた、言論、集会、出版の自由をうんぬんしているが、労働者階級が集会をひらくのに適した建物や、りっぱな印刷所や、十分な量の印刷用紙等々を自由にすることができない以上、こうした自由はみな、労働者階級にとって空虚な響きになってしまうということをわすれている。(11)」三つのセンテンスで示されるこの批判では、第一にブルジョア的人権一般の形式性が、第二に実質的不平等の放置が、第三に表現の自由に代表される自由権の形式性が、それぞれ糾弾されており、文脈上第一と第三は一般と個別の関係にある同じ事柄を述べているとも受けとれるが、制定された三六年憲法がその第十章「市民の基本的権利および義務」で定めた人権カタログが、まず、いわゆる社会的経済的権利を（第一一八―一二二条）、ついで平等の権利を（第一二二―一二三条）、そして最後にいわゆる市民的自由権を（第一二四―一二九条）それぞれ配置するという編成を採用したことと関連づければ、第一の批判は、人権一般についてと同時に、とりわけ国家ないし社会による積極的給付ないし関与によって実現するとされる社会的経済的権利についてもっぱら語っていると言えなくもない。それはともかく、このような批判を前提とする社会主義的権利の優位性は、したがって「市民の形式的な権利を記録するだけで満足せず、これらの権利を保障する問題に、これらの権利を行使する手段の問題に、重点をうつしている点」「市民の権利の平等を宣言するだけではなく、搾取制度が一掃された事実、市民があらゆる搾取から解放された事実を法律で確認する」点、ならびに「民主主義的自由を宣言するだけではなく、一定の物質的手段によって、立法的にこれらの自由を保障している」点に求められることとなるわけである。ついでながら、このようにして示されたブルジョア的人権の限界の社会主義による克服のうち、第一と第二については大方の承認・賛同を得られるとしても、第三に関しては事情が若干異なっている。社会主義に好意的な論者の多くが、なるほど「物質的条件」の用意による権利実現の有効性・優位性は認めつつも、現に制定された言論の自由等の諸規定が「勤労者の利益にしたがい、社会主義体制を強化する目的で……保障される」（三六年憲法第一二五条）との、いわば「目的による保障」を明文で予定している点については、当該文言の具体的適用の実態と相俟って、相当程度批判的である、という事情がそれである。たしかに一八年憲法にも類似の規定（第二三条「全体としての労働者階級の利益を指針として、ロシア社会主義連邦ソビエト共和国は、個々の人間または個々のグループが、社会主義革命の利益をそこなうように権利を行使したとき、かれらからその権利を剥奪する」）はあったが、それはロシア革命という歴史的特殊性に規定され、しかも革命期ないし移行期という特殊事情にも規定されていた事柄であったし、少なくも文言上は勤労者被搾取者の「現実の自由」保障に重点があり、権利剝奪の理由も権利行使の結果に求められているのであるから、三六年憲法の関連規定と同質に論ずることはできない。この「目的による保障」は、現行七七年憲法にも基本的に継承されており、「共産主義建設の目的にしたがう」学問・技術・芸術の自由（第四七条）や結社の自由（第五一条）、「人民の利益にしたがい、社会主義体制を強化し、発展させる目的」で保障される表現の自由（第五〇条）、等が定められている。もちろん、七七年憲法では「ソ連市民の諸権利」を保障・救済するために、国家的社会的管理に対する参加権（第四八条）、国家機関・社会機関に対する提案権・批判権（第四九条）や訴願権（第五八条）、公務員の違法・越権行為に対する賠償請求権や裁判所への提訴権（第五八条）等、手続的権利に重点をおいた手だてが創設ないし強化されていることは、重視すべきであろう。ただ、「発展した社会主義の憲法」が標榜され、すでに「ソ連においては、発達した社会主義社会が建設され……新しい体制の創造力と社会主義的生活様式の優位性が、ますます明白にな」（前文）ったとされるところでの「市民の権利」が、なお「目的による保障」を伴っていることは、それがあくまでも「目的」による「保障」であって当該文言の反対解釈に基づく「目的による制約」を予定しているわけではないとの立論が成り立つとしても、はたして「社会主義的民主主義」（前文）の本来の姿であるか、議論の絶えないところである。(13) しかし、それはそれとして、以上にみてきたブルジョア的人権の現実面での背理に対するマルクス主義からの批判と克服の展望そのものの意義は、ブルジョア的人権の批判的考察にとってなお失われていない。

以上に、マルクス主義からするブルジョア的人権の限界に関する批判的所説を垣間見てきたが、以上の点によってマルクス主義のブルジョア的人権に対する態度がつきるわけではもちろんない。周知のことながらマルクス主義にとってブルジョア的人権の規範化は、それがしばしば歴史的な妥協の産物であるという複雑な階級的性格を伴うがゆえに、とりわけ民主主義的な要素を標榜しているいくつかの人権に対しては、その積極的意義をも評価してきたことは、忘れるべきでない。たとえばマルクスは、フランスの一八四八年憲法を詳細に分析したうえで、この憲法の「総括的矛盾」について次のように述べている。「この憲法は、ブルジョアジーの政治的支配を、民主主義的な諸条件のなかに押しこんでいるが、その民主主義的諸条件は、いつでも、敵階級を勝利にみちびき、ブルジョア社会そのものの根底をあやうくしかねない。憲法は、一方の階級からは、それが政治的解放にすすまないことを要求し、他方の階級からは、それが社会的復古から政治的復古に逆行しないように要求しているのだ。(14)」したがって、たとえば普通選挙権についてみれば、なるほど「普通選挙権の発現および結果としてのブルジョア支配、主権ある人民の意思の明白に表明された行為としてのブルジョア支配、これこそブルジョア憲法の意義である」けれども、同時に「普通選挙権は、現存の国家権力をたえずつくりかえし廃棄し、あらたに自己の体内からそれをつくりだしながら、あらゆる安定性を廃棄し、瞬間ごとにいっさいの現存権力を脅かしている(15)」という意義、すなわちプロレタリアート等が「新しい革命のための政治活動を行いうるかどうかの問題(16)」(Bankettfrage der neuen Revolution) を孕んでいるし、四八年憲法の当初の草案に含まれていた「労働の権利」規定については、なるほどそれは「ブルジョア的な意味では一つの背理であり、みじめなかなわぬ願いである」けれども、同時にそれは「プロレタリアートの革命的要求をまとめた最初の無器用な公式であって、その「背後には、資本に対する強力 (Gewalt)」が、そのまた「背後には……賃労働と資本およびこの両者の相互関係の廃止」があり、これを「六月反乱」という運動が支えている、という把握(17)が強調されるわけである。またたとえば、一八六〇年代前半のプロイセンにおけるいわゆる憲法紛争を分析したエンゲルスは、「反動派が労働者にたいしてあたえることのできる社会的譲歩(18)」に関説して次のように述べている。「ブルジョアジーは、同時にプロレタリアートに武器をにぎらせなくては、自己の政治的支配権をたたかいとることはできず、この政治的支配権を憲法と法律のなかに表現することができない。……したがって、その当然の帰結として彼らは、普通直接選挙権、出版と結社と集会の自由、住民のなかの若干の階級にたいするいっさいの例外法の廃止を要求しなければならない。このことは、しかしまたプロレタリアートがブルジョアジーにたいして要求する必要のあるすべてのことでもある。プロレタリアートは、ブルジョアジーにブルジョアであることをやめよと要求することはできないが、彼らに自分自身の原則を徹底的に実行せよと要求することはたしかにできる。こうすることによってプロレタリアートは、だがまた自分の最後の勝利に必要な武器をもすべて手に入れる。[18]」

マルクスやエンゲルスが、一九世紀後半のヨーロッパにおける労働者階級の一定の前進によって支えられていたブルジョア的人権のそれなりに民主主義的な側面に熱い視線を送ったのにくらべれば、後進国ロシアの現状を前にしたレーニンの態度は、ブルジョア的人権の「欺瞞的反動的」側面に対する批判・暴露に、より傾いてはいるが、しかし右にみた原則的立場はくずされてはいない。レーニンもまた、「〔ブルジョア的〕法秩序全体は、話がひとたびブルジョア的所有の維持という基本的で主要な問題におよぶと、こなごなに飛び散ってしまわずにはおかない」という「この法秩序の歴史的限界」を理解しない「ブルジョア的『法秩序』への信頼、ブルジョア的『同権』への信頼」に対して厳しく批判[19]しつつも、「この法秩序が、これを設定したものを妨害している」という「歴史の皮肉」を軽視することなく、「ブルジョアジーの法秩序を、ブルジョアジーにむかって、みごとに利用してきた党には、敵が自分自身の法秩序で、がんじがらめになってしまい、……自分自身の法秩序を引きさくことを、よぎなくされているという、闘争におけるそういう便宜、交戦におけるそういう利点を、放棄するいわれは、少しもない」ことを力説[20]している。この点に関して留意すべきは、レーニンにおいても、右に言う「放棄」への戒めが、単なる「利用可能性」だけから説かれているのではない、ということである。ブルジョア法の中に右の「便宜」「利点」が不可避的に孕まれ、したがって階級対立がそこで激しく切り結ばれる典型的権利領域のひとつに、いわゆる勤労者の権利と呼ばれる人権領域があるが、若きレーニンが弁護士として、また革命家として労働者を組織するなかでこの領域に関説した立論は、なるほど当時の帝政ロシアの労働立法のいちじるしい後進性・反動性の故に、そこで「保障」される勤労者の「権利」なるものの欺瞞性・虚偽性の暴露に力点がおかれているけれども、同時に、全く不十分なそれらの「権利」を労働者階級が積極的に利用する意義を忘れてはいないし、それと並んで、またその「利用」がもたらすダイナミズムとして、「こういう法律、こういう規則が適用されるとき、労働者がそれらを知り、法律がどんなに自分らを圧迫しているかを、当局との衝突のなかからさとりはじめるとき、――そのとき彼らは、自分たちの隷属した状態をすこしずつ自覚しはじめるであろう」し「法律は労働者の状態を改善するようなことは、資本家に対する労働者の従属があるあいだは、なにもしてくれないということを、知るだろう」し、「労働者は、自分をまもるのに、彼らにただ一つの手段しかのこされていないこと、それは……一つに団結することだということを、さとるであろう」との意義をも強調している。[21] ここでは、権利をめぐる闘争を通して権利の担い手が形成されていくこと、[22] 換言すれば、当該人権のあるべき内実を実体化しうる主体的担い手の創出の契機が、全く不十分な人権に対する対応においてすら孕まれていること、が示唆されているとみてよい。この点はレーニンの次の一文に簡潔に示されている。「憲法とは、いったい、なにか？　人民の権利が書きこまれている文書である。これらの権利が真に承認される保障は、どこにあるか？　これらの権利を自覚し、それを獲得することができた人民諸階級の実力にある」。[23] かつてマルクスが「プロレタリアートの革命的要求をまとめた最初の無器用な公式」たる「労働の権利」の背後に「六月反乱」という主体的担い手を見たのと同質の視線がここにもある。

以上を要するに、マルクス主義ないし現存する社会主義の立場からする、資本主義法における権利・自由ないしブルジョア的人権の限界に対する指摘は、大づかみに言えば、ブルジョア的人権が、私的所有とりわけ生産手段に対するそれを核心として編成される限り、それが標榜する「自由・平等」は「現実の自由の定住」[24] を獲得しない、換言すれば額面通り自由で平等な、解放された人間、「各人の自由な発展が万人の自由な発展の条件となるような協同社会」(共産党宣言)は生まれない、という原理的レベルでの批判、ならびに、右のことの帰結として、ブルジョア的人権の作動・行使が、一方では「貧困の自由」「現実の不平等」を惹起するものであり、他方で貧困と不平等に苛まれる者には標榜通りの人権行使に不可欠の前提条件が失われている、という実態的レベルでの批判、としておさえることができるし、同時に、かかる限界を不可避的に孕んだブルジョア的人権も、あれこれの局面で多かれ少なかれ民主主義的要素を、額面においてはもちろん実質においてもしばしば不可避的に孕まざるをえないのだから、それに対しては単なる「利用」にとどまらず、ブルジョア的人権をめぐる相克を通して、自由と平等を真に到来させうる主体を形成していく、というところにまで説き及ぶことで、先の原理的レベルでの批判における「現実の自由の定住」の獲得にリンクしている、とおさえておくことができる。

二　限界の「克服」

近代市民革命期の諸宣言や憲法が宣明し、その後の資本主義憲法が保障を約束してきたブルジョア的人権が、その限界を露呈しはじめると、それを突破ないし克服しようとする動向が一九世紀末から人権史のひとつの焦点となる。このような動向が最もラディカルな形で徹底的に遂行されたのが、すでに触れたロシア革命とそれによって生みおとされた社会主義的人権の宣明であった。ここでは、ブルジョア的人権の限界が、原理的レベルでも実態的レベルでも、限界の要因とともに根底的に解決された。他方、このような克服の道を「直接の競争相手」(25)として構想されたのが、ブルジョア的人権の限界要因の核心部分には手をふれないが、そのもたらす弊害には一定の除去を計ろうとする道であった。ドイツ・ワイマール憲法(一九一九年)における、いわゆる社会権ないし生存権的基本権の採用（第一五一条・一五九条・一六五条等）と所有権にたいする制約（第一五三条等）、意見表明の自由および団権についてのいわゆる社会的権力に対する適用（第一一八条一項二文、一五九条）、包括的な社会化条項の導入、等がそれである。ここでは、人権と国家の両面にわたって、社会主義的であることは拒否しつつも、ブルジョア的＝市民的なままでとどまっているわけでもないことが、「社会的」（sozial）との文言で表明されている。

概括的な言い方が許されるならば、また、前節で述べたこととの関連で言えば、ワイマール憲法以降、資本主義諸国での人権「保障」は、ブルジョア的人権の実態的レベルにおける弊害をこの種の「社会的」な方途で是正しようとする側面を、多かれ少なかれ不断に含むこととなる。しかし、原理的レベルでの克服を究極のところで回避しながらの、また回避するためのこの方途は、新たな背理をひきおこし、新たな矛盾に苛まれることとなる。

日本国憲法における人権保障の宣明の内容がワイマール憲法以降の系譜にあることは言うまでもないが、日本においては本来のブルジョア的人権すら定着しないまま「社会的」人権を法認したことも相俟って、「社会的」な方途によるブルジョア的人権行使の弊害に対する「是正」が一層脆弱で、しばしば「紙の上」だけの「空文句」にとどまることとすらある。「すべて国民は、健康で文化的な最低限度の生活を営む権利を有する」と明定され、国はそのような権利を具体化する「社会福祉、社会保障及び公衆衛生の向上及び増進に努めなければならない」と命じられている（第二五条）ので、その額面通り国に対して保障を要求すれば、この規定はプログラム規定であって「この規定により直接に個々の国民は、国家に対して具体的、現実的にかかる権利を有するものではない」（食管法事件最高裁判決一九四八年九月二九日）とか、この権利は「法的権利であって、保護受給権とも称すべきもの」ではあっても、当該保護の基準設定行為は国の「合目的的裁量に委ねられ……司法審査の対象外となる」（朝日訴訟最高裁判決一九六七年五月二四日）とされてしまう。また、「義務教育は、これを無償とする」（第二六条二項）との明瞭な規定にもかかわらず、「〔義務教育は〕国家的要請だけによるものではなく……、親の本来有している子女を教育すべき責務を完うせしめんとする趣旨に出たものでもあるから、……〔その〕費用は、当然に国がこれを負担しなければならないものとはいえない」（義務教育国庫負担請求訴訟最高裁判決一九六四年二月二六日）と無償対象は授業料のみに限定されてしまう。あるいはまた、「すべて国民は、勤労の権利を有し」（第二七条一項）との規定については、これを「勤労する自由」と解する憲法制定時政府説明は論外としても、なお「個々の国民は、〔この規定により〕国家に対して具体的現実的な権利を有するわけではない」（大阪高裁判決一九六三年一月二三日）とされ、失業者の存在は放置されたままである。当該権利の担い手が組織的継続的に存在する勤労者の権利については、それ故事情はさほど簡単ではないが、憲法がいわゆる労働三権を一切の留保なしに定めている（第二八条）にもかかわらず、「使用者対被用者というような関係にある経済的弱者」（板橋事件最高裁判決一九四九年五月一八日）の権利と解されて以来、具体的個別的な「使用者」に対しその使用者が回答可能な事項につき行使しうる権利、との限定が目的・手段・対象・主体のすべてにわたって加えられ、周知の転換と再転換を経た後では、右の論理は、国の財政がかかわる領域での勤労者の権利が「憲法二八条の当然の要請によるものではない」（全逓名古屋中郵事件最高裁判決一九七七年五月四日）とするところまで「発展」している。

マルクス主義がブルジョア的人権の限界としてしきりに指摘していた言論・出版・集会・結社の自由の「物質的条件」の問題について言えば、憲法第二一条が以上の自由を例示的に列挙しつつ「その他一切の表現の自由は、これを保障する」としているが、焦点となってきたのは「物質的条件」などといったレベルではなく、もっぱらそれら自由が、伝統的・市民的な意味で、すなわち国家からの自由としてどこまで存立しうるか、であった。表現の自由を、表現する行為と表現をうけとる行為との相互コミュニケーションとして本質的に社会的な性格を具有する、討論の自由、情報の流れの自由として把握し、そこからそれの物質的条件たる現代的媒体をいかに整え用意させるか、という構想は、ようやく理論的作業の緒についたばかりであって、そのなかから主張されてきた「知る権利」

「取材・報道の自由」は裁判所も文言上は認めることがあるとはいえ、「反論権」のように明確に物質的条件を要求する類のものには「俄かに理解できない」（サンケイ新聞事件東京地裁判決一九七七年七月一三日）と否認されている。政治的表現の自由、とりわけ主権者たる国民の政治参加に不可欠の要件としてのそれ（集団示威行進・街頭宣伝・選挙運動等）に対しては、徹底した抑圧を認めておいた上で、「選挙公営」論が語られる始末である。なるほど普通選挙制はそれ自体としては実現されており、その必須要件たる平等選挙原則の侵害については違憲判決（最高裁判決一九七六年四月一四日）すら確定しているが、選挙にかかわる政治的表現の自由の抑圧の上に普通選挙制が「確立」されていることを見落すべきでない。

同様の視角から、ワイマール憲法を遺産としてもつ西独についてみてみよう。西独もまた先進資本主義国である以上、日本と根本的に異なった事情にあるわけではないが、ワイマールからナチズムへ、という経験をもち、戦後憲法＝ボン基本法が日本と異なった制定過程と内容をもっているだけに、人権＝基本権をめぐって無視しえない現象を呈している。とりわけ近年、「基本権の変遷」等の名で呼ばれる事象、すなわち諸々の基本権を国家に対してその積極的給付ないし配慮を求める権利——本稿に即して言えば、「物質的条件」なり「貧困からの自由」なりを求める権利——としても積極的に構成しようとする運用動向は、刮目に価する。

周知の通り西独基本法は、戦後の各州憲法と異なり、ワイマール憲法のごとき詳細で具体的な社会経済的基本権を、その制定過程で意識的に設けなかった。それは、基本法の暫定的性格、占領国の干渉、法技術的困難さ等さまざまな要因によるものであるが[26]、すくなくも理論的には、ワイマール憲法におけるこの種の基本権の設定、その基本権実現の難行、それを引金のひとつとしたナチズムの抬頭、といった歴史過程における社会経済的基本権設定の評価が定められないまま、基本法制定に踏みきったという事情によるものであった。その結果基本法には、総則的な国家編成原理のひとつに「社会国家」たることを宣明する（第二〇条一項、二八条一項）とともに、個別的には、

「社会的基本権との特別な親近性を示」[27]しはするが社会的基本権の中心的なものではない規定、すなわち「すべての母は、共同社会の保護と配慮とを請求する権利を有する」（第六条四項）との規定をはじめ、「国家秩序の特別の保護をうける」婚姻・家族（同一項）、労働者の団結権（第九条三項）等ごく限られたわずかの規定を設けるにとどまったし、基本権のいわゆる第三者効力を認めていたワイマール憲法第一一八条一項二文のごとき規定は姿を消した。憲法史の趨勢からすれば「後退」ともいえるこの事情は、その後三十回をこえる基本法改正においても変更を受けることなく、かくて、このような基本法の下で、基本権をめぐる現代的要請に答えねばならない、という格別の課題が、この国には一貫してつきまとった。この課題は、戦後復興とともにただちに問題となり、西独が国家独占資本主義として本格的な危機に見舞われるとともに、社会民主党政権が誕生する一九六〇年代末ごろからは急速に注目を浴びるようになる。社会民主党を支える公法学者のなかでどちらかといえば保守的立場をとるある論者の言葉を借りれば、もっぱら市民的自由権で構成される基本法の下で、「ますます多くの人間にとって、法的な自由保障のための社会的諸前提が崩れてしまい、従ってこの法的自由保障がそれ自身のみに委ねられるだけで国家により社会的に補強されないと、空虚な形式にますますなってしまう[28]」ような、つまり「境界画定的な法的自由保障が、基本権的自由を現実の自由として同時に保障するには、不十分なものであることが明らかとなる[28]」ような事態、具体的には「この種の自由編成（Freiheitsorganisation）の帰結は、社会（Gesellschaft）における、所有に規定された社会的（sozial）拮抗関係、すなわち社会的な階級形成であり、不断に増大する賃金労働者の社会的貧困化であった[29]」と認めるほかない事態、に対しどう対処するのかが問われるわけである。端的に約言すれば、基本法上の基本権を額面通りに説くだけでは実現しえない「現実の自由[30]」（reale Freiheit）をどう実現するのか、である。幾多の紹介や研究でわが国でもよく知られているように[31]、この点をめぐっては今日に至るもなお論争が進行中であるとはいえ、大勢は、この「現実の自由」を実現する方向で基本権理解を大胆にくみかえてゆく傾向にあり、学界・政界・司法界が緊密な関係にあるこの国では、この傾向が序々に有権的理解の地位を占めつつある。

もとよりこのような対処は、基本法制定過程が右のような特殊性を孕んでおり、にもかかわらず戦後西独がまぎれもない資本主義国として再出発したのであるから、基本法制定直後から潜在的ないし理論的には開始されてはいた。だから、当初から、基本権はまず第一には国民の国家に対する防禦権であるとしつつも、同時に基本法が総則的に定めた「人間の尊厳の不可侵」（第一条一項）「人格の自由な発展を目的とする権利」（第二条一項）等によって導かれる「客観的な価値秩序」ないし「価値体系」が体現されているものであって、これは「憲法上の基本決定として法の全領域に妥当しなければならない」[32]（いわゆるリュート判決 Lüth-Urteil・連邦憲法裁判決一九五八年一月一五日）と理解することで、国家に基本権を現実化する積極的義務があることを、一般的抽象的レベルでは認めていた。そして時には、「憲法上の基本決定」たる「社会国家」規定に注目して、「〔社会国家〕用語は、〕たとえそれが基本権のところにではなく基本法二〇条に存在しているにもかかわらず、それは社会国家たることに対する信条告白を含んでいるのであって、そのことは基本法解釈においても……決定的意義をもちうる」[33]（扶助請求権判決・一九五一年一二月一九日）ことを認め、「社会国家」規定から直接に基本権の社会権的理解を根拠づける動向もないではなかった。とりわけ行政裁判所では、基本法第二条二項の「生命を害されない権利」を「社会国家」規定で方向づけ、国家に対する公的扶助請求権として構成する事例がすくなくなかったといわれている。[34]しかし初期の有権的理解の大勢は、「社会国家」規定から独自に具体的な社会権的理解を引出すことには消極的で、一般的な容認ないしはプログラム性の確認を行うにとどまっていた。国家編成の概括的原理たる「社会国家」から、個別的基本権の意味転換を直接行うのは、確かに解釈論としては無理があったからである。

しかし基本権をとりまく状況の先述した深刻な変容は、基本権の有権的理解をも大きく変化させてゆくこととなる。そしてそこでは、右にみたように「社会国家原理が『本来の』給付請求権の基礎としては問題にならないというまさにそのゆえに、基本権自体を、この目標達成のため解釈論的に作動させる（mobilisieren）という第二の傾向が解釈の中で試みられる。この場合には逆に、社会国家原理は、基本権の保護領域を新たな次元で補充するために諸基本権に奉仕する[35]」こととなる。有権的理解が「このような道を明確に歩みはじめたのが、〔一九七二年七月一八日・連邦憲法裁判所の〕定員制判決（numerus-clausus-Urteil）であ[36]」った。

本稿に即して右判決の問題の所在を示せば、基本法第一二条一項が職業選択の自由の一環として職業養成施設（Ausbildungsstätte）の選択の自由を定めており、その施設のひとつたる大学・学部の選択も、入学資格（Abitur）を持つ者であれば自由であったところ、ある大学の医学部が、希望者の増大とそれを収容する能力＝「物質的条件」の不足を理由として定員制を定め、もってある希望者の入学を拒否することで、この者の右自由が「現実の自由」となるのを妨げた、というところにある。これに対し判決は、基本権保障の意義につき「国家からの自由という基本権保障の本来的要求とならんで、国家給付の配分請求（Teilhabe）を基本権として保障するという補充的要請[37]」の両面に見出す従来の見解を明示した上で、次のように述べている。「現代の社会国家でも、給付行政の枠内で配分請求権（Teilhaberecht）を保障しようとするかどうか、どの程度保障しようとするかは、訴求しえない立法者の決定に原則的に委ねられているとしても、国家が一定の職業養成制度を設ければ、基本法第一二条一項と結合した平等原則および社会国家原理から、この職業養成制度へ入ることを請求する権利（Anspruch auf Zutritt zu den Ausbildungseinrichtungen）が生じるのである。このことがとりわけ妥当するのは、国家が事実上の、任意に放棄しえない独占を続けている場合、および国家給付の分け前にあずかること（Beteiligung）が同時に基本権実現にとって不可欠な前提となっている場合である。[38]」引用からもわかるように、なるほど諸々の厳格な限定が付され、当該事例の基本権も「可能性の留保」（Vorbehalt der Möglichkeit）の下におかれ、結論自体も本件請求は斥けられて右定員制は合憲とされているけれども、ブルジョア的人権のいわば中核・典型とされている「職業選択の自由」の派生的人権とはいえ、「教育を受ける権利」を内容とする人権を、単なる「国家からの自由」とせずに、その「物質的条件」を国家給付に求めうる具体的な請求権として位置づけたことが、ここでは注目されるべきである。このような連邦憲法裁判所の理解は、その後も同じような基本権領域で維持され（大学判決 Hochschul-Urteil・一九七三年五月二九日、第二次定員制判決・一九七七年二月八日、等）るとともに、他の基本権領域にも漸次拡大されている[39]。そして、そのような方向を積極的に推進する理論的傾向が、学界・官界・司法界の主流を形成することとなる。かくて、その傾向に従えば、「プレスの自由は、プレス企業の多様性のための経済的前提を保持するよう国家に義務づけることを創設するし、宗教活動の自由（第四条二項）は、宗教団体の経済的存立基盤のための国家による保証責任を、基本法第七条四項の私学の自由は、国家の広汎な補助金義務を、団結の自由は、組合のための国家による援助義務を、基本法第一二条一項は、個人の就業希望の度合に応じ十分な職業養成収容力を作りだすよう国家に義務づけることを、それぞれ創設する[40]」と広汎な「現実の自由」の構想が示されるわけである。

なお、右構想のうち「プレスの自由」については、七〇年代に入ってから見られる、以上のような動向よりも早く、また相対的に独自に、右自由を「現実の自由」とする一定の運用があったことも忘れるべきでない。それは、「プレスの自由」なり、世論形成の重要な媒体であるテレビ・ラジオ等の自由を、単にプレスに従事する者の自由にとどまらず、プレス体（Pressewesen）そのものを「自由なプレスという制度」（Institut "Freie Presse"）として保護し、そのような制度を国家が積極的に形成する義務を負う、という理解とそれに基づく諸施策である（初期のものとしては連邦憲法裁判決・一九五九年一〇月六日、著名なものとしてはシュピーゲル判決 Spiegel-Urteil・一九六六年八月五日、等[41]）。このような理解には、その背景となっているこの国に特有の理論（制度的保障論・基本権の制度的理解[42]）や後にふれる「憲法的秩序」の枠組が関連するので、別途検討を要するが、ここでは、このような「物質的条件」による「克服」が用意されていることを確認しておけば足りる。同様に、普通選挙権を支える政治的表現の自由についても、この国の普通選挙制をめぐる周知の枠組（「違憲」政党の排除、五％条項、小選挙区比例代表併用制等）を一応捨象すれば、戸別訪問・文書宣伝・街頭行動等を含む政治的表現の自由は、いわば西欧的水準を得ており、加えて、直近の連邦議会選挙での得票を基準にして一票につき二・五マルクの国家的財政援助を各政党が受けるという「公営選挙」システムが実現しているから、いずれにしても日本との相違は著しいところがある。

三　まとめにかえて

以上マルクス主義からするブルジョア的人権の限界に対する指摘・批判、ならびに社会主義によるその克服、を念頭におきつつ、現代資本主義憲法における「克服」の試みを、日本における脆弱性と西独における一定の展開という対照性にしぼりながら、素描してきた。前節に垣間見た西独における試みは、日本と比較する限りではなるほど一定の積極的意義がありうるだけに、昨今、基本的人権論の領域では、この動向に対し熱い注目を寄せられているようである。(43) ただ、この試みには、すでに本稿の随所でも暗示してきたように、重大な制約・陥穽があると思われるので、最後に、以上に分節して検討してきた、ブルジョア的人権の限界に対する批判とそのひとつの「克服」とをつきあわせつつ、この点を吟味することによって本稿のまとめとしたい。

第一にもっぱら市民的自由権によって占められる基本法上の基本権を、国家の給付ないし配慮を請求しうる権利としても構想することで「克服」にむかうとしても、そのような意味転換を導き出し支えたのが、既に紹介したようにリュート判決に代表される、「客観的価値秩序」ないし「価値体系」の「憲法上の基本決定」を諸基本権の意義づけの際に重視するという視点であり、この「秩序」「体系」はなるほど一方で「人格の自由な発展」とか「人間の尊厳」といった価値を中心にして与えられうるが、同時に、他方でボン基本法が宣明する「自由で民主的な基本秩序」(freiheitliche demokratische Grundordnung 第一八条・二一条二項等）によっても与えられており、この「基本秩序」が、基本権の限界を克服しようとする営みの重要な部分を全的に排除する、周知のシステムを根拠づけている、という点が指摘されねばならない。(44) 基本法が、従って戦後西独が選びとったこの「基本秩序」という命題が、法的・規範的にはかならずしも今日型の運用実態と論理必然的に結びつくものではなく、制定プロセスからすればむしろ反ファシズムのための「闘う民主制」(streitbare Demokratie）を表象するものである、という主張は、アーベントロートを首領とする西独左翼法律家の主流が説くところであるが、(45) ここで問題なのは、現に実効的に妥当している有権的理解が、諸基本権の整序のための概念である「客観的価値秩序」等のひとつに「自由で民主的な基本秩序」を数えあげ、後者の概念を同じ有権的理解が今日型運用実態の駆動因としている、という両概念の現実面における結合である。前節で引いたリュート判決が、基本権の「価値秩序」論を説き、「基本法は価値中立的体系であろうとはしない」と述べた時、「自由で民主的な基本秩序」の故にドイツ共産党を違憲とした判決（KPD-Urteil 一九五六年八月一七日）を判例として示しているのは、(46) 右のことの典型的証左であり、この「結合」は連邦憲法裁判所でくりかえし登場してくる。従って逆に言えば、この「基本秩序」内容を確定し、そこに価値中立的ならざる一定の「価値秩序」をつめこみえたが故に、この「価値秩序」に基づいて基本権が整序でき、その基本権を「現実の」それとして実現する道を歩みはじめることができた、と言えなくもない。かつてエンゲルスがブルジョア的人権の民主主義的側面に「住民の若干の階級にたいするいっさいの例外法の廃止」を数えあげていたことはすでに紹介したが、「例外法」的排除によって成りたついわば「城内自由」によって「現実の自由」をめざすという、ある種のパラドックスが、この国の「克服」策には秘められているわけである。ついでながら、ある「価値秩序」に適合的でない価値の担い手の基本権は、基本権たる「価値」たりえないとするシステムからすれば、現存する社会主義の人権に対する「目的による保障」の運用実態を批判することは、すくなくも理論的には困難な事柄であろう。

第二に、基本権理解の新しい構想そのものに即してみると、あれこれの自由が「現実の自由」となるために、あれこれの国家による給付や配慮に対し原則的に配分請求権を認めたことはなるほど画期的であったが、しかしそれ以上のものではない、ということも見落してはならない。先に紹介した定員制判決は、確かに「現実の自由」のための「物質的条件」を国家に創設させるいわゆる「本源的配分請求権」(ursprüngliches Teilhaberecht) を、原則的には認めたが、それは同時に「個人が理性的方式で社会から要求しうる」範囲に限定され、「可能性の留保」の下におかれてもいるのであるから、結果的ないし実態的には、単に請求しうる権利に留まるほかない場合が多く、現にその後の請求に対し有権的理解はほとんどその具体的保障・実現を拒んでいる。もちろん、日本で横行しているプログラム規定論や、既存の諸制度に対する平等な配分を求めるいわゆる「派生的配分請求権」(derivatives Teilhaberecht) の域は出ているが、さりとて本来の意味での実体的な本源的請求権を認めているわけでもない。そして「現実の自由」になりえない理由として、プログラム規定論が依拠したと同じ「財政的限界」や「立法府裁量」が動員される。ブルジョア的人権に限界をもたらす原理的レベルでの要因には手をつけずに、実態的レベルでの弊害を「是正」するほかない、資本主義法の苦悩とイデオロギー性が、ここには垣間見える。ちなみに、右のような新たな限界を「克服」する構想として、この配分請求権を実態的なものから手続的なものへ転進させようとする試みが、[48] 最近注目されている。それによれば、Teilhabe とか Teilnahme とか Beteiligung とか呼ばれる権利の手続法的側面、すなわち「参加」を保障することで、基本法の「価値秩序」たる基本権、すなわち「共同体のなかで自由に発展する人間人格[48]」の形成を実現してゆくことが主たる意義を担うこととなる。この構想の底には、基本権を「公的なもの」(Das Öffentiche) として統合的に把握する発想が脈打っているといわれている。[49] ここでは、本稿冒頭でとりあげたように、若きマルクスが、「現実の人間」と切りはなされて「共同体への参加」を謳いあげる

「公民の権利」の抽象性・人為性・幻想性を喝破していたことが想起されてよい。

第三に、右二点にわたって指摘したことを重ねあわせてみると、右の試みが描く基本権享有主体の像は、要するに、特定の「価値秩序」によって体系的に整序された共同体の枠組の中で、可能な配分＝分け前（Teil）を「理性的な方式」で受けとる者、となるわけであるから、だとすればこの国をつつみこんでいる周知のコンフォーミズム（体制順応主義）[50]に適合的な担い手が想定されているのではないか、という点である。ただこのことは、ブルジョア的人権の「進展」には多かれ少なかれつきまとう傾向が、この国に特有の形であらわれているとも言えるわけだから、問題の焦点はむしろ、マルクス主義が注目しつづけていた、人権をめぐる相克を通して創出・強化され、人権に表象されるあるべき内実を実体化する「現実の主体」とのかかわりにある、と見るべきであろう。この国の「現実の主体」のあり方に具体的に立入ることが本稿の目的ではないが、すくなくも、右の試みの評価に際し、そこで想定されている担い手の有り様が、この試みをコンフォーミズムの一層の深化をもたらすか、それともブルジョア的人権の真の克服に向かうか、を決する重要なファクターであることは、銘記されておいてよい。

（1）　Karl Marx, Zur Judenfrage, 1844, in: Marx Engels Werke (MEW), Bd. 1, S. 363 ff. マルクス「ユダヤ人問題によせて」『マルクス＝エンゲルス全集』（以下『全集』）第一巻（大月書店、一九五九年）四〇一頁以下（以下本稿における訳文は、かならずしも邦訳によっていない）。

（2）　Ebenda, S. 370. 邦訳、前掲書四〇七頁。

（3）　K. Marx, Kritik des Gothaer Programms, 1875, in: MEW Bd. 19, S. 20 f. マルクス「ゴータ綱領批判」『全集』第一九巻（大月書店、一九六八年）一九―二一頁。

（4）　Friedrich Engels, Die Lage Englands――Die englische Konstitution, 1844, in: MEW Bd. 1, S. 585. エンゲルス「イギリスの状態――イギリス憲法」『全集』第一巻六四〇―六四一頁。

(5)　レーニン「大胆な攻撃と臆病な防禦」（一九〇六年）『レーニン全集』（以下『全集』）第一一巻（大月書店、一九五五年）八九頁。
(6)　レーニン「自由と平等のスローガンによる人民の欺瞞についての演説」、一九一九年、『全集』第二九巻（大月書店、一九五八年）三八一頁。
(7)　同右三五六頁。
(8)　レーニン「ソヴェト権力についての一〇のテーゼ」（一九一八年）『全集』第二七巻（大月書店、一九五八年）一五五頁。
(9)　レーニン「綱領の改正と党名の変更についての報告」（一九一八年）『全集』第二七巻一三四頁。
(10)　以下のソ連憲法については、最新訳であるノーボスチ通信社編・稲子恒夫訳『新ソ連憲法資料集』（ありえす書房、一九七八年）によっている。
(11)　スターリン「ソビエト同盟憲法草案について」（一九三六年）スターリン全集刊行会訳『レーニン主義の諸問題』（大月書店、一九五三年）七三二頁。
(12)　同右七三一―七三三頁。
(13)　さしあたり、社会主義法研究会編『社会主義における法と民主主義』（法律文化社、一九七九年）、参照。
(14)　K. Marx, Die Klassenkämpfe in Frankreich 1848 bis 1850, 1850, in: MEW Bd. 7, S. 43. マルクス「フランスにおける階級闘争」『全集』第七巻（大月書店、一九六一年）四〇頁。
(15)　Ebenda, S. 93. 同右九〇頁。
(16)　Ebenda, S. 94. 同右九一頁。
(17)　Ebenda, S. 42. 同右三九頁。
(18)　F. Engels, Die preußische Militärfrage und die deutsche Arbeiterpartei, 1865, in: MEW Bd. 16, S. 76. エンゲルス「プロイセンの軍事問題とドイツ労働者党」『全集』第一六巻（大月書店、一九六六年）七二―七三頁。
(19)　レーニン「二つの世界」（一九一〇年）『全集』第一六巻（大月書店、一九五六年）三二三頁。
(20)　同右三二八―三二九頁。
(21)　レーニン「工場で労働者から徴収される罰金にかんする法律の説明」（一八九五年）『全集』第二巻（大月書店、一九五四年）五六―五七頁。

（22）レーニン「ストライキについて」（一八九九年）『全集』第四巻（大月書店、一九五四年）三三九頁以下、参照。

（23）レーニン「戦闘の中休みに」（一九〇五年）『全集』第九巻（大月書店、一九五五年）四八九頁。

（24）K. Marx, Die Verhandlungen des 6. rheinischen Landtags, 1842, in: MEW Bd. 1, S. 58. マルクス「第六回ライン州議会の議事」『全集』第一巻六六―六七頁。

（25）Friedrich Naumann, Bericht und Protokolle des 8. Ausschusses der Verfassungsgebenden Deutshen Nationalversammlung, Berlin 1920, S. 176.

（26）Vgl. z. B. Theodor Maunz, Deutsches Staatsrecht, 21. Aufl., München 1977, S. 4 ff.

（27）Dieter Lorenz, Bundesverfassungsgericht und soziale Gruudrechte, Juristische Blätter 1981, S. 21.

（28）Ernst-Wolfgang Böckenförde, Grundrechtstheorie und Grundrechtsinterpretation, NJW 1974, hier in: Ralf Dreier u. Friedrich Schwegmann (Hg.), Probleme der Verfassungsinterpretation, Baden-Baden 1976, S. 285.

（29）E.-W. Böckenförde, Die sozialen Grundrechte im Verfassungsgefüge, in: ders. u. a. (Hg.) Soziale Grundrechte, Heidelberg u. Karlsruhe 1981, S. 8. なお、この論文を紹介した、拙稿「公法学の動向」法律時報五五巻三号（一九八三年）、参照。

（30）Vgl. Ulrich Scheuner, Die Funktion der Grundrechte im Sozialstaat, DÖV 1971, hier in: ders., Staatstheorie und Staatsrecht, Berlin 1978, S. 753 ff.; Konrad Hesse, Der Rechtsstaat im Verfassungssystem des Grundgesetzes, in: ders. u. a. (Hg.), Staatsverfassung und Kirchenordnung, Tübingen 1962, hier in: Ernst Forsthoff (Hg.), Rechtsstaatlichkeit und Sozialstaatlichkeit, Darmstadt 1968, S. 574 f.

（31）この種の文献は非常に多いが、さしあたり例示的に示せば栗城寿夫「西ドイツ公法理論の変遷」公法研究三八号（一九七六年）、戸波江二「西ドイツにおける基本権解釈の新傾向」自治研究五四巻七号―一一号（一九七八年）、青柳幸一「基本権の多次元的機能」（慶大）法学研究五五巻四号―六号（一九八二年）、拙稿「西独における基本権論の動向」長谷川正安編『現代人権論（公法学研究1）』（法律文化社、一九八二年）〈本書Ⅲ部二四章〉、等、参照。

（32）Entscheidungen des Bundesverfassungsgerichts (BVerfGE), Bd. 7, S. 198 ff. (S. 205).

（33）BVerfGE 1, 97 (104-105).

（34）高田敏「ボン基本法二〇条一項・二八条一項における“Sozialer Staat”(2)」政経論叢一一巻四号（一九六二年）一八頁以下、参照。

(35) Eberhard Grabitz, Freiheit und Verfassungsrecht, Tübingen 1976, S. 45.

(36) *Ebenda*, S. 45, Fn. 108. なお、定員制判決の詳細な検討を行っている寺田友子「職業教育施設選択の自由権と配分請求権――Numerus clausus 判決」法学雑誌二三巻一号（一九七六年）、参照。

(37) BVerfGE 33, 301 (331-332).

(38) BVerfGE 33, 301 (330-331).

(39) BVerfGE 35, 79; 43, 291; 50, 337; 53, 30 usw. なお、大学判決については、阿部照哉「ドイツにおける『大学改革』と学問の自由――憲法裁判所の判決を中心に」法学論叢九四巻二号（一九七三年）、後に阿部『基本的人権の法理』（有斐閣、一九七六年）所収、参照。

(40) E.-W. Böckenförde, Grundrechtstheorie und Grundrechtsinterpretation, S. 285 f.

(41) BVerfGE 10, 118 (121); 20, 162 (176), auch vgl. BVerfGE 12, 113 (125).

(42) Vgl. Peter Häberle, Die Wesensgehaltsgarantie des Art. 19 Abs. 2 Grundgesetz, 2. Aufl., Karlsruhe 1972.

(43) たとえば阿部照哉「ドイツにおける憲法上の『環境権』論争」法学論叢一〇〇巻四号（一九七七年）は、環境保護領域につき「国家の侵害に対する防禦権と並んで、客観的価値秩序が確立され、積極的な……法的拘束力をもった指針」が樹立されることを「期待」している（二〇頁）。

(44) Vgl. z. B. Erhard Denninger (Hg.), Freiheitliche demokratische Grundordnung, Frankfurt/M. 1977; Martin Kutscha, Verfassung und "streitbare Demokratie", Köln 1979.

(45) Wolfgang Abendroth, Das Grundgesetz, 6. Aufl., Pfullingen 1978, S. 78 ff. 村上淳一訳『西ドイツの政治と憲法』（東京大学出版会、一九七一年）一二一頁以下。

(46) BVerfGE 7, 205, auch vgl. BVerfGE 5, 85.

(47) BVerfGE 33, 331 f. Vgl. P. Häberle, Grundrechte im Leistungsstaat, in: VVDStRL 30, jetzt in: ders., Die Verfassung des Pluralismus, Königstein/Ts. 1980, S 163 ff.

(48) コンラート・ヘッセ（栗城寿夫訳）「ドイツ連邦共和国における基本権の展開」公法研究四二号（一九八〇年）一三頁。

(49) 栗城・前掲論文七七頁以下。

(50) 宮田光雄『西ドイツの精神構造――ナチズムとデモクラシーとの間』（岩波書店、一九六八年）三一七頁以下、参照。

第一七章　現代の所有と「財産権」

一　はじめに――問題の所在

この報告[1]に割り当てられた課題は、統一テーマ「現代社会と財産権」のいわば原理論的側面の検討ということであった。周知のとおり「財産権」に関する原理論的考察については、憲法学界に一定の理論的到達点があるとともに残された課題も多いままになっている。しかし、「現代社会」における「財産権」のあり方は、その基礎となる所有問題の現代の変容に着目すると、そのような原理論的考察の蓄積をもう少し進めなければならない課題を提起しているように思われる。そこでこの報告では、優れて現代に顕著と思われる財産権ないし所有のあり方が、従来の憲法論としての財産権論に投げかけている問題に絞って考察してみたい。なおここで「現代」とは、厳格な歴史区分的意味を与えられている概念ではなく、概ね七〇年代後半以降の、したがって今日的という程度の意味を持つにすぎない。

二　六〇年代―七〇年代前半の憲法論

1　「個人的財産権」と「独占形態の財産権」区分等の試み

最初に、従来の議論の到達点を必要な限りで簡単に振り返っておく(2)。

日本の憲法学が財産権問題をある程度集中的に論じた最も最近の事例は、六〇年代末から七〇年代前半にかけてであった。周知の通りこの論戦は、この時期、いわゆる高度成長の歪みが顕わとなり、とりわけオイル・ショック後の企業活動の反社会性が問題となって、それらがもたらす国民の健康・環境・福祉への侵害をいかに防御するかという共通の問題関心から展開されていた。憲法理論研究会が「財産的自由の再検討」をテーマに取り上げたのはオイルショック前の一九七一年であるが(3)、そこでの中心争点も「独占規制の憲法上の可能性」にあった。

この時期の到達点は、財産権の主観的保障の場面について言えば、故影山日出弥の立論が示していた。それは「個人的財産」と「たとえば独占形態の資本、従って資本主義的大企業の財産」とを識別し、後者は「財産権一般の保障というレベルでは、これも、憲法二九条一項にいう財産権概念に包摂されざるをえない」が、しかしそれは「どこからみても人権としての実体をもつ価値であるとはいえ」ず、個人的財産権と独占形態の「財産権」とは「その保障の意味を異にする」として(4)、独占による侵害形態および財産権主体の社会的存在様式の類型・分析を経た上で、生存権概念の再編成、すなわち「すべての人権の総括としての生存権」という人権論から「財産権の特殊な集積形態」である独占を、憲法上の基本権概念から原理的に排除する立論であった(5)。この立論には、早くから渡辺洋三が提唱していた「人権としての財産権」と「人権でない財産権」との識別論が基礎にある(6)。

他方、財産権の客観的保障の場面については、資本主義と社会主義の識別を「生産手段の私有」の認否に求め、いわゆる制度的保障論が担っていた私有財産制度の根幹防衛論のその「根幹」を、「人間的生活に要する物的手段の享有」という内容といわば差し替えて、現行憲法のままで社会主義移行の可能性を説く今村成和の立論[7]も議論を呼んだ。この立論は、従来の制度的保障論が資本主義＝私有財産制度、社会主義＝私有財産制度否認と安易に区別していたことに反省を迫った点が高く評価されたが[8]、しかし、例えば影山がこの社会主義移行の可能性を「認識問題としては否定[9]」したほか、渡辺も「解釈論としては無理がある[10]」と概して否定的ではあった。また、制度的保障の根幹内容差し替え論には、影山がその制度の意味転換の必要性はこれを認めるという限りで同調したのに対し、山下健次は「制度的保障論の歴史的出自を捨象して換骨奪胎することは適切でない」と批判しつつ、端的に「労働基本権・生存財産権を基軸に据えてその保障に要する独占規制を承認する」よう提言していた[11]。

以上の議論を振り返りやや概括的に整理すると、財産権の主観的保障の場面では独占規制が、客観的保障の場面ではあるべき財産権をめぐって社会主義と私有財産制度の関連が、連関しつつ焦点になっていたと見ることができる。

2　七〇年代以降の停滞

しかしこの種の原理論的考察も、一定の論点が出揃ったところで、山下の言うようにその後「停滞状況[12]」を迎えることとなった。その停滞状況をもたらしたのは、恐らく次の理由によるものと思われる。第一は、この議論に触れる後の論者が指摘し本学会浦部法穂報告も指摘するように、財産権の歴史的意味ないし現実的機能にはこのように財産権を二分する理論的で質的な識別が認められるにしても、それを解釈論上の概念確定としてどのように構成するかにまでは成功していないという、理論認識から解釈への架橋の問題が残されていたことである[13]。第二に、議論がようやく財産権の名による侵害形態の類型論、あるいは財産権の主体規定の類型論にさしかかったところで、類型論の関心が、その後の憲法訴訟論の隆盛の中で、従来の議論とは異質な、つまり「何のための類型論か」を欠落させた規制類型論(14)によって代位されてしまったことによる。もちろん、以上の限りではそのような停滞をもたらしたのは学界の主体的責任に帰せられようが、事情はそればかりではなかった。第三の理由として、一方で、かつての財産権議論を成立せしめた独占規制の具体的可能性を支える政治的主体的状況が、七〇年代後半以降様相を異にしてしまったこと、他方では、資本主義的財産形態の弊害に替わりうるものとして、差当りは理念的にせよ何がしか展望されていた社会主義的財産形態への期待が、社会主義的財産形態をも含む社会主義の実像において、混迷と当惑を抱かせるに十分すぎるほどのいわゆる「現存社会主義」問題を顕在化させたことがあげられよう。

三　所有をめぐる七〇年代後半以降の新たな議論・動向

では、今なぜ改めて「財産権」なのか。今学会で「財産権」が取り上げられた理由は詳らかにしないが、特に右の第三の理由との関わりで、七〇年代後半以降、財産権を論ずる基盤である「所有」自体の現状と展望をめぐって、新たな動向が、特殊日本的にも、あるいは社会主義的所有においても注目され議論されてきていることが、本報告にとっては今改めて財産権を論ずべき客観的事情となりうる。そこでこの「現代の所有」問題を、それが憲法論としての「財産権」論にいかなる問題を提起しているかという視角から、考察してみたい。

1　資本主義財産の「所有」について

かつての独占規制を目的とした議論は停滞してしまったとはいえ、そのことを論ずべき客観的状況が後退ないし縮減したわけではもとよりない。事態はむしろ逆で、例えば、かつての独占規制の議論の重要な目的であった公害規制が、近時緩和の方向にあることひとつを取り上げてみても、かつて以上に論ずべき方向に事態は進行しているように思える。企業ないし企業結合の強化による「所有の権力」は拡大の一途と言って過言でない。この点では政治学的観点から、現代日本の権威的支配秩序の源泉は、高度成長で形成され、オイル・ショック後確立する、競争原理を軸とした「企業における労働者支配」であると見て、それが企業を超えて社会的支配形態となり、国家関係にまで普遍化されて今日の権威的国家が成立していくと分析する渡辺治の最近の研究[15]が注目されてよい。

財産権論から注目すべき現代の所有問題には、たとえば、私的所有への国家介入の深化と、にもかかわらずいわゆる「民営化・規制緩和」による「非国家化」としての「社会化」との相互補完現象、共同決定制度の導入による経営権の「制約」など、資本家的私的所有概念の再検討を促す一連の事象がある。しかし「独占規制」の憲法的財産権論という文脈をたどるここでは、「資本主義財産の特殊な集積形態」である巨大株式会社形態における所謂「所有と経営の分離」現象、ならびにその延長線上で特殊日本では、その巨大株式会社において、株式所有の構成の中心がしだいに個人所有から法人所有に移行し、その結果巨大株式会社の支配的株主が、もっぱら同じ巨大株式会社である法人になってきたという、いわゆる「法人資本主義」現象をめぐる、経済学などでの論戦に注目しておきたい。

もとよりこの「所有と経営の分離」論は、理論史的には今世紀初頭アメリカに勃興した制度学派以来のものであり[16]、一九三七年出版の、法律家バーリーと経済学者ミーンズの共著『近代的株式会社と私有財産』[17]以来本格的に議論となったものであるから、今日という意味での「現代」にことさら目新しいものではない。しかし、それが日本で七〇年代後半以来改めて論じられてきているのは、財産権ないし経済的自由の名で拡大した企業支配が、その深刻の度を深めているからである。かつての財産権議論後、周知の通り日本の企業は、七〇年代前半に到来した経済（通貨・資源）危機を西側のどの国よりも巧みに乗り越え、その経済力が社会的政治的支配力にもなりつつあるが、この特殊日本的な企業の支配力の、その力の源泉が何か、換言すれば「会社本位の社会」ないし「会社主義」が、日本ではなぜ、かくも強力に形成されるのかを探る意味で、格別な注目が寄せられているものと思われる。その意味ではかつての議論が意図した独占規制と、問題意識では親和的である。

若干の代表的論者の見解はこうである。

三戸公『財産の終焉』(一九八二年)によれば、企業は初めはその所有者=出資者たる資本家が支配者であったが、その大規模化と経営者の専門的能力の高度化により、資本所有者=資本家は経営者の意思決定の修正者から単なる承認者、任免者となり、他方で個人の出資にかわって機関=制度=インスティテューションが出資者として登場し、組織体それ自体が意思決定機関としてのマネジメント=経営者を持つ「経営者支配」が実現するとし、したがって伝統的な「私的所有と社会的所有」というパラダイムにかわって「個人所有と制度所有・機関所有」というパラダイムへの転換を主張する。(18)

あるいは、北原勇『現代資本主義における所有と決定』(一九八四年)は、今日の大企業の大株主は戦前の財閥のごとき大資産家個人ではなく、企業の最高権力は専門的経営者が握っていて、この経営者の権力は一見したところ所有者に基づいてはいない、では誰が所有に基づく支配をしているか、それは、もはや擬制ではなく、一個の自立した生命を持つ実在である自立化した「会社それ自体」の実質的所有に基づく権力によってであると説いて、現実資本の所有の「株主による間接所有」と「会社それ自体による直接的所有」との二重化、それに基づく支配力の株主・「会社それ自体」・経営者への多重化・分割を論じる。(19)

また奥村宏『法人資本主義』(一九八四年)は、自然人たる株主が後退していく議論的・歴史的過程を追いつつ、会社が利益を内部に蓄積し資本準備金を持つ段階、会社自体が他社の大株主になる段階、会社同士の株式相互持合いによって「究極的所有者」も見出せない段階を経て「法人所有に基づいた経営者=自然人による支配」の確立を説く。(20)

西山忠範に至っては、法人株主の登場をもって資本家の消滅を説き、企業を支配している経営者がもともと企業に雇われた労働者であることをもって、書物のタイトルにもなっている『日本は資本主義ではない』（一九八一年）との衝撃的主張をする。[21]

八〇年代に集中的に登場するこれらの議論は、相互に論争もしており流動的であるが、日本の独占企業が、いわゆる「所有と経営の分離」、「経営者支配」、「法人資本主義」と呼ばれる現象を呈してきていることは間違いない。

事実、上場会社約一七〇〇社で法人株主の持株数が、六〇年代後半を境に個人株主を上回り、法人対個人の持株数比率が、四九年には三対七であったのが、七〇年代末には逆転して七対三となり、その後もその比率を更に高めていること、その法人株主が、いわゆる「相互持合い」ないし「循環所有」によって、究極的にも個人所有すなわち「私的資本家」が見出しにくいという現象は、現象として承認するほかない。[22]

このような事態に対して、それは資本所有の「法律的所有」と「経済的所有」への分化＝二重化という現象形態にすぎず、さらに「法人資本主義」も債権と所有権への法律的所有の二重化という現象形態であり、この「現象形態」を「資本の現実的関係の隠蔽の累積」とみて、このような「資本物化」の奥に潜む「実在的な形態」における資本家的所有を、資本・賃労働関係、すなわち剰余価値の領有関係にまで降り立って解析しなおすという原理的解明が、藤田勇によって試みられている。[23]

右のことを十分念頭においた上で、法的所有がそのようなものであるとすれば、憲法論としての財産権から見て興味深いのは、そのような独占形態の財産権は、実態的にはもとより、法的にもその権利主体性から疎遠になるという点である。この点で、かつて下山瑛二が、七〇年代半ばに、株式会社は、その法人性と、とりわけ有限責任制の点で憲法上の財産権と完全に切断されるものであり、法律以下の下位規範によってその法的存在を得るにすぎないと説いた立論[24]が、あらためて注目されてよい。この点は影山が追求した「財産権の主体規定」から財産権を再構成するという手法を法的に精緻化しうる道に密接に関わる。そうだとするなら、法人一般、有限責任制たる株式会社一般に加えて、あえてこの法的現象形態に依拠してもう一歩つっこんだ個々の「資本主義的財産権」の概念決定ができないかは吟味に値する論点であろう。ついでながら下山は、資本主義財産権を、個別資本家の私的所形態からはじまる資本形態論上の展開の中で、どこからその個人性・自然人性が切れるかという分析を試みていたが[25]、この具体化はなお残された課題である。

他方では、このような所有が憲法上の財産制度保障の対象たりうるか、という問題がある。この点ではまず、仮に制度保障を容認するにしても、憲法上の権利形態の媒介をおよそ持たない「制度保障」を現行憲法下で承認できるか、という論点があろう。さらに、たとえば独占企業間の株式の「相互持合い」ないし「循環所有」が普遍化する特殊日本的状況に対して、その出資が実は実態的にも「相殺」されており、現実には出資しないで単に帳簿上の操作だけで処理され、にもかかわらず出資＝「財産権」の額面に対して支配と利潤を得ることになるので、だとすればこのような出資に見合わない過大な支配と利潤、つまり、過小責任に対する過大支配・利潤をも、制度保障論に言う「制度」は保障対象としているか、との疑問が経済法学から提起されている[26]。

以上のような議論を手掛かりに、最近の資本主義財産の所有の変容に即した、しかし原理的な財産権論の精緻化が必要かつ可能であると思われる。

2　社会主義財産の所有について

さて目を転じて、社会主義財産における「現代の所有」問題となると、ソ連のペレストロイカ、東欧諸国の諸改革、中国の改革開放、ベトナムのドイモイ等、現存社会主義諸国に文字通り「今日」進行している「建直し」の中で、とりわけその経済改革に関わって生起している事柄が、「あるべき財産権」との関わりで関心の対象になる。もとより、社会主義における「財産」概念は、経済的にも法的にも資本主義のそれと異なるところがあるが、「現代の所有」の原理的考察にとっては一応棚上げして論を進める。

社会主義的所有が、原則的には、生産手段の社会的所有、消費手段の個人的所有という構成をとり、その社会的所有が「社会化としての国家的所有」としてひとまず成立したのは周知の通りである。ソ連で三〇年代に確立した国家管理型の集権的経済システムがそれである。ところが、このシステムの下で、一方では国民経済の効率的運用の阻害が、他方では社会的所有からの労働者の疎外が、共に顕在化し、その克服の模索の中から、ユーゴでは五〇年代に「労働者自主管理」が開始され、またソ連・東欧諸国では六〇年代半ばから「経済改革」への取組みが開始された[27]。しかし、事態は好転せず、たとえばソ連においてブレジネフ末期の八〇年代初めには危機的様相が顕在化した。昨今注目を浴びているゴルバチョフのペレストロイカの中心は、歴史的にはこの六〇年代半ばに始まった経済改革を、より包括的・徹底的・実効的に行うための新経済改革であるが、それ故に経済のみならず政治・社会・意識の全般にわたる包括的改革として目下展開されつつある。

この経済改革の基本的方向は、市場メカニズムの果たす経済的インセンティヴ機能を評価・導入し、また官僚制的国家管理克服のためにも、企業の自主性、生産者の自主管理、場合によっては個人所得刺激等を拡大することにある[28]。ソ連を例にとれば、八三年の集団労働法、八七年の個人営業法、八八年の国家企業法、目下進行中のコルホーズ模範定款改正作業等の動向は、現行七七年憲法一二条が謳う「国家的所有への接近の促進」命題と反対の方向にある。この変化は当然のことながら、「社会的所有とは全人民的な共同所有であり、従って単一の国家的所有である」とする従来の理解に変容を迫る。

たとえば改革派の論客ブテンコによれば、この改革は「本来の共同所有者が真に所有主になる」方向をめざすと言う。それは「共同所有者が、個人的にではなく共同して所有する」という消極的側面にとどまらず、「共同所有者の参加と同意なくしてはその共同所有物を占有・使用・処分しえない」という積極的側面をこそ問題にする。そして共同所有者の意思を代行する管理者の支配を「現存する形式的な社会的所有」と呼び、これに対して「直接的生産者が自己を総括的統一体と現実に感じることのできる主人公たらしめること」を対置する。(29)このような改革理念が法の分野では、「国家の所有権」概念はなお維持しつつも、「所有権」を単一の包括的支配と見る伝統的理解を排し、国家所有権と企業や生産者のなんらかの財産的権利との併存を説く。こうして六〇年代に提起されながら異端視されていた、「社会的所有」における「重層的所有構造論」ないし「構造化された所有論」が、急速に市民権を得つつあると伝えられている。(30)

この動向は憲法上の財産権論に、かつて了解されていた「社会主義とは生産手段私有制度の否認である」という理解をもう一歩進めて、より厳密に規定する必要を迫ってはいないか、という問題を投げかける。個人所有ないし世帯所有の拡大による所有構造全体の変容もさることながら、根幹とされる「社会的所有」について、原則論としては生産手段の私有制度がなお否認されてはいるが、その社会的所有の所有主体理解に非国家化傾向が見られ、加えて共同所有者の同意の契機と現実の支配的確立に関心が寄せられ、そのようにして現出する一定の支配権を「所有権」視する傾向は、もはや単純な生産手段私有否認論ではカバーしきれなくなっているからである。それは、単独であれ共同してであれ、自ら生産＝労働に必要な資材を現実に支配可能な（proper ないし eigen な）ものとして、いわば自らの身近におくことへの志向と言えなくもない。

もっとも、この種の議論を生み出した諸種の経済改革のその底流には、たとえば先のブテンコが、改革の成否の鍵を「改革による生産力の発展如何」に求めているように、(31)要するに、生産力の拡大が先決問題であり、そこで生まれる「豊かさ」がはじめて社会主義的諸関係の創出を保障するという二段構えの構想が伺えることには、別途注目しておく必要があろう。鄧小平が説いて著名な「白猫黒猫論」(32)にも同質のことが含意されていよう。

社会主義における財産ないし財産権の問題の核心は、人間の物質的文化的欲求充足手段の生産と配分を通して、社会主義社会を形成する主体間の関係、つまり社会主義的共同関係をどう形成するかという問題、ひいては政治的民主主義との結合の問題であろうと思うが、昨今の経済改革に、わが国で今盛んな競争原理導入と民間活力論に似た様相が伺える時、現存社会主義の「まずは生産力」の方向にそのような展望がどう組み込まれているか、また組み込みうるのか、注目したいところである。

3　両者の相互関係

従来の財産権論に関わる今日に特有の所有問題の一端が以上のようであるとして、この両者の関連について一言しておく。もとより両者の変容は、各々別個の歴史的要因からひき起こされている。ただ、歴史段階的に見れば、財産権の社会化が問題になる、近代憲法と識別される意味での現代憲法の問題の起点には、その裏側に資本主義的所有の根本的転換たる「社会化」＝社会主義化が対峙的にあったという、歴史的出自の共時性があるし、資本主義財産における「所有と経営＝支配の分離」現象が登場したとき、あたかもそれに呼応するように社会主義側では国家的所有の構造が所有論として問題になった。そして今日、両体制を通して、あるいは所有から管理に問題の本質が移ったと論じられ、あるいは所有の重層的構造が解明の鍵とされ、あるいは用語の含意をやや捨象すれば「活性化のための労働者＝生産者参加」が叫ばれているという、共時性もまた客観的には存在する。

かくして「相異なる社会構成体を貫通する所有概念は設定できるか」[33]といった議論が生起してくるのも、決して偶然ではない。一方では、とりわけ日本の独占形態の財産とその行使が、生産と消費をますます人々にとって疎遠なものとし、それゆえそれをわがものに取り返すための理論構成が急がれており、他方では現存社会主義において、全人民のものとされながら疎遠でありつづけた共同財産を、額面通りのものに取り返す方向の模索がなされている。現代の所有をめぐっては、誤解を恐れずあえて言えば、人間的所有なければ人間的存在はない、とする方向に議論が傾きつつあると見れなくもない。

四　最近の憲法的財産権論との関係で

こうした財産ないし所有をめぐる一定の変容という新たな状況は、明示的であれ黙示的であれ、憲法学における財産権議論に個別的ながら新局面を付加させつつある。ここではその事例をとりあげつつ若干の検討を加えてみたい。

第一は、渡辺洋三が八〇年代に入って展開する議論である。その立論の基本は、「資本主義法たるブルジョア市民法」には「市民法原理とブルジョア法原理」とが矛盾的に孕まれているということを前提として、「人権としての市民的財産権と制度としての資本主義的財産権」との原理的対抗として資本主義憲法の財産権を認識し、右に区分された意味での「市民法の復権」を説くものである。渡辺によれば、ここで復権されるべき市民法的財産権とは、「自己の労働に基礎をおく財産権」であり、これに対立するブルジョア法的財産権とは「他人の労働に対する支配に基礎をおく資本主義的財産権」である。(34)

もとより、ここで対抗的に措定された「市民法的財産権」と「資本主義的財産権」とは、原理的には、商品交換法という法形態と、それを通して実現する資本主義的領有という内容、つまり、法的形態と経済的内容のことであるから、両者の矛盾が統一されて立ち現われている資本主義法——渡辺の用法によれば「ブルジョア市民法」——を前に「市民法の復権」、すなわち「自己労働に基づく所有」すなわち「人権としての財産権」の復権を説くことは、労働力商品の止揚、したがってすなわち体制変革を意味することになる。この立論のねらいはむしろ、近代市民法の掲げた建前としての原点に依拠し、その実現を限りなく迫ることで、企業支配の深化に対抗する主体形成を図り、現代の所有の権力を包囲することにあると思われるが、同時に、市民法の復権の理念たるpropertyなりEigentumの本来の意味での復権が、「あるべき財産権」にも接合しうるものとして提示されていることが、理論的には注目されてよい。

これとの関連で、山下健次が八二年の法学教室論文「財産権」で展開した議論は、右のことを解釈論的に構成することを企図して構成されている。山下は、影山が展開した財産権主体の類型論を手掛かりに、憲法二九条に固有の財産権のひとつに「個人の個体的生存財産」という範疇を提起する。それは「個人の生命を維持し、家族を養育し、労働力の再生産を行うための財産」に対する権利を核心として構想されているもののようである(35)。

もっともこのような意味での「個体的生存財産」の概念内容は、それ自体売買に供せられる労働力商品の価格たる労賃であって、その意味では「自己労働に基づく所有」とは異なるという点が理論的には問題となろう。つまり、自己と家族の生命維持費および労働力再生産費は、資本主義的再生産構造では可変資本として組み込まれており、労働力商品の対価として一旦は労賃の形態で支払われるが、それを消費する商品購入を通して、やがて資本に還流する性質のものである。この購入された「個体的生存財産」は、個体を所有主体とはするが、自己労働に基づく所有ではない。なぜならあの剰余価値生産への不払い問題は、原理的には手が付けられていないからである。とするとこの「個体的生存財産」が、支配の度を深める独占形態の財産と「原理的」にどこでどう対峙するのかが、論点として出てこよう。山下説の狙いはむしろ、「自己労働に基づく所有」と「個体的生存財産」とが論ずるレベルを異にすることを了解の上で、先に述べた「人間的存在のための人間的財産」を解釈論として組み込むことにあるようである。

山下の立論との関連で見ておきたいのは、同様に「生存」のための財産という視点を組み込みつつも、古典的な「自由と財産の一体性」に加え現代的な「参加」をも不可欠の要素として、いわば自己決定権的財産権論とも呼べる議論を提起する系譜であり、たとえば棟居快行の最近のジュリスト論文「財産権保障の現代的意義」における財産権概念にそのひとつの事例を見ることができる。その所説の核心は「自由の物理的条件としての財産」という規定である(36)。ここには社会主義的人権論でしばしば語られる「自由の物質的条件(37)」論と類似の表象が与えられているが、あくまでも個人の自由の自己責任を確保する物的条件に力点が置かれている点で本質的に異なる。類似しているのはむしろ最近の社会主義財産論における、先に見た傾向であろう。すなわち、現存社会主義がようやく模索し始めた、個人的所有の重視、社会的所有における自主管理的契機の重視等々と、随所で響き合うもののごとくである。

ところでこの概念は、本学会の栗城寿夫報告でも触れられているように、西独の社会国家論を背景とした「人格的自由のための財産権」論が基盤にある。とすると「社会国家」と「社会主義国家」における「あるべき財産権」の親和性がうかがえる。ここには財産権のありようが、結局のところ国家の性格で決せられるというそもそも論と、sozial な財産と sozialistisch な財産との連続と断絶という論点とが出てこよう。

五　「人権としての財産権」の光と影――まとめにかえて

以上の限られた事例からだけでも、昨今の財産権議論は、「人権としての財産権」を、その射程は異にしつつも現代の「所有の権力」に対する対抗原理として措定する傾きにあると概括することができるし、その基底では、両体制に通有のものと感知しうる「現代の所有」問題に対するなにがしかの配慮がある。

ただ、いずれにせよ「人権としての財産権」優位の裡に理論構成を図るにしても、この日本社会の状況の中で「人権としての財産権」を構成することに特有の困難さには留意を要しよう。たとえばわが国で「自由の物理的条件としての財産」を個人の権利として語る場合、権利社会がなお未成熟で私益社会が優位性を占めるわが国の実状に鑑みると、権利社会的な社会性が切断されたところで「個人の自己責任」を議論の出発点に据えることの現実的意味が問われることになろう。

財産権は、精神的自由や人身の自由と異なり、物質的欲求不足をその直接の内実にしているため、一方で人間社会の根源を支えるものでありながら他方で非人間的欲望充足手段にも転化しうる特殊性を孕んでおり、したがって財産権が精神的自由等と切断されたところから全ての問題が始まり、したがって社会的制約が格別に要求されるという一般的問題があるが、この点がこの国では特殊に増幅される傾向にある。日本社会が自律なき市民を特質とするならば、栗城報告の言う「非自律者を自律化する」方向での人格的自由のための財産、それを各人のものにする過程への Teilhaberecht なり共同決定制度は、かりにそれが西独で妥当するとしても、日本ではどうなのかは別途検討さるべき余地があろう[38]。あるいはこの報告で触れた、非先進国革命であったがゆえに危惧される現存社会主義国の建直しにおける「物質的刺激」の社会主義建設過程に果たす役割も、問題の所在は類似している。

この点に関わって、たとえば樋口陽一は、別の論題に関説してではあるが、人権主体に自然人と法人を等値する論法に対し、日本では個人の創出を歴史的に通過していないが故に、一旦は反団体主義、すなわち反法人の憲法体系にこだわり、そこから本来の社会性を創出する、という趣旨の主張を行っているが[39]、それが財産権問題にどこまで通用するかが、それこそ日本の財産権の原理的問題の核心であるように思われる。財産権問題の理論的処理にあたっては、そこに自律した個人による社会性・公共性の創出・発展の契機を同時に用意しておかなければならない格別の事情が、それが財産権であるがゆえに、また論ずる場がこの国であるがゆえに、存すると思われるからである。

（1）　本稿は第五三回〈日本公法学会〉総会第一部会で行った報告を、敬称とか若干のアドリブを除いた上で「である」調にし、必要な注を加えたものである。当日の討論でご教示いただいた点やその後考察を進めた点は少なくないが、なるべく報告通りに再現するのが本誌〈公法研究〉掲載論文の責務と考え、原則として当日用意した原稿を復元することとした。したがってテーマの性格上触れるべき報告以後の事態の推移（たとえば社会主義財産をめぐるそれ）には言及していない。あらかじめご了承をお願いするしだいである。

（2）詳細は本誌〈公法研究五一号（一九八九年）〉掲載の浦部法穂「財産権制限の法理」、参照。

（3）「特集／財産的自由の再検討」法律時報四四巻二号（一九七二年）。

（4）有倉遼吉編『別冊法学セミナー　基本法コンメンタール憲法』「第二九条」〔影山日出弥執筆〕（日本評論社、一九七〇年）一一五頁（新版・一九七七年・一三二頁）。

（5）影山日出弥「『独占』と人権侵害」法律時報四四巻二号（一九七二年）一一頁以下。

（6）渡辺洋三「基本的人権の現代的構造」思想四五六号（一九六二年）、同「現代財産法学の課題」渡辺洋三＝内田力蔵編『市民社会と私法』（東京大学出版会、一九六三年）、同「所有権の思想」『講座現代法13』（岩波書店、一九六六年）、同「現代資本主義と基本的人権」『基本的人権1』（東京大学出版会、一九六八年）、等。

（7）今村成和「財産権の保障」清宮四郎＝佐藤功編『憲法講座2国民の権利及び義務』（有斐閣、一九六三年）一八九頁以下（今村『損失補償制度の研究』（有斐閣、一九七八年）所収・一一頁以下）。

（8）樋口陽一＝佐藤幸治＝中村睦男＝浦部法穂・注釈日本国憲法「第二九条」〔中村睦男執筆〕（青林書院、一九八二年）六七七頁、参照。

（9）影山・前掲注（4）一一五頁（新版・一三三頁）。

（10）渡辺洋三『財産権論』（一粒社、一九八五年）一四七頁。

（11）山下健次「財産権の保障」芦部信喜＝池田政章＝杉原泰雄編『演習憲法』（青林書院、一九七三年）三一〇頁以下（新版・一九八四年・三一〇頁）。なお参照・山下健次「所有権の保障と制度保障の理論」立命館法学四一号（一九六二年）。また以上の整理として有倉＝小林孝輔編『基本法コンメンタール憲法第三版』「第二九条」〔森英樹執筆〕（日本評論社、一九八六年）一三一頁以下。

（12）七七年の山下健次「財産権の保障」ジュリスト六三八号（一九七七年）三三四頁では「混迷状況」とされていたが、八二年の同「財産権」法学教室二六号（一九八二年）二八頁では（芦部信喜編『別冊法学教室　憲法の基本問題』（有斐閣、一九八八年）所収・二五四頁も）「停滞状況」としている。

(13) 樋口陽一「シンポジウム総括」前掲注（3）四五頁が「歴史認識と法実践の逆接続的むすびつき」を指摘している。
(14) この点につきさしあたり奥平康弘「憲法訴訟の軌跡と理論」『法学セミナー増刊　憲法訴訟』（日本評論社、一九八三年）二頁以下、参照。
(15) 渡辺治『現代日本の支配構造分析』（花伝社、一九八八年）、参照。
(16) Thorestein Veblen, The Theory of Business Enterprise, 1904 が嚆矢とされる。
(17) A. A. Berle, Jr. and G. C. Means, The Modern Corporation and Private Property, 1932（北島忠男訳・文雅堂銀行研究社、一九五八年）。なお、この系譜にたつ J. Scott, Corporations, Classes and Capitalism, 1979（中村瑞穂＝植竹晃久監訳『株式会社と現代社会』〔文真堂、一九八三年〕）、ならびにこの系譜をマルクス主義から批判する M. Dobb, Studies in the Development of Capitalism, 1946（京大近代史研究会訳『資本主義発展の研究』〔岩波書店、一九五五年〕）および P. A. Baran and P. M. Sweezy, Monopoly, Capitarism, 1966（小原啓士訳『独占資本』〔岩波書店、一九六七年〕）参照。
(18) 三戸公『財産の終焉』（文真堂、一九八二年）ｉ頁以下。なお同他『大企業における所有と支配』（未來社、一九七三年）、参照。
(19) 北原勇『現代資本主義における所有と決定（現代資本主義分析3）』（岩波書店、一九八四年）ｖ頁以下、一七頁以下。
(20) 奥村宏『法人資本主義』（御茶の水書房、一九八四年）一五三頁以下。なお同『法人資本主義の構造』（日本評論社、一九七五年）、参照。
(21) 西山忠範『日本は資本主義ではない』（三笠書房、一九八一年）。なお同『支配構造論』（文真堂、一九八〇年）、『脱資本主義分析』（文真堂、一九八三年）、参照。
(22) 以上の議論を含めて柴垣和夫「いわゆる法人資本主義についての覚書」社会科学研究三三巻五号（一九八一年）二四三頁以下。
(23) 藤田勇「現代の所有問題とK・マルクス(1)(2)」法律時報五六巻一号・三号（一九八四年）〔後に藤田『近代の所有観と現代の所有問題』（日本評論社、一九八九年）所収〕。
(24) 下山瑛二「企業の自由と国民の権利」法と民主主義八八号（一九七四年）六頁。なお、同「経済的民主主義と独占に対する法的規制」経済一三三号（一九七五年）六〇頁、参照。
(25) 下山瑛二「独占の法的考察・覚書」法の科学二号（一九七四年）四五頁以下。
(26) 本間重紀「独占と株式所有・試論」法の科学七号（一九七九年）六〇頁以下。なお、同「所有の権力とその社会的支配」法の科学一六号（一九八八年）、参照。

(27) さしあたり、藤田勇「社会主義と財産」芦部信喜＝星野英一＝竹内昭夫＝新堂幸司＝松尾浩也＝塩野宏編『岩波講座基本法学3財産』（岩波書店、一九八三年）、藤田・前掲書所収）、岡稔『社会主義経済論の新展開』（新評論、一九七五年）、西村可明『現代社会主義における所有と意思決定』（岩波書店、一九八六年）、R. Bahro, Die Alternative, 1977（永井清彦＝村山高康訳『社会主義の新たな展望』〔岩波書店、一九八〇年〕）等、参照。

(28) さしあたり稲子恒夫『ペレストロイカは進む』（青木書店、一九八八年）一五七頁以下参照〔藤田・前掲書二四四頁以下も参照〕。

(29) ア・ペ・ブテンコ（大江泰一郎訳）「現実的社会主義の条件下における所有の性格について」社会主義法のうごき創刊号（一九八八年）二二頁以下。

(30) 大江泰一郎訳「ペレストロイカ期における国家（全人民的）所有権」社会主義法のうごき二号・三号（一九八八年）、藤田・前掲論文注(27)六七頁以下、等。なお、大江泰一郎「社会主義社会における企業」前掲『基本法学3』三二五頁以下、参照。

(31) ブテンコ・前掲論文注(29)二三頁。

(32) 六〇年代はじめの発言であるが、以来くりかえされている。最近で鄧小平『現代中国の基本問題について』（外交出版社、一九八七年）一九一頁以下。

(33) 藤田・前掲論文注(23)五六巻一号二四頁。

(34) 渡辺洋三「近代市民法の基礎原理」天野和夫＝片岡昇＝長谷川正安＝藤田勇＝渡辺洋三編『マルクス主義法学講座5ブルジョア法の基礎理論』（日本評論社、一九八〇年）一三頁以下（渡辺『法社会学とマルクス主義法学』〔日本評論社、一九八四年〕所収）。

(35) 山下・前掲注(12)法学教室論文二八頁。

(36) 棟居快行「財産権保障の現代的意義」『ジュリスト臨時増刊　憲法と憲法原理——現況と展望』（一九八七年）二二五頁。

(37) この点につき拙稿「人権保障の限界とその克服についての一考察」横越英一編『政治学と現代世界』（御茶の水書房、一九八三年）一四七頁以下〈本書Ⅲ部一六章〉、参照。

(38) この点につき拙稿「西独における基本権論の動向」長谷川正安編『現代人権論』（法律文化社、一九八二年）一六八頁以下〈本書Ⅲ部二四章〉、参照。

(39) 樋口陽一「憲法学の責任？」法律時報六〇巻一一号（一九八八年）一四五頁。

第一八章　経済活動と憲法

一　考察の磁場

1　「市場経済」の勝利？

「われわれ七か国の首脳及び欧州共同体の代表は、この一年間にわれわれが目のあたりにした民主主義の歴史的な前進に、勇気と英知をもって息吹を与え、その実現をもたらした世界各地の人々に対して、敬意を表する。今世紀最後の十年、われわれの考えでは『民主主義の十年』となるべき時期を迎えるにあたり、われわれは、民主主義の強化、人権、そして市場指向型経済を通じた経済の再建及び開発を支援することに対するわれわれのコミットメントを、改めて表明する……」

一九八九年十一月九日にベルリンの壁が開かれ、同年十二月三日には米ソ首脳会談において「冷戦終結」が確認されて「ヤルタからマルタへ」が謳歌され、順次「東」が解体していくのを横目に見ながら翌九〇年七月に開催された第十六回先進国首脳会議（ヒューストン・サミット）は、その政治宣言の冒頭でこのようなメッセージを世界に発信した。そして同宣言は、自由ないし基本的人権、多元的民主主義、及び「市場（指向型）経済」を内容とする

「改革（reform＝再形成）」が、東欧のみならずソ連（やがて九一年十二月に崩壊する）、アジア、アフリカ、ラテン・アメリカにも「進展」していることに「満足の意」を表明しつつ、その末尾部分で、「われわれは、われわれが自らの社会において実現を目指しているような基本的諸原則に対するコミットメントを再確認し、政治的自由と経済的自由とが密接に繋がり合い、相互に補強し合うものであることを強調する。われわれは、各自、自由を選択する諸国に対して、現実的な方法により、すなわち、適当な場合、憲法上、法律上及び経済上のノウハウの提供並びに経済的支援を通じて、助力を与える用意がある」としめくくっている。(1)近年、サミットやG7を構成するいわゆる先進国の政府ないしそのブロックが、「人権・民主主義・市場経済」をいわば三位一体的な「普遍的原則」とみなし、この一体的原則を、旧社会主義国及び途上国に対する経済再建援助・開発援助の条件にする方向が世界的規模で強まってきているが、ヒューストン・サミット宣言はそうした方向への画期を示す象徴的事例であったろう。かくして「人権・民主主義」とともに「市場経済」は、いまや進歩・発展の到達目標にして「人類普遍の原理」のごとくである。

2　「市場経済」と近代憲法

「経済」とは、中国晋代の書『抱朴子』に登場する「経世済民」、すなわち「世を治め民をたすける」の略語とされる。「物財の生産・流通・消費の過程ないし関係」を言い表すのが「経済」の今日的用法であろうが、それを含め超えた、最広義の「統治・政治」のいわば組織・運営のありかたが、この用語の出自における含意であった。ちなみにeconomyもまた、その語源はギリシャ語のoikonomiaであり、oikos（家）のnomos（規範）、すなわち、「家」という共同体の組織・運営のありかたを意味しており、転じてそれは、欧州における中世までの「統治・政治」の別言でもあった。

ところが、十七世紀の絶対王制期以降、いわゆる国民国家が形成されてくる時代に、物財の豊かさが政治＝国力を示す指標となるにおよんで、economyは、もっぱら物財のありかたを意味する概念に縮減的に特化・転化する。political economy（経済学）とは、そのようにいわば守備範囲が集約された政治・社会のありかたを究明する知的営みのことにほかならなかった。「経済」が、物財の生産・流通・消費の過程と関係をもっぱら意味するようになったのは、したがってせいぜい三百年ほど以前からこのかたのことである。

「市場（指向型）経済」という概念にも、同様の事情がある。「市場（market）」とは元来、人々が一堂に会して物財を交換・売買する場のことをさすが、そこでは物財の価格・量をめぐって需要・供給の間に競争関係を含む人々の相互関係が成立する。「市」とも換言しうるこうした人々の出会いの場たる市場は、人類がその社会関係を取り結ぶ文明発生の時代から、その社会関係の有機的一部として存在していた。古代ギリシャの市場はアゴラ（agora）と呼ばれたが、そこは政治の場でもある。古代ローマ期の都市には必ずフォーラム（forum）があったが、そこでは物財が交換・売買されるとともに、裁判も政治的集会も行われていた。そうした最広義の社会関係の中から「市場経済」が、相対的に独自の領域として、考察の、したがって理論的抽象の対象となるのは、交換・売買に供せられる物財が「商品」となり、かつ「商品」形態での物財関係が「経済」のありかたの中枢を占め、やがて全社会規模で「経済」をおおいつくすようになる時代のことに属する。そうした時代もまた、せいぜい三百年ほど以前から始まったにすぎない。

かように経済システムとしての「市場経済」とは、「経済」の文脈においても「市場」の文脈においても、やや乱暴に言って近代に固有の事象である。そしてそれは、これも乱暴に比定すれば、歴史的には、「人権・民主主義」を核心とする近代憲法を生み出す時代と重なる。この共時性は、しかし偶然の一致ではない。誤解を恐れず単純化して言えば、人々の物財を通した関係に「市場経済」が支配的となってくる時代を支えた理念には、近代憲法の理念と響き合うところがあったからである。

「経済学批判（Kritik der politischen Ökonomie）」の副題を持つマルクス『資本論』は、その第一部第二章の冒頭でこう述べていた。「商品は、自分で市場に赴くことはできないし、自分で自分たちを交換し合うこともできない。したがってわれわれは、商品の保護者、すなわち商品所持者（Warenbesitzer）を捜さなければならない。……これらの物を商品として互いに関連させるためには、商品の保護者たちは、自分の意思をこれらの物に宿す人（Person）として互いに関係し合わなければならない。それゆえ一方は他方の同意のもとにのみ、したがって、どちらも両者に共通なひとつの意思行為を媒介としてのみ、自分の商品を手放すことによって他人の商品をわがものにする（aneignen）のである。だから彼らは、互いに相手を私的所有者（Privateigentümer）として認め合わなければならない。契約をその形態とするこの法的関係（Rechtsverhältnis）は、法律的に（legal）発展していようといまいと、経済的関係（ökonomisches Verhältnis）がそこに反映しているひとつの意思関係（Willensverhältnis）である。この法的関係又は意思関係の内容は、経済的関係そのものによって与えられている。人々は、ここではただ相互に商品の代表者（Represäntant）としてのみ、したがって商品の所持者としてのみ存在する。……」(2)

周知のとおりこの一節には、法の形態と内容、現象と本質の相互関係を解析するひとつの鍵がひそんでいる。(3)マルクスが、流通過程における「契約をその形態とする法的関係」にひそむ「経済的内容」の真相を、生産過程における生産手段の私的所有と労働力の商品化のメカニズムを解明することでつきとめたことは、多言を要さない（「生産条件の所有者の直接生産者に対する直接的関係こそ、つねに、われわれがそのうちに社会的構造全体の、したがってまた主権・従属関係の政治的形態の、要するにそのつどの独自な国家形態の、最奥の秘密、隠れた基礎を見出すところのものである」(4)）。ただ、ここでは、事柄を法的側面に限定してみると、商品（交換）関係という経済的関係（＝市場経済）が支配的となるにおよんで、その経済的関係を媒介とした、商品所有者たる諸個人の私的所有、意思自由、契約の自由などの法原則が成立することに、示唆的ではあれ言及されていることを注目しておきたい。というのも、

「市場経済」の主体＝商品所有者が自由な意思で行動する主体であり、その主体間において、自己が私的にかつ排他的に支配する物財を、相互に対等に関係づけると観念される社会関係とは、近代憲法が描いて見せた社会像と親和的だからである。

近代憲法文書の嚆矢たる一七八九年フランスの「人及び市民の諸権利の宣言」が、「人は自由かつ権利（droit＝Recht）において平等」と観念し（第一条）、「圧政への抵抗」を含む「人の消滅することのない自然権」として、「自由」（＝精神的自由）、「安全」（＝身体的自由）とともに「所有（propriété）」（＝経済的自由）をあげ（第二条）、その「所有」に対しては別途、「不可侵かつ神聖（inviolable et sacré）」とまで高度な保護を施す構想を示した（第一七条）[5]のは、商品「所有」者が相互に「自由」な意思により「安全」のうちに経済的関係をとりむすぶことの保証にほかならないとはいえ、そうした「権利」において対等＝「平等」な人々の間でこそ、「政治的自由と経済的自由とが密接に繋がり合い、相互に補強し合うものであること」を、理念として抱いていたことの表明であったと見れなくもない。してみれば、「人権・民主主義・市場経済」を一体とする「普遍的原則」とは、三百年ほど前から浸透してきた「近代憲法」のそれに響き合うということになりはする。

ところで、商品の私的所有者は、自らの自由意思でその商品を社会的な、しかし競争の契機を強く孕む売買の場＝市場に持ち込み、商品たる物財を、その物財の性質に即してではなく「商品」として活かしきろうとするが、そうした営みが支配的な「経済」のありかたを「市場経済」と呼ぶとすれば、それは「商品」を細胞形態とする「経済」のことであり、今日では端的に言って「資本主義経済」の別言である。そうしたありかたを目指す、ないし基軸とすることが「市場指向型経済」と呼ばれる。だとすれば、「商品」に内在する矛盾を起点にし、生産手段の私的所有と労働力の商品化を通して実現される剰余価値＝利潤の資本主義的私的領有と、領有した剰余価値の資本による絶えざる生産過程への投入＝拡大再生産とによって生じる、「生産の社会的性格」との根本矛盾を不可避とする例の筋道から、「市場経済」は構造的にのがれることができない。「市場経済」とは、こうした「自由」な商品経済のもたらす弊害からその自由を制御するという意味での「計画経済」に対峙する概念である。その「計画」を、「社会」的自己決定にではなく、官僚制的ないし国家集権的な管理の下に委ねて破綻した既存「社会」主義の自己崩壊という経緯があったとはいえ、そのことはただちに「市場経済」の「普遍性」を論証したことにはなるまい。現に「市場経済」とて、その構造的弊害を予測してその除去・是正・緩和のためのさまざまな規制を受けているからである。もっとも、「市場経済」とは、「人権・民主主義」とその価値を共有するべく「自由で公正な」展開を保障するためになにがしかの制御を受けるのであって、野放図に自由な「経済活動」のことではなく、だからそうした制御をくぐりぬけた「市場経済」に「普遍性」を見出すとの立論が成り立つかに見える。

だが実態はむしろ、巨大企業による「自由・公正」な「経済活動」によって展開・推進される「市場経済」の席巻が、資本主義的暴走をも誘発しつつ、この地球を食いつくす勢いですらある。その現代的背景には、たとえば一九七〇年代以降顕著になる企業の多国籍化現象があるとされる。国境を超えた企業の「経済活動」は、国民国家と資本主義の成立とともに古くからあるが、それは商品取引＝貿易という流通過程に限られていた。企業の多国籍化とは、私的所有にかかる資本（生産手段）が主権国家の国境を超え、超えた先で労働力を調達する生産過程の「国際化」のことを指す。主権国家・国民経済による制御が及びがたいこうした多国籍企業の「経済活動」は、「市場経済」の論理必然とはいえ「人類の歴史のなかで初めての経験」である。(6) こうした事象も含む「市場経済」の「普遍化」が、「憲法ゲマインシャフト」の一隅を占めるとはいえまい。

あるいは目を日本に転ずると、そこには「自由で公正な経済活動」さえもが構造上阻害されている「日本株式会社」の実相がある。八〇年代に急速に進んだ日本企業の貿易・資本輸出における黒字は、日米間の経済摩擦を生んできたが、八九年九月から始まったその調整のための両国政府間協議を、米側は「構造障壁協議（Structural Impediments Initiative：ＳＩＩ）」と呼んできた（九三年七月から「日米新包括経済協議」に移行）。日本政府及び寡占企業の中枢部では、そうした外圧をてこに「構造障壁」としての「規制」を「緩和」する流れにあるが、その「緩和」策たるや、寡占体制下では有効競争としてしか成立しない、その意味では限定された「自由競争」が、あたかも全市場規模で成立するかのごとき「完全競争」のイメージで構想するものであるがゆえに、時代錯誤の市場経済万能主義に等しく、いわゆる「社会的規制」領域はもとより「経済的規制」領域においても、弱肉強食の荒野に「経済活動」を投げ込もうとしている。(7)

「市場経済」の席巻を基調にしつつ、特殊日本的経済構造の矛盾をも孕んで織りなす昨今の「経済活動」の、部分的には新しい局面を含む諸相を瞥見するとき、しかし、その根底のところで、「経済活動」とは人間とその生活社会にとって何なのかという、素朴ではあるが根底的な問いが、あらためて迫ってきているように思われる。これまで日本憲法学が蓄積してきた、人権論の古典的論題たる「経済活動と憲法」という領域での理論的営みが、右に瞥見したがごとき時代に突入したなかで、どのような理論的対応力を保持しているかをあらためて吟味してみる意味は、決して小さくない。

二　憲法史における「経済活動」

1　近代憲法の成立と「経済活動」

法一般がそうであるように、憲法が対象とする社会事象は、人々の存在と行動のすべてというわけではない。憲法をいわゆる形式的意味にではなく実質的意味に解したとしても、憲法は、人々の「経済活動」の全局面をなんらかの憲法的秩序の対象としてあまねく錨止させるわけでもない。むしろ、近代憲法が誕生したころは、人々の「自由な経済活動」は、あれこれの「権利・自由」の場面で憲法と関わったにすぎず、「経済活動」それ自体は、憲法の関知しない「放任」の世界に置かれるものとされていた。

なるほど市民革命期においては、絶対王制の経済的基盤であった「初期独占」を解体して「自由な経済活動」、すなわち「自由な営業」を生み出すために、また、いわゆる「資本の本源的（又は原始的）蓄積」を遂行するためにも、国家は強権的に「経済」過程に介入したが、それは、「自由な経済活動」を創出するためになされた、いわば革命権力による革命的行為そのものであって、「国家による『国家からの自由』の創出」と呼べるだろう。これを経済的に見れば、絶対王制の経済外的強制下にあった人々を、そうした封建的な土地と中間団体の拘束から解き放ち、「自由」で「対等」の契約当事者に転質することであった（身分から契約へ）。この文脈で近代憲法は、所有権の不可侵、財産権保障、契約の自由、居住・移転の自由、労働の自由、営業の自由などを、憲法上の権利又は自由に明示的・黙示的に数え上げることで「経済活動」との接点をもったにすぎない。近代市民革命が経済関係において創出の目的とした「自由放任（レッセ・フェール）」経済のシステムは、経済面から見れば、「初期独占」の解体→「初期ブルジョア国家」の成立→資本の本源的蓄積→産業革命→自由主義的資本主義（＝産業資本主義）の成立という、周知の複雑な過程を経るが、憲法から見れば、「自由」な商品生産・流通システムを成立させ円滑に展開させるに必要とした「自由」な諸個人を創出し、その諸個人を公権力たる国家に対峙させる過程、すなわち「国家からの自由」を核心とする「権利・自由」の形成の過程として立ち現れる。もとよりこうした推転は、封建制から資本制への総体的な「社会構成体（Gesellschaftsformation）」の移行であるから、いわば「体制」としての「憲法」の移行には違いないが、近代憲法は、それが近代憲法であるがゆえに、人々の「経済活動」のよってたつ経済

「体制」を、それ自体として明示的に語ることはしてこなかった。

「経済活動」が「憲法による保障」として立ち現れるステージは、こうして特定の「権利・自由」が、いわばピン・スポットを浴びて浮上するがごとくである。日本国憲法に即して言えば、もっぱら「財産権」の保障（二九条一項）と「職業選択の自由」（二二条一項）のところにおいて、ということになる。日本国憲法の解釈論をひとつの研究領域とする戦後日本憲法学が、もっぱら「権利の保障」のところで「経済活動と憲法」を考察してきたのは、ゆえないことではない。

2　現代憲法と「経済活動」

自由放任の野に放たれた人々の「経済活動」が、「自由・平等」の実質的侵害を構造的に惹起するがゆえに、法的規律の対象とされてくる事情については、るる述べるまでもないが、それが憲法レベルの関心事となって一応の実定化を見るのは、そうした実質的侵害が、時間的にも量的・質的にも相当程度に集積されて後の、二〇世紀に入ってからのことである点は、「経済活動と憲法」という論題の本質的位相を推察させる。

「経済活動」を支える憲法上の「権利・自由」が、部分的とはいえ近代憲法の出自の時点からすでに、精神的自由などとは異なって懐疑の対象にされていたことは、フランスを例にとれば、革命期のロベスピエール権利宣言草案（一七九三年）が「所有権は、われわれの同胞の安全、自由、生存（existence）および所有を侵害することはできない」（八条）と書き留めていたことにもうかがうことができる。「自由な経済活動」が過酷かつ悲惨な事態を引き起こすなか、一八七一年パリ・コミューンが発した憲法的文書「フランス人民に対する権利」は、「権力と財産を万人のものとする（universaliser）に適した制度の創設」を構想してもいた[(8)]。一九世紀後半の欧米では、「自由な経済活動」がもたらす弊害に苦しむ社会・労働運動を背景に、さまざまな社会立法・経済立法が制定されている。

だが、資本主義的な「自由な経済活動」に対する法的規律が、法律（社会・経済立法）レベルから憲法レベルに上昇して定位するのは、「一九一七年のロシア革命の時点で資本主義の全般的危機が開始して以後」のことであり、「発達した資本主義国」にあっては一九一九年のドイツ・ヴァイマル憲法からであった。(9) この憲法が「近代立憲主義の基盤の上で、社会主義革命を横目に見ながら、はじめて憲法による経済生活の秩序づけを企てた(10)」ことはよく知られているが、そうした歴史的文脈に留意すれば、「経済活動」のありようがそれ自体として「憲法（constitution, Verfassung）」の関心事となるには、当該問題が当該国家のありようを含む基本構造（したがって社会構成体）、したがっていわば「体制（constitution, Verfassung）」の問題に上昇してきたことの証左でもある。

この視点から見る時、ヴァイマル憲法第二編「ドイツ人の基本権及び基本義務」の第五章に置かれた「経済生活」（一五一条以下）の条項は、たしかにJ・F・ナウマンの起案にかかる特異な「国家教理（Staatskatechismus）としての基本権(11)」構想を淵源のひとつとするとはいえ、歴史的文脈としては、「ソビエト社会主義に対抗しつつ、自由主義・個人主義経済秩序の修正を試みるもの(12)」にほかならず、隣地で成立・展開する特定の型の社会主義「体制」を峻拒するといういわば消極的「体制選択」の、憲法レベルにおける表明であった。ただ、その表明もまた、「経済生活」における「権利・義務」の場面においてである。その表明方式は「規制と保障の複雑な規範命題の複合態となってあらわれた(13)」。こうして当該権利・義務が「社会的（sozial）」規制と古典的「保障」との狭間に置かれて憲法的処理を受けるようになる。社会主義「体制」に強行的に移行した側では「経済活動」のありかたに根本的変動が始まるが、憲法もそれに対応して、「社会的」ならぬ「社会主義的（sozialistisch）」な経済関係の強行的創出をはかるべく、「経済活動」の基本的諸局面にわたるいわば「規律と促進の複合態」として現れる。

「経済活動」に対する憲法上の、いわゆる「社会化（Sozialisierung）」を標語とする現代的規律の水路に、実のところ「体制」問題がひそんでいることは、とりわけ一九二九年の世界大恐慌以降、資本主義経済の自律的回復・調整力が失われたために各国で展開を見せた「経済活動」への広範な国家介入（経済・金融に対する政策・立法）が、右の憲法的処理とはレベルを異にする規律でありながら、規範上は同じ憲法的処理を受けたことにうかがえる。こうした規律は、いわゆる社会権との緊張関係に直接起因するというより、直截に当該資本主義経済「体制」維持をはかるものであった（国家独占資本主義）。現代憲法における「経済活動」への規律の登場は、「財産権を社会化し、資本主義の弊害を矯正しうると同時に、反面、国家独占資本の形成・機能を法的に保障する」[14]という性格の異なる二側面を孕んでいるが、前者の「社会化」とて「社会主義化」には至らしめない含意では「体制」問題でもあった。

ともあれ、そうした現代的な「経済活動と憲法」問題も、資本主義「体制」における取り扱いは、もっぱら「権利・自由」の規制と保障という場面でしか立ち現れない。「経済活動と憲法」を考察するには、こうした「体制」と「権利・自由」との緊張関係を脇のところで感知しながら進めなければならない。

3　戦後憲法と「経済活動」

ヴァイマル憲法は短命に終わった。「経済活動」を支える「権利・自由」を「社会的」規制に服させて実質的不平等を是正することを建前として採用する憲法条項が各国に受容されるのは、日本国憲法も含む第二次世界大戦後の西欧諸憲法においてである（フランス・イタリア・西独など）。戦争の戦禍にみまわれた諸国がこうした憲法原則をかかげるようになった一因には、第二次世界大戦にまで至る悲劇の要因のひとつに資本主義的な「自由な経済活動」があったからにほかならない。アメリカの場合は、ニュー・ディール期の経済規制立法を合衆国最高裁が合憲と判断した一九三七年のいわゆる「憲法革命」による転換が、右の事象に対応する。

ところが、第二次世界大戦を通して国際的にリーダーシップをとるようになったアメリカが軸となって形成された「西側」諸国は、とりわけ国際通商政策において、第二次世界大戦の国際経済構造上の要因となった「ブロック経済」への反省から、戦後初期には「自由」経済・「自由」貿易を高唱することとなる。だが、この国際的な「自由な経済活動」は、急速に進展する「計画」経済体制諸国や、第二次大戦後推奨された植民地独立によって形成・

発展してきた第三世界との間に鋭い緊張関係をひきおこす。そうした緊張関係を背景に「西側」諸国の国内では、「大きな政府」による「福祉国家」が標榜され、国家が積極的に「自由な経済活動」を調整・規制しつつ、戦後復興から高度成長の道をひた走った。

「東西」が競いながら進んだ「生産」と「開発」の飛躍的進展は、しかし七〇年代の二度にわたる石油危機を転機に、その様相を変える。「北」である「西」の「自由な経済活動」のゆえに拡大する南北格差に、それまで「民族自決」で対峙していた第三世界の諸国においては、その経済主権面での画期となるはずであった「新国際経済秩序（NIEO）宣言」（一九七四年）のころを転機に、皮肉にも、逆に経済的「自決」が困難になりはじめた。そして、援助による「開発」がもたらした「経済生活」の向上が中間層を生み出し、そこが原動力となって「人権・民主主義」を求めつつ「市場経済」に傾斜していく。「計画」経済の諸国にあっては、官僚制的ないし国家集権的「計画」（国家独占社会主義?）のままでは低迷する「経済活動」の打開と効率的運用をはかれず、その「社会」的克服をめざすなかから「人権・民主主義」への胎動が起こるとともに、経済面では「市場経済」メカニズムのもつ経済的インセンティヴ機能を評価・導入することで、隘路を突破しようと試みた。「西側」諸国の統治層は、相対的に低下するアメリカの地位を支えつつ先進国間の連携体制を整えて（一九七五年・サミット開始）、新「自由」主義による「小さな政府」と「自助自律社会」における「自由な経済活動」が復位してくる（サッチャリズム・レーガノミックスなどによる規制緩和・民営化・公的部門縮減等）。

この間、近代憲法の系譜に立つ「西側」の憲法は、変容する「経済活動」のありように対して、それを支える権利・自由の「規制と保障の複雑な複合態」という態度を変えてはいない。だが「経済活動と憲法」という論題は、めぐりめぐった上で到来しているこうした「体制」的変動のただなかに置かれている。

三　「財産権」観の変遷

1　「財産権」をめぐる「二分論」

戦後日本憲法学は、「経済活動と憲法」問題を、さしあたり考察の窓口となる実定日本国憲法の規範のありようのゆえとはいえ、もっぱら「権利の保障」のフィールドで論じてきた。そうした論題を、もっぱら「経済活動」を成り立たせる「権利・自由」の射程の限界づけや、当該「権利」の「合憲的」制約可能性の測定に置いて集中的に論じたのは、日本における「経済活動」の実相が、本来の権利・自由の主体たる国民諸個人の現実生活の上に深刻な影を落とすようになり、そうした「経済活動」を成り立たせている「体制」に疑念が高まりゆらぎが垣間見えた一九六〇年代末から七〇年代前半にかけてのことである（たとえば一九七一年秋の憲法理論研究会シンポジウム「財産的自由の再検討」[15]）。ついでながらこの時期に同じ憲法学界では、「体制」問題にも客観的には触れる「国民主権論争」が平行して起こっていたことも、思い起こしておいてよい（その契機としては一九七〇年度の公法学会第一部会シンポジウム「主権論」[16]）。

そもそも権利保障を核心とする近代憲法の理念からすれば、「権利の保障」を論ずる場面でもっぱらその「制約」に関心を置くのは背理と言えなくもないが、それは、「自由な経済活動」が、すでに歴史的に何度も顕現化してきた実相のゆえであったし、そのことの反映として現に実定日本国憲法が、他の諸権利とは異なる制約可能性を明文で示していたからである。憲法規範上日本にはじめて本格的な「権利の保障」が詳細に定められた現行憲法が制定され、さしあたりその意味を論じるところにおいてすら、精神的自由・身体的自由などとは異なり「経済的自由」条項については、その意味・範囲の限定的画定がすでに関心事となっていた。このことは、たとえば、「不可侵」と保障された「財産権」の意味を「労働権ないし労働の保護と協調する限り」での「生存を保障する手段」とする我妻栄のいわば生存権的財産権論[17]、「社会国家的人権宣言の見地」から「社会権的な性格」を認め「生存権の延長と見る」ことを示唆した宮沢俊義のいわば社会権的財産権論[18]、損失補償の要否・程度の識別・判定に関わって「人間としての価値ある生活を営む上に必要な物的手段の享有」に保障と補償の力点をおく今村成和のいわば生活権的財産権論[19]などに、看取することができよう。

右の今村の所論を「原型[20]」とし、「国民の生活必需財産＝小さな財産」と「資本主義経済発展の原動力となった財産＝大きな財産」とを識別する高原賢治の所論[21]を経て、「財産権」を内容上なんらかの標識で区分しその「保障」に差異を設けようとするいわゆる「財産権二分論」と、その延長としての「財産権規制二分論」の理論構成が、「経済活動と憲法」という論題を貫流して今日まで至っていることは、周知のとおりであるが、六〇年代末から集中的に論じられたそれは、理論的標的を「権利・人権」ならざる、ないし「権利・人権」から遠のいた「財産権」を理論的に抽出・画定すること、そしてその理論的識別を解釈論に架橋・導入することに力点が置かれていた。

その全貌を詳論する紙幅の余裕はないが、その研ぎ澄まされた試みとしては、たとえば、かねてから法社会学ないし財産法学の見地から「人権としての財産権」と「人権でない財産権＝資本主義的私有財産制度の中核を支える資本所有権」との理論的識別を展開していた渡辺洋三の理論枠組み[22]を念頭に置きつつ[23]、影山日出彌が精力的に展開した立論に、典型を見てとれる。影山の立論の特徴は、「財産権」を「所有」の原理的次元にまでおりて吟味した上で、「所有」問題として観察した財産「権」が、歴史的・論理的には権利主体の具体的な社会的存在様式に対応して解体の過程（生存権・労働基本権・社会保障権などへの「価値の移転」）にあることを剔抉し、そうした認識論をもとに、「財産権」の理論構成に、「個人的財産」と「たとえば独占形態の資本、従って資本主義的大企業の財産」とを双極とするいわば理念的識別軸を設定したところにある[24]。そうした意味での識別をした上で、後者＝独占財産は「財産権一般の保障というレベルでは、これも、憲法二九条一項にいう財産権概念に包摂されざるをえない」が、しかしそれは「どこからみても人権としての実体をもつ価値とはいえ」ず、「個人的財産」と「独占財産」とは「その保障の意味を異にする」として、「独占財産」への「外在的制限の合理性」を「憲法の水準で示す」ことを試みた[25]。この識別論はしたがって、あれこれの主体と対象を随伴する「財産」諸形態を解釈論上あまねく分別しうる基準としての「二分」論を提示したというよりは、憲法上の「財産権」解釈を嚮導しうるいわば「二極」論を析出・設定しようとしたといえよう。影山のねらいは、「解釈論の限界から外へいったんでること[26]」で「独占」対「個体的生存」を現下の基本的矛盾とする「体制」問題を念頭に置きつつ、「財産権の特殊な集積形態」である「独占財産」を標的に、その憲法的制約の極限を理論的に見極めるところにあったと思われる。してみれば「法的概念の再構成によって解釈論まで架橋されているかといえば、それは必ずしも達成されてはいない[27]」のは、当然と言えば当然であった。

なお、右が財産権の主観的保障の場面の議論であるとすれば、客観的保障の場面については、資本主義と社会主義の識別を「生産手段の私有」の認否に求め、いわゆる「制度的保障」論が資本制防禦を本質としながら標榜していた「私有財産制度の根幹防衛」論のその「根幹」内容を、「人間が人間として価値ある生活を営む上で必要な物的手段の享有」という内容にいわば差し替えて、現行憲法規定のままで社会主義移行の可能性を示唆する今村の提言[28]も議論を呼んだ。この立論が、資本主義・社会主義「体制」の経済的意味と法的意味の接点となる「私有財産制度」の、憲法学における従来の安易な理解に反省を迫った点は意義深い。ただ、「歴史認識と法実践との逆接続的むすびつき[29]」のゆえに、たとえば山下健次が「制度的保障論の歴史的出自を全く捨象・換骨奪胎し再構成・再利用することは不適切[30]」と批判したごとく、今村提言の意図には親和的な論者にあっても、その解釈内容には消極的であった。

2　「二分論」の解釈論への架橋

右の議論が、「独占」を支配的とする「体制」のゆらぎの中で、財産権の主観的保障の側面では独占規制が、客観的保障の側面では社会主義への移行が遠景に置かれていたとすれば、七〇年代後半からの「体制」をめぐる国際的国内的攻守の様相の変容が、この議論をして「混迷状況」から「停滞状況」へと経過せしめていった事情はうなずけなくない。右の識別論の展開が、「財産権」の名による侵害形態の類型論や「財産権」の主体規定における類型論を精査しつつ「解釈論への架橋」にさしかかったところで、経済的自由の、司法審査基準論に強く引き寄せられ「二重の基準論」に裏打ちされた規制類型論に一気に向かったのは、直接には折から隆盛を見せてきた憲法訴訟論のゆえではあろうが、独占規制であれ社会主義移行であれ、「体制」に関わる政治的主体的状況が見通しを不透明にしてきたことも無関係ではなかったろう。この文脈では、この種の規制類型論の隆盛の中に身をおきつつも、しかし「こうした不透明な政治状況の中にあるとはいえ……経済的自由ないし財産権について語る場合に、『人権としての財産権』の保障と『人権でない財産権』の制限を、解釈論的にいかに構成するかということが、重要な課題であることに変わりはない」ことを自覚しながら、そうした「概念確定をさしあたり断念」して、むしろ「制約法理の側から」規制類型二分論の理論構成に転進し、右の「保障と制限」を「実質的に実現しよう」とした立論の系譜があることに留意しておきたい。[31][32]

当該議論が「混迷状況」から「停滞状況」にある中で、財産権識別論の延長でその解釈論への架橋を企図したのが山下健次である。山下は、「影山による主体とその財産権の社会的存在様式の分類を一応の前提」にして、「全人権体系における諸財産権」に対する遺漏なき「憲法規範的評価」を試みる。それは、影山の言う「価値移転」後の「財産権」を、いわばその移転先との関係から測定する手法を用いて、①労働者の財産、労働者の家族の生存のための財産、さらに小商品生産者等の財産を含んだ、広く個人の「個体的生存」のための財産と評価されて積極的に憲法的保障を受ける財産、②中小企業者の、個体的生存の枠はこえるが、競争の自由の下での活動の可能性保障（丹宗昭信のいう「社会権的経済基本権」）として積極的な憲法的評価を受ける財産、及び、③憲法の保障する人権との対抗関係で縮減された、その意味で憲法内在的な限界をもつ資本主義的所有及び独占の財産、の三範疇に類別した。[33] この類別および範疇標識はいくつかの議論を引き起こしているが、[34] ここでは、当該類別のキー・ワードとなっている「個体的生存」財産概念が、「経済活動と憲法」という論題にひそむ「体制」問題とどうかかわるかを吟味しておく。

3　原理論的課題と財産権論

憲法学における財産権二分論を促した立論のひとつに、渡辺洋三の「人権としての財産権」と「人権でない財産権」との識別論があったことはすでに述べた。六〇年代にすでにその原型を示していたこの識別論において留意すべきは、その歴史的出自たるpropertyの思想を「人間と労働と所有との包括的三位一体」[35] として把握し、したがって「人権としての財産権」の原点を「所有と労働とが分離されておらず」したがって「労働という人間行為の果実を自らわがものにするという所有権観念」[36] に求めた上で、「人権としての財産権」とは「自己の労働に基礎をおく財産権」のことと規定し、「しかし資本主義の展開が、労働に基礎をおかない資本主義的財産権＝資本所有権の展開をもたらすに至ったときから、財産権の自由は、もはや人権ではなく、むしろ人権にとっての阻害的要因に転化した」[37] との内容で「人権でない財産権」を規定していることである。こうした含意にある「人権としての財産権」の復権を説くことは、端的に言って「労働の果実」が「生産手段の所有者に帰属する」周知の「体制」の変更を迫ることを意味している。八〇年代に入ると渡辺のこの識別論は、「資本主義法たるブルジョワ市民法」が「市民法原理とブルジョワ法原理との矛盾」を孕む「現代法」として立ち現れるとする文脈で、「市民法的財産権」を「自己の労働に基礎をおく財産」、「ブルジョワ法的財産権」を「他人の労働に対する支配に基礎をおく資本主義的財産権」という識別に進展し、解釈論においても「市民法原理の復権」を説くが[38]、財産権識別の基本に変化はない。こうした理論枠組みのねらいは、「市民法」が掲げた原点的理念を現代に呼び出し、その実現を限りなく迫ることで「現代法」における「所有の権力」に対抗する主体を形成しそれを包囲することにあったと思われる。

この渡辺識別論にいう「人権としての財産権」との対比で言えば、山下の三分論が基点にすえる「個体的生存財産」概念は、原理的意味を異にするようである。その内実が、仮に「労働者が自己とその家族の人間的個体生存・再生産の目的で所有・利用する財産」に限定されているにしても、それは労働者に支払われた自己と家族の生活維持費、したがって労働力維持・再生産費によって購入しうる必要生活手段たる「財産」のことであるほかなく、してみればその購入にあてられる原資はその労働者の労賃にほかならない。ところが資本主義的再生産構造においては、労働力商品の対価として支払われた労賃も、やがては生活手段という商品の購入にあてられることによって資本に還流する「可変資本」として組み込まれている。かくして購入する「個体的生存財産」は、個体を所有主体とはするが、しかし労働と所有が結合した「自己の労働に基づく所有」ではない。なぜなら剰余価値生産労働の生産者への不払い問題は、なんら手がつけられていないからである。換言すれば、この「個体的生存財産」は「わがものとして取り扱う所有（property, Eigentum）」ではあるが「わがものとする領有（appropriation, Aneignung）」ではない[39]。

山下のねらいは「個体的生存財産」と「自己の労働に基づく所有」とは、論じるレベルが異なることを了解した上で、「人権としての財産権」を資本主義憲法たる日本国憲法の解釈論に適用可能な権利として概念構成するために、「生存」に軸をおいた「個体的生存財産」範疇を析出したものと思われる。とはいえ原理的には、これを「個体的」生存財産と呼ぶとき、用語の親和性から影山も気にかけていた例[40]の「個体的所有（individuelles Eigentum）」範疇との異同が問題となろう。というのも「個体的所有」とは、「自己の労働に基づく個体的な私的所有

(individuelles, auf eigene Arbeit gegründetes Privateigentum)」を「否定」して成立した「資本主義的私的所有(kapitalistisches Privateigentum)」を、再度「否定」したところで、しかし「資本主義時代の成果」つまり「協業並びに土地及び労働そのものによって生産された生産手段の共同占有(Gemeinbesitz)」を「基礎」として「再建する(wieder herstellen)」とする、周知の「否定の否定(Negation der Negation)」の文脈[41]において、特定の意味を付与されているからである。

それはともあれ、仮にこうした特定の含意を離れるにしても、「個体的(individual)」な財産ないし所有という概念には、「私的(private)」なそれとの異種性がひそんでいることは感知できよう。両者の相違と連関は、独自の問題として残されたままである。

4　新たな財産権論

右の経緯からすると、何がしか individual な財産権ないし経済的自由を積極的に理論構成するという切り口から、あらたな財産権論を提起する理論的動向が、八〇年代後半から憲法学界で目を引くようになってきているのは、興味深い。もとより、提示されている各種の「財産権の新構成」論に込められた意味や内容は、論者によって微妙以上に相違しているから、それはそれとして吟味すべき論題ではある。

たとえば、ある論者は、(旧西)ドイツの議論を手がかりにしつつ、「憲法の意味における財産権」を「人格的自由(persönliche Freiheit)のために不可欠の前提をなすものだけ」にしぼり込むが、そうした意味の「財産権」を、単に「防禦権としての財産権」のみならず「参与権(Teilhaberecht)としての財産権」としても構成するのは、『各人に各人のもの』をという正義の思想の近代における具体化の典型的な一つとして登場した、範囲において無限定な財産権」が「同じく正義の具体化としての民主政原理・社会国家原理によってその核心としての人格的自由の不可欠の前提をなすものに保障範囲が限定され」たのち、しかしそれが「個人の自助努力によって獲得されることが困難になっている現代社会の状況」では、「人格的自由との関連」で、国家給付を『各人のもの』として理解する」ためだからだという。[42] ここには、ドイツに特有の「人格主義（Personalismus）」に裏打ちされた「社会国家（Sozialstaat）」という「体制」を弁証する、かの国の理論とその現代的苦悩[43]が見え隠れする。

あるいは別の論者は、「財産権保障の現代憲法上の意義」の最上位に「自律的人格の展開に対して物理的前提を提供する」ことを置き、それゆえ「自由・機会均等・自助的生存・労働・参加」の諸契機で構成されるとするが、「自律的人格を支える『道具』として財産権保障を脱実体化して把握する」とするいわば機能的方法をとるので、「保障と制約との対抗関係を人格の自律に含まれる契機の間の価値衡量の問題に還元する」こととなり[44]、右の論者と同様にドイツの理論状況を参看しながら、理論構成の方向は異なる。

あるいはより原理論に近いところでは、人権規制の司法審査基準論たるいわゆる「二重の基準論」が前提とする「精神的自由の優越的地位」論への批判を窓口にしつつ、「自由の再検討」という文脈の中で、「経済活動が一般的に物質主義的であるとしても、経済的自由を精神的自由に劣るとするのは問題」であって、「自由の価値」は「何をする自由か」ではなく「自己の生き方の自律的な探求という意味での自己決定」にあるのだから「自由そのもの」にあるとして、いわば「自己決定権的経済的自由」の理論的定位をはかる論者もいる。[45] あるいは憲法思想史に分け入って、ロックの property 理論に孕まれていた「自由主義的・平等主義的所有観」と「資本主義的所有秩序の正当化」という「二面性」を「統一的に把握する」という文脈で、ロックに「創造主義的個人主義」を見出して「両者を連結する」論者もある。[46]

ごく例示的に見ただけでも、議論百出の感があるが、ここでは、こうした「人格」ないし「個人」の「自律・自由」に引き寄せた財産権ないし経済的自由の強意が、客観的には、進行する「体制」のゆらぎとある種の共鳴関係にあることに注目しておきたい。

やや乱暴な約言が許されるなら、八〇年代の特に後半以降は、対峙・共存・競争しながら存在していた両「体制」の双方で「経済体制」の行きづまりが顕在化し、何らかの「非国家化」（その意味での「社会化」）が志向される時代であったろう。加えて「西」にあっては「資本主義財産の特殊な集積形態」である巨大株式会社において、いわゆる「所有と経営の分離」現象が構造化し、日本においてはその延長の特殊形態として、法人株主優位による「相互持ち合い」と「循環所有」がもたらす「法人資本主義」が顕著となる。そうした中で「財産」観をめぐっても、たとえば、問題の所在は「所有から管理に」本質を移したと論じられたり、あるいは「所有の重層的構造」が問題解明の鍵とされたり、用語の意味を捨象すれば「経済活性化のための労働者参加」が隘路の突破策として提起されるなど、要するに「相異なる社会構成体を貫通する所有概念は設定できるか」が正面から問われ始めた(47)。こうした「経済活動」をめぐる理論と実態の変容の中で、理論的に注視されてきたのが「個人の再発見」「個人主義の再評価」であってみれば、「人格・個人の自律・自由としての財産権」観が呼び出されてきたのもうなずける。

右のような新しい理論動向もひとつの論点となって、公法学会が「現代社会と財産権」を論じたのは一九八八年のことであったが(48)、その後まもなくにして「両体制」時代は周知の終結（Ausgang）を見た。時代はいま、その出口（Ausgang）を求めて新たな「混迷状況」にあるともいえるが、「個人」を「再建」する「財産権」観をめぐっても、「個人・人格の自律・自由」が、private の内部に閉じ込められた孤立した人間の、ではなく、個立する人間の集積が「公共」に、論理内在的に連携しうる individual のそれとして「再建」する道が、模索の緒についている(49)と言えようか。

四　「営業の自由」論争をめぐって

1　「職業選択の自由」と「営業の自由」

戦後日本憲法学が、「経済活動と憲法」問題を、実定憲法に関わりつつ「権利の保障」というフィールドで論じてきたいまひとつの論題は「職業選択の自由」であり、この「自由」にも関連させた「営業の自由」である。ただ、当初は、旧憲法になかった「職業選択の自由」の解釈論に終始し、それも当該文言のいわば言語的意味に沿いながら簡明に、たとえば、「国民がその欲するいかなる職業をも選択しうる自由」であるとともに「選択した職業を任意に営む自由をも含む」と解し、後者をチャンネルに「したがって、いわゆる営業の自由をも包含する」とするごとく、「たんに、職業選択の自由は営業の自由を含むとするのみで、その理由を明らかにしない傾向」にあった。その上で「営業の自由」という法概念を、「財産権」の「行使の自由」とも関わらせつつ「経済的自由」の一環に配置し、例の「公共の福祉」による制約可能性の文脈に置くことで「自由な経済活動」に対する制約論に進むという筋道をたどる。初期の判例もまた筋道としては同様であった。

言語的意味からすれば「職業」と「営業」は異なるとはいえ、「社会通念としては、営業は営利を目的に自ら職業を行う場合に限定され、職業を行う場合の一つの形にすぎない」から、「職業選択の自由」は「営業の自由」を「含む」となるのも理論必然ではある。ただ、ある文言を対象として解釈を行うとき、その文言が法概念としていかなる意味を担ってきたかは、無視されてはならない。「営業の自由」には特定の歴史的意味があり、かつ法概念としても一定の意味が付与されてきたとするなら、たとえ解釈論の場面においてでも、憲法学は、単なる言語的意味でのみ「営業の自由」を論じてすますことはできないはずである。それは、たとえば「全国民の代表」とか「国際紛争を解決する手段としての戦争」といった文言が、法概念としては「社会通念」で捕捉しがたい意味を有してきたがゆえに、憲法学で固有に問題となってきたことと同義であろう。

2　「営業の自由」論争

こうしてみると戦後憲法学が、「実定憲法のどこにその根拠を求めるかの相違はあれ、初期においては、さしたる精査を経ることなく「営業の自由」を「国民の権利・自由」の中に無造作に読み込んできたことは否めない。このことに反省を迫る契機となったのが、岡田与好が展開した著名な「法律学批判」であり、後に「営業の自由」論争と呼ばれる多くの論者との応酬である[53]。この批判が（憲）法学に、「営業の自由」の解釈に不可欠の前提として、「営業の自由」という事象の経済史的実相に目を向けさせた意味は大きい。本稿2の叙述もその一端を、この論争を契機に深められた斯界の研究成果に負っている。

イギリス経済史研究を踏まえて提起する岡田の批判の核心は、「『営業の自由』は、歴史的には、国家による営業・産業規制からの自由であるだけではなく、何よりも、営業の『独占』と『制限』からの自由であり、かかるものとして、それは、人権として追求されたものではなく、いわゆる『公序』（public policy）として追求されたものであった[54]」という点にある。これを基点に「『営業の自由』を憲法二二条に見出されるような『職業選択の自由』にふくまれる基本的人権とみなす、そしてこのことを自明のこととして疑うことのない法律学界の一般的解釈に疑問を提起し、両者の厳密な区分の必要性を、歴史的事実との関連で強調」することで、「憲法学者の常識的解釈」を批判した[55]。

こうした批判を軸として展開された論争の経緯・内容・論点などについては、すでに多くの論者が触れてきているし一応の理論的整理もされている[56]。もっとも、なお残されていると思われる争点は少なくない。思いつくまま列挙しても、①「営業の自由は人権ではなく公序」とする場合の「人権」「公序」概念、②イギリス自体における

「営業の自由」の歴史的推移、③イギリス市民革命期における「営業の自由」とフランス・ドイツ等におけるそれの特に法的取り扱いの相違、④「営業の自由」概念の歴史的意味と特に日本国憲法解釈上の技術構成との関係、⑤「営業の自由」の「国家―中間団体―個人」相互関係における立ち現れかたと「権利・自由」の担い手及び対抗関係（法的には「営業の自由」権の第三者効問題）、⑥経済史の展開（初期独占―自由主義的産業資本主義―資本主義的独占）における「営業の自由」と権利・自由の法的展開（近代法―現代法、又はいわゆる「国家からの自由」―「国家による自由」）との対応関係、等々多岐にわたっており、それらをここで吟味する紙幅の余裕はない。ここでは、本稿三1で述べたこととの関係で、当該論争が、六〇年代末からの「財産権・財産的自由の再検討」と同様の時代背景のもとに、平行して起こっていたことに留意しておく。岡田が、八幡製鉄政治献金事件（最大判一九七〇年六月二四日民集二四巻六号六二五頁）や三菱樹脂事件（最大判一九七三年一二月一二日民集二七巻一一号一五三六頁）における有権的解釈における「企業法人の自由な経済活動」の弁証の論理を具体的標的にしている旨を再三語り[57]、また、右の「営業の自由」テーゼに続けて「国家独占資本主義と呼ばれるような現代においては……『独占』と『制限』が、社会の経済生活を根本的に制約する機構的定在となっており、『営業の自由』は、それが要請されるばあいにも、きわめて局限された領域において、またきわめて局限され、歪曲された機能しか果たさない」と論じていることから見ても、岡田もまたその標的を、現代の、とりわけ日本の（後に「企業支配」ないし「企業社会」と呼称されることになる事象も含めた）「機構的定在」たる独占企業支配に対峙しうる規制の論理の構築においていたことが、重要であろう。そうした岡田の意図からすると、独占企業の「営業の自由」をもいったん「権利・自由」に引き込んでおいて、おもむろに「公共の福祉」で制約の可否・程度を論じる憲法学界の通説的手法には、「法律解釈の約束事を無視[58]」するほどに深いいらだちがあった。

3　「法人の人権」としての「企業の自由な経済活動」

「営業の自由」の論争圏の中にいて、岡田の立論から「市民革命期の営業の自由が『国家からの』形式的自由としてでなく、初期独占に対抗する実質的自由として追求されたこと、そのうえで、十九世紀イギリスでは、『国家からの』形式的自由を貫徹する自由放任主義が貫徹されたこと」[59]を深く受け止め、「市民革命期には、自由競争を創出、維持する反独占型の主張が、経済的『自由』の歴史的内容であった」のに対し「一九世紀段階の枠組みでの法的思考を基準とすると、内容を捨象した『自由』がまず想定され、自由競争確保のための国家介入も、自由への制約としてうけとめられる」ことを見据えた上で、「憲法上の自由としては、後者の立場に立って説明するのが普通」ではあるが「その場合にも、自由競争確保のための独占規制を『公共の福祉』の名による経済統制一般のなかに無自覚的に含めてしまうことなく、二つの『自由』の対抗図式のなかで、その実質的意義を読みとること」として問題をとらえかえしているのが[60]、樋口陽一である。樋口は、岡田の問題提起を「経済的自由の領域をこえて、自由一般に及ぶ広い射程をもつ」ものとしてこれを敷衍しつつ、その論点の所在を、①「解放される不自由」と「強制される自由」の対比、②国家干渉を含意せざるをえない「人権ではない本来の営業の自由」、③「人格的信頼関係に依拠する必要の全くない物的・資本的結合」たる株式会社を「個人の人格の尊厳と自由の理念に由来する基本的人権の担い手」とするような「法人の人権」論の否定、のところに求め、右に各々対応して、①《二つの自由》の相互対抗・緊張関係の認識、②《人権の純化》という問題意識、③《社会的権力からの自由》確保の必要性、という「三つの課題」を引き出す[61]。

こうしたとらえかえしは、「営業の自由」そのものについてというより、岡田提言から、そのいわば理論的構えをつかみだすものではあるが、そうであるだけに本稿にとっては刮目に値する。というのも、前節三4で触れた「個人・人格の自律・自由」を、現代の現実の「自由な経済活動」の席巻の中で、しかも「経済的自由と政治的自由の制約についての逆ダブル・スタンダード思考[62]」が横行するこの日本において、どのような筋道で確保するかのひとつの理論的構想が、ここでは意図されているからである。

このように樋口が「法人の人権」を峻拒し「社会的権力からの自由」を強意するのは、樋口が選択する「現状の批判的分析のために、方法としての『個人主義的憲法観』にいったん戻った上で[63]」の「反集団的・反結社的個人主義の主張」にも基づく。こうした構えにたいしては、「さまざまな性格をもつあらゆる結社を一律に『中間団体』として把握している」との批判があるが[64]、樋口にとっては「個人の解放をいったんつらぬくために、諸個人の結社する自由すらもが意識的に否定された歴史的段階があったのだ、という認識の重要性にセンシティヴである」ことこそが核心であるとされ、よしんば「時代錯誤」のそしりを受けようとも、「アナクロニックに見える課題を何より意識しなければならないのが、日本社会の特質」となる[65]。このように、社会的権力たる巨大企業をも含め「日本社会」の中に存在するあれこれの「中間団体」に向き合う主体の側に通底するものを、丸ごと問うことがここでは関心事となっていると見てよい。ならば右批判者が投げかける「果たして樋口のいう個人主義はいかにして確立されるのであろうか」との問い[66]の方が重要だろう。

「経済活動」を論題とする本稿に即して言えば、「政治的自由と経済的自由とが密接に繋がり合う」としても、自由・公正な政治的言論「市場」が、マス・メディアや主要政党の大きな影響力を前提にしてもなお古典的意義を今日も堅持しうるのに対し、「自由・公正」な「市場」経済は構造上その古典的意義を丸ごと維持できないこととの相違に着目すれば、「中間団体」に向き合う主体の側に通底するものを、丸ごと問うことだけで、特異な社会的権力たる巨大企業に有効に立ち向かう主体は形成できるか、という形で問題は提起される。経済的自由は、精神的自由・身体的自由と「三位一体」で高唱されながら、精神的・身体的自由と異なり、物質的欲求充足をその実体としているため、一方で人間実在の根源を支えるものでありながら、他方で非ないし反人間的欲望充足手段にも転化しうる特殊性を孕む。樋口が言うように「私益の解放は、個人の解放の前提ともなるが、それを封じ込める妨害要因ともなる」(67)が、その駆動因は特定の「経済活動」に、しかも「体制」として構造的にひそんでいるのではなかろうか。

（1）「ヒューストン・サミット　政治宣言——民主主義の確保［外務省仮訳］」世界政治八一八号（一九九〇年）一〇—一一頁。
（2）K. Marx, Das Kapital, Erster Band, Hamburg 1867, in: MEW Bd. 23, S. 99 f. MEGA, Bd. II/6, S. 113 f. 邦訳『マルクス＝エンゲルス全集』（以下『全集』）第二三巻a（大月書店、一九六五年）一一三頁（ただし本稿は必ずしも邦訳によらない。以下同様）。
（3）さしあたり藤田勇『法と経済の一般理論』（日本評論社、一九七四年）一七二頁以下、同『近代の所有観と現代の所有問題』（日本評論社、一九八九年）八七頁以下、より簡潔には同「資本論」天野和夫＝片岡曻＝長谷川正安＝藤田勇＝渡辺洋三編『マルクス主義法学講座8マルクス主義古典研究』（日本評論社、一九七七年）一四〇頁以下、参照。
（4）K. Marx, Das Kapital, Dritter Band, Hamburg 1894, in: MEW Bd. 25, S. 799 f.『全集』第二五巻b（大月書店、一九六七年）一〇一五頁。
（5）同宣言一七条が、封建的な特権的利益の無償廃棄を阻止する目的で同宣言末尾に追加されたものであることにつき、甲斐道太郎＝稲本洋之助＝戒能通厚＝田山輝明『所有権思想の歴史』（有斐閣、一九七九年）八六頁以下〔稲本洋之助執筆〕。なお稲本「フランス革命と近代私法の形成」深瀬忠一＝樋口陽一＝吉田克己編『人権宣言と日本』（勁草書房、一九九〇年）一三八頁以下、田村理「一七八九年フランス人権宣言における財産権（三・完）」一橋研究一六巻三号（一九九一年）九二頁以下、参照。
（6）渡辺洋三＝甲斐道太郎＝広渡清吾＝小森田秋夫編『日本社会と法』（岩波書店、一九九四年）八二頁以下。
（7）さしあたり本間重紀「規制緩和の基本的考え方」ジュリスト一〇四四号（一九九四年）二九頁以下、参照。
（8）杉原泰雄『人権の歴史』（岩波書店、一九九二年）一一八頁以下、参照。
（9）影山日出彌「憲法二九条」有倉遼吉編『別冊法学セミナー　基本法コンメンタール憲法〔新版〕』（日本評論社、一九七七年）一三二頁。影山は「発達した資本主義国であるドイツ」のヴァイマル憲法における「経済的自由の処理」とともに「農民的革命の性質をもつメキシコ革命の憲法（一九一七年）」を「資本主義の憲法史からみるとき……最初の反『独占』条項をふくむ例」として注目していた（同「『独占』と人権侵害」法律時報四四巻二号〔一九七二年〕九頁、同「財産権」法律時報四一巻五号〔一九六九年〕八九頁)。

(10) 阿部照哉＝池田政章編『新版憲法(3)』(有斐閣、一九七五年)三頁〔尾吹善人執筆〕。

(11) P. Badura, Die Verfassungsidee in Deutschland, Köln u. a. 1993, S. 23.

(12) 山下健次「財産権の保障」芦部信喜＝池田政章＝杉原泰雄編『演習憲法』(青林書院、一九八四年)三〇二頁。

(13) 同右。

(14) 長谷川正安『憲法判例の体系』(勁草書房、一九六六年)三四四頁。なお参照、長谷川正安『現代法入門』(勁草書房、一九七五年)一八六頁以下。

(15)「特集／財産的自由の再検討」法律時報四四巻二号(一九七二年)。

(16) 公法研究三三号(一九七一年)一七頁以下の樋口陽一・杉原泰雄・影山日出彌の研究報告及び長谷川正安・高見勝利の司会によるシンポジウム。

(17) 我妻栄『新憲法と基本的人権』(憲法普及会、一九四八年)(我妻『民法研究Ⅷ』〔有斐閣、一九七〇年〕一八一頁以下、二三一頁以下)。

(18) 宮沢俊義『憲法Ⅱ』(有斐閣、一九五九年)九九―一〇〇頁、(新版・一九七四年)一〇二頁。

(19) 今村成和「財産権の保障」清宮四郎＝佐藤功編『憲法講座2国民の権利及び義務』(有斐閣、一九六四年)一九〇頁(今村『損失補償制度の研究』〔有斐閣、一九六八年〕一一―一二頁)。

(20) 今村説を「原型」と見て「二分論」の学説史的検討をした最近の文献に、鳥居喜代和「財産権二分論の到達点と課題」山下健次編『都市の環境管理と財産権』(法律文化社、一九九三年)一七一頁以下。

(21) 高原賢治「社会国家における財産権」田中二郎編集代表『宮沢俊義先生還暦記念　日本国憲法体系　第七巻　基本的人権Ⅰ』(有斐閣、一九六五年)二三九頁以下(高原『財産権と損失補償』〔有斐閣、一九七八年〕一一頁以下)。

(22) 渡辺洋三は六〇年代に、論文「近代市民法の変動と問題」小林直樹編『講座現代法1現代法の展開』(岩波書店、一九六五年)、「所有権の思想」井上茂編『岩波講座現代法13現代法の思想』(岩波書店、一九六六年)、「現代資本主義と基本的人権」東京大学社学科学研究所編『基本的人権1総論』(東京大学出版会、一九六八年)など(いずれも渡辺『現代法の構造』〔岩波書店、一九七五年〕に収録)で「(基本的)人権としての財産権」と「(基本的)人権に対立する資本所有者の財産権」等々の歴史的・理論的区分論を展開しており、後に渡辺『財産権論』(一粒社、一九八五年)で、本文のような理論枠組みにまとめられる。

(23)　影山・前掲論文注（9）「財産権」九三―九四頁。
(24)　影山の議論は、すでにあげた論文のほか「公害と憲法(4)」法律時報四四巻一一号（一九七二年）九一頁以下をも参照。
(25)　影山「憲法二九条」有倉編・前掲書注（9）一三二頁以下。
(26)　影山・前掲論文注（9）「財産権」九三頁。
(27)　山下健次「生存財産権論の到達点とその再構成の課題」山下編・前掲書一九二頁。
(28)　今村・前掲書一三頁。
(29)　樋口陽一「司会者団のシンポジウム総括」法律時報四四巻二号（一九七二年）四五頁。
(30)　山下・前掲論文注（12）三一〇頁。なお、当時の議論状況との関係では、今村説が「制度的保障」論で処理することを批判しつつ「二九条一項は、端的に素直に、権利保障規定と解して、一向にかまわない」としたうえで「憲法が、現にある資本主義経済体制を維持し保障していると解する者がいるとすれば、それは間違いである」とする奥平康弘『憲法Ⅲ』（有斐閣、一九九三年）二二三〇頁以下が、刮目に値する。
(31)　山下健次は論文「財産権の保障」ジュリスト六三八号（一九七七年）三三四頁においては「混迷状況」と呼び、その増補論文「財産権」法学教室二六号（一九八二年）二八頁では（同「財産権」芦部信喜編『憲法の基本問題』〔有斐閣、一九八八年〕二五四頁でも）「停滞状況」と呼ぶ。
(32)　浦部法穂「財産権制限の法理」公法研究五一号（一九八九年）一〇五頁。
(33)　山下「財産権」前掲論文注（31）法学教室二七頁以下、同「財産権」芦部編・前掲書二五三頁以下、要約的には同・前掲論文注（27）一九三頁。
(34)　たとえば、棟居快行『人権論の新構成』（信山社、一九九二年）二六二頁の批判と、山下・前掲論文注（27）一九八頁以下での応答。
(35)　渡辺・前掲書注（22）『財産権論』二四頁。
(36)　同右二〇頁。
(37)　同右九〇頁。
(38)　渡辺洋三『法社会学とマルクス主義法学』（日本評論社、一九八四年）一七頁以下。
(39)　藤田・前掲書注（3）『近代の所有観と現代の所有問題』六七頁、参照。

(40)　影山・前掲論文注（9）「『独占』と人権侵害」八―九頁では、「個体的所有の再建」論で議論を呼んだ平田清明『市民社会と社会主義』（岩波書店、一九六九年）を引きつつ、「『市民』憲法の財産権」においては「いわゆる『個体的所有』の権利であるようにみえる」だけであると説き、また、「人間的個体生存の財産」概念は、もっぱら「法的諸形態は直接問題にならない……財産『権』の社会的存在様式を即物的に把握する」場面で用いていた。
(41)　Marx, Das Kapital, Erster Band, in: MEW Bd. 23, S. 791.; MEGA, Bd. II/6, S. 713.『マルクス＝エンゲルス全集』第二三巻b（大月書店、一九六五年）九九五頁（引用文の「共同占有」は第二版では「共同所有（Gemeineigenthum）」とされている。MEGA, Bd. II/6, S. 683.）。なお、藤田・前掲書注（39）一五五頁以下、参照。
(42)　栗城壽夫「憲法と財産権」公法研究五一号（一九八九年）八三頁以下。
(43)　Vgl. z. B. D. Grimm, Der Wandel der Staatsaufgaben und die Krise des Rechtsstaats, in: ders., Die Zufunft der Verfassung, Frankfurt/M. 1991, S. 159 ff.
(44)　棟居・前掲書二六五頁以下。
(45)　井上達夫「人権保障の現代的課題」碧海純一編『現代日本法の特質』（放送大学教育振興会、一九九一年）六六頁以下。なお「二重の基準論」をめぐって形成されつつある論争圏については、さしあたり松井茂記『二重の基準論』（有斐閣、一九九四年）、参照。
(46)　三島淑臣「近代の哲学的所有理論」日本法哲学会編『現代所有論』（有斐閣、一九九一年）九頁以下。
(47)　詳細は拙稿「現代の所有と『財産権』」公法研究五一号一一〇頁以下〈本書Ⅲ部一七章〉。
(48)　公法研究五一号第一部会「現代社会と財産権」の報告・討論、参照。
(49)　岩倉正博「所有制度と普遍的合意の可能性」日本法哲学会編・前掲書二五頁以下、田中茂樹「私的所有権と個人的所有権（上）」阪大法学四一巻巻四号（一九九二年）二一一頁以下、参照。
(50)　佐藤功『憲法（上）〔新版〕』（有斐閣、一九八三年）三八八頁。
(51)　清水睦「職業選択の自由」ジュリスト六三八号（一九七七年）三一六頁。
(52)　池田政章「職業選択の自由」芦部ほか編・前掲書二九二頁。
(53)　岡田の関係論文は、岡田与好『独占と営業の自由』（木鐸社、一九七五年）及び同『経済的自由主義』（東京大学出版会、一九八七年）に収録。論争の関係論文リストは、下山瑛二「『営業の自由』論争について」歴史学研究四三八号（一九七六年）三八―

三九頁。
(54)　岡田・前掲書『独占と営業の自由』三二頁。
(55)　同右六八―六九頁。
(56)　たとえば、中島茂樹「『営業の自由』論争」法律時報四九巻七号（一九七七年）三三四頁以下。
(57)　たとえば岡田・前掲書『経済的自由主義』まえがき及び四五―四七頁。
(58)　下山・前掲論文注（53）三八頁。
(59)　樋口陽一『比較憲法〔全訂第三版〕』（青林書院、一九九二年）一六四頁。
(60)　樋口陽一『憲法』（創文社、一九九二年）二三四―二三五頁。
(61)(62)　樋口陽一『何を読みとるか』（東京大学出版会、一九九二年）一六一頁以下。なお「合評会・岡田与好著『経済的自由主義』を読む」社会科学研究三九巻六号（一九八八年）一八七頁以下の樋口発言、参照。
(63)　樋口陽一『近代憲法学にとっての論理と価値』（日本評論社、一九九四年）一八四頁。
(64)　和田進「選挙・政党と自由」ジュリスト九七八号（一九九一年）一三五頁。
(65)　樋口陽一『近代国民国家の憲法構造』（東京大学出版会、一九九四年）一八四頁。
(66)　和田・前掲論文一三六頁。
(67)　樋口・前掲書注（63）一八三頁。

第一九章　労働と自由

はじめに

日本国憲法に関わる「自由」の問題状況を「労働」という場面からながめると、「労働」という名の営みのありようや、そこから投げかけられる問題が、このところの日本で大きく変容してきていること、それに応じて「労働」をめぐる憲法上の理論的磁場にも新たな対応が迫られてきていること、そうしたことの一端として、「労働」をめぐる憲法論が、これまで以上に、あるいは、これまでとは位相を変えて「自由」論との接近・文錯をはかりつつあること、が見えてくる。

日本における「労働」の変容は、もとよりこの国の生産・流通・消費のありかたが八〇年代以降変わってきていることの一環であるが、そうした変動を支え促す深層には、昨今の激動する現存社会主義の、部分的には崩壊をも含む変容という事態もなにがしか関わっていよう。「労働」という営みの歴史的主体たる「労働者」はながらくの間、自己の解放のみならず人間の解放を、内容に相違はあれ「社会主義」への移行によって達成することを展望してきたからである。社会主義の「実現」に向けた展望は、社会主義の「現実」が見せる転変に向き合うなかで、いわば仕切りなおしの局面にある。

もとより社会主義の後退＝再出発ないし崩壊は、資本主義にバラ色の将来を約束するものではない。むしろ冷戦に勝利した資本主義は、いわばライバルを失った暴走（capitalism stampede）の様相を深めている。この傾向に対し、八〇年代の危機克服策として打ち出された新自由主義・新保守主義イデオロギー（「小さな」政府・「自立自助」精神）とその諸方策（民活・規制緩和・公共部門の縮減・高福祉高負担・競争原理）がアクセルをかける。こうした傾きの最も顕著なケースに向かっているのが、ほかならない日本であろう。

こうした中であらためて「自由」を問うこの企画が、「労働」のことをとりあげる意味は格別の重みがある。とはいえ事態はなお「海図なき航海」の途上にあることにかんがみ、ここでは、こうした激変期の中で胎生しつつある憲法学上の論点を摘示することに力点をおきたい。問われているのは、「労働者の自由権」という伝統的で周知の問題を基底には置きつつも、端的に「労働」と「自由」とが交錯する場面で昨今浮上しつつある問題に、憲法理論はどう対応するのか、である。

一　「労働と自由」問題の場の変容

日本において「労働と自由」があらためて問われるべき状況は、さしあたり次のような事態が近時急速に進行していることにあると見てよい。

第一に、「労働」の基幹的な場面における文字通り物理的な意味での「自由」の欠如である。統計に捕捉された実労働時間ですら年間二二五〇時間を超え（所定外二二〇時間を含む。一九八九年）、主要先進国比較で群を抜いていることはすでに国際問題化すらしているが、こうした長時間労働が、「労働時間外＝余暇によって確保される自由」という意味での自由を侵害していることは間違いない。

もちろん当該労働への従事が、虚偽的ではあれ主観的には自己の「自由」の発露と観念されている限りでは、右の長時間労働は自由を侵害するものとして受け取られない（仕事だけが生き甲斐！）。しかしその「自由」な労働が、労働時間外でしか形成・充足・実現されない人間的価値を圧迫し、そうすることで「自由な労働」が人間的歪みをもたらすとなれば、「自由」を核心とする人間の尊厳は侵害されていく。ここに「自由と労働」が問われる、より深刻な場面があろう。単身赴任・休日出勤・長距離「痛勤」・異業種配転・出向・サービス残業などをいとわず、「企業戦士」「会社人間」「社畜」などと呼称される周知の風景は、そうした事態の表象である。その極点には、イラク側に人質として拘束されていたビジネスマンのひとりが、ようやく帰国したインタヴューで「明日から出社します」と答えている風景がある。最近では強制的であれ「自発的」であれ、長時間・濃密労働が、過労死なる日本特有の死因を続発させ、死に至らないまでも、たとえば「燃え尽き症候群（burn-out syndrome）」とか「休日拒否症」「帰宅拒否症」といったメンタル・ヘルス上の病気を多発させ、「自由」の前提である生命・健康を侵害する事態も、ここで摘示しておきたい。「二四時間たたかう」ことで「おつかれさまのニッポン」に、「働くだけが人生か」とか「日本を休もう」とかのＣＭが登場しても、事態打開の見通しは暗い。

第二に、右の長時間・過密労働とは対照的な、自己の都合にあわせて文字通り「自由」に対象・時間・場所を選択して生活を成り立たせているかに見える「労働」が急増してもいる。もとより、パートタイマーなどのいわゆる短時間労働者（週三五時間未満）の存在は、主婦のパート労働を典型として以前からあるし、八〇年代に入ってからは、第三次産業就業者の増大、特にサービス業における増大、企業の外注化・下請化などにより、これに相応した就業構造の変動が起こって、あるいは高齢者労働力率を押し上げ、あるいはいわゆる不安定就業者（アルバイト、パート、派遣労働者）を増大させてもいる。と同時に、こうした動向のただなかから、「自由」に短時間労働したり、「自由」に転職を重ねていく新種の「労働」形態が登場してもいる。そうした「自由」労働が、「とらばーゆ」「デューダ」といった就職マガジンのタイトルをそのままもじったトレンディなファッションとして受け取られてすらいる。その極点に、自ら選んで定職を持たず、その都度「自由」に一定期間「労働」し、得た賃金でたとえば海外旅行を楽しむというライフ・スタイルをとる「フリーター」なる若年就業者が登場してきた。「自由」な「労働」者、すなわちフリー・アルバイターの略語である。「自由労働者」といえば、失対事業労働者の労働運動が主体的に生み出した名称であった。いかにも和製外来語とはいえ言葉としては同じ用語が、労働のいわば社会風俗として再登場しているわけだが、しかしかつての「自由労働者」の、眉間にしわをよせ苦渋に満ちた顔とは異なり、いわば笑顔の「自由」労働者がここにはいる。彼らにとって「労働と自由」は、あたかも渾然一体のものとして観念されてはいるだろう。だが、そうした「労働」にはそれ自体に「自由」の契機はおよそなく、「労働」の場を通して主体的に「自由」を思考することはない。

右の第一の場面で登場する「労働」と第二の場面で登場する「労働」は、就業構造におけるいわゆる労働市場の二重化・二極化を形成する。ここには、二度のオイル・ショックを経て減量経営と技術革新に転じた日本企業が、一方で正社員・本工においては競争原理を導入して長時間過密労働を課し、他方ではその周辺に多様な不安定雇用労働者を弾力的に配置することで、国際的・国内的な企業間競争に生き残る経営戦略がある。右の第一で見た長時間労働データが全就業者の実労働時間であることを思い起こすと、他方で第二の短時間労働者が増加しているということは、正社員・本工層における労働が、平均データをはるかに超えていることを意味している点も忘れるべきではない。

第三には、右のように労働市場が変容したことが、そうした事態の急変に労働運動が適切に対応しきれなかったことも手伝って、労働者の急速な労働組合離れないし組織化拒否をもたらし、このことが、「労働と自由」問題を受け取る主体の照準をどこに見るかで、新たな課題を生起させている。労働組合の組織率自体は、一九四九年の五五・八％をピークにいったん下降し、七六年までは三五％を前後するが、以後、雇用者はなお増加傾向にありながらそれまでとは違って組合員数の増加がなく、したがって組織率は一貫して下降の道をたどった。一九八九年にはついに組織率が二六％を割っている（二五・八％、一、二二〇万人）。数字に現われてこない精神的組合離れ・組織化拒否を加味すると、実効的組織率はもっと落ち込む。「労働と自由」の問題は、ここでは「労働」運動から隔絶され疎遠であるという意味での、つまり労働運動体と切断されたところに自己をおく「自由」として現出している。その裏側に、企業組織体への一方的埋没が忍び込む。「労働と自由」問題をダイナミズムとして見る場が、数字上ですら労働者の四分の一ほどしか組織していない労働組合運動の場面だけでは、もはや十分には見えてこない。

第四に、肝心の組織された運動においても、「労働と自由」問題は新たな局面を見せている。周知の通り昨年労働戦線が再編され、若干の例外を除いて、日本労働運動は八〇〇万人の「連合」と一四〇万人の「全労連」とに大別された。前者は、労働組合としての本来の機能よりは政治的な機能を強化させること、その政治的機能で、企業別・産業別での力不足を補うことに眼目があったと思われるが、まさにそれゆえに、団体交渉・争議などの強固な労働組合運動を背景とし土台として政治的影響力の行使をはかるというスタイルをとりえず、その意味では「ネオ・コーポラティズム」にさえなっていない。個々の労働組合運動の力を欠いたまま経営者団体や政府と「コーポラティブ」なテーブルで「協議」するこの運動に、右であげた民間大企業に顕著な、労働における「自由」の物理的侵害の防御、人間の尊厳の確保を主体的・攻勢的にはかる展望は見出しがたい。他方後者は、本来の労働組合運動の復権を標榜しつつも、その成立事情のゆえか、足元からする独自の運動構築の入口にあってなお手探りであり、かつその政治的出自と少数派運動のゆえに異端的地位におかれ、この国に固有の社会的風土も手伝って、多面的な

「自由」侵害の矢面に立たされている。前者の系譜の中にある少数派となると、この侵害は国・地方公共団体、企業・使用者からのみならず当該労働組合からもこうむることとなり、二重化・三重化する。労働組合運動の「自由」のみならず、個々の組合員の思想・信条の「自由」から政治的ないし非政治的な表現の「自由」を経て参政権に至るさまざまな「自由」も、職場内外に深化する「コンフォーミズム」の包囲の中、特定の思想・見解・行為であるがゆえに排除・排斥・無視・隔離の対象とされ、労働の場でそれを確保し行使することが困難になっている。こうして、この場面でも二極化傾向がはなはだしい。

以上が「労働と自由」問題の舞台に登場してきた新たな状況であるとすれば、それはあえて約言すれば、労働形態においても労働主体・労働運動主体においても、多様化を孕んだ二極化が深化し、それに応じて「自由」の位相も表層では多様化が進行していること、しかし新たな状況の主要な場面では、「労働」という場のただなかから、その「労働」自体に内在する矛盾の延長として「自由」を思考し志向することが希薄化し困難になっているという深層を通底せしめていると言えまいか。第一の場面で立ち現われる「企業戦士」と第二の場面で立ち現われる「フリーター」とは、「労働」への向き合い方では両極端であるが、「労働と自由」の内的関連を問うことがない点では同質である。してみるとこれは、本来人間的な営みたるはずの「労働」が、労働主体において「疎遠なもの」として立ち現われるという、古典的問題の変形でもあろう。とはいえ憲法学が、従来の射程で処理しきれない課題に直面していることは、第三、第四の場面を含めれば明瞭である。

二　憲法学と「労働と自由」問題

憲法学が「労働」の名で示される問題領域に踏み込む機会が乏しかったのは、労働基本権研究の乏しさが指摘されてきたこと(1)と関連するだろうが、それでも「労働と自由」というタームで含意されることがらを考察してきた場面は、これまでにもいくつかあった。

ひとつは、右で述べたような新たな状況が生起する背景に潜む憲法政策の解析である。この点は「企業の社会的支配」をキーワードにした研究(2)でつとに明らかにされつつある。それを「労働と自由」に即して約言すれば、次のようにいえよう。終身雇用制を伝統としてきた日本の基幹大企業は、低成長期以降、企業内にも競争原理を導入して「労働」の場に特異な権威的支配を成立させてきており、それゆえに「労働」を通して「自由」を思考し志向する環境に乏しい。加えてそうした企業支配が全社会的規模に拡大している。高度成長以降進展してきた「生活の社会化(3)」と呼ばれる現象は、経済先進国に通有の生活の高度化の別言であるが、日本の特殊性はそれが、一方で、公的サービスや社会保障による実現を見ることなくオイル・ショック後は大幅な後退を続け（福祉国家から福祉社会へ）、特殊に企業がそれを代替する（企業内福利）システムを生みだし、他方で、社会化される生活の諸領域が商品化によって席巻され（生活サービス産業の隆盛）、そのため生活者の主体的な共同化・協同化による社会化が阻害される（生活協同組合とて大企業化したり健康維持・環境保全・保育・老人介護等々すら商品化する）点にある。こうして「労働」は企業内就業時においても企業外の「自由」な時間においても多様な企業支配の下に置かれる。この国の憲法政策は、こうした企業の社会的支配に対する規制に消極的であるのみならず促進的ですらある。それがなんであれ現実の「支配」の下に「自由」は原理的に圧迫されるが、それが自覚されにくいだけに、事態はより深刻であろう。

前節に述べたことと関わって言えば、企業のこうした社会的・権威的支配の下で、「契約の自由」や「労使自治」を標榜しつつ展開される「労働」の憲法政策は、端的に言って就業・転職の「自由」や労使間に対する憲法的「規制緩和」＝「自由」な労使決定といった「自由主義」を強意するものであるが、競争原理に席巻されたままで、共同決定に本来予定されている強固な主体を欠く日本においては、この「自由」が「労働」の側での新たな形態の従属＝自由侵害をもたらす結果を生んでいることは、留意を要する。もとよりこの「自由」が、「企業の社会的支配」を国家的統合にまで高めきれない矛盾と脆弱性を孕んでいることも看過すべきでない。

他方で、こうした状況は、憲法解釈論にも新たな課題を投げかけている。従来憲法学が解釈論において俎上にのせてきた「労働と自由」問題とは、憲法二八条所定の団結権および団体交渉その他の団体行動権が保障されている「勤労者」、あるいは本来保障されるべきであり、かつ保障に向けた運動過程にある「勤労者」が、当該団結体の存在・行動との関わりで「自由」の問題を問うという性格のものであったろう。団結体自体の「自由」、団結体相互の関係における「自由」、団結体と所属構成員の「自由」との関係、等々といった一連の問題がここにはある。勤労者個人の「自由」と使用者との関係の場面では、憲法二七条の規範構造もあって、労使関係のあれこれは主として労働法学に委ねられ、憲法学では、もっぱら当該「自由」の憲法上の確保をいわゆる私人間適用問題として論じてきている。

いずれにせよ従来の憲法解釈論における「労働と自由」問題は、憲法上措定された勤労者たる「労働者」の「自由権」を核心としており、かつ、その自由権を確保・拡充する個人的ないし集団的な主体の存在を想定してきた。してみればこうした従来の視角だけでは、昨今の日本の「労働と自由」問題を解釈論に架橋するには、一定の困難がつきまとう。

もとより、前節で見た、たとえば対抗的労働運動の参加者を襲っている「自由」侵害は、憲法学に伝統的な「労働と自由」問題を凝縮化して見せていることは、看過すべきではない。それは、散発的であれ確実に続発しているあれこれの差別・選別、人員整理、職業病、不当労働行為、組合介入等々への異議申し立てであり、別言すれば当該勤労者ないし勤労者集団の、「自由」を核心とする「人間の尊厳」をかけた抵抗と攻勢である。加えてこうした対抗的労働者の自由と権利の侵害に対する救済機関＝労働委員会は、その労働者委員選任において任命権者が、彼ら対抗的労働者と信頼関係にある系列の被推薦者を排斥する傾向を強めており、その制度的跛行化により労働委員会の存在理由自体が脅かされている。

社会的注目を浴びている国労問題に至っては、右のことはあまりに顕著である。そこでは、国鉄分割民営化に伴う旧国鉄職員労働組合の再編が起こって以降、当該国家政策に根底的な異議申し立てを続けた労働組合に所属することだけを事実上の理由として、当該職員が、あるいは異業種配転を受け、あるいは遠隔地配転を受け、あまつさえ「余剰人員」化された場合は清算事業団に投入されて、過日残留職員一、〇四七名の全員が解雇された。さすがにこうした一連の国労問題では、労働委員会における救済命令等が続いているが、使用者は当該命令を無視・拒絶する態度であり、ここでも労働委員会は、その実効性の後退により存在理由を脅かされている。

こうした事態は、「労働」を「自由」に選択することが可能な時代に、自己の生活の一環たる「労働」からの離脱強要を峻拒し、「労働」を通して「自由」を得んとする者と、そうした「労働」の場からの物理的放逐をはかる者との確執であろう。こうした「労働と自由」のいわば原点を念頭に置きながら、新しい事態に向き合う「労働と自由」問題を解釈論に架橋する上で吟味すべき憲法論上の論点を、いくつかのレベルで拾ってみたい。

三　「労働と自由」問題の憲法論

1　「自由」と「労働」の相互連関

原理論レベルでは、「労働」と「自由」とが、近代憲法理念の出発点においては、互いに他を前提とした等質ないし同位のものとして構想されていたことが、現代において理論的にどこまで再措定可能か、という論点があろう。周知のとおり、近代憲法理念をいまも領導するジョン・ロックの理論は、自然権たる「プロパティー」を軸に構成されているが、そのプロパティーとは「生命、自由および資産（lives, liberties and estates）」を構成内容とするとともに、「労働に基づくプロパティー（property of labour）」を眼目とするものだったからである。

もとよりこの「労働に基づくプロパティー」とは、周知の通り自然共有物に「労働を混じえて（mix his labour）」わがもの（すなわちプロパーなもの）とすることを含意しているから、それはプロパティーを構成する「資産」に関わってのことであろうし、あるいはまた、このプロパティーの「正当な限界（bound of just property）」を「共同の資源を浪費しないこと」すなわち「有用性（usefulness）」に置くがゆえに、貨幣形態による蓄積を容認するのであるが、ここでは「労働」を経ることで得た自己にプロパーなものと「自由」とが、「生命」とともに等価値な、かつ相互に他を前提としたものとして措定されていることが重要である。あわせて、ロックがこのプロパティーを語るとき、「生命・自由・資産」の「相互的維持（mutual preservation）のために」こそ、人は「すでに結合し（unite）または結合しようと望んでいる他の人々と社会を組成する（join in society）」との構想があったことに注目しておきたい(4)。

知られる通り、この「労働に基づくプロパティー」概念は、労働価値説の嚆矢でありながら右の貨幣論にも見られるとおり、かの労働力商品範疇・剰余価値範疇の発見をまたなければならない矛盾を孕んでいたが、それを止揚するものとしての「自己労働に基づく所有」範疇を手掛かりに、すでに財産権論領域で論じられてきている、例えば「人権としての財産権」概念のごとき憲法上の理論構成が、[5]「労働」についても考察されてしかるべきではないかと思われる。「社会国家（Sozialstaat）」という異なった水路からであれ「人格的自由の物理的条件たる財産権保障」論の提唱にもみられる「所有と自由」問題の新たな動向も、[6]「労働と自由」問題にパラフレーズして考察する可能性を秘めていよう。「労働」する者の「自由」な「社会」を標榜した現存「社会」主義の病巣が、実のところ「自由」の欠如と「労働」からの疎外にあったことにも思いをはせると、いずれにせよ「労働」と「自由」との理論内在的連関が、近代憲法理念のそれとして、いま問われていることは間違いない。

2　「自由」の原理と「労働」の権利

右と関わって人権「体系」論のレベルでは、近年、労働法学の中枢から提出されている立論、[7]すなわち、これまで「従属労働」理論を基礎として生存権・団結権優位の裡に構成されてきた労働基本権論ないし労働法論に反省を迫り、個人の主体的な自由の契機と、それに基づく参加・関与の契機を組み込むことを強意し、むしろ端的に「労働基本権が何よりもまず国家からの自由を内容とする権利である」[8]ことを主張し、「自律」ないし「自己決定」は「労働法においても基本的な重要性をもつ理念」「労働者にとっても根源的意義をもつもの」であって、それは、私事領域はもとより、個別的労働条件決定（労働契約）、集団的共同決定（労働協約）にも基底に置かれるべき憲法原理として構成されなければならないとの立論に、[9]憲法学はどう応答するか、という問題がある。

憲法学で人権「体系」論への懐疑が語られて久しいし、[10]労働権・労働基本権が、いわゆる「社会権」としてもっぱら説かれることへの批判も古くからある。[11]勤労者の権利を「自由権」と「社会権」の異質性を強調する文脈で説く傾きにあった戦後憲法学を批判し、その「複合的な性質」に沿って立論すべきことは、今日ではおそらく大方の了解を得ているだろう。しかしその際にも基底にあるのは「国民の自由と福祉を、まず何よりも、労働者を中心とする利害関係者の集団的権利・自由によって実現しようとする」ところの、国家依存を排した「下からの社会権論」であった(12)。右の労働法学からする新たな提言は、「生存権理念を一面的に強調し、自由の理念を相対的に軽視するという戦後労働運動および憲法・労働法学」に潜む「過度の集団主義の強調」を反省する文脈で出されている(13)から、いわば「適度な集団主義の意義」をも否定する含意ではないが、「労働」の場にある者の権利を「何よりもまず国家からの自由」から出発し、個人を復権しその「自由」と「自己決定」を基底に据えて再構成するとする以上、理論的レベルでは、単なる重点バランスのとり方にとどまらない、ある種の質的転換を求めるものとも見える。

右立論が、本稿でも垣間見てきた近年の「労働と自由」領域での新しい事態に即応するものとしてのみ論じられているとすれば、その有効性は疑いない。論者も指摘するように、憲法二八条の権利が「生存権」と解された二五条にのみ結びつけられ、さらにそれが実定労組法所定の「経済的地位向上」目的の手段に矮小化されるきらいのあった労働基本権行使の実相は、例えば「代償措置」論に有効に対応できないし、団結権優位論に基づく団結強制が日本の「労働」の場にもたらしている弊害は歴然としている。民間労組の六割もが採用するユニオン・ショップ協定が「自由」を窒息させる機能を発揮していることは周知の通りであるし、協調的であれ対抗的であれ現実の労働運動が団結強制のダンビラをふりかざす傾きにあることが、組織率低下の一因でもあろう。

ただ、そうした日本に特有で、しかも歴史類型論的には普遍性に乏しく、一過的であるかもしれない「労働」状況への理論的対応ではなく、いわばそもそも論として提起されているとすれば、吟味すべき論点は多々あるに違いない。それらは、近時の憲法学に論争的に浮上してきている「個人と団体」問題とも論点を共有する。ここでは当該立論を、「従属労働」の現象形態が変容している時代の「労働」における「自由」の実現につき、個人の「自由」を埋没させず「自由」な「自己決定」の集積の先に団体＝団結体の集団的な「自由」の実現を構想する理論的筋道として、なおも受け止めておきたい。憲法解釈に引き付けて言えば、憲法二五条が、必ずしもかつて命名された「生存（existence, Dasein）」権なる概念ではカバーしきれない「生活（living, Leben）」権を定めており、実定労働法でも「人たるに値する生活」を実現価値として規範化している以上、これらの規範命題の現代的な再構成として論じることもできよう。

3　憲法二七条と二八条

右とも関わり、かつ、近時の憲法学が「自由」を論じる際にしばしば論及する「自由・自治・自律と保護との関係」という問題を基底に置きつつ、より憲法解釈論に近接する領域では、憲法二七条における勤労条件基準法定システム（保護）と憲法二八条の労働基本権（労使自治）との関係のありかたも問題とされつつある。

憲法二七条と二八条の関係論を憲法学が論じた経験は乏しいが、全農林判決以来の判例理論が説く「勤務条件詳細法定主義」を批判する文脈で、勤労者たる公務員の勤務条件決定もまた二七条の「勤務条件基準法定主義」により法定されるものを「基準」としつつ、爾余は二八条の労使自治による決定に委ねられるべきとする立論[14]で関説されていたことが記憶に新しい。近時提唱されている立論は、先に見た就業構造の変容もあって労使自治による勤労条件決定（労働協約）の働く比重が弱まり、かつ、労使自治が働く場面でも、一方では基準の「弾力化」が進行し「従業員過半数代表との協定による最低基準の解除」が拡大されて法定化され（一九八七年労基法改正）、他方ではそれを「人たるに値する労働」に背馳する方向で受容する労使「自治」決定が瀰漫するという現状を見据えてのもの[15]であるが、立論のなかには「そもそも、労働問題と国家あるいは国家法としての労働法との構造的な関係をどのように考えるか」といういわばそもそも論を基底に「憲法二七条二項で規定されている労働条件基準法定主義の意義をより強調す」る方向で「再検討の必要」を説くものもある以上、「労働団体法と労働保護法」の関係如何という労働法学に固有の問題にとどまらない、憲法論上吟味すべき論点が潜んでいよう。ここでは、一方でことがらが「労働と自由」の現状をにらみながら論じられるべきであることに留意しつつも、他方で当該立論が、そもそもあるべき「自治と保護」の関係、およびそれにふさわしい「自治」の担い手の形成にとって、いかなる位相にあるかという点も吟味を要するであろうことを指摘しておきたい。ことは私的領域における「自由」を国家介入で「保護」せしめることの意義と限界という、憲法学に通有の問題もからみつく。してみると問題は、現代日本の「自由」の問題の核心が、「国家からの自由」であれ「国家による自由」であれ、自由の主体的創出の筋道にある、ということと響き合うと思われるからである。「労働と自由」の問題圏もその例外ではない。[16]

（1）　拙稿「労働基本権」全国憲法研究会編『法律時報臨時増刊　憲法三〇年の理論と展望』（法律時報四九巻七号〔一九七七年〕）九七頁以下〈「憲法理論史における労働基本権論」と改題して、本書Ⅲ部二〇章所収〉。

（2）　渡辺治の一連の研究、特に「現代日本社会の権威的構造と国家」藤田勇編『権威的秩序と国家』（東京大学出版会、一九八七年）、『「豊かな社会」日本の構造』（労働旬報社、一九九〇年）などを念頭においている。

（3）　西谷敏「生活・社会構造の変化と法」法の科学一六号（一九八八年）一一頁以下、参照。

（4）　以上につき、John Locke, Two Treatises of Government, London 1690, Book II, §27, 40, 46-51, 123.（鵜飼信成訳『市民政府論』〔岩波文庫一九六八年〕、参照）。

（5）　渡辺洋三の立論を念頭に置いている。たとえば『財産権論』（一粒社、一九八五年）。

（6）　栗城壽夫「憲法と財産権」、棟居快行「財産権の制約根拠論再考」公法研究五一号（一九八九年）。なおこうした議論に対する留意点については拙稿「現代の所有と『財産権』」同一一七頁〈本書Ⅲ部一七章〉。

（7）　籾井常喜「労働法の歴史的展開と今日的問題状況」渡辺洋三編『現代日本の法構造』（法律文化社、一九八九年）、西谷敏「現代労働法学の理論的課題」法の科学八号（一九八〇年）、同「現代市民法と労働法」前田達男＝萬井隆令＝西谷敏編『片岡曻先生

還暦記念　労働法学の理論と課題』（有斐閣、一九八八年）、同「現代の労働者・労働運動と労働法の課題」季刊労働者の権利一八七号（一九九一年）、等。

（8）西谷敏「今日の労働運動と労働者の基本権」日本の科学者二六巻二号（一九九一年）一三頁。

（9）西谷敏「労働法における個人・団体・国家」法哲学年報一九八九（一九九〇年）四五頁以下。

（10）奥平康弘「人権体系及び内容の変容」ジュリスト六三八号（一九七七年）。

（11）長谷川正安「近代憲法における社会的権利」思想二九二号（一九五七年）。

（12）中村睦男『社会権法理の形成』（有斐閣、一九七三年）二九〇頁以下。

（13）西谷・前掲論文注（8）一三頁。

（14）室井力『公務員の権利と法』（勁草書房、一九八〇年）八五頁以下。

（15）西谷敏『労働法における自治と公共性』室井力＝原野翹＝福家俊朗＝浜川清編『現代国家の公共性分析』（日本評論社、一九九〇年）三七六頁以下。

（16）深谷信夫ほか「共同研究・現代労働法学の課題を探る①」労働法律旬報一二三一＝三二号（一九九〇年）五頁〔深谷発言〕。

第二〇章　憲法理論史における労働基本権論

一　労働基本権論と憲法学史

固有の意味での憲法学の足跡に、いわゆる社会権や生存権と区別された固有の意味での労働基本権に関する理論的蓄積をたずねようとすると、少なくとも量的には非常に貧困であるという事実にぶつかる。「憲法理論史」として「労働基本権」を語ろうとする時、率直にいってこの種の「資料不足」を感じるのは、私だけではあるまい。戦後憲法学は、その折々にそれまでの学的成果をまとめて理論的到達点をあきらかにする企画を試みてきたが、そのうちのいくつかをみても、「労働基本権」は企画対象からはずされていることが少なくない。たとえば、「日本国憲法に関連する重要事項をだいたい網羅し、それらの諸問題にできるだけ広い歴史的・比較法的考察を加え、単なる条文解釈を越えた憲法理論の一大システムを作る」[1]ことを企画した宮沢俊義還暦記念『日本国憲法体系』(全八巻＋補巻・一九六〇年〜・有斐閣)がそうであるし、「現実の憲法問題と密接なかかわり合いをもって発生した解釈論における対立を争点ごとに『総括』[2]」することを企画した法律時報誌の特集「論争憲法学」(法律時報四一巻五号・一九六九年)もそうである。これらのことは、憲法学における労働基本権論が、理論的に重要でなく解釈論上争点をもたないほどの水準に達しているのでは全くなく、むしろ憲法学からの本格的とりくみがなされていず、そのためひとつの理論領域を形成していないことを示しているのである。

憲法学があまりとりくんでこなかった労働基本権論を憲法学と異なる学問領域から精力的に論究を深めてきたのが、いうまでもなく労働法学であった。憲法が最高法規であり、そのもとに下位法が制定される以上、下位法のある特定領域を研究する学に憲法学上の理論的課題の論究がゆだねられてきた、という理由で、かかる事態を説明することもできよう（ちなみに、同様の事態は、刑事訴訟法学が担ってきた刑事被告人・被疑者の人権論についてもいえることである）。また、さしあたり研究素材となる労働事件判例のほとんどが事実審で終了するため、憲法裁判になりにくいことも、理由にできよう。しかし、労働基本権論が憲法学と労働法学の双方からいわば「分業にもとづく協業」としてとりくまれてこなかったことは、労働基本権論の重要問題にいくつかの欠落点やすれちがいをおこしてきている。労働基本権判例を憲法学から考察した論文・長谷川正安「憲法判例からみた労働基本権」が「憲法学者は、労働事件にあまり関心を払おうとしなくなるし、労働法学者は、下級審で終ってしまう労働事件に内在している憲法問題を、憲法判例の問題として意識することも少ない(3)」ことからくる「憲法学者と労働法学者の問題意識の谷間(3)」「研究上の盲点(3)」を指摘しているのもこのことである。

本稿に与えられた課題は、憲法学における労働基本権論史の概観であるが、以上のことがまず前提として確認される必要があろう。したがって本稿は、戦後憲法学史にいわば散在する労働基本権論を手がかりにして、その理論史を試論的に構成したものにすぎない。なお、「労働基本権」という概念は、通常労働権と勤労者の権利（日本国憲法でいえば二七条論と二八条論）を包摂する概念であるが、この両者は歴史的にも概念的にもかなり異なった問題をはらんでいるし、紙数の関係もあるので、後者にこの概念を絞って稿をすすめることにする。

二 「労働基本権の性格」に関する憲法学史

戦後憲法学が労働基本権論を最初に展開するのは、いうまでもなく新憲法制定時である。戦前は犯罪視されていた勤労者の団結・団体行動が、いっさいの留保なしに憲法上の保障をうけるよう定められた憲法規範の登場に対し、憲法学は好むと好まざるとにかかわらず、その理論構成をなさねばならなかった。憲法学の主たる学的作業が、憲法典の解釈である以上、憲法二八条に明定された諸権利がいかなる性格のものであるかをあきらかにすべきは、当然の課題だったからである。今日、憲法学がその講学上往々にして論述する「諸学説」、すなわち「自由権説」「生存権的基本権説」「権利説」の原型は、この段階ですでにでそろっている。

労働基本権を含むいわゆる社会的権利は、「法律の範囲内」という致命的制約下とはいえそれなりに存在していた明治憲法下の人権類型＝市民的自由権からすれば、まさに「新しい人権」であった。憲法二八条制定に対する解釈学説の対応にいくつかの分岐をもたらしたひとつの重要な指標は、この「新しさ」に対する認識の度合であったとみてよい。

労働基本権の歴史的理論的「新しさ」を認めない論者にとっては、人権があまねく「国家からの自由」権と構成されるがゆえに、労働基本権もまた市民的自由権たる結社の自由権・表現の自由権の単なる派生的一種としてのみ考えられた。いわゆる「自由権説」の立論がこれである。この立場は、勤労者の団結や団体行動を違法視・犯罪視していた戦前の法制からぬけでてはいるが、当該行為を国家が放任するという限りでの法認にしかその規定の意味を認めない。したがって二八条を国家が団結・団体行動を妨害してはならないことを命じた規定とのみ解釈する。周知のとおりこの立論では、まさに市民的自由権の「侵害」としてたちあらわれる団結・団体行動、特に争議行為に、原則的に合法性を与え、刑事・民事免責を認める労働法制を、憲法論として説明できない。憲法制定に前後して労働法制が整備されるにしたがって、この立論が急速にその支持を失っていくのはそのためである。この説に立った代表的学者は美濃部達吉であったが、[4]このことは、明治憲法体制のブルジョア化を領導しえた美濃部憲法学も新憲法への質的飛躍には対応しきれなかったことの、ひとつの表現であった。ちなみに憲法制定時の政府解釈もこの系譜にたっている。[5]憲法制定時の政府が新憲法に対してみせた、明治憲法「精神護持」の対応からすれば、かかる理解がでてくるのも当然といえば当然であった。

憲法二八条の諸権利が古典的な市民的自由権と質的に異なる原理に立脚していることを、したがって労働基本権の「新しさ」を、それなりに認識して、この権利が「国家からの自由」ではなしに、国家による積極的関与で実現されるという特殊な性質をもった人権であると構成した立場が、のちに「生存権的基本権説」と呼ばれたものである。この用語が、「昭和新憲法の綜合的研究のパイオニーア」[6]たらんとして発刊された国家学会編『新憲法の研究』中の我妻栄「基本的人権」に由来することは、つとに知られている。我妻の立論によれば、生存権的基本権とは、「国家が現実にこれを与えることに努力すべき積極的な責務を負担した」[7]ことの表明であるから、その責務に反する国家の行為は憲法違反となるけれども、「国家が右の責務を等閑に附し、必要な立法や適当な施設をしないときには、国民は直接にこれを要求する方法はない」[8]性質のものである。この我妻の論理を支えているのが、「国家協同体理念」であり、同時にこの理念が「自由権的基本権」を「公共の福祉と両立する限りにおいてのみ認められたもの」[7]とする根拠にもなっている点は、注目しておいてよい。我妻は労働基本権規定を「国家の積極的責務」と構成することで彼のいう「自由権的基本権」と異質の、したがって「新しい」権利の規定とすることができたが、他方で、「自由権的基本権」の制約と「生存権的基本権」のプログラム性とを、ともに「国家協同体理念」でひっくくっていたのである。

『新憲法の研究』といういわば最初の通説書が与えた影響は大きく、その後の憲法学者の多くは、我妻のこの論理を、「国家協同体理念」論はともかくとしても、大筋のところで踏襲し、労働基本権とは要するに自由権でもなければ具体的権利でもなく、当該権利の実現を国家が積極的責務として負ったことの表明である、と解する憲法学上の通説＝生存権的基本権説を形成していった。憲法学の分野では、さらに「憲法の人権規定は直接には私人間に及ばない」という伝統的理解が、この立論を補強した。あるいは「社会権」と名付け（宮沢俊義[9]）あるいは「受益権」と名付ける（清宮四郎[10]）などの相異はあるが、この時代の憲法学の労働基本権論は、ほとんどこの系譜に属する。もっとも、憲法学で形成されたこの通説も、国家が何らの措置をも講じない場合二八条を有名無実とするものではない。たとえば『註解日本国憲法』がいうように、通説は一般に「国がかかる権利の実現に積極的に関与し、助力すべき責務を負っているということは、これに反するような行為は、国家としては、これを認めない、という態度を表明しているもの」だから、二八条を根拠に民事・刑事免責が是認されるし、黄犬契約のごとき団結権侵害の法律行為は無効となり、団体交渉拒否のごときは事実行為ではあるが違法となって、損害賠償請求権が発生する、と解するからである[11]。

既存の憲法学の概念にとらわれないで、「新しい人権」に「新しい」理論構成で対応しようとしたのが、「権利説」または「具体的権利説」と呼ばれる立場である。この立場は、当該権利の具体的あり方に着目して、団結権・団体行動権の直接的相手方である使用者に対して勤労者が具体的に享有する権利である、と解するものだが、憲法学のいわゆる「私人間適用」問題からすれば、あきらかに伝統的な枠組を越えてしまっているため、当初、憲法学からこの立論を説く者は皆無に近かった。この説が主張されたのはむしろ「新しい」学問領域であった労働法学においてである。

以上であきらかなように「自由権説」・「生存権的基本権説」（憲法学の通説）・「権利説」（労働法学の通説）の憲法

学からみた理論的分岐点は、端的にいって、まず、二八条の諸権利を私人間に直接適用するとみるかどうか、換言すれば勤労者が国家に対してもつ権利であるとみるか使用者に対してもつ具体的権利であるとみるか、が第一の分岐点であり、前者の立場においてはさらに、当該権利を国家との関係で「国家からの自由」とみるか「国家による権利」とみるか、が第二の分岐点であった。すでに述べたように、学説として一定の市民権を獲得したのは、「生存権的基本権説」と「権利説」である。この二説は、人権概念の基礎である第一の分岐点ですでにその立場を異にはするが、ただ、それなりに整備された労働法規が存在する限りでは、具体的に鋭い対立を生むものではない。勤労者の使用者に対する権利を国家が労働法規で保障する範囲内では、対立点を論ずる現実的意味がないからである。この二説を一括して「社会権説」と整理する(12)ことができるのもそのためである。ただ、国家がこの権利の保障をサボタージュしたり、ましてやこの権利を制約したりする問題領域では、この二説のはたす役割が明瞭に異なってくる。「生存権的基本権説」ではかかる事態がさしあたり憲法問題にならないのに対し、「権利説」ではただちに憲法違反とされるからである。留意すべきは、「生存権的基本権説」がそうなる論理的底流に、労働基本権は生存権同様、その実現・保障を国家に対し直接要求することができない性格のものである、とするいわゆるプログラム規定の理念が横たわっていることである。そもそもこの説が「生存権的」と命名された意味はここにあった。だから、この説からすれば、たとえば、代償措置を講ずることで労働基本権の制限は可能であるとする「代償措置論」も、いわば論理必然の帰結ですらあったのである。労働基本権が憲法制定直後には労働法規でほぼ十全に保障されていながら、四〇年代末から五〇年代にかけて漸次制約されていく（国公法改正・公労法・スト規制法等）におよんで、かかる権利侵害を有効に批判しえないこの理論構成が、反省の対象となるのはむしろ当然であった。

　憲法学の通説＝生存権的基本権説に反省を迫った代表的論文に、長谷川正安「近代憲法における社会的権利」（思想三九二号・一九五七年）、同「労働者の団体行動権の範囲」（清宮＝佐藤編『憲法演習』・一九五九年・有斐閣）がある。前者は、伝統的な人権論の枠組である「自由権的基本権＝国家からの自由、生存権的又は社会的基本権＝国家による権利」というシェーマに批判的再検討をくわえたものであるが、このシェーマが通説の理論的前提になっているだけに、通説の労働基本権論も、当然批判の的となっている。そこでは、労働基本権を生存権的基本権と構成することが、「労働者の団結・団体行動権の重要性・具体性を無視し、これを抽象的な労働権やプログラム的な生存権、社会保障をうける権利なみに引下げるという役割を果している」[13]こと、したがって労働基本権においても「国家の積極的関与による権利の実現という社会的権利の特色が、関与＝制限というような論理的飛躍によって一面化されている」[14]こと、が正当にも指摘されている。ここには、広義の生存権を「国家による権利」と構成することのイデオロギー性と、そのなかに労働基本権をいわばうめこんでしまうイデオロギー性とに対する二重のイデオロギー批判が含まれていたとみてよい。このような認識論上の立論を前提にして書かれた解釈論上の提言が後者の論文である。この論文は、解釈論上鋭い対立をうみつつあったいわゆる政治ストの合法性に関するものであるが、そこで、従来の労働基本権に関する解釈学説の分岐にとらわれない論理構成が試みられている。すなわち、「生存権的基本権説は、権利の保障としては不十分なところがあるが、原則として国民と国家の関係を規律する憲法の特質を無視することなく、勤労者の権利を説明している強みがある」[15]が、他方で「憲法第二八条が直接勤労者にたいしてなんらの具体的権利もみとめていないとすれば、使用者と被使用者の不対等の関係にたいして、憲法は事実上も法的にもそれを確認するだけで、その改善には一指もふれていないことになり、第二八条制定の趣旨は無意味になってしまうし、憲法の法的性格がまったく無視されてしまう」[16]から、結局「第二八条は、勤労者が、その使用者にたいする具体的権利を、国家に要求して保障してもらう基本的権利を規定している」[17]と構成することが妥当である旨説示している。ここには、「生存権的基本権説」か「権利説」かというともすればすれちがいに終わりがちな「対立」を、憲法学の私人間適用に関する原則的枠組を前提としながら、いわば綜合する試みがなされており、興味深い。

労働基本権の本質に関する五〇年代までの理論状況の特色を規定したのが労働基本権制約の具体的諸立法であったとするならば、六〇年代に再び通説への批判的再検討を促した契機は、「福祉国家論」の瀰漫であった。高度経済成長政策のイデオロギー的支柱としてうちだされたこの「理論」には、労働運動の体制内化、したがって労働基本権の換骨奪胎が孕まれており、その理論的基盤が憲法学の通説の理論的基盤と質的に一脈通ずるものがあったからである。周知のとおりこの「理論」が憲法の領域で語られた典型は、憲法調査会報告書（一九六四年）においてであるが、「現代の民主的憲法は、国家権力と個人との関係において、かつてのような否定的・消極的・防衛的な線にとどまるのではなく、むしろ積極的・協力的な方向に向かわなければならない[18]」というその主張のなかに、かつて「生存権的基本権説」提唱時に説かれた「国家協同体理念」のまさに蘇生をみることは、さほど困難なことではない。

解釈論の分野で注意しておくべきは、六〇年代にいわゆる「私人間適用」問題の論究がすすめられるなかで、伝統的な枠組に固執するのではなく人権の性質に応じて適用の是非をきめればよいとする主張が有力になってきたことである。[19]この点の詳細は、「私人間適用」問題の項目でふれられるはずだから、それ自体を論ずることはしないが、ただこのような構成のなかから、少なくとも憲法二八条については、当該権利の性質上概念必然的に私人たる使用者を相手方とするものであるから、この規定は私人間に直接適用されるという理解が、解釈論上ほぼ明確になったことだけは、指摘しておいてよい。

労働基本権論の「福祉国家論」的構成を批判する論理の原型は、その構成が「国家協同体理念」と質を共有するがゆえに、かなり古くからすでにだされていた。前掲長谷川論文の前者もそうであるし、それ以前のものとしては、鈴木安蔵『憲法学原論』（一九五六年・勁草書房）にも垣間見える。[20]六〇年代の「福祉国家論」を法律学から精力的に批判した第一人者は渡辺洋三であり、その批判には、労働基本権論に及ぶ部分も少なくなかったが[21]、憲法学から鈴木・長谷川の原型を念頭におきつつ「福祉国家論」的労働基本権論に批判的検討を加えたものとしては、中村睦男「歴史的・思想史的にみた『社会権』の再検討」（法律時報四三巻一号・一九七一年、後に中村『社会権法理の形成』一九七三年・有斐閣・所収）が注目に価いする。この論文は中村のフランス社会権論史研究の延長として書かれたものであるが、その問題意識の出発点は、論文の冒頭に述べられた「〔憲法調査会報告書の〕『福祉国家』論は、従来の通説的『社会権』ともちろんその具体的内容を異にするものであるが、しかし少なくとも、『自由』から『生存』へを説き、国家の積極的役割を肯定する点において、両者は同じ根をもつものである[22]」という叙述から看取できるように、六〇年代「福祉国家論」に結びつく論理的必然性をもった通説＝生存権的基本権説の批判と再構成であった。批判と再構成は、要約的にいえば、第一に、従来の通説が国家の積極的責務を中心とする「上からの社会権論」を批判して、「国民の自由と福祉を、まず何よりも、労働者を中心とする利害関係者の集団的権利・自由によって実現しようとする[23]」ところの「下からの社会権論」で再構成すること、第二に、従来の通説が「自由権」と「社会権」の異質性を強調するのを批判して、「社会権」特に労働基本権の基底に「自由権」が存在することを理論構成にとりこむべきこと、であった。中村はこれらの提言の歴史的妥当性をフランス社会権史の検証に求めている。もちろんこの提言には、論文自身が紹介しているように[24]、検証されたものが歴史認識として妥当かどうか（特にフランスを「下から」ドイツを「上から」と類型化することの是非）、また「社会権」のイデオロギー性の認識が欠如していないか、といった批判が寄せられていることは看過すべきでなかろう。ただ本稿にとって注目をひくのは、ともすれば広義の生存権ないしは「社会権」にいわば埋めこまれがちな労働基本権を、諸「社会権」のいわば領導的な人権として位置づけている点、および、伝統的な「自由権―社会権」の二元的構成に再検討を迫る視角を基底にすえている点である。この点では、五〇年代の批判の系譜を継承しているとみてよい。なお、この批判的再構成は、後に次のような結論的提言を生みだしているので紹介しておこう。「憲法二八条による労働基本権の保障の態様は、第一に、国家の刑罰権からの自由、第二に、民事上における使用者の経済的自由権の制限、第三に、行政委員会たる労働委員会による救済という三つの側面をもっているのである。これを国家との関係でいうと、第一の国家の刑罰権からの自由はまさしく国家からの自由であり、第二の側面は、使用者と労働者という私人間の関係に国家が介入して経済的弱者たる労働者に有利に契約の自由ないし私的所有の自由の原則を修正することであり、第三の側面たる不当労働行為制度は、国家の行政が積極的に介入して労働者の権利を救済することである。したがって、労働基本権の保障の内容は、以上のような複合的な性質を有しているのである」[25]。労働基本権の性格を伝統的枠組・図式にとらわれず、労働基本権が市民的自由権を歴史的にも論理的にも内在的基礎としている点を念頭におき、「複合的性質」として構成しようとするこの試み（もっとも、その「複合」の内実がかえって図式化にとらわれていないかという疑念は残るが）は、労働基本権の本質をめぐる戦後憲法理論史の問題の所在に関するひとつの到達点を暗示しているといえよう。

三　労働基本権制約批判と憲法学史――判例研究史を素材に

憲法二八条は、文言上、勤労者の団結権・団体行動権をいっさいの留保ぬきに保障している。このことは、比較憲法的にみても特殊に進歩的である。したがってこの条文をてがかりにする理論構成にとって、さしあたり問題になるのは、「勤労者」概念の範囲と「団結権」「団体行動権」概念の内容である。ところが、誰が「勤労者」かはそれなりに学的議論の対象となりえても、当該勤労者がどう団結しどのような団体行動をとるべきかは、この権利の特殊性からして、一般的抽象的論理構成になじむものではなく、すぐれて具体的な、使用者に対抗する現実の主体的運動の中で決せられていく性格のものなのである。早い話が、勤労者が必要に迫られるからこそ団結し団体行動をとるのであるから、このようにして現出した団結・団体行動は、元来それだけで妥当な団結・団体行動であると考えてよいのである。そもそも「実現可能性のないストライキをすれば、そのストライキが事実上失敗するというだけの話で、法的な問題ではない」[26]からである。極論すれば、現に勤労者が行なっている団結・団体行動が、憲法二八条の命題を形成しているといってもよい。つまり、二八条だけに限っていえば、少なくとも憲法次元ではいっさいの団結権・団体行動権が保障されている、とみるほかないのである。労働基本権論の諸個別問題（生産管理・ピケッティング・政治スト等）が、現実に立法・判決でうちだされてくるあれこれの諸制約を契機に論じられてきたのはそのためである。憲法理論史にとって、労働基本権のあれこれの制約に対する検討とは、あらかじめ一般的抽象的に論ぜられる性格のものではなく、うちだされてくる諸制約とその論理に対してその都度具体的に吟味する性格のものであった。

労働基本権制約に対する憲法学からの吟味のあらわれ方は、それゆえ、制約を是とする諸立法・諸判決に対する個別的検討という形態が圧倒的に多いし、現にあらわれた諸制約立法（国公法改正・公労法等）や諸制約判決（板橋事件・山田鋼業所事件・国鉄弘前機関区事件・国鉄三鷹機関区事件・全農林警職法事件等の最高裁判決など）およびそれらを支えた諸制約論理（「全体の奉仕者」論・「公共の福祉」論・「国民全体の共同利益」論・政治スト違法論等）に対しては、概して批判的見解が多い。この小論でそれらの動向を詳細に追うことは不可能であるから、やや視点をかえて、憲法理論史上比較的まとまった論究がなされている労働基本権判例研究の分野をみてみよう（ここで「判例」研究とは、個別的な判決の分析・批判そのものではなく、それらを基礎にして諸判決を社会現象として分析・批判する研究のことを指す）。

この分野の先駆は、おそらく横川博の一連の研究（「労働者の権利」『総合判例研究叢書』憲法(1)・一九五八年・有斐閣・所収、「憲法第二八条に関する最高裁判所判例の研究」甲南論集七巻五―六号・一九五九年、「労働者の権利に関する判例の動向」公法研究二二号・一九六〇年、「勤労者の団結権・団体行動権」田畑編『憲法判例綜合研究』一九六三年・ミネルヴァ書房・所収、等）であろう。横川の研究は、「判例」の意味を「類型的な事実に対して法規を適用することによって生れ、同様な事実に対して具体的法規範として適用されうる判決」[27]と正当に位置づけ（もっとも、労働基本権に関するその意味での判例はあまり多くないので、ここではあまり厳密な意味にとらわれない、としている）たうえで、五〇年代までの基本的な諸判決をほぼ遺漏なくフォローしている。詳細な検討をとおして横川が得た結論は、「財産権との関連における正当な争議行為の限界についての最高裁の判決は……一つの大きな流れとして、争議行為の許される範囲を次第に狭めて行き、遂には積極的な行為は一切許されないというような傾向をもつに至っている[28]」こと、総じて最高裁は「提起された特殊な問題について具体的・実質的に判断しようとせず、単に形式的な論理の操作によって抽象的な一般論を展開して、それを直ちに適用しようとし、またその必然的な帰結として、提起された真の問題点に答えることをひたすらに回避している[29]」のに対し「下級審の判決の中には労働者の権利についての高い理解を示したものが少なからず見受けられる[30]」ということであった。今日の段階からみれば、この結論は忌憚なくいって常識的であるが、それを詳細なデータで検証している強みは、なお意義なしとしない。

労働基本権に関する判例動向が、大きく転換してくるのは、周知のとおり全逓中郵事件最高裁判決（最大判昭四一年一〇月二六日）を起点とした六〇年代後半以後のことに属する。それまでの動向は、基本的に横川が対象とした時代の継承であったとみてよい。六〇年代前半までの判例研究で見落してならないのは長谷川正安のそれ（『憲法判例の研究』一九六五年・勁草書房、に所収の「勤労者の基本権」の項）であろう。この研究は、憲法判例の包括的研究であるから、労働基本権の判決検討もその一部分として位置づけられているが、判決の扱い方が、裁判官のイデオロギー分析という視角からなされているため、労働基本権の部分も、憲法理論史にとっては固有の地位を占めている。労働基本権の判決をイデオロギー分析として扱うことの意義は、長谷川が、「勤労者の基本権」項目を「生存権」項目とともに「社会政策的基本権」と名付けているところに象徴されている（長谷川は、憲法二八条の諸権利が、社会主義的なものでは全くなく資本主義的人権としての限界をはらんでいることをあきらかにするため、また、その権利が「政治力のもりあがり[31]」を背景にもたなければ妥当な現実化をきたさないことを指摘するため、認識論レベルでは労働基本権を一貫して「社会政策的基本権」と規定してきていた）。つまり、横川があきらかにしようとした判例動向を支えているものが、労働基本権を「社会政策」的に理解しようとする裁判官イデオロギーにあり、したがってそれをつき破るのは「基本権を行使する主体の力[32]」であることを解明しているのである。なお、全逓中郵事件最高裁判決後に書かれたものとして長谷川「憲法判例からみた労働基本権」（法律時報四〇巻八号・一九六八年）があるが、そこでは、従来の判決が「財産権の保護の方に圧倒的に比重がかけられていた[33]」のに対し、全逓中郵事件最高裁判決が「既存の労働基本権制限法規をすべて合憲視しているとはいえ、その解釈において、労働基本権と財産権の間に均衡がとれるようにしようとしている点[33]」に注目を寄せている。

全逓中郵事件最高裁判決以後の判例動向は、周知のような「激動」ぶりである。全農林警職法事件最高裁判決（最大判昭四八年四月二五日）からはじまる「再転換」も記憶に新しい。憲法三〇周年の現在は、「再転換」後にあるとはいえ、労働基本権をめぐる裁判動向は巨視的にみればなお六〇年代後半からはじまった転換を歩みつつあるとみてよい。その意味で六〇年代後半以後の判例研究は、憲法理論「史」という歴史に属することでなく、文字どおりコンテンポラリーな領域のことがらである。他方で、議論すべき対象たる判決は、それまでのある意味では単純明解な（それゆえ憲法論としては決着ずみの）制約論（財産権優位論・「公共の福祉」論・「全体の奉仕者」論等）と異なり、それなりに学的検討の対象たりうる理論構成（合憲的限定解釈論・比較衡量論等）を伴っているから、判例研究もこれに対応してひとつの新段階に入っている。判決の個別検討・分析も含めて大量に登場してくる憲法判例研究としての労働基本権判例研究のなかで、本稿の問題限定（すなわち固有の意味での「判例」研究の足跡を検証すること）からみて注目に価いするものをひとつだけあげるとすれば、有倉遼吉還暦記念『体系憲法判例研究』（全三巻・一九七四―五年・日本評論社）に収められた山下健次「労働基本権」であろう。そこでは、前掲長谷川論文が注目を寄せた「均衡」の論理、すなわち判例「転換」の重要なファクターであった「比較衡量論」が、全逓中郵事件→都教組・全司法安保事件→全農林警職法事件の最高裁判決の流れの中で、いかなる意味をもちいかなる役割をはたしたかが分析されている。現在における労働基本権の制約と実現をめぐる法理上の確執が、単純な「公共の福祉」論・「全体の奉仕者」論等から、いわば未決着の「比較衡量論」・「合憲的限定解釈」論・「公務員の勤務条件法定主義」論等々に移行しつつある以上、それらに対する批判的検討は不可欠な作業であろうが、そのうちの一角にこの論文は論究をすすめている。(34)

四　結びにかえて

以上、憲法理論史における労働基本権論研究を、一定の系譜として構成しうると思われる二つの領域について概観してきた。このように理論史を構成したのは、実は本稿でふれた領域以外では、管見によれば、憲法学がいまだまとまった研究を行なっていないと思われたからである。率直にいって、労働基本権研究史を憲法学領域にのみ限って見てみようとすることに無理があったかもしれない。労働基本権そのものの研究は、沼田稲次郎・野村平爾・片岡曻等、思いつくままにあげてもあまたの労働法学者による蓄積が、この国にはある。実は、このような労働法学の成果が憲法学といかなる理論的接点と相互摂取をもったかも、検討を加えるべき課題であったが、それはこの小論にとって荷が重すぎたというのが正直な実感である。この課題は後日を期すほかないが、ただ、そのためにも、さしあたり憲法学プロパーの労働基本権論史が、あるとすればどのようなものであったかを、あらかじめあきらかにしておくことは、決して無意味なことではない。その意味でも本稿は「試論」の役割を担っていたのである。

（1）田中二郎編集代表『宮沢俊義先生還暦記念　日本国憲法体系　第一巻　総論Ⅰ』（有斐閣、一九六一年）序・二頁。
（2）杉原泰雄「問題の提起」法律時報四一巻五号（一九六九年）一一頁。
（3）長谷川正安「憲法判例からみた労働基本権」法律時報四〇巻八号（一九六八年）一八頁。
（4）美濃部達吉『日本国憲法原論』（有斐閣、一九五二年）二〇〇頁。この説にたつものとしてはほかに大石義雄・佐々木惣一等がいる。
（5）清水伸編著『逐条日本国憲法審議録　第二巻　戦争の放棄・国民の権利及び義務』（有斐閣、一九六二年）六六七頁。
（6）国家学会編『新憲法の研究』（有斐閣、一九四七年）一頁。
（7）我妻栄「基本的人権」同右八六頁。
（8）同右八七頁。我妻の論理は同『新憲法と基本的人権』（国立書院、一九四八年）でもくりかえされている。
（9）宮沢俊義『コンメンタール・日本国憲法』（日本評論社、一九五五年）。
（10）清宮四郎『憲法要論』（法文社、一九五二年）。
（11）法学協会編『註解日本国憲法』（有斐閣、一九五四年）五三八頁。
（12）浦田賢治「二八条」有倉遼吉編『別冊法学セミナー　基本法コンメンタール憲法』（日本評論社、一九七二年）。
（13）長谷川正安「近代憲法における社会的権利」思想三九二号（一九五七年）一六―一七頁。
（14）同右二六頁。
（15）長谷川正安「労働者の団体行動権の範囲」清宮四郎＝佐藤功編『憲法演習』（有斐閣、一九五九年）七八頁。
（16）同右八三頁。
（17）同右七九頁。

(18) 高柳賢三ほか『憲法調査会報告書：全文と解説』法律時報臨時増刊三六巻九号（一九六四年）一七一頁。
(19) 芦部信喜「私人間における基本的人権の保障」東京大学社会科学研究所編『基本的人権1総論』（東京大学出版会、一九六八年）、参照。
(20) 鈴木安蔵『憲法学原論』（勁草書房、一九五六年）四〇九頁以下。
(21) たとえば渡辺洋三「現代資本主義と基本的人権」東京大学社会科学研究所編・前掲書注(19)。
(22) 中村睦男「歴史的・思想史的にみた『社会権』の再検討」法律時報四三巻一号（一九七一年）九頁。
(23) 同右一一頁。
(24) 同右一四頁。
(25) 中村睦男「労働基本権」芦部信喜＝池田政章＝杉原泰雄編『演習憲法』（青林書院新社、一九七八年）三七二頁。
(26) 長谷川・前掲論文注（15）「労働者の団体行動権の範囲」八一頁。
(27) 横川博「労働者の権利」覚道豊治＝横川＝森順次『総合判例研究叢書(1)憲法　憲法(1)』（有斐閣、一九五八年）八二頁。
(28) 横川博「労働者の権利に関する判例の動向」公法研究二二号（一九六〇年）二〇九頁。
(29) 横川博「憲法第二八条に関する最高裁判所判例の研究」甲南論集七巻六号（一九六〇年）三八頁。
(30) 横川・前掲論文注（27）「労働者の権利」一四六頁。
(31) 長谷川・前掲論文注（13）二七頁。
(32) 長谷川正安『憲法判例の研究』（勁草書房、一九五六年）二九三頁。
(33) 長谷川・前掲論文注（3）二四頁。
(34) この時期のものとして拙稿「ストライキ権と憲法解釈」『法律時報臨時増刊　ストライキ権』（日本評論社、一九七六年）七四頁。

第二一章　最高裁判決における「議会制民主主義」論

はじめに

八海事件を素材に制作された映画「真昼の暗黒」は一九五五年のものだが、いまだに人々の心に強烈な印象を残している名画である。特に、無実でありながら主犯として死刑を言い渡された主人公・植村が、金網ごしに母にむかって「まだ最高裁があるんだ！」と叫ぶラスト・シーンは、ことのほか有名である。植村を演じた草薙幸二郎（民芸）の好演は、今井正監督のメガフォンとともに、日本映画史上に確かな一頁を残した。

当時は確かに「まだ最高裁がある」という言葉を、人はある種の期待なり希望なりをもって語ることができた。そしてその期待や希望は、とりわけ憲法訴訟の領域では、全逓東京中郵事件大法廷判決（一九六六年一〇月二六日）を契機とする周知の一時期、現実化にむけてある程度進展するかに見えた。ところが、全農林警職法事件大法廷判決（一九七三年四月二五日）を契機とするこれまた周知の転換を経た後の最高裁はどうだろう。なるほど、後にやや立ち入って見るように、爾後今日に至る十余年の最高裁憲法判例史は、単純な旧態への回帰ではないし、かの一時期に見せた精緻な理論構成の「努力」を継承する様相すら伴いつつそれ自体の展開史も見せてはいるが、しかし多くの訴訟関係者を覆い続けてやまないある種の無力感は、あの転換以後深まることはあっても減ずることはない。このところの最高裁に対し「まだ最高裁がある」という台詞を言うことは、かつてとは逆の意味を、すなわち、たとえば下級審で辛うじて基本的人権擁護の勝訴判決を得た者が、きたるべき上告審に思いを馳せつつ嘆息まじりで洩らすつぶやきの意味を担わされているのである。

右の無力感が充満しているとはいえ、しかしそのことは決して憲法解釈上の決着を意味するものではない。あの転換が、純粋に憲法解釈論の土俵の上に限られた展開として生じたものではなく、最高裁人事の意図的組み替えをテコとしたもっぱら政治的な駆動因によってもたらされたものであり、それに象徴されることの政治的性格は今日まで根底のところで変わっていないことを思えば、かような政治的要因が「精緻」な憲法解釈を伴った諸判決に影を落とす憲法解釈論上のきしみや矛盾は、むしろ容易に剔出しうるというべきであろう。本稿では、以上のことを少しくあとづけたうえで、昨今の憲法訴訟で採用されている基本的人権制約の諸法理を「議会制民主主義」論を軸に考察し、最高裁憲法判例自体が逢着している矛盾を垣間見ることとしたい。

一　六六年の画期

最高裁が、憲法上の基本的人権に対するあれこれの制約を合憲と解する一般的法理として、戦後ながらくの間依拠していたのは、いわゆる「公共の福祉」論であった。この論理は憲法一二条・一三条（特に後者の反対解釈）をさしあたり解釈論上の根拠とするものであったが、その機能は、一般条項としては当然のことを謳ったにすぎないそれが、「公共の福祉のため」という文言を用意しさえすれば、当該事例の個別具体的な事実関係に応じた論証を軽視ないし無視しうるものとして作動していた点で、いわばとりつくシマのない一刀両断・問答無用型の性質のものであった。

このような最高裁の立論に対し、学界では早くから、下級審判決では徐々に批判が出されていたが、最高裁が論証抜きの「公共の福祉」論から、部分的にではあれ基本的人権の当該制約の個別的妥当性を吟味しはじめるのが一九六〇年代であり、この動向を決定的としたのが言うまでもなく六六年全逓東京中郵判決（刑集二〇巻八号九〇一頁）であった。それまで労働基本権制約につき問答無用型「公共の福祉」論（公務員についてはさらに「全体の奉仕者」論）でいとも簡単に当該制約を是認してきた最高裁は、この判決で、従来とは明確に異なる合憲性判断基準を打ちだした。ここで示された「労働基本権制約の四条件」や「刑事制裁の三基準」、さらにこの判決を継承した都教組事件判決（一九六九年四月二日大判・刑集二三巻五号三〇五頁）で示された「二重のしぼり」論や「合理的（合憲的）限定解釈」の手法などは、あれこれの批判点をはらみながらも、ともかく当該事例の具体的事実関係を配慮し、事例の実態に即した個別的判断を解釈論上可能とする途を開いた。ある基本的人権を制約する法令なり法実務があったとき、それを実体不明の「公共の福祉」で是認してしまうかつての論理なき論理構成に比べれば、当該制約を妥当ならしめる根拠を具体的に提示すべきことを示唆したこれらの論理は、その限りで間違いなく画期的であった。しかも、実のところわが国で盛んに争われる基本的人権制約の多くは、ながらく憲法違反の疑念に包まれてきたいわばいわくつきのものであり、それをひとたび具体的事実関係の検証に付すと、つまり、当該制約をまことに妥当かつ不可避たらしめる憲法上の保護法益が客観的に存在するのかの具体的吟味をしてみると、その制約根拠の曖昧さや不当性が明らかとなる場合が少なくないから、かような手法がはたす機能もまた画期的であった。これらの判決に勇気づけられたその後のいくつかの下級審が、公務員の労働基本権問題のみならず諸々の基本的人権問題の領域にもかような吟味手法を導入して、憲法訴訟史に新たな前進をもたらす諸判決を下しえたのも、右の事情に負うところが多い。

この傾向は、部分的ながら最高裁にも影響を与えた。たとえば、ピケッティングをめぐる労働事件につき、いわゆる「諸般の事情」論を導入して、当該ピケッティングの単なる外形的判断だけではなく関連する諸事情を勘案して判断すべきとして当該ピケッティングの正当性を認めたもの（札幌市労連事件・一九七〇年六月二三日三小判・刑集二四巻六号三一一頁）、平等権・平等原則につき相対的平等説を明示的にとり憲法上の差別禁止事由を例示説でとらえて、いわゆる「合理的差別」論をとることで、当該事例の「合理性」ある根拠を個別具体的に吟味する途を開いたもの（老人差別事件・一九六四年五月二七日大判・民集一八巻四号六七六頁）、「利益衡量」の手法を導入して、ともかくも当該事例の実態に即しつつ、一応は具体的な検証を経て基本的人権制約の妥当性を吟味する途を開いたもの（三井美唄炭鉱事件・一九六八年一二月四日大判・刑集二二巻一三号一四二五頁、博多駅テレビフィルム提出命令事件・一九六九年一一月二六日大決・刑集二三巻一一号一四九〇頁、等）などにそれを看取することができる。もとよりこれらの判決のほとんどは、当該基本的人権制約を違憲ないし違法と断じたわけではないし、むしろ合憲判断を弁証する「合理化」ないし「説得の論理」の気配が見え隠れもするが、ここでは、合憲性判断根拠に問答無用の一般条項をストレートに持ち込むことだけで足りるとするのではなく、当該基本的人権制約の妥当性は客観的な事実をもって語らねばならないとする方向性をもったひとつの解釈方法が有権的に示されたこと、換言すれば、論理も論証もなかった「公共の福祉」論に比べれば、ともかくも合憲性を判断するに要するなにがしか精緻で合理性のある論理を提示し、それを具体的事例において説得的に論証することが裁判所側の責務たることが暗示されたことを確認しておけばよい。

二　七三年の転換

一定の方向性をもって展開するやにみえた最高裁の動向は全農林警職法判決で転換する。この判決をターニング・ポイントとして最高裁は結果的には旧態に回帰する。その詳細はここで触れる必要はないが、ここで留意すべきは、結果的には旧態に回帰していることが、旧態の論拠ではなく一定の「論理」と「論証」によって支えられていることである。この判決およびその流れをくむ諸判決（典型的には猿払事件・一九七四年一一月六日大判・刑集二八巻九号三九三頁、全逓名古屋中郵事件・一九七七年五月四日大判・刑集三一巻三号一八二頁、等）は、この時期から今日に至るまで展開されていて、その詳細なリーズニングの故に注視されているいくつかの判決と呼応するかのごとく、あれこれの制約論理を新たに用意し、それはそれで一定程度詳細な論理構成を開示している。かような手法が、六六年全逓東京中郵判決以後進められてきた先述の方向性を睨んだうえでのものであったことは、最高裁がその判決の「安定性と継続性」を意識すれば当然であったろう。例えば、「公務員の労働基本権」と、「公共の福祉」の換言たる「勤労者たる公務員をも含む国民全体の共同利益」との「均衡調和」という立論は、似て非なるものとはいえ六六年判決での「比較衡量」ひいては当時盛んに導入された比較衡量の手法を明らかに意識している。また公務員の政治活動の全面一律禁止法制を、単純な「全体の奉仕者」論で片付けるのではなく、「禁止目的、目的・手段の合理的関連性、利益均衡」の三点にわたる合憲性判断基準で吟味する旨判示したのも「精緻な」論証手法の継承を意識している。さらにいわゆる「議会制民主主義・財政民主主義」論、すなわち「公務員の勤務条件は議会（国会）が決定することだから、政府が国会から委任されていない事項について公務員が政府に対し争議行為を行なうことは、的はずれであり、ひいては勤務条件の民主的決定手続＝議会制民主主義に背馳する」とする立論は、内容上の論評を一切控えたうえでのことではあるが、論理も論証もなかった旧態に比べれば、ともかくも制約根拠を、それも憲法上の「民主主義」論として示していることは確かであり、ここにも六六年判決以降の流れが影を落としている。しかし、すでに論じ尽くされていることではあるが、勤労者たる公務員の労働基本権と「比較」衡量される「勤労者をも含む国民全体の共同利益」なる得体の知れない「利益」とは何か、議会の議決を経る財政が関わる事項に対して基本的人権行使＝争議行為を行なうことが「背馳」する議会制「民主主義」とは何か、といった点に思いを馳せれば、そこには詰まるところ「共同利益」の絶対的優位性、議会決定の恒常的万能性が語られているにすぎないこと、つまり当該基本的人権制約は最初から常に是認されるほかない「論理」がそこには伏在していることが明らかとなり、したがって結果的には旧態への回帰と見るほかないのである。

だが、かような試みはかえって最高裁判決自身における内在的自己矛盾を顕在化させる。

第一に、当該判決の文脈内部においてさえ矛盾ないし論理破綻をきたす「論理」が開示される。たとえば、全逓名古屋中郵事件判決は、要するに「財政民主主義」の関わる領域、すなわち「国の資産の処分・運用」にあたり、したがって国会の議決に基づいて行なわれねばならない領域の者の勤務条件はそもそも労使間で決定することではないから、その「勤労者」が争議行為を行なうのは「的はずれ・反民主主義」としたのであるが、事例となった公労法適用職員は一定の事項につき協約締結権を含む団体交渉権が認められており、したがって「労使間で決定」することが法律上可能となっている。この矛盾を「解決」するため、最高裁は、かかる労働基本権の保障を「憲法二八条の当然の要請によるものではなく、国会が、……立法上の配慮から……一定事項の決定権を使用者としての政府または三公社に委任したもの」とし、憲法上の基本的人権を、「国会の立法裁量」を根拠として、論理的には全面的に剥奪することも可能な立論を「民主主義」の名の下に展開した。ここではある矛盾を「解決」するためにより大きな矛盾へと飛翔している。

第二に、ある判決で判示した論理が他の判決で否定されるという矛盾がある。たとえば最高裁は猿払事件判決において、下級審がとったいわゆる「ＬＲＡの基準」に対し「外国の立法例は、一つの重要な参考資料ではあるが、社会的諸条件を無視して、それをそのままわが国にあてはめることは、決して正しい憲法判断の態度ということはできない」と論難・拒否しながら、いわゆる薬事法違憲判決（一九七五年四月三〇日大判・民集二九巻四号五七二頁）では、職業選択の自由に対する消極的・警察的規制の合憲性審査基準として、当該規制が合憲たるには「職業の自由に対するよりゆるやかな制限である職業内容及び態様に対する規制によって右の目的を十分に達成することができないと認められることを要する」と、明らかに「ＬＲＡの基準」を導入した立論を展開している。この両判決には五ヵ月の時間差があるが、裁判官はほとんど変わっておらず、判例史的には同時期に属するものである。

第三に、右薬事法判決にも象徴されるアメリカの憲法訴訟理論の導入は、猿払事件最高裁判決の戒めにもかかわらず、今日まで最高裁自身の手で盛んになされているのであるが、しかしそれらは「その用い方はきわめて御都合主義的であって、しかもきわめてしばしば、母法国における正反対の機能を果たす」（「最近の憲法事件と最高裁判所」ジュリスト六五七号六二頁〔高柳信一発言〕）ものである。典型的には、アメリカの憲法判例で確立された「二重の基準」論、すなわち、精神的自由は経済的自由よりも優越的地位を占め、したがって前者の規制は原則として認められず、例外的に規制される場合も経済的自由規制に要求される「合理性」よりも厳格な基準でその合憲性審査がなされねばならないとの理論の導入の仕方にうかがうことができる。つまり、この理論が最高裁判例となったとされる小売市場許可制合憲判決（一九七二年一一月二二日大判・刑集二六巻九号五八七頁）では、「個人の経済活動の自由に関する限り、個人の精神的自由等に関する場合と異なって、……これに一定の合理的規制措置を講ずることは、もともと憲法が予定し、かつ、許容するところ」という文脈で、つまり経済的自由規制の合憲判断根拠という文脈で導入されたのであって、この理論がもともと予定する肝心の精神的自由領域への導入は、田中二郎裁判官が反対意見ながら最高裁判決史上初めて試みた（悪徳の栄え事件・一九六九年一〇月一五日大判・刑集二三巻一〇号一二三九頁）にもかかわらず、すくなくも明示的にはなされておらず、この理論が精神的自由領域、特に表現の自由領域で確立しているより詳細な合憲性審査基準（明白かつ現在の危険、漠然性ないし過度の広汎性のゆえに無効、ＬＲＡ、等）についても、先に見た猿払事件判決においてはＬＲＡの基準の受容を明示的に拒否し、あるいは漠然性のゆえに無効の基準を、徳島市公安条例事件（一九七五年九月一〇日大判・刑集二九巻八号四八七頁）においては「通常の判断能力を有する一般人の理解による判断可能性」なる「基準」に、最近の札幌税関事件（一九八四年一二月一二日大判・判時一一三九号一二頁）でも「一般国民の理解による判断可能性」なる「基準」に、それぞれ読みかえて換骨奪胎するなど、拒否的・消極的・歪曲的対応に終始している。ついでながら、この理論が精神的自由の優越的地位を説く根拠が「人権それ自体の優劣ではなく、精神的自由が代議的自治の政治過程と特別の関係にある」点に求められる（芦部信喜・憲法訴訟の現代的展開八〇頁）とすれば、「代議的自治」の根幹をなす選挙運動の自由にはとりわけ配慮があってしかるべきところ、この領域にいたっては旧態の「公共の福祉」論による判例（一九五五年三月三〇日大判・刑集九巻三号六三五頁、等）が基本的に墨守され続け、右のような理論的核心には一顧だにしない。

なぜこのような自己矛盾とも呼べる現象がでてくるのであろうか。それは、最高裁が本質的には一九七三年に転換しながら、そのリーズニングにおいては、六六年前後から進められてきた論理構成の精緻化・合理化・説得力強化の方向はこれを継承しようとしまた継承せざるをえなかったことに起因するものと思われる。かつての問答無用型「公共の福祉」論は、それはそれで矛盾も論理破綻もある意味では存在しなかった。つまり、それは論理なき「論理構成」であったから、論理不在のところにはその矛盾も破綻も存在しようがなかった。その後最高裁は「神学的或いはエッセー風のものから漸く法学の対象に」（「憲法判例の三〇年」ジュリスト六三八号三五四頁〔大野正男発言〕）と言われる方向に歩を進め、ともかくも論理構成の名に値する、したがって憲法訴訟論にとって論ずるに意味のある判決を下し始めた。意味ある憲法解釈は時として妥当な解釈論上の結論と妥当な紛争解決を生み出す。しかしその画期的結論・解決のゆえにこの方向は頓挫した。だが最高裁とその判決という世界は、すくなくとも建前は法の世界であり、したがって解釈論理の一貫性・説得性の世界である。単純に旧態に回帰しうるものではない。かくて最高裁は、本質における旧態への回帰と論理構成における精緻化の継承との狭間に立つわけであるが、そのことが最高裁判決の権威と説得力をより深刻にさいなんでもいるのである。

三　「議会制民主主義」論の論理構造

さて、このような特徴を際立たせている問題領域として、最高裁が一時期力を込めて説いた「議会制民主主義」論があると思われる。

すでに触れたように、全農林判決でとった「議会制民主主義」なるタームは、さしあたり非現業国家公務員の労働基本権をア・プリオリに凌駕する概念として登場した。この判決の当該論理は、要するに、①公務員は、私企業の労働者と異なり、国民の信託に基づいて国政を担当する政府により任命されるが、憲法一五条により、実質的使用者は国民全体であり、このような地位の特殊性と職務の公共性から、公務員の争議行為がもたらす公務の停廃は勤労者を含めた国民全体の共同利益に重大な影響を及ぼすか、またはその虞れがある、②公務員の場合は、利潤分配要求の自由を是認される私企業の勤労者と異なり、その給与等の勤務条件はすべて政治的、財政的、社会的その他諸般の合理的な配慮により適当に決定されなければならず、しかもその決定は民主国家のルールに従い、立法府において議論のうえなされるべきもの、原則として、国民の代表者により構成される国会の制定した法律、予算によって定められるもので、争議行為の圧力による強制を容認する余地はない（憲法七三条四号）、③したがって、使用者としての政府にいかなる範囲の決定権を委任するかも、国会みずからが立法で定める労働政策の問題であるから、政府が国会から適法に委任されていない勤務条件につき公務員が政府に対し争議行為を行なうことは、使用者としての政府によっては解決できない、的はずれの立法問題である、④このような問題に対して争議行為を行なうことは、民主的に行なわれるべき公務員の勤務条件決定の手続過程を歪曲することともなって、憲法の基本原則である議会制民主主義（憲法四一条、八三条等）に背馳し、国会の議決権を侵す虞れすらなしとしない、とするコンテクストで開示されている。

この論理は、非現業地方公務員に対してはほぼそのまま踏襲されえたが（岩手県教組事件・一九七六年五月二一日大判・刑集三〇巻五号一一七八頁）、いわゆる三公社職員（当時）を含む公労法適用職員に関しては全逓名古屋中郵判決で一定の修正がなされる。つまり、公労法適用職員には、憲法一五条の「全体の奉仕者」論から導かれる①は当該職員に公務員でない者を含むがゆえに、また、いわゆる勤務条件法定主義を論ずる②は当該職員の勤務条件が法律上必ずしもすべて法定されていないがゆえに、そしてまた、使用者のいわば当事者能力不在論を説く③は使用者が当該職員との間で法律上すくなからぬ事項につき共同決定しうる当事者能力を付与されているがゆえに、それぞれそのままでは通用しないから、結局、④のなかから「財政民主主義に表われている議会制民主主義の原則」なるものが抽出され、詰まるところ、国の財政が関わるところの者の勤務条件の決定は本来国会の議決すべきことであって、その者に労働基本権を付与していることがあっても、それは憲法上当然の要請ではなく、右「原則」に基づき国会が一定事項の決定権を使用者に委任したものにほかならない、と論じたのであった。

この（「財政民主主義」論をも含む）「議会制民主主義」論そのものに対する批判は、すでに各方面から十分になされているのでここで繰り返す必要はない。ここでは本稿前節との関連で次のことを指摘しておきたい。

第一に、とりわけ「財政民主主義」論に収斂されてきたことで鮮明に浮上してきた当該論理に内在する矛盾の顕在化である。特に全逓名古屋中郵判決は、その判決文からうかがえるように、事例は現業国家公務員たる郵政職員の争議行為でありながら、「この機会に」公社職員を含む全官公労働者、はては「それ以外の公共的職務に従事する職員」の労働基本権につき総括せんとしたものであったが、かかる広範な領域の者の労働基本権制約根拠にあまねく「妥当」しうるとみた「財政民主主義」論をとり、かつこれと労働基本権とを二律背反に措定したがために、はしなくも憲法上の基本的人権を「当然の保障に非ず」と断じてしまった。これが、同判決冒頭で判示した従来の判例の確認、すなわち当該職員も憲法二八条の「勤労者」にあたるとの解釈と矛盾することはあきらかである。ここでは、最高裁が戦後一貫してともかくも論理的前提としては認めてきた「公務員の勤労者性」すら「憲法上当然の保障」から放逐したし、それは内容の特定されていない「それ以外の公共的職務に従事する職員」にまで波及するかのごとくである。

第二に、七三年判決等で説かれた「議会制民主主義」とは、「主権者＝国民」論を伏在させたと思われる「実質的使用者＝国民」論を伴いつつも、要するに「主権者国民→国民の代表者→法律・予算・財政→使用者」という形式的な意思形成順路を、しかも一方的チャンネルに限って述べたにすぎず、したがって「民主主義のミスリーディング」（「労働基本権と最高裁判所」法律時報四五巻八号七六頁〔和田英夫発言〕）というほかないが、このような乱暴な理解は、別の文脈においてではあるが、最高裁判例史上同時期に属する旭川学テ判決（一九七六年五月二一日大判・刑集三〇巻五号六一五頁）では斥けられている。ここでは「国民の教育権」か「国家の教育権」かという周知の論争に関説して、この点につき憲法が「直接一義的に決定していると解すべき根拠はない」としつつも、国・文部省が主張してきた「主権者国民→付託を受けた国家→国家の教育権」という立論は、これを「極端かつ一方的」と批判して認めなかった。この判示部分は、同判決の「子どもの学習権」「教育の自由」の確認等とともに、単なるリップサービスにすぎないと見ることもできようが、ここでは、判決の論理構成として、対峙させられた基本的人権と国家意思形成チャンネルとの関係づけにつき、全農林判決等で主張した論理とこの判決のそれとが矛盾している点が留意されるべきである。

第三に、以上とも関連して、最高裁のいう「議会制民主主義」は、一切の基本的人権を超越する点で、かつまた議会の議決をそれ自体で万能とする点で、七三年転換後も時に最高裁によって導入されているとされるアメリカの精緻な憲法訴訟理論とは異なる系譜に属する立論と見るほかない。その意味では、アメリカ憲法訴訟理論の導入が「御都合主義的」であるとすれば、異質の「論理」に依拠するのも「御都合主義的」ということになろう。最高裁の政策形成機能が指摘されて久しいが、その政策を支えるフィロソフィーは、したがって、混在的に表出されるあれこれの論理に貫流するものとして探索しなければなるまい。

四　「議会制民主主義」論の今日的位相

全農林判決型の論理は爾後判例として最近も踏襲されており（例えば一九八一年四月九日一小判・民集三五巻三号四七七頁）、したがってその批判はなお続行を要するとはいえ、この「理論」が活躍する公務員労働基本権、とりわけ争議権を争う上告事例が激減しているせいか、昨今はさしたる注目を浴びていない。それに、最高裁の「議会制民主主義」論は、すでに議論の尽きた感のある、その意味ではもはや斯界の「古典」ともいえる問題でもある。にもかかわらず本稿がこれを改めて検討しているのは、このところの最高裁の論理に、右に見てきた「議会制民主主義」論がいわば影を落としていると思われるからである。先述した「探索」の一助として、仮説的ながらこの点を述べておきたい。

ところで、最近の最高裁判決に顕著な現象がいわゆる「立法裁量論」への過度の傾斜であることは、大方の指摘する通りである。もとより違憲審査権を具備する裁判所といえども、「立法府の政策判断に敬意を払い、法律の目的や目的達成のための手段に詮索を加えたり裁判所独自の判断を示すことを控える」（戸松秀典「立法裁量論」現代憲法学研究会編・現代国家と憲法の原理一八八頁）ことは、一般的には、「民主国家のルール」からいっても、日本国憲法の原理とその解釈からいっても容認されてよいことである。もっともそこには、わが国の憲法原理を議会主義と権力分立のいずれに重きをおいて把握するか（長谷川正安・新版憲法講話Ⅰ一二二頁以下参照）、あるいは権力分立論をアメリカ的な立法権不信・自由主義的タイプに解するか大陸的な立法権優位・民主主義的タイプに解するか（芦部信喜・演習憲法二六〇頁以下参照）、さらには司法審査の民主制的基礎をどう理解するか、総じていわゆる司法の積極主義と消極主義をめぐる問題をどう理解するかが伏在しており、その理解しだいで「立法裁量」の意義と意味、その対象の認否、その範囲の広狭はおのずと変わってこよう。しかし、最近の最高裁の理解する「立法裁量論」は、しばしば右の理論的に存在しうる範囲をはるかにつきぬけたところで行使されており、憲法八一条が認めた違憲審査権を論理的には自ら放棄する性質のものが少なくない。すでに見た小売市場判決のように、経済的自由が事例となっている場合は、当該人権の憲法上の性質から「立法裁量」を理由に当該人権制約を「合理性の基準」で合憲と判断することもありえよう。また、薬事法判決が経済的自由に対する積極的・政策的規制は「明白性の原則」に抵触しない限り広汎な「立法裁量」に委ねられるとしたのも、一般論としては是認されよう（ただし、経済活動の積極的・政策的規制が実定憲法上求められている「公共の福祉」の要請にまことに適っているかどうかは、憲法上の基本的人権解釈のレベルで審査されるべきであり、したがって「合理性」なり「明白性」なるタームをどの水準に解するかの問題は残る）。

しかし、生存権および平等権・平等原則が問われた堀木訴訟上告審判決（一九八二年七月七日大判・民集三六巻七号一二三五頁）での「立法裁量」論（この判決は平等権・平等原則には「立法裁量」論を直接関わらしめず、もっぱら「合理的差別」論で処理しているようにもみえるが、その「合理性」判断根拠のひとつに、生存権についての「明白性の原則」による「立法裁量」論、すなわち、「憲法二五条を具体化する立法」は「立法府の広い裁量」下にあり「著しく合理性を欠く場合」を除き司法審査すべきでないとした立論に言う緩やかな「合理性」があてられている）は、判決がその冒頭で再確認しているように旧来のいわゆる「プログラム規定」説の焼き直しに等しい論理であったし、ごく最近のサラリーマン税金訴訟上告審判決（一九八五年三月二七日大判・同日付各紙夕刊）は、租税法定立の政策的・技術的性格を理由に、立法目的の正当性、当該目的と法律が採用した区別の態様との緩やかな合理的関連性さえあれば租税決定は基本的に「立法裁量」下にあるとして、憲法一四条に違反しない「合理性」を説くなど、国の財政的・政策的領域が関わるところでは、ほとんど機能ないし作動しえない審査基準を措定するだけで、経済的自由ではない当該基本的人権との緊張関係をほとんど顧慮することなくその制約を「立法裁量」の名で容認している。これらはいずれも基本的には従来の判例（前者につき一九四八年九月二三日大判・刑集二巻一〇号一二三五頁、後者につき一九六二年二月二八日大判・刑集一六巻二号二一二頁）に従ってはいるが、その従来の論理にかかる「立法裁量」論を加味したには、すでに見た「財政民主主義」論的思考が働いたとみてもあながち間違いではなかろう。

さらに、最高裁的「立法裁量」論がとりわけ厳しい批判を呼んでいるのは、周知の通り、先述した「代議的自治」との関連でもひときわ疑義の強い選挙運動禁圧法制を合憲とする根拠にこれを導入しはじめていることである（典型的には公選法違反矢田植田事件・一九八一年六月一五日二小判・刑集三五巻四号二〇五頁）。ここではたとえば公選法一三八条の戸別訪問禁止につき、猿払事件判決のとった審査基準に依りつつ「合理的関連性」等の基準を設定し、これをクリアーさせたうえで「国会がその裁量の範囲内で決定する立法政策」の領域に投げ込んでいる。近時その波及力の大きさゆえに注目を集めている伊藤正己補足意見（高津事件・一九八一年七月二一日三小判・刑集三五巻五号五六八頁、等）は、憲法四七条を引いて「選挙運動のルール」一般が、「合理的ではない特段の事情」さえなければ、あれこれの合憲性審査を要しない「立法裁量」とする。

要するに最近の「立法裁量」論とは、そこへ辿り着くまでに時にはあれこれ「精緻」な論理が用意されてはいるが（あえて言えばそこに辿り着くことが予定されて用意されている気配さえある）、事柄の性質の相違をほとんど顧慮することなくいわば一気に駆け込む場として機能している。まことに「立法府裁量論があたりをなぎ倒してきている憲法状況」（奥平康弘「立法府裁量論について」法と民主主義八四年六月増刊号一三頁）というべきであろう。卑俗な形で別言すれば「そこのけそこのけ国会が通る」式の論理である。もとより、かような「立法裁量」論が判例の全分野にわたって席巻しているわけではない。問題は、いくつかの特徴的な事例で過分に立法府の判断に優位性を付与する事態が加速的に進行していること、そして本稿に即して言えば、最高裁判例という磁場のなかでその進行を促す磁力のひとつに、かの「議会制民主主義」論があるということである。アメリカの憲法訴訟理論が導入されたやに見えても、たとえば、表現の自由規制の審査について緩やかな「合理的関連性」の基準で足りるとしたり、直接的規制と間接的規制に二分して後者は「立法裁量」に服するとするなど、いわば変態的となり、要は万能の議会決定下に事の決着をもちこむ傾向を強めているのにも、この磁力は少なからぬ役割を果たしていると思われるのである。

それでは、「立法裁量」への傾斜を深める最高裁が、選挙権の平等、すなわち国会および地方議会の議員定数問題についてはあいついで審査に踏み込み違憲判決（最近のものとしては一九八三年一一月七日大判・民集三七巻九号一二四三頁、一九八四年五月一七日一小判・判時一一一九号二〇頁）を下しているのは、かの「議会制民主主義」論と矛盾することであろうか。「立法裁量」論で説くならば、選挙権の不平等という実態もまた緩やかな「合理性」基準をクリアーさせて「立法政策の問題」とすることは不可能ではない。にもかかわらず違憲判決に及んだには、その事態の深刻さ、世論の厳しさなどにももちろん規定されたであろうが、さらに、基本的人権を超越しうる「主権者国民の代表」たる議会の決定がその万能性を担保するためには、その代表が最低限形式的にはそのようなものとして構成されていなければならないという「民主主義」論があったからだと思われる。この種の判決がいわゆる「事情判決の法理」や「合理的期間」論を駆使して違憲の宣言にとどまったこと、さらには、選挙制度を決定する立法府の判断のうち議員定数立法にだけは相対的に厳しく審査を加えながら選挙運動規制立法には最大限の「尊重」をすることは、いずれも「議会制民主主義」フィロソフィーの形を変えた表現と見ることができる。

おわりに

「議会制民主主義」論の生息ぶりを垣間見ただけでも、人はやはり「まだ最高裁がある」と嘆息まじりにつぶやかなければならないかもしれない。しかし、最高裁的「議会制民主主義」を貫徹するためには、たとえば目下大法廷併合審査が進行している議員定数問題に最高裁はもう一歩踏み込まなくてはならないが、そうすればさまざまなレベルで新たな矛盾が生起しよう。最高裁をめぐる「矛盾の弁証法」はなお続行するというべきである。

第二三章　憲法学における「安全」と「安心」

一　「安全・安心」の諸相

「安全な生活を安心してすごしたい」という願いは、歴史通貫的ですこぶる人間的な願望である。だが、このところその願望を絶望に転ずるがごとき危険・不安・脅威が、現実にかつ重層的に立ち現れてきた。そうした危険・不安・脅威とされるものを、思いつくままにトレースすれば、その諸相は広範・多岐にわたる。(1)

国際社会では、今世紀に入った直後の九・一一事件を契機として「テロの危険・不安・脅威」が喧伝され、「反テロリズム」を掲げつつも主権国家の「自衛権」を根拠に、非対称的で一方的な米軍・同盟軍・有志連合の軍事行動が展開され、そうした軍事的展開を契機とするいわゆる報復攻撃とがあって、両者間で出口の見えない殺戮の連鎖を生んでおり、これまで営々と蓄積されてきた国際的武力紛争の抑止システムを崩壊させかかっている。(2)「テロ」対策に邁進する各国は、近現代憲法原理・刑事法原理との整合性検証もそこそこにして、新たな法整備を深めている。(3)これとともに警察と軍事の近現代法的境界が不分明となり、軍事の警察化と警察の軍事化、したがって警察と軍事の融合が顕著となってきた。二〇〇八年開催の洞爺湖サミットに対する警察的警備が、自衛隊による本格的な軍事的対応とそのシステムに警察が組み入れられて進行していたことは、記憶に新しい(4)。

これに連動して、日本の対外政策における軍事的コミットメントのありようにも質的転換が始まった。日米安保体制は、その目的が日米両軍による「日本の防衛」と在日米軍による「極東の平和と安全」とに限定されるという条約上の「規制」を、「国際安全保障」なる政府間合意によって一気に「緩和」しグローバル化しており、在日米軍はtransformation（メディアはこれを「再編成」と訳すが、語義に従えばただの「再編成 reformation」ではなく、外務省訳がいみじくも訳し当てているように「変革」であって、「根底的変質」と言うべきである）を膨大な日本側財政負担で果たしつつあり、これに随伴して自衛隊の「変質」も急である。こうした事態の背景のひとつとされている、「グローバル規模での格差と不平等」という不安は、なおも急速な拡大の方向にあり、おぼろげながら対抗軸が形成されつつあるとはいえ、こうした不安の解消に至る確かな行程は明確に描かれてはいない。

同じ国際社会でも、観点を変えれば、一九六〇年には三〇億人を超えた地球人口が、わずか四〇年後の前世紀末には倍増して六〇億人を突破し（正確には一九九九年七月という）、このままで推移すれば地球人口は、二〇五〇年には九〇億人を超えると予測されている。こうした人口爆発は、供給可能な食糧・水・エネルギーなどを基準に測定すると、当然のことながらこの地球の収容能力を超えつつあるという脅威にさらされている。すでに窮屈になりはじめてきた地球では、経済グローバル化に伴い急速に進行している「格差拡大」という名の世界大の新たな階級対立と相まって、地球人口の約二〇％にあたる一三億人が、一日の生活費が一ドル以下のいわゆる「絶対的貧困」状況にあり、さらに六千万人が飢餓状態にあるとされている。

自然の世界に目を転じると、大規模な地震・噴火・暴風雨・洪水・干ばつ・竜巻など、自然がもたらす不可避的な災害への脅威は人類史に常に随伴してきたものではあるが、近時の問題は、人口爆発とエネルギー消費の急上昇などがもたらすオゾン層破壊、砂漠化、森林破壊、氷河・永久凍土の消滅などなどによって生起している人為的な地球温暖化（英語でもglobal warmingと呼ぶが、「温暖」化というマイルドな語感では真相が伝わりにくい「灼熱」化）がその原因とされる異常気象とそれによる未曾有の環境破壊に対する脅威であろう。しかも、交通・通信・情報・運輸などの社会的インフラが高度化した現代社会では、こうした環境破壊がもたらす未曾有の自然災害の脅威は桁違いに増幅されている。こうした人為的要因によって、生態系・生物多様性の危機という不可逆的な自然秩序破壊ももたらされており、近未来における地球生物の、したがってその一員である人類の絶滅という不安さえ語られている（いわゆる「不都合な真実（An Inconvenient Truth)」）。

こうした地球規模での危険・不安・脅威を緩和・解消するために、科学技術の発展がはたしてきた役割はなるほど大きい。むしろ諸々の危険を、その原因とともに認知させてきたのは科学であったし、たとえ不可避的な自然災害であっても、それを予知し一定の対策をたて不安や脅威を軽減してきたのも科学の力であった。あるは科学技術の急速な発達によって、人々の生活は便利、迅速、簡易になった面はあるし、医療技術・薬品開発の急速な進展は、これまで絶望するしかなかった病気や死の脅威から人々を救出してもいる。

しかしこれらの「発展」は、一方で便利さ等を所与とする生活関係によって、かえってその「社会力」を脆弱化させる事態を導出してもいる。たとえば「ＩＴ革命」でもたらされた情報化社会とは、その情報システムがダウンしたりウイルスに侵されたりすると、直ちに金融・交通・通信・産業等の社会的基幹部分で連鎖的機能麻痺を引き起こし、容易にパニックを招来する脆弱な社会でもあり、防御に弱く、いわゆるサイバーテロにおびえる社会でもある。あるいはまた、これらの「発展」は他方で、クローン人間や遺伝子組み換え食品などといった新たな不安を生み出してもいる。感染症という脅威の原因を除去するために得られたある抗生物質の開発が、実は新たな抗生物質耐性菌を産出して人類を逆襲するという悪循環もある。もとより原子力利用の危険性や軍事技術の飛躍的な刷新

(revolution in military affairs: RMA) がもたらす脅威も減じてはいない。「大量破壊兵器」保有の嫌疑を根拠になされた。米軍のイラク武力攻撃は、劣化ウラン弾という核兵器さえも含む高技術水準の「大量破壊兵器」を用いてなされた。

人間社会に幸福と利便をもたらすはずの科学技術の発展が、逆に新たな危険や不安や脅威を生むというパラドックスが、ここにはある。科学技術の発展がもたらした生活の高度化・複雑化・総合化は、U・ベックの言い回しを借りるなら「産業システムに組み込まれた第二の自然 (die in das Industriesystem hereingeholte Zweitnatur)[5]」という事態を生み出しているといってよい[6]。

目を日本社会に転じると、グローバル規模で疾走するカジノ資本主義と資源・エネルギー偏差の直撃を受けてきた日本経済においては、主要先進国以上に着地点の見えにくいいわゆる「格差拡大」が進行し、「格差社会」という名の新たな階級社会が顕現していて、「新自由主義」という名の、ルールと節度から「自由」な日本資本主義の暴走により、この国に「伝統的」な長時間労働・不払い労働・過労死などに加え、失業・就職難・雇用不安の増大は急速であり、仮に「景気」がデータの上では回復することがあっても雇用不安はかえって拡大する「雇用なき回復 (jobless recovery)」が深刻化してきた。かくして年収二百万円以下の労働者（いわゆるワーキングプア）が一千万人をはるかに超えるという異常、名ばかり管理職・派遣切り・ネットカフェ難民・ホームレス・引きこもりなどが社会現象として常態化する異常が続く。二〇〇八年秋の米国発世界金融危機とそれに伴う円高パニックに襲われた日本企業は、莫大な内部留保や高い配当はこれを温存したまま労働者・市民の生活に巨大な犠牲を強いつつこれをのりきろうとしている。加えて、少子高齢化の社会に向かいながら、社会保障システムを劣化させていく生活保護・生活扶助・年金・医療保険システムの後退が――そのシステムを管理運営する行政部署において全く人為的なシステム瓦解が引き起こされていたという腹立たしい事象も顕在化させつつ――顕著でもある。「飽食」とされる日本において、生活保護が受けられないために餓死する人が年間五〇人もいるとか、平均寿命の高さを誇る日本でありながら、自殺者が年間三万人をはるかに超える状態が常態であるこの国を、「成熟社会」と呼ぶことはできまい。

これらの事象は、いわゆる「セイフティネットの張り替え」だけでは対応しきれない、いわば労働力商品化のグロテスクな極地の顕現であり、根源的・構造的な政治的解決が求められているが、その対応は鈍重かつ胡乱である。早い話が、一方で確かな層としての人々の生命・健康・生活の存続さえも危機に陥れる財政政策・社会保障政策があるというのに、他方で（所詮、人々の生命・健康・生活を破壊することを目的とする）軍事に費やす国家財政はなおも聖域化したまま突進するという矛盾があり、この矛盾の解決に根源的な政治的解決の道が確かにあるというのに、その種の問題にメディアも論壇もすっかり鈍感になってしまっているのはどうしたことだろう。

さらに目を身近に転じると、日常の食事においてさえ、ＢＳＥ（牛海綿状脳症、いわゆる狂牛病）、口蹄疫、鳥インフルエンザといった家畜伝染病の脅威があるほか、違法添加物や偽装ラベルの蔓延（「白い恋人」から「赤福」まで一流食品企業による「紅白」偽装合戦）、残留農薬・残留防黴剤・収穫後処理などによる食品・食材・食器・什器汚染等々の続出で、「安全な食事を安心して摂る」という人間生存の基本のところにおいても不安は大きい。

日常生活にさえ忍び寄る不安や見通しの暗さからか、人々の心理的不安と社会の荒廃現象等が表面化し、「安全な日本社会」も、いまや神話になってきたとされる。それは、耳目を集める新種の凶悪犯罪が増大しているように映るのみならず(7)、ドメスティック・バイオレンス、家族内犯罪、子ども・老人・路上生活者など社会的弱者への虐待、人格障害者による触法行為、愉快犯、通り魔犯罪、発作型犯罪、ストーカー、セクシュアル・ハラスメント、パワー・ハラスメント等々といったいわゆるボーダーレス型犯罪の社会的顕在化にも見られ、病める現代社会の様相がうかがえる。こうした危険・不安・脅威の感覚的増大に対し、一方では「死刑」を含む刑事法上の「厳罰化・

重罰化」、他方で「生活安全」を掲げる警察行政の強化とそれへの「住民参加」が促されるが、「防犯」カメラという名の監視カメラやいわゆるストリートビューカメラ、盗聴法、住基ネットなどを通してもたらされる「安心」システムの構築は、その裏側に監視・管理される社会という別様の不安をも醸成する。

思いつくままにこうしてトレースしただけでも、まことに「ごく普通の犯罪からテロの対策に至るまでの『安全』」が時代のキーワードとなり、これを「大義名分」とする「国家の過剰——出しゃばりすぎ」は顕著である。(8)のみならず現代社会は、多様な危険・不安・脅威に重層的に見舞われつつ、それに対峙するためとする「安全・安心」のために、より新たな危険・不安・脅威を呼び込んでもいる。

ただし国家が国民の安全を図ることは、近代国家以来の当然の責務でもあり、従来とは異なる危険・不安・脅威がなにがしか現存する以上、国家＝公権力が「公」の名においてそれを除去すべき任務を懈怠することは非難されるべきでもある。このあたりの複雑な事象に着目しつつ一九八〇年代以降、右に引いた社会学者・ベックの議論を嚆矢としていわゆる「リスク（risk, Risiko）」論が関心を呼んできた。こうしたリスク論は、もともとは天災のごとく責任を問いがたい危険（Gefahr）とは区別された、人間の営みがもたらす、したがって責任を問いうる危険（Risiko）が対象であるにもかかわらず、現代文明を「第二の自然」と命名したように、あたかも自然災害のごとく予測が不確実でありしたがって管理も困難な、しかし人々に危険・不安・脅威をもたらすがごとき現代的文明にどう向き合うかが、考察のポイントであった。ただ、そうであるだけに現代に特有な、従来の分析枠組みではその責任を問いがたい危険・不安・脅威があまねく包含されうる「開かれた」概念にもなりやすい。(9)かくして、「安心のファシズム」(10)への警戒はこれを維持しつつも、「リスク学」の構築は真摯な現代的学問的課題になりつつある。(11)

以上のようなさまざまな危険・不安・脅威は、別目的のために意図的に増幅されて注入されたイデオロギー的側面を含んではいるが、他方でなにがしか実態的・現実的な根拠を伴うものもあることは間違いなく、それらが折り重なって人々の心理に充満しているということを追い風に、それらがどんなものであれ、それらにあまねく即応できるような「包括的」な「危機管理体制」を求める声も強まってきた。しかし、想定しうる危険・不安・脅威も、すでに列挙したように多種多様であるから、その対処も多種多様であるほかなく、「包括的に」対処可能な危機管理体制なるものが、果して実効的に構築可能かは、極めて疑わしい。自然災害をターゲットに構築されてきた災害対策基本法制システムをベースに、「武力攻撃災害」なる「事態」に対処する法制を構築しつつあるいわゆる「有事法制」の基調は、政治・外交政策という人為的原因が呼び込む「武力攻撃事態」なるものを、あたかも地震・台風・噴火のような自然のもたらす不可避的で制御不能な事態と同質に見立てている点で、すでに批判されなければなるまい。肝心なことは、危機が起こった場合の管理体制もさることながら、危機が起こらないために何が必要かを周到に構想することであろう。

二　近代国家・憲法と「安全・安心」

「安全な生活を安心してすごしたい」という願望は、しかし今に始まったことではない。むしろ人類史を貫く人間的な願望であった。ただ、その願いが人類社会のいわば公的な表舞台に登場し、統治の妥当・正当な目的として標榜されるようになるのは、近代以降のことである。なぜなら「近代」は、治者と被治者の同一性と被治者に主権が帰属することを建前とするので、近代的統治は、被治者たる国家構成員の欲する「安全と安心」をも、統治の基本的目的に掲げることになるからである。このことは、近代の開始を宣言したいくつかの古典的文書の中にも見てとることができる。

米国で発せられた一七七六年七月四日の「独立宣言」が、近代のプロジェクトを描いた最初期の古典的文書のひとつであることは疑いない。この宣言は冒頭で、「すべての人（all men）は生まれながらにして平等であり、創造主によって、一定の奪いがたい権利を与えられており、その権利には、生命、自由、そして幸福の追求が含まれる」という著名なフレーズから説き起こす。その上で「その権利を確保するために、人びとのあいだに（among Men）政府が組織され、その権力の正当性は被治者の同意に由来する」とするとともに、「いかなる政府形体といえどもその目的に反するときには、その政府を改廃して、新しい政府を打ちたてる人民としての権利（the Right of the People）をもつ」と、J・ロックがデザインした統治原理の姿を描く。そして、こうして作られる「新しい政府」は「人民の安全と幸福（their Safety and Happiness）が最大となるような原則の基盤の上に打ちたてられ、また最大となるような形の権力の組織化を図らなければならない」と示した。ここでは「人民の safety」が、生命・自由・幸福追求の諸権利と等置される、新政府樹立の目的にして統治の目的とされていることに注目したい。

ところで、この文書はさらに続けて、米国独立の経緯を述べるために、新政府樹立（＝英国からの独立）の正当性を弁証するところでは、それに先立つ一般的正当性の文脈で、「長きにわたる暴虐と簒奪が……人民を絶対的な専制の下に服従せしめようとする企図が明らかになるとき」は、このような「政府を廃棄し、人民の将来の安全のために新たな保障の組織を整えることは、人民の権利であり義務である」とも述べているが、この「将来の安全」は、future security と記されていた。

ちなみに、独立宣言に二〇余日先立って発せられ、「独立宣言とその内容において密接に関連し、両者の間に影響関係の存する」[12]ヴァージニア権利章典（一七七六年六月一二日）は、第一項において、独立宣言と近似的な「奪いがたい権利」のことを定めるが、その権利とは「財産を取得して保有し、かつ、幸福と安全とを追求し獲得する手段によって、生命と自由を享受すること（the enjoyment of life and liberty, with the means of acquiring and possessing property, and pursuing and obtaining happiness and safety)」と定義している。同時に他方で、第三項では「政府というものは、人民、国又は社会の、共通の利益、保護及び安全のために設立され、あるいは設立されるべきものである（That government is, or ought to be, instituted for the common benefit, protection, and security of the people, nation or community)」と、政府設置の一般的デザインを示す。前者は safety であるが、後者は security である。

日本語ではともに「安全」と訳されることが多いこの safety と security——したがって訳者によっては「安全」とは別に「保安」「安寧」等々の訳語を駆使して訳しわけることもある[13]——は、以上の文脈からすれば、微妙以上のニュアンスの差異を含んでいて、あえて乱暴に識別をすることが許されるなら、「客観的な現実の危険に対する具体的な安全」を safety とし、その安全を組織的に整えて編成する「将来の不安に備える安心のシステム」を security としている、と推認できるだろう。権利論に引きつけて換言すれば、人々の具体的な権利としての「安全」はこれを safety とし、それを政府のシステム化された任務たる「安全」とするときは、これを security と観念している、と、ひとまずは類型化できる。

もうひとつの著名な近代の宣言文書である一七八九年八月二六日のフランス「人および市民の諸権利の宣言」は、「近代憲法の基礎的な諸観念、諸定式を提供[14]」したものとしてしばしば引証されるが、よく知られているその第二条は、「あらゆる政治的結合（association politique）の目的は、人の、時効によって消滅することのない自然的な諸権利の保全にある」と述べた上で、その「諸権利」として、「自由」、「所有（propriété）」および「圧政への抵抗」と並んで、「安全」をあげていた。ここでの「安全」は sûreté、すなわち sécurité（security）と区別された safety であった。したがってここでは、より直截に sûreté（safety）たる「安全」が、「人の権利」として数えられ、それを保障するのが統治ないし政府の目的とされていたと見ることができる。

フランスの諸権利宣言における権利としての「安全（sûreté）」は、一八世紀末革命期フランスの諸憲法が周知のような激しい変転を経緯する中でも、しかし、一貫して掲げられ続けた。八九年宣言を冒頭に掲げた九一年憲法はもとよりであるが、九三年のいわゆるジロンド憲法草案においても、これだけが採択された権利宣言の第一条は、「人の自然的・市民的・政治的権利（les droits naturels, civils et politiques）」として、「自由・平等・安全・所有（propriété）・社会的保障（garantie sociale）・圧政への抵抗」をあげているし、同年のいわゆるジャコバン憲法における権利宣言第二条は、「人の時効にかかることのない自然的な権利（les droits naturels et imprescriptibles）」として「平等・自由・安全・所有」をあげ、さらに九五年憲法における「権利と義務の宣言」第一条でも、「社会における人の権利（les droits de l'homme en société）」として「自由・平等・安全・所有」をあげている。[15] これら諸々の憲法的文書間の異同や背景には、よく知られている論点や議論があるが、いずれにしても「安全」が「人の権利」とされていたことに変わりはない。

この時代の憲法的文書に登場する「安全」が、身体的自由（人身の自由）のいわば総則的規定であったことは周知の通りである。八九年宣言は、この「安全」規定を受けつつ、刑罰平等原則、刑事法定手続き、罪刑法定主義、刑罰法規不遡及原則、無罪推定原則などを豊富に盛り込んだ。[16] 同旨のことはその後の諸憲法にもうかがわれる。加えて、九三年ジロンド憲法草案の権利宣言第一〇条では、この「安全」を「社会が各市民に対し、その人身（personne）、その財産（bien）及びその権利の保全（conservation）のために保護を与えること（protection）」と定義している。九三年ジャコバン憲法の権利宣言第八条も、ほぼ同様に定義した（「人身、権利及び所有（propriété）の保全のために」と微妙な異同はあるが）。しかし、九五年憲法における「権利と義務の宣言」第四条では、「安全は、各人の権利を確保するため、すべての者が協力することから生まれる（La sûreté résulte du concours de tous pour assurer les droits de chacun）」と定める。ここには、この憲法の「反革命的性格」[17] を反映してか、今日型の「安全」への社会動員を彷彿とさせる「協力（concour）」概念が垣間見えて興味深い。

なお、「人の権利」と「市民の権利」とを区分する近代憲法の権利構想に対し、「人の権利」とは「利己的な私的所有の権利」であり、「市民の権利と区分された人の権利」とは「市民社会の構成員の権利、すなわち利己的人間の、人間と共同体とから切り離された人間の権利」にほかならないと診てとった若きマルクスは、したがって「人の権利」としての「安全」についてもまた、「安全は市民（ブルジョア）社会の最高の社会的概念であり（Die Sicherheit ist der höchste soziale Begriff der bürgerlichen Gesellschaft）、全体としての社会（ganze Gesellschaft）は、その構成員の各々に対して、その人身（Person）、その諸権利およびその所有（Eigentum）の保全（Erhaltung）を保障するためにだけ存在するという、警察（Polizei）の概念である」と解析し、「安全の概念によって市民社会は、その利己主義を超越するのではない。安全とはむしろ、その利己主義の保証（Versicherung）である」と、そのイデオロギー批判を展開していた(18)。

以上のように近代憲法の理念には、権利としての安全 safety と、それを保障して人々に安心をもたらす安全 security とが含まれるが、両者は微妙にその意味するところが異なる。このことは、両語の語源となったラテン語の含意とも符合する。すなわち、sollus（完全）を語源とする safety とは、具体的な危険を排除する客観的な「安全」を指すのに対し、security の語源である securitas は、se（=without）+cura（=care）の意味であり、心配・不安のないこと、つまりもっぱら主観的な「安心」を意味するからである。ちなみにこうした相違は、両語のごく日常的用法において伺うこともできる。たとえば、safety belt は事故時の「安全」を具体的に図る装置であるのに対し、security blanket は幼児が眠りにつくのに「安心」をもたらす毛布であってその毛布自体の物的性質においてそうした具体的効用があるわけではない。

こうしてみると、安全 safety に対峙するのが危険 danger, risk であり、安心 security に対峙するのが不安

insecurity, insecureあるいは脅威threatであるという類型も可能かも知れない。近代のプロジェクトは、人々が「具体的な危険から免れて安全であること」を「人の権利」とした上で、その権利を将来的にも保障して人々の不安を極少化し安心をもたらすシステムをsecurityと考え、これを政治や統治の任務として設定した、と見てよい（ただしドイツ語圏では、危険でないことGefahrlosigkeitも不安でないことSorgenlosigkeitも、ともにSicherheitで言い表す。現代ドイツでの議論では、先に引いたベックの論述がそうであるように、Sicherheitの対象が人為的なRisikoか自然的なGefahrかの識別に重点があるように見受けられる）。

統治・政府の建前における任務としてのsecurityは、以上のような理念的原点に立ち返るなら、具体的な人間の「安全」をベースに構築する「安心」のシステムのことであり、本来、生きて生活する人々の場である生活世界(Lebenswelt)のところで、その保障のあり方を構想するのが、その理念にふさわしい。この原点を離れると、逆に根拠薄弱な（時には政治的・意図的に醸成された）「不安」を理由に、過剰な「安心」を求めて、非合理的な（別の政治的目的にとっては有効な）securityシステムを追求することにもなる。

もっとも、「安全」の客観性と「安心」の主観性は、そうしたとぎすまされた場面でなくとも矛盾関係に遭遇しうることは、たとえば「エホバの証人輸血拒否事件」（最判二〇〇〇年二月二九日民集五四巻二号五八二頁、参照）を思い起こすまでもなく、輸血という、客観的には当該患者の身体の生物的「安全」のためになされるはずの医療行為が、特定の宗教的信念のゆえに信条的・心情的「安心」と敵対するが故に拒絶されうる事例にうかがうことができよう。この事例では、当該患者は、客観的な「安全」ではなく主観的な「安心」を選択することで、当該疾病の「危険」は除去できないが、その主観的安堵感は満たされている。

三　ナショナル・セキュリティの光と影

さて、こうして生まれた「近代」は、国民を主権者とする「国民国家（nation state）」として展開してきた。そこでは、建前として、国家構成員たる国民の意向を忖度する国家が、「国民の安全と安心」の名において、様々なsecurityのシステムを構築していくことになる。日本語では「治安」ないし「公安」と訳されて別様のイメージをかもしだすpublic securityとは、社会体制的含意としては、労働力商品をも含む諸商品の「取引の安全」をはかるためのシステムにほかならないが、建前としては、国民国家内部でその構成員の平穏無事な生活を公的・警察的に保障することをはかる「公的安全」のことをさしていた。あるいは日本語では「社会保障」と呼ばれるsocial securityとは、社会体制的含意としては、労働力再生産の安定的確保システムという側面と、資本主義的生産様式によって構造的に産出される社会的弱者の権利要求をこのシステムに回収するという側面とをあわせもつが、建前としては、国民国家を下支えする社会の内部格差（＝階級対立）を社会自体の友愛的連帯的力能で是正する「社会的安全」のことであった。大雑把に言って、近代の当初は、国家はこのようなpublic securityをもっぱらの任務として標榜し、社会内部のことは「市民」の自由で自律的な活動に委ねることを建前としていたが、社会内部に構造的な矛盾が噴出し、社会自身による自律的是正・解決が困難になってくるに及んで、そうした社会の安全・安心を保障することを標榜して、国民国家秩序を維持するために、social securityが社会保障として打ち出されてくる、という歴史を歩む。いずれにせよsecurityには、当該の秩序を「安寧」のうちに「保安」する「安全保障」の色合いがあったことを想起しておきたい。

こうして近代は、国民国家の内部ではpublic securityからsocial securityへと重層的な展開を見せる一方で、対外的には国民国家を構成する抽象的一体としての国民ないし民族、すなわちnationの、そのsecurityをはかるとしてnational securityのシステムが登場してきた。これが国家単位で語られる「安全保障」へと巨大に成長してくることになる。同じsecurityでも、nation単位になると、軍事力を構えた「力」による「国家安全保障」として立ち現れ、「国」の「安全」を「保障」することが直ちに「国民」ないし「民族」の「安全」を「保障」することとされて、激しい国際的な（internationalな、すなわち諸nation間の）紛争・抗争を引き起こしていく。かようなnationという単位で安全・安心を構想するnational securityという発想に、近・現代史は長く親しんできた。そこでは「国家」の安全・安心が即「国民」ないし「民族」の安全・安心と観念されてきた。

周知のとおりnationとは、ラテン語の語源nation（出生・誕生）に立ち返るまでもなく、いわば「生まれ落ち」にまつわるなにがしか歴史的な紐帯を程度の差はあれ結合の要素に含む政治的統一体のことをさす。それは、当該nationの構成員ではないとされた者を「他者」として識別・分断・排除することを不断に覚醒する点で、類的存在（Gattungswesen）としての人間的紐帯と鋭い緊張関係に立つ。ただ、このnationが額面通り一体のものであるならば、当該nationの内部に限定する限り、同胞愛に満ちた、したがって「他者」との友愛（fraternité）にも開かれた美しい人間的共同体として歴史を刻むことができたであろう。しかし、「人の権利」としての「安全・安心」という理念的原点から見ても、とりわけ過ぎ去った（ホブズボームの言う「短い」）二〇世紀は、「国民国家」の（そして国民国家を単位とする国民経済・国際関係の）光と影が鮮明になった時代でもあった。

国民国家を基盤に主権国家と国民経済で営まれてきた近代は、人類と文明の発展を担ってはきたが、そこでのsecurityは、もっぱら抽象的一体としての国民（民族）イコール国家の安全保障として構想されてきた。しかしこのセキュリティ・システムにとっては、国民国家構成員以外の、たとえば植民地等の人々のことは、同じ人間であるにもかかわらず「他者」として埒外に置かれていた。また、そもそもnationには、その内部に多様性を内包しているにもかかわらず「一体性」を強制する面があるが、nation内部が構造的矛盾によって一体性が弱まり、あるいは崩れてきてもなお一体性を求めるキーワードとして多用されると、いわば「国益」と「人間益」の乖離を生み出す。かくして、「国家」の「安全」が、ただちに「人間としての国民国家構成員」の「安全」とは言い切れない事態も出来する。これに科学技術の軍事面での高度化と軍事抗争の総力戦化が連結すると、たとえその「国家」が、他者である他の「国家」に戦勝したとしても、構成員である「国民」には、勝敗を超えて悲惨な被害しかなく、敗者がつぶやく「国破れて山河あり」（杜甫）との句を借用するなら、「国は勝ちても惨禍あり」という事態が出来する。これが「国家安全保障」の実像であるとするならば、「人の権利」の見地からは、national securityにも疑問符がつけられなければならない。

こうして国家単位で安全を考える限界が見えてくるにしたがい、原点にかえって、安全と安心を人間的に設計しなおすことの必要性が見えてくるに及んで、nationのsecurityに代わる、ないしはそれを超えるsecurityシステムへのパラダイム転換が提唱されるようになる。パルメ委員会のcommon securityの提唱[19]を嚆矢として、なかんずく「人間」の安全と安心、すなわちhuman securityというコンセプトが、こうして呼び出されることになった。

四　「ヒューマン・セキュリティ」を読み解く

このコンセプトの登場とその意義に関してはすでに多くの言及があり、本書〈森英樹編『現代憲法における安全』〈日本評論社、二〇〇九年〉〉でも最終章の浦部論文「『人間の安全保障』と日本国憲法の『平和主義』」が論じるので[20]、ここでは本章の問題関心から、若干の論点を素描するにとどめたい。

この human security という概念は、国連機関である「国連開発計画（ＵＮＤＰ）」が一九九四年の『人間開発報告書』[21]（以下、「ＵＮＤＰ報告書」という）ではじめて提唱されたものであって、その意味では特定の背景と内容を持った国際政治上の、いわば固有名詞にほかならない。それは、いわゆる「冷戦」終結直後というある種楽観的な空気を色濃く帯び、在来型の軍事力を軸とする国家安全保障システムは、直面する不安定要素の除去にとって少なくともその相対的地位を後退させうるとの見通しから生まれたふしがある。この文脈で、貧困をはじめとする南北問題的要因の中に今後ありうる紛争の芽を見いだし、「恐怖と欠乏からの自由」を核心としてヒューマン・セキュリティは提唱された。したがって、この考え方の前提には「平和と開発の統合」とも言うべき発想で伏在しており、いわば「開発の不足に起因する不安定」に対して予防的対処をはかることに政治的含意があった。

周知のとおり右の楽観的空気はほどなく破られ、新たな地域紛争・民族紛争の顕在化から九・一一事件後へと上昇する「不安・危険・脅威」の高揚に伴い、国家安全保障システムへのある種の揺れ戻しが顕著となり、これにともなって国連次元ではこのコンセプトが後景に退きつつある。他方、このコンセプトを受け止める各国政府間にも温度差があり、たとえばカナダはこの構想を、いわゆるＰＫＯ、すなわち平和維持活動のニューヴァージョンとして受け止め、なにがしか軍事力をコミットさせる国際・外交政策の主軸に置く[22]。これに対して、日本政府の場合は、行き詰まってきたＯＤＡ政策のヴァージョンチェンジとして外交政策にビルトインする色彩が濃い[23]。このようにこのコンセプトの固有名詞性は、多分に政治性と多様性を帯びて各国に拡散している。

加えて、より根底的には、この構想をグローバル化時代の国際関係と世界経済に置いてみると、そこで追求される「安全・安心」とは、標榜されるその普遍性の背後で、そうした「安全・安心」を不可欠とする側からの新たな秩序づけと安定化という契機が見え隠れもする。たしかにＵＮＤＰ報告書は、ヒューマン・セキュリティを、「経済、食糧、健康、環境、個人、地域社会、政治」の七領域に分けて論じており、在来型の安全保障は、個人、地域社会、政治の領域で触れられるにとどまっていて、その後退ぶりは顕著ではある。ただ、ヒューマン・セキュリティへの「六つの脅威」として「爆発的な人口増加、経済的機会の不平等、国際間の過度な人口移動、環境の悪化、麻薬生産と取引」をあげるとともに、概念規定のないまま「国際テロ」をあげることも忘れてはいない。「国際テロ」なる概念は、なるほど主権国家単位による伝統的な「安全保障」では標的になかったにせよ、しかし在来型の安全保障の標的には、程度の差はあれ、収められてきていた。してみるとヒューマン・セキュリティ構想には、主権国家単位の、ないしは主権国家（有志）連合による伝統的国家安全保障システムでは抑止しきれない国際秩序攪乱要因を、グローバル規模で制御・統御してしかるべく秩序づけるという面が潜んでもいるだろう。その限りでは近代国家史に登場したnational securityシステムを通貫する側面が、このコンセプトにも潜んでいることは看過できない。(24)

いうまでもなく、世界には在来型の「安全保障」以外にも多くの問題が生じてきており、特に「国家安全保障」ではカバーしきれない問題が急速に増大してきている。それらの多くをカバーするためにＵＮＤＰが取り上げた諸問題は、いずれもそれぞれ極めて重要なものであることは否定できない。しかし、それらが在来型の安全保障システムにとって代わったという理解は必ずしも正確ではないだろうし、各国政府はそのように理解もしていない。(25)ＵＮＤＰ報告書が、「領土保全のsecurityから人間を重視したsecurityへ」、および「軍備によるsecurityからsustainable human developmentへ」と「securityに関する考え方を二つの基本的方法で切り替える」ことを説いている点は、なるほど好意的に受け止められているし、そう受け止めていいだろう。ただ、その前提には「いまこそnational securityという狭義の概念から、human securityという包括的な概念に移行すべき時である」との時代認識があって、単純な「national securityからhuman securityへ」というパラダイム転換を説いているのではなく、「national securityを含む包括的なhuman security」へのいわば転轍を提唱していることには、留意を要する。見てのとおり human security 構想は伝統的な national security を排除しきってはいないからである。safety と security との相違はすでに触れたが、ヒューマン・セキュリティ概念の用法における security 概念のこうした拡大化は、safety と security とをともに無造作に包含し、それらを脅かす危険・不安・脅威は、それが何であれ、グローバル化しつつある巨大社会に居住する「人間」に対するそれとして最広義に一括化され、いわば普通名詞化されて、固有名詞的性格をも希薄化させて包み込むきらいがある。

グローバル化と呼ばれる時代に、主権国家の敷居が低められつつあることは、客観的事象としてはそのとおりである。それが当該主権国家の自覚的政策選択の結果でもありうるという「政策としてのグローバル化」を念頭に置けば、こうした事態は必ずしも「主権国家の黄昏」を呼び出すとは限らない[26]が、ただ、security をはかるステージが、主権国家内の public なステージ、social なステージ、そして national なステージを超えて、あるいはそれらに加えて、global なステージに（も）比重がかかりつつあることも事実であろう。human security が問われる事態とは、なにがしか境界線を引かれた共同体の単位 unit で構想されてきた security のシステムではなく、あるいはそれを超えて、むき出しの諸個人が「人間」として global レベルでその security に直面していることの証左でもある。

さればこそ、security が、元来は権利としての safety を起点にシステム化されてきたはずだという原点に、今さらながら立ち返る必要があろう。そのさい、原点のところから孕まれていた、安全という「権利」の保障が、政府目的とされて国家によって独占的に制度化されることがもたらす、いわゆる「植民地化」[27]の問題に、あらためて立ち寄る必要がある。ある論者が的確に指摘するように、近代国民国家の「安全保障（security）」システムが「その属性として持つ『国家への依存』構造」は、ともすれば「国民に安全保障への無関心を生み育て」ることになり、かくして「国民は国家が脅威を除去してくれることに身を任せ、自らの安全保障という目的が確保されたことで安心し」てしまい「油断する」[28]。あるいは、著名なフランスの現代思想家が、一七八九年宣言に立ち返りつつ喝破するように、その第二条が「安全保障（sécurité）ではなく安全（sûreté）」としていることは「副次的な用語法のニュアンスの問題」ではなく、「安全」が市民の「国家への権利」とされた瞬間から、「安全は国家の一機能となり、市民は暗黙のうちに国家に保証を求める。この側面には、安全保障（sécurité）という語をあてることができるだろう。安全保障というのは、市民が自分たちで設立した国家から安全（sûreté）を受け取るときに、その安全が変容したものである」[29]。だとすると、この思想家とともに、「［安全という］基本権（いわゆる自然権）は、〈主〉や〈守護者〉とともに授けられたものではけっしてない。なぜならそれらは授与可能なものではないからである。それは、市民自身がそれを行使することによって、すなわちまず蜂起によって、次に日常的な行使——それは結局のところ民主主義そのものなのだが——によって、市民自身が手に入れる権利である」[30]というほかないかに見える。ただ、「安全」が「人の権利」保障・実現であることを片時も手放さない必要があるとしても、それは、個々人の個人的レベルで自己完結的に実現・確保するのはすこぶる困難というほかない。他方で「民主主義」の行使が「人の権利」保障・実現にセンシティヴであるかは、（とりわけ日本においては）片時も「油断」できない注意事項である。そうであるとするなら、「公共圏」構築の筋道と同様にここでも、「ともすれば法化・制度化によって受けやすい『植民地化』を、論理的にも構造的にも峻拒しうる自由で動態的な、日々更新される『自発的・自律的結社（Assoziation）』の、その『論理』と『構造』[31]」を探りあてることが、なおも課題として横たわっているだろう。まことに「近代」とは、ここでも「未完のプロジェクト」である。

五　おわりに

ともあれ、ヒューマン・セキュリティのコンセプトの登場は、普通名詞としては、主権国家による軍事力中心の伝統的な「国家安全保障」観から、人々が人間らしく「恐怖と欠乏からの自由」をはかるシステムへと、安全保障観のパラダイムを転轍することで転換する可能性を秘めてはいる。この「恐怖と欠乏からの自由」という文言は、周知のとおり一九四一年・大西洋憲章に最初に登場したフレーズであり、ファシズムの「恐怖」からの自由とそれを生み出す「欠乏」からの自由を、「正義の戦争」の目的として示した連合国（United Nations）の標語ではあったが、その普遍的な含意は、大西洋憲章の理念の延長線に結成された国際連合（United Nations）の精神を支え、また敗戦後の日本が国際社会に復帰する宣言でもあった日本国憲法の前文にも謳われている。ただし、日本国憲法の場合は、世界のすべての人々（all peoples of the world）がひとしく保有する、「恐怖と欠乏から免かれ」平和のうちに生存・生活する「権利」（the right to live in peace）として宣言された。この点は、日本国憲法こそが、「正義の戦争・武力行使」を法認する大西洋憲章・国連憲章の枠組みから飛翔しつつ、「安全」の「権利」性という原点に立ち返ってそれを現代的に蘇生させたのだ、という観測が可能であるなら、改めて注目を与えていいだろう。(32)

（1）　以下の論述は、筆者が日本学術会議第一八期・一九期会員に選任され、その活動の一環として筆者が委員長を務めた「ヒューマン・セキュリティ」特別委員会及び「学術と社会」常置委員会並びに筆者が幹事を務めた「日本の計画」特別委員会の諸活動を通して得られた知見を参照しており、各々の報告書に筆者が執筆した部分を下敷きにしている。参照、日本学術会議対外報告書『安全で安心なヒューマンライフへの道』（二〇〇三年三月一七日）、同『科学におけるミスコンダクトの現状と対策』（二〇〇五年七月二一日）、日本学術会議『日本の計画 Japan Perspective』（二〇〇二年一二月）、同『科学のミスコンダクト』（日本学術協力財団、二〇〇六年）。なお、同『多発する事故から何を学ぶか――安全神話からリスク思想へ』（日本学術協力財団、二〇〇一年）も参照。なお、本章は拙稿「憲法学における『安全』と『安心』」藤田宙靖＝高橋和之編『憲法論集』（創文社、二〇〇四年）を大巾に加筆・補訂したものである。

（2）この点を論じた文献は多いが、最近の考察として参照、松井芳郎「国際法における武力規制の構造」ジュリスト一三四三号（二〇〇七年）。

（3）この点につき文献は多いが、さしあたり参照、大沢秀介＝小山剛編『市民生活の自由と安全』（成文堂、二〇〇六年）、岡本篤尚『《九・一一》の衝撃とアメリカの「対テロ戦争」法制』（法律文化社、二〇〇九年）。

（4）参照、二〇〇八年七月二日付読売新聞夕刊、水島朝穂「今週の直言」二〇〇八年七月七日（http://www.asaho.com/jpn/）、あわせて参照、http://www.yomiuri.co.jp/feature/20080625-3057808/news/200807052-OYT1T00449.htm、「特集／サミットと『テロ対策』」法と民主主義四二九号（二〇〇八年）。なお参照、拙稿「『戦う安全国家』と人間の尊厳」ジュリスト一三五六号（二〇〇八年）〈本書Ⅲ部一三章〉、山内敏弘「ドイツのテロ対策立法の動向と問題点」龍谷法学四〇巻四号（二〇〇八年）。

（5）Ulrich Beck, Risikogesellschaft — Auf dem Weg in eine andere Moderne, Frankfurt a. M. 1986, S. 9 f. 邦訳・ウルリヒ・ベック（東廉＝伊藤美登里訳）『危険社会』（法政大学出版局、一九九八年）五頁（なお本稿での外国語文献引用は必ずしも邦訳どおりではない）。Auch vgl. ders., Politik in der Risikogesellschaft, Frankfurut a. M. 1991.

（6）参照、村上陽一郎『安全学』（青土社、一九九八年）四五頁以下。なお、村上『安全と安心の科学』（集英社新書、二〇〇五年）、「特集／『安全』とは何か」現代思想二七巻一一号（一九九九年）も参照。

（7）このあたりの事情の正確な検証につき、さしあたり河合幹雄『安全神話崩壊のパラドックス』（岩波書店、二〇〇四年）、清水雅彦『治安政策としての「安全・安心まちづくり」』（社会評論社、二〇〇七年）等、参照。

（8）樋口陽一「撤退してゆく国家と、押し出してくる『国家』」憲法問題一四号（二〇〇三年）一八七頁。

（9）この点は、U・ベックが九・一一事件直後に行った講演で――事件「直後」でありロシア国会での講演であったことを差し引いたとしても――当該事件をもRisikoの枠組みで論じていることに窺われる。Vgl. Ulrich Beck, Das Schweigen der Worter, Frankfurt a. M. 2001. 邦訳・ウルリッヒ・ベック（島村賢一訳）『世界リスク社会論』（平凡社、二〇〇三年）に収録。Auch vgl. ders., Macht und Gegenmacht im globalen Zeitalter, Frankfurt a. M. 2002. 邦訳・ウルリッヒ・ベック（島村賢一訳）『ナショナリズムの超克』（NTT出版、二〇〇八年）。

(10) 参照、斎藤貴男『安心のファシズム』（岩波新書、二〇〇四年）。なお参照、金子勝＝アンドリュー・デウィット＝藤原帰一＝宮台真司『不安の正体』（筑摩書房、二〇〇四年）。
(11) 橘木俊詔＝長谷部恭男＝今田高俊＝益永茂樹責任編集『リスク学入門（全五巻）』特に長谷部恭男編『法律からみたリスク』（岩波書店、二〇〇七年）。なお参照、『リスクと社会』思想九六三号（二〇〇四年）。
(12) 種谷春洋『近代自然法学と権利宣言の成立』（有斐閣、一九八〇年）二八九頁。
(13) たとえば関之『近代人権宣言史』（勁草書房、一九六五年）三九頁以下や初宿正典＝辻村みよ子編『新解説・世界憲法集』（三省堂、二〇〇六年）七五頁〔野坂泰司担当〕などは、いずれをも「安全」とするが、高木八尺＝末延三次＝宮沢俊義編『人権宣言集』（岩波文庫、一九五七年）一〇九頁（ヴァージニア権利章典）は safety に「安寧」、security に「安全」、一一四頁（独立宣言）では safety に「安全」、security に「保安」の訳を当てている（斎藤真担当）し、種谷春洋『アメリカ人権宣言史論』（有斐閣、一九七一年）二二七頁では、safety に「安寧」、security に「安全」を、しかし二四九—二五〇頁では security に「安全保障」の訳を当てている。
(14) 樋口陽一『比較憲法〔全訂第三版〕』（青林書院、一九九二年）五七頁。
(15) フランス憲法・権利宣言の変転については、一九五〇年代の長谷川正安による研究（のちに長谷川『フランス革命と憲法』〔三省堂、一九八四年〕に所収）をはじめ、後続する杉原泰雄『国民主権の研究』（岩波書店、一九七一年）等、樋口・前掲書等、浦田一郎『シエースの憲法思想』（勁草書房、一九八七年）、辻村みよ子『人権の普遍性と歴史性』（創文社、一九九二年）などの豊富な研究史に負っている。なお、各憲法等のテキストは参照、M. Duverger, Constitutions et documents politique, Paris 1957 (14e éd. 1996).
(16) 辻村・前掲書一〇六—一〇七頁、白取祐司「人権宣言と刑事上の人権」深瀬忠一＝樋口陽一＝吉田克己編『人権宣言と日本』（勁草書房、一九九〇年）一〇八—一一二頁。
(17) 長谷川・前掲書二三〇頁以下。
(18) K. Marx, Zur Judenfrage, 1843, jetzt in: MEW Bd 1, 8. Aufl., Berlin 1972, S. 365 f. 邦訳『マルクス＝エンゲルス全集』第一巻（大月書店、一九五九年）四〇二—四〇三頁。
(19) The Report of the Independent Commission on Disarmament and Security, Common Security Issues, 1982. 森治樹監訳・パルメ委員会報告書『共通の安全保障』（日本放送出版協会、一九八二年）。

(20)　憲法学からの言及に限っても、浦部法穂「『国家安全保障』から『人間安全保障』へ」山内敏弘『日米新ガイドラインと周辺事態法』（法律文化社、一九九九年）、大久保史郎「グローバリゼーションと『人間の安全保障』」上田寛＝大久保編『挑戦を受ける刑事司法』（日本評論社、二〇〇一年）、君島東彦「主権国家システムと安全保障論の現段階」公法研究六四号（二〇〇二年）、古関彰一「いま安全保障観をどう再検討するか」世界七〇七号（二〇〇二年）、同「『国家安全保障』は平和を保障しない」論座九七号（二〇〇三年）、山内敏弘「安全保障論のパラダイム転換」同『人権・主権・平和』（日本評論社、二〇〇三年）、『講座・人間の安全保障と国際組織犯罪（全四巻）』特に大久保史郎編『グローバリゼーションと人間の安全保障』（日本評論社、二〇〇七年）など、多数にのぼる。

(21)　United Nations Development Programme, Human Development Report 1994. 国連開発計画『人間開発報告書一九九四』（国際協力出版会、一九九四年）。

(22)　参照、勝俣誠編『グローバル化と人間の安全保障』（日本経済評論社、二〇〇一年）三―三頁以下。

(23)　日本政府提唱の「人間の安全保障委員会」については参照、同委員会編『安全保障の今日的課題』（朝日新聞社、二〇〇三年）。

(24)　「テロ」の定義の困難さについて簡単には首藤信彦『現代のテロリズム』（岩波書店、二〇〇一年）七頁以下、国際法の視点から「国際テロ」の定義がなく、かつ法的には「国内犯罪」であることを説く松井芳郎『テロ、戦争、自衛』（東信堂、二〇〇二年）九頁以下、参照。

(25)　この点についての最近の学際的研究として、阪口正二郎編『岩波講座憲法5グローバル化と憲法』（岩波書店、二〇〇七年）、参照。

(26)　この点につき参照、拙稿「『グローバル化変動』と憲法・憲法学」樋口陽一＝森英樹＝高見勝利＝辻村みよ子編『国家と自由――憲法学の可能性』（日本評論社、二〇〇四年）。

(27)　この点につき参照、拙稿「憲法と公共・公共性・公共圏」拙編『市民的公共圏形成の可能性』（日本評論社、二〇〇三年）六頁以下〈本書Ⅰ部七章〉。

(28)　古関・前掲論文注(20)「『国家安全保障』は平和を保障しない」四七―四八頁。ここでは、シェークスピア作品の翻訳が「security」を「油断」と訳していることにヒントを得て説得的である。

(29)　É. Balibar, Droit de cité, Paris 1998, pp. 28-32. エティエンヌ・バリバール（松葉祥一訳）『市民権の哲学』（青土社、二〇〇〇年）三五―四一頁。

(30) Ibid, p. 29. 同右二六頁。なお参照、É. Balibar, L'Europe, l'Amérique, la guerre, Paris 2003. エティエンヌ・バリバール（大中一彌訳）『ヨーロッパ、アメリカ、戦争』（平凡社、二〇〇六年）。

(31) 拙稿・前掲論文注（27）八頁。

(32) この点につき参照、拙稿「憲法における九条の位置」季論21創刊号（二〇〇八年）。

第二三章　「戦う安全国家」と個人の尊厳

はじめに

ハイジャッカーが旅客機を乗っ取ってこれを武器とし、乗員・乗客もろとも地上の標的に自爆攻撃をかけようとするとき、地上にいる圧倒的多数の人々の生命を守るため、当該旅客機を撃墜する（したがってハイジャッカーのみならず乗員・乗客の人命を奪う）ことは、法的に許されるか――九・一一事件を想起するまでもなく、こうした極限状況での「選択」を迫られるのが今日の「リスク社会」であるとする議論が、このところ盛んである。

ことは遠い外国での「極限事例」を素材とした机上の法解釈・理論問題にとどまらない。過ぐる〈二〇〇八年〉一月二四日、「政府は、七月に開かれる北海道洞爺湖サミットで、ハイジャックされた航空機がサミット会場を標的にする航空テロを想定、警告に従わない場合には治安出動に基づいて航空機を撃墜することなど、事態対処について検討する方針を固めた」との報道があった。(1) 二月七日に政府は、サミット開催期間中、会場から半径五五㎞を「飛行禁止空域」に決定したというが、この件につき記者会見した石破茂防衛大臣は、「自衛隊による迎撃が可能か検討していることを示唆した」と報じられてもいる。この報道は、「石破氏の念頭には……ドイツで〇四年九月、民間機を撃墜できるように連邦議会が『航空安全法』を改正したことがあるとみられる」としていた。[2] しかし、その航空安全法の当該規定が、ドイツでは、二〇〇六年二月一五日に連邦憲法裁判所によって違憲の判決を受け無効となったことを、この記事は触れていない——。

本稿には、ドイツにおけるこの事案を素材に、国家が「戦う」ことで得られるとする「安全」と、そこで失われる「個人の尊厳」とが「衝突」する問題状況を検討することが求められた。[3] 余談ながら、上記の石破「示唆」の線は、その直後に起こった、海上自衛隊のイージス「護衛」艦（destroyer）「あたご」が小型漁船「清徳丸」を「駆逐」（destroy）するという衝撃的事件もあってか、沙汰止みになったようであるが、一方でハイジャック機を乗員・乗客の生命ともども自衛隊機が撃墜するかもしれないという「計画」を構想しながら、他方で「平時」の洋上で自衛艦が漫然と操舵して小型漁船を破壊・沈没させ、「尊厳」ある漁師親子の Leben を破砕するというこのアンバランスは、自衛隊という軍が担当する「安全・安心」なるもののいびつな真相の一端を垣間見せているだろう。

一　航空安全法の制定

航空安全法（Luftsicherheitsgesetz, BGBl. 2005 I, S. 78）案は、二〇〇三年一一月に、（社会民主党ＳＰＤと九〇年同盟・緑の党 Bündnis 90/Die Grünen との連立政権であった）連邦政府が閣議決定し、翌年一月に連邦議会に提出された。背景に合衆国の九・一一事件があったことは言うまでもないが、ドイツでも二〇〇三年一月五日にある事件が起こった。軽飛行機を奪った男が、フランクフルト上空に侵入・旋回し、電話で欧州中央銀行ビルに突入する旨を知らせるに及んで一気に緊張が高まったが、結局自ら着陸して事なきを得た事件である。犯人は三一歳の学生で政治的背景はない事件であったが、一時は、高層ビルやその周辺から市民が避難し、フランクフルト空港が閉鎖され、警察ヘリに加えて連邦空軍が二機のファントム戦闘機をスクランブル発進させる騒ぎとなった。ハイジャック機による高層ビル突入——九・一一事件の再来を想起した市民も少なくなかったという。

この事件を契機に、かつ九・一一事件のはるか以前から蓄積してきた一連のいわゆる「テロ対策立法」をベースとして、こうしたケースに空軍を出動させ撃墜もさせるとする航空安全法案は、既存法律の改正を含む「航空安全任務の新規定のための法律（Gesetz zur Neuregelung der Luftsicherheitsaufgaben）」案の一部として提出された。しかし、ここには基本法上きわどい問題が孕まれる。ドイツ連邦共和国基本法（以下「基本法」という）八七a条二項は、ドイツにおける「軍」のもつ特有の歴史にかんがみ、「軍隊は、防衛のために出動する場合のほかは、この基本法が明文で許容している限りにおいてのみ、出動することが許される」と厳しく制限しており、その基本法上の「明文の許容」のひとつとして、三五条二項は「自然大災害（Naturkatastrophe）または特に重大な災厄事故（besonders schwerer Unglücksfall）の場合に援助を受けるために（zur Hilfe）、ラントは、〔他のラントの警察力等のほかに〕……軍隊の実力と施設（Kräfte und Einrichtungen）を要請することができる」とし、また同条三項では「自然大災害または災厄事故」が複数のラントにまたがる領土に危険を及ぼす場合には、「連邦政府は、これに有効に立ち向かう（Bekämpfung）ために必要な限りにおいて、……警察力を支援するために（zur Unterstützung）……軍隊の部隊（Einheit der Streitkräfte）を出動させることができる」と定めている。しかし、ハイジャック機による「攻撃」を「〔特に重大な〕災厄事故」とみなすことが仮にできたとしても、それを軍が乗員・乗客ともども撃墜するという、ラント警察法が定めていない対応措置を、別法律で「警察を援助・支援するために」定めることには基本法上重大な困難があり、最大野党キリスト教民主・社会同盟（ＣＤＵ／ＣＳＵ）は、法案の趣旨には同意しながら、端的に基本法改正を求めてさえいた。法案は一部修正して与党の賛成により二〇〇四年六月に連邦議会で可決された。問題の条項は以下のとおりである。

第一四条（出動措置（Einsatzmaßnahme）、命令権限（Anordnungsbefugnis））

（一）　特に重大な災厄事故の発生を阻止するために、軍隊は、上空において、航空機の航路を変更させ、着陸を強制し、武力（Waffengewalt）を用いて威嚇し、または警告射撃を行うことが許される。

（二）　複数の可能な措置のなかからは、個人および公衆（Allgemeinheit）に対する危害を、予測しうる最小のものとする措置が選択されなければならない。当該措置は、その目的達成に必要な期間および範囲の限りにおいてのみ実施することが許される。当該措置は、その措置によりもたらされる成果に対し明らかに均衡を欠く損害を生じさせてはならない。

（三）　直接的な武力の行使（Einwirkung）は、航空機が人間の生命に対して向けられており、かつ、当該行使がこの現在の危険（gegenwältige Gefahr）を防御する唯一の手段であることが、状況に応じて前提としうる場合にのみ認められる。

（四）　第三項による措置は、連邦国防大臣または防衛事態においてはその代理権限のある連邦政府の構成員のみが、これを命ずることができる。その他の場合は、連邦国防大臣は、連邦空軍総監（Inspekteur）に対して、第一項による措置を命ずる一般的権限を授権することができる。

しかし連邦議会で可決された同法に、野党多数の連邦参議院(4)が同意せず、両院協議会を経ても合意できなかったため、九月には連邦参議院が「異議（Einspruch）」を提起する事態となった。基本法七七条四項では、連邦議会が「投票総数の過半数」で可決した法律案に対し、連邦参議院は「票決の過半数」で「異議」を議決することができ、その場合には連邦議会が「構成員の過半数」の決議でこれを却下できると定める。日本でも話題の加重要件による第一院の再議決であるが、この却下議決は「構成員の過半数」をわずか二上回るだけの賛成三〇三（反対二七八）で辛うじて成立した。

加えて、翌年一月一二日に、同法認証の署名をするにあたって、ケーラー連邦大統領が、問題の航空安全法一四条三項等に対し、第一に、撃墜対象とされるハイジャック機の乗員・乗客が保障されるべき基本法一条一項の「人間の尊厳」および二条二項の「生命への権利」（以下「生命権」という）「身体を害されない権利」への侵害はないか、第二に、同法による軍隊出動の基本法上の根拠は何か、について、憲法適合性への懸念（verfassungsrechtliches Bedenken）を表明し、連邦宰相・両院議長に書簡を送って連邦憲法裁判所がこの点の合憲性を明らかにするよう促しもした(5)。基本法上大統領に、法律認証にあたってそれを拒否する権限・前例がないわけではないが、認証署名をしながらのこうした懸念表明は、戦後ドイツ大統領制の性格からしても極めて異例である(6)。ともあれ、この大統領懸念表明をも背景にしつつ、元ノルトライン・ヴェストファーレン・ラント内相で元連邦議会副議長でもあるB・ヒルシュを代表とし、元連邦内相G・バウムなどの野党・自由民主党（ＦＤＰ）所属政治家など、六名が憲法異議（Verfassungsbeschwerde）を申し立てた。

二　航空安全法違憲判決

二〇〇六年二月一五日、ドイツ連邦憲法裁判所第一法廷は、航空安全法一四条三項が、基本法八七ａ条二項、三五条二項・三項、そして、「人間の尊厳」を定めた基本法一条一項と結びついた「生命権」等を定める二条二項一文のいずれにも適合せず無効であるとする判決を下した。(7) パピーア連邦憲法裁判所長官を含む八人の裁判官全員一致である。違憲判決は珍しくないドイツでも、この判決は、以上に見た異様な経緯と焦点問題のシリアスさもあって、内外で大きな議論を呼んだ。(8)

判決集が示す主旨（Leitsätze, S. 118）は以下の三点である。

① 連邦は、基本法三五条二項二文および三項一文から直接に、自然大災害および特に重大な災厄事故に立ち向かう際の軍隊の出動および関係する諸ラントとの協働に関する細目を定める規律を立法する権利を有する。「特に重大な災厄事故」という概念は、大災害の発生を、確実性にほぼ等しい蓋然性で予測させる事象をも含む。

② 基本法三五条二項二文および三項一文は、連邦に対し、自然大災害および特に重大な災厄事故に立ち向かう際に、軍事に特有の武器（spezifisch militärische Waffe）を伴って軍隊を出動させることを許していない。

③ 航空安全法一四条三項により、人間の生命に対して向けられる航空機を、武力の直接行使で撃墜することを軍隊に授権することは、航空機に搭乗している当該行為と無関係な人間に及ぶ限りにおいて、基本法一条一項の人間の尊厳の保障と結びついた二条二項一文の生命権と合致しない。

本件の争点は、当該憲法異議要件の適法性の存否といういわば入口の論点（S. 135 ff.）を別にすれば、実体的論点は、連邦大統領が表明した「懸念」とおおむね同旨であった。判決は、その実体的争点への判断の冒頭を、「生命権」について説くところから書き起こす。いわく「基本法二条二項一文は、生命権を自由権として保障する。この権利により、人間各人の生物学的・肉体的実在（Existenz）は、その生誕の時点からその死の入口に至るまで、各人の生命状況や身体的・精神的状態に関わりなく、国家による侵害から保護される。各人の人間たる生命は、それ自体で等価値である」(S. 139)。この見地が判旨を貫く。

第一の論点は、航空安全法一四条三項が定めた連邦軍の出動・武力行使の要件が基本法に違反しないかにあったが、判決はおおむね次のように判示する (S. 139 ff.)。すなわち、基本法八七a条二項が厳格に定める軍の出動要件は、一九六八年の基本法改正によるものであるから、その「解釈と適用にとって決定的なのは、連邦軍の国内出動の可能性を、文面に厳密に忠実たるべしという要請によって限定するという、その目標 (Ziel) である」(S. 142)。このことは基本法三五条二項および三項の場合にも妥当するが、「航空安全法一四条三項による航空機への武力の直接行使という出動措置は、基本法三五条二項二文の枠組みを遵守するものではない。けだしこの規定は、自然大災害および特に重大な災厄事故に立ち向かう際に、軍事に特有の武器を伴う軍隊の戦闘出動 (Kampfeinsatz) を許してはいないからである」(S. 146)。同様のことは、当該「災厄事故」が複数のラントにまたがる領土に危険を及ぼす場合の軍隊の戦闘出動にも当てはまり、航空安全法一四条三項は、基本法三五条三項にも合致しない (S. 148 ff.)。

第二の論点はより根源的であり、ハイジャック機の攻撃から地上の生命を防御するためとして、機中の乗員・乗客の生命を剥奪することが、基本法の保障する「人間の尊厳」や「生命権」を侵害しないかにある (S. 151 ff.)。この点につき判決は、「航空安全法一四条三項は、……軍隊に対して、航空機への攻撃を、当該攻撃の犠牲者となる人間がその内部にいるにもかかわらず……許容する限りにおいて、基本法一条一項の人間の尊厳にかんがみ、基本法二条二項一文〔生命権〕と実質的にも合致しない (nicht in Klang)」(S. 151) と明確かつ原則的に判じた。ただ、続けて「ただし、航空安全法一四条三項による出動措置が、無人の航空機に対して、または当該攻撃に責任を負う者〔＝ハイジャック犯〕に向けられる限りにおいてのみ (nur)、この規定は、実質的憲法上の疑念を免れる」とも述べている (S. 151 f.)。

判決の原則的見地は、「基本法二条二項一文が保障する生命への基本権は、同三文により法律の留保の下にあるが、しかし、これを制限する法律は、他方で、この基本権およびこれと密接に結びついた基本法一条一項の人間の尊厳の保障に照らして、これを見なければならない。人間の生命は、基本的憲法原理にして最高の憲法価値たる人間の尊厳の死活的（vital）基盤である。あらゆる人間は、その資格・身分、身体的・精神的状態、能力および社会的地位に関わりなく、人格（Person）としてこの尊厳を保有する。人間の尊厳は、いかなる人間からもこれを奪うことはできない」（S. 152）とするところにある。

その上で判決は、「国家には、生命権と人間の尊厳とのこのような関係に照らして、一方では、人間の尊厳への軽視を禁じたことに違反して自らの措置を講ずることで生命への基本権を侵害することが禁止されている。他方で、国家は、あらゆる人間の生命を保護する義務を負ってもいる。この保護義務は、国家とその機関に対して、あらゆる人々の生命の前に立ってこれを保護しかつ支援するよう求めるのであり、なかんずく、第三者による違法な攻撃や侵害から保護することを求める。この保護義務もまた、その根拠を……基本法一条一項二文に置く」との見地を示し、「国家による基本権保護義務」を判示した（一九七五年第一次堕胎判決以後の）周知の判例の参照を求める（S. 152）。ただ「この義務付けが国家行為にとって具体的に何を意味するかは、必ずしも明瞭ではない」が、しかし基本法制定者の考えから出発すれば、「人間の尊厳を尊重し保護する義務は、人間を国家の単なる客体（Objekt）とすることを一般的に禁止している」から、「この基準によれば、航空安全法一四条三項は、同項が前提とする、戦争ではない突発的航空事故（nichtkriegerischer Luftzwischenfall）において、乗員・乗客としてその発生になんらの影響も及ぼしていない人々が、航空機の撃墜によって被害を受ける限りにおいて、基本法二条二項一文および一条一項に合致しない」（S. 153）。さらに「この極限状況にあって、……乗客・乗員は特殊に逃げ道のない状況に置かれる。この人々は、もはや他者から独立して自己決定により自らの生命状態に影響を与えることはできない。このことは、この人々を犯人の客体にするだけではない。国家もまた、かかる状況で航空安全法一四条三項の防御措置を執るなら、他の人々を保護するために執る救助行為の単なる客体として、この人々を取り扱うのである。……この人々は、その殺害が他者を救うための手段として利用されることを通して、物とされ（verdinglicht）、権利を剝奪される。つまり、国家によってその生命を一方的に処分されるがゆえに、本来は犠牲者として保護を要する搭乗者は、人間であるがゆえに認められる価値を否認されるのである」（S. 154 f.）と判示した。

見てのとおりこの判決の論点は、当該のような軍の出動を認める規定の立法権限の存否、あるいは警察と軍との異相といったより具体的な問題と、軍による当該航空機の撃墜と人間の尊厳・生命権の関係いかんといったより理念的な基本法の原則に関わる論点であったが、それゆえ政治的には前者に議論の重点が置かれたのに対し、学界・論壇での議論は後者をも関心の重点に置くという対比を見せた。[9] 政治的対応としては、判決直前の二〇〇五年一一月に成立した「大連立」を背景に二〇〇六年八月になされた連邦制改革に関する大規模な基本法（第五二次）改正[10]の一環として基本法七三条も改正され、その一項に九a号が追加されて、「ラントの境界を超える危険が存在する場合、一のラント警察官庁の管轄が認められていない場合、またはラントの最上級庁が要請している場合における、連邦刑事警察庁による国際テロリズムの危険の予防」が「連邦の専属的立法権」とされて一応の決着を見た。この改正で連邦レベルでのいわゆる「テロ対処」が基本法でも明定されるとともに「テロに対処するのは連邦刑事警察であって、連邦軍ではないということを明確にした」[11] ことは刮目に値する。もっとも、同法制定を推進してきた有力政治家からは、判決に不満を示しつつもこれに従うほかなく、だとすれば「人間の尊厳」に抵触しない限りでの基本法改正として、軍の警察援助・支援を定めた基本法三五条に、第四項を創設し、「第二項および第三項が定める特に重大な災厄事故が領空または領海から直接に差し迫っている場合で、警察がその手段でこれを防御することができないときは、軍隊は、危険防御（Gefahrenabwehr）のために、軍事的手段を投入することが許される」との規定を置くべきとする提言もあり[12]、事態はなお流動的だろう。

三　「戦う安全国家」への歯止め？

「早くも一九七〇年代に……政治的動機による銀行強盗、誘拐、暗殺などがおこる状況の中で、ドイツでは、安全（safety）とは、それ以外の、例えば社会保障（social security）やインフラ整備といった公益（public goods）のひとつであるだけでなく、憲法たる基本法それ自体の諸規定に体現されている憲法的価値である、という考えを、憲法論がとり始めた。この考えは、『安全への基本権（fundamental right to security, Grundrecht auf Sicherheit）』を組み込むことで頂点に達した。……治安劣化の議論は、組織犯罪とテロという形態の犯罪の新局面と関わって、八〇年代を通してこのセキュリティ議論として継承され、九〇年代には、自由・平等・友愛の三点セットが安全・多様性・連帯の三点セットへ（trias Freiheit, Gleichheit, Brüderlichkeit to Sicherheit, Vielfalt, Solidarität〔Liberty, Equality, Fraternity to Security, Diversity, Solidarity〕）と大きく様変わりする一環として、自由から安全へ（from liberty to security）とパラダイムが転換した。……警察活動は、治安への危険の事実に基づく要件による拘束に代わって先制的となり、かつて『犯罪者のマグナカルタ』と言われた刑事法は、敵性刑法（Feindstrafrecht）へと転換する[13]。そこでは犯罪者は、もはや同僚市民ではなく敵である[14]」。

ドイツにおける近年の変容を、すでに注記したドイツの若い公法学者はこのように描き、その先に「戦う安全国家（the militant security state）」と命名する国家像を描く。そして「もしも市民が、国家によって保護されるべきことを理由に、国家による高度な安全を要求しうるとすれば、また、もしもその市民が、議会制代表を通して、効果的防御を確保する法的措置を決定するなら、戦う安全国家に対する法的制約は、アプリオリには存在しない」と懸念しつつ、「戦う安全国家は、議会を通して、大多数の人々の幸福のために、個人とその権利・生命を犠牲にすることを決定する。その今日的一例は、最近のドイツ連邦憲法裁判所判決の主題であった」として、本判決に至る状況を詳論している。(15)

問題となった航空安全法一四条三項のごとき対処措置を執る国家を「戦う安全国家」と命名するとき、「自由（主義的）な民主的基本秩序」(16)防御のために果敢にたたかうとする戦後（西）ドイツに固有の「闘う民主政」の影を診てとることはできる。判決が、本件におけるような場面での「人間の尊厳」保障を「国家の基本権保護義務」に引きつけて説くのを見るとき、そこに、「ドイツの国家の保護義務論は、やはりドイツ特有の、つまり『たたかう民主制（憲法忠誠）』と通底する……『管理された（規制された・秩序つけられた）自由』論を前提にしてはじめて採用しうる」(17)とかつて懸念されたのと等質の文脈を嗅ぎとるなら、「戦う安全国家」命名も、単なる語呂合わせを超えた言説力を示していよう。また、引用文も関心を寄せる「安全への基本権」論が、国家の保護義務論と合流するとき、保護義務論に内在する「劇薬」性が「危険」に転じ、「国家があえて保護しようとするものは、多くの場合――民主制の中においては多数派にとって――有益な結果をもたらす行為に向けた自由になりがち」との最近の指摘(18)は、その「自由」を「生命」と置換するとき、くだんの情景が浮かび上がってもこよう。その限りでは、「戦う安全国家」と言えども、この判決によって、極限化された「人間の尊厳」の前には立ちすくむ限りで「歯止め」を受けたと評価することもできないわけではない。

ただ、闘う民主政（streitbare Demokratie）は、その用語法からして、具体的・物理的・暴力的に武器・実力を伴って「戦う（kämpfen）」というより、政治的・社会的に（も）「闘う（streiten）」含意であって、(19)しかも厳密には

「闘いうる（streitbar）」というわば主体的構えを底意に置いているから、ミリタントに「戦う」とする「安全国家」に「闘う民主政」の嫡流ぶりを見るほど、話は単純ではない。「自由の敵には自由を与えるな」のアナロジーで言えば、「安全の敵には安全を与えるな」となろうが、本件で問題になったのは、撃墜によって、「犯人」という「敵」のみならず「乗員・乗客」という「味方」の生命をも奪うことの可否であったから、論点のステージはかなり異なるだろう。[20]

にもかかわらず「戦う安全国家」タームが一定の言説力を発揮しうるのは、「自由（主義的）な民主的基本秩序」擁護のために「闘う」とする思考枠組みのいわば地続きで、「安全」のために「闘う」ことが「緊急事態」として立ち現れうるのが昨今の問題状況だからである。そうした極限状況が、民主政を通して、「安全の敵」が通常の市民的刑事法による対処で立ち向かう限度を超え、軍事的に排除・殲滅する「敵」とされてこれと「戦う」こととなり、その「戦場」では「生命数の衡量」さえなされうるがごとき立法を産出したとするなら、判決の論理が「個人の尊厳」のための重厚な歯止めたりきるかは、なおも慎重に検討されるべきである。

四　「戦う」目的としての「安全」

「安全国家（Sicherheitsstaat）」概念は、理論史的にはJ・ヒルシュがその現代国家論においていわゆるフォーディズム国家に与えたいわば固有名詞であり、社会保障（soziale Sicherheit）を軸とする福祉国家が同時に市民への統制と監視を行う国家でもあることを剔抉した概念であった。[21]そのヒルシュもまた近年は、「Sicherheitsstaat は、フォーディズムの時代にはまだ『共産主義の脅威』によって正当化することができたが、いまやそれに代わって敵対者像を構築するもの（Feindbildkonstruktion）として、あらゆる種類のテロリスト、犯罪組織、外国人からなる危険や脅威の複合領域が立ち現れている」と診る。そして「そこでは国家の統制・監視機関と民間のそれとが密接に絡み合っている。これは国家による『暴力独占』の終焉を意味するのではなく、引き続きその有効性の高まりを意味しているが、しかしこの『暴力独占』によって公的統制をいっそう免れるようになっている」という文脈に、この概念を置く。(22)

「安全」をめぐって現代は不透明な時代ではあるが、「安全（Sicherheit）」という生命と生活（ともに life, Leben, vie）にとって確保すべき価値についてもまた、近代憲法が最初期に権利として謳った「安全（safety, sûreté）」を、民主的「公」権力たる「国家」が保全するべきシステムとしての「安全（security, sécurité）」との厳格な区分と相互関連において理論構成することを、なおも急務としているだろう。ドイツ語圏では、危険でないことGefahrlosigkeit も不安でないことSorgenlosigkeit もともにSicherheit で言い表すことが、議論をやや不透明にさせているが、フランスの著名な現代思想家が一七八九年宣言に立ち返りつつ喝破するように、宣言二条が人間の権利としたのが「sécurité ではなく sûreté」であったことは「副次的な用語法のニュアンスの問題」ではなく、「sûreté」が市民の「国家への権利」とされた瞬間からそれは「国家の一機能となり、市民は暗黙のうちに国家に保証を求める。この側面には、sécurité という語をあてることができるだろう。sécurité とは、市民が自分たちで設立した国家から sûreté を受け取るときに、それが変容したもの」との指摘は、ことの本質を言い当てている。だとすると、この思想家とともに、「[sûreté という]基本権（いわゆる自然権）は、〈主〉や〈守護者〉とともに授けられたものではけっしてない。……それは、市民自身がそれを行使することによって、すなわちまず蜂起によって、次に日常的な行使——それは結局のところ民主政そのものなのだが——によって、市民自身が手に入れる権利である」というほかないかに見える。(23)ただ、本稿が見てきた素材の核心は、「安全」が民主的な「国家」の責務とされる先に地続きで立ち現れるグロテスクな姿であった。してみればsafety, sûretéが「尊厳」をも含む「人間の権利」であることを片時も手放さないままで（すなわち「植民地化」されないで）どうシステム化するかにかかっている。まことに「近代」とは、ここでも「未完のプロジェクト」である。[24]

おわりに

例外的な超レアケースを根拠に法的武装を高める手法が「民主政」のゆえに産出されるのは、万万万が一であれ生起するかもしれないというリアリティに衝迫された市民感覚が下支えしているからでもあるという面はあなどれない。しかし、そうしたケースが生起する構造的原因を構造的に除去することこそがこの種のケースに向き合う実効的な対処であるというリアリティも見失われてはなるまい。加えて、日本におけるドイツ憲法研究の碩学が、〔西〕ドイツにおいて非常事態法制が基本法に導入される際に、「例外状態を念頭におくけれども、それに対しては〔法的準備は〕何もしない……例外状態になった時に必要最小限度の手段を講ずることにするという行き方」をとる立場があったことを紹介しつつ、そこで講ずる手段は「まさに違法な行為」だが「違法であるという認識のもとで行動するから、おのずから抑制された手段しか取らない」という「メリット」があることを指摘して、この立場に親和的な立論を展開しておられた[25]ことを思い出す。

（1）　二〇〇八年一月二四日三時四分配信読売新聞　http://www.yomiuri.co.jp/politics/news/20080124-OYT1T00017.htm?from=top

（2）　二〇〇八年二月一八日付朝日新聞朝刊。

（3）　本稿に指定されたタイトルの「戦う安全国家」および「個人の尊厳」という用語法は、ともにそれ自体が論争的であろう。前者は、フランクフルト大学の若い公法学者（今春からコーネル大学ロースクールの客員准教授を兼任）の論文、Rainer Nickel, Private and Public Autonomy Revisited, in: The Paradox of Constitutionalism, eds. Martin Loughlin and Neil Walker, Oxford University Press, 2007 で使用されている"the militant security state"をヒントにしているとのことだが、この論文では明示されていないとは言え、本稿本文でも多少後述するように、ドイツに特有の「闘う民主政（streitbare Demokratie）」との関連がただちに気がかりとなる。筆者が Nickel 氏に問い合わせたところ「the militant security state をドイツ語でどう訳すかはまだ明瞭ではないのですが、闘う民主政の概念を念頭に置いてはいましたから、der streitbare Sicherheitsstaat がベストでしょう」とのことであった。となると、Sicherheitsstaat と言えば、周知のとおり、Joachim Hirsch, Der Sicherheitsstaat, Frankfurt/M. 1980 以来の用法との関わりも気にはなる。また、後者は、日本国憲法二四条（および民法・家族法等）所定の（旧家族制度的呪縛からの「個人」の解放を含意した）規定文言とは言え、一三条所定の「個人の尊重」とドイツ基本法一条一項所定の「人間の尊厳（Würde des Menschen）」との間にありうる異相（ホセ・ヨンバルト『人間の尊厳と国家の権力――その思想と現実、理論と歴史』〔成文堂、一九九〇年〕をはじめ、たとえば青柳幸一「『個人の尊重』と『人間の尊厳』」同『個人の尊重と人間の尊厳』〔尚学社、一九九六年〕所収の議論や、「人間の尊厳＋α」としての「個人の尊厳」を主張する根森健「人権としての個人の尊厳」法学教室一七五号〔一九九五年〕五二頁、「人の尊厳」を定めたクローン規制法に着目して議論を進める矢島基美「日本国憲法における『個人の尊重』、『個人の尊厳』と『人間の尊厳』について」『栗城壽夫先生古稀記念　日独憲法学の創造力（上）』〔信山社、二〇〇三年〕二五一頁などがあり、筆者も拙稿「包括的基本権」芦部信喜編『憲法の基本問題』〔有斐閣、一九八八年〕以来、一度ならず論じたことがある）を思い起こすと、また、「個人の尊厳（individual dignity, Würde des Individuums?）」概念を、ドイツ基本法「人間の尊厳」概念に伏在する「共同体拘束的」性格から距離を置く含意で自覚的に使用する議論もあり（この点では押久保倫夫「個人の尊重――その意義と可能性」ジュリスト一二四四号〔二〇〇三年〕一三頁、同「日本国憲法における実定規範としての『人間の尊厳』の位置づけ――条文上の根拠と『公共の福祉』としての機能」東海法学三五号〔二〇〇六年〕一二九頁等の一連の論考があり、関連して樋口陽一＝中島徹「〈対談〉あらためて憲法一三条裁判を考える――住基ネット訴訟に関連して」法律時報七九巻一一号〔二〇〇七年〕七四頁以下で樋口が「人間の尊厳を個人の尊厳まで突き詰める」必要を再論していること、また笹沼弘志「個人の尊厳」法学セミナー六四一号〔二〇〇八年〕六二頁が、「個人の尊厳」とは『個人の尊重』原理が多様な権力に曝されながら、自ら変容し、新たな抵抗の可能性を追求していく姿」であると論じていることも関わる）、あるいは、福祉国家がもたらす国家依存型個人を克服する自己決定・自立的個人を強意する文脈で語られることもあり、また、後に見るドイツ連邦憲法裁判所判決は（当然のことながらドイツ基本法所定の）「人間の尊厳」問題として判示しているのだから、「個人の尊厳」用語を説明抜きにいわば抜き身で表題化するには躊躇があるが、この小論ではこうした論点に立ち寄る紙幅はないため、指定タイトルに拠ることとする。

（4）ラント代表で構成される連邦参議院（Bundesrat）の勢力構成は、ラント政府の勢力構成が変動するたびに変動するが、本法採決当時は、六九議席中野党ＣＤＵ／ＣＳＵが四一議席であった。なお、日本メディア風に言えばこれは「ねじれ」議会であるが、ドイツにとっては珍しいことではなく、またこれを「ねじれ（verdreht）」などと揶揄して否定的に表現することはない。

（5）Vgl. Michael Droege, Die Zweifel des Bundespräsidenten, NZWehr, 2005, H. 5, S. 199 ff.

（6）Vgl. Matthias G. Sicher, Ist das Luftsicherheitsgesetz verfassungswidrig? in: http://www.bundestag.de/dasparlament/2005/04/Themader Woche/001.html したがってこの懸念表明という手法自体に批判もある(Vgl. Matthias Geis, Wird Horst Köhler das brisante Luftsicherheitsgesetz unterschreiben? in: DIE ZEIT ONLINE, 03/2005)。なお、ケーラー(Horst Köhler, 1943—) は、ＣＤＵ所属の政治家を経てＩＭＦ総裁であったが、前任のＪ・ラウ（ＳＰＤ）の後任として、二〇〇四年五月に連邦会議（Bundesversammlung, GG Art 54(1)）で第九代大統領に選ばれた。この選挙は対抗馬となったＳＰＤ所属の欧州大学学長Ｇ・シュバーン（Gesine Schwan）を六〇四対五八九で破る僅差であった（Vgl. Harenberg Aktuell 2005, S. 95.）。こうした背景が、就任間もない「懸念」表明の背景の一端にはあったろう。

（7）BVerfGE 115, 118. 以下本文で引用するときは該当頁数を記す。なお判決全文は、ほかにNJW 2006, S. 751 ff.: BVerfG, 1 BvR 357/05 vom 15. 2. 2006, in: http://www.bverfg.de/entscheidungen/rs20060215_1bvr035705.html

（8）本判決およびそれに至る経緯を伝え論じた文献は多い。ドイツではそのつどジャーナリズムが詳報しており（判決直後のものとして例えばUnselige Tradition, in: Spiegel Nr. 8/2006 vom 20. 2. 2006, S. 36 f.）、また学界からの発言は判決批評を軸に膨大にある（同法成立直後に学界から公刊された詳論として、たとえばUlrich Blaschke u. a. (Hg.), Sicherheit statt Freiheit?, SöR Bd. 1002, Berlin 2005, insb. S. 77 ff., 3. Teil: Das Luftsicherheitsgesetz）が、ごく最近、行政裁判所裁判官・弁護士から一九八七年にＳＰＤ所属連邦議会議員に転じて現在に至り、この領域のエキスパートとされる政治家が詳細にまとめたDieter Wiefelspütz, Die Abwehr terroristischer Anschläge und das Grundgesetz Polizei und Streitkräfte im Spannungsfeld neuer Herausforderungen, Frankfurt/M. 2007 が刊行され、最新かつ詳細な文献目録（S. 91 ff.）を伴って至便であるので、それに譲りたい。日本では、事態の推移に応じてそのつど迅速・的確・正確に伝え高質・硬質の議論を展開する水島朝穂「今週の直言」（http://www.asaho.com/jpn/）がある（「あのエアバスを撃墜せよ！」二〇〇四年一〇月四日、「大統領の『抵抗』」二〇〇五年二月七日、「『ハイジャック機撃墜法』の違憲判決」二〇〇六年二月二〇日、等）ほか、川又伸彦「ドイツ憲法判例研究（一三七）ＧＰＳを利用した監視によって得られた認識を証拠として用いることの合憲性」自治研究九八八号（二〇〇六年）一五四頁、小山剛「法治国家における自由と安全」『高田敏先生古稀記念　法治国家の展開と現代的構成』（法律文化社、二〇〇七年）三一頁などがいち早く言及しており、また、松浦一夫「航空テロ攻撃への武力対処と『人間の尊厳』」防衛法研究三〇号（二〇〇六年）一一九頁が「防衛法」の観点から、森永真綱「テロ目的でハイジャックされた航空機を撃墜することの刑法上の正当化（一）～（三・完）」姫路法学四一＝四二号（二〇〇四年）一九五頁、四三号（二〇〇五年）一四九頁、四五号（二〇〇六年）一五七頁が刑事法の観点から（特に四五号一六八頁以下で本判決に触れつつ）、詳細に論じているが、これもごく最近、憲法学から山内敏弘「ドイツのテロ対策立法の動向と問題点」龍谷法学四〇巻四号（二〇〇八年）三三五頁が本格的に論じており、そこに引かれた文献が日独を渉猟して最新かつ詳細であるので、それに譲りたい。

（9）Vgl. Wiefelspüts (Fn. 8), S. 44. ff., S. 69 ff. たとえばドイツ公法学界のある重鎮は、判決後ほどなく、「人間の尊厳」の原理的意味とその今日的危機に懸念を表明する。Vgl. Ernst-Wolfgang Böckeförde, Die Garantie der Menschenwürde, in: http://www.bundestag.de/blickpunkt/101_debatte/0604/0604053.htm

（10）BGBl. 2006 I. S. 2034. この改正については、さしあたり山口和人「連邦制改革のための基本法改正実現」ジュリスト一三二一号（二〇〇六年）二一一頁、服部高宏「連邦と州の立法権限の再編」『阿部照哉先生喜寿記念　現代社会における国家と法』（成文堂、二〇〇七年）所収、参照。

（11）山内・前掲論文三五八頁。

（12）Wiefelspüts (Fn. 8), S. 80, 88.

（13）クラウス・ギュンター（鈴木直訳・毛利透解題）「自由か、安全か」思想九八四号（二〇〇六年）五〇頁の訳語によっている。Günter Jakobs, Kriminalisierung im Vorfeld einer Rechtsverletzung, ZStW 97, H. 4 を嚆矢としてドイツ刑事法学上、理論的にも実務上もキーワードとなっているこの概念については、上記訳論文のほか、この用語を意訳しつつ最新の状況を論じる松宮孝明「『敵味方刑法』（Feindstrafrecht）という概念について」法の科学三八号（二〇〇七年）二〇頁ほかの諸論考を参照。

（14）Nickel, supra note 3. p. 161. なお、この論文の主題は、Ｊ・ハーバーマスの理論枠組みによってこの「自由から安全へ」のパラダイム転換とグローバル化変容とに有効に対峙できるかを問うところにあるが、本稿ではこの点に立ち寄る余裕はなく、他日を期したい。

(15) Ibid. p. 162 ff.

(16) 一般には「自由で民主的な基本秩序」と訳されるのに対し本文のような訳にするのは、水島朝穂「ボン基本法における『戦闘的民主主義』」早大法研論集二四号（一九八一年）二八七頁の指摘に同意するからである。

(17) 根森健「憲法上の人格権――個人の尊厳保障に占める人権としての意義と機能について」公法研究五八号（一九九六年）七七頁。

(18) 西原博史「保護の論理と自由の論理」長谷部恭男＝土井真一＝井上達夫＝杉田敦＝西原博史＝阪口正二郎編『岩波講座憲法2 人権論の新展開』（岩波書店、二〇〇七年）二九七頁以下。

(19) この点も含め、参照、渡辺洋「『たたかう民主制』の意味・機能変遷――『対テロ戦争』との関連で」神戸学院法学三三巻四号（二〇〇三年）一一七頁以下。

(20) この点につき、廣渡清吾『比較法社会論――日本とドイツを中心に』（日本放送出版協会、二〇〇七年）四九頁。

(21) Vgl. Hirsch (Fn. 3), auch vgl. J. Hirsch, Der nationale Wettbewerbsstaat, Belin 1995. したがってヒルシュの一連の訳書は、Sicherheitsstaat を「安全保障国家」と訳す（ヨアヒム・ヒルシュ〔木原滋哉＝中村健吾訳〕『国民的競争国家――グローバル時代の国家とオルタナティブ』〔ミネルヴァ書房、一九九八年〕等）。Auch vgl. Bernhard Haffke, Vom Rechtsstaat zum Sicherheitsstaat?, Kritische Justiz H. 1/2005, S. 17 ff.

(22) J. Hirsch, Materialistische Staatstheorie, Hamburg 2005, S. 211.（ヨアヒム・ヒルシュ〔表弘一郎＝木原滋哉＝中村健吾訳〕『国家・グローバル化・帝国主義』〔ミネルヴァ書房、二〇〇七年〕二二二頁―二二三頁）。

(23) Étienne Balibar, Droit de cité, Édition de l'Aube, 1998, pp. 20-28. エティエンヌ・バリバール（松葉祥一訳）『市民権の哲学――民主主義における文化と政治』（青土社、二〇〇〇年）三五頁―四一頁。

(24) こうした点も含め筆者の見地は拙稿「憲法学における『安全』と『安心』――予備的考察」『樋口陽一先生古稀記念 憲法論集』（創文社、二〇〇四年）を参照。なお、同様の論点に言及する大沢秀介「自由vs安全」ジュリスト一三三四号（二〇〇七年）九九頁で拙論に触れていただいているが、「safety（安心）・security（安全）」との拙稿の整理紹介には多少の誤解がある。

(25) 栗城壽夫「危機管理と憲法」藤原書店編集部編『震災の思想――阪神大震災と戦後日本』（藤原書店、一九九五年）二三五頁以下。関連して参照、拙稿「『備えあれば憂いなし』ってホント?――有事法制を考える」世界六九九号（二〇〇二年）五七頁。

第二四章　西独における基本権論の動向

一　はじめに

日本公法学会第四四回総会（一九七九年）に招かれた、西独連邦憲法裁判所裁判官でフライブルク大学教授のK・ヘッセは、同総会で「ドイツ連邦共和国における基本権の展開」と題する記念講演を行い、その翻訳全文が『公法研究』四二号の巻頭に収められている。よく知られているように、ヘッセは今日の西独公法学界の主流ないし通説を代表する人物であるから、この講演は、現在の西独における基本権論の、最新かつ最も代表的な理論内容を知る素材であると言えよう。もちろん、ヘッセに典型的にみられる見解に対する批判的な潮流も有力に存在しており、現代西独の基本権論は、後述するようにこれら二つの対抗的な理論的潮流を軸として展開される実情にある。このような基本権論をめぐる議論や、その背景・基礎となる国家観・憲法（＝基本法）観の議論は、ヘッセの講演を通訳・翻訳した栗城寿夫をはじめとする多くの論者によって、わが国でも精力的な紹介・検討がなされている。(1)

ここでは、このような日本の研究動向も念頭におきつつ、現代西独の基本権論の背景（二）と内容（三）を概観し、あわせて、いわゆる左翼法律家の議論も垣間見ることで、若干の問題点を指摘（四）することにしよう。

二　背景

基本権論を含む西独公法学の動向が「現代」的局面を迎えるのは――「現代」にどのような意味をこめるかで多様な理解が可能だが、ここでは、わが国でいわゆる「現代法現象」として了解されている意味として、したがってより今日的な局面として理解しておく――やはり、この国に大きな政治的経済的変動が訪れ、その事態を公法学上どう評価し位置づけるかが激しく争われるようになった、六〇年代後半のことであろう。そのメルクマールを概括的に示せば、政治的には、ゴーデスベルク綱領（一九五九年）でマルクス主義から最終的に訣別した社会民主党（ＳＰＤ）が、その政治戦略を展開して政権を獲得したこと（六六年の大連立政権から六九年の今日型小連立政権へ）であり、経済的には、高度経済成長の行きづまりと不況の到来による経済政策の転換、とりわけ、戦後採用されてきたリベラルないわゆる「社会的市場経済（soziale Marktwirtschaft）」政策にかわって、税制・財政改革をテコとした危機管理型の国家介入政策がとられはじめたこと、である。この点の法的メルクマールは、「社会的市場経済」政策の法的表現であった「競争制限禁止法（Gesetz gegen Wettbewerbsbeschränkungen vom 27. 7. 1957）」にかわって一九六七年に制定された「経済の安定・成長を促進するための法律（Gesetz zur Förderung der Stabilität und des Wachstums der Wirtschaft vom 6. 8. 1967）」に求めることができよう。また以上の憲法的メルクマールが、一九六九年の財政改革法による基本法改正（基本法第二一次変更法 21. Gesetz zur Änderung des GG vom 12. 5. 1969）と、それに先立つ六八年の緊急事態法による基本法改正（基本法第一七次補充法 17. Gesetz zur Ergänzung des GG vom 24. 6. 1968）であったことは、周知のところである。

国家緊急権の基本法への導入は、一方で、五〇年代の再軍備・徴兵制復活以来進められてきた軍事国家化・有事法制化の集大成であると同時に、他方でいわゆるボン・デモクラシー（「闘う民主制（streitbare Demokratie）」「自由の敵に自由なし（keine Freiheit für die Feinde der Freiheit）」のひとつの帰結でもあった。もともと「法律により（durch Gesetz）」または「法律に基づき（auf Grund eines Gesetzes）」制限されうることを随所で予定していた基本法上の基本権は、六八年改正によって、いわば授権法的制限の下におかれることとなった。経済政策の転換とその立法化、および税制・財政の改革は、それまでに漸次増加しつつあった「計画法（Plangesetz）」「枠組法（Rahmengesetz）」「措置法（Maßnahmegesetz）」等の形態の立法に重要な役割を担わせ、それらを通して国家が積極的・能動的に経済に介入し、いわゆる「国家と社会の協働」を推進することとなる。このような「現代的」事象を前に、従来の法的概念の枠組みが再検討の必要に迫られる。それは統治機構論の局面でいえば、現に進行し露わとなった「脱議会主義」、行政権の肥大化・権限集中、司法統制の困難さの増大、等に対する評価・対応をどうするかの問題、就中、「権力分立論」の再検討の問題であり[2]、地方自治論の局面でいえば、連邦政府の権限増大、連邦政府主導型の「共同任務」（基本法九一a条）の増加、等をどう評価し、それにどう対応するのかの問題、就中「連邦国家と地方分権」の関係づけの再検討の問題であり[3]、そして本稿が関心を寄せる基本権論の局面でいえば、国家に対する個人の防禦権としてもっぱら構成されてきた従来の基本権論で、国家が行う積極的・能動的な介入に対し効果的な基本権保障が確保しうるか、さもなければどのような新しい基本権論が用意されねばならないか、という問題、就中「伝統的基本権論」の再検討・再構成の問題である。

六〇年代後半に西独を訪れたこのような政治的経済的変動とその法的表現——端的には六八年と六九年の基本法改正——は、戦後西独法史から見ればすくなくも客観的には相互に密接にかかわりあっているといえよう。それは、一言でいえば現在の西独における現代的危機管理体制として統括しうるシステムの、政治的側面と経済的側面だからである。だが、このような動向を総体的ににらみながら、現代の法理論なり基本権論なりに切りこんでいく研究動向は、西独の学界にはほとんどなく、もっぱら後者、すなわち国家の全面的な経済・社会に対する介入という新しい事態に触発されて展開される一定の議論が、中心となっている。周知の通り、国家緊急権の導入は、さかのぼれば、基本法に「自由で民主的な基本秩序（freiheitliche demokratische Grundordnung）」や「憲法的秩序（verfassungsmäßige Ordnung）」といった規定を設け、それを憲法上の指導理念とした基本法制定時にまでその淵源をたどることが出来、六八年基本法改正に至るまで、いわゆる政治的刑法（politisches Strafrecht）や憲法擁護システム（Verfassungsschutzsystem）、結社法、政党法等によっていわば下地が出来ており、このようなシステムから醸し出されるこの国に独特な政治的風土は、すでに早くから学界での一定のコンセンサスとなっているため、その延長線上にあった六八年基本法改正も、学界全体をまきこむような議論をひきおこしているとは言えない。同様のことは七〇年代に入って問題となった就業禁止（Berufsverbot）問題についても言える。この種の議論は学界の限られた一部の論者と諸政治運動の中でなされているにすぎず、学界全体の圧倒的部分に関心を呼ぶ議論ではなく、したがって学界内でのみるべき対話・討論もさほど多くはない。これに対し、すぐれて経済的側面から露わとなった国家活動の変容は、公法理論のほぼ全領域にわたる論争をひきおこし、学界全体をまきこむ議論を生んでいる。そこで本稿も、まずはこのような議論を、基本権論に焦点をあてつつ整理してみよう。

三　内容

右の議論がほぼ出揃った時点で、その議論を、基本権論に焦点をあてつつ一定の整理を行なったE－W・ベッケンフェルデの論文「基本権理論と基本権解釈」(4)（一九七四年）は、現在の西独における基本権理論を、次の五つに分類している。①自由主義的（市民的・法治国家的）基本権理論、②制度的基本権理論、③基本権の価値理論、④民主的・機能的基本権理論、⑤社会国家的基本権理論。以下、ベッケンフェルデの整理によれば、①は、基本権を端的に「国家に対する個人の自由権」ととらえるものであり、「基本権は、市民的法治国家という国家理念の基礎である配分原理を、その起点とし、この原理の結果・具体化として基本権があらわれる[5]」とするものである（たとえば、C・シュミットの流れをくむH・H・クライン[6]）。②は、基本権を「国家との関係で個人を防禦する権利」とはとらえず、「それによって保護される生活領域のための客観的な諸秩序原理という性格をもつ[7]」ものととらえ、この意味での基本権は「制度的性質をもった規範的規則の中で展開・実現する[7]」のであって、この基本権概念はいわゆる制度的保障や法制の保障のみならず、「基本権一般、とりわけ自由権にも妥当する[7]」と説くものである（P・ヘーベルレ[8]）。③はR・スメントの統合理論を起点とするもので、そこでは基本権が「制度的基本権理論の場合と同様、本来客観的規範の性格をもつものであって、主観的な請求権の性格をもつものではない[9]」とされ、「基本権はその客観的内実を、国家的共同体の価値原則の結果、この共同体が自身のために行なう価値決定の表現、として受けとる[9]」と説く[10]。④は、基本権をその「公共的・政治的機能」から理解するもので、「中心にあるのは、意見の自由、出版の自由、集会・結社の自由といった民主主義にかかわる基本権だが、理論的にはそれをこえた範囲にまでかかわる。[11]」ここでは基本権は「民主的な、すなわち下から上へとつながった国家形成の自由な過程――ここには統合理論との共通性がある――の構成要素、政治的意思形成の民主的過程の構成要素[11]」として説かれる（K・ヘッセ[12]）。⑤は、「法的な自由保障の実現のための社会的前提が増々多くの人々にとって失われ、それ故その法的保障がそのままにされ国家によって補強されないと、それが増々空虚な形式になる[13]」という現実認識から「法的・現実的な基本権的自由のこの崩壊を克服しようと試みる[13]」もので、ここでは「基本権は、もはや消極的・境界確定的性格（negativ-ausgrenzender Charakter）を持つだけでなく、同時に国家に対する社会的給付請求権を媒介する」と説かれる[13]（U・ショイナー[14]）。

この整理を理解するためには、基本権論を含み、また基本権論の前提となる最近の西独公法学界の動向を知っておく必要がある。それは、栗城寿夫の簡潔な表現を借りれば、「基本法制定から六十年代半ばぐらいまでは、……基本法の基本原理としての法治国原理を他の基本原理たる民主政原理や社会国家原理に対して特に強調し、国家権力による侵害から個人の基本権を防禦するための理論の構築に没頭する傾向が支配的であったが、六十年代中葉以降になると、……法治国原理よりも社会国家原理や民主政原理を強調し、個人と国家との関係に関しても国家による個人の積極的保護と国家への個人の積極的参加を重視する理論傾向が顕著になってきた[15]」という事態、一言でいえば、栗城のいう「旧傾向」から「新傾向」への「理論的変遷」、両者間の理論的対立、という状況である。

ナチズムに対する批判と反省を重要な背景として成立したとされるボン基本法は、その二〇・二八条で西独の国家編成原理を「法治国家（Rechtsstaat）」「社会国家（sozialer Staat）」「民主的国家（demokratischer Staat）」「連邦国家（Bundesstaat）」の四つで示すとともに、「自由で民主的な基本秩序」なる「憲法的秩序」を基本権規定の随所で限界づけとして定めた。ボン基本法に新たに登場したこの種の規定のうち、解釈論上特に議論を呼んだのは、「社会国家」規定の意味、なかんずく、「法治国家」と結びつけられた「社会国家」、すなわち「社会的法治国家（sozialer Rechtsstaat）」とはいかなる意味か、という論点であった。「法治国家」なる概念は、周知の通り一九世紀ドイツに確立した近代的・市民的・自由主義的国家概念であるが、そのドイツで歴史が近代から広義の現代へと変容するにつれて、「形式的法治国家」から「実質的法治国家」へとか、「市民的法治国家」から「社会的法治国家」へといった変容もまた語られることとなった。国家概念上のこの「変容」の主張は、社会・経済的な歴史の変化、端的にいえば階級関係の変化に規定されていただけに激しい論争の的となっていた。ボン基本法は戦前の議論にひとつの決着をつける憲法規範上の選択、すなわち「社会的法治国家」の採用を行なったのだが、伝統的・古典的な

「法治国家」性に現代的・社会政策的修正をほどこす「社会的法治国家」概念は、それを伝統的・古典的側面に重点をおいて構成するか、現代的・社会政策的側面に重点をおいて構成するか、で、その内容・効果が流動的にならざるを得ない性質のものであった。したがって、この議論には、たとえば市民的自由権と社会権との関係、財産権・営業の自由等の経済的諸権利の内容と限界、基本権の私人間適用の可否、といった基本権論の現代的問題が直接孕まれており、またその基礎にもなっている。基本法制定（一九四九年）直後の五一年国法学者大会で、H・P・イプセンが基本法一四条に定める財産権規定に対し「社会国家」性からする制約を強調したのに対し[16]、二年後の国法学者大会でE・フォルストホフがイプセンと真向から対立する報告を行ない、「法治国家」と「社会国家」とは同じ憲法規範上の原則として両立しえず、基本法上「社会国家」には何ら憲法上の保障は与えられておらず、基本法解釈上の原理たる「法概念」ではない、と主張したことで[17]、ひとつの論争が形成されたのは、したがって決して偶然のことではない。この論争後、各問題領域で議論が深まってゆくにつれ、論者の依拠する理論枠組、国家観、基本権観等が展開され[18]、戦後西独には大きくわけて二つの理論系譜（したがって基本権観）が存在するとみなされるようになった。誤解をおそれずそれを類型化して簡単に整理すれば、ひとつは、伝統的・古典的な理論枠組を今日もなお承認し、したがって国家を「組織」「機構」としてとらえ（静態的国家観）、「国家」と「社会」との二元的構成の承認をもとに、「社会」の自律自足・私的自治の保障を求め、基本権を国家に対する個人の防禦権として構成する系譜である。理論枠組を一時期のC・シュミットに求め、また、学問的人脈もシュミットの流れにある論者が中心であることから、しばしばシュミット・シューレと（戦後の中心であった人物名をとってフォルストホフ・シューレとも）呼ばれる。もうひとつは、変容する「国家」と「社会」の関係、すなわち「社会」の自律性の喪失と国家による積極的介入という現実を前に、それに適合的な理論枠組を戦前R・スメントが提唱した「統合理論」に求め、「国家」と「社会」の二元的構成やいわゆる「公法と私法」の二元的構成を否定して、「国家」「社会」をひとつの人間的結合体＝政治的共同体としてとらえる系譜である。ここでは、「国家」を静態的所与としてみるのではなく、統一にむけて「不断に更新されていく過程」としてみる(19)（動態的国家観）から、「国家」による「社会」への介入も積極的に容認され、したがって基本権も右の政治的共同体を主体的に支え、右「過程」を積極的に推進するものととらえられることとなり、国家に対する個人的防禦権ではなく、国家を含む政治的共同体に対する個人的・集団的な参加・関与として構成されることとなる。依拠する理論枠組と学問的人脈から、しばしばスメント・シューレと呼ばれる(20)。

戦後西独の公法理論・基本権論をめぐる右のような基本的対立は、政治的・党派的配置ともすくなからず結びついている。H・クレーメンダールの整理によれば(21)、社会的法治国家論とその解釈をめぐって、①保守的社会国家理論、②社会自由的社会国家理論、③民主的—社会主義的社会国家理論、の三つの類型が存在しており、その政治的傾向は①がキリスト教民主同盟・同社会同盟（CDU／CSU）と自由民主党（FDP）左派、②がFDP右派、③がSPDおよび左翼の一部、という配置であるという。またその理論内容は、おおむね①がシュミット・シューレ、③がスメント・シューレにそれぞれ対応しており、②はその中間的立場、すなわち「社会国家」的な国家の介入、個人の参加・関与による政治的共同体の積極的形成を承認しつつも、それは「個人の自己決定」を前提として認める、という立場である(22)。この整理は、西独基本法に対する、したがって「社会的法治国家」に対する諸々の見解の内、現にある西独のいわば「体制内」勢力の見解を整理したものであり、クレーメンダール自らは「体制外」ないし「反体制」の「ネオ・マルクス主義的社会国家批判」という立場（特に反修正主義）から行なっているだけに(23)、厳密な吟味を要するだろうが、すくなくとも現在の西独の二大政治勢力（CDU／CSUとSPD）の法政策を支える公法理論が、先にのべた二つの系譜と、傾向的には概ね対応しているとみる限りは、誤りではあるまい(24)。

西独基本法は、たしかに、たとえばE・フェヒナーも言うように、「全体国家への方向と自由主義国家への方向という二つの方向に対する拒絶」[25]を宣明して「社会的法治国家」を採用したが、それだけに「全体国家」でもなく「自由主義国家」でもないという相当広い範囲の選択可能性を残すこととなった。加えて、「社会国家」たることを認めた基本法が、他方でいわゆる社会的基本権をその制定過程で意識的に排除し、基本権規定はもっぱら個人的市民的諸権利で占められ、かつ憲法裁判所以下の裁判による救済の道を広範に認めたのだから、基本法の構造に対して「法治国家」性こそが原則であり「社会国家」性は、すくなくも基本法解釈の上で重きをなさない、とする見解[26]が展開されるのも不思議ではない。かくて、基本法制定後しばらくの間は、「社会国家」性に消極的にしか対応しない系譜（消極説、「旧傾向」、シュミット＝フォルストホフ・シューレ）が学界の支配説たりえた。しかし、戦後西独資本主義が復興と高度成長を経て前述の危機にみまわれ、それまで漸次進められてきた国家介入（したがって「国家」と「社会」の融合・交錯）を飛躍的に高める諸「改革」が求められ、しかもそれを直接担当して遂行する連邦政府権力がSPDに移る段階になると、かかる「社会国家」性の顕現化に対応し、法政策・法解釈上それを支える理論が、諸々のバリエーションを含みながらもひとつの有力な系譜を形成することとなったのである。本節冒頭で紹介したベッケンフェルデの分類は、自らが属する「自由主義的（市民的・法治国家的）基本権理論」からはじめて、もっぱら論理的脈絡を追いつつ「社会国家的基本権理論」にたどりつくという分析であったが、以上のことを念頭においてとらえなおしてみると、伝統的・市民的・法治国家的な、したがって「社会国家」性には消極的に対応する系譜（①）と、それに対立する積極説・「新傾向」の諸ヴァリエーション（②・④・⑤）およびそれらの理論枠組の淵源（③）、としてとらえることができる。

西独における現在の理論動向が、この国を襲った社会・経済上の大きな変容に深く規定されているものであるだけに、その基本的対立状況は、現代西独の基本権論のほぼ全分野に影響を与えている。ただ、確認しておくべきは、国家と基本権をめぐる現実の変容、好むと好まざるにかかわらず進行し深化する「国家」と「社会」の融合・交錯現象、といった客観的動態に対して、たとえ消極説に立つ論者でも、事実認識としてはこれを認めていることである。この点は、フォルストホフが、かの「生存配慮」概念、「給付の担い手としての行政」概念の提唱者であったことからも明らかであろうし、フォルストホフの流れをくむ現在の代表的論者・ベッケンフェルデも随所で指摘していることである。(27) したがって見解が分かれるのは、いやおうもなく進行するかかる事態に対し、それを容認するか否か、つまりそれを促進する理論構成をとるか、それとも制禦する理論構成をとるか、という解釈論上の立場の相異である。

かくて基本権をめぐる議論は随所でほぼ同様の解釈上の対立をみせることになる。たとえば、市民的自由権の典型である「意見表明の自由」（基本法五条）は、消極説からみれば、自由な意見表明を国家の侵害から保護することと解されるのに対し、(28) 積極説からみれば、「一方では主観的権利、それも防禦権という意味と同時に政治的協働権(politisches Mitwirkungsrecht) という意味でのそれであり、他方では積極的な権限規定でありかつ客観的な民主的・法治国家的秩序の構成要素である、という二重の性格(29)」としてとらえられる。他の市民的自由権も同様であり、積極説からすれば、消極説の古典的・伝統的理論構成をこえて(30)「宗教の自由は、宗教団体の経済的存立基盤を国家が保障することを、プレスの自由は、プレスの多様性の経済的前提を維持するための国家的義務づけを、団体結成の自由は、労組に対する国家の財政援助を、職業訓練場所の自由な選択は、国家に、個々人の希望に応じた、必要性についての審査ぬきに (ohne Bedarfsprüfung) 十分な訓練施設を設立するよう義務づけることを、それぞれ同時に意味する(31)」こととなる。いわゆる社会的権利の問題は、基本法が明文規定をもたないという規範上の問題と、にもかかわらずそれを要請する社会的実態との間で、複雑な論議を展開しており、いまだ決着がみられない。だがここでも、消極説は、市民的自由権とその平等な保障という「自由の編成の帰結が、社会における所有に規定された社会的抗争、すなわち社会的な階級形成であり、不断に増大する賃金労働者の社会的貧困化であった。……一般的な、すべての者にとって平等な法的自由の作動から生まれたものは、かかる不可避的な社会的不平等であり、……法的な自由保障がかかるものとして存続したが故に、増々多くの市民、とりわけ賃金労働者にとっては空虚な形式になってしまった」[32]という事実は認めつつも、社会的基本権の理念は「集団的生活形態のための自由の超克(Freiheitsüberwindung)ではなく、自由の確保である」[33]と、市民的自由権の延長線上でとらえられ、その実現に関しては「民主的・法治国家的憲法秩序の枠組の中では固有の意味での基本権の性格をうけとることができない」[33]とする立場を堅持し、よしんば何らかの実現を要するとしても、それは既存の理論枠組による法技術的解決で処理しようとするのに対し、積極説は、社会的権利として問題になる諸権利を、市民的自由権とともに「参与権(Teilhaberecht)」として再構成するなり[34]、より端的には、「社会国家」性を根拠にすべての基本権は社会的基本権である[35]、と構成するなり、いずれにせよこれらの権利を憲法上の基本権として積極的に容認しようと努めている[36]。同様のことは、いわゆる社会的権力ないし非国家的権力を基本権論にくみこむかどうかの問題でも、類似の対比をみせる。現代西独の個別的な法的問題——放送の自由に対する規制、共同決定権(Mitbestimmungsrecht)の拡大、大学入学定員問題、社会保障、等々に対する対応も同様である。

四　若干の問題点

今日的な対立・論争の起点となったのは、六〇年代に漸次支配的となった潮流の代表的論者であるH・エームケやK・ヘッセなどに対して行なったベッケンフェルデの批判とされているが[37]、エームケやベッケンフェルデがいみじくもともに認めているように[38]、この論争は単に基本権の解釈問題であるばかりでなく、その基礎に国家観・憲法理論の対立を孕んだ問題である。ある基本権ないしはその事例を解釈上論ずる時、二つの潮流は、その解釈理論の導出プロセスの相異を別にすれば、結論において一致することも少なくないが、その解釈理論を支えている基本権観には、決定的とも思える対立が伏在している。それは、端的にいえば、国家と個人とを対抗関係としてとらえ、国家は本来個人の権利・自由を侵害するものと危険視する立場と、国家と個人とを協働関係としてとらえ、国家は今や個人の権利・自由を実現する援助者・補助者になったと信頼視する立場との対立である。ただ、この危険視と信頼視は、もとより理論的・思想的なものではあるが、同時に、現在の西独にある具体的な「国家」、そこから打ち出されてくる諸政策、に対する具体的評価・対応とも多分にかかわっているものと思われる。既述したように、この対立が、現在の西独における政治的配置と相当程度かかわっていることを想起する時、右のことはより容易に理解されよう。つまり、一方で、「現代」における国家の変容とそれを担保する諸政策につき、これを積極的に推進するSPD政権と、保守的に対抗するCDU／CSU勢力とがある、という政治的配置があり、他方で、「変容する国家」という事実はともに認めながら、それに対しより推進的・適合的な理論枠組を用意する潮流と、古典的・伝統的な理論枠組をなお「あるべき国家、あるべき基本権」として説く潮流とが学界の中で対立している――これが、西独基本権論の基底にある一般的構図であるとみてよい。その意味では、事柄の本質は、西独を襲っている「現代」的危機に対し、より古典的・伝統的理論で対処するか、より「現代」的理論で対処するか、という同じ「危機対処」をめぐる二つの潮流、とみることもできる。この対立を総体として批判する西独の若い左翼理論家・H・キッチェルトが、二つの潮流をもって相互に「補完的な議論の仕方（komplementäre Argumentationsweise)[39]」と評したゆえんである。

右のような政治的・理論的対立をいわば丸ごと枠付けているのが、六八年基本法改正に象徴される西独に特有な体制、すなわちボン・デモクラシーであった。しばしばコンフォーミズムの名で総称されるこの体制[40]は、諸々の政治的配置や理論的対立の基底で、戦後一貫して構成されてきたものであった。この体制を総体として批判する西独左翼法律家が、この体制に支えられて成立する基本権議論に対して、どう対応するかは、したがって相当深刻な問題である。「国家」の「社会」に対する全面的介入と、それに伴う参加・参与・共同決定・社会権の拡大という「現代」的事象が、基底において「自由で民主的な基本秩序」を侵害しない限り、という枠組に規制されているこの国の体制に対し、左翼法律家は、なるほど根本的批判・疑問を提示しつつも、既述した学界での議論との関係では、類似の二つの系譜を示しているように思われる。ひとつは著名な左翼公法学者W・アーベントロートに代表されるものである。アーベントロート『基本法』（一九六六年）によれば、「基本法の基本権は、法論理的に、そして憲法制定者の実定法的決定として解決すべき[42]」であって、「伝統的な社会経済秩序の支持者と社会主義的なそれの支持者[43]」の「二つの潮流の妥協を定着させた[44]」のが「民主的で社会的な連邦国家」（基本法二〇条一項）という法原則であった、とする制定過程分析から、学界での議論にいう「社会国家」性に親しみを寄せる[44]。アーベントロートにとっては現行基本法下での社会主義的措置ひいては社会主義化すら構想されており[45]、この姿勢は七〇年代に入っても基本的にはかわらない[46]。これに対し、七〇年代に入ってから激しい対立的見解を提示するのがJ・ザイフェルトに代表される系譜である。ここではアーベントロートの見解が「基本法に対する過度の期待」として斥けられ、「基本法は、明記されていなくとも、その民主的諸原理の中での資本主義的生産様式の表現である[47]」から、「社会国家的課題の増大は法治国家的構造への攻撃としてあらわれると同時に、民主主義の破壊、政治の右傾化としてもあらわれるが故に、左翼の法政策は、法治国家的諸原則の確たる擁護のみである[47]」とする。端的にいってここでは法ニヒリズムに支えられた「法治国家」性への傾斜がうかがえる。七〇年代の左翼法律家内部で展開されている論争[48]は、右の二つの系譜を軸にして今日まで続いているが、ここには、学界での論争が、相当屈折した形であれ、投影しているとみてよいだろう。

学界での議論の分岐点のひとつが、「国家」に対する評価・対応であったとするならば、左翼法律家の議論のそれは、「国家」に対する評価もさることながら、「参加」し「共同決定」し「政治的共同体」を担っていく基本権行使者＝人民に対する評価にも規定されているように思われる。この評価の相異から、「参加」「共同決定」していく過程の先に、危機の真の解決を見通すのか、逆にコンフォーミズムの一層の深化を見通すのか、という相異もでてくる。左翼法律家の議論は、確かに学界全体から見れば孤立した少数の論者によって支えられているにすぎないが、そこに伏在する問題は、学界での議論を吟味する上でのひとつの指標を投げかけているといえなくもない。

（1）最近の代表的なものを例示的に示せば、栗城寿夫「西ドイツ公法理論の変遷」公法研究三八号（一九七六年）、同「ドイツにおける『国家と社会の分離』をめぐる議論について」社会科学の方法一三巻一二号（一九八〇年）、藤田宙靖「E・W・ベッケンフェルデの国家と社会の二元的対立論（一・二）」法学四〇巻三号（一九七六年）、四一巻二号（一九七七年）、戸波江二「西ドイツにおける基本権解釈の新傾向（一～五）」日大法学五四巻七号―一一号（一九七九年）、広渡清吾「西ドイツにおける『国家』」金原左門＝小林丈児＝高橋彦博＝田口富久治＝福井英雄＝藤田勇編『講座現代資本主義国家4先進諸国の支配構造』（大月書店、一九八〇年）、等。

（2）Vgl. z. B. Klaus Stern, "Der Gesetzgebungsnotstand" in: Jürgen Jekewitz, Michael Melzer, Wolfgang Zeh (Hg.), *Politik als gelebte Verfassung* (Opladen, 1980), S. 129 ff.

（3）Vgl. z. B. Ernst-Wolfgang Böckenförde, "Sozialer Bundesstaat und parlamentarische Demokratie", in: J. Jekewitz u. a. (Hg.), *a. a. O.*, S. 182 ff. なお、この論文を紹介した拙稿「公法学の動向」法律時報五三巻七号（一九八一年）、参照。

（4）E.-W. Böckenförde, "Grundrechtstheorie und Grundrechtsinterpretation", *NJW* 1974, H. 35, jetzt in: ders., *Staat, Gesellschaft, Freiheit* (Frankfurt/M., 1976), S. 221 ff., auch in: Ralf Dreier, Friedlich Schwegmann (Hg.), *Probleme der Verfassungsinterpretation* (Baden-Baden, 1976), S. 266 ff.

（5）E.-W. Böckenförde, *Staat, Gesellschaft, Freiheit*, S. 224.

（6）Hans Hugo Klein, *Die Grundrechte im demokratischen Staat* (Stuttgart, 1972).

(7) E,-W. Böckenförde, *a. a. O.*, S. 228 f.
(8) Peter Häberle, *Die Wesensgehaltsgarantie des Art. 19 Abs. 2 Grundgesetz, 2. Aufl.* (Karlsruhe, 1972).
(9) E.-W. Böckenförde, *a.* a. *O.*, S. 232 f.
(10) Rudolf Smend, *Verfassung und Verfassungsrecht* (München, Leipzig, 1928), jetzt in: ders., *Staatsrechtliche Abhandlungen und andere Aufsätze*, 2. Aufl. (Berlin, 1968), S. 119 ff.
(11) E.-W. Böckenförde, *a.* a. *O.*, S. 235.
(12) Konrad Hesse, *Grundzüge des Verfassungsrechts der BRD*, 12. Aufl. (Karlsruhe, 1980).
(13) E.-W. Böckenförde, *a.* a. *O.*, S. 238.
(14) Ulrich Scheuner, "Die Funktion der Grundrechte im Sozialstaat", *DÖV* 1971, 505 ff., jetzt in: ders., *Staatstheorie und Staatsrecht* (Berlin, 1978), S. 737 ff.
(15) 栗城・前掲論文注（1）「西ドイツ公法理論の変遷」七六―七七頁。
(16) Hans Peter Ipsen, "Enteignung und Sozialisierung", in: *VVDStRL* 10 (Berlin, 1972), S. 74 ff.
(17) Ernst Forsthoff, "Begriff und Wesen des sozialen Rechtsstaates", in: *VVDStRL* 12 (Berlin, 1954), S. 8 ff., jetzt in: ders. (Hg.), *Rechtsstaatlichkeit und Sozialstaatlichkeit* (Darmstadt, 1968), S. 165 ff., auch in: der., *Rechtsstaat im Wandel*, 2. Aufl. (München, 1976), S. 65 ff.
(18) Vgl. Aufsätze in: E. Forsthoff (Hg.), Rechtsstaatlichkeit und Sozialstaatlichkeit.
(19) R. Smend, "Integrationslehre", in: *Handwörterbuch der Sozialwissenschaft* 5 (1956), jetzt in: ders., *a.* a. *O.*, S. 475 ff.
(20) 二つの系譜を「ハイデルベルク学派とフライブルク学派」とも呼ぶようだが（栗城・前掲論文注（1）「ドイツにおける『国家と社会の分離』をめぐる議論について」一二頁）、そのハイデルベルクに最近暫くの間滞在した筆者の経験からすれば、語感からの印象ほど明確なシューレがあるというのではなく、理論的な傾向という意味のようである。
(21) Hans Kremendahl, "Sozialstaatsbegriff und Verfassungskontroverse", in: ders., Thomas Meyer (Hg.), *Sozialismus und Grundgesetz* (Kronberg/Ts., 1974), S. 20 ff.
(22) Werner Maihofer, "Rechtsstaat und Sozialstaat", in: Willi Wayer (Hg.), *Rechtsstaat, Sozialstaat,* (Stuttgart, 1972), S. 13 ff., jetzt in: H. Kremendahl, Th. Meyer (Hg.), *a.* a. *O.*, S. 123 ff.

(23) Vgl. H. Kremendahl, *a. a. O.*, S. 34 ff.
(24) 現在H・H・クラインがCDUの、H・エームケがSPDの連邦議会議員であり、それぞれ法政策の重要な役割を担っているのは、ひとつの象徴的事例である。一般に西独の公法学者が現実政治にはたす具体的役割は予想以上に大きい。なお、ベッケンフェルデはシュミット・シューレに数えられるが、SPD(右派)のメンバーであり、同党法政策会議の中心人物である。
(25) Erich Fechner, "Freiheit und Zwang im sozialen Rechtsstaat", in: *Recht und Staat in Geschichte und Gegenwart* 174 (Tübingen, 1973), jetzt in: E. Forsthoff (Hg.), *a. a. O.*, S. 80.
(26) Friedrich Klein, "Bonner Grundgesetz und Rechtsstaat", *ZgesStW* Bd. 106 (1950), S. 398 ff.; E. Forsthoff, "Begriff und Wesen".
(27) Z. B. E.-W. Böckenförde, "Die Bedeutung der Unterscheidung von Staat und Gesellschaft im demokratischen Sozialstaat der Gegenwart", in: *Festgabe für Wolfgang Hefermehl* (Stuttgart, 1972), jetzt in: ders., *Staat, Gesellschaft, Freiheit*, insb. S. 199 ff.
(28) Hermann von Mangoldt, Friedrich Klein, *Das Bonner Grundgesetz*, Bd. 1, 2. Aufl. (Berlin, Frankfurt/M., 1957), S. 235 ff.
(29) K. Hesse, *Grundzüge des Verfassungsrechts der BRD*, 12. Aufl., S. 180.
(30) H. H. Klein, "Öffentliche und private Freiheit", *Der Staat* 10 (1971), S. 165 ff.
(31) E.-W. Böckenförde, "Die sozialen Grundrechte im Verfassungsgefüge", in: ders., J. Jekewitz, Thilo Ramm (Hg.), *Soziale Grundrechte* (Heidelberg, Karlsruhe, 1980), S. 12. ただしベッケンフェルデはここでいう積極説ではない。
(32) E.-W. Böckenförde, *a. a. O.*, S. 8 f.
(33) E.-W. Böckenförde, *a. a. O.*, S. 14.
(34) K. Hesse, *a. a. O.*, S. 123 ff. コンラート・ヘッセ(栗城寿夫訳)「ドイツ連邦共和国における基本権の展開」公法研究四二号(一九八〇年)一五頁以下。なお、この点につき村上武則「Teilhabe(配分参加)について」広岡隆＝高岡敏＝室井力編集代表『杉村敏正先生還暦記念現代行政と法の支配』(有斐閣、一九七八年)七三頁以下、参照。
(35) P. Häberle, "Grundrechte im Leistungsstaat", in: *VVDStRL* 30 (Berlin, 1972), jetzt in: ders., *Die Verfassung des Pluralismus* (Königstein/Ts., 1980), S. 182 ff.
(36) E.-W. Böckenförde, "Freiheitssicherung gegenüber gesellschaftlicher Macht", in: Diether Posser, Rudolf Wassermann (Hg.), *Freiheit in der sozialen Demokratie* (Karlsruhe, 1975), jetzt in: ders., *Staat, Gesellschaft, Freiheit*, S. 336 ff. ヘッセ・前掲論文一一頁以下。

(37) Horst Ehmke, "„Staat" und "Gesellschaft" als verfassungstheoretisches Problem", in: K. Hesse u. a. (Hg.), *Staatsverfassung und Kirchenordnung* (Tübingen, 1962), jetzt in: ders. (Hg. v. P. Häberle), *Beiträge zur Verfassungstheorie und Verfassungspolitik* (Königstein/Ts., 1981), S. 30 ff.; dagegen E.-W. Böckenförde, *Die verfassungstheoretische Unterscheidung von Staat und Gesellschaft als Bedingung der individuellen Freiheit* (Opladen, 1973); auch ders., Anm. 27. 藤田・前掲論文、参照。

(38) H. Ehmke, "Prinzipien der Verfassungsinterpretation", in: *VVDStRL* 20 (Berlin, 1962), S. 53 ff., jetzt in: R. Dreier, F. Schwegmann (Hg.), *a. a. O.*, S. 164 ff., auch in: H. Ehmke, *a. a. O.*, S. 329 ff.; E.-W. Böckenförde, "Grundrechtstheorie und Grundrechtsinterpretation", in: ders., *a. a. O.*, S. 221 ff.

(39) Herbert Kitschelt, "Rechtsstaatlichkeit", *Demokratie und Recht*, 5. Jg. H. 3 (1977), S. 288. 篠原巌「公法学の動向」法律時報五二巻九号（一九八〇年）、参照。

(40) 宮田光雄『西ドイツの精神構造』（岩波書店、一九六八年）三一七頁以下、参照。

(41) Vgl. z. B. Erhard Denninger (Hg.), *Freiheitliche demokratische Grundordnung*, 2 Bde. (Frankfurt/M. 1977); Martin Kutscha, *Verfassung und "streitbare Demokratie"* (Köln, 1979).

(42) Wolfgang Abendroth, *Das Grundgesetz*, 6. Aufl. (Pfullingen, 1978), S. 70. 村上淳一訳『西ドイツの憲法と政治』（東京大学出版会、一九七一年）一〇六頁。

(43) *Ebenda*, S. 65. 邦訳、前掲書九七頁。

(44) *Ebenda*, S. 67. 邦訳、前掲書一〇一頁。Ders., "Begriff und Wesen des sozialen Rechtsstaats", in: *VVDTStRL* 12 (Berlin, 1954), S. 85 ff., jetzt in: ders., *Arbeiterklasse, Staat und Verfassung* (Frankfurt/M., 1975), S. 64 ff.

(45) *Ebenda*, S. 67 ff. 邦訳、前掲書一〇一頁以下。

(46) W. Abendroth u. a., "Diskussion über Probleme sozialistischer Rechtspolitik" in: Hubert Rottleuthner (Hg.), *Probleme der marxistischen Rechtstheorie* (Frankfurt/M., 1975), S. 392 ff.

(47) Jürgen Seifert, *Grundgesetz und Restauration*, 3. Aufl. (Neuwied, Darmstadt, 1977), S. 15 f., auch vgl. ders., "》Innere Sicherheit《: Risiko für die Demokratie", in: ders. u. a., *Lebendige Verfassung* (Neuwied, Darmstadt, 1981), S. 1458 ff.

(48) この論争を伝える文献としてさしあたり、vgl. Frank Deppe u. a. (Hg.), *Abendroth-Forum* (Marburg, 1977); W. Abendroth u. a., *Der Kampf um das Grundgesetz* (Frankfurt/M., 1977). ちなみに、この論争はアーベントロート、G・シュトゥービー、U・

マイアー等の論者と、ザイフェルト、U・プロイス等の論者との間で行われているが、その中で、アーベントロートの弟子であり学界でも一定の発言力があるH・リッダーが、最近アーベントロート的思考に対し批判を強めているのが注目される。Vgl., *Der Kampf um das Grundgesetz*, S. 246 ff.

第Ⅳ部　平和主義・改憲問題・憲法運動

第Ⅳ部 「平和主義・改憲問題・憲法運動」解題

第Ⅳ部に収録したのは、「平和主義・改憲問題・憲法運動」に関わる森英樹の論文である。これらは森が生涯をかけて取り組んだ研究テーマであり、その時々の改憲情勢に対する周到で的確な分析を通じて、憲法学界に対しては重要な問題提起を、市民に対しては実践的な指針を示してきた。第Ⅳ部に関わる森の論稿は文字どおり枚挙に暇なく、このテーマだけで一冊の論文集を編むべきとの考えもあろうし、それが無理だとしても収録論文が三本というのは、森の研究活動とその成果を正当に評価していないとの批判もあろう。しかし、本書を公刊する目的は、『マルクス主義法学の史的研究』と併読すれば、森の憲法研究の全体像を一応、把握することができる条件を整えることにある。そのため、理論的な論文を優先するのが編集の基本方針なので、事柄の性質上、時局的な分析や実践的な考察の割合が高くなる「平和主義・改憲問題・憲法運動」に関する論稿を十分に収録することは、全体の頁数との関係でも断念せざるをえなかった。

膨大な関係論文の中から、三本を選んだ理由を説明しておく。第二五章「『二つの法体系』論の原点と現点」（一九九〇年）と第二六章「『六〇年安保』から五〇年――原点と現点」（二〇一〇年）は、森の恩師でもある長谷川正安が戦後憲法学に対して行った重大な問題提起、すなわち、「二つの法体系論」について、森が――二〇年の間をおいて――回顧した論稿である。この二〇年間が、自衛隊の海外派兵体制の構築や有事法制の整備など、日米安保体制の根本的転換の時期であったことを改めて指摘する必要はあるまい。第二五章は「二つの法体系論」の文字どおり「原点」に立ち返り、「現代法論争」との関係を検討するなど、戦後法学史（憲法学に止まらない）におけるその意義と課題を議論するものとなっている。一方、第二六章は、日米安保の再定義（再々定義）を経て、「グローバル安保」へと「野放図な拡大が条約改定のないまま進められてきた」日米安保体制との関係で、「二つの法体系」論の現在的有効性を検証している。以上の理由から、いずれも落とすことはできないと判断した。「二つの法体系」論は、長谷川と森との間では「発展的継承」が、長谷川・森と本秀紀との間では「批判的継承」が行われており、「名古屋憲法学の系譜」の観点からも収録する価値があるものと考える（本の論稿として、「憲法と安全保障体制──『二つの法体系』論・再考」森英樹編『現代憲法における安全──比較憲法学的研究をふまえて』〔日本評論社、二〇〇九年〕、「『安保法体系』の現在」民主主義科学者協会法律部会編『法律時報増刊　安保改定五〇年　軍事同盟のない世界へ』〔日本評論社、二〇一〇年〕がある）。

対抗軸の形成を理論的・実践的課題とする森の憲法学にとって、憲法運動論は重要な研究テーマの一つである。実践面でも森は、毎年の憲法記念日に二～三千人規模の「市民のつどい」を催す愛知憲法会議の事務局長（一九六七～二〇〇六年）や代表委員（二〇〇六～二〇二〇年）を務めるなど、憲法運動の発展のために労を惜しまなかった。第二七章「憲法運動論の五〇年」は「憲法運動」概念の成立の経緯や「憲法運動」と「護憲運動」の違いの検討など、憲法運動を実践してきた憲法学者ならではの理論的考察が行われている。厳しい改憲情勢を客観的に分析しながらも、森が決して希望を失わなかったことは、本章の最後の一節に示されている。

「平和主義・改憲問題・憲法運動」に関わる研究成果のうち、スペースとの関係で収録を断念した論稿の一部をここで掲げておく。「平和運動における日本国憲法」法律時報四七巻一二号（一九七五年）、「憲法制定史と国民」法律時報五〇巻一三号（一九七八年）、「核問題と日本国憲法」科学と思想四五号（一九八二年）、「湾岸戦後の平和主義と憲法論」法律時報六三巻一〇号（一九九一年）、「新たな『戦後』と憲法の平和主義」科学と思想八四号（一九九二年）、「『国際貢献』論と国連」渡辺治ほか『「憲法改正」批判』（労働旬報社、一九九四年）、「『護憲』論の原点と現点」憲法問題六号（一九九五年）、「九条裁判と憲法学」法律時報六八巻六号（一九九六年）、「沖縄が衝く憲法五〇年」法律時報六八巻一二号（一九九六年）、「途上国人民との平和的協力と国連における経済的協力」深瀬忠一ほか編『恒久世界平和のために——日本国憲法からの提言』（勁草書房、一九九八年）、「転機に立つ憲法構造と憲法学」法律時報七三巻一号（二〇〇一年）、「『安全保障』システムの『構造改革』」法律時報七四巻六号（二〇〇二年）、「改憲論と『グローバル化』」全国憲法研究会編『法律時報増刊　憲法改正問題』（日本評論社、二〇〇五年）、「憲法改定をめぐるドイツと日本」法学館憲法研究所編『日本国憲法の多角的検証——憲法「改正」の動向をふまえて』（日本評論社、二〇〇六年）、「七・一閣議決定とその先にあるもの——安倍路線のゆくえ」森英樹編『別冊法学セミナー　集団的自衛権行使容認とその先にあるもの』（日本評論社、二〇一五年）、「安倍改憲路線の表層と深層——緊急事態条項改憲を軸に」季論21三二号（二〇一六年）。

森英樹ほか編『グローバル安保体制が動きだす』（日本評論社、一九九八年）は、一九九七年九月に日米政府が合意した新たな「防衛協力の指針」（新ガイドライン）をターゲットにして、森の指導力の下で出版された書物であるが、「グローバル安保体制」のように理論的分析に有効で実践的にも有用なキーワードを、森は常に探し求めていた。私の認識では、現在は人口に膾炙した「壊憲」という用語を考案したのも森である。朝日新聞クロスサーチを使って「壊憲」で朝日新聞の記事を検索すると五二件ヒットするが、二〇一三年以降が四七件である。初出は、芝野由和・長崎総合科学大学准教授の講演「日本のゆくえと改憲（壊憲）」（第七回日見・九条のつどい）の告知であるが（二〇〇七年七月二六日付長崎県版）、二〇一二年以前の記事五件のうち三件は森のインタビューや講演に関わる記事であることから、森を考案者と呼ぶことは許されよう。

「壊憲」に関する森の考え方が体系的かつ簡潔に示されているのが、「改憲動向の現在」民主主義科学者協会法律部会編『法律時報増刊　改憲・改革と法　自由・平等・民主主義が支える国家・社会をめざして』（日本評論社、二〇〇八年）である。同論文で森は、小泉・安倍政権の下で進められた国家・社会構造の「改革・改造」を「実定憲法の変更に先立って先行展開している……憲法的構造（constitutional structure）の改変」と位置付け、「constitutional change」という視点の重要性を強調する。そして、小泉・安倍政権の下での constitutional change は、それまで議論されてきた「いわゆる『解釈改憲』とはレベルを異にする」との認識を示し、「その変動が実定憲法の理念・精神・原理を根底において破壊する方向をとるとき、それは『壊憲』と命名されてよい」と論じている。

小泉・安倍政権の下で進められた constitutional change について、理論的分析の観点からは英語のままでもよいが、憲法運動でも使えるスローガンにするために何かよいアイディアがないかと森から尋ねられたのは、第一次安倍政権が成立した頃だったと記憶する。そこで私は、法学セミナー編集部の上村真勝氏（当時）と相談しつつ、「改憲実態」という用語を考案した（愛敬浩二「『改憲実態』を検証する」法学セミナー二〇〇七年一〇月号）。拙稿を読んだ森は笑いながら、「君は学者だなぁ」と感想を述べた。その時点で「壊憲」という用語を森は思いついており、「改憲実態では人口に膾炙せんよ」というコメントだったのだろう。実際、そのとおりになった。解題には相応しくない私的なエピソードに触れたのは、森が「理論と実践の統一」を追求し続けた憲法研究者であったことを書き留めるためである。時局的分析の部分が多いため、「改憲動向の現在」の収録は見送ったが、たいへん苦しい選択であった。本書の読者には、ぜひ一読して頂きたい論稿である。

（愛敬浩二）

第二五章　「二つの法体系」論の原点と現点

はじめに

深瀬忠一教授が学界屈指の平和の理論家であり、また真摯な実践者であられることは夙に知られている。その深瀬教授が北海道大学退官という節目を迎えられる今、平和をめぐる状況もまた大きな節目を経過しつつある。一方でＩＮＦ条約、イラン・イラク戦争停戦、インドシナ和平、ソ連のアフガニスタン撤兵、米ソのマルタ会談、米国防費削減等々、国際的には、いわゆる「冷戦構造」に注目すべき変容が生起していながら、他方で、日本ないし日米安保体制の軍事力は、依然として肥大化と高度化を堅持しているという、複雑で新たな状況を迎えているからである。欧州で東欧民主化が劇的に進行し、ＮＡＴＯ・ＷＰＯ双方に軍事ブロック解消の動きが胎動しはじめた一九八九年後半、太平洋では史上最大の「太平洋演習」＝ＰＡＣＥＸ89が実施されていた。世界平和にとって新時代の到来とも言える激動のこの年を閉じるその時に、閣議決定された九〇年度予算の政府案では、「防衛費」がついに四兆円を突破したが、日本がＮＡＴＯ定義で米ソにつぐ世界第三位の軍事大国になったことは、これでほぼ確実である。こうした日本軍事力の相対的重量化が、一九七八年の「日米防衛協力のための指針（ガイドライン）」を起点とする安保体制の変容がもたらしたものであることは、あらためて指摘するまでもない。

ところで、日本の軍事問題を法的に解明するのに、しばしば「二つの法体系」という分析視角が語られる。また、それが「現代日本法」の「矛盾の結節点」を剔抉するという意味で、「現代日本法のトータルな把握」の分析枠組たりうるとも主張されてきた。憲法を最高法規とし、その下に編成される法律――命令という法系と、安保条約を頂点として、地位協定――特別法で編成される法系とが、矛盾的に併存し相互に緊張・対抗関係にあるとする立論のことである。旧安保条約時代の五〇年代末に提唱されたこの立論は、しかし、それを生み出したサンフランシスコ体制ないし安保体制が、軍事的には「指針」を起点に今日のような変容をとげ、構造的には「総合安保」化していること、同時に、日本法の基幹部分で、高度成長以降七〇年代に至り「現代法」現象が顕在化していることを理由に、現代日本法の分析枠組としてはおろか、軍事法領域の分析枠組としても、その有効性をめぐって、相当根底的な疑念にさらされている。

そこで本稿では、深瀬教授のご退官を機に、憲法の平和主義に対する教授の長期にわたるご研究と実践的営為に随所で関わりがあったと思われるこの分析枠組の、今日的有効性の存否・程度を吟味し、あわせてなにがしかの問題提起を試みようと思う。

一　「二つの法体系」論の原点

最初に、「二つの法体系」論のいわば出自における理論的原点を、本稿に必要な限りで再確認しておく[1]。

第一に、「二つの法体系」論は、提唱者が回顧して言うように、五〇年代後半の、砂川事件（一九五八年七月八日発生）に代表されるような法的紛争に対していかに有効な「解釈論上の枠組」を提供するかに直接的契機があり、その意味では、さしあたりは実践的な法解釈論として登場していることである。もとより、提唱者自身が強調するように、それは単なる戦術的で個別的な「解釈論上の武器」にとどまるものではない。なぜなら、ある法的理論枠組が「解釈論上のすぐれた武器として働くならば、それが日本の法現象を典型的な形で表現しているからだという、認識論上の枠組としての有効性」をも担保しているはずだからである。別言すれば「法解釈論は、かならず科学的な法認識を自らの基礎にもっているという方法論」、つまり解釈における認識上の基礎が、提唱者の方法的根幹に存するとされているからである。(2)

第二に、そうした「認識論上の枠組」としての「二つの法体系」論とは、「日本の法現象全体の中で、憲法典と安保条約という制定法規範に着目して構成されたもの」であり、もっぱら制定法規範自体に客観的に存在する非和解的矛盾を剔抉しようとした枠組であった。留意すべきは、ここでは「制定法規範に対する客観的認識の結果」が語られているのであって、これが右に言う「認識論上の枠組」の「発想の原点」であった。周知のとおりこうした制定法に軸足を置く分析方法は、後に批判を受け、静態的把握にかわる動態的把握をめざして「法規範論の枠をこえて現代法の全体系に研究対象を拡大」すべく修正がはかられることになる。(3)

第三に、「二つの法体系」論には、それが妥当する「日本の支配体制」が「安保体制」ないし「サンフランシスコ体制」であるという国家論上の認識、日本の国家主権の現状把握が背景にあった。(4)「安保法体系と憲法体系」という枠組自体は、さしあたりは占領軍たる在日米軍が占領解除後もそのまま継承・確保されるための法的措置として生誕した「安保法体系」を、独立主権国家の最高法規であるはずの「憲法体系」からする批判の照準に据えたものであるが、それが「日本の法現象を典型的な形で表現している」のは、そうした対米軍事従属が、単に部分的・局部的な従属のみならず全機構的な国家的従属の核心を占めるとともに、その国家的従属が日本の国家権力の性格の基幹を決定するという認識が背後にあるからである。[5] こうした認識は、提唱者においては六〇年安保改定・七二年沖縄返還・七八年指針決定という「軍事的・政治的・法的に大きな変化」を経た今日においてもなお「変化を超えた固有の性質」を承認することで堅持されている。[6]

第四に、「二つの法体系」論の基底には、提唱者が日本法の歴史的特質を把握する際に通有の、一定の法構造上の分析視角がある。安保法体系と憲法体系の「矛盾的併存」とは、さしあたりは一九五二年以降生起した日本法の構造に対する命名であるが、この「矛盾的併存」に力点をおけば、ひとり五二年以降に固有の法現象ではなく、直接的には、「占領法体系と憲法体系」の併存の継承として把握されていた（ただし法形式的には、占領法体系と憲法体系がいわば垂直的併存であるのに対して五二年以降は水平的な文字通りの併存となる）し、さらに提唱者の憲法史研究の分析枠組に関連させると、明治憲法下における立憲的なものと非立憲的なものの併存という視角が、右の戦後憲法史分析に連結しているように思われる。そうであるとすれば、提唱者にあっては、明治憲法下における立憲的なものと非立憲的なもの、占領後期における憲法体系と占領法体系、安保体制下における憲法体系と安保法体系といった「矛盾的併存」が、憲法史分析を貫流する鍵となっており、そうした法構造分析によって、日本法史におけるその時代時代の進歩と反動、自由と支配、解放と抑圧を表象しうる焦点ないし核心を、いわば通貫的に見出すとする構想が伏在している。[7]

第五に、したがって端的に言えば、法規範論を起点としてではあるが、進歩と反動等々との間にある矛盾の法的な焦点・核心を見出すことが、「二つの法体系」論のいわばエートスとなっていることが留意されるべきである。この点は、歴史と現状の分析の生命をどこに見るかという方法論の根本にも関わる。すなわち、提唱者にあっては、社会現象が発展ないし展開するのは、矛盾が現にその内部に存在し、その矛盾のなんらかの解決＝止揚をめざした歴史的社会現象における運動が、その駆動因として働くからであり、したがって、その矛盾の、とりわけ基本矛盾の所在とその内容をつきとめることが、歴史と現状に対する分析の枢要であるとされているからである。

「二つの法体系」論に以上のような原点が確認されるとすれば、その具体的有効性を今日に問うにあたって、前提として確認すべきは、その理論的生命が、当該分析における矛盾＝運動の視点にあった点であろう。つまり「二つの法体系」論が方法論上含意するもののポイントは、現代日本法の孕む基本的矛盾・対立、したがって発展・展開＝運動の契機、したがって支配＝従属関係の編成の法現象における基本的結節点を、どう剔抉するかであったということの確認である。こうした確認を前提にして、「二つの法体系」論の今日的な具体的有効性は問われるべきである。問題は、したがって、軍事法の現況を解くにせよ、「現代日本法」を解明するにせよ、歴史的にはもっぱら軍事法体系を含意して意味づけられてきた「安保法体系」と、それにさしあたり規範構造レベルでの対立物として対峙せしめられる「憲法体系」との「矛盾的併存」として表象される「二つの法体系」という、それ自体はなおも存在しつづける法現象が、当該現象の基本的矛盾・対立の所在点を示すものとして、したがって有効な分析枠組として、なおも堅持することができるか、あるいは仮に軍事法にせよ「現代日本法」にせよ、その変容に伴いもはや基本的結節点はそこでないとするなら、今日の読み解くべき当該法現象における基本的対抗軸は何か、という形で問われることになるのである。

二　現代法論争と「二つの法体系」論

公法学界にはなじみが薄かったが、高度成長以降急速に変容する現代日本法を総体としてどう把握するか、という視角・方法をめぐる議論が、六〇年代末に民科法律部会で生起した際、その議論の磁場に、以上のような原点から生れた「二つの法体系」論が投入されることによって、この理論は、「現代日本法をトータルに把握する認識枠組」として有効か否かの検証をうけることとなった。いわゆる「現代法論争」のことである。

「現代法論争」の前提には、言うまでもなく「現代法」現象がある。それは『講座・現代法』（岩波書店・全一五巻・一九六五—六六年）の刊行が象徴するように、戦後の日本法が五〇年代末から六〇年代前半を経過する中で、従来と異質な「現代」の様相を帯びてきたという客観的事態の現出であった。したがって「現代法」論とは、渡辺洋三がかねてから手掛けてきたように(8)、本来「現代日本法」の具体的様相を解き示すことを到達目標にするものであったが、そうした「現代法」研究が「論争」となった際のもっぱらの争点は、六〇年代末という時点で眼前にあった「現代日本法」に対する「トータル」な認識を、いかなる理論枠組・仮説・道具が有効たらしめるか、に集中していた。

論争の契機となった「国独資法」論は、現代日本法を「国家独占資本主義段階の法」と規定し、「法の政策化」にその特質を見出し、従って現代日本法を支配層の打出す諸政策の体系として分析・解明することを提唱した。それに対峙的に提起された、「二つの法体系」論に依拠する批判的提唱は、さしあたりは「国独資法」論における国家論ないし権力論の欠落、および「国独資法」規定一般では方法的に後景に退く日本ないし日本法の特殊性分析の欠落を指摘しつつ、その欠落部分を逆に分析の核心に置くことのできる理論枠組として「二つの法体系」論を選びとり、それに拠って権力の中核部分たる軍事領域を基軸とした日本法こそが分析されるべきであり、そこから主権国家の対米従属性という矛盾を孕んだ日本法の特殊性を剔抉することを提起するものであった。これらの所論に対し、とりわけ現代日本法の各局面における矛盾を、その克服＝変革の法的主体形成の視角から迫るよう提唱したのが、いわゆる「社会法視座」論であり、こうして出揃った「分析枠組」の諸提言の間で、その枠組自体の有効性をめぐる論戦が展開された。

この論争の推移については、一定の総括も含めてすでにすくなからぬ理論的整序がなされているので[9]、ここでは触れない。それらがほぼ共通して指摘するように、「二つの法体系」論には、前節で見たような提唱時の経緯を見る限り、「現代法論争」が共通にめざした「現代日本法のトータルな把握」という構想にただちになじみにくい要素があった。「現代日本法のトータルな把握」というターム自体も多岐的であったが、それを文字通り現代日本法現象の「全的・体系的把握」と解せば、「二つの法体系」論は、その出自においてそのような把握をめざした枠組ではなかったからである。

ただ、提唱時においてすら、この枠組には、法現象の「核心的部分」、現代日本法現象の「政治的本質の典型的表現」の所在をつきとめるべく自覚されていたがゆえに「現代日本法のトータルな把握」への契機が孕まれていたし、また、この枠組が法規範にさしあたりは着目したものであったにせよ、提唱者の方法論に従う限り――そして提唱者が後に当該論争の進展の中で寄せられた批判を摂取しつつ展開したように[10]――法意識、法制度といった、法の現象形態を構成する諸要素のレベルの分析に連動しうるものであり、そうすることで「二つの法体系」の動態を解析する可能性も秘めてはいた。

「現代法論争」において「国独資法」論に「二つの法体系」論が対峙されたのは、すでに述べたように、「国独資法」論に欠ける側面を、当該枠組こそが鮮明に浮上せしめうると構想されたからにほかならない。その限りでは、「国独資法」論が解明を提起した「現代法」一般、「国家独占資本主義段階の法」一般の分析を補完し、それと結合することで一層具体的で豊かな分析結果が得られるはずのものであったともいえる。「二つの法体系」論は、それ自体で現代日本法をトータルに、したがって――静態的な法規範分析においてすら――すみずみまで説明しつくすことのできる枠組として措定されてはいなかったのであり、むしろ「トータルな現代日本法」のいわば駆動因、換言すれば現代日本法現象を成り立たせ展開させている運動因の「核心」ないし「典型」が奈辺にあるかをつきとめることに狙いがおかれていた。

このようにみてくると、あえて端的に言えば、「国独資法」論と「二つの法体系」論との関わりは、前者が「現代」日本法に、後者が現代「日本法」にと、それぞれ照準を異にするとともに、それを前者は「経済と法」から、後者は「権力と法」から接近するというい わば「切り口」ないしアプローチも異にし、かつ、前者が「トータル」を志向したのに対し、後者は「核心」「典型」に迫ろうとした、と整序することは、「論争」の経過からすれば妥当であろう。これに対し、「矛盾＝変革の契機」を自覚的に追求したのはむしろ「社会法視座」論の立場であった。[11]

こうした意味での「現代法論争」は、「現代法」を具体的に解析するその後の作業――「基本法」論、[12]法解釈論、[13]現代日本法史、[14]変革論、[15]現状分析[16]――の契機となったし推進力にもなったが、しかしこうした具体的分析の中で各理論枠組の有効性を検証するフィード・バックを経る余裕のないまま、「現代法」分析の実践的で究極的な照準であった「日本の民主的変革」自体が、八〇年代に入ると、その見通しにおいて容易ならぬ旋回をきたし、従来の議論のあり方も含めて、新たな再検討を迫られつつ今日に至っている。[17]

ところで、「現代日本法」そのものの変容とともに、その一環たる側面と相対的に独自な側面とを複雑に孕みつつ、軍事体制としての安保体制もまた、七〇年代後半以降急激に変貌してきた。そのような事態の変動に伴い、「二つの法体系」論は、こうした軍事法領域の変貌に対する認識枠組としての有効性をも問われているように思われる。「指針」以降の軍事的安保体制が、「指針」という法的には極めてあいまいな形態の実務的合意文書を根拠に作動し、かつその作動内容・方向も、従前の「安保法体系」がそれなりに標榜していた規範的規制枠を突破する（典型的には安保条約五条が定めたはずの地域的限定の突破）傾きにあるとき、こうした動向を従来の「二つの法体系」論が方法的に認識射程に含みうるか、[18]あるいは、軍事的安保体制が、いわゆる「総合安保」の有機的一環たる位相を強めつつあるとき、もっぱら軍事的安保体制に着眼した「二つの法体系」論は、事態の駆動因たる核心をなお、衝いていることになるのか、[19]等々といった問題である。もとよりこの理論が、軍事法としての安保法体系の存在によって非軍事平和主義の憲法体系が法的に不断に侵食される事態を説得的に剔抉する枠組であるという生命力は、失われてはいない。この理論がたとえば有事立法・国家秘密法分析に駆使されたことは記憶に新しいところである。[20]ただ、そうしたいわば各論的問題領域を超えたところの有効性が、軍事的安保体制分析においてすら再吟味を要する事態が、分析対象である軍事的安保体制の側に、しかも根幹部分で生起しているのではないか、という問題である。

三　「二つの法体系」論の現点

「二つの法体系」論が、五〇年代安保体制を「半植民地対米従属」と現状規定し「従属解消＝真の独立達成」を第一義的課題としながら生成したがゆえに、そうした現状規定や課題設定が変容を迫られてくる段階では、かかる属性をまとった「二つの法体系」論はこれを「狭義の『二つの法体系』論」として過去形に置き、その「基礎に含まれていた三つの視角」、すなわち「[支配体制たる]安保体制と法」「国家主権と国民主権の統一的把握」「政治と法の特殊日本的併存」という視角を自覚的に発展させることで、「二つの法体系」論の批判的継承は可能である旨の指摘[21]は示唆に富む。また、「現代日本法」分析であれ「軍事問題の法的解明」であれ、「それが何であるのかの認識を、それをどうするかという観点で絞りあげなければ本当に具体的な認識にならない」との指摘[22]や、その分析枠組たる「キー概念」の有効性を考察するには、その視角なり視座から「全体的構造に切り込む、トータルな把握をめざす切り口」たりうるかが吟味されるべきであって、当該概念から「直ちに、それらが認識対象……の全体的構造をあますところなく表現しえている概念であるかのように考えるのは『のみこみ』過剰」であり、重要なことは「切り口を鮮明にすること」であって、そのためには「それが単線的なものであることが必要」との指摘[23]は、本稿の考察にとっても重要である。以上のことを念頭に置きつつ、「二つの法体系」という「キー概念」が、その有効性に関わって今日的に問われていると思われる場面につき、若干の問題提起的考察をしてみたい。

(1)　支配の体制としての「安保体制」は、安保条約締結とともに成立しこの条約を前提に存続しているが、この「体制」は日米関係のあり方とそれをとりまく国際的諸条件の変化によって、内容・位相を変えてきている。しかしその変化も、「安保体制と憲法」という視角で見ると、軍事的安保体制とその法的表現である安保法体系の進展が、日本国憲法の改変、とりわけいわゆる明文改憲の動向を決してきたという一貫性は看過できない。

周知のとおり明文改憲の動向は、これまでのところもっぱら軍事的安保の質的変容を要因とし、かつ憲法の非軍事平和主義をターゲットにしてきている。五二年安保体制発足が五五年改憲動向を、六〇年安保改定＝集団的自衛権システムの導入[24]と日米共同作戦体制の条約化とが六四年改憲動向を、七二年沖縄返還による核安保体制化・極東安保化が七三年改憲動向を、そして七八年「指針」を起点とする太平洋安保化と共同作戦発動体制の具体化が八〇年代初めの改憲動向を、それぞれ突き動かしてきた[25]。こうしたいわば間欠的改憲動向が、軍事的安保体制の発足→日米安保化→極東安保化→太平洋（ないし世界）安保化の画期に照応していることは、偶然のことではない。

もとより改憲動向の駆動因には多様な側面があり、「憲法の定着・受容」が支配戦略の基礎に算入されている点も見逃すことはできない。その意味では、同じ「改憲動向」といっても、たとえば五五年と八〇年代とでは、内容・担い手・手法の相違は著しい[26]。ただ、軍事的安保体制は、従来の水準を超えてそれを作動させるには、あらたに法的妥当性を付与して「法的安定」を図らねばならない性格のものであることに着目すると、「安保体制と非軍事平和主義憲法」の対峙は、厳然とした重大な矛盾として、安保体制推進側には桎梏たりつづけている。八〇年代に急進展する軍事的安保体制の変容に「法的妥当性」を付与するために、立法（たとえば八六年七月の安全保障会議設置法）、政府解釈の転換（たとえば八〇年一〇月に示された角田法制局長官の「海外派兵の合憲的要件」）、新判決（たとえば厚木基地騒音訴訟・東京高判八六年四月九日における高度な「基地の公共性」の認容）等々が登場してはいるが、防衛秘密法制、有事立法等が不在のいわば「軍事法の欠缺」状態はなお広範に残されている。それが右の対峙を起点とした法的力学の所産であることは多言を要さない。加えて、軍事の「法的不安定」克服のためになされる「法的安定化」策も、実のところかえって「不安定」要因を増殖し続ける。国民的合意調達もこの対峙があるかぎり容易なことではない。かくして根本的な「法的安定化」としての改憲は、支配層にとっては業のごとく志向対象から外れることはない（九〇年総選挙前の自民党大会決議にもなお「改憲」が謳われている）。

したがって「安保体制と非軍事平和主義憲法」を対抗的に設定するという含意での「二つの」法体系論は、法規範・法意識・法制度・法関係の各場面を通貫して戦後憲法史を突き動かしてきた駆動因の、その所在を示す「キー概念」たる意義を失ってはいないと思われる。もっともそれを「安全法体系と憲法体系」という現に客観的に存在する一定の法規範「体系」を想定させる概念で示すことが妥当であるかには批判もあるが、それは「切り口」としての「単線的」表現として適切かを問う性質の問題である。

(2)　右のことは、政治的対抗の場面で、法的規範力にどのような地位と意味を見出すかに関わっている。るる述べるまでもなく、支配層にとって憲法九条解釈はいわば格別のアキレス腱でありつづけているが、それは、逆に言えば九条の規範的規制力のしからしむるところである。政府の有権的解釈は、憲法規範外の「自衛権」を根拠地にし、それに憲法の明定する「一切の戦力放棄」の憲法的制約をかぶせる手法であったが、そうした手法のゆえに、たとえば自衛権発動の三要件、専守防衛論、集団的自衛権・徴兵制・海外派兵の違憲論等々は生み出されてきた（非核三原則は政府の政策選択にすぎない）。これらが「解釈改憲」の累積として批判されるべきは当然として、ここでは、そうした「憲法的規制」をともかくも語らしむるのに「憲法の規範的規制力」が働いていることを確認しておく。裁判所における判例が、九条裁判になると真正面からの判断を回避しつづけて今日に至っているのにも同質の背景がある（真正面から判断すれば違憲判決となって「判例」から排除される）。

なるほどたとえば、労働基本権を原則として無条件に保障する日本国憲法が、法現象に働きかける規範的規制力もまた、下位法での大幅な禁止・制約法制との関係では、その対抗が占領体制→安保体制を起点としているだけに、政治的対抗の場で働く法的規範力の事例としては同質に映るところがあろう。しかし、労働基本権の場合は、全面保障に対する個別規制の合憲性を、ともかくも憲法内的根拠（公共の福祉、全体の奉仕者、財政民主主義、等）から説くところで抗争を続けているのに対して、軍事力の設定・拡大は、全面禁止に対する部分的解除という道筋を免れることができず、かつ憲法外の根拠を説くしかないところでの抗争である点で、やはり「格別のアキレス腱」である。「安保法体系」に含意されたこの格別さと、支配体制たる安保体制が震源地となって生成・拡大する一連の、たとえば労働基本権規制法制の存在とは、区別されつつも共に「安保体制の法」として論じなければなるまい。

周知のとおり八〇年代安保体制の変容は、右の事情から支配層が自らかけてきた（あるいはそう標榜してきた）従来の「憲法的規制」が明示的ないし事実上解除される事態を伴っている。[27] 留意すべきは、その「憲法的規制」解除が、安保法の規制すら解除する動向と連動していることである。たとえば、昨今注意されている在日米軍駐留経費の日本側負担（いわゆる「思いやり」予算。なおこれが「指針」策定の七八年度から開始されていること自体刮目に値する）は、その量的増加問題のみならず、支出＝経費分担の法構造において、米軍地位協定二四条の明定する負担区分原則に明確に背馳している点に留意したい。こうした事態は枚挙にいとまなく、すでに前節で触れた「安保法体系をも超える安保体制の作動」とあわせ考えると、六〇年改定により二国間の従属的軍事同盟として成立した安保体制の法的枠組ですら、もはや桎梏となりつつあることがわかる。「安保再改定」の声が支配層に出てきているのは、その証左であろう。

したがって「二つの法体系」論は、それを図式論として堅持するなら、「安保条約」で表象される焦点と「憲法」で表象される焦点とが織り成す楕円形の法構造（foci of the legal ellipse, Brennpunkte der rechtlichen Elipse）として再構成されれば、その理論的生命力を失うことなく、右で述べた規範的動態をも含む今日の安保体制の法的動向を射程に収め、それを批判的に解析する枠組・視座として有効になると思われる。あるいはその静態的図式論の限界を克服するために、「安保条約」で表象される陰極と「憲法」で表象される陽極とが生み出す法現象の双極的磁場（legal bipolarity, rechtliche Dipolität）として、「二つの法体系」論を構想することもできよう。もっともここでも、かように再構成された意味を、ふたつの法「体系」という「二分されて各々に作動する法システム」といった響きを与える用語で示すことが妥当かは、検討の余地がある。

(3)　「安保」用語が軍事的「安保」にとどまらす、食糧・資源・エネルギー・科学技術等々の各領域を含んだいわゆる「総合安保」として語られるようになって久しい。「軍事安保から経済安保へ」とか「見える安保と見えない安保」といった把握[28]が意味をもつ状況の進展は確かにある。「総合安保」が、七〇年代末以来の統治戦略として打ち出されてきていることに、軍事安保を相対的に後景に退かせるイデオロギー的機能が潜んでいることは看過できないが、八〇年代統治戦略がその総体において、対外的には、アメリカを盟主とする戦後資本主義体制を七〇年代前半に襲った構造的危機（七一年ドル・ショックによる通貨危機、七三年オイル・ショックによるエネルギー危機、七五年ベトナム戦争敗退による軍事危機）に直面したため、「西側の一員」としてこの体制を維持しつつ日本が生き残るための「危機管理」戦略として採用されたものであり、対内的にはそのための国家・社会の再編成（「戦後政治の総決算」）をその内容とするものであったことは間違いない。この限りで軍事安保の重みが相対的に変化していることは事実である。ただそれは、これまで軍事安保がいわば突出していたのに対して「総合安保」のなかに「軍事

安保」が埋め込まれたというよりも、「軍事安保」の高みに「総合安保」が上昇した結果というべきであろう。(29)

この「総合」された「安保」との関連でも、「二つの法体系」論は、その射程範囲と核心剔抉の可否をめぐって再検討が迫られている。つまり、もっぱら軍事法上の対抗を前提にしたこの理論では、現代危機管理システムとしての「総合安保」を的確に把握できないのではないかという概念である。しかし、第一には、かように「総合化」した「安保」体制といえども、それを究極のところで支える「保障」の核心は、なお「軍事安保」ではないかという権力論からする応答があろうし、第二に、軍事安保はその組織・作用の両面において、個別的で明確な法的根拠を本来必須とするという、爾余の「安保」とは質的に異なった法的位相にある以上、「総合安保」という「全体的構造」に対する「法的」な「切り口」として「二つの法体系」論はなお、典型を衝いているとも言える。もっとも、前者については、安保体制下で日本が軍事的のみならず経済的・政治的にも「アジアの盟主」化を深め、アジアにおける「海外権益」確保を動機とする軍事力拡大に赴きつつあることも看過できないから、「二つの法体系」論の背景にあってこれを支えていた「対米従属」論にも、帝国主義論からする再構成（さしあたり従属的帝国主義概念の導入）が求められよう。後者については、東芝ココム事件を契機とする外国為替管理法への「安保条項」挿入や八六年制定の「研究交流保進法」における「条約その他の国際約束の誠実履行義務」「国際的な平和及び安全の維持への特別な配慮」規定の導入など、非軍事領域での各種協力体制の諸法に軍事安保が接近し、「現代日本法」たる経済法制・科学技術法制と軍事安保との接合現象が、「八〇年代安保体制下の法」の典型的現象として頻々と起こっている昨今、「二つの法体系」論は、こうした非軍事領域での有効性が試されているとともに、それを通して「現代日本法の全体的構造」に対する「切り口」としての有効性が、むしろ分析客体の変容によって再浮上してきていると言えなくもない。そうだとすると、軍事的な一連の法規範群を想定させてきた「安保法体系」とそれに対峙する「憲法体系」によって構成される「二つの法体系」というシェーマは、その射程の拡大に赴いてよい。その際、たとえば「安全法体系」に属する安保条約二条（経済協力）は、確かに当初は「日本の軍事的従属関係をオブラートでつつむ」もの、[30]「およそ軍事同盟条約には不似合いな規定」[31]であったが、「経済の軍事化」と「軍事の経済化」とが接合を深めるなかで、その規範的地位をあらためて吟味してみる必要があろう。

こうしてみると「二つの法体系」論を、支配体制としての総合「安保」と、国家主権＝国民主権・平和主義・民主主義・基本的人権等々の価値の表象たる「憲法」との bipolar な法的構造として再構成することは、「運動論にとって脱落させせえない」[32]というレベルにのみ留まらない意味と意義を持つように思われる。

（1）「二つの法体系」論の原型はすでに長谷川正安『日本の憲法〔旧版〕』（岩波新書、一九五七年）一〇八頁に看取されるが、それとして最初に登場するのは、六〇年安保闘争のさなかに公にされた『法学入門』（合同新書、一九六〇年）及び「安保闘争と憲法の諸問題」法律時報三二巻一一号（一九六〇年）である。また、それが「分析枠組」として体系的に述べられたのは、同『昭和憲法史』（岩波書店、一九六一年）、及び、長谷川＝宮内裕＝渡辺洋三編『新法学講座5安保体制と法』（三一書房、一九六二年）所収の渡辺洋三「総論」・長谷川「安保体制と憲法」である。以後、こうした視角から安保体制を法的に解明したものとして、『安保条約セミナー』法学セミナー一六六号（一九六九年）、民科法律部会編『安保条約』法律時報四一巻六号（一九六九年）、渡辺洋三＝岡倉古志郎編『日米安保条約』（労働旬報社、一九七〇年）、渡辺洋三＝吉岡吉典編『日米安全保障条約全書』（労働旬報社、一九七一年）、等がある。なお、本稿とやや視角を異にするが、この理論の「成立期に焦点を当てて、その理論の意義、限界を検討」した和田進「『二つの法体系』論と長谷川正安」法律時報六〇巻一一号（一九八八年）七一頁以下が重要である。

（2）長谷川正安『現代法入門』（勁草書房、一九七五年）七二―七三頁。

（3）同右六四頁以下における「法規範体系の動態」論を参照。なお小林直樹「新・安保状況の展望」法律時報六一巻三号（一九八九年）一〇頁以下で展開される「動態的な弁証法把握」による「二元論の克服」は、法規範論レベルの「二つの法体系」論に対する批判を含意しつつ、安保体制の変容に伴う「二つの法体系」論の修正の試みである。

（4）同右六〇頁。

（5）長谷川正安「憲法の変遷と改正論の展開」遠山茂樹編『日本資本主義講座9』（岩波書店、一九五四年）、同「国家の自衛権と

国民の自衛権」法律時報二七巻一号（一九五五年）。

（6）　長谷川正安「憲法と安保体制」法律時報五八巻六号（一九八六年）二六頁。

（7）　たとえば長谷川正安『憲法のはなし』（日本評論社、一九八三年）三六頁以下。なおこうした視角はしばしば「法と政治の矛盾」としても語られる（同三七頁）。

（8）　渡辺洋三の「現代法」への着目はすでに五〇年代末に始まっているし、「現代法」を固有の検討対象として強く意識し、それを書名に冠したのは『憲法と現代法学』（岩波書店・一九六三年である。なお渡辺における「現代法」アプローチについては、渡辺治「渡辺洋三『現代法論』の形成」法律時報六〇巻一一号（一九八八年）七七頁以下が鋭い分析を加えている。

（9）　「現代法論争」自体の関連文献については、さしあたり前田達男「国家独占資本主義――現代法論と社会法視座」科学と思想一四号（一九七四年）三〇五頁以下が便利である。この論争の一応の展開の後にこれを総括ないし理論的整序した文献としては、渡辺洋三『現代法の構造』（岩波書店、一九七五年）、長谷川・前掲書注（2）、同『法学論争史』（学陽書房、一九七六年）、戒能通厚「現代法研究の視角と方法」法律時報四九巻八、九号（一九七七年）、広渡清吾＝前田達男＝戒能通厚「現代法論争の到達点と課題」季刊現代法一〇号（一九七九年）、戒能通厚「『現代法論争』に関する覚え書き」前田達男＝萬井隆令＝西谷敏編『労働法学の理論と課題』（有斐閣、一九八八年）、等があげられるが、「現代日本法」の変容に応じて近年もなお、再考的総括・整序がなされている（たとえば、西谷敏「現代法論の新たな展開に向けて」法の科学一五号（一九八七年））。

（10）　長谷川・前掲書注（2）九頁。

（11）　「法と政治的支配体制の関係に注目する『二つの法体系論』」「法と経済的支配体制との関係に主として注目する『国家独占資本主義法論』」「法と運動との関係に主として注目する『社会法論』ないし『生存権論』」の三つの相互補完的観点として整序する渡辺洋三「戦後日本の現代法」社会科学研究三四巻五号（一九八三年）（同『法社会学とマルクス主義法学』〔日本評論社、一九八四年〕所収・二八四頁以下）、参照。

（12）　「特集／日本の基本法制」法律時報四五巻七号（一九七三年）。

（13）　「特集／現代法と『法の解釈』」法律時報四六巻一号（一九七四年）。

（14）　渡辺洋三＝長谷川正安＝片岡曻＝清水誠編『現代日本法史』（岩波新書、一九七六年）。

（15）　「特集／民主主義的変革と法律学」法の科学六、七号（一九七九、八〇年）。

（16）　天野和夫＝片岡曻＝長谷川正安＝藤田勇＝渡辺洋三編『マルクス主義法学講座6現代日本法分析』（日本評論社、一九七六年）、渡辺洋三＝清水誠＝宮坂富之助＝室井力編『現代日本法入門』（岩波新書、一九八一年）、渡辺洋三『現代日本社会と民主主義』（岩波新書、一九八二年）、等。

(17)　この点に関しては近年、八〇年代の変貌をもたらしたものは何か、を問いながら、現代日本法分析の再構築をはかる「新・現代法」論が提起されている。さしあたり「特集／生活・社会構造の変化と法」法の科学一六号（一九八八年）、「特集／国家機能の変化と法」同一七号（一九八九年）、参照。その過程で、「現代日本国家・法の特殊な構造を解明する鍵」を、基底としてはすでに七〇年代後半に確立し、八〇年代はむしろその再編成過程にあるとする「企業による社会的支配の構造」に求める渡辺治の立論（「現代日本の国家・法の構造」法の科学一七号（一九八九年）。なお参照、渡辺『現代日本の支配構造分析』（花伝社、一九八九年」、同『戦後政治史の中の天皇制』（青木書店、一九九〇年））が注目されている。本稿ではこの立論が、「日本の特殊性」に着眼していること、その駆動因の焦点・中核を探ることが意図されていることに注目しておきたい。したがってこの「社会構造」分析を起点に据えるならば、それを「法構造」自体の解析に進展させることが、課題となりつつあるように思われる。

(18)　この点は拙稿「安保体制と改憲論」渡辺洋三編『現代日本の法構造』（法律文化社、一九八九年）、および拙著『憲法検証』（花伝社、一九九〇年）の際に念頭に置いてみた。

(19)　松井芳郎「現代日本法と国際経済関係」渡辺編・同右、参照。

(20)　たとえば渡辺久丸「日米安保の法的諸問題」法律時報六一巻三号（一九八九年）。

(21)　和田・前掲論文七六頁。

(22)　藤田勇「七〇年代における民主主義法学の課題」法学セミナー一九六号（一九七二年）八八頁。

(23)　藤田勇「現代法論に期待する」法の科学一六号（一九八八年）一二七頁。

(24)　六〇年安保改定が安保条約五条（共同防衛）を創設したことにより、法的には集団的自衛権システムをすでに導入したことは、つとに国際法学から指摘されていた。石本泰雄「日米安保体制をめぐる国際法的諸問題」長谷川ほか編・前掲書注（1）、祖川武夫「新・安保条約の検討」法律時報三二巻四号（一九六〇年）。なおこの点も含め、松井芳郎「八〇年代安保体制と日本の国際的地位」法律時報五五巻九号（一九八三年）、参照。

(25)　詳細は、拙稿「憲法運動の歴史と課題」名古屋憲法問題研究会編『平和と憲法を考える』（日本評論社、一九八二年）、参照。

(26)　詳細は、渡辺治『日本国憲法「改正」史』（日本評論社、一九八六年）、参照。

(27)　詳細は、山下健次「安保体制の現段階とその法構造の新しい変化」科学と思想七〇号（一九八八年）、拙稿・前掲論文注（18）、

拙著・前掲書、白髭寿一「八〇年代国会論戦と日米安保」文化評論三四八号（一九九〇年）、等、参照。

(28) 鴨武彦ほか「座談会／見える安保と見えない安保」『法学セミナー総合特集(38)　これからの日米安保』（日本評論社、一九八七年）一〇頁以下。

(29) 「総合安保」と「軍事安保」との関係については、さしあたり渡辺・前掲書『現代日本社会と民主主義』一八一頁以下、参照。なお、深瀬教授を中心とした「総合的平和保障」構想の試み（和田英夫＝小林直樹＝深瀬忠一＝古川純編『平和憲法の創造的展開』〔学陽書房、一九八七年〕）は、この安保の「総合」化に対峙して提起されているものと思われる。

(30) 長谷川・前掲論文注（1）四九頁。

(31) 長谷川正安『憲法現代史〔下〕』日本評論社（一九八一年）五三九頁。

(32) 影山日出弥「現代日本の法体制」片岡昇編『現代法講義』（日本評論社、一九七〇年）一六四頁。

第二六章　「六〇年安保」から五〇年——原点と現点

はじめに——安保条約一九六〇—二〇一〇

現行の「日本国とアメリカ合衆国との間の相互協力及び安全保障条約」（一九六〇年条約第六号、以下「安保条約」）と「日本国とアメリカ合衆国との間の相互協力及び安全保障条約第六条に基づく施設及び区域並びに日本国における合衆国軍隊の地位に関する協定」（一九六〇年条約第七号、以下「地位協定」）は、一九六〇年一月一九日にワシントンで署名（調印）され、同年五月一九日深夜に衆議院本会議で、警官隊五〇〇名を導入した自民党単独の暴力的強行採決により、批准承認案が「可決」され、国会は空転したまま六月一九日自然成立となり、同年六月二三日に発効した。この間、いわゆる「六〇年安保」の激動があり、とりわけ強行採決を契機として未曾有の「安保闘争」が全国を席巻したことはよく知られている。

安保条約は「一〇年間効力を存続した後」は、日本が米国に対し「この条約を終了させる意思を通告する」だけで、「通告が行なわれた後一年で終了する」と定めている（第一〇条）が、その「一〇年」にあたる一九七〇年の前後に、沖縄返還問題ともかかわって議論・抗争があったものの、破棄はおろか一字一句変更されることなく、現在に至っている。しかしその運用・実態は、同一条文の下ではありえないほどの拡大的変容を遂げてきた。

「六〇年安保」から五〇年にあたる二〇一〇年は、単に半世紀という節目にとどまらない。歴史の奇遇というべきか、米国では二〇〇九年一月二〇日にオバマ民主党政権への「政権交代」が起こり、大統領が「核を使用した唯一の保有国としての道義的責任」を初めて言明し「核兵器のない世界へ」をアピールしたこと（二〇〇九年四月五日・プラハ演説）[1]に象徴されるように、米国の対外政策・軍事政策には一定の change の可能性が期待されてきたし、日本でも二〇〇九年八月三〇日総選挙で民主党が獲得議席上では圧勝し社民党・国民新党との連立政権へと「政権交代」が起こり、民主党選挙公約（マニフェスト）でも連立合意でも、「緊密な日米同盟関係」を謳いつつも「主体的な外交戦略を構築」するとして、その「政策実現」をめぐって現在進行中の事態となっている。

したがって、この節目にあたって「六〇年安保から五〇年」を考察するということは、単に歴史的回顧にとどまらず、眼前で展開するアクチュアルな現在的意味をも持つ。現行安保条約は、日米による「日本」安保（第五条）、在日米軍による「極東」安保（第六条）という規範的限定を建前上受けているが、その運用実態は、事実上の米国単独占領とその延長たる旧安保条約を貫いてきた対米従属の継承を核心としているがゆえに、背景たる「冷戦」構造の展開に応じ「極東」安保を超えて「アジア」安保へ、「冷戦」構造が終焉しても「再定義」されて「周辺」安保へ、さらには九・一一事件を奇禍と見立てて「再々定義」を行い今や「グローバル」安保へと、野放図な拡大が、条約改定のないまま進められてきた。こうした歴史的展開の到達点とその意味を剔出することは何よりも重要である。加えて現今の日米新政権が取りつつある「新」政策の下で、日米安保体制がどのように展開するかを測定し、その展開にどう向き合うのかを構想することも、優れて現在的な喫緊の課題となってきた。本書〈民主主義科学者協会法律部会編『法律時報増刊・安保改定50年――軍事同盟のない世界へ』（二〇一〇年）〉が「軍事同盟のない世界へ」をタイトルに選んだゆえんである。

以下、本書で展開する歴史的で現在的な多面的研究に先立ち、本書〈同前〉序文ですでに示されたところを前提として、本書〈同前〉を通底する基本的視座について序論的に触れておく。

一　いくつかのキーワード

1　安保「改定」による「新」安保条約

現行安保条約は、一九五一年九月八日にサンフランシスコで調印され一九五二年四月二八日に発効した旧安保条約の「改定」とされているが、旧安保条約の名称は「日本国とアメリカ合衆国との間の安全保障条約（Security Treaty Between Japan and the United States of America）」であるのに対し、「改定」された現行安保条約は「日本国とアメリカ合衆国との間の相互協力及び安全保障条約（Treaty of Mutual Cooperation and Security between Japan and the United States of America）」であって、条約名も変更され、構成も前文＋全五条から前文＋全一〇条になり、前文・各条の内容もそのすべてにわたって変更された新条約である。政府が旧安保条約の「改定」交渉を行い、これに反対する勢力が「安保改定阻止国民会議」に結集して対決したがゆえに、安保「改定」とされたが、一部が「改定」されたのではなく全部が変更されたがゆえに、法的には新安保条約と呼ぶのがふさわしい(2)。ただ、その本質が変わっていないという点では「改定」的意味合いもある。

2　「安全保障」という名の「不安・脅威」

「安保」すなわち「安全保障」は、securityの日本語訳である。securityとは、元になるラテン語securitasの語源がse-curaすなわち「不安・心配（cura＝care）がないこと（se＝free from）」の意であるように、具体的で客観的な「安全（safety）」ではなく、主観的で、それゆえ際限なく拡大しうる「安心」のニュアンスが強い。securityがすこしでも満たされないことに人はとめどない「不安・脅威」を抱きやすい。Security is the greatest enemyという諺は日本の「油断大敵」にあたるが、securityの主観性を言い当てているだろう。その主観性が、「不安・脅威」醸成という操作を通して「安全保障」にイデオロギー性を忍び込ませる。「安全保障」システムの作動が、かえって不安を高め脅威を呼び込む。

このsecurityを「安全保障」というマイルドな日本語で言い表すことは、抗いがたいニュアンスで当該の「安全保障」システムへの同意・協力を求め促す。一九七〇年代末からは「食糧安保」「エネルギー安保」なる概念も登場しいわゆる「総合安保」論が現れると、「安全保障」は「食の安全」や「体感治安」から地震予知、そしてミサイル「防衛」までをも無造作に包摂する「危機管理」体制に組み込まれ、その同意・協力調達力に拍車がかかってくる。

「アンポ反対！」というスローガン・シュプレヒコールは、五〇年前のあの空前の政治的抗争の中では運動と世論をつないで連帯力能を発揮しえた。しかしあの時代の「固有名詞」も、運動の高揚が歴史的過去に遠のき「安全保障」に世論の同意調達が進むと「普通名詞」化し、「安保反対」という叫びには、誰もが欲するであろう「安全」の「保障」に「反対」するのか、というい わば居心地の悪さがあって扱いにくい。それは、運動面でもしばしば駆使される「憲法改正反対」というスローガンが「改正」、すなわち「正しく改める」こと、したがって「良いこと」、に対して「反対」することになるのに似た、ある種の論理矛盾的むずがゆさがつきまとう。今にして思えば、「安保」条約とは、「安全保障」とは逆向きの機能を果たすことを見えにくくするbuzzwordとして、批判者は当初から（通信傍受法に対して「盗聴法」と命名したように）別言を与えるべきだったろう。(3)

3「相互協力」という伏兵

こうした穿った視線で見ると、現行安保条約は、英文・和文の公式条約名間に微妙な相違があることも気になっていい。というのも、英文がMutual CooperationとSecurityとのTreatyとしているのに対し、和文は字義通り「相互協力及び安全保障の条約」とはされておらず「相互協力及び安全保障条約」とされて「条約」文言は「安全保障」にのみ連結しているとも受け取れ、これまたニュアンスながら「相互協力」の条約でもあることが後景に退き、それゆえもあってこの条約の略称も「安保条約」とされているからである。

もとより、この条約が、サンフランシスコ平和条約第六条を「根拠」として結ばれた旧安保条約同様れっきとした軍事条約であり、新条約によって軍事面での「相互」性、非軍事面での「相互協力」性が加味されたとしても、それは「軍事的従属関係をオブラートでつつむ」[4]ものに過ぎないという本質は変わらない。このことは、現行安保条約が、第六条で「米軍基地の許与」を無限定に認める「全土基地方式」を旧条約第一条から継承し、これを機軸においたことに顕著である。「双務性」ゆえに新設されたとする第五条「共同防衛」も、第六条と機能的に連動することで「軍事的従属関係」の新段階を画した。

他方で現行安保条約は、第三条で「相互協力」により「武力攻撃に抵抗するそれぞれの能力（their capacities to resist armed attack）」を維持・発展させることを約し、第四条では「いずれか一方の締約国の要請」により「随時協議する（consult together from time to time）」ことを約すなどして軍事面での「相互」性をにじませるのみならず、第二条では双方による「経済的協力を促進する（encourage economic collaboration）」ことをも定めて「軍事条約」であることを希釈せんとしている。また、前文・第一条・第五条後段・第七条では「国連憲章」への「合憲性（憲章適合性）」に腐心してもいる。

もとより、法規範性に着目するにしても、軍事的「相互」性規定は「従属」的展開を規範的に拒絶しうる構造にはなっていないし、非軍事的「相互協力」規定は、何もこの規定がなければ作動しない性格のものではない。法的には、占領期以来の「軍事的従属関係」の維持・強化に対する国家間合意に合法性を付与することこそが現行安保条約の眼目であった。ただ、安保条約を軸とする現実の展開は、軍事面はもとより非軍事面でも、日本が「成長・発展」しつつ米国にいわば編入され一体化されていくプロセスをたどっており、そうした方向が現行安保条約において、いわば宣言的にあらかじめ約されていたと見ることもできよう。

かくして、安保条約を震源地にしつつもその規範的枠組みを凌駕するシステム展開が野放図に作動してきた。それは「安保体制」(security system)という支配体制(regime)が、「相互協力」によって意図的に展開してきた「安保条約」違背である。「安全条約を超える安保体制」という実態は、法的には安保条約さえも超えるが、その方向性はあらかじめ安保条約にビルトインされてもいた。

二　安保体制と安保条約

「安保条約を超える安保体制」というとき、「安保条約」がさしあたり日米安保条約という名の国際法規範であることは言うまでもない。これに対し「安保体制」とは、たとえば渡辺洋三の言を借りるなら、「講和以来、日本を支えている根本的政治支配体制」[5]、あるいは「安保条約というものを基本とする軍事的帝国主義的な支配の政治体制」[6]ということになる。本書〈民主主義科学者協会法律部会編『法律時報増刊・安保改定50年――軍事同盟のない世界へ』(二〇一〇年)〉序文でも触れているように、「二つの法体系」という視点・方法は[7]、安保体制下の日本法の構造を、その根本的矛盾に着目して提唱された。

「二つの法体系」については、以下の各論考でも随所で言及されているし、その理論的射程についてはすでに多くの議論があるのでここでは立ち入らないが、本稿に関わっては、安保体制・安保条約という標的の本質を「原点」のところで剔抉したこの「論」は、その標的が本質を変えていないだけに、「現点」を剔抉するに際してもなお立ち返るべき、以下のような視点を提供していることだけは確認しておきたい。(8)

1　「憲法と安保条約」の非和解性

「二つの法体系」論の提唱者たる長谷川正安も「安保体制」は当該の「支配体制」とするが、それを「憲法的視角から見る」と「矛盾する二つの法体系の併存をゆるしている支配体制」であるとする。すなわち周知の「憲法を最高法規として、法律—命令とつづく憲法体系」と「安保条約を最高法規として、行政協定（六〇年改定後は地位協定）—特別法とつづく安保法体系」との「併存」としてこの「論」は描かれた。(9) それが非和解的な矛盾的併存として立ち現われているのは、さしあたりは、憲法体系が「軍事によらない平和」を旨とし、したがって軍事法の存在自体を拒絶しているのに対し、安保法体系が「軍事による『平和』（?!）」を前提とし、したがって最高法規に敵対する軍事法の体系であるという、規範レベルでのいわば絶対矛盾による。しかしそれだけではない。この「論」は、憲法前文が示した国際情勢の見方と旧安保条約前文が示したそれとが、まったく対立的であることに象徴されるように、そもそも両体系を支えるいわば「平和」哲学が根本的に異なる点に着眼していた(10)（憲法訴訟論的タームを使うなら「立法事実」の認定が根本的に異なるということになる）。かくして高揚しつつあった安保反対運動に対し、「日本の憲法を擁護し、安保条約にたいするその優位を確立し、最後には、安保条約を頂点とする法体系を廃棄して憲法体系一本…にしようとする目標をもつのは当然のこと」(11) と「矛盾の解決」の方向を示しえた。この原則点にて変更は要さないだろう。「現点」たる今日では、「同盟も九条も、の効用」(12) を説く論調が、憲法九条に好意的な言論界・政界においてさえ支配的であるが、これとは明確に異なる「安保か、憲法か」の原則的視点、「安保破棄による憲法実現」という「解決」の道は今も堅持されるべきである。

2 解釈論と認識論

「二つの法体系」論は、提唱者が自ら随所で回顧して言うように[13]、五〇年代後半の、砂川事件に代表されるような(旧)安保条約―行政協定―特別法の合憲性を争う法的紛争に対して、いかに有効な「解釈論上の枠組」を提供するかに直接的契機があり、その意味では、さしあたりは実践的な法解釈論として編み出されている。しかしそれは、単なる法廷戦術的で個別的な裁判官向けの「解釈論上の武器」にとどまるものではなかった。提唱者の見地からすれば、ある法的理論枠組が「解釈論上のすぐれた武器として働くならば、それが日本の法現象を典型的な形で表現しているからだという、認識論上の枠組としての有効性」をも担保しているはずだからである。換言すれば「法解釈論は、かならず科学的な法認識を自らの基礎にもっているという方法論」、つまり法解釈における認識上の基礎が、この「論」の方法的根幹に存していた[14]。そうであるだけにこの「論」は、法廷内闘争にとどまらず安保闘争自体を大きく励ましたのである。

こうした「原点」を思い起こすとき、安保体制の「現点」を標的として対峙的・法的な議論を構成するさいにもまた、法学・法律家はこうした構えが常に問われていることを銘記すべきだろう。

3 矛盾と解決の歴史的文脈

この「論」の基底には、加えて、日本法の歴史的特質を把握する際に通有の分析視角がある。両法体系の「矛盾的併存」とは、さしあたりは一九五二年以降生起した日本法の構造に対する命名であるが、この「矛盾的併存」に力点をおけば、ひとり五二年以降に固有の法現象ではなく、「憲法体系と占領法体系」の併存の直接的継承として設定されていたし、[15] さらには大日本帝国憲法下における「立憲的なものと非立憲的なもの」の併存という視角が前提的に連結してもいる。したがって、戦前の「立憲的なものと非立憲的なもの」、占領後期における「憲法体系と占領法体系」、安保体制下における「憲法体系と安保法体系」といった「矛盾的併存」が、日本法史における「憲法体系」、安保体制下における「憲法体系と安保法体系」といった「矛盾的併存」が、日本法史分析を貫流する通奏低音とされており、そうした法構造分析によって「法と政治の矛盾」を剔抉し、日本法史におけるその時代時代の進歩と反動、自由と支配、解放と抑圧を表象しうる焦点ないし核心を、そして後者に対する前者の闘いとして法史を描く史観が貫かれていた。換言すれば「二つの法体系」論は、法規範分析を起点としてはいるが、進歩と反動等々との間にある、法現象の意識・規範・制度・関係を通貫する矛盾の焦点・核心を剔抉し、そうすることでおのずと「矛盾の解決」の筋道を示すことが、この「論」のいわばエトスとなっていることに留意すべきであろう。この点は、歴史と現状の分析の生命力をどこに見るかという方法論の根本にも関わる。歴史と現状を「解釈」することではなく「解決」することこそが、当該理論の生命力にほかならない。

「二つの法体系」論が照準にすえていた「原点」としての日米安保体制は、本書でも随所で解析されているように、様変わりの「現点」に至っている。こうした変容をこの「論」が具体的にどこまでカバーできるかは、より現在的な吟味を要するが、「世界システムの複雑化により見えにくくなっているとはいえ、『憲法体系』実現の障壁の根幹に…『安保体制』の侵食力が及んでいることは確かであ」り、「『二つの法体系』の相克に基礎づけられた矛盾の噴出が…日本国憲法の理念実現をめざす対抗・変革運動の重要な契機となっている」のであって、そうした客観状況が「『二つの法体系』論の有効性を示唆している」[16] ことも確かである。

三　「同盟」思考のかんぬき——安保体制の「現点」

1　解釈改安保と密約による安保条約破砕

五〇年前に始点をおく現行安保条約・安保法体系によって展開してきた日米安保体制は、一九六三年からのベトナム戦争によって早くも変容を受ける。安保条約第六条が定めたはずの在日米軍の駐留目的たる「極東の平和及び安全」という地理的限定は、「極東」という米軍の「行動区域」とは別にそれを超える「防衛区域」があるとする、いわば「解釈改憲」的な欺瞞的政府説明によって破砕された。説明さえつかない類の破砕が必要となると、両政府は「密約」によってこれを実現する。一九七二年の沖縄返還は、新たな「密約」も相俟って、本土を「核つき沖縄なみ」に変質させる出発点となった。米国のベトナム戦争敗戦（一九七五年）を契機に始まった米アジア軍事戦略の転換は、本格的に日米の軍事的共同行動を求めるに至り、一九七八年日米（旧）ガイドライン合意あたりから、安保条約第五条に当初からビルトインされていた「集団的自衛権」[17]の発動に向けた変質を開始する。「安保法体系」がそれなりに標榜していた規範的規制枠さえ突破するこうした事態の進行は、九・一一事件を奇禍に見たててこれを奇貨とした米軍 transformation によって、文字通り「質的改造」を企図して現在に至っている（transformation は外務省も「変革」と訳すように、また、本書水島論文〈水島朝穂「米国 transformation と自衛隊の形質転換」民主主義科学者協会法律部会編『法律時報増刊・安保改定50年——軍事同盟のない世界へ』（二〇一〇年）〉が「形質転換」の語をあてているように、ただの「再編（reformation）」にはとどまらない「質的改造」である）。

安保条約は憲法に違背する。その安保条約にさえ違背する安保体制が爆走している。憲法違反の安保条約に違反するということは、「否定の否定」である以上、通常は合憲に戻るはずが、憲法 vs 安保条約が織り成す法的な双極

(legal bipolarity）という磁場においては、安保体制の作動が、安保条約という極の外に向かって違背しているだけに、違憲性はいっそう深刻となる。

2 「日米同盟」一九七九―二〇一〇

二〇一〇年一月一九日の安保条約調印五〇周年にあたって、日米両政府は声明等を発した。鳩山首相が発表した「談話（英文では remark ではなく statement)」は、「日米安保条約に基づく米軍のプレゼンスは、地域の諸国に大きな安心（a strong sense of security）をもたらすことにより、いわば公共財（public good）としての役割を今後とも果たしていく」とした上で「日米安保体制を中核とする日米同盟を二一世紀にふさわしい形で深化させるべく（to further deepen the U. S. -Japan Alliance, with the U. S. -Japan security arrangements at its core, in order to adapt to the evolving environment of the twenty-first century）米国政府と共同作業を行いたい」と述べており、[18] これに答える形でオバマ大統領は、「二一世紀に向けこの同盟を新たなものにし（renew our alliance)、両国を結ぶ友好関係と共通の目的のきずなの強化（enhance the bonds of friendship and common purpose that unite our nations）に取り掛かりましょう」と声明している。[19]「公共財」の含意、「新たなもの」の内実は定かではないが、「日米」安保の「グローバル」安保化を想定していることは想像に難くない。

両国政府間の公式態度表明としては日米安全保障協議委員会（The U. S. -Japan Security Consultative Committee、いわゆる2＋2）が声明を発し、「日米同盟が、日米両国の安全と繁栄とともに、地域の平和と安定の確保にも不可欠な役割を果たしている（the U. S. -Japan Alliance plays an indispensable role in ensuring the security and prosperity of both the United States and Japan, as well as regional peace and stability）ことを確認」したうえで「閣僚は、この体制をさらに発展させ、新たな分野での協力に拡大していく（expanding into new areas of cooperation）ことを決意」し

ている。[20] この委員会が、条約・協定・国会承認といった法的手続を経ずに、一九九六年一二月・SACO報告、一九九七年一〇月・新（現）ガイドライン、一九九八年九月・BMD（弾道ミサイル「防衛」）研究開発から、二〇〇五年一〇月・米軍 transformation、二〇〇七年五月・GSOMIA（軍事情報包括保護協定）に至る各種の両政府「合意」を最終決定してきた経緯に照らすと、さらに「新たな分野」への「拡大」を「合意」していることは何を意味するのか、不気味でさえある。この「2+2」声明に向けた記者会見で、岡田外相は「日米同盟を三〇年、五〇年、持続可能とするため全力を挙げたい」と再三述べ「日米同盟維持・強化は最重要課題」と強調していて（たとえば共同通信二〇〇九年九月一八日配信）、安保条約第一〇条の発動はまったく志向・思考の想定外に置かれている。これらのスタンスは「同盟」の「維持」のみならず、その未来永劫にわたる「深化」「強化」にまで言及しており、「見直し」の気配はない。

安保体制の「現点」を一語で表すなら「同盟」となろうが、このあたりは本書〈民主主義科学者協会法律部会編『法律時報増刊・安保改定50年――軍事同盟のない世界へ』（二〇一〇年）〉でも別稿で詳論されるので、ここではこのキーワードが、安保条約・安保体制の五〇年前の「原点」との著しい乖離・飛翔をも表象することだけを確認しておく。

日本政府が「同盟関係」と言い表す「alliance」という用語は、今でこそ平然と使われているが、一九五二年に旧安保条約が発足した後はもとより、一九六〇年に新安保条約に改定された後でさえ長らく使用が憚られていたことは、忘れるべきではない。その理由は簡単で、九条を持つ日本は、戦争・武力行使もしないし軍事力も保持しないという建前になっているので、その日本が、戦争・武力行使もするし軍事超大国でもある米国と一体的な「同盟」関係になることなどありえないからである。「同盟」とは、（二〇一〇年に七〇年を迎える日独伊三国同盟条約がそうであるように）法的には集団的自衛権の別言にほかならない。[23]

日本政府代表が米国を公的場面で初めて「同盟国」と呼んで物議をかもしたのは、一九七九年五月二日、訪米した大平正芳首相が、カーター米大統領主催歓迎式典で「日本は米国の同盟国である。共存共苦の立場をともにしたい」とスピーチしたのが嚆矢とされている。ただこれは、ホメイニ革命下のイランで米国大使館占拠事件が起こりその対応に苦慮していた米大統領を「激励」する文脈での発言だったためか、一部メディアは注目したがさしたる政治的問題にはならなかった。同日の大平＝カーター共同声明は、日米の「一九八〇年代に向けての実り豊かなパートナーシップ（productive partnership）」や「地域的及び世界的協力（regional and global cooperation）」を謳っており、「パートナーシップ」論や「グローバル」安保論は、このころから表出している。そして一九八一年五月八日、鈴木善幸首相とレーガン大統領の間で交わされた「共同声明」が「日米両国間の同盟関係（alliance）」を明記して大きな政治問題となった。帰国後鈴木首相は「軍事的意味合いはない」と釈明したが、伊東正義外相がこれに異を唱えて辞任したほどの、深刻な「意味合い」がこの用語にはあった。背景には、一九七八年の旧ガイドライン合意以来急進展し始めた日米の軍事的一体化、つまり「同盟」化の実態がある。その後は中曽根首相の特異な「日米運命共同体」論をはさんでしばらくは「パートナーシップ」規定が続くが、「冷戦終結」を受けた一九九六年四月一六日の橋本龍太郎首相とクリントン米大統領とで約された「日米安全保障共同宣言」が「二一世紀に向けての同盟」をタイトルにして「堅固な同盟関係（The strong Alliance）」を謳い「同盟」規定を復活させる。両首脳が同日発表した「日米両国民へのメッセージ」は「二一世紀への挑戦」と題して「同盟国およびパートナーとして（as allies and partners）の日米両国」と明言する。これが「安保再定義」の結果であった。

以後の歴代自民党内閣は平然と「日米同盟」を語り続けてきた。小泉内閣期にはブッシュ米政権との「パートナーシップ」のもと「地球規模の日米同盟」が語られ、米軍 transformation にも合意して、野放図な日米軍事一体化の拡大がはかられてきた。小泉内閣期に自民党「新憲法草案」が策定されて、一九五五年以来の明文改憲動向が蠢動したのは、安保体制の変容が改憲の震源地となってきたこの国の「伝統」[22]を踏まえている。

二〇〇九年の自民党から民主党への「政権交代」は しかし、こうした流れにある「日米同盟」をさらに「緊密」にするとするのであるから、根本的政策転換とはなりがたい。先の政権交代を一部メディアは「民主党革命」（週刊朝日二〇〇九年九月一三日号表紙）とまで報じたが、眼前で進行中の米軍 transformation に伴う安保体制の巨大な変質がありながら「緊密な日米同盟」を維持するとするスタンスには、「革命的」変動を見ることなどおよそ困難である。「同盟」論の歴史は、起点を一九七九年にとっても三〇年ほどでさほど長くはない。今日型の起点を一九九六年とするなら、たかだか一五年である。だがこの間に「日米同盟」は unchangeable な鉄則として取り扱われ、国民意識にも刷り込まれてきた。「日米同盟」と言われると思考にカンヌキがかかってしまう政治・経済・社会の総体に対して、批判のメスは加えられなければならない。[23]

（1）　全文は http://www.whitehouse.gov/the_press_Remarks-By-President-Barack-Obama-In-Prague-As-Delievered/ なお http://www.youtube.com/watch?v=IFnbQoCpNaM では映像で見ることができる。
（2）　たとえば研究会懇話会編著『新安保条約』（三一新書、一九六〇年）。調印時に「現代と国際法」を特集した法律時報三二巻四号（一九六〇年）も、祖川武夫「新・安保条約の検討」、戒能通孝＝寺澤一＝西春彦＝田尻愛義＝吉井晃「新安保条約の逐条的検討」等が「新安保条約」と呼ぶ。
（3）　こうした「取扱注意」タームにつき簡単には拙稿「取扱注意のキーワード」法の科学三四号（二〇〇四年）、こうした問題を含め「安全・安心」問題の詳細については拙編『現代憲法における安全』（日本評論社、二〇〇八年）を参照。
（4）　長谷川正安「安保体制と憲法」長谷川＝宮内裕＝渡辺洋三編『安保体制と法』（三一書房、一九六二年）四九頁。
（5）　渡辺洋三「総論」長谷川＝宮内＝渡辺編・前掲書二頁。
（6）　渡辺洋三『安保体制と憲法』（労働旬報社、一九六五年）三〇頁。
（7）　長谷川の提唱にかかる「二つの法体系」論は、『日本の憲法〔初版〕』（岩波新書、一九五七年）四〇頁以下にすでにその原型が看取できるが、それが本格的に登場するのは、六〇年安保闘争のさなかに公にされた『法学入門』（合同新書、一九六〇年）五二頁以下および「安保闘争と憲法の諸問題」法律時報三二巻二号（一九六〇年）であり、それが日本における憲法という社会現象の「分析枠組」として体系的に述べられたのが、『昭和憲法史』（岩波書店、一九六一年）三一五頁以下と前掲論文注（4）四三頁以下である。長谷川の盟友であった渡辺洋三もまた「二つの法体系」論を（明示的ではないが渡辺・前掲論文三頁以下で、明示的には『日米安保体制と日本国憲法』（労働旬報社、一九九一年）一〇頁で、さらに「現代法論」と関わって『現代法の構造』（岩波書店、一九七五年）二一六頁以下で詳細に）論じているが、長谷川との間にはその意味合いにおいて微妙以上の差異がある（参照、渡辺＝長谷川「対談／戦後法学の軌跡」法律時報六〇巻一一号（一九八八年）一三一頁以下、戒能通厚＝石田眞＝和田進＝渡辺治「研究座談会／『法律時報』の六〇年と革新的法律学」同一〇二頁以下）。

（8）さしあたり参照、拙稿「『二つの法体系』論の原点と現点」杉原泰雄＝樋口陽一＝浦田賢治＝中村睦男＝笹川紀勝編『深瀬忠一教授退官記念　平和と国際協調の憲法学』（勁草書房、一九九〇年）〈本書Ⅳ部二五章〉、和田進「『二つの法体系』論と長谷川正安」法律時報六〇巻一一号（一九八八年）七一頁以下、本秀紀「憲法と安全保障体制」拙編・前掲書注（3）、拙稿「長谷川法学の生命力」平和運動四六九号（二〇一〇年）、本秀紀「五〇年目に問う憲法と安保の相克」前衛八五五号（二〇一〇年）、など。

（9）この「論」では、初発では「安保体系」と命名していた「法系」が、後に「安保法体系」とも表現されている。「法体系」論である以上「安保法体系」の方が妥当だろう。

（10）このことと長谷川の（後にいわゆる「さしあたり論」として批判される）「平和憲法」論とは深く関わるが、必ずしも矛盾してはいない。この点につき参照、拙稿「民科法律部会創設者・長谷川正安会員を偲んで」法の科学四一号（二〇一〇年）。

（11）長谷川・前掲論文注（7）「安保闘争と憲法の諸問題」四七頁。

（12）二〇一〇年一月一九日付朝日新聞「社説」タイトル。

（13）たとえば長谷川＝稲子恒夫＝森「長谷川正安教授に聞く」名古屋大学法政論集一〇九号（一九八六年）四〇一頁、長谷川「憲法と安保条約」科学と思想七八号（一九九〇年）五一四頁以下、同「憲法原理からみた日米関係」大阪経済法科大学法学研究所紀要一六号（一九九三年）一九五頁以下、等。

（14）長谷川正安『現代法入門』（勁草書房、一九七五年）六〇頁以下。

（15）ただし法形式的には、占領法体系と憲法体系がいわば垂直的併存であるのに対して、五二年以降は水平的な文字通りの併存となる。

（16）本・前掲論文注（8）「憲法と安全保障体制」七七八頁。

（17） 安保条約第五条は、「日本国の施政の下にある領域」に限定してはいるが「いずれか一方に対する武力攻撃」、したがって米国のみへの攻撃であっても、「共通の危険」とみなして日本も「対処するように行動」することとが約された（したがって国連憲章五一条が「通報」に限定してではあれ関連付けられている）「集団的自衛権」行使規定である。この点は六〇年安保改定のときに早くから国際法学が指摘していた。たとえば石本泰雄「日米安保体制をめぐる国際法的諸問題」長谷川＝宮内＝渡辺編・前掲書注（4）二四頁、祖川・前掲論文注（2）二八頁（なお、祖川の安保研究は、この論文も含む小田滋＝石本泰雄編集責任代表『祖川武夫論文集・国際法と戦争違法化』（信山社、二〇〇四年）の特に第Ⅲ部・第Ⅳ部が重要である）。以上を含め松井芳郎『現代日本の国際関係』（勁草書房、一九七八年）、同「八〇年代安保体制と日本の国際法的地位」法律時報五五巻九号（一九八三年）、参照。

（18） http://www.kantei.go.jp/hatoyama/statement/201001/19danwa.html 英文は http://www.kantei.go.jp/foreign/hatoyama/statement/201001/19danwa_e.html

（19） http://www.gpoaccess.gov/presdocs/2010/DCPD-201000037.pdf 米大使館訳は http://japan.usembassy.gov/j/p/tpj20100119-78.html

（20） 原文は英文 http://www.mofa.go.jp/region/n-america/us/security/joint1001.html
外務省仮訳は http://www.mofa.go.jp/mofaj/area/usa/hosho/anpo50/kh_1001.html

（21） 寺沢一『安保条約の問題性』増補改訂版（有信堂、一九六九年）三一頁。

（22） この点につき参照、拙稿「安保体制と改憲論」渡辺洋三編『現代日本の法構造』（法律文化社、一九八九年）。

（23） オバマ政権は、二〇一〇年二月一日に「四年ごとの防衛計画見直し」（QDR: Quadrennial Defense Review 全文は http://www.defense.gov/qdr/images/QDR_as_of_12Feb10_1000.pdf）を公表したが、そこでは、従来の「二正面作戦」の原則を維持しつつも、「非対称戦（unsymmetrical war）」にも軸足を置くとともに、米日同盟と米韓同盟を「米国のアジア展開の基礎」として重視している。この「見直し」に基づく同日発表の二〇一一会計年度の国防総省要求予算は、初めて七〇〇〇億ドル（約六四兆円）を超え過去最大となった。他方、四月六日に発表された、米国の今後五～一〇年の核戦略政策を示す「核態勢見直し」（NPR：Nuclear Posture Review, http://www.defense.gov/npr/docs/2010%20Nuchlear%20Posture%20Review%20Report.pdf）は、核不拡散条約（ＮＰＴ）に加盟し不拡散義務を遵守する非核保有国には核兵器を使用しないとする「消極的安全保障」や「核兵器の役割の縮小」を示すなど、プッシュ政権からの change を見せはしたが、本稿冒頭で述べた「期待」からすれば、「核兵器のない世界」はなお程違いというほかない。

第二七章　憲法運動論の五〇年

はじめに

日本国憲法制定から、まもなく五〇年になる。現行憲法制定に至る過程の実質的起点を一九四五年八月のポツダム宣言受諾・敗戦に求めるとすれば、この憲法の歴史も戦後五〇年と重なることになるし、「憲法運動」の歴史が当該憲法史とともにあるとすれば、日本国憲法に関わる「憲法運動」史もまた半世紀を経たことになる。しかしその「憲法」史を成立させる構成要素としての「運動」を、固有に「憲法運動」と命名して憲法学の自覚的な対象にしてきた憲法学の歴史となると、客観的な「憲法運動」の歴史ほど長くはない。

「憲法学の五〇年」と題する本誌連載特集の趣旨は、戦後憲法学の営みを、その理論的テーマごとにトレースして現今の課題を摘出するところにあるのだろう。だとすると本稿も、「憲法運動」自体の五〇年を論ずることが期待されているのではない。だが、「憲法学の五〇年」のひとつとして「憲法運動論」を検討するとなると、必ずしも表題通り「五〇年」とはいかない事情がある。事情がそうなることの意味は本論で述べるとして、表題には多少の「看板倒れ」があることを、あらかじめお断りしておきたい。

一　「憲法運動」概念の登場

その事情とは、大方の認めるとおり、「憲法運動」という言葉が、一定の憲法学的処理を受け、したがって憲法学上の概念として提示されたのは、長谷川正安が六〇年代に発表した論文「憲法運動論序説」（思想五〇八号・一九六六年、以下「序説」）を嚆矢とするからである。もっとも、「憲法運動」という用語そのものは、この「序説」を巻頭に収めた『憲法運動論』（岩波書店、一九六八年）に収録されている、当時の「護憲・改憲の相克」を分析した六〇年代前半の諸論文ですでに用いられ始めていた。同時期に「憲法運動」という用語を使った論者も――精査してはいないが――いたに違いない。しかし「憲法運動」のことが「憲法運動論」として、つまりひとつの理論問題として憲法学に登場するのは、この「序説」からであった。(1)

1　「憲法運動」概念の理論的文脈

この「序説」で概念規定されている「憲法運動」とは、さしあたりはいわば価値中立的な、「憲法というものによってその目的・組織・行動などを規制された国民の社会運動」として示されている。しかし、自身が言うように、この規定は「ばくぜん」とした「とりあえず」のものとされてもいた。(2)

たしかにこの規定からすれば、たとえば、いわゆる護憲運動の論理的・現実的前提であった改憲動向が、なにがしか「国民の社会運動」として立ち現われたとすると、そうした改憲「運動」もまた「憲法というものによってその目的・組織・行動などを規制」されている以上、「憲法運動」に含まれるかに見える。だが、右の概念規定の一文の直後には、「平和を破壊する平和運動とか、文化水準を低下させる文化運動などありえないように、憲法を破壊したり、改悪しようとする憲法運動などはありえない」との叙述もある。[2]とすると、「憲法に規制された社会運動」のすべてが「憲法運動」というわけではない。ここでは、戦後憲法史を貫流してきた「護憲・改憲の相克」事象において、少なくも「護憲」側からは、抽象的な「憲法改正」一般ではなく、特定の政治的内容・方向を含意した、それゆえ「憲法破壊」「憲法改悪」として対決の標的にしてきた「改憲」動向のことが念頭に置かれていることは明らかであり、したがってそうした「改憲」動向を支え促す「国民の社会運動」は、これを「憲法運動」概念に含ましめてはいないようにもうかがえる。

「憲法運動」概念を、憲法、つまりconstitution, Verfassungのありようをめぐって生成・展開する「国民の社会運動」と規定するなら、憲法をめぐる運動はあまねく「憲法運動」となりうるだろう。だが、「憲法運動」用語のこれまでの使われ方は、提唱者の用法も提唱以来の各方面での用法もそうであったように、日本国憲法が選びとった歴史的で進歩的な諸価値を「破壊」したり「改悪」したりする方向の「国民の社会運動」がごときは、これを含んではこなかった。[3]してみるとこの用語には、それが言語として発せられる意味と、それが現実に発信するメッセージとの間に、微妙以上の相違がありそうである。

なるほど、たとえば「平和運動」と「憲法運動」は、そうした用語がポピュラーに用いられてきたステージでは、しばしば相互に親和的に隣接する社会運動として了解されてきたが、考えてみれば、「平和（peace, Frieden, paix)」は、言語的にもそれ自体の対抗概念（たとえば戦争・暴力）を一般的には想定しうるし、そうであるがゆえに「平和運動」用語は、peace movement, Friedensbewegung, movement pacifisteなどと翻訳可能であろうが、「憲法」用語には、さしあたり言語的にはそれ自体の対抗概念がないし、おそらく「憲法運動」をヨーロッパ語に直訳しても、意味伝達は困難であろう。[4]

もっとも「憲法運動」と言う場合の「憲法」ないし「憲法というもの」が、講学上に言う「立憲的意味の憲法」

又は「近代的意味の憲法」の意味であるならば、「憲法」概念もなにがしか価値的に取り扱われ、いわば近代立憲主義の生成・確立・深化に向けて働く「国民の社会運動」が——あたかも「平和を求める運動」が「平和運動」であるのと同様に——「憲法」という一定の価値の実現を求めて展開される「運動」として、「憲法運動」という名称を受けとる論理的可能性がないわけではない。かような文脈では「憲法」もまた、主権・人権・平和などと同様のレベルで、いわば抗議概念（polemischer Begriff）(5)となるわけで、そうした「憲法」を志向する「運動」としての「憲法運動」という概念が成立しうるだろう。「序説」が、右のように概念規定された「憲法運動」の「戦前日本における具体例」として、「明治前期の自由民権運動と大正年代の憲政擁護運動」をあげているあたりに(6)、こうした含意を読み取ることも可能ではある。ただ、「憲法運動」概念の提唱者にあっては、「立憲主義」をもひとつの歴史的過渡的憲法イデオロギーと見る観点が堅持されていることは、見落とすべきではない。

2 「憲法運動」概念の政治的文脈

しかし他方で「憲法運動」概念の提唱は、提唱者においては、こうした概念規定の理論的文脈とは別に、当該「社会運動」が、当時政治的にぶつかっていた隘路を突破するために用意されたものでもあった。

すなわち、「序説」が明言するように、「憲法運動」という名称は、「護憲運動とか憲法闘争などという、これまで一定の意味で用いられてきた言葉を意識的にさけて」(7)選ばれてもいる。当時を回顧して提唱者は、「社会党系の人達が書くときは『護憲運動』、共産党系の人達が書くときは『憲法闘争』と決まっていて、書く論文の表題をみただけで共産党の人か社会党の人かわかるようになっていた。それで私は、そんなことをやってたんじゃ、とても統一した幅広い運動なんてのはできるはずがないと思い、名称をまず変えちゃおうということで『憲法運動』という言葉を意識的に使うようにしました。『憲法運動』という言葉で、『憲法闘争』『護憲運動』という党派的に汚れちゃった言葉を一度御破算にして原点にもどしたかったのです」[8]とも語る。ここには「憲法運動と言えば憲法を破壊する運動じゃなくて、憲法を守り前進させるという意味になるから、その言葉を法律家の統一戦線、民主運動における統一戦線の出発点になるようにという主観的意図」[8]が込められていた。

戦後憲法運動史をひもとくことが本稿の課題ではないが[9]、こうした「意図」は、当時の政治的状況に立ち返ればうなずける。五〇年代なかばにピークを迎えた「護憲・改憲の相克」は明文改憲路線の敗退でひとまず終結したが、その五〇年代改憲の産物であった「憲法調査会」は、長期にわたる「調査」を経て、一九六三年ごろからその最終報告書（一九六四年七月三日提出）を整えつつあった。だが、かつてこの調査会の設置をも含んで対決の標的にした「国民の社会運動」は、一九六〇年の安保条約改定に反対する国民的運動にまで進展しながら、その後の政治的中枢における分裂と停滞のゆえに、最終報告書提出に伴う「改憲ムード」に対峙する統一的国民運動を用意するには、政党や全国的政治組織・労働運動団体レベルで多くの困難をかかえていたわけである。この限りでは「憲法運動」の提唱は、当時のかなり具体的な政治的文脈を背景にしてなされていた。

3　「憲法運動」論における理論と実践

こうしてみると「憲法運動」概念の登場は、一方で、「憲法」という社会現象の論理的・理論的構造の中に「社会運動」たる「憲法運動」をどのように組み込み定位させるかという、すぐれて理論的な営みの所産であったとともに、当面する現実の「憲法運動」の政治的隘路を、とりわけ「統一」した運動に向けてアクチュアルにどう切り開くかという、すぐれて実践的な意図から出たものでもあったことがわかる。

この双方の理論的連関整序はなお論点たりえようが、ここでは、前者を基底にしつつ両者を一体的に考察するその構想に、提唱者の憲法学方法論が関わっていることを確認しておきたい。

周知のとおり「憲法運動」概念の提唱者には、「歴史的現象」としての憲法現象を「そのものの存在形態」に着目して「論理的に考察」するさい、憲法現象を「憲法意識・憲法規範・憲法制度」の「三要素」からなる「憲法関係」が「歴史的に発展・変化する運動」として解析するという憲法学の方法が、前提とされている。[10]ついでながら、この方法を強く念頭においた別の論者は、「歴史的現象」としての憲法現象の「論理的構造」が「憲法規範・憲法制度・憲法意識＝憲法イデオロギー・憲法関係という四つの範疇が弁証法的に結合して構成される」と見た上で、そうした「憲法現象の運動過程を貫く法則性」を探ってもいた。[11]両者の方法論には検討を要する異同があるが、[12]いずれにしても、「憲法学」の対象としての「憲法現象」が歴史的な「運動過程」として対象化されるこの方法のもとでは、「憲法」をめぐる諸社会「運動（movement）」が、歴史的にも論理的にも憲法現象という「運動（motion）」の契機（moment）となることが、いわば方法論上必然的に射程に収められている。しかも、社会現象一般がそうであるように憲法現象は、認識主体自身の存在と行動をも認識対象に含むものであってみれば、その憲法現象の理論的認識は自己の実践的判断と切断されるものではありえない。提唱された「憲法運動」概念の開示内容には、その理論的検討と実践的意図との間に、一見したところレベルを異にする段差があるかに見えるが、提唱者の方法論からすれば、憲法学の相互に連関すべき学的言明として提示されたものであった。

二　「護憲運動」と「憲法運動」

1　「護憲運動・憲法闘争」と「憲法運動」

右に参看した「序説」は、「戦後の憲法運動」を、まず「憲法制定に直接・間接に影響を与えた国民運動」から説き起こし、制定された憲法を「抽象的な原理・理想として現実には棚上げしようとする保守政権」に対する「憲法の民主的・平和的条項を国民のために現実のものとするような『下から』の運動」に筆を進めるが、しかしそれらは「独自の憲法運動として、自覚された形式をとっていない」と見る。[13] その上で、「憲法運動」が「自覚された独自の形式で展開されるようにな」ったものとして、一九五二年を「境として」の五〇年代改憲期に登場する「護憲連合を中心とした護憲運動」をあげていた。[14]

この「憲法運動」のありようが、六二～三年ごろからの「改憲ムード」期に、組織的・政治（＝党派）的にも運動目標においても狭隘化していたとの認識をもとに、これを克服する意図から、「憲法運動」論は提唱されている。「憲法運動」組織のあり方を構想しつつ「憲法運動の三つの段階」を、①民主的・平和的憲法思想の小サークルによる啓蒙宣伝の段階、②議会に対してプレッシャー・グループとして行動しうるような全国的規模の、社会的影響力をもった組織を必要とする「立法的段階」、③改憲発議と国民投票による決定を阻止するための固有の憲法運動組織による最後の「決定的段階」に、いわば構造化して描いた[15]のも、こうした意図からきていた。

このいわば「運動組織」論としての「三段階」論には、憲法現象の解析に向けて用意された「意識・規範・制度」の「三要素」が対応して背景にあることも、見逃せない。①は運動主体の憲法意識を醸成し、②は法律という法規範の定立に関与し、③は憲法によって作られる諸制度の総体の存在原理をめぐって争奪する、という各場面が、それぞれイメージされているように見えるからである。その立ち入った検討はともあれ、「一口に憲法擁護といっても、その『憲法』にいくつかの要素がある」[16] 以上「憲法にふくまれている要素のちがいに応じて、憲法運動の組織にも具体的なちがいがある」ことに着目しつつ、多様な「憲法運動」のありかたを、国民個々人のレベルから全国的な組織レベルまで立体的に組み立てようとするこの立論は、それまでの「憲法運動」がもっぱら「護憲運動」及び／又は「憲法闘争」として議論の対象とされてきた、そのありようを克服するヴィジョンでもあった。こうして、「憲法を、憲法の条文としてだけでなく、生きた、具体的社会関係としてもとらえる」と「重要なのは、具体的憲法関係」であって、そのことさえ明らかであるなら、各運動組織が掲げて、ともすれば運動体相互間の主導権抗争のシンボルともなってきた「改憲阻止」「憲法擁護」「憲法完全実施」等々の標識も、「表現ほどの差はない」ことが示される。(17)

2　「護憲運動」への問いかけ

現実の「護憲運動」を「運動」論から理論的に克服する展望を、政治的・組織的な筋道からその立体的統一に向けて迫るこうしたアプローチに対して、国民の具体的な諸社会運動・要求の筋道からアプローチしていた論者に法社会学者の渡辺洋三がいた。渡辺の場合は、現実の運動が社会的に「護憲運動」と呼ばれ続けてきている事実・実際に降りきったところから論を起こす。

渡辺もまた、憲法調査会による報告書提出という「あたらしい段階」に至りながら「なかなか国民的運動として盛りあがりにくい現状」を、どう打開するかを理論的に探っていた。それは、現に存在する「運動」を「護憲運動という形での憲法闘争」と呼びつつ、報告書が提出されて「護憲派」が「憲法闘争をもりあげようと」してはいるが「政府なり保守党が具体的に改憲のプログラムをかかげる」という「決定的な段階」ではない状況を前に、「護憲の立場からいえば、改憲問題が具体的になる以前に、これを未然に防止しなければならない。しかし他方、問題が具体的にならないかぎり、運動の目標が明確にならないので、大衆運動として組織しにくい。こういうジレンマにたたされているところに、護憲運動の困難がある」と見て、この「ジレンマ」を解くために「護憲とは何か」を問うことでなされている。(18)

その解答はこう示されている。「護憲」とは「広い意味」では「憲法の条文をまもる」ことだろうが、「憲法の条文を、現実の政治状況との関係でみる」と、「現実に憲法はまもられているという認識にたつならば、護憲運動が起こるはずはない」のであって「現実に憲法はまもられていないという認識にたってはじめて、現実の政治の中で、それをまもらせるという意味での護憲運動が起こってくる」という事実がある。この違いがでてくるのは「条文はただ一つしかなく、おなじものであるのに、その考える内容が異なる」からであって、「実は、客観的事実の認識の対立にもとづくものではなく、憲法解釈という法イデオロギーの対立にもとづくものである」。だから「護憲運動というものは、一定の憲法解釈を前提としてのみ成立する」から「その解釈をとる者の範囲」でしか「通用」しない。これは「それじたいとしては大きな限界」であるが、しかし「護憲運動」が、たとえば「軍隊をもつこと」に反対しているのは、「憲法によって禁止されているという理由で……ではな」く「国民の幸福にとってマイナスであると実質的に判断するから」にほかならない[19]。してみると、「護憲と改憲のとの対立において、争われている中味は、実のところ、憲法そのものなのではなく、憲法以前の要求上の対立である」というのがことの真相なのだから、「護憲運動が本当に広汎な国民のものとなるためには、憲法にたよって運動をすすめるのではなく、国民の生活から出てくる正当性にたよって運動をすすめなければならない。いかにして、この正当性をひきだし、且つこれを組織しうるかということが、運動の成否の鍵をにぎる」ことになる[20]――。

「憲法典を物神とする非科学性」の「裏返し」として「問題は社会的実態であると、条文と実態を切りはなして考える『法社会学者』がいれば、それも同じ程度に非科学的」という批判[21]の対象が、この立論のことで（も）あるのかは定かではないが、ここで肝心なことは、こうした主張の核心が、現実の「護憲運動」に対し、それが「護憲運動」として立ち現われてきた存在根拠を客観的・論理的に解き明かすことで、いわば「護憲運動」の内側から「護憲運動」の低迷を克服する道を説いていることである。

周知のとおりこの立論の基底には、「憲法」を「三つの意味」にわけて把握すべきとする「区別」論があった。

「制定当時、もともと、どのような意味づけをもつものとしてつくられたかという事実」を認識して得られる（したがって「ただ一つしかない」）「法源としての憲法」、そのような「本来どのような意味づけをもっているか」ではなく、「どのような意味づけを与えるべきか」という人々の「価値判断作用」から生まれる（したがって「無数に存在する」）「イデオロギーとしての憲法」、そのうちの「権力の解釈活動の所産たる憲法のみ」が「制度としての憲法」を「構成」し「権力の認証のもとに、現実に、強制力をもって通用しているところの憲法秩序」となる、とする「区別」論である。(22)

この「区別」論には、憲法の「解釈」を「認識」と見る立場から批判があったし、(23)「〇〇としての憲法」という用語法も含め、とりわけ「法源」としてのそれに対する疑念も提起された。(24)憲法現象の「論理的構造」の解析という角度から見れば、截然と「区別」された諸「憲法」が一つの「憲法現象」として立ち現われるその「構造」如何を問うことにもなろう。しかしここでも肝心なことは、この「区別」論の核心が、右に見た「護憲運動」のありかた論と相俟って、「護憲運動も、『法源としての憲法』の改正の是非というところにのみ首をつっこまず、『制度としての憲法』の反動化にどう対抗するかという問題とむすびつけて改憲問題をとりあげる必要があ(25)」ることを指摘し、「護憲運動」の克服の道を示したところにある。その限りでは、「憲法を、憲法の条文としてだけでなく、生きた、具体的社会関係としてもとらえ」て構想された「憲法運動」論と響き合う。

3 「護憲運動」再検討の背景

「憲法運動」の提唱を含むこうした「護憲運動」の理論的検討がなされたのには、「憲法条文擁護」では運動照準を定めきれない改憲動向の変容があった。(26)

戦後政治史において「護憲」が叫ばれるようになったのは、政府・保守与党が五〇年代に、アメリカによる事実上の日本単独占領を事実上継承したままの「独立」にむけ、再軍備・片面講和・安保条約締結という道を選択し、その延長線で、この道を合憲化するため、復古的色彩の強い「明文改憲」を主張するようになったからである。この進路選択が実定憲法と衝突することは、その進路の推進勢力が明文改憲を提起したことですでに明瞭であった。これに反対・批判する勢力が、その依拠する先を実定憲法の、とりわけ非軍事平和主義原理に求めて「護憲」を唱えたのも、流れとしては当然であったろう。

ついでながら、こうして形成されてくるいわゆる「五五年体制」と呼ばれる政治的構図とそれに規定された「改憲・護憲の相克」は、なるほど確かに東西対決構造の形成を背景に成立してはいるから、近年におけるその「終焉」に伴い歴史的前提を失ったとの言い回しにはうなずく向きもあろうが、当時の改憲論は、その内容が、一言で言えば旧憲法体制への回帰の方向にあり、その方向を峻拒する運動であるがゆえに「護憲」はシンボルたりえたのであるから、そうした「護憲」の国民的立脚点は、東西対決とは背景を異にするところが多分にある。政治的文脈はともあれ国民意識・運動の文脈では、「護憲」は必ずしも「東」への接近を意味したわけではなかった。

渡辺治の一連の研究が明らかにしているように、五〇年代の明文改憲が挫折したのち、改憲勢力にあっては、とりわけ六〇年安保改定を経て、基軸である軍事の法的処理は安保体制とその法体系に委ねて、憲法典自体に手をつけることはこれを先送りしつつ、安保闘争の教訓から、むしろ自らの政治支配に「適合的」に憲法運用をはかろうとする系譜が主流を占めるようになる。憲法調査会は「答申」として一本化できず、政府・自民党主流は改憲に消極姿勢をとるごとく、「支配層の方は明文改憲をひっこめ、憲法第九条については解釈改憲を追求するとともに、一応憲法の枠を承認した統治をおこなう」[27]という事態が生まれた。渡辺洋三が「現代法の全面的展開」に伴う「憲法の崩壊と定着とが同時進行するという複雑な現象」と呼んだ事態でもある。[28]

七〇年代末までとられることになるこうした手法への軸足の漸次的移行を前に、もっぱら明文改憲に対峙する含意の「護憲」が、「運動」の嚮導概念としては再検討を求められたのは当然であった。憲法が、統治する側においても、換骨奪胎・建前止まりを多々含むとはいえ統治のシンボルとされはじめるとき、そうした対抗軸の移動に伴ういわばシンボル争奪の場で、「護憲」運動側には、憲法擁護ないし改憲阻止だけではなく、「憲法的価値の充塡・実現」をその課題として浮上させることになる。

ちなみに、こうした照準移動は憲法学界にもうかがうことができる。一九六五年、端的に「現行憲法を守り、改憲に反対する」ことを「私たちの学問的生命を維持する上での必要最小限の前提」と訴えて[29]全国憲法研究会が結成されたのは、直接には前年の憲法調査会最終報告書提出が契機となっていた。だが、右に述べた統治サイドの手法移動のゆえか、一九七〇年には「全国憲の中だるみ」を指摘した「活性化のためのアピール」[30]が会員に発せられている。その「活性化」の一環として翌年に制定された全国憲〔現行〕規約は「平和・民主・人権を基本原理とする日本国憲法を護る」ことを目的として定めるに至るが、ここには、「基本原理」の「擁護」を明示することで、憲法典擁護だけではなく「憲法的価値・理念の充塡」にも軸足をおく含意がうかがえる。[31]

三　憲法運動・裁判運動の展開と憲法運動論

渡辺治が精力的に解析するように、「憲法の定着と解釈改憲」[32]期と呼んだ六〇年代半ばから七〇年代末までの時代は、「護憲運動の混迷と模索」のなかから「憲法的価値の実現をめざす運動」[33]が展開していく時期でもあった。周知のとおり渡辺の分析は、この時代に後続する「八〇年代の新たな改憲策動」の特質と背景の析出に眼目があるが、こうした分析に依拠しつつ、「八〇年代に急浮上する支配層の新たな改憲政策に、憲法運動がいかに対処すべきか」を探った和田進の論文「現代憲法運動の課題と展望」は、「『憲法運動』論という視角からこれまでの議論を整理する」[34]ことで「憲法運動論」を正面から論じており、本稿にとっても興味深い。とりわけ、すでに見た渡辺洋三の提起した「憲法の三つの意味」論と長谷川が提起した「憲法運動の三段階」論をヒントに、「これまでの憲法運動」をその「運動形態」に即して「①憲法学習・憲法教育運動、②立法運動、③裁判運動、④自治体運動、⑤地域・職場に根ざした各種要求運動、⑥明文改憲阻止の運動」に類型化した上で各々検討している点[35]は、刮目に値する。

明文改憲が後景に退き、憲法学が概してこれを「改憲議論の平静化」[36]と受け止め、憲法解釈・憲法訴訟論に傾いていった時代に、しかし和田が類型的に示した通り、憲法運動は多様な守備範囲で「憲法的価値・理念の充塡」をはかっていた。各々の検討は紙幅の関係で和田論文に委ねるとして、ここでは右の③に関説して、「憲法学の五〇年」と随所で交錯する「憲法運動としての裁判運動」の理論的問題だけを見ておく。というのも、憲法学が精緻な憲法訴訟論に関心を寄せ始めたのは、関心を寄せるに足る憲法訴訟の具体的展開があったからであり、その憲法訴訟は、しばしばこうした裁判運動に支えられた憲法裁判の進展の所産でもあったからである。

和田も参照を求める森正『聞き書き憲法裁判』は、さまざまな憲法裁判の当事者・支援者の思いを聞き尋ね歩いた後、その終章で、憲法裁判のダイナミズムをになう「憲法裁判運動」を「憲法運動」論の角度から理論的に整序している。それによれば、当該憲法裁判とそれを支える運動は、憲法をめぐる攻防といういわば大状況に果たした「一般的役割」はもとより、基地・自衛隊・軍需産業、公害・地方自治、労働政策・労務政策、厚生行政、教育・教科書問題など個別領域においても「憲法的価値の充塡」の役割を果たすのみならず、当該憲法裁判自体においても「①当事者の精神的・物質的激励、②弁護団の理論強化、③訴訟資料の調査・研究で得られる法廷闘争の武器、④争訟相手への精神的圧力による争訟事項・関連事項の改善、⑤訴訟継続の確保、⑥実質的勝訴を導く和解への到達、⑦『総論賛成・各論反対』の判例傾向を引き出す、⑧当該裁判の公正の確保」といった具体的場面で、おのおの「一定の役割」を果たしうるとする。(37)

「憲法裁判」が「憲法的価値の充塡・実現」に果たす役割は多くの論者が認めるところであろうが、「憲法裁判運動」が「憲法裁判」の、なんらかの構成部分たることを承認する論者も少なくない。もとより、当該裁判それ自体において憲法的価値が実現する判決例はさほど多くはない。とりわけ最高裁判所判例においてはそうである。しかし、奥平康弘の指摘を借りれば、憲法裁判には「当事者一個の主観的な利益を保障するという効果（訴訟本来的な効果）のほかに、……当事者の利益を超えた客観的な法秩序の維持・形式をおこなうという効果（制度付随的な効果）があるのみならず、さらに「それとは別に、……訴えの提起がもたらす諸過程全体が……社会的・経済的・政治的に意味のあるものとして関心の的になる」ことで「国民教育的・公衆的討論誘発的な意味が随伴することになる面」もある。奥平はこれらを「司法審査の日本的特殊性」という文脈の中で、「訴訟本来的な効果」と対比的に「訴訟外的効果」と呼び、朝日訴訟を筆頭に堀木・在宅投票・教科書検定・サラリーマン税金・指紋押捺拒否・三菱樹脂などの事件を、その例としてあげる。(38)ここで言う「訴えの提起がもたらす諸過程全体」に、「憲法裁判運動」が含まれることは間違いなかろう。あるいは、「憲法訴訟論」を論じあう野中俊彦ほか『ゼミナール憲法裁判』は、朝日訴訟とその支援運動を窓口に「憲法訴訟を支える運動と組織」のありかたにも議論を進め（報告・江橋崇）、「裁判のもとにあるもの」（野中）に注視している。(39)

こうしてみると、「憲法裁判運動」が「憲法裁判」ないし「憲法訴訟」とかかわることは明らかだが、「憲法学」にとってのその内的連関の存否、それが存するとしてその論理構造、つまり「理論の面と運動の面とがどうかかわるか」(40)は、憲法訴訟論と憲法運動論の双方にとってなお論題たり続けている。奥平の場合は例の「憲法学者のけじめ」(41)論の論理構造を想起するなら、裁判運動は「訴訟外的効果」にとどまることとなるのだろう。あるいは、「憲法価値の具体的実現と憲法秩序の積極的形成に貢献できる……筋のよい憲法訴訟」を提唱しつつ、「政治的イデオロギーの顕著な対立をみせる訴訟」は「筋がよくない訴訟」であって「訴訟の当事者の背後に、現在の体制派と正面から対立するような訴訟支援団体が存在しない方がよい」とし、おそらくは多くの「憲法裁判運動」に対し「日本の政治過程に変革が生まれ」て「これまでと異質の最高裁裁判官の任命が可能」になるまではいわば自制・自粛を求める「憲法訴訟論」(42)もある。右の論題は、急務であるに相違ない。

おわりに――九〇年代改憲と「憲法運動」

「憲法見直し」をキーワードにして最近急浮上している九〇年代の改憲動向は、しかしその背景と根拠を八〇年代以降のそれに置く。その限りでは「憲法運動」論も八〇年代の営みの延長にある。だが「国際貢献・国連協力」を窓口にした改憲論のいわば「造り」は新しい。主張する政治的主体も拡大的に変動してきた。明文改憲か、いわゆる「解釈改憲」かの分岐も混濁してきている。自衛隊の憲法的認知を軸にしてきたこれまでの改憲論に比定すると、自衛隊の海外出動の「規制緩和」と危機管理型の権威的統治体制づくりへと標的も移行している。(43)「憲法運動」論は、これらの「新しさ」を射程に入れた深化が求められていようが、(44)とりわけ「憲法運動」のステージが「決定的段階」にさしかかっているときの、その政治的・組織的ありようを見るなら、国民が、あれこれの運動組織を「媒介としないで直接に憲法問題と向き合わざるをえなくなった」(45)がゆえに、むしろ「憲法運動」もまた原点に立っていることだけは、確かである。「危機」とは単なる「危（crisis）」だけではなく「機（chance）」を引き出すものでもありたい。

（1）もともと「憲法学の五〇年」においては、「護憲運動」のありかたを論じたものも含めても、こうした「運動」論をそれとして理論的研究対象にすることがあまり多くない。そのことは「護憲・改憲の相克」に関する七〇年代までの文献を見ても明らかである。長谷川正安＝森英樹編『憲法改正論』（三省堂、一九七七年）二九九頁以下、参照。「憲法学の五〇年」にとっては、このこと自体も検討に値するだろう。

（2）長谷川正安「憲法運動論序説」思想五〇八号（一九六六年）、後に長谷川『憲法運動論』（岩波書店、一九六八年）一〇頁。

（3）例外的には木下隆『憲法改正運動の歴史と実態』（教育社、一九七八年）があるが、これは「改憲・護憲」の簡単な動向史であって、「改正運動」史を論じたものではない。ちなみに日高六郎編『憲法改悪反対運動入門』（オリジン出版、一九八一年）も「運動」論の「入門」書ではなく、いわば運動参加のための予備学習書である。

（4）憲法運動と平和運動の関係については、拙稿「平和運動における日本国憲法」法律時報四七巻一二号（一九七五年）二一七頁以下、参照。

（5）G. Jellinek, Allgemeine Staatslehre, 3. Aufl., S. 440. 芦部信喜ほか訳『一般国家学』（学陽書房、一九七四年）三五九頁では「対抗概念」。

（6）長谷川・前掲書一一頁。

（7）同右一〇頁。

（8）長谷川正安＝稲子恒夫＝森英樹「長谷川正安教授に聞く」名古屋大学法政論集一〇九号（一九八六年）四〇一頁以下〔長谷川発言〕。

（9）戦後憲法運動史としては、さしあたり拙稿「憲法運動の歴史と課題」名古屋憲法問題研究会編『平和と憲法を考える』（日本評論社、一九八二年）参照。

（10）長谷川正安『憲法学の方法』（旧版・日本評論新社、一九五七年）四七頁以下。

（11）影山日出彌『現代憲法学の理論』（日本評論社、一九六七年）三九頁以下。

（12）この異同につき簡単には拙稿「書評／影山日出彌『現代憲法学の理論』」法律時報四〇巻五号（一九六八年）一一五頁。なお、長谷川自身が影山との「重要な相違」の検討を経て自説を「若干訂正」した点については、長谷川『憲法とマルクス主義法学』（日本評論社、一九八五年）二三五頁以下、二八六頁以下。ちなみに樋口陽一『比較憲法〔全訂第三版〕』（青林書院、一九九二年）二八頁以下は、比較憲法学における「憲法現象の論理的類型学」として「規範記述的」な「制定憲法」及び「実効的憲法」並びに「因果説明的」な「憲法意識」及び「憲法的社会過程全般」の四類型に「範疇を区別」する。また杉原泰雄『憲法Ⅰ』（有斐閣、一九八七年）九〇頁以下は、「憲法現象の構造」を、「生産関係＝階級関係＝憲法関係」を「基礎」とした、「支配的憲法意識と対抗的憲法意識の競合」としての「憲法意識」、その「影響」を受けた所産としての「憲法規範」、その「運用」の中で「現実に機能」する「憲法制度」という「諸範疇」からなるとし、前者が後者をおのおの「規定」しつつ「逆の働きかけ」もするとしている。

(13) 制憲過程に存在した「国民の運動」を「制憲史における国民の主体的かかわり」として照射する播磨信義「日本国憲法制定過程における〝より民主的〟制憲コース」山口大学研究論集二七巻一部（一九七七年）には、こうした見方への疑念があったろう。この点につき拙稿「日本国憲法制定と国民」法律時報五〇巻一三号（一九七八年）一〇三頁以下、参照。なお、三輪隆「日本国憲法の制定過程」杉原泰雄編『市民のための憲法読本』（筑摩書房、一九八二年）につき、制憲期「国民の運動」評価をも含め自ら再吟味する三輪「四六年憲法制定前史への注目」法律時報六七巻四号（一九九五年）が注目される。

(14) 長谷川・前掲書注（2）一九―二三頁。

(15) 長谷川正安「憲法擁護の理論と運動」法律時報三五巻一二号（一九六三年）、後に長谷川・前掲書六四―六六頁。ただし前掲論文で整序・再言されたときには、その内容が微妙に変わっている（前掲書三二頁）。

(16) 長谷川・前掲書注（2）六三頁。

(17) 同右六〇―六一頁。

(18) 渡辺洋三「護憲の論理と改憲の論理」世界二三五号（一九六五年）、後に渡辺『憲法問題の考え方』（東京大学出版会、一九六七年）七九―八二頁。

(19) 同右八二―八九頁。

(20) 渡辺洋三「護憲運動の理論的反省」有倉遼吉編集代表『鈴木安蔵教授還暦祝賀論文集　憲法調査会総批判』（日本評論社、一九六四年）、後に渡辺『法社会学研究６憲法と法社会学』（東京大学出版会、一九七四年）七一―七四頁。

(21) 長谷川・前掲書注（2）五九頁。

(22) 渡辺洋三「憲法問題の基本的理解のためにⅠ・Ⅲ」法学セミナー七二―七四号（一九六二年）、後に渡辺『憲法と現代法学』（岩波書店、一九六三年）一六―二五頁（同書を「廃刊」して刊行された同『八〇年代と憲法』〔岩波書店、一九八一年〕にも収録）。

(23) 田畑忍「いわゆる『三つの意味の憲法』の問題点」同志社法学八四号（一九六四年）。

(24) 樋口陽一「憲法概念と憲法解釈」芦部信喜ほか編『演習憲法』（青林書院、一九八四年）三頁以下。

(25) 渡辺・前掲書注(22)『憲法と現代法学』三五頁。

(26) 以下の本文につき、拙稿「『護憲』論の原点と現点」憲法問題六号（一九九五年）、参照。

(27) 渡辺治『日本国憲法「改正」史』（日本評論社、一九八七年）一六頁。なおこの大著は「支配層の憲法政策の推移を対象としているため、憲法運動……にはほとんどふれることができなかった」（同書四頁）とはいえ、長谷川の「憲法史の要因に憲法運動を組み込んだ」方法を参看しつつ「支配層の改憲政策と、憲法規範に胎化された諸価値の実現をめざす運動との拮抗によって歴史は動いていく」という観点から「改憲史」を洗い直した刮目すべき研究であり、したがって「運動」史をいわば陰画としてうつしだしている。

(28) 渡辺洋三「戦後改革と現代日本法」東京大学社会科学研究所編『戦後改革1』（東京大学出版会、一九七四年）、後に渡辺『現代法の構造』（岩波書店、一九七五年）二二〇頁。なお、同書と同様に「憲法運動」をも意識して「現代法」を論じたものとして、片岡昇編『現代法講義』（日本評論社、一九七〇年）、長谷川正安『現代法入門』（勁草書房、一九七五年）、野村平爾＝戒能通孝＝沼田稲次郎＝渡辺洋三編『現代法の学び方』（岩波書店、一九六九年）、渡辺洋三＝清水誠＝宮坂富之助＝室井力編『現代日本法入門』（岩波書店、一九八一年）などがある。あわせて拙稿「『二つの法体系』論の原点と現点」杉原泰雄＝樋口陽一＝浦田賢治＝中村睦男＝笹川紀勝編『深瀬忠一教授退官記念　平和と国際協調の憲法学』（勁草書房、一九九〇年）〈本書Ⅳ部二五章〉、参照。

(29) 「仮称『全国憲法研究会』発足への呼びかけ［一九六五年三月］」（全国憲法研究会編『全国憲法研究会の一〇年』（一九七五年）二一一頁）。なお、全国憲成立の事情・背景・理念については、高柳信一「憲法学者の使命と責任」世界二三六号（一九六五年）、後に長谷川＝森編・前掲書所収、参照。

(30) 全国憲法研究会編・前掲書二五頁。

(31) そうした研究のうち「運動」論に関わる一例として、山内敏弘「抵抗権と諸運動」憲法判例研究会編『現代の憲法論』（敬文堂、一九七〇年）三六四頁以下（ただし同論文・後記、参照）。

(32) 渡辺治・前掲書四五七頁。

(33) 同右四七七頁以下。

(34)　和田進「現代憲法運動の課題と展望」憲法理論研究会編『現代の憲法理論』(敬文堂、一九九〇年)四五九頁。
(35)　同右四六二頁以下。
(36)　中村睦男「憲法改正論五〇年と憲法学」法律時報六六巻六号(一九九四年)七六頁。
(37)　森正『聞き書き憲法裁判』(東研出版、一九八九年)二九三―二九六頁。なお、同様の観点から具体的な「憲法裁判運動」を論じたものには、新井章『体験的憲法裁判史』(現代史出版会、一九七七年)及びその再刊(岩波書店、一九九二年)三一一頁以下に紹介の文献があるほか、憲法研究者の手による最近のものとしては播磨信義『仁保事件救援運動史』(日本評論社、一九九二年)などがある。ついでながら「憲法裁判運動」を「憲法裁判への国民の働きかけ」と見ると、「憲法裁判運動」論の裏側には、樋口陽一と小田中聰樹の間で交わされた「裁判官像」論争もひそんでいることになるが、本稿では紙幅の関係で言及できなかった。この論争点にかかわる直近の文献として樋口陽一編『講座憲法学6権力の分立2』(日本評論社、一九九五年)所収の樋口「解題」「裁判の独立」及び浦部法穂「違憲審査制の構造と機能」、参照。
(38)　奥平康弘「司法審査の日本的特殊性」東京大学社会科学研究所編『現代日本社会5構造』(東京大学出版会、一九九一年)四三九頁以下。
(39)　野中俊彦＝江橋崇＝浦部法穂＝戸波江二『ゼミナール憲法裁判』(日本評論社、一九八六年)二九八頁以下。
(40)　同右三一三頁〔浦部法穂発言〕。
(41)　奥平康弘「試論・憲法学者のけじめ」法学セミナー三六九号(一九八五年)。なお、拙稿「憲法学の方法」浦部法穂＝大久保史郎＝森英樹＝山口和秀編『現代憲法講義2〔演習編〕』(法律文化社、一九八九年)二九一頁以下、参照。
(42)　戸松秀典「法解釈論としての憲法訴訟論の現実的成果と課題」法律時報六五巻一一号(一九九三年)四七頁。なお、戸波江二「司法権・違憲審査制の五〇年」法律時報六六巻六号(一九九四年)八九―九〇頁、参照。
(43)　詳細は、渡辺治＝三輪隆＝和田進＝浦田一郎＝森英樹＝浦部法穂『「憲法改正」批判』(労働旬報社、一九九四年)、渡辺治『政治改革と憲法改正』(労働旬報社、一九九四年)、和田進「戦後改憲議論の軌跡と現在」平野武＝澤野義一＝井端正幸編『上田勝美先生還暦記念論文集　日本社会と憲法の現在』(晃洋書房、一九九五年)など、参照。
(44)　拙稿「いま憲法運動に問われているもの」法と民主主義二九一号(一九九四年)、参照。
(45)　樋口陽一＝杉原泰雄「対論」樋口編『講座憲法学5権力の分立1』(日本評論社、一九九四年)三一二頁〔杉原発言〕。

森 英樹（もり ひでき）

［略歴］1942年4月23日生まれ。三重県出身。1961年三重県立津高校卒業、1966年京都大学法学部卒業、1968年名古屋大学大学院法学研究科修士課程修了（政治学専攻・憲法）。名古屋大学名誉教授。専門は憲法。名古屋大学大学院法学研究科教授及び理事・副総長、龍谷大学大学院法務研究科教授。全国憲法研究会代表、民主主義科学者協会法律部会副理事長、日本学術会議会員（第18期、第19期）、法学館憲法研究所客員研究員等を歴任。2020年4月26日没。

［主な単著］『憲法検証――天皇・安保・政党法』（花伝社、1990年）、『主権者はきみだ――憲法のわかる50話』（岩波ジュニア新書）（岩波書店、新版1997年・初版1991年）、『国際協力と平和を考える50話』（岩波ジュニア新書）（岩波書店、2004年）、『大事なことは憲法が教えてくれる――日本国憲法の底力』（新日本出版社、2015年）、『マルクス主義法学の史的研究』（日本評論社、2022年）ほか多数。

［主な編著］『政党国庫補助の比較憲法的総合的研究』（柏書房、1994年）、『市民的公共圏形成の可能性――比較憲法的研究をふまえて』（日本評論社、2003年）、『現代憲法における安全――比較憲法学的研究をふまえて』（日本評論社、2009年）、『安保関連法総批判――憲法学からの「平和安全」法制分析』（別冊法学セミナー）（日本評論社、2015年）ほか多数。

［主な共編著］『歴史のなかの日本国憲法――世界史から学ぶ』（地歴社、1996年）、『憲法理論の50年』（日本評論社、1996年）、『新・あたらしい憲法のはなし』（日本評論社、1997年）、『グローバル安保体制が動きだす――あたらしい安保のはなし』（日本評論社、1998年）、『国家と自由――憲法学の可能性』（日本評論社、2004年）、『国家と自由・再論』（日本評論社、2012年）、『3・11と憲法』（日本評論社、2012年）、『戦後法学と憲法――歴史・現状・展望　長谷川正安先生追悼論集』（日本評論社、2012年）ほか多数。

民主主義《みんしゅしゅぎ》法学《ほうがく》の憲法《けんぽう》理論《りろん》

2024年10月1日　第1版第1刷発行

著　者　森　英樹
発行所　株式会社日本評論社
〒170-8474　東京都豊島区南大塚3-12-4
電話　03-3987-8621（販売）　-8592（編集）
振替　00100-3-16　https://www.nippyo.co.jp/
印刷所　平文社
製本所　松岳社
装　幀　海保　透

ISBN978-4-535-52737-9　Printed in Japan